MEMORIAS DE UN PRESO

MARIO CONDE

MEMORIAS DE UN PRESO

mr · ediciones

© 2009, Mario Conde
© 2009, Editorial Séneca
© 2009, Ediciones Martínez Roca, S. A.
Paseo de Recoletos, 4. 28001 Madrid
www.mrediciones.com
Primera edición: septiembre de 2009
ISBN: 978-84-270-3566-9
Depósito legal: Na. 2.127-2009
Preimpresión: J.A. Diseño Editorial, S. L.
Impresión: Rotativas de Estella, S. L.

Impreso en España-Printed in Spain

ÍNDICE

A mi querida Lourdes
A Mario y Alejandra
A mi madre
A Fernando Guasch Conde, nacido en tercer grado
A Alejandro Guasch Conde, nacido en libertad condicional

AGRADECIMIENTOS

Mi más sincero agradecimiento a **Paloma Aliende**.

Al leer el libro se percibe la importancia de su labor. Vivió la intervención del banco, el juicio —los juicios, para ser más exactos—, la prisión —las prisiones, para ser más precisos—, y en todo caso mostró una lealtad y una fortaleza dignas de todo encomio. Se incorporó a nuestra familia de afectos.

Sus visitas a prisión, que efectuaba con regularidad, sin prestar atención a la época del año, me permitieron disponer de lo necesario para seguir conectado a mi mundo profesional, a pesar de las limitaciones inherentes a la condición de prisionero.

Acompañó a Lourdes en momentos difíciles.

Su consejo siempre fue valorado por la mesura y la prudencia. Su meticulosidad y atención al detalle están presentes en la confección de este libro.

La talla de las personas se mide en la adversidad, y en la experiencia de la que aquí se relata y se intuye quedó patente la de Paloma Aliende.

Quiero igualmente agradecer a don **Jesús Calvo** por su equilibrio e integridad. A don **Santos Rejas** por su sentido de lo justo. A don **Julio Casado** por ayudarme a vivir más los últimos meses de mi mujer.

A todos los **funcionarios** con los que he vivido estos años, por permitirme ayudarles y ayudarme a mí mismo envuelto en privación de libertad.

PRIMER ENCIERRO

23 DE DICIEMBRE DE 1994

I

ENTRANDO EN ALCALÁ-MECO

Día 23 de diciembre de 1994
Prisión de Alta Seguridad Madrid II
Alcalá-Meco

—Ahora, Mario, vas a ir a la celda. Comprendo que el primer encuentro puede ser desestabilizador. Te ruego que no te vengas abajo y que procures leer para evadirte. Al ver el sitio donde vas a vivir es muy posible que... en fin..., no te preocupes porque te sobrepondrás enseguida. Por eso, por favor, lee y no pienses demasiado. Mañana será otro día.

Jesús Calvo, el director de la prisión de Alcalá-Meco, y yo charlábamos en el pequeño despacho encalado en blanco que teóricamente se destina al llamado Juez de Vigilancia Penitenciaria, una especie judicial de cuya existencia, contenido y funciones jamás escuché una sola palabra antes de ingresar en prisión, ni siquiera cuando estuve dedicado a las oposiciones a abogado del Estado.

—No te preocupes, director —fue mi respuesta, sin que percibiera que esas palabras admonitorias de algún posible y hasta probable desperfecto emocional me causaran demasiado impacto. Al fin y al cabo, era mi primer encuentro con la autoridad del Centro y no era cosa de extenderse excesivamente en discursos improvisados.

Con ese «no te preocupes», una frase de esas que pronuncias cuando no sabes qué pronunciar, cuando la mente consume puros reflejos mecánicos condicionados, dimos por finalizado este primer contacto, asumiendo que volveríamos a vernos en alguna que otra ocasión dentro del recinto, a pesar de que no es demasiado usual el encuentro personal y directo entre el director y el recluso, porque para eso están, como tendría ocasiones múltiples de comprobar durante mis estancias, los psicólogos, educadores y demás componentes de eso que llaman Equipo Técnico. Abandoné sin ruido el despacho blanco. Presentía que Jesús Calvo contemplaba en silencio mis movimientos, tratando de descubrir en cualquiera de ellos, por inocuo que pudiera parecer a los profanos de este arte, alguna información relevante sobre mi estado de ánimo, que se suponía abatido, destrozado, descompuesto por ese tránsito forzoso entre la gloria y la cárcel, entendiendo, claro, la finanza como gloria y la cárcel como abismo de lo insondable... Que es mucho entender, desde luego.

Jesús Calvo, además de gran director de prisiones, excelente persona, es psicólogo, por lo que no debe extrañar ese escudriñamiento de mi lenguaje gestual. Sintiendo la punzada de su observación en mi nuca, me volví repentinamente hacia él siguiendo un extraño impulso con la finalidad de cruzar miradas y sonrisas, como alargando, estirando la despedida final, como los ministros con sus cargos cuando saben que van a ser cesados. Me fijé en sus ojos: apuntaban curiosidad... y algo más indefinible. ¿Tristeza tal vez? ¿Simpatía? No lo sé.

Recorrí el pasillo en dirección contraria y volví al lugar en el que me habían tomado minutos antes las huellas dactilares. Frente a la mesita de formica y aglomerado dedicada a esos menesteres, inmediatamente antes de la puerta que da acceso al lugar en el que se encuentran las llamadas celdas americanas, la prisión cuenta con una especie de control de equipajes, de esos que se utilizan en los aeropuertos para analizar el contenido de las maletas de los que quieren subirse al avión, aunque aquí, en esta prisión de alta seguridad, no se encuentren maletas propiamente dichas, y mucho menos viajeros en tránsito hacia otro lugar, sino personas que llevan sus bolsas, más bien cutres en muchos casos, y que se ven forzadas a quedarse un tiempo en semejante monasterio de la oscuridad.

El funcionario del departamento de Ingresos, con movimientos lentos que traslucían meticulosidad, fue vaciando poco a poco, pieza a pieza, la bolsa que Lourdes, con la ayuda de Alejandra, me había preparado. Sentí un poco de rubor cuando vi cómo un extraño manejaba con sus manos mis calzoncillos, calcetines, pijamas y otras piezas de ropa que, por cierto, evidenciaban que por mucho que le dijeran a mi mujer que me iba a la cárcel, cualquiera que viera el contenido de mi bolsa pensaría que mi destino era algún lugar de alta montaña para esquiar o dedicarme a leer y escribir. Cosas del subconsciente, supongo. Bueno, lo que cuenta es que en principio todo mi equipaje se encontraba en orden penitenciario, esto es, cumplía el reglamento, lo que no es tan sencillo como parece, y precisamente por ello el primer escollo se mostró con la evidencia del primer susto carcelario: mi ropa de abrigo no era reglamentaria.

Mi primera sorpresa penitenciaria nació al conocer que en la cárcel está prohibido el color azul marino porque es el que utilizan los funcionarios y se trata de evitar que algún preso pueda vestirse con esos tonos con la finalidad de que la cromía de su vestimenta facilite su fuga carcelaria... Un poco sofisticado y hasta infantil, pero... Desgraciadamente, me habían comprado un anorak de ese color y lo habían metido en la bolsa, y el funcionario, cumpliendo las instrucciones recibidas de la superioridad, quería retirármelo. Le dije que era el único que tenía, que yo no conocía esas reglas y que no me lo arrebatara porque hacía mucho frío. Y es que el frío de aquel 23 de diciembre de 1994 penetraba en los huesos y se instalaba como inquilino de pago entre ellos. Sobre todo en los míos porque, además de que no acostumbro a acumular demasiada grasa en mi estructura corporal, por alguna razón tengo una piel muy sensible a esa inclemencia. El calor lo soporto mejor. Pero el frío no. Así se lo expliqué al funcionario, que comenzaba a sentirse incómodo con la situación. Por un lado, yo percibía simpatía en su mirada y era adivinable sin esfuerzo su deseo de entregarme el anorak. Por otro, la necesidad de cumplir las normas. Máxime en el caso de Mario Conde, porque podría ser letal para su carrera que le acusaran de trato de favor, aunque fuera una nimiedad. El hombre se debatía en cierto tormento interior. No todos los días un personaje como Mario Conde llega a Alcalá-Meco. No sabía si, como decía aquella vieja película, con él llegó el escándalo, pero de momento había llegado un problema...

En ese punto nos encontrábamos el funcionario y yo, en un diálogo más plagado de gestos que de palabras, cuando apareció de nuevo Jesús Calvo. El funcionario, evidenciando ante mí con sus gestos el poder de la autoridad que reúne el director de la prisión, le explicó a su jefe, con respeto y casi en voz baja, lo que ocurría. El director echó una mirada a mi ropa de abrigo, la tomó en la mano, la giró y de inmediato encontró una solución salomónica: podía retener mi anorak, pero debía utilizarlo al revés, es decir, que la tela que se mostrara al exterior fuera el forro interior, de color granate oscuro, con la obligación de pedir inmediatamente a mi casa que me trajeran otro de color distinto para dar cumplimiento estricto a las normas de prisionero.

—Gracias, señor director —fue mi respuesta. El funcionario sonrió aliviado. Me puse el anorak a toda velocidad porque comenzaba a helarme. También me requisaron la camisa, de color azul pálido, porque, nuevamente, coincidía con la que utilizaban los funcionarios que dedican su vida a vigilar a los presos. Eso me dio exactamente igual, porque una cosa es el frío y otra, ponerse a presumir nada más ingresar en prisión. Por cierto, algún tiempo después de ese incidente, un Juez de Vigilancia Penitenciaria declaró que esa prohibición de usar ropa azul era ilegal, tanto el oscuro como el pálido, porque los presos no son responsables de que los funcionarios de prisiones lleven uniforme azul, verde, caqui militar o de cualquier otra tonalidad. Bastante lógico, por otra parte.

Recorrí el pasillo de Ingresos con dirección al módulo PIN, una extraña palabra nacida de la «P» de Preventivos y de la «IN» de Ingresos, del que nos separaba una pequeña puerta metálica. El funcionario encargado de acompañarme a mis nuevos aposentos introdujo la llave y la giró varias veces, dos o tres, con unos inconfundibles chasquidos en cada una de las paradas del movimiento circular de la llave, de derecha a izquierda. Se abrió la puerta y ante mí apareció el módulo de Ingresos. La cárcel pura y dura, y, encima, de alta seguridad. Y su olor característico, denso, penetrante. Me detuve un segundo. El corazón se agitó muy levemente. Mis ojos trataban de retener toda la información.

Entramos en un pasillo en cuyo fondo aparecía otra puerta, pero esta vez enrejada, que para eso estábamos en una cárcel y no en un hotel de sierra ni de playa levantina. La observé desde lejos: era una puerta terrible, confeccionada con gruesas láminas de hierro escasamente pulidas, ensambladas en cruz unas con otras, pintadas en color verde oscuro, formando un conjunto capaz de intimidar a cualquiera. Avanzamos en dirección a la puerta. De una garita situada a la derecha del pasillo apareció con pasos y gestos silenciosos otro funcionario, vestido de idéntica manera, más alto y más rubio, más displicente y menos acogedor, quien, con movimientos deliberadamente cansinos, me miró de reojo, como no queriendo dar importancia a lo que sucedía en esos instantes, al tiempo que no podía sustraerse a un cierto control de imagen porque seguramente tendría que comentar algo, dentro y fuera de su trabajo. Llegó a nosotros provisto de una llave que por su tamaño podría ser de prisión o de convento de clausura, con la que abrió esa nueva puerta, curiosamente con más facilidad que las anteriores, y me descubrió el acceso a las celdas. De nuevo el ritual de varios giros de llave. De nuevo los chasquidos... Empezaba a familiarizarme con los sonidos que componen la melodía carcelaria.

Tras la puerta, las escaleras por las que se asciende a las celdas, a los alojamientos de los prisioneros. Subí despacio pero sin arrastrar los pies, siguiendo como una sombra al funcionario que me abría camino. Al fondo, en el primer descansillo, una nueva puerta enrejada, pero quizá más liviana, algo menos aparatosa. Una vez cruzada, un largo pasillo. Por primera vez desde que se produjo mi ingreso la visión de ese corredor me impresionó, quizá por memorizar de manera inconsciente los pasillos carcelarios que nos mostraban en las películas norteamericanas. En el costado izquierdo de aquel profundo, frío, húmedo y algo lúgubre pasillo se encontraban las celdas, numeradas correlativamente. Contemplé con toda la atención que pude el espectáculo. Cada una de ellas estaba cubierta en el exterior con una gruesa placa de hierro pintada en verde militar, en la que, escritos con tiza blanca, figuraban los nombres de los internos que vivían en ellas. Esas placas verdes, «chapas» en el argot carcelario, eran las puertas de la cel-

da, que se desplazaban lateralmente sobre guías de metal enclava-
das en el suelo para permitir la entrada y salida de sus inquilinos.
Me asignaron una de esas habitaciones con carácter provisional.
Así me lo advirtió el funcionario mientras introducía la llave en el
cajetín de la chapa, giraba las tres vueltas de rigor, desplazaba la
placa metálica al costado izquierdo, y pronunciaba la palabra del
ritual:

—Entre.

Lo hice. Sin un ruido. Sin un gesto. Sin una pizca de emoción.
Sencillamente, entré. El funcionario me siguió. Tratamos de encender la minúscula luz que se vislumbraba en una placa de plástico,
más bien corroída por el tiempo, situada justo encima del lavabo.
Insistimos varias veces. No funcionaba. El funcionario no se inmutó. Me dijo que no me preocupara porque estaba previsto cam-
biarme a otra celda una vez que terminaran de prepararla, una que,
por lo visto, estaría contigua a la que ocupaba Arturo Romaní.

La celda era un pequeño cubículo de forma rectangular de unos
ocho metros cuadrados de superficie. Nada más entrar, a mano
derecha, una plataforma en la que se encontraba el retrete, parecido a los que utilizaba en África, en pleno campo, cuando fui de
safari. Inmediatamente a su costado, un pequeño hueco en la pared
hacía las veces de armario en el que colgar las cosas, con dos repi-
sas para dejar las bolsas y algunos libros o enseres personales. Al
fondo, pegadas a las dos paredes, dos literas. La de abajo construida
en obra, y la de arriba en metal. Una pequeña ventana pintada de
verde, una mesita de trabajo también del mismo color, a cuya
izquierda, colgada de la pared lateral, alguien había colocado una
repisa de aglomerado y cartón; un lavabo y un espejo, situado entre
el retrete y el «armario», completaban la «decoración» del lugar en
el que iba a pasar un tiempo de mi vida. Recordé las palabras de
Jesús Calvo acerca de que mi primer encuentro con la celda podría

ser desestabilizador. Pues no. Al menos en ese instante no percibía especiales latidos de emoción en mi interior. Quizá es que sentía tan fermentada en mis adentros, como dicen por el sur, la obra político-mediática que representaba este instante de mi vida que me comportaba como el actor de un guión escrito para conseguir éxito de público y audiencia. Quizá...

Hacía un frío terrible. Toqué con la mano los dos gruesos tubos de calefacción, igualmente de color verde militar, y comprobé con gesto doliente que estaban helados. Tenía que dedicar un mínimo de tiempo a las labores de intendencia y, aun a pesar del carácter provisional de esa mi nueva estancia, me dispuse a ordenar un poco mi equipaje. Con calma, sin prisas, que en la cárcel nunca hay prisas —salvo para salir, claro—, saqué las cosas de la bolsa, me quité el traje y la corbata y me vestí de preso. Recordé con cariño el gorro de lana que mi hija Alejandra me había comprado en El Corte Inglés. Lo apreté contra mi pecho mientras pensaba en mi hija, que el día anterior me había dicho:

—Este gorro, papá, es de preso total.

Tenía que saber controlar mis emociones, sobre todo en esos primeros momentos en los que circulaban a flor de piel, máxime después del agotador interrogatorio al que había sido sometido durante cinco eternos días.

Eran las cinco y media de la tarde de aquel 23 de diciembre cuando me asomé a la ventana de la celda. Desde ella se veían los muros de ladrillo y cemento, rematados con alambres de espino, formando figuras parecidas a ochos irregulares, que delimitaban el patio de presos. «Seguro que si estuviera aquí un ocultista me diría que no son ochos irregulares, sino símbolos del infinito puestos en pie», pensé con cierta sorna. Después de ese primer muro había otro patio, de pura seguridad, vedado a los presos, también rematado con el mismo tipo de alambre y al que arrojábamos los restos de pan que eran devorados por cientos de pájaros que acudían todas las mañanas a comerse nuestras sobras. Una plástica curiosa: el pájaro que simboliza la mejor de las libertades, la que se desplaza por la tierra y el cielo. Y, a su vera, como dicen los andaluces, nosotros, los presos, que constituíamos la más sana de las privaciones de ese sueño inacabado al que llaman libertad... Contraste de intensidad, desde luego.

Más allá, una especie de foso y una nueva pared de cemento y hierro en la que aparecía un voladizo por el que paseaban los guardias civiles, provistos de metralletas, encargados de nuestra seguridad en el Centro, a los que en más de una ocasión, entre el regocijo de mis colegas, sorprendí caminando con la cabeza vuelta hacia atrás, tratando de descubrir dónde se encontraba el preso Mario Conde. Al fondo, con la luz tardía de aquel día, primero después del solsticio de invierno, vi, tras las copas de unos chopos vacíos de hojas que indicaban la estación del año en la que nos encontrábamos, las siluetas recortadas de unas colinas peladas. Era, como digo, el primer día después del solsticio de invierno, es decir, el momento en el que la luz comienza a vencer a la oscuridad. «Bueno, pues puede ser todo un presagio —pensé—. ¡A ver si es verdad que esto sirve, al menos, para que la luz comience a vencer a las sombras! No es tan fácil —seguía dialogando conmigo mismo—, porque este país siempre ha tenido especial predilección por instalarse en la negatividad.»

Algunos presos, unos diez o doce, más o menos, paseaban indiferentes por el patio y, al verme, giraban sus ojos hacia mi ventana con un gesto que desde el primer momento me pareció amable y de complicidad. A fin de cuentas, cualquiera que fuera tu posición en el otro mundo, cuando estás dentro eres preso. Quizá no igual que cualquier otro, pero preso, al fin y al cabo. Un grupo de tres personas recorría el recinto de un lado a otro a gran velocidad. En medio del grupo se encontraba Arturo Romaní, vestido con atuendo carcelero: el inefable chándal de deporte... Le llamé con un grito tranquilo desde mi ventana y al oír mi voz detuvo su marcha y miró hacia arriba. Traté de adivinar su estado de ánimo en aquella primera observación. Estaba bien, aunque la expresión de sus ojos reflejaba una profunda tristeza, mezclada con un cierto estupor y algo de temor, porque Arturo siempre fue temeroso y quizá no de Dios, precisamente. Cruzamos algunas palabras livianas y sonrió cuando le dije:

—No te he escrito porque estaba seguro de que pronto estaría aquí.

El grupo siguió moviéndose, desplazándose en su caminar hacia ninguna parte, y yo observando lo que veía: unos cuantos hombres, en su mayoría jóvenes y no todos con buen aspecto, moviéndose de un lado al otro, con velocidades distintas, en un ir y venir constante, en un movimiento lineal que a fuerza de reproducirse sobre sí mismo se transformaba en circular. Se trataba de una especie de cuadratura del círculo pero al revés: convertían en círculo lo que físicamente era un rectángulo. Pensé que, en gran medida, esa es la ley de la vida: un continuo caminar hacia un imaginario adelante sin percatarnos de que, en el verdadero fondo, nos limitamos a describir un círculo existencial.

Poco después llegó el funcionario y utilizando las palabras justas, ahorrando energía en el consumo de lenguaje, me cambió a la celda definitiva, idéntica a la anterior, aunque situada más al fondo del pasillo. La puerta metálica de mi «chabolo» —palabra del lenguaje carcelario para designar a nuestras celdas— era, como decía, de color verde y en su parte derecha, contemplada desde la ventana, tenía un pequeño agujero por el cual los funcionarios hacían el recuento de los internos. Una voz llamó desde fuera. Miré por la mirilla y vi a un chico joven con gafas.

«Bienvenido», me dijo, e introdujo un pastel envuelto en papel de celofán por debajo de la puerta. Después de contemplarlo atentamente por si contenía algún mensaje o, sencillamente, no estaba en buen estado, me lo comí muy contento y decidí ocuparme de las cosas domésticas, así que me puse a hacer la cama con el colchón, las sábanas y las dos mantas que me habían entregado en la sección de Ingresos, que con los platos, cubiertos y un par de rollos de papel higiénico, constituyen el «equipo habitual» aportado por la prisión a cada interno. Tras ello, leí algo transversalmente el manual del recluso para enterarme superficialmente de cómo funcionaban las cosas por la cárcel. Me entregaron un par de platos, uno sopero y otro plano, de color blanco, acompañados de un juego de cubiertos de color rojo que, al igual que los platos, eran de plástico. Ya disponía de información acerca de que cualquier objeto metálico se encuentra rigurosamente prohibido en los recintos carcelarios.

Empezaba a caer la tarde y la única luz de la celda era una amarillenta proveniente de una plancha de plástico situada justo encima del lavabo, por lo que me resultaba imposible leer con tan escasa iluminación. Necesitaba un flexo y nadie me había hablado de un detalle tan trascendente. Afortunadamente, poco después Arturo Romaní me lo consiguió, y amablemente el funcionario me permitió introducirlo en la celda. El único enchufe era el situado en las proximidades del lavabo, así que un cable alargador se convertía en instrumento imprescindible. Lo dejé cruzando la celda de cualquier manera, pero con el tiempo aprendí a cuidar el decorado de mi habitación con algo más de esmero.

Objetos aparentemente estúpidos, a los que no prestas ni un segundo de atención cuando campas por la libertad, comenzaban a convertirse en instrumentos indispensables para disponer de un mínimo de confort —por así decir— en tu vida de prisionero.

Gracias a la luz del flexo pude leer el auto de prisión, cosa que no había hecho hasta ese momento. Verdaderamente estar en la celda de prisionero y ponerte a leer el auto de prisión que te condujo allí no es un deporte que yo recomiende encarecidamente a cualquiera, pero me daba la impresión de que debía someterme a semejante tormento. Me pareció una solemne salvajada jurídica, pero pensé que ese juicio era debido a que se refería a mi encierro y, por tanto, me encontraba situado en las posiciones de juez y parte, lo que no es excesivamente recomendable para llegar a conclusiones objetivas. Descansé un rato, dejé mi querido auto dormitar sobre la mesa carcelera, paseé de un lado a otro, como oso encerrado, entre la ventana y la chapa de la celda, procuré calmar las puntas de cabreo interior que recibía desde el papelito judicial que me había enviado a ese sitio, y, aparentemente más calmo por el ejercicio de autocontrol practicado, volví a leerlo de nuevo, a ver si ahora que estaba más tranquilo me parecía algo mejor. Pero no; la impresión era todavía peor. Su construcción lógica me resultaba más que deficiente. En ese documento no se contenía un razonamiento cuya conclusión fuera la prisión incondicional, sino más bien al revés: era una decisión de prisión incondicional y unos cuantos hechos construidos de forma que sirvieran de cobertura aparente.

Lo más llamativo era el indudable proceso de «ingeniería penal» que se contenía en sus líneas. No se trataba solo de que los hechos relatados no eran delictivos, al menos tal y como los describía su Señoría, sino de algo más grave: la justificación de la prisión preventiva era la «alarma social». Con las prisiones preventivas debería tenerse mucho cuidado porque son violaciones del principio de presunción de inocencia que todas las constituciones del mundo proclaman como esencial en la convivencia moderna. Claro que una cosa es proclamar y otra, dar trigo. Y como al poder no le gusta demasiado tener las manos atadas frente a postulados jurídicos, siempre se las ha arreglado para inventar algún resquicio con el fin de componer los desperfectos que puede ocasionarle una excesiva exigencia de rigor en el respeto a la Ley, a los derechos llamados constitucionales, y precisamente la tan manoseada «alarma social» era uno de sus mecanismos favoritos para destrozar el Derecho.

Este concepto me había llamado la atención desde que se lo aplicaron a Mariano Rubio, el gobernador del Banco de España de los tiempos del socialismo. Más tarde supe, por eso de mi insana curiosidad innata, que tenía su origen en la noción de «irritación social» acuñada por la legislación de los nacionalsocialistas alemanes de Hitler. El asunto estaba claro: el poder, sin desagregaciones, siempre ha tratado de disponer de instrumentos «legales» con los que conseguir meter en la cárcel a las personas incómodas económica, social o políticamente hablando. El instrumento más contundente es, sin duda, la prisión preventiva. Por eso es necesario algún concepto abstracto —que, por ello mismo, es fuente de poder discrecional— con el que «legalizar» una decisión tomada fuera de ámbitos estrictamente jurídicos. La verdad es que el término «irritación social» es bastante gráfico: me imaginé a los generales alemanes adornados con la esvástica, que en todas las películas de guerra aparecen siempre nerviosos y dando gritos, diciendo que un determinado demócrata o judío provocaba irritación social. Era obvio que los irritados eran ellos, pero con eso no bastaba: había que trasladar su ánimo, al menos conceptual y teóricamente, al conjunto de la sociedad para producir ese efecto de irritación social, a pesar de que la sociedad no estuviera en absoluto irritada con el reo y, por el contrario, albergara ese sentimiento respecto del encarcelador.

—Ánimo, don Mario, de aquí se sale —dijo al despedirse el chico del pastel.

«De aquí se sale» es uno de los gritos de guerra de la cárcel, un instrumento de control psicológico para los internos, una luz de esperanza, un eslogan carcelario construido para evitar que percibamos esta estancia, por larga que sea, como un estadio definitivo en nuestras vidas. «De aquí se sale», pensé.

¿Zanahoria? Hombre, no, porque salir se sale, la cuestión es cuándo.

A las siete y treinta minutos de aquella fría tarde noche me subieron la cena: un par de filetes empanados y unos embutidos. Nada de beber, así que me tragué el agua helada que salía del grifo después de pensar por unos instantes si podía correr algún riesgo de infección, a pesar de lo cual la sed es la sed y bebí un par de vasos porque de muertos al río. Sobre las ocho de la tarde apareció Romaní, acompañado de un hombre de unos cincuenta años, de pelo blanco, que, sin pronunciar palabra, y bajo la atenta mirada silente del funcionario que abrió la chapa, entró en mi chabolo con un televisor en la mano y lo situó encima de la repisa de madera y cartón situada a mano izquierda de la mesa de trabajo, tras lo cual abandonó mi celda como un rayo para que el funcionario cerrara la puerta con llave. Ni una sola palabra cruzamos en la ceremonia. El sonido carcelario de la chapa abriéndose y cerrándose cortó el silencio del pasillo del módulo. Concluido el cierre de la celda, de nuevo el silencio. Un silencio en el que se podía adivinar cierta violencia latente...

«Bueno, pues no está mal», me dije. Desde mi primera noche tenía televisor, aunque, la verdad, no sentía ningunas ganas de ver lo que dirían los telediarios sobre mi ingreso en prisión. Nunca he sido aficionado a la televisión y en aquellas circunstancias mucho menos.

A eso de las ocho y cuarto se volvió a abrir la puerta y un funcionario alto, vestido de azul, con gafas, mirada un poco indefinida, gestos que demostraban un espíritu blando, me mandó salir, casi sin decir nada, con una especie de ruido sustituto de las palabras, como si quisiera ahorrarse el esperpento de dedicarse a pronunciarlas. Un gesto de corte gutural cumplía esa misión sobradamente.

Bajé de nuevo a la sección de Ingresos y después de muchos esfuerzos, puesto que la centralita de la prisión tenía más valor como antigüedad que como instrumento telefónico, pude hablar con Lourdes. Entonces me enteré de que los internos tienen derecho a hacer una llamada el primer día de su llegada a la cárcel, una llamada gratuita porque la paga la cárcel. A partir de ese instante, las comunicaciones telefónicas, amén de muy restringidas, corren a cargo del interno que quiera efectuarlas.

Vivía una extraña situación, desde luego nunca imaginada en nuestro proyecto de vida: Lourdes en nuestra casa de Triana, yo en prisión, en mi nueva morada, y entre nosotros un diálogo insólito a través de un teléfono antediluviano de una cárcel de alta seguridad... Cosas de la vida. Al tomar el teléfono en mis manos y acercarlo al oído no pude evitar ese flash recorriendo mi cerebro a toda velocidad, pero, en fin, lo inevitable es lo inevitable y lo mejor era aprovechar ese derecho del interno y charlar, y guardar las elucubraciones de tinte filosófico para mejor ocasión. Pronuncié el «hola, Lourdes» procurando el máximo control interior. Lo conseguí sin excesivo esfuerzo.

—Hola, Mario.

Lourdes estaba muy bien, aunque algo excitada. Lo mínimo que podía pedirle. Ella sabía de los motivos profundos de mi encarcelamiento. Ya lo advirtió en multitud de ocasiones, pero vivía la tragicomedia que escribíamos con cada golpe sobre nuestras vidas con mayor carga de tragedia que yo. La claridad de ideas propia de su inteligencia práctica le permitía ver la realidad, pero sus sentimientos, su buena alma, no podían controlar de modo absoluto el dolor. Algo de dolor, quizá mucho sufrimiento, se colaba por las rendijas de su alma y se almacenaba en el lugar en el que vivía su espíritu. Lourdes, mi querida Lourdes, sufriendo por obra y gracia de nuestro Sistema... Y, claro, por mi manera de llevarme con él...

Mario, mi hijo, con quien crucé breves palabras, sencillamente fantástico. Pensé que, de repente, se había hecho mayor. Razonaba con gran serenidad. Bueno, la verdad es que a lo largo de todo el proceso me había demostrado una gran madurez, sabiendo en todo momento qué era lo que, de verdad, estaba ocurriendo conmigo y con nuestra familia. Alejandra, mi hija, fue mayor desde pequeña, así que su comportamiento no me extrañaba en absoluto.

Colgué con cierto desaliento, agradecí la llamada, crucé el pasillo de Ingresos y regresé a la celda recorriendo el camino de vuelta siempre acompañado del funcionario de rigor. Me senté de nuevo en la silla blanca de plástico, aposté mis brazos sobre la mesita de obra, miré hacia la oscuridad de una noche heladora y me puse a pensar. Sentía en mis adentros el frío y percibía el olor extraño que, de vez en cuando, venía de la taza del retrete. No era un mal olor, sino algo ácido, que penetraba por la pituitaria y que, desde luego, no provocaba ningún tipo de sensación agradable. Mi mente intentaba controlar los sentimientos y poner en orden las imágenes de los últimos días vividos. Cierto es que «de aquí se sale», pero en aquellos primeros compases de la tarde noche mi mente voló incontrolada, mecida por el sonido nocturno carcelario, hacia el desarrollo de los acontecimientos que me habían traído aquí, que me empujaron al departamento de Ingresos y Libertades, que me obligaron a subir las escaleras, a recorrer el pasillo, a desplazar la puerta, a sentarme en la celda...

Duelen en ocasiones los recuerdos. Duelen al ser traducidos en términos de presente y mis presentes de esos instantes eran poco más que espacios reducidos, libertades cortocircuitadas, olores ácidos, fríos silenciosos, alambres de espino... Duelen a veces los recuerdos... Y ese dolor fortalece el alma. En aquellos instantes ni siquiera podía imaginar el sufrimiento que me quedaba por vivir y el fortalecimiento interior que conseguiría al vivirlo, al fermentarlo, al deglutirlo.

Cuentan que poco antes de morir tu vida circula por tu mente en una especie de *revival* a toda velocidad como si de una película se tratara, como si pudieras volver a verte a ti mismo antes de desaparecer para siempre en una forma determinada de individualidad. Algo así me debió de suceder en aquel instante de mi vida, envuelto en la nocturnidad del silencio carcelario, pisando, viviendo, sintiendo por primera vez la experiencia de ser preso, de ser habitante de aquella celda, miembro de aquel club, socio de ese mundo, individuo de aquella humanidad.

Fui así, en ese retroceso, visionando a velocidad de urgencia el Congreso de los Diputados, las sesiones de aquella representación teatral a la que llamaron Comisión de Seguimiento de Banesto, la sensación de pasteleo en las preguntas y respuestas que formulaban todos los grupos parlamentarios y las personas por ellos designadas para crear poco a poco la «alarma social» que condujera al encarcelamiento... «Alarma social», qué concepto más peligroso. Veía cómo la confeccionaban a golpe de imágenes destinadas a ser consumidas por la masa, siguiendo las mejores técnicas hitlerianas de la llamada irritación social que utilizaban los nazis para encarcelar judíos. Pero la sociedad sedienta de sangre no se percataba de aquello. Se alimentaba una parte de los instintos más depredadores del ser humano, que se incrementan exponencialmente en intensidad cuando quien la recibe es ese magma llamado masa.

Algunos de aquellos rostros que circulaban por mi mente carecían de perfiles precisos. Solo nombres vagos, ya difusos, carentes de contraste y brillo en aquellos instantes, quizá por la conciencia de inevitabilidad a la que debía acostumbrarme. Alfredo Sáenz, señora Aroz, Trocóniz, Rojo, Miguel Martín... sombras de un escenario en el que se apagaron las luces, en el que minutos antes se representaba la tragicomedia con la que rodearon mi existencia y la de los considerados míos.

Bueno, los míos que se mostraban ahora como tales, porque no siempre los amigos, o quienes se decían serlo, siguieron una conducta de siquiera neutralidad, sino que, por miedo, ambición o lo que fuera o fuese, se alinearon al lado del poder destructor del Sistema. Y los medios de comunicación social, con los que tantas relaciones tuve, formaban parte imprescindible de ese diseño del poder, eje capital del funcionamiento del Sistema... Me costó, pero no pude negarme a aquella evidencia: los medios trabajan, casi unánimemente, en la misma dirección. En aquellos días ignoraba hasta qué punto mi suposición era correcta, hasta dónde llegaron en alinearlos con sus tesis demoledoras de imagen.

Días difíciles los que siguieron a la publicación de mi libro *El Sistema* en septiembre de 1994, tres meses antes de ese mi primer encarcelamiento. Aquel conjunto de páginas parece que terminó de activar las alarmas. Los trabajos de la Comisión Banesto comenzaron a teñirse de un color verde militar, esto es, carcelario. Se presentía incluso por los menos dotados para percibir presentimientos. Yo avanzaba, impulsado por la evidencia de esos vientos sobre las velas de mi vida, en el convencimiento interior de lo inevitable. Por fin, el domingo 30 de octubre, con un despliegue insólito de tres páginas, *El País* ejecutaba sobre mí un ataque frontal en el que aparecía una foto épica: todos los miembros de la Comisión Banesto bajo un titular que decía: «Veredicto final». El Parlamento actuando de jueces sin juicio...

No podía negarme a la evidencia: *El País* trabajaba de manera intensiva en el objetivo del encarcelamiento, de mi visita a prisión. Me quedé paseando por el claustro de la casa de Los Carrizos, dando vueltas sin parar en dirección contraria a las agujas del reloj, rodeado de los trofeos de caza que a cientos cuelgan de sus paredes, mientras mi mente se hacía a la idea, a una idea nada atractiva, más bien penosa, un cáliz que nadie, creo, puede pensar en deglutir sin que el sabor ácido le queme al atravesar la garganta.

Había llegado la hora. Tenía que comenzar a explicar a mi familia lo que iba indefectiblemente a ocurrir. Debía prepararla ante ese juego político-financiero-mediático que me iba a conducir implacablemente a la cárcel.

Me reuní a comer en mi casa de Madrid con mis padres, mi hermana Carmen, Lourdes y mis hijos Mario y Alejandra. La tragedia se respiraba en el ambiente, así que no podía mantenerme silente, sin abordarla, sin ofrecer una mínima explicación.

—Quiero deciros cómo están las cosas. Todo el movimiento de estos días está destinado a un fin: meterme en la cárcel. No les importa demasiado cuánto tiempo, solo quieren la foto, porque con ella justifican la intervención de Banesto.

—Pero ¿pueden hacerlo? —preguntó mi madre con voz temblorosa.

Era la pregunta que todos deseaban formular y nadie se atrevía porque conocían de antemano la respuesta y no deseaban escucharla, así que procuré ser claro aunque no contundente en demasía.

—Mamá, en este ambiente y en este país pueden hacer cualquier cosa. Nos estamos acostumbrando a que sean los periodistas, en cuanto agentes del poder, los que juzguen, y los fiscales y los jueces los que tengan que seguir sus dictados.

Mario, Lourdes y Alejandra seguían la escena en silencio, aunque en sus rostros se reflejaba la inquietud interior que sentían. Mario se decidió a dar un paso al frente y dijo:

—Está claro que todo esto es político y eso lo sabe todo el mundo, pero si te meten en la cárcel se les volverá contra ellos.

—Es posible, hijo, pero ya comprenderás que lo que estamos hablando no es nada agradable.

—Y ¿por qué no te vas? —dijo mi hermana Carmen—. Si estás seguro de que van a cometer una injusticia contigo, no entiendo por qué te quedas.

Esa pregunta encerraba la rabia contenida contra una situación que se sentía insoportablemente injusta: el fantasma de la huida, la opción de dejarles el espacio libre, de no jugar un juego que se sabía de antemano iba a ser con cartas gruesamente marcadas...

—Sencillamente, porque no puedo ni debo irme, Carmen.

—Mario no se puede ir —sentenció mi madre.

—Lo que quiero deciros es que tengáis claro que su objetivo es meterme en la cárcel para tratar de justificar la intervención del banco. Por tanto, tenéis que acostumbraros a que eso puede pasar. No es agradable, pero es posible y a fuer de ser sincero creo que es muy probable. Claro que en la vida todo lo que pasa termina algún día. Pero, en fin, las cosas están así.

Fue un momento muy duro. Hay pocas cosas más difíciles para un hombre que reunir a su familia para decirle que es más que posible que le metan en la cárcel como consecuencia de una razón de Estado, sobre todo cuando tienes el convencimiento de que de probabilidad nada, que la certeza es lo único que se ajusta como el guante a la situación que te toca vivir. Pero no convenía alarmar antes de tiempo, aunque solo fuera porque ese mismo convencimiento latía en la mente de todos nosotros, sin querer pronunciarlo en voz alta. Lourdes mantenía una impoluta entereza, puesto que siempre pensó que, más tarde o más temprano, vendrían a por mí. Mario y Alejandra reaccionaron muy bien, aunque sus miradas demostraban que eran conscientes de la carga dramática en términos de vidas que se almacenaba en nuestra conversación. Mis padres apenas si disimulaban su dolor, su congoja. Concluida la conversación, todos se fueron a sus diarios quehaceres. Yo me quedé solo, pensando, paseando como un león enjaulado a lo largo y ancho del salón de mi casa de Triana.

A pesar de mi frase de que «todo termina algún día», el problema residía en que, si te encierran a consecuencia de eso que llaman «razón de Estado», nunca podrás confiar en la Ley que por definición mediante el juego de esas tres palabras se destruye. Penetras en el mundo de la más exquisita inseguridad jurídica. Pero no quedaba más remedio que soportarlo.

Un extraño sonido interrumpió mis recuerdos en ese instante. Era noche cerrada, en esa época del año la noche es especialmente larga. Miré al exterior a través de la ventana enrejada. El patio de presos se cubría de silencio. Algunas voces a lo lejos y el inconfundible ruido de las televisiones. A la derecha de mi ventana, en la esquina del muro enrejado, una garita iluminada albergaba a los guardias civiles encargados de la seguridad del Centro. Los guardias civiles no dependen del director de la prisión, a diferencia de los funcionarios, sino que ejercen su misión respetando su propia jerarquía militar. Pero en este caso concreto su cometido es evitar fugas de presos. Nada que ver con la seguridad del interior del Centro. De hecho, cuando por algún motivo tienen que penetrar dentro del recinto carcelario, deben hacerlo sin armas de fuego. Pero en ese pasillo que constituía una especie de circuito independiente, los guardias portaban armas, metralletas para ser más precisos. Y el ruido que escuchaba era el cambio de guardia.

La pareja entrante la integraban un hombre y una mujer. Se detuvieron unos instantes en el sendero de cemento que bordeaba el patio en su parte superior. Uno de ellos, se giró señalando las ventanas del módulo en el que se encontraba mi celda. Distinguía a duras penas lo que comentaban entre ellos pero resultaba obvio que de alguna manera estaban hablando de mí y hasta diría que tratando de localizar mi ubicación concreta. Uno de ellos levantó el brazo y señaló un punto del edificio, pero no se correspondía con mi lugar. En ese instante el silencio arreció. La música nocturna se detuvo y percibí con nitidez lo que en media voz uno de los guardias comentaba:

—Lo he leído en *El Mundo*.

El Mundo... El diario que ayudé a crear de una manera cierta, no con dinero, pero sí con apoyos decisivos en momentos cruciales de su historia... *El Mundo*, en el que Casimiro García-Abadillo escribió aquella barbaridad de que tenían que encerrarme para justificar el encierro de Romaní aunque no estuvieran atadas las operaciones sobre mí... *El Mundo*... Casualmente fueron ellos, su director y Abadillo, quienes me informaron de la querella.

El día 15 de noviembre, a eso de las dos de la tarde, recibí una llamada de Pedro J. Ramírez, el director del diario *El Mundo*, en la que me transmitía la información fehaciente de que era cuestión de horas que los fiscales de la Audiencia Nacional presentaran una querella contra mí. Me dijo que no conocía en concreto las acusaciones penales, pero decía saber que no se solicitaban medidas de prisión preventiva. Traté de comprobar la información con Mariano Gómez de Liaño, a quien sorprendió la noticia y me dijo que le extrañaba muchísimo que pudiera ser cierta, salvo que por presiones políticas extremadamente fuertes el fiscal general del Estado pudiera haberse impuesto al criterio de los fiscales de la Audiencia, porque estos, los fiscales, querían que esa querella se viera en lo que llaman Junta de Fiscales, y es bastante lógico porque la importancia del caso lo requería. Al menos querían tener indicios de sobre qué iba la cosa... Pues no.

A las dos y media de la tarde seguía sin saber absolutamente nada al respecto. Nos reunimos a almorzar en casa Lourdes, Mario, Alejandra, Paloma y yo. Cuando todos estábamos sentados alrededor de la mesa, rodeados de un silencio espeso que nadie quería atreverse a romper, conscientes de que solo se convertiría en sonido para anunciar malas nuevas para nuestra casa, les dije:

—Me acaba de llamar Pedro J. para decirme que es seguro e inminente la presentación de una querella contra mí. También me ha dicho que no piden ningún ingreso en prisión provisional.

—A mí no me extraña nada —contestó Lourdes—. Llevo tiempo diciéndote que iban a por todas y si hay fiscales influenciables políticamente, está claro que lo intentarán por todos los medios.

—Pero eso de la querella ¿qué es? —preguntó mi hija Alejandra.

—Pues que te acusan de una serie de delitos que ni siquiera sé cuáles son por el momento —contesté.

—¿Y qué puede pasar? —volvió a preguntar, esta vez con más angustia en su tono de voz.

—Que habrá un juicio y tendrán que demostrar las acusaciones que formulen —le respondí.

—Estos juicios pueden acabar en multas o incluso en la cárcel —aclaró Lourdes.

Los ojos de Lourdes brillaban. Por su mente corrían los muchos instantes en los que me insistió en que me alejara de Banesto, de la notoriedad, de las relaciones con la Casa Real, con cualquier suerte de políticos, en los que me advirtió de la especial catadura moral de muchos de los habitantes de nuestra sociedad española, de cómo se consume envidia aderezada en diferentes platos, condimentada de mil maneras, pero envidia pura y dura al fin y al cabo. Ni una sola voz de protesta, sin embargo. Ni un esbozo de recriminación. Silencio activo porque en esos instantes se preparaba interiormente para seguir ayudando en los momentos que, con total certeza, nos iba a tocar vivir. Pero a pesar de la aparente calma de la que todos queríamos hacer gala, el ambiente que se respiraba en casa era particularmente tenso.

—Tenéis que estar tranquilos. No sabemos nada y, además, si ponen la querella ya nos defenderemos.

—Yo casi prefiero que la pongan —dijo Lourdes—, porque así terminaremos de una vez con esta situación. Lo que está claro es que en este país no se puede luchar contra el Sistema.

—Bueno, eso es harina de otro costal, pero en cualquier caso lo que os pido a todos es que, pase lo que pase, hagáis el favor de mantener la calma y la tranquilidad y ya veremos cómo salimos de este asunto. Si todos nos ponemos nerviosos, es lo peor que podemos hacer.

Sobre las cuatro de la tarde la noticia comenzó a correr como cura perseguido por el diablo: existía una querella criminal, pero nadie sabía nada y nosotros no teníamos ninguna comunicación oficial al respecto. Unos minutos después pude hablar con Casimiro García-Abadillo, jefe de la sección de Economía de *El Mundo*, que fue quien transmitió a Pedro J. la noticia.

—¿Qué sabes? —me preguntó.

—Absolutamente nada —le respondí.

—Pero ¿no habéis tenido ningún tipo de comunicación oficial?

—En absoluto.

—Esto suena muy raro.

—Desde luego, pero tú ¿cómo te has enterado del tema?

—Porque esta mañana hemos tenido una conversación con

Granados, el fiscal general del Estado, y nos ha dicho que se iba a interponer una querella.

—Esto huele raro y parece como si existiera alguna orden del fiscal general al fiscal jefe de la Audiencia, pero todo es demasiado confuso.

La tarde, aquella inolvidable tarde, estuvo plagada ad náuseam, como dicen los juristas y sus cursis imitadores, de llamadas de toda la prensa y, como se mascaba el inicio formal de la tragedia, decenas de periodistas infectados de cámaras en las manos y sonrisas en sus caras, y unos cuantos trabajadores de las cámaras de televisión, se apostaron en las puertas de mi casa tratando de obtener alguna información, asistidos de la paciencia de los cazadores de recechos al amanecer. Yo permanecía tranquilo. El espectáculo de los fabricantes de noticias ni siquiera me inquietaba. A eso de las nueve de la noche llegó a casa nuestro abogado, Mariano Gómez de Liaño.

—Hay un ambiente muy extraño en la Fiscalía porque puedo decirte que esta querella ha sido presentada sin consultar con la Junta de Fiscales. Algo ocurrió el domingo y Aranda, el fiscal jefe, obligó a Florentino Orti a redactarla a toda prisa.

—¿Y qué dicen los fiscales?

—Creo que van a solicitar una Junta de Fiscales con carácter extraordinario y están muy calientes. No conviene hacer nada porque posiblemente el asunto se líe por sí solo.

Algo se agitó en la celda colindante que ocupaba Arturo. Se escuchaban voces. Pegada la boca a la rendija de la chapa de la celda se puede comunicar con la colindante, aunque la postura no sea la más cómoda del mundo para dialogar. Pero funciona para el envío de mensajes cortos. Romaní trataba de decirle algo a Fontanella, el ocupante de su celda contigua, de quien en ese momento carecía de más información. Fue él, el tal Fontanella, quien me introdujo la televisión en mi celda entrando y saliendo como una exhalación, aunque con el tiempo suficiente para pronunciar a media voz su nombre, «Fontanella». Seguro que lo vería al día siguiente. Algo tramaban Arturo y el tal Fontanella, pero no podía escucharles, no alcanzaba a entenderles, así que me retiré de nuevo a la silla y seguí mirando por la ventana la oscuridad de la noche. Regresé de nuevo a mis pensamientos y ahora fue Romaní quien ocupó un lugar en mis recuerdos.

Arturo, abogado del Estado, hombre brillante y de una fortaleza física realmente extraordinaria, fue mi jefe en el Servicio de Estudios de la Dirección General de lo Contencioso del Estado, entonces la propia del cuerpo de abogados del Estado. Arturo quiso ser político y en sus primeras andaduras vitales llegó a ser subsecretario de Hacienda y de Justicia con UCD. Curiosamente en esa etapa fue el promotor de la construcción de algunas cárceles, singularmente Daroca. Ahora, era inquilino de uno de esos inmuebles para encierros forzosos financiados con los fondos que él administraba. Ironías del destino.

Esa tarde, después de los anuncios de presentación de la querella, apareció por mi casa un agente judicial. Portaba la información referente a la querella interpuesta al tiempo que me notificaba que como medida cautelar el juez García-Castellón había decidido prohibirme la salida del territorio nacional y me reclamaba la entrega de mi pasaporte. Subí a mi cuarto, lo saqué del cajón en el que lo guardaba y sin ninguna nostalgia y sin el menor aspaviento se lo entregué. Comenzaba la historia judicial más penosa de mi vida.

Esa misma noche Arturo Romaní y Aurelia Sancho, su mujer, vinieron a cenar con Lourdes y conmigo. Les encontré bastante bien y relativamente tranquilos. Quizá no sentían dentro, como yo, la inexorabilidad de la amenaza real del Sistema. Hablamos de muchas cosas y, entre ellas, de nuestro pasado juntos. Siempre que una desgracia futura se presenta ante nuestras miradas adornada con altas dosis de certeza, el retorno al pasado se convierte en expediente inevitable, como si traer los recuerdos de lo vivido nos proporcionara oxígeno y alimento para lo por vivir. Lourdes volvió a referirse a que siempre se había opuesto a mi entrada en el banco y a que tuviera cualquier tipo de protagonismo público. Claro que, como ella misma reconoció, ya era tarde para ese tipo de consideraciones.

Ahora, ante los hechos crudos, resultaba ineludible vivir en el nuevo escenario. No nos cabía a ninguno de nosotros duda alguna de que el procedimiento seguido para la interposición de la querella revelaba un contenido esencialmente político, puesto que el hecho de no consultar a la Junta de Fiscales ponía de manifiesto que se trataba de una orden del fiscal general del Estado, procedente del propio ministro Belloch, que parecía querer adquirir el papel de «justiciero mayor del reino». En todo caso, era difícil creer que se obedeciera exclusivamente al Banco de España. No. Esta decisión tenía que haber sido impulsada desde arriba. ¿Felipe González en su papel de presidente del Gobierno? No hay más remedio que admitirlo. Visto lo visto, no podía negarme a esa evidencia.

Esa tarde recibí una llamada de Matías Cortés, el abogado granadino amigo y asesor de Polanco que trabajó conmigo en algún frente en mi época de Banesto.

—He hablado con Clemente Auger. Me ha dicho que no se alegra en absoluto, pero que todo esto se habría podido evitar...

Clemente Auger era en ese instante presidente de la Audiencia Nacional y nunca ocultó su buena relación con Felipe González, desde antes de que en el inolvidable 1982 este alcanzara la presidencia del Gobierno arropado por la mayoría abrumadora del PSOE en aquellas elecciones generales. Cuando tuve datos suficientes, pude comprobar que, de grado o de fuerza, Clemente Auger había formado parte activa en todo el proceso penal contra nosotros, empezando por el nombramiento de García-Castellón como juez ad hoc para hacerse cargo de la querella con el cometido principal de enviarme a prisión preventiva. En cualquier caso, la frase «esto se habría podido evitar» tenía el valor de una confesión sobre el contenido político de lo que estaba ocurriendo. Pero convenía no escandalizarse, aunque solo fuera por economía de energía vital, dado que, mirara por donde mirara, en todos los rincones del aparato del poder encontraría a alguien que, con mayores o menores dosis de entusiasmo, había colaborado con la «obra», así que, como digo, mejor no rasgarse ninguna vestidura porque, además, en la cárcel, como arriba, hace frío, bastante frío.

Al día siguiente nos reunimos en el despacho de Mariano Gómez de Liaño todos los consejeros afectados por la querella. Ahora tocaba abordar otro plato fuerte: explicar a unas personas que eran consejeros del banco, que pertenecían a familias de nombre en España, que eran profesionales de reconocido prestigio, abogados del Estado, catedráticos, en general personajes que se limitaron a ser honestos en su presencia en el Consejo del banco, que se iban a ver sometidos a una querella criminal en un caso que tenía aspecto de escatológico judicial y políticamente hablando. En general el ambiente era bastante bueno atendidas las circunstancias del momento, con todos los ojos del país pendientes de nosotros, por lo que sus caras, sus gestos, sus movimientos corporales expresaban esa mezcla de inquietud de fondo y tranquilidad de formas que suele aparecer en estos casos. Era la primera vez en su vida que recibían una noticia de semejante calado capaz de poner patas arriba el mejor edificio emocional de un individuo. Mariano Gómez de Liaño fue, con voz firme y algunos aspavientos morbosos, desgranando una exposición de síntesis de los acontecimientos de los últimos días. Cuando terminó de hablar tomé la palabra:

—Quiero deciros que siento mucho lo que está sucediendo. Es absurdo que una querella se dirija solo contra un grupo de consejeros y que en ella no se encuentre Juan Belloso, que ha sido consejero delegado durante todos estos años. Hay un factor común a todos vosotros: ser amigos míos. Por eso esta querella es la querella de los amigos de Mario Conde. Siento de verdad las molestias que inevitablemente esto os traerá, pero os agradezco sinceramente vuestra lealtad. Podéis estar seguros de que siempre la mantendré para con todos vosotros.

Noté en sus miradas afecto. Al tiempo, preocupación. En general la respuesta fue gestual y silente. Salimos envueltos en ese silencio denso del despacho de nuestro abogado. Todos eran conscientes de que una querella de los amigos de Mario Conde si evidenciaba algo de manera tan obscena como tremendamente peligrosa era su intencionalidad política. Y es que de eso se trataba. Si hubiera seguido los parámetros de la lógica, incluso de las exigencias de tipicidad penal, jamás se habrían excluido algunos nombres, pero el poder no solo no quiso ocultar esta dimensión, sino que, al contrario, procuró evidenciarla, transmitirla al exterior del modo más burdo posible, para que todos entendieran que, como decía Lourdes, en este país no se puede pelear contra el Sistema. Lo que comenzaba con aquella querella tenía toda la pinta de querer ser convertido en un «ejemplo con manzanas» de lo que puede hacer el Sistema si le tocas las narices de su poder.

El ritmo que proporcionaron al desarrollo de los acontecimientos fue vertiginoso. De forma inmediata empezó el desfile de los querellados por la Audiencia Nacional. El lunes siguiente declaraba Martín Rivas, antiguo director general del banco, y quedaba en libertad sin fianza. Poco después, Vicente Figaredo y Antonio Sáez de Montagut obtenían idéntico resultado. César Mora y Ramiro Núñez también, aunque con la obligación *apud acta*. El peregrinaje continuaba sin consecuencias dramáticas.

Mientras tanto, yo había sido sometido a una «discreta» vigilancia policial ordenada por el juez García-Castellón. Digo «discreta» porque el primer fin de semana me fui a La Salceda y aunque parezca alucinante me seguían tres coches, una moto y por el aire un helicóptero que nos abandonó una vez pasadas Las Ventas con Peña Aguilera. Aquello habría sonado un poco a broma, de no ser por el despilfarro de los fondos del Estado que todo ese montaje suponía. Era obvio que yo había dispuesto de todo un año para abandonar España si me hubiera dado la gana y, además, aun con todo ese «aparato» policial, era facilísimo para mí eludir su control y evadirme de la Justicia. Pero no era esa mi intención. Aunque tal vez fuera su íntimo deseo. Porque les habría ahorrado una enorme cantidad de problemas si me hubiese ido de España. Entre otras cosas, habría evidenciado mi culpabilidad. Voluntariamente me habría convertido en un convicto de cualquier delito que tuvieran en gana imputarme. Así que a mi convicción moral se unió la estratégica. Bajo ningún concepto obstaculizaría lo más mínimo la labor de quienes me controlaban por orden judicial.

Antes al contrario: decidí facilitar el trabajo de mis vigilantes. Mis escoltas informaban previamente a los policías de todos nuestros movimientos con anterioridad a las salidas. Incluso más: cuando llegábamos a La Salceda, en vez de obligarles a permanecer en el recinto exterior de la finca, les dejaba llegar hasta el patio de coches de la casa y allí, en el cuarto de seguridad, podían estar mucho más cómodos que en la carretera. A pesar de todo esto, lo cierto es que *El País* publicaba a toda plana que el Ministerio del Interior había tenido que doblar la vigilancia para poder controlar mis movimientos... Cuando mis «vigilantes de la playa» leyeron la noticia me comentaron:

—Pero, don Mario, ¿cómo es posible que la prensa mienta de esta manera?

La prensa... Esa mañana en la que el juez me encerró no quise leer siquiera el periódico, a reserva de lo que publicaba *El País* sobre el texto de la querella. Pero no lo traje conmigo. Ni ese diario ni ningún otro. En mi habitación de esa noche, encima de mi mesa tenía exclusivamente el auto de prisión que me notificó el juez y los papeles que recogí para conocer las normas de funcionamiento del Centro penitenciario. No quería saber nada ni de prensa, ni televisiones, ni de radios.

Me levanté de la silla blanca de plástico carcelario como impulsado por algún extraño resorte. Quizá se tratara del recuerdo de la prensa de aquellos días que me ponía algo nervioso, quizá más irritado que otra cosa, pero que claramente conseguía alterar en algunas décimas mi temperatura interior. Paseé de un lado a otro de la celda, pero los cuatro metros de largo, cortados por la mesa y la silla de obra, no daban más que para un par de pasos mal andados, así que me volví a sentar. ¿Cómo olvidarme de los paseos solitarios de aquellos tensos días en los que esperaba las primeras andaduras de la querella criminal? Días duros en los que la lucha es con tu propia mente, en los que el objetivo es mantener a toda costa la estabilidad emocional, tuya y de quienes te rodean, porque cuando de uno dependen muchas personas, los estragos emocionales que manifiestes al exterior se convierten en plaga emocional para cuantos te circundan.

Paseaba incansablemente todo el día por los porches, los patios, las cercanías de la casa de La Salceda. Un asunto me obsesionaba: al final, estaba en manos de una persona a quien no conocía, un hombre llamado García-Castellón, un juez de provincias que había llegado hacía poco tiempo a la Audiencia Nacional. En aquellos momentos ignoraba las peculiares circunstancias que habían rodeado su nombramiento y hasta qué punto Clemente Auger había forzado las cosas —ley incluida— para disponer de un juez ad hoc para el caso Banesto (al menos eso me contaron conocedores del movimiento). ¿Quién era ese hombre? ¿Cuáles eran sus características humanas? No tenía ninguna información al respecto y, sin embargo, de él iba a depender mi libertad. ¿Sería influenciable por el poder político?

En realidad me comportaba como un imbécil. Un caso como el de Banesto, que conmovió los cimientos del sistema financiero, que provocó una rueda de prensa dada por mí el 11 de enero de 1994 que fue atendida por el extraordinario número de más de veinte millones de españoles y televisiones de todo el mundo, una rueda de prensa que hizo temblar al Gobierno, que intentó evitarla como fuera hasta el minuto antes de dar comienzo, que implicó al J. P. Morgan, el primer banco del mundo que defendió lo arbitrario de la decisión de intervenir el banco, aunque hubo de plegarse, como todo superviviente, a los aplastantes poderes del Sistema, eso no podía jamás ser tratado como un asunto jurídico, lo diga quien lo diga y lo sostenga quien lo sostenga.

Inventamos afortunadamente el orden jurídico para superar la brutalidad del absolutismo monárquico, pero creamos a su costado un instrumento extremadamente peligroso: la razón de Estado. ¿Y en qué consiste el juego de esas tres palabras? Pues muy sencillo: la razón de Estado sirve para derogar en un momento dado el orden jurídico. Es decir, para aplicar la arbitrariedad en su forma pura. Claro que razón de Estado equivale a intereses de los gobernantes que a ella apelan. Por supuesto, así es, pero... No me gustaba llegar a esa convicción interior porque soy abogado del Estado y por encima de todo fui un enamorado del Derecho. Pero era evidente, tan evidente como lacerante, que mi caso no lo resolvería un juez, ni veinte jueces, ni un fiscal, ni una docena de miembros de esa carrera. Se resolvería en las instancias del poder, del verdadero poder. Y los jueces, fiscales y demás personas que intervinieran en el proceso no podrían sino ejecutar las órdenes. De lo contrario, serían apartados y sustituidos por otros que se prestarían encantados a esa labor, que de tal género de individuos abundan hasta la extenuación los ejemplares concretos. Así que dejé de preocuparme por García-Castellón. No importaba nada. Una pieza en la maquinaria. La mano que firma. Nada más.

Llegó el día en el que el juez encarceló a Arturo Romaní. Algo se rompió en mi interior. Sentí un dolor agudo, difícilmente soportable, y, al mismo tiempo, la tensión nerviosa que me había dominado durante los dos interminables días se quebró como por arte de magia.

Nos fuimos a casa de Romaní, para estar con Aurelia. Tenía que ordenar las cosas, porque ya estaba claro como el agua lo que iba a suceder conmigo. Traté de calmarlos a todos, a mi familia, amigos y colaboradores, saqué fuerzas de flaqueza para intentar poner un poco de método en el tratamiento de los problemas inmediatos, de orden doméstico, con los que teníamos que enfrentarnos. Porque, claro, te meten en la cárcel, te aíslan, pero la vida fuera sigue, con los problemas de siempre y los añadidos derivados de encontrarte en prisión, y los problemas de intendencia hay que resolverlos. Y no eran pocos, desde luego. Llamó Arturo desde la prisión para hablar con su mujer y sus hijos. Yo intercambié unas breves palabras con él. Le encontré bien, pero el tono de su voz expresaba consternación por lo sucedido. Poco tiempo después se presentó César Mora con su mujer y Enrique Lasarte con la suya. El teléfono sonaba constantemente con las llamadas morbosas de los periodistas. Tenía una prioridad que cumplir: hablar con nuestros hijos y explicarles la situación, lo cual, por cierto, no me costó demasiado porque los encontré fuertes como rocas y comprendiendo lo sucedido.

César, Enrique y yo, delante de nuestras mujeres, hablamos de lo ocurrido y, sobre todo, de lo que iba a suceder. César Mora pertenecía a una de las familias claves en la historia de Banesto. Su padre y su abuelo ya fueron consejeros importantes de la entidad. Enrique Lasarte era amigo desde nuestros tiempos en la Universidad de Deusto y en el año 1993, tras la dimisión de Juan Belloso, le nombramos consejero delegado del banco. Ambos conocían perfectamente el verdadero fondo de lo que sucedía con nosotros y a nuestro alrededor. Por eso les dije:

—Yo creo que no debemos engañarnos. Todo estaba decidido de antemano. Se trataba, sencillamente, de ejercer presión sobre el juez para que hiciera lo que tenía que hacer. Por eso es evidente que me va a llamar a declarar de forma inmediata, porque no puede sostenerse la situación actual y, además, es irreversible que el juez dicte auto de prisión incondicional sobre mí. El problema consiste en que en estos momentos mi mente está confusa y no sé exactamente qué es lo que tengo que hacer, si hablar o no hablar. Este es mi país, aquí viven y seguirán viviendo mis hijos y tengo que hacer un ejercicio de responsabilidad, pero noto que por dentro me sube la rabia.

—Hay que hacer lo que hay que hacer —dijo César.

—Sí, pero el problema consiste en saberlo, César —contesté.

—Basta con verlo —respondió.

—El problema es que las sociedades tienen su propia estructura biológica, que, en grandes parámetros, responde a la de los seres humanos. Por eso en determinados momentos de la historia alguien decide alimentarla con sangre. Esta es una técnica que se utiliza para los perros de presa y, una vez que la prueban, no solo se desarrolla su instinto de fieras, sino que, además, ya no quieren comer otra cosa. Alguien ha decidido alimentar a nuestra sociedad de sangre de sus propios miembros y esto ya no hay quien lo pare. Los éticos negros son, en realidad, suministradores de sangre a la fiera social.

César esbozó una sonrisa de complicidad, porque entendía perfectamente lo que estaba diciendo. Era ya tarde —las tres y cuarto de la madrugada— cuando abandoné la casa de Arturo y Aurelia. Estaba aturdido por lo sucedido y no sentía el menor sueño. Al llegar a mi dormitorio me quité las lentillas y bebí dos o tres vasos de agua, encendí un pitillo y apagué la luz. Notaba a mi lado el cuerpo de Lourdes, que transmitía nerviosismo y cariño al mismo tiempo. Lourdes, mi querida Lourdes, iba a sufrir mucho, a soportar lo que siempre previó que pasaría...

No podía conciliar el sueño y me levanté hasta que, por fin, a eso de las cinco de la madrugada me quedé medio dormido, en un estado de semivigilia pensando en que todo era una especie de pesadilla que terminaría al amanecer.

Pero llegó el día 16 de diciembre, viernes, y mientras me afeitaba contemplaba mi imagen en el espejo: tenía los ojos enrojecidos por la hora y media escasa en la que había conseguido conciliar el sueño. La prensa era espantosa y apenas si pude pasar de las primeras páginas de cada periódico, aunque me llamó la atención un artículo de Casimiro García-Abadillo publicado en el diario *El Mundo* que terminaba con la siguiente frase: «Atadas o no las operaciones irregulares que apuntan directamente a Conde, sus posibilidades de seguir en libertad son bastante reducidas. ¿Cómo explicar ante la opinión pública que se ha metido en la cárcel al hombre de confianza del presidente de Banesto si a él no se le aplica la misma medicina?». Sonreí para mis adentros. Así que aunque no estuvieran atadas las operaciones en términos jurídico-penales, había que meterme en la cárcel para explicar por qué se metió a Romaní... Realmente alucinante. Sorprendente. O no tanto. O no tanto...

A última hora de la mañana del viernes recibí la notificación del Juzgado para acudir a declarar el siguiente lunes, día 19 de diciembre de 1994. Era la confirmación de cuanto yo había pensado la noche anterior y el dato que me ponía en el camino de concluir que la suerte estaba echada. Si el juez había decidido —como yo sospeché— adelantar mi declaración, es que existía una decisión previa al respecto.

Esa noche cenamos en mi casa mis padres, mis hijos y mis hermanas. Les expliqué la situación con total claridad, pero también con normalidad, tratando de desdramatizar un asunto que contenía una carga emocional y vital tremenda. Mi padre estaba abatido, pero mis hijos y mis hermanas no. Lo comprendían perfectamente, incluso decían que era la única forma de terminar con este asunto.

—Mira, papá —dije, procurando que ninguna de mis palabras aumentara la tensión emocional del momento—. A través de los medios de comunicación social han creado una verdadera bola sobre el caso Banesto. No se puede seguir viviendo con esta tensión porque un día nos va a dar un infarto. Es necesario pinchar el tema de una vez y la única manera de hacerlo es, sencillamente, que yo vaya a la cárcel. No sé cuánto tiempo estaré dentro, aunque espero que no mucho. De esta forma los periódicos dejarán de hablar del asunto y nosotros podremos vivir con más paz. Luego tendremos una instrucción sumarial muy larga y penosa, pero se hará ya sin la presión diaria, constante, agobiante, insoportable de los periodistas y de los medios de comunicación social.

—El problema, hijo, no está en nosotros, sino en ti, porque el que va a sufrir dentro de la cárcel eres tú y nosotros sufriremos pensando en ti.

Esa noche dormí bien, dentro de lo que cabía. A la mañana siguiente me encontré con lo que esperaba: toda la prensa dedicaba sus portadas al asunto con grandes titulares en los que se destacaba que yo iría a declarar el lunes. El clima de alarma social estaba de nuevo corregido y aumentado y las tenues esperanzas que mentes ingenuas o plagadas de cariño pudieran albergar se habían desvanecido, descompuesto, transformadas en anhelos de que lo inevitable tuviera al menos corta duración.

No tenía ganas de preparar mi declaración, porque realmente sabía que, dijera lo que dijera, la decisión estaba tomada de antemano. Sin embargo, no tenía más remedio que declarar y hacerlo en la única forma posible: bien. Es cierto que se trataba de un ejercicio inútil, pero en todo caso, para el juicio oral y para la historia, todo lo que dijera iba a tener indudable importancia, aunque sabía que pronto estaría con Arturo en Alcalá-Meco.

—Lo malo, Mario, es que te meterán y te sacarán, pero mientras estés vivo y no te rindas nunca, jamás te dejarán en paz. Al menos mientras vivan ellos —me dijo Lourdes.

A continuación apagó la luz de nuestro dormitorio. Ella no podía dormir. Yo tampoco. Agarré su mano en silencio, en la oscuridad de nuestro dormitorio. Apreté fuerte. Me giré sobre mi costado derecho y me acurruqué junto a ella. Lourdes se volvió hacia mí. Permanecimos quietos, silentes, abrazados; el amor era más fuerte que la preocupación.

El viernes 23 de diciembre de 1994 me desperté muy temprano, a eso de la seis y media de la mañana. Había sufrido ya cuatro días de interrogatorio muy intenso y, a pesar del optimismo de mi abogado —a la vista de mis contestaciones a las inquisitorias del juez y del fiscal—, tenía el presentimiento de que esa fecha iba a ser la definitiva, porque el juez ya no resistiría más la presión de enviarme a la cárcel, a pesar de que las radios anunciaban que, posiblemente, los interrogatorios continuarían después de las vacaciones de Navidad. Sin embargo, en mi interior presentía que lo que tenía que suceder iba a ocurrir ese día, víspera de Nochebuena.

Lo cierto es que el juez García-Castellón había intentado suspender el interrogatorio y continuarlo en el mes de enero. Me lo dijo personalmente, delante de mi abogado, el miércoles por la tarde. La propuesta de continuar el día 9 de enero me pareció buena, puesto que, en alguna medida, significaba un cierto triunfo y permitía pasar las Navidades con la familia. Antonio González-Cuéllar, ex fiscal, ex miembro del Consejo General del Poder Judicial, que actuaba de modo directo como mi abogado porque trabajaba en el despacho de Mariano Gómez de Liaño y que presenció mis interrogatorios, era de la misma opinión.

Esa mañana, el diario *El País* publicaba el texto íntegro de la querella, lo que constituía una flagrante violación del secreto del sumario tan celosamente guardado por el juez. Este aparentaba estar muy enfadado con el asunto y mi abogado se reunió con él y con el fiscal —quien también aparecía como algo «pasado» por el hecho— para hacerles llegar nuestra protesta. Pero de nada sirvió. Lo cierto es que, basándose en dicha publicación, el juez decidió continuar con los interrogatorios. ¿Excusa? Sí, claro, pero en todo caso se trataba de seguir los dictados de *El País,* que se convirtió en el verdadero fiscal con autoridad incluso superior a la que formalmente ejercía nuestro juez ad hoc. Dicho más claramente, es posible que «alguien» pensara que si se suspendían las declaraciones fuera mucho más difícil dictar la prisión incondicional en enero y, por tanto, diseñase una estrategia adecuada para que la suspensión no pudiera tener lugar. Lo que era obvio es que se trataba de violentar la imaginaria «independencia» del juez. Alguien, quien fuera, había dicho: «Mario Conde tiene que ir a la cárcel y punto final. Arreglaos como podáis, pero el resultado tiene que ser ese». Entre la «razón de Estado» y la necesidad concreta de los fiscales y del juez de quedar bien, se estaba urdiendo la tela de araña que tenía necesariamente que provocar mi primera visita a Alcalá-Meco. Estos pensamientos fueron corroborados con datos concretos una vez que recuperé mi libertad.

Como todos los días, el viernes 23 de diciembre de 1994 llegué a la Audiencia Nacional a eso de las nueve y media de la mañana, después de haber tenido una pequeña reunión en el despacho de Mariano Gómez de Liaño. Estaba realmente cansado, pero saqué fuerzas de dentro. Me acordé de que la noche anterior, cuando estábamos en la cama, Lourdes me había dicho:

—Quiero que sepas que tus hijos y yo estamos orgullosos de ti. Estás demostrando una entereza y una fuerza moral extraordinarias. Particularmente, yo te admiro ahora más que nunca.

En circunstancias personales y emocionales como las que estaba viviendo, una frase así, sobre todo proviniendo de Lourdes, era capaz de agregar cantidades ingentes de la energía espiritual que necesitaba. En algún momento había sentido la tentación de negarme a declarar ante el convencimiento íntimo de que todo era inútil, superfluo, banal. A pesar de que era consciente de esa inutilidad, decidí declarar y hacerlo lo mejor posible, pelear con todas mis fuerzas, como si la «sentencia» dependiera de mi capacidad de convicción y de explicación de los hechos. Era algo que debía a mi familia, a mis amigos y a mí mismo, por lo que cada día, hora tras hora, pregunta tras pregunta, fui proporcionando respuestas y dejando claro que, en todo caso, aun a sabiendas de que la decisión estaba tomada, a pesar de que me resultaba imposible pelear por mi libertad, sí al menos lo haría por seguir siendo como era, acariciando el placer de eso que llaman dignidad.

Aquella mañana, cuando vi por primera vez a Florentino Orti en aquel viernes inolvidable, me vino a la memoria una frase que el acusador público había dicho a última hora de la tarde del jueves. Me preguntó si me encontraba en condiciones físicas de seguir declarando, a lo que respondí que sí. Curiosamente, ante mi respuesta, el fiscal dijo:

—En ese caso me gustaría que constase expresamente en las declaraciones del querellado que está en buenas condiciones.

Aquello solo tenía un sentido: saber que iba a dictarse auto de prisión incondicional y que el fiscal estaba tratando de evitar que el día de mañana le pudiesen acusar de haber practicado un interrogatorio inquisitorial que había provocado indefensión. Coñas jurídicas, desde luego, en un proceso fermentado en los caldos y ejecutado en los reactores del poder político. La complacencia del juez con la petición del fiscal, las miradas cruzadas entre ellos, me demostraron que ambos estaban de acuerdo en la decisión a adoptar, lo cual, por cierto, pude comprobar al día siguiente.

Paseamos por el pasillo de la Audiencia Nacional en un largo ir y venir y poco a poco, de manera lenta pero progresivamente inexorable, el ambiente se fue haciendo cada vez más espeso. Las puertas de las dependencias de la Audiencia, que siempre habían permanecido abiertas, se cerraron. Los funcionarios mantenían una actitud distinta a la usual, como cabizbajos, tristes y herméticos. El jefe de Policía de la Audiencia Nacional apareció llamado por el juez. Poco después, el fiscal jefe de la Audiencia Nacional, Aranda, entraba en el despacho de García-Castellón. Todo comenzaba a estar meridianamente claro.

En un descuido de los funcionarios conseguí entrar en la secretaría del Juzgado y vi en la mesa de Teresa, la oficial del Juzgado, mujer del fiscal Orti, un texto redactado a mano. Era el auto. Así se lo dije a Antonio y en más de una ocasión tuve que darle ánimos porque parecía que iba a derrumbarse. Vi llorar a Diosdado, el auxiliar que redactaba al ordenador mis declaraciones. Respiré profundamente y entré tranquilo en el despacho del juez. Poco antes habían salido, como despavoridos, el fiscal Aranda y el fiscal Orti. En ese instante Juan Carlos, un miembro de mi seguridad que permanecía en el hall de entrada de la planta en la que me encontraba, se acercó a la puerta, me hizo un gesto, me aproximé a él, y, con voz rota y gesto destrozado, me dijo:

—Es prisión incondicional. Lo acaba de decir la Cope.

¡Era alucinante! Me había enterado de la querella porque me lo había contado Pedro J. Ramírez, porque la prensa tenía información antes que los propios querellados. Había conocido el auto de prisión de Arturo Romaní a través de la Cope. Ahora, nuevamente, me informaba de mi situación gracias a una radio y con suficiente anterioridad a escuchar el veredicto de la boca del propio juzgador. Esta connivencia entre prensa y justicia era una aberración miserable, pero con un sumario respecto del cual se había declarado el «secreto de las actuaciones» no es que fuera patológico, es que se trataba, pura y simplemente, de un delito.

Me senté en la silla de costumbre y miré fijamente a los ojos a García-Castellón. Una nueva mujer actuaba ahora como secretaria. El magistrado no podía ocultar agitación interior. Su mirada no era limpia. Su tormento interno se traslucía al exterior con la evidencia del desgarro físico. Su mirada permanecía fija sobre la mesa de trabajo, en la que unas pocas hojas de papel aparecían como casi única intendencia. No se atrevió a mirarme a la cara cuando, por fin, tras un esfuerzo físico y moral perceptible a millas de distancia, tomó la palabra y en voz baja, casi inaudible, como no queriendo siquiera oírse a sí mismo, dijo:

—Lo siento mucho, pero he tenido que dictar auto de prisión incondicional contra usted. Acabo de hablar con el director de Alcalá-Meco y está todo preparado por si usted quiere ir allí con su amigo Romaní, salvo que tenga algún tipo de incompatibilidad con él, en cuyo caso le mando al Centro penitenciario que usted prefiera.

Ni siquiera se había atrevido a leerme el contenido del auto. Antonio González-Cuéllar estaba pálido y era incapaz de articular palabra porque aquello le parecía un atropello indefinible. La secretaria no perdía la sonrisa, una sonrisa mecánica inexpresiva, carente de cualquier atisbo de vida. El juez traslucía enormes ganas de que aquel momento durase lo menos posible. En mi alma sentí una sonrisa interior, pero no la dejé traspasar al exterior. Acababa de escuchar un auto de prisión incondicional y tanto yo como mi abogado éramos perfectamente conscientes de que no existían motivos para ello. Esta era, entre otras, la tremenda responsabilidad que estaba asumiendo aquel hombre, García-Castellón, que el destino había situado en mi vida en una posición de fuerza y que era incapaz de mirarme a los ojos o de abordar la lectura del auto. Lo lógico era que yo sintiera rabia, que los nervios contenidos durante tanto tiempo estallaran al comprobar que mi esfuerzo había sido inútil, pero, afortunadamente, nada de eso sucedió.

—Por supuesto que no —le contesté—. Más bien todo lo contrario.

Estaba entero y tranquilo. Cuando paseábamos por el pasillo minutos antes de que esas palabras fueran pronunciadas, había pensado qué era lo que debía decirle al magistrado si me anunciaba, como sospechaba, la decisión de prisión incondicional, pero al ver la escena preferí no decir nada. ¿Para qué? Aquel hombre había cedido. Por suerte o desgracia para él, le había caído este asunto entre las manos y desde el primer momento fue consciente de que no tenía más opción vital que ser el hombre que metió en la cárcel a Mario Conde. Es humano. Al final siempre aparece el individuo con su circunstancia personal. Era un caso típico de la afirmación de Goethe: por mucho que nos empeñemos, al final caeremos en que lo justo, lo recto, es lo que conviene a nuestra circunstancia personal. El mecanismo tiene poca importancia. Por eso, cuando con aquella mirada huidiza y la voz temblorosa me anunció mi prisión incondicional, me di cuenta de que estaba escribiendo páginas de la historia, si no de España, sí, al menos, de mi pequeña historia particular. Quizá algún día se arrepintiera de su posición actual, pero no era el momento para ese tipo de reflexiones, así que me puse en pie y le dije:

—Durante cinco largos días he peleado por mi libertad, proporcionándole a usted toda clase de explicaciones acerca de mi comportamiento. Veo que no lo he conseguido, pero la vida es así, unas veces se gana y otras se pierde.

—Le doy las gracias por su entereza —me contestó con una voz que cada segundo se percibía más endeble—. No quiero que usted vaya a la cárcel en un furgón, así que le he dicho al jefe de Policía, que está aquí presente con nosotros, que prepare un coche para que le lleven en él. Espero que esté usted en prisión el mínimo tiempo posible, mientras hago las comprobaciones oportunas.

Me despedí uno a uno de todos los miembros del Juzgado con los que había convivido aquellos largos cinco días. Diosdado todavía lloraba. Acompañado de Juan Carlos e Ignacio, miembros de mi seguridad, y del jefe de Policía, bajé al despacho del comisario de la Audiencia, donde el juez quería que esperara hasta mi salida para Alcalá-Meco, con el propósito de ahorrarme el desagradable trance de pasar por los calabozos de la Audiencia, lo cual a la vista de las circunstancias me pareció un detalle puramente estético, que más que bondad o consideración personal parecía reflejar un cierto cargo de conciencia en aquel hombre que me había mandado a la cárcel. Era algo difícil de creer. Toda mi vida había sido un buen estudiante, saqué matrículas de honor en mi carrera, opposité con tremendo esfuerzo a abogado del Estado, dejé la Administración y entré en el difícil mundo de los negocios, compré, gestioné y vendí una empresa, llegué a presidente de Banesto y me jugué una parte sustancial de mi patrimonio, y todo eso, en aquellos momentos, era sustituido por la decisión de un solo hombre. Bueno, de un solo hombre como punta de iceberg, porque la masa sistémica se encontraba actuando como su soporte y hasta su energía...

La verdad es que todos los funcionarios de la comisaría fueron especialmente amables. Ante todo, me dejaron llamar por teléfono, eso sí, después de comprobar que mi prisión no era incomunicada. Pude hablar con Lourdes, Mario y Alejandra:

—Bueno, pues ya sabéis: prisión incondicional. Todo el esfuerzo no ha servido aparentemente para nada, pero queda ahí, no solo para el juicio oral, sino para la historia.

—Por supuesto —me dijo Lourdes—. Has hecho todo lo que has podido y ahora tienes que estar tranquilo porque nosotros estamos muy bien.

Un vuelco al corazón al oírla. «¡Qué grande eres, Lourdes!», pensé.

Después hablé con Mariano Gómez de Liaño para pedirle calma y que hiciera todo lo que tuviera que hacer pero sin estridencias innecesarias. Intenté hablar con Enrique Lasarte, pero no estaba en casa. Llamé a César Mora y le pedí que echara una mano a Lourdes. Después de decirme que por supuesto, añadió:

—Han ganado esta batalla. Veremos si son capaces de ganar la guerra.

A mi alrededor se agolpaba un número cada vez mayor de policías que me miraban de una manera un tanto extraña. Yo notaba, al menos en algunos de ellos, una cierta simpatía hacia mí y, sobre todo, una extrañeza ante el tipo de actitud, calmada y serena, que estaba demostrando en momentos que teóricamente son dramáticos para la vida de una persona. Tenía hambre y pregunté si podía comer algo. Uno de los policías dijo que podían bajar a comprar unos bocadillos, y poco después, sentado en la mesa del comisario, me los comía acompañados de una coca-cola, hasta que uno de los asistentes a aquel espectáculo me dijo:

—¿Quiere usted un poco de vino?

—Se lo agradecería mucho porque, además, creo que en el sitio al que voy no está permitido beber bebidas alcohólicas.

Desde la ventana de la comisaría veía a los cientos de periodistas que con sus máquinas fotográficas y sus cámaras de filmar querían inmortalizar el momento de mi salida hacia la cárcel. Intentamos engañarlos haciendo que Juan Carlos e Ignacio fueran en un coche para que les siguieran a ellos y no a nosotros. Cuando transcurrió un tiempo prudencial desde su salida, bajamos al garaje los cuatro policías y yo. Todos eran particularmente amables y cariñosos conmigo. Uno de ellos, rompiendo un poco sus nervios, me dijo antes de arrancar el coche:

—Todo esto es una putada. No hay derecho a lo que están haciendo con usted. Es clarísimo que es un asunto político y los hijos de puta que se lo están llevando siguen en libertad y a usted lo mandan a Alcalá-Meco. Me parece una putada sin nombre.

No quise contestarle. En un coche anodino con cristales oscuros salimos a la calle. Yo iba en la parte de atrás, rodeado de dos policías y acompañado de otros dos situados en la parte delantera del vehículo. Nuestro intento de despistar a los periodistas resultó un fracaso, puesto que se dieron inmediatamente cuenta de que en aquel coche iba su objetivo y a partir de ese momento comenzó un viaje sencillamente increíble.

Íbamos rodeados por cuatro o cinco motoristas de la Policía Municipal que, haciendo sonar sus sirenas a toda pastilla, trataban de apartar los coches de nuestro camino, lo cual resultaba extraordinariamente difícil, puesto que era el día 23 de diciembre, víspera de Nochebuena, y Madrid, como es normal en tales fechas, se encontraba totalmente atascado. Las motos de los periodistas nos seguían jugándose la vida, tratando por todos los medios de obtener una instantánea. La escena recordaba a los mejores momentos de Franco circulando por las calles de Madrid. Imaginé el espectáculo cuando fuera retransmitido por las televisiones nacionales. Doblamos hacia María de Molina y el paso subterráneo estaba atascado. La parte superior también. No había nada que hacer. «¡Me cago en la leche puta!», gritó uno de los policías al ver que nos habíamos metido de lleno en una ratonera, y, por si fuera poco, el coche olía a quemado porque el embrague parecía que iba a fallar definitivamente de un momento a otro. Estábamos atrapados en la selva de coches y los periodistas consiguieron bajarse de sus motos para, a través del cristal delantero del vehículo, tomar algunas fotos que se publicarían en la prensa del día siguiente. Algunos sonreían al ver que todos nuestros esfuerzos para despistarles habían sido baldíos y ahora nos tenían ahí, quietos, imposibilitados de movernos en cualquier dirección, constituyendo un blanco fácil para sus «armas» de reproducir imágenes, con la única protección de los cristales ahumados de los laterales del vehículo en el que efectuaba mi transporte hacia Alcalá-Meco.

Conseguimos salir del atasco con un ejercicio ciclópeo de paciencia, y, una vez en la Avenida de América, camino del aeropuerto de Madrid, las cosas fueron algo más llevaderas, porque ya se podía circular con cierta normalidad. Dentro del coche, aparte de los insultos a los periodistas por carroñeros, el ambiente era bastante agradable. Uno de los policías, el que iba a mi derecha y que tenía el aspecto de estar más abatido que ninguno, me comentó:

—He tenido que hacer este trayecto en mi vida con varias personas y nunca, sinceramente le digo, he visto la serenidad que tiene usted. Incluso tratándose de etarras que saben muy bien lo que hacen, no han sido capaces de mantener la calma que usted demuestra.

—¡No tiene nada que ver un etarra con don Mario! —dijo en tono cabreado el que conducía.

—Yo creo que no tiene ningún mérito especial —contesté—. Se trata de tener la conciencia tranquila y saber qué es lo que está sucediendo.

Llegó el momento de contemplarlo. Desde lejos centré mis ojos en el edificio de Alcalá-Meco. Me pareció una especie de mamotreto arquitectónico, de esos que se encuentran en los países que han estado dominados por los comunistas. Gris, todo gris; cemento, todo cemento; hierro, mucho hierro.

A la entrada, cientos de periodistas, cámaras de televisión, emisoras móviles instaladas ex profeso, que debían detenerse en ese punto y no podían traspasar la barrera que separaba la cárcel de la libertad. Pasamos como una exhalación el puesto de control de la guardia civil y entramos en lo que sería mi morada en el tiempo venidero: la cárcel de Alcalá-Meco, una de las —así llamadas— de máxima seguridad en el país. Detuvimos el coche en la «recepción» de aquel «hotel» y tuve tiempo de despedirme de Juan Carlos e Ignacio. Les veía muy afectados y les pedí calma y serenidad y que siguieran haciendo lo que tenían que hacer. En el propio vehículo, después de traspasar una verja enrejada que se desplazaba lateralmente de izquierda a derecha obedeciendo el impulso eléctrico que había provocado una llave en la mano de uno de los funcionarios de prisiones, llegamos a un patio interior en el que se paró el coche de policía. Poco imaginaba la cantidad de horas de mi vida que consumiría en ese lugar.

Bueno, ahora empezaba el ritual del capítulo «ingresos». Atravesé una puerta de desplazamiento lateral que en aquel momento ignoraba que era conocida como «rastrillo». Se cerró dejándonos en un espacio reducido franqueado por otra de idéntico porte. Cerrada la primera, se abrió la siguiente y nos dio acceso a un hall en cuyo frontal había dos grandes celdas tipo americano, de esas que tienen sus puertas compuestas íntegramente de rejas para que pueda contemplarse lo que sucede en el interior. Luego supe que precisamente por esta fisonomía se las conoce como celdas americanas.

Por fin un despacho de puerta metálica con la parte superior acristalada. Es el departamento de Ingresos y Libertades por el que indefectiblemente transitan los nuevos ingresos en prisión para ejecutar el ritual carcelario. Un funcionario vestido de azul marino, de mirada un tanto inexpresiva, seguramente forzada por las circunstancias, y que se empeñaba en demostrar que no sentía ninguna emoción especial por el momento que estaba viviendo, me preparó para el acto «inaugural», el más sagrado: la toma de las huellas dactilares, ceremonia que fue cumplida dedo tras dedo, mano derecha tras la izquierda, estampándolas en un impreso diseñado para este fin.

Me llamó la atención este dato. Pensé que cómo era posible que todos y cada uno de los humanos tuviéramos unas huellas diferentes. Sin duda es un signo de individualidad. Llevado por esa curiosidad y con ánimo de desdramatizar, pregunté al funcionario:

—Oiga, ¿es seguro que todos tenemos huellas diferentes?

El hombre me miró sorprendido, casi aturdido por mi pregunta en un momento así. No sabía si contestar o dejarme en paz con mi pequeña locura. Al final dijo algo así como «Eso parece», pero no consiguió arredrarme y volví a la carga:

—Entonces eso quiere decir que desde que el hombre es hombre nuestras huellas son diferentes y así seguirá hasta que desaparezcamos como raza. ¿Cómo es posible? ¿Quién es el diseñador de este invento?

El funcionario me miró estupefacto. Esta vez ya no contestó. Demasiado para ese instante. Tomó los cartones, dos o tres, con mis huellas estampadas y en silencio se fue a su despacho a depositar esos documentos encima de su mesa. No era cosa de ponerse a discutir conmigo de temas de ese orden en el momento de mi ingreso en prisión. Sonreí al ver lo atribulado de su actitud ante semejantes preguntas.

Ya estaba fichado: desde ese momento era un recluso. Esa idea vino a mi mente, pero, nuevamente, no consiguió más efecto que el volver a dibujar una sonrisa interior. Me retiraron todos mis objetos personales, incluyendo mis gemelos y la agenda, así como el dinero. A través de Romaní había recibido el mensaje de que en la cárcel se necesita dinero, puesto que hay una serie de cosas, como por ejemplo el televisor, que si las quieres tienes que pagar por ellas, por lo que había decidido llevar unas quinientas mil pesetas, no solo para mí, sino, también, por si a Arturo le hacía falta algo. Me pasé, sin duda, pero es que en esos momentos las decisiones no son las más equilibradas del mundo. Me retuvieron el dinero y me dieron, a cambio, unos vales diseñados como si fueran una pequeña bandera de tres franjas, la superior y la inferior de un rosa feo y sucio y la intermedia de un blanco apagado. En la parte superior, en letras mayúsculas, aparecía escrito: «CENTRO PENITENCIARIO». En la inferior «MADRID II» y en la intermedia «1000 pesetas». En el anverso de aquel billete aparecían dos firmas: la de «La Administradora» y la de «El Director», aunque este último se limitaba a dar su visto bueno. Al contemplar aquel billete especial me acordé de mis tiempos en la banca y de la firma de aquel gobernador llamado Mariano Rubio que antes que yo había traspasado el mismo umbral. Ese es el dinero de curso legal en la cárcel y tienes derecho a unas ocho mil pesetas semanales. Así que me retuvieron el resto y me entregaron siete de esos vales, dado que yo había llegado un viernes y el día de paga son los jueves.

El siguiente acto rutinario fue la fotografía. Recostado contra la pared blanca del despacho de Ingresos, uno de los funcionarios me apuntó con una máquina Polaroid y me hizo la fotografía de «preso». Ya iba quedando menos y pasé al examen médico. Me recibió un chico relativamente joven, vestido con la ritual bata blanca, acompañado de dos enfermeras también relativamente jóvenes y ataviadas de idéntica manera. Me preguntó una serie de lugares comunes, siendo perfectamente consciente de que no le quedaba más remedio que hacerlo. Aparte del elemental «¿se encuentra usted bien?, ¿tiene algún problema psicológico?» y cosas por el estilo, el interrogatorio carecía del más mínimo interés.

Llegó el momento de ser recibido por el director. Supuse que eso era un privilegio, ya que la máxima autoridad del Centro no atiende personalmente, ni mucho menos, a todos los reclusos. Sencillamente porque no puede. Pero mi caso era diferente. Yo, más que un recluso, era un problema enorme para él en su condición de director de ese Centro. Debía leerme alguna cartilla. Era su obligación por el bien del Centro.

Al fondo del pasillo de Ingresos, a mano derecha, según se entra en la cárcel, existe un pequeño despacho, encalado en blanco, de pocos metros cuadrados, en el que una mesa de formica, dos sillas, otra mesita auxiliar y un cenicero de pie constituyen todo el mobiliario. Dicen que es el despacho del llamado Juez de Vigilancia Penitenciaria. Allí me recibió Jesús Calvo, un hombre de algo más de cincuenta años, más bien bajito, peinado hacia atrás, con expresión de buena persona, correctamente vestido, de hablar calmo y pausado, director de mi nueva morada.

—¿Te importa que te tutee? —fue su primera pregunta.

—En absoluto —le contesté.

—Yo soy el director de este Centro y estoy seguro de que comprenderás que no debo opinar sobre lo que ocurre fuera, aunque siéndote sincero tengo que decirte que no me gusta nada lo que está pasando en este país. Conozco lo importante que ha sido y sigue siendo Mario Conde en España. Para mí sigue siendo el mismo. Yo quiero hacerte aquí la vida lo más agradable posible, porque aun cuando para mí es evidente que no todos son iguales, la ley es la ley. Por eso, y para empezar, te anuncio que no vas a estar dos días aislado en tu celda. Eso es lo normal, pero yo sé que en tu caso no es necesario y mañana mismo podrás estar con Romaní, porque supongo que tendrás muchas ganas de verlo. Quiero que sepas que en este terreno el juez y yo estamos en la misma onda. También es cierto que me ha llamado Belloch y me ha dicho que haga todo lo posible por evitar cualquier trato de favor que pueda provocar críticas en la prensa...

Mientras hablaba observaba sus movimientos y gestos. Parecía un hombre difícilmente perturbable, ideal para un oficio que reclamaba esas características emocionales. Hablaba tranquilamente, midiendo las palabras, dando al acto una importancia muy especial. Pensé que era un hombre que me tenía simpatía cuando viví en libertad y que la seguía manteniendo, seguramente porque tenía ideas claras de los motivos que me llevaron a ese instante de conversación con él, pero, en cualquier caso, pensase lo que pensase —que tampoco me interesaba demasiado en aquellos momentos—, era más agradable escuchar aquel discurso que otro de corte recriminatorio jesuítico. Supuse que para él era un problema serio tener entre «sus» presos a Mario Conde, porque cualquier deferencia le podía crear un conflicto y cualquier indiferencia, también. El primero a corto, el segundo algo más a medio plazo.

—Muchas gracias —contesté.

—Ahora, Mario, vas a ir a la celda. Comprendo que el primer encuentro puede ser desestabilizador. Te ruego que no te vengas abajo y que procures leer para evadirte. Al ver el sitio donde vas a vivir es muy posible que... en fin..., no te preocupes porque te sobrepondrás enseguida. Por eso, por favor, lee y no pienses demasiado. Mañana será otro día.

Recuerdos, vivencias, senderos, caminos, nombres, apellidos, medios... la película visionada concluía enfrentada a la realidad lacerante. Frío, celda, olores, ruidos, nocturnidad carcelaria... Estaba en prisión. Punto final. ¿Hasta cuándo? No lo sabía nadie. Aquella frase de «hasta que haga las averiguaciones oportunas» que pronunció García-Castellón sonaba a excusa tan infantil que provocaba una sonrisa de un solo costado de la boca. Pero no podía atormentarme con esas banalidades. Debía acostumbrarme a lo inevitable. Así que intenté dormir porque al día siguiente tenía por delante toda una experiencia: mi primera Nochebuena en una prisión del Estado.

2

UNA NOCHEBUENA EN PRISIÓN

Ingresar en prisión el día de Nochebuena no es desde luego usual y quizá por lo señalado de la fecha, que respira sensiblería y el llamado espíritu familiar más que cualquier otra del calendario, despierta algunos sentimientos nobles tal vez algo adormilados; por ejemplo, a Camilo José Cela y a otras personas que opinaron con cierta discreción al conocer la noticia les pareció que meter en la cárcel a una persona en esa fecha era un exceso de crueldad. Tal vez, pero si lo decidieron en ese momento, por algo sería; quizá para provocar dosis adicionales de placer a los que consumen insana envidia; quizá para acentuar el desequilibrio emocional que esa situación implica y ver si con ello alteraban la serenidad que parecía acompañarme en todo momento. No lo sé. Pensaran lo que pensaran, lo hicieron y a partir de ese instante, consumado el ingreso, a todos les interesaba saber cómo sería la primera noche de prisionero de alguien como yo. Funcionaba como una especie de mantra el estereotipo del camino entre la gloria y la cloaca. Se supone que debería tratarse del peor de los momentos en una vida plagada de éxitos casi inconcebibles, hasta llegar a ser presidente de uno de los siete grandes bancos españoles, quizá el más emblemático, a la edad de treinta y nueve años y solo tres meses después de entrar en el Consejo de Administración. Ese encuentro con la realidad de la cárcel, de la celda, de los ruidos carcelarios, sobre todo en esos instantes nocturnos en los que la ausencia de luz física provoca especiales deterioros en las almas blandas, debería, tendría que rellenarse con todos los atributos de la mejor tragedia cósmica. Se supone que las lágrimas inundarían mis ojos, la desesperación mi espíritu, la depresión mi estructura psicológica, y el destrozo global se traduciría en gritos, como los que tantas veces escuché siendo preso procedentes de otros chabolos, o quizá se exteriorizara en golpes secos, violentos, sin compás alguno, sobre las paredes de mi habitáculo.

Pues no consumí nada de ese menú. No percibí el amargor de semejante brebaje. No puedo negar ciertos aspavientos emocionales interiores, pero no me asoló ninguno de esos síntomas que forman parte del protocolo inicial de prisionero. Al contrario: después de mis faenas de intendencia iniciales, sencillamente me acosté en la litera inferior, bien cubierto de las mantas que me dieron, de las camisetas interiores termolactil o algo así, y de mi anorak azul por fuera y rojo por dentro, como algunos viejos falangistas de la época de Dionisio Ridruejo. Pero, claro, tampoco pude dormir como si nada ocurriera. Porque algo serio y grave estaba sucediendo. Una cosa es que no me derrotara letalmente y otra, que ignorara que estábamos en plena guerra de subsistencia. Tal vez por la conciencia de semejante diagnóstico decidí cuidar al máximo todo mi equipaje emocional.

Lo cierto es que la noche transcurrió dedicándome a uno de mis oficios favoritos, pensar, sumido a veces en una especie de estado de semiinconsciencia, sin ser capaz de conciliar un sueño profundo, no solo por el frío, que era casi insoportable para mis hábitos, sino porque en mi mente circulaban sin detenerse imágenes y pensamientos de muy distinto signo, en una mezcla caótica y casi siempre sin sentido. La verdad es que si eres capaz de dejar los pensamientos a su aire, sin actuar como su director a golpe de batuta, ellos, los pensamientos, siguen apareciendo pero sin el menor orden, con ausencia total de concierto, entremezclados entre sí, desprovistos de la más mínima coherencia, lo que, por cierto, evidencia la verdadera naturaleza de eso que llamamos pensar.

La tenue luz del alba presagiaba un día verdaderamente frío. Abrí la rendija de mi ventana, que daba al patio de presos, y un cuchillo de aire gélido penetró en la celda golpeándome todo el cuerpo, pero, curiosamente, yo, que soy friolero por naturaleza, no sentí ninguna sensación desagradable. Al contrario, era algo que venía de los terrenos de la libertad, circulando, moviéndose por encima de los muros adornados con alambres de espino. Pensé en que ese aire podía haber pasado antes de llegar aquí por encima de mi casa, en la calle Triana de Madrid. Impulsado por este anhelo tomé un poco de ese fluido entre las manos, me retiré de la ventana y me fui a una esquina de la celda. Allí apreté el aire con fuerza contra mi pecho, porque era lo más tangible que tenía a mano de Lourdes, Mario y Alejandra, y así lo retuve un rato mientras las lágrimas luchaban por salir de mis ojos. Salieron. Permanecí silente. Dejé que se consumieran unos minutos de mi tiempo recostado contra la pared de la celda y el aire apretado contra mi pecho. Volví a abrir la ventana, le di un beso a mi trozo de aire y lo devolví a su medio, como si fuera un pájaro enjaulado al que su dueño le concede su libertad. Desde ese momento, a partir de ese concreto instante, el aire frío de la mañana pasó a ser el símbolo de comunicación con mis seres queridos, además de una materia física que me llegaba desde los dominios de la libertad. Bueno, eso de dominios de la libertad... Más palabras que sustancia, pero en fin, para entendernos.

Claro que todo es relativo. Estaba seguro de que allí, en mi celda de Alcalá-Meco, disfrutaba de un grado de libertad real muy superior al de muchos seres que habitan la tierra. Todos tenemos un espacio vital real frente al teórico-ilimitado de la libertad formal. Cada uno de nosotros usamos un trozo de ese espacio vital que se convierte, de esta manera, en nuestra celda existencial. Para millones de personas, y no solo en términos físicos, sino propiamente existenciales, mi pedazo de libertad real en mi chabolo de Alcalá-Meco habría constituido un auténtico sueño dorado. Por ello, al encerrarme allí, lo único que consiguieron fue comprimir mi espacio vital, aunque, afortunadamente, el mero hecho de entenderlo así, de aprehenderlo y percibirlo, no solo proporciona serenidad, sino que, además, es una manifestación auténtica de libertad del espíritu, la única que no tiene más límites que el que cada uno de nosotros quiera darse a sí mismo.

Porque las auténticas limitaciones de lo que llamamos libertad provienen de espacios que no son físicos, sino emocionales. Somos esclavos de nuestras creencias, de nuestro apego a las cosas y a las personas, de nuestros sentimientos, de nuestras violencias, de nuestras avaricias... Todo ese equipaje emocional teje una red en la que nos esclavizamos. Por eso dicen algunos que la verdadera libertad se alcanza cuando se consigue un grado tal de desapego que hasta nos olvidamos de nosotros mismos. Los sufíes hablan de «aniquilación»...

Las Nochebuenas en mi casa siempre han tenido un contenido especial. A mi madre, gallega de sangre y de nacimiento, la educaron en Lisboa, porque mis bisabuelos, creo, se trasladaron al país vecino a hacer negocios, a la vista de que esa actividad les resultaba más que difícil en nuestras tierras gallegas, y eso que en mi familia éramos propietarios de muchas fincas en el precioso valle de Covelo, si bien es verdad que todas ellas juntas no conseguían superar la superficie de unas cuantas hectáreas. Una de mis tías tatarabuelas, que se llamaba Placeres —la pobre murió soltera—, ni siquiera sabía dónde estaba Vigo. A lo más que llegaba era a Puenteareas. Creo que alguna vez me habló del castillo de Villasobroso, que yo conocía porque mi abuelo Antonio, tozudo y firme donde los haya, se empeñó en comprarlo, y casi lo consigue, de no ser porque se arruinó un poco antes de rematar el negocio.

En la tradición lisboeta, el día 24 de diciembre llega Papá Noel, un símbolo más de lo mal que lo hicimos con nuestros vecinos portugueses y lo bien que los ingleses consiguieron penetrar en el tejido social lusitano. Esa noche, en mi casa, en Tui, en Alicante o en Madrid, dejábamos con mucho cuidado nuestros zapatos alrededor del árbol de Navidad. Mi madre se ponía a cantar villancicos y nos llevaba hacia un cuarto separado del salón en el que, supuestamente —como dice mi hija Alejandra—, debía aparecer el viejo de barba blanca y vestido rojo, con su inseparable bolsa repleta de regalos. A eso de las doce de la noche se apagaba la luz y mi pobre padre tenía que ponerse a dar gritos aparentando ser Papá Noel —nunca fue un buen actor— mientras mi madre excitaba nuestra expectación infantil con canciones lusitanas. Cuando la luz volvía, todos corríamos a comprobar la generosidad del hombre del trineo. Bueno, pues veríamos cómo pasaba esa noche, qué tipo de Papá Noel llegaba a mi chabolo carcelario. Avanzaba la luz del día de Nochebuena y comencé a preguntarme cómo sería recibido en mi nueva comunidad. No había percibido hasta el momento ningún gesto hostil hacia mí, a pesar de que la televisión, concretamente Antena 3, había dicho que yo llevaba encima, en el momento de ingresar, quinientas mil pesetas en efectivo metálico y eso podría traerme algún problema. Confiaba en que la «veteranía» de Arturo Romaní me facilitaría algo las cosas, de lo cual, por cierto, ya tuve una prueba tangible con la entrada clandestina del aparato de televisión.

¿Cómo funciona una comunidad de presos? ¿Cuáles son sus normas? En cierto modo resultaba inevitable que los fantasmas mentales derivados de las imágenes proyectadas por las películas americanas revolotearan por una mente inquieta no acostumbrada a esos pormenores de prisionero. Las visiones de los carceleros provistos de porras, el alcaide concebido como depósito de una infinita crueldad vestida de comportamientos sádicos, las violaciones en la lavandería... en fin, todo un mosaico de productos mentales nada placenteros, no conseguían penetrarme, influirme, inquietarme más allá de un mínimo incontrolable.

Al contrario. No sabía exactamente por qué, pero presentía que esa experiencia iba a ser globalmente positiva en mi vida. Estaba ante una prueba vital, un test de mí mismo, de mi fortaleza interior, un mecanismo para comprobar hasta dónde podía llegar en el proceso de convertir en comportamientos vitales mis esquemas intelectuales y existenciales. Claro que en aquella Nochebuena, en aquellas elucubraciones de madrugada, ni siquiera sospechaba que mi aventura carcelaria, o, para ser más preciso, mis relaciones con el mundo penitenciario, tendrían una duración de catorce años...

En ese tipo de pensamiento estaba cuando el funcionario abrió la puerta y un interno me entregó lo que iba a ser mi desayuno, cerrando la chapa a toda velocidad una vez depositado en mis manos ante la mirada atenta de la autoridad. No estaba mal el menú: un vaso de café con leche excesivamente azucarado y un trozo de pan con una especie de mermelada de naranja. Los devoré. Seguramente porque el frío consume calorías y genera hambre, pero lo cierto es que los devoré. El café me hizo entrar en calor. El pan y la mermelada amortiguaron algo los ruidos del estómago vacío.

Se aproximaba la hora de ver a Romaní, de integrarme en el módulo. En ese momento me acordé de lo que me había dicho

Mariano Gómez de Liaño: tú estás en prisión porque no has querido acusar a Arturo, ni siquiera decir que había cometido contigo un abuso de confianza. Creo que Mariano no acertaba de pleno con ese comentario porque mi encarcelamiento y el de Arturo no tenían nada que ver, pero en cualquier caso me sentía orgulloso de haber actuado de esa manera y, posiblemente, este tipo de sentimiento contribuyera a mi serenidad espiritual. No pude, sin embargo, evitar cierto rechazo, casi rozando el desprecio, por algunos consejeros de Banesto que, según el juez, habían negado conocer todo lo que este les preguntaba referente a nuestro banco, incluso datos y nombres que aparecían en la memoria que cada año entregábamos a los accionistas del banco. Esa actitud, por cierto, no provocó en el juez ningún tipo de sentimiento positivo hacia ellos, sino, más bien, todo lo contrario. Incluso llegó a comentarme, como un ejemplo de debilidad humana frente a la fortaleza que según él yo le demostraba con mi comportamiento, que un consejero llamado a declarar había roto a llorar delante de él. Es penoso pero comprensible, porque la naturaleza humana, el material fungible, la arcilla del Alfarero, es débil, y el terror a la cárcel provoca el derrumbamiento de casi todo el mundo. No necesitaba añadir a mis almacenes de acidez estas notas humanas tan poco edificantes, porque seguramente los iba a tener repletos con lo que me tocaría vivir en adelante.

Pensé en el Rey. No sé por qué, pero pensé en el Rey. ¿Qué estaría pasando por su cabeza en aquellos momentos? Supongo que su estado de ánimo sería el de una persona confundida y apenada, o, al menos, eso es lo que yo quería pensar. ¿Cómo olvidar aquella mañana del 28 de diciembre de 1993?

A eso de las siete y media de la mañana me encontraba en el banco. Sobre las ocho, más o menos, sonó el teléfono privado. Al otro lado del auricular la voz indignada del Rey. Hablaba muy alto, casi gritando, presa de excitación evidente.

—Me acaba de llamar el presidente del Gobierno. Me dice que van a hacer algo con Banesto... Le he dicho que eso es una locura, que no se hace en ningún país occidental, que a los bancos si tienen problemas se les ayuda, que eso no es de recibo...

Hablaba embalado, casi sin freno, a tumba abierta, aun a sabiendas, porque ya lo sabía, de que sus conversaciones habían sido grabadas en más de una ocasión por agentes del Cesid en eso que llaman el control aleatorio de las ondas...

—Pues sí, Señor, parece que algo traman, y en eso estamos, pero ¿qué le ha dicho el presidente cuando Vuestra Majestad le hacía esos comentarios?

—Que no me metiera en estos asuntos que tienen componentes políticos...

El Rey era absolutamente sincero. Fue sincero el grado de confianza con el que me honró cuando nuestras relaciones, algo tumultuosas en un determinado momento, se normalizaron gracias a los buenos oficios de don Juan, su padre. Por eso se sinceraba conmigo en aquellos instantes dramáticos. El Rey sufría por lo que veía iba a suceder. Le dolía, más como hombre que como rey. Yo sabía el fondo del asunto y mi lealtad al Rey y a su padre me obligó a decirle:

—Pues eso, Señor, hágale caso. La Monarquía no puede involucrarse en esto. No sé cómo va a acabar, pero es muy peligroso. Le pido a Vuestra Majestad que me haga caso y deje este asunto. Y ahora, Señor, le tengo que dejar porque me llama por la otra línea el presidente del Gobierno.

Los dos consejeros de Banesto que me acompañaban en mi despacho en esos momentos guardaron silencio ante mi conversación con el Rey. Oyeron su voz en el manos libres. Escucharon mi respuesta en directo. La sensación de que la suerte estaba echada se convirtió en certeza. El asunto no iba de cartas, ni de documentos, ni de provisiones, ni de capital, ni de créditos, ni de empresas... Era, como dijo el Rey, un asunto con componentes políticos. Y la llamada que debía atender del presidente del Gobierno acabaría rematándolo, dándole la solidez de lo inevitable. La atendí. Los dos consejeros también oyeron a Felipe González...

Desde el primer momento procuré aislar al Rey de toda relación con la intervención de Banesto. Alguna llamada furtiva, pero siempre queriéndole dejar al margen de un tema que indudable e inevitablemente se complicaría de modo exponencial. El lunes día 18 de diciembre, poco antes de comenzar mis declaraciones ante García-Castellón, sonó el teléfono en mi casa de Triana. Eran, más o menos, las nueve de la mañana. Era Manolo Prado, con quien no había hablado desde hacía mucho tiempo:

—Mario, te llamo para decirte que yo, y ya sabes quién soy yo, sigo en el mismo sitio de siempre y nada ha cambiado. Yo, y ya sabes quién soy yo, te mando ánimo, apoyo y suerte.

Manolo Prado y Colón de Carvajal era verdaderamente persona de toda confianza del Rey. Nadie me lo contó, sino que lo comprobé por mí mismo en varias ocasiones. Muchos dudaban de su fidelidad al monarca. Yo no. Algunos le atribuían instintos codiciosos en su proximidad al Rey. Es posible que ganara dinero derivado de esa relación, pero de lo que se trata es de sostener si era hombre fiel al Rey y sinceramente creo que sí. Y lo pienso ahora después de que me consta que ha tenido para conmigo un comportamiento poco recomendable. Agradecí aquella llamada.

Eran las doce de la mañana del viernes 24 de diciembre de 1994 cuando uno de los funcionarios abrió la puerta de la celda, generando ese sonido chirriante, agudo, cutre, algo rastrero, que tendría que escuchar varias veces al día durante mi estancia en Alcalá-Meco. Se convirtió en una especie de himno del encierro porque aun cuando se escuchaba tanto al abrir como al cerrar la celda, provocaba más espanto, al menos en los inicios de la singladura, cuando el cierre de la puerta se traducía en aislamiento carcelario en nocturnidad.

—Le llama el director.

Salí de la celda, atravesé el pasillo lentamente, dejando las habitaciones de mis compañeros de módulo a mi derecha. Bajé las escaleras que subí la tarde anterior. De nuevo el hall de entrada de mi vivienda. Me resultó familiar. Guiado por el funcionario llegué a la pequeña puerta de los tres giros de llave que ahora permitirían mi entrada en el departamento llamado de Ingresos y Libertades.

—Espere un momento —me ordenó el funcionario.

Miré a mi alrededor. Al fondo aquella mesita alta de aglomerado en la que se oficiaba la ceremonia de las huellas dactilares. A su costado la plataforma para el desguace de las pertenencias de los presos que ingresaban nuevos o que retornaban de permisos carcelarios. A mi derecha una puerta metálica de doble hoja que parecía celosamente cerrada, como si en su interior se custodiara algún secreto de Estado. A mi izquierda la puerta de hierro y cristal que daba acceso al despacho del Juez de Vigilancia. El funcionario me dio la orden de penetrar en él y volví a encontrarme con Jesús Calvo, el director.

Me senté frente a él, separados por la mesa de formica. Mi estado por dentro era bueno, a pesar del supuesto impacto de la primera noche en prisión, pero por fuera, entre que casi no había dormido, el frío que acumulaba y que no me había afeitado, no debía de ser el mejor del mundo, pero carecía de alternativas reales, así que mejor guardar las consideraciones estéticas para otro momento.

—Bueno, Mario, voy a integrarte en el régimen normal. Quiero pedirte que tengáis cuidado tanto tú como Romaní porque el Juez de Vigilancia ha venido expresamente a ver cómo os encontráis, pero fundamentalmente a conocer si os estamos dando algún tipo de trato privilegiado. Por eso os pido que tengáis cuidado porque son muchos los que van a querer acercarse a vosotros y se tiene el miedo de que os convirtáis en los dueños de la cárcel y eso podría traer como consecuencia una separación o incluso un traslado. Quiero que sepas, Mario —añadió—, que estoy contigo y que haré todo lo que sea legalmente posible para que el tiempo que estés aquí, que deseo sea el mínimo, te resulte lo menos doloroso posible.

Hablaba lentamente, arrastrando un poco las palabras, consciente de quién era en ese momento, ni más ni menos que el director de un Centro penitenciario, pero, al mismo tiempo, dando importancia a quien se sentaba frente a él, al nuevo preso «especial», y seguramente por ello enfatizaba de modo perceptible sus palabras cuando quería transmitir sensación de veracidad, de autenticidad y, al tiempo, o al menos eso percibí, que su sentimiento hacia mí era sincero.

—Muchas gracias, director —le contesté—, pero te aseguro que ni Arturo ni yo tenemos la menor intención de convertirnos en «dueños de la cárcel». Eso, más bien, lo dejamos para otros que vayan a consumir más tiempo en estos lugares, porque nuestro deseo es salir cuanto antes de aquí. En cualquier caso, entiendo el mensaje que me quieres transmitir y no te preocupes, que haré todo lo que esté en mi mano.

No sé si Jesús Calvo, que tiene larga experiencia, pensó para sus adentros que seguramente el tiempo de prisionero que me esperaba era muy superior al que en esos instantes yo podía imaginar, pero prefirió la prudencia, evitó el impacto emocional de un comentario semejante, me dedicó una sonrisa doliente y me dejó marchar. Abrí la puerta del despacho y salí al pasillo, crucé la puerta, dejé el departamento de Ingresos y Libertades, y…

—Bueno, pues ya eres un preso en toda regla —me dije a mí mismo, al tiempo que me sorprendía al darme cuenta de que esa frase pronunciada en la alta voz del interior, donde se escuchan voces y sonidos que en demasiados momentos nos gustan más bien poco, solo había generado una sonrisa franca en la geografía exterior de mi cara.

Penetré en el módulo PIN, cárcel pura y dura. La silueta de Arturo Romaní repleta de atuendos carcelarios se dibujó al fondo del pasillo, nada más cerrar la puerta que separa al módulo del departamento de Ingresos y Libertades. Allí estaba, en pie, quieto, a la izquierda de la garita en la que se instala el funcionario encargado de la seguridad del módulo. Me acerqué a él lentamente, tratando de adivinar su estado de ánimo. Triste. Estaba triste. Sus ojos lo traducían de modo inequívoco. Nos saludamos con efusividad contenida. En la cárcel casi nunca se desborda la alegría, a reserva de la droga, claro está. Pero eso no es alegría de la buena. A partir de ese momento Romaní se convirtió en mi guía por los inquietantes interiores del módulo, dado que él llevaba unos cuantos días de ventaja en el conocimiento de ese singular y temido territorio.

Con las terminales de vista y oído en estado de máxima alerta para retener toda la información posible, incluido, desde luego, el aparato que controla la pituitaria, atravesé por primera vez en mi vida un recinto al que llaman «salón comunitario». Es un rectángulo de unos diez metros de largo por cinco o seis de ancho, atiborrado de mesas blancas de plástico, con sillas de metal y madera —las menos— y otras —las más numerosas— de plástico, pintadas en color blanco sucio. Al fondo, una televisión de tamaño considerable situada en una repisa clavada a la pared en su parte superior, frente al cual permanecían absortos, casi en estado de trance, algunos presos cuyo aspecto exterior evidenciaba su condición de modo irrebatible. Es curioso, pero la cárcel parece que provoca eso que los curas llaman imprimir carácter. Poco a poco me fui dando cuenta de que los presos nuevos no reincidentes tienen al ingresar un aspecto más o menos aceptable, con todas las excepciones que se quiera, pero al cabo del tiempo se van degenerando. El rostro se contrae, el rictus se hace más severo, los ojos pierden brillo, la mirada denota descenso de la agudeza, los movimientos corporales más lentos, pastosos, de arrastrapies... Y ese patrón se extiende como la cólera en la Edad Media. Mimética, cosas de la mimética, digo yo...

Al fondo, a la izquierda del lustroso salón de presos, se sitúa una puerta enrejada en hierro y cristal, por la que se accedía al famoso patio en el que el día anterior, desde la ventana de mi celda, había contemplado a Romaní y a otros internos pasear como perseguidos por el diablo. Miré el muro, elevé mis ojos a los alambres de espino, giré mi cabeza de derecha a izquierda, tratando de controlar ese nuevo espacio de mi vida. Ejecuté la ceremonia quieto, sin moverme un milímetro, clavado sobre mis pies, mientras percibía que era el centro de atención de todas las miradas de los habitantes del módulo. Desde abajo elevé la vista a mi derecha, a la esquina superior en la que se albergaba la garita de la guardia civil cuyo relevo contemplé la tarde noche anterior. Desde mi posición no podía percibir nada. Los presos se movían muy deprisa por el patio en las dos direcciones. Arturo me contemplaba en silencio, esperando a que me decidiera a arrancar. Por fin un paso al frente. Arturo me imitó y juntos comenzamos a caminar por el patio. Movimientos rápidos, como los de los otros presos que cubrían el mismo trayecto, no sé si para matar los recuerdos a costa de la velocidad o para conseguir calorías con las que mitigar el frío. O ambas cosas a la vez.

Romaní me puso al día del funcionamiento de nuestro módulo, con breves indicaciones sobre los personajes más notables, algunos detalles acerca de la actitud de los funcionarios y un poco del régimen de vida, pero poco, porque eso, como el camino, se hace al caminar. Por allí apareció un personaje singular que Romaní me presentó en el acto: Julián Sancristóbal, a quien yo no conocía personalmente, aunque algo escuché sobre él antes de ingresar en prisión. Un tipo delgado, que por lo visto fue gordo, bastante grueso, tiempo atrás, vasco de origen, de mirada viva y ademanes algo precipitados, en ocasiones histéricos, que había sido director general para la Seguridad del Estado con el PSOE y a quien el juez Garzón, apenas tres o cuatro días atrás, había mandado a la cárcel por el asunto de los GAL, los secuestros y asesinatos de miembros de la banda terrorista ETA a manos de mercenarios pagados por el Estado o de guardias civiles. En esas andábamos, intercambiando palabras de rigor en presentaciones carcelarias, en las que la frase «ya ves, por aquí andamos» suele ser de consumo intensivo, cuando el funcionario nos dio aviso de que habían llegado nuestros abogados y pronunció la palabra mágica.

—Conde, Romaní, a «comunicar» con abogados.

Recorrimos un nuevo pasillo que nos conducía a los locutorios de abogados, tras pasar por nuevos controles y rastrillos manejados por funcionarios. Los presos con los que nos cruzábamos en el camino nos arrojaban sus miradas, algunas cargadas de curiosidad, muy pocas de indiferencia, y casi todas inundadas de resignación. Atravesamos el último de los controles, un rastrillo manejado por un funcionario con la cara de aburrido más gigantesca que había visto en toda mi vida, y penetramos en un recinto cerrado, sin respiraderos apreciables, de unos diez metros de largo, en el que a mano derecha según entras se localizan unos locutorios especialmente diseñados para conversar con tus abogados. Tras una puerta acristalada te instalas en un semizulo delimitado por un cristal de fondo con una pieza de hierro en su parte inferior plagada de pequeños agujeritos, que constituyen el rudimentario mecanismo de comunicación con tu abogado, que se sitúa, precisamente, tras ese cristal. Ver la cara de tu letrado y que él vea la tuya posiblemente no es el espectáculo estético más desbordante. Para hablar con él o ella en este nuestro penal tenías que acercar la boca a los orificios practicados en el hierro; para escuchar, repetir la ceremonia, pero ahora aproximando el oído. Un poco incómodo, desde luego, pero en la cárcel estamos y con esos bueyes aramos.

Nunca en mi vida había visto a Mariano Gómez de Liaño y a su hermano gemelo Miguel, junto con Antonio González-Cuéllar, encerrados en uno de esos locutorios que, según mis amigos, tenían instalados micrófonos para grabar las conversaciones de los reclusos, lo cual, por cierto, era verdad, porque los mandó instalar Julián Sancristóbal, según él mismo me contó. Pocos sitios albergan conversaciones más plagadas de lugares comunes que esos locutorios en cuyo fondo libre se encuentra un letrado y en el otro costado un preso. Una estética del fracaso. Porque perder la libertad es fracasar en la defensa jurídica. Así que caben frases lastimeras tales como: «¡Joder, qué putada nos han hecho!»; otras esperanzadoras: «¡Creo que pronto te sacamos de aquí!»; algunas con un puntito de intriga: «Estoy haciendo gestiones que no conviene que te cuente por este medio»... En fin, que únicamente te queda el recurso de asentir, sonreír con deje de ironía y tristeza, no elevar demasiado la voz ni por dentro ni por fuera, y pedir que no se alargue demasiado una conversación severamente incómoda y dolorosa para ambos costados del cristal de separación en el locutorio, sobre todo para el lado del preso.

Era ya la hora de comer cuando regresamos al «comedor» de internos, un local de paredes blancas en el que se situaban varias mesas de madera de tablón corrido con bancos sin respaldos, de esas que se usaban antiguamente en las fiestas de los pueblos gallegos. El suelo rebosaba de colillas y papeles, dando una impresión de indiferente suciedad. El olor a comida se sentía intenso, pastoso, indefinido, sin poder atribuirlo a nada en concreto y a todo a la vez, un olor nuevo, diferente, que se percibía por la pituitaria de manera especialmente agria debido a su novedad. Allí empecé a conocer a algunos de los miembros del clan de Arturo.

El primero en el ritual de presentaciones, que por el hecho de estar en prisión no vamos a perder los buenos modales, al menos de momento, fue Pep Fontanella, un catalán de unos cincuenta años, bajito y grueso, de tripa prominente de la que parecía sentirse orgulloso, o cuando menos satisfecho, dotado de un pelo blanco ostensiblemente largo y de unos ojos oscuros, grandes, brillantes y —eso aseguraba— rellenos de sagacidad. Había sido condenado por tráfico ocasional de drogas y llevaba ya tres años de condena, siendo su aspiración vital que le concedieran el tercer grado pronto, como todo hijo de vecino encarcelado, imaginé, aunque en aquellos momentos ni siquiera sabía bien en qué consistía eso del tercer grado. Parecía un hombre servicial y se dirigía a Arturo llamándole «el Jefe», lo cual, obviamente, a Arturo le encantaba. Cuando le saludé estaba preparando un pan tumaca al más puro estilo catalán. Me quedé un poco atónito. No imaginaba esas delicias gastronómicas en el comedor de presos de la cárcel.

—Joder, tú, es que aquí hay un economato y puedes comprar muchas cosas. Yo me hago con tomates para fabricar esto, que es mucho mejor que lo que nos echan de comer en el rancho —dijo ufano el bueno de Fontanella, y a continuación me ofreció una rebanada que preparó con cierto esmero adicional, y digo adicional porque era para mí, así que supuse que le haría ilusión que le dijera algo.

—Está cojonudo, Fontanella —le comenté sonriendo después del primer bocado. La verdad es que estaba bastante bueno.

Mi comentario, mi sonrisa y mi proximidad parecieron hacer mella en Fontanella, que se decidió a dar un paso en nuestra relación recién inaugurada y comentó:

—¿Sabes qué? He llamado a mi casa y mi madre me ha preguntado que si estaba con esos señores que salen en la tele. Al decirle que sí, que estoy con ellos, me ha contestado: «Nene, diles que te cuiden». ¡Hosti, tú, esto es demasiado! —añadió.

La verdad es que la frase de su madre era un auténtico sarcasmo, puesto que era él quien, por su experiencia y veteranía, tenía que cuidarnos a nosotros y no al contrario. Minutos más tarde llegó Cortés, un madrileño de la misma edad que Joaquín, creo que también traficante de drogas, de la misma estatura y también con cierta tendencia a engordar, que adornaba su cara, en la que unos ojos grandes y expresivos resaltaban sobre el resto de sus características físicas, con un mostacho casi blanco de proporciones considerables. Otro de nuestros «colegas del grupo» era José, un tipo alto y de buena planta, que hablaba con acento y palabras de tipo cheli, con aspecto serio. Era el dueño de un pub llamado El Bufonett y parecía un hombre serio; me llamó la atención la serenidad con la que abordaba su estancia en la cárcel. Me pareció el más curtido de todos en estas lides carcelarias. Por último, Fernando, un empresario de automóviles que me contó que, ocasionalmente, un empleado suyo había aceptado un «transporte» de cocaína, pero que resultó que los que le dieron la mercancía eran agentes chivatos de la policía y él fue condenado como propietario de la empresa.

Bueno, eso contaban. Ya imaginaba que en la cárcel no todo el mundo está dispuesto a relatar los verdaderos motivos por los que le encerraron allí. Y, sin embargo, respecto de otros asuntos funciona como una especie de confesionario y lo que te cuentan suele tener un alto contenido de verdad de la buena. Los presos por tráfico de drogas siempre andaban a vueltas con eso del tráfico ocasional, con lo que me querían decir que no eran profesionales de esa actividad, sino que se metieron en el lío por ganar un dinero extra para poder sostener un nivel de vida al que no llegaban con sus ingresos ordinarios... No dudo que en más de una ocasión fuera cierto el relato, pero en otras se veía a la legua que aquello era pura música celestial. En todo caso, con lo de ocasional, adornado con la condena «por convicción moral» del juez, el diseño de su historia carcelaria tenía un tufillo a injusticia, no tanto a inocencia, pero sí un poco de exceso que le permitía al preso autojustificarse internamente y vivir un poco más crecido ante sus colegas.

A pesar de ser mi primer almuerzo en la cárcel no retengo en qué consistió, pero tampoco guardo ningún mal recuerdo, lo que significa que no se trataba de bazofia, aunque, bien es verdad, yo nunca he sido particularmente exigente en el tema alimenticio. Muchos se quejaban de la calidad de la comida, pero a mí me parecía que, tomando en consideración dónde nos encontrábamos, no merecía reproches. Se come rápido, muy rápido, en apenas diez minutos, y enseguida subes de nuevo al chabolo, porque a eso de las dos y cuarto te «chapan», lo que quiere decir en el argot carcelero cerrar la puerta de la celda. Una vez dentro, haces lo que quieres. Menos largarte, claro.

Este es el tema, saber bien en qué consiste ese «lo que quieres», porque querer, lo que se dice querer, puedes desear muchas cosas, pero poder, lo que se dice poder, más bien pocas. Si vives con otro, caso absolutamente generalizado a pesar de que la ley penitenciaria dice eso tan bonito de un preso por celda, tienes las limitaciones derivadas de la convivencia forzosa en espacio reducido, y no cualquier convivencia, sino con alguien que es más que probable que no sienta especial aversión por la violencia. Afortunadamente, en mi caso vivía solo en mi celda por razones de seguridad personal. Y, claro, me pregunté qué hace un preso solo en esos instantes. Pues generalmente dormir o adormilarse. Entonces no disponía de información precisa sobre la circulación de la droga en prisión. ¿Oír música, ver la tele? Sí, claro, son los únicos divertimentos, siempre, por supuesto, que tengas dinero para pagarte el aparato correspondiente y, además, te pongas de acuerdo con tu compañero de celda sobre la música a oír o la emisora a ver... No siempre es fácil. Al final, pues eso, a dormir ayudado por algo...

No disponía de concentración suficiente para leer. Prefería quedarme absorto mirando a través de las rejas al fondo de vida exterior que me ofrecían y refugiarme en algunos de mis mejores pensamientos. El tiempo circulaba sin que me diera cuenta hasta que un grito procedente del pasillo me trajo de nuevo al mundo de la conciencia ordinaria:

—¡¡Recuento!!

Eran las dos y media. Sin saber muy bien por qué me puse en pie. Oía cómo alguien golpeaba con un objeto metálico las chapas de las celdas del pasillo. De vez en cuando sonaba una voz autoritaria:

—¡¡Tú!! ¡¡Ponte en pie!!

Se aproximaba hacia mi celda hasta que el sonido metálico se produjo en mi chapa. Vi que a través del pequeño agujero abierto en ella algo se movía. Supuse que me contemplaban. Dejé la posición firme cuando percibí que le tocaba el turno a Romaní. Me senté de nuevo en la mesa a esperar a que llegara la hora en que nuevamente abrirían las chapas para que pudiéramos retornar al comedor, al salón, al patio...

Poco después me enteré de que los recuentos de presos se efectúan varias veces diarias y no solo en las celdas, sino también en los patios, con independencia del frío o calor reinantes. Nos formaban a todos en una sola fila, uno a costado del otro. El funcionario se situaba frente a nosotros, más o menos en el punto central de la fila, con un listado de los nombres de quienes habitábamos el módulo. Iba leyendo en voz alta, casi gritando, el nombre y el primer apellido de cada preso y nosotros teníamos que pronunciar en alta voz el segundo apellido para identificarnos. A veces se creaba cierta tensión con los sudamericanos que tienen tres y hasta cuatro nombres propios pero solo un apellido, así que repetían el que había leído el funcionario y eso no siempre se saldaba sin un par de gritos de la autoridad y unos cuantos kilos de susto en el preso, que no entendía bien de qué iba la cosa del griterío.

Aparentemente la finalidad de este ceremonial era controlar todos los movimientos de los presos y evitar que alguno pudiera esconderse del funcionario con propósitos de fuga carcelaria. Sin embargo, cuando ya conseguí un poco más de confianza con ellos, uno de los funcionarios me contó que no se trataba solo de comprobar que el preso se encontraba físicamente allí, sino que, además, estaba vivo. La información que me transmitieron en aquellos primeros días de mi estancia como preventivo consistió en que los suicidios no eran demasiado frecuentes, pero se daban, así que mejor estar al tanto y para ello utilizar esa técnica del recuento. ¿Era algo más que eso? Uno de los presos, uno que se las daba de intelectual, me explicaba la cosa del siguiente modo, un tanto alambicado:

—En el fondo, el «recuento» es un acto de autoridad, un mecanismo para recordarte que eres un «recluso», un «proscrito» que estás allí por haber violentado las leyes de la sociedad y que ellos, los funcionarios, son los representantes de la Ley en aquel recinto y, consecuentemente, les debes obediencia, respeto y consideración. Por eso es para ellos un ritual de fiesta personal.

Un poco exagerado me pareció. Quizá en algunos casos de funcionarios raritos pudiera ser, pero no creo que se elevara a criterio general. Admito que en algunas ocasiones dudé de mis criterios porque, aunque procuraba portarme bien, en algunos momentos, cuando el funcionario efectuaba el recuento, yo me encontraba sentado mirando por el ventanal. Era obvio que estaba allí y vivo, a pesar de lo cual alguno de ellos, dotado de un carácter muy especial, profería desde fuera de la chapa un grito de «¡Conde, en pie!», cuyo único propósito era, obviamente, ejercer autoridad sobre mí. Comprendo que eso le proporcionara algún tipo de satisfacción especial, pero ¡era tan barato levantarse para contentar instintos tan primarios...! Siempre se trataba del mismo funcionario, un hombre inundado de complejos que podía ser un dictador dentro de prisión para volver a la minúscula existencia que se veía obligado a soportar cuando abandonaba a diario las puertas del presidio.

Las cosas empezaban a funcionar en mi chabolo. Lourdes me había mandado perchas de plástico, anorak de color vino, camisas y calzoncillos, un flexo nuevo, una manta especial de lana para combatir el frío de la noche y los calcetines adecuados. Fui colocando las cosas en su sitio recordando mi época en el Colegio Mayor de la Universidad de Deusto. Me faltaba todavía un cubo para el detergente con el que lavar la ropa interior, una fregona nueva —porque la que me dieron estaba hecha una mierda—, un palo de escoba para situarlo encima del retrete y de él colgar los dos rollos de papel higiénico que formaban parte del «equipo habitual» que te entregan al llegar a la cárcel. Existe toda una tecnología de cómo ordenar un chabolo y yo era un novato en estas lides, así que cuando recorría el pasillo miraba de reojo todas las celdas para ver si algún detalle podía serme de utilidad. No solo se trataba de tener una vida más o menos cómoda, sino que me era imprescindible para mantener mi equilibrio psicológico hasta que se hiciera realidad esa frase: «De aquí se sale».

Desde el primer momento comprendí que tenía que integrarme en la «comunidad de colegas». Lo importante allí dentro es sobrevivir. Por eso decidí que los conceptos básicos de mi arquitectura intelectual había que dejarlos en la entrada, al igual que la agenda, los gemelos o el dinero. Dentro, de nada te sirve pensar en lo «justo» o «injusto» de tu situación. Antes al contrario: ese tipo de «comecocos» —en terminología de José— solo sirven para entrar en depresión y que te manden a la enfermería. En realidad, como diría Ortega, me iba a encontrar a mí mismo, es decir, la experiencia de mi situación iba a proporcionarme información acerca del grado de gusto o disgusto que sentiría en la cárcel. Cualquier programación a priori tenía escaso sentido, puesto que había que contrastarla con la realidad. Es cierto que el objetivo a conseguir era reducir el grado de frustración que pudiera provocar el contraste, pero eso era todo. No pensar en el porvenir, sino en el inmediato presente; esta era la clave y a ella apliqué todas mis fuerzas.

La tarde era fría y comencé a pasear con Julián Sancristóbal. Había leído su nombre en un titular del diario *El Mundo* en el que se le relacionaba de forma directa con el informe Kroll sobre mí. Le noté algo incómodo conmigo, posiblemente porque tuviera mala conciencia en relación con ese asunto. Quizá por ello no me sorprendió demasiado que pocos minutos después de conocernos y mientras paseábamos de un lado a otro del patio, decidiera abordar de manera directa la conversación sobre tan espinoso tema. Yo me había limitado a decirle algo así como «ya me lo contarás algún día», pensando en que al ser unos desconocidos necesitaríamos tiempo antes de abordarlo en profundidad. Pero no fue así. Entró directo y al grano:

—Fue Roldán quien, por encargo de Serra, me pidió que le ayudara diciéndome que tenía que hacer un informe sobre Mario Conde y que no sabía cómo llevarlo a cabo. Yo —dijo Julián— tenía cierta relación con la empresa Kroll, especializada en este tipo de trabajos, y le puse en contacto con ellos.

No estaba mal para comenzar la relación, aunque era evidente que sabía mucho más de lo que me había contado. Decidí no seguir la conversación en aquel momento y me preparé para la cena de Nochebuena. Habían transcurrido pocas horas desde mi ingreso en prisión, pero comencé a darme cuenta de que aquello podía ser muy duro si no te preparabas psicológicamente en la forma adecuada. Al comienzo todo es novedad. Incluso el ambiente y las personas que forman parte de él son lo suficientemente extrañas para que te produzcan una especie de sensación de pérdida de conciencia de la realidad. La verdad es que nunca ninguno de los reclusos pronunció, en relación conmigo, ni una palabra alta, ni un ruido, nada. Al contrario, todo eran amabilidades aparentes. Pero con eso y con todo, saber llevar la estancia en prisión no es nada fácil. Quizá lo más difícil es ignorar cuánto tiempo vas a estar dentro. Algunos de los que son «colegas» nuestros no tienen a donde ir y cuando salen de la cárcel no saben de qué vivir, por lo que vuelven a las andadas y regresan a este «su hogar». Yo había dejado muchos problemas sin resolver fuera del recinto de Alcalá-Meco y no tenía ninguna oportunidad de contribuir a solucionarlos. Esta sensación de impotencia se agarra al alma provocándote un sentimiento de angustia que es necesario, absolutamente imprescindible, controlar por tu propia estabilidad emocional.

Siempre hay algo especial —según me contaron— en la cena del día de Nochebuena. Un gitano gordo, con el pelo negro y largo, recogido en una coleta, al que llamaban Caracol y que hablaba con marcado carácter maño, lo que me hacía gracia porque se supone que un gitano no debe tener entonación aragonesa, nos entregó un envoltorio de celofán en el que había unas piezas de turrón, mazapán y un polvorón. En cualquier caso, a eso de las ocho y media ya estábamos chapados en nuestra celda. Yo le había pedido por favor a Lourdes que se divirtieran, que no pensaran demasiado en tragedias, que celebraran las cosas con normalidad. Pensé en ellos cuando apagué la luz. Tengo que confesar que no me sentí especialmente desgraciado por no estar con mi familia en aquellos momentos. El asunto iba de otra cosa y había que saber aceptarlo.

Esa noche vinieron a mi mente muchos pensamientos distintos y traté de introducir cierto orden en ellos. Los acontecimientos vitales circulaban a toda velocidad, como en una especie de «moviola» existencial. Algunos de ellos tomaban perfiles más nítidos, otros más borrosos e, incluso, trozos de mi vida que creía olvidados, a los que no había prestado —al menos en apariencia— demasiada atención, venían ahora a mis recuerdos con mucha mayor nitidez de la que hubiera sospechado. Algo así me ocurrió en Tanzania cuando estaba cazando en el mes de septiembre de 1993, pero no era el mejor momento para acordarse de África. Sumido en este estado se acabó la Nochebuena y llegó la Navidad.

De todas formas, el regalo estaba claro y consistió en unas pocas frases de políticos que comentaban el día de Nochebuena mi ingreso en prisión. Por ejemplo, Ramón Espasa, de Izquierda Unida, manifestó: «La decisión del juez es coherente con nuestro dictamen». Mercedes Aroz, del PSOE, calificaba el auto de prisión como «la decisión que culmina la respuesta de todas las instituciones para clarificar la crisis de Banesto». Fernández de Trocóniz, del PP, aseguraba que el auto era «un hito más en el largo proceso contra Mario Conde». Federico Trillo, a pesar de que todas las actuaciones estaban sometidas al secreto, aseguró que la decisión «era fundada y que ratificaba la lectura política». Por fin, un periodista, en un artículo titulado «El crimen perfecto», que leí en la cárcel, aseguraba el día de Nochebuena de aquel año 1994 que «la instrucción del sumario y el juicio, que debe ser rápida, servirá para probar la culpabilidad de los acusados». Nada como el respeto a la presunción de inocencia...

3

CONFESIONES ENTRE RECLUSOS

El día de Navidad de 1994 amaneció nuevamente frío y seco. Me esperaba, con impaciencia de filiación higiénica, la novedad de mi primera ducha carcelaria. En la bolsa roja se encargaron de meterme un albornoz y unas zapatillas de ducha, entre otras cosas porque contaban que en semejantes territorios te podían contagiar una gama variada de hongos de esos que se pegan en las plantas de los pies y para quitarlos te cuesta un disparate. Tal vez sea prevención al mundo carcelario, pero tampoco es demasiado extraño que en una cárcel se críen esos bichos. No lo sé, pero mejor prevenir. En todo caso las zapatillas estaban allí y no era cosa de ponerse a despreciar utensilios. Así que con ese atuendo, más propio de un hotel de sierra que de un Centro penitenciario, ascendí por las escaleras al segundo piso, en el que habían habilitado las duchas del módulo, y junto con otros presos nos dispusimos a esperar pacientes a que el funcionario abriera la puerta de acceso al local.

Las duchas las arrancan desde la garita de control del módulo, pulsando un botón que acciona el funcionario antes de subir al recuento de la mañana. El lugar dedicado a estas labores higiénicas es una nave inmensa, casi de la misma largura que el módulo de las celdas. A la derecha, unos orificios en la pared rematados con un pequeño saliente metálico arrojan agua caliente, casi hirviendo, con intervalos de fría; bueno, en un páramo castellano como ese, más que fría habría que hablar propiamente de agua a punto de congelación. No sé por qué esa mezcla, tal vez para acelerar la circulación sanguínea al estilo finlandés. O para que el personal se espabile más deprisa al modo y manera castellano. El chorro caliente-frío sale de la pared ininterrumpidamente durante todo el horario establecido para las duchas. Frente a cada chorro hay construido un pequeño murete que alcanza a la altura del pecho de alguien con una estatura como la mía, destinado a preservar la intimidad de los presos.

Los primeros en llegar se introducen en las duchas abiertas, que no son todas por lo de ahorrar agua y combustible. Solo las cuatro o cinco más próximas a la puerta. Los demás esperamos. Algunos se eternizan en la faena. Otros ejecutan un aliño rápido. El vapor dificulta la visión, pero no la anula totalmente porque la seguridad del Centro había mandado romper algunos cristales de las pequeñas ventanas horizontales situadas cerca del techo con el fin de que se aliviara algo el recinto. El propósito parecía muy claro: evitar que se produjera tal concentración de vapor que, amparado por la dificultad de ser visto en esas circunstancias, un furtivo carcelario pudiera provocar algún «accidente». Contaban que es precisamente en las duchas, y ocultos tras esa niebla artificial, donde se contabilizan con violencia los ajustes de cuentas. Unos sujetan al agredido mientras el agresor le corta el cuello y deja que su sangre corra por los canales que evacuan el agua. Nunca lo vi. Algún preso me contó que de vez en cuando, aunque raramente, algo así ocurría. En tales casos —insistía— se encierra a todo el mundo en sus celdas para que nadie vea nada y la vida siga con la mayor normalidad. No sé. Tal vez sea una historia de miedo. Quizá encierre verdad.

Aquella mañana despertó mi interés un individuo más bien alto, rondando los sesenta, calvo en casi toda la superficie de su cabeza, aunque mantenía con esmero una muy escasa reserva de unos lacios pelos rubios, provisto de gafas de las de ver de cerca y de maneras y gestos que evidenciaban que no se trataba de un indigente andaluz. Se lavaba en la ducha contigua a aquella en la que yo hacía lo propio, lo que me permitió observarle con cierto detenimiento. De repente, sin mediar aviso, comenzó a gritar, una y otra vez, un soniquete capaz de llamar la atención de cualquiera:

—¡Señooooor! ¡Señoooor! ¡Sáááácame de aquí!

Adornaba el grito con un gesto de cabeza que levantaba ostensiblemente al cielo como pidiendo expresamente a Dios que le escuchara en su súplica. Luego, un poco más tarde, me enteré de que se trataba de Arsensi, un empresario del sur, creo que dedicado a cines o algo así, un hombre que tenía todas las trazas de ejercer autoridad a base de consumir violencia, y no solo moral, sino sobre todo física. Lo cierto es que su delito era asesinato en versión pura y dura.

En la cárcel circulan historias míticas acerca de los delitos cometidos por los presos que parecen dotados de personalidades más fuertes, esos que, más tarde o más temprano, se acaban haciendo con el control de los módulos, aquellos a los que Jesús Calvo, el director, llamaba «dueños de la cárcel». Arsensi tenía toda la pinta de ser uno de ellos. No sé si el dueño, pero desde luego uno de los más poderosos validos de la corte carcelaria. De ahí que se fabricaran y consumieran mitos sobre las andanzas que le trajeron a Alcalá-Meco. Me contaron que mató a su mujer y a su socio. Lo primero, lo de la mujer, nunca se pudo probar, así que de eso quedó penalmente exento. Por el segundo asesinato le condenaron a

unos veinte años, más o menos. Me dijeron que él y su socio llevaban pistolas como quien lleva una pluma estilográfica o una maleta de documentos. No sé qué tiene que ver eso con los cines, pero
en fin. Lo cierto es que discutieron y querían pasar a mayores, por
lo que Arsensi sugirió a su contrincante que dejaran las armas sobre
la mesa y que pelearan como hombres, es decir, a puñetazos. El
socio accedió y allí se quedaron las armas. Ellos se fueron a un descampado a pegarse, pero antes de comenzar la pelea Arsensi sacó
una pequeña pistola que llevaba escondida en un bolsillo trasero y
le atizó un par de tiros en la cabeza a quien, desde ese instante, dejó
de ser su socio por causa de defunción. Tuve ocasión de hablar con
él varias veces y parecía un hombre bastante excitable. Él mismo
me confesó que consumía tranquilizantes mayores, y no solo en prisión, sino también en libertad. En fin, tenía todas las características
de la persona con la que es mejor llevarse bien, lo cual, por cierto,
yo conseguí con bastante facilidad.

A la vuelta a mi chabolo, Joaquín, el catalán, me preparó un
café con leche en vaso de cristal —todo un lujo— y desayuné tres
pastas que me había regalado el día anterior un taxista rubio de
la banda de «los turcos». A eso de las nueve y media ya estaba
abajo, en el salón de presos. Me encontré con Julián Sancristóbal.
Su lenguaje corporal profería gritos diciendo que quería hablar, así
que le invité a dar un paseo juntos por el patio. Percibí con claridad meridiana que se sentía algo angustiado con su colaboración
en el espionaje que me hizo el vicepresidente del Gobierno de Felipe González, Narcís Serra.

La verdad es que esto de los espionajes políticos y financieros
tuvo un momento álgido en la vida política y española. Bueno,
cada cierto tiempo estallan escándalos de este tipo, lo que evidencia que se trata de una práctica más que habitual en ese mundo.
Mi primer contacto con esos modos sutiles de cercenar la libertad

individual de los habitantes de esta querida piel de toro sucedió casi recién llegados a Banesto, en 1988, en los primeros compases de mi presidencia. Recibí una llamada de un amigo, muy misterioso en el tono; más que amigo debería hablar de un conocido de quien se decía tenía intereses en empresas de seguridad conectadas con el Mosad israelí, teóricamente los mejores especialistas en estas singulares labores de investigar la vida de otros. Me pidió vernos en secreto, pero cortó por lo sano cualquier aclaración adicional a través del teléfono.

Como tenía confianza con él, acompañado de mi seguridad salí a la Castellana, subí a su coche y nada más instalarme en el asiento trasero y Juan Carlos, de mi seguridad, en el delantero contiguo al conductor, me hizo un ostensible gesto de silencio situando un dedo sobre su boca. Inmediatamente me ordenó, también gestualmente, paciencia.

Detuvo su coche frente a una pequeña cafetería próxima a Cuzco. Nos bajamos. Penetramos en ella. A esa hora algunos, no muchos clientes, tomando café y alguna que otra copa de coñac para seguir cierta tradición hispana, de esas que suelen ocasionar considerables desperfectos. Allí me explicó con palabras directas y muy poco generosas en cantidad que le había llegado una cinta de casete que en ese instante me entregaba. Yo permanecía mudo siguiendo el guión que el hombre me marcaba.

—Escúchala —fue todo cuanto añadió.

Me tomé el café cortado a toda prisa y cada uno en su coche abandonamos el lugar. De regreso al banco y nuevamente instalado en mi despacho, pedí a Mercedes, mi secretaria entonces, que me trajera un reproductor de esas cintas, convertidas al día de hoy en piezas de museo. Cuando tuve el aparato en mis manos, introduje la cinta y me dispuse a escuchar. Realmente sorprendente. Lo que oía era uno de los consejos de Banesto de la turbulenta época de la opa presentada por el Banco de Bilbao, impulsada desde instancias gubernamentales, como se suele decir. Cierto es que aquella actuación del banco de origen vasco fue un acontecimiento político, social y mediático de proporciones gigantescas para el mundo español, pero ni siquiera admitiéndolo me había imaginado que se dedicaran a grabar nuestros consejos de administración.

—¿Cómo han podido hacer eso? —le pregunté telefónicamente a quien me dio la cinta y una vez que conseguimos tranquilizarnos un poco.

—No lo sé —contestó—. Dicen que existen procedimientos mediante láser para estos trabajos. Por lo visto, el rayo se proyecta sobre el cristal del salón y a través de él pueden grabarse conversaciones. A lo mejor es ciencia ficción. No lo sé. Pero ya sabes que debéis tener cuidado.

Me extrañó un poco que después de las precauciones extremas que adoptó siguiendo el manual más riguroso que despacharse pueda, antes de entregarme la cinta ahora hablara por teléfono con más soltura, quizá, de la debida, pero tal vez tuviera algún sistema de encriptado telefónico o algo así. Y a partir de ese momento tuve cuidado, aunque en realidad es muy complicado protegerte contra algo que no conoces dónde y cómo actúa.

Lo curioso es que poco tiempo después recibí noticias de que una agencia norteamericana, Kroll para más datos, había elaborado un informe sobre mí a requerimiento de tres empresarios-financieros que andaban muy de moda en aquellos años revoloteando en torno a un banco que se llamaba Banco Central. Como no disponía de medio para constatar la existencia del informe, hablé con mi amigo Colo.

José María Rodríguez Colorado, «el Colo» desde los tiempos de la Universidad de Deusto, mantenía conmigo una amistad vieja, nacida en el Colegio Mayor de Deusto regentado por los jesuitas. En aquellos instantes era director general de la Policía en el gobierno socialista de Felipe González. Le pregunté por el asunto. Colo, que es cauto entre los cautos, me aseguró que trataría de enterarse y si lo conseguía me diría algo. Hombre, si el director general de la Policía no se entera... Al cabo de unos días me llegó un sobre. Dentro, unos pocos folios escritos a máquina. Eran el informe elaborado por Kroll. Lo leí. Bastante malo, tirando a pésimo. Se trataba, claro, de investigar, de hurgar en mi vida privada. Aseguraba el papelito que tenía una aventura con una italiana que vivía en una calle céntrica de Madrid que no consigo recordar. Lo comenté con Lourdes, mi mujer, y le propuse que juntos fuéramos a esa dirección a ver si allí vivía alguien de esas características, no fuera a ser que tuviera una amante sin saberlo... Nos reímos un poco. Bueno, yo más que Lourdes, porque estas cosas a las mujeres les hacen la gracia justa, tirando a ninguna.

En 1993, creo recordar que allá por septiembre o algo así, Julián García Vargas, entonces ministro de Defensa, y su mujer, Araceli Pereda, directora de la Fundación Cultural de Banesto, nos invitaron a Lourdes y a mí a cenar en su domicilio oficial del Ministerio de Defensa en Madrid. Fue una cena agradable y comentamos muchas cosas acerca del especial momento político que se vivía en el PSOE después de la ruptura entre Alfonso Guerra y Felipe González, todo ello adobado, además, con un crecimiento negativo del PIB español en aquel año. En mitad de aquella cena surgió un nombre propio: Luis Roldán, director de la Guardia Civil, y creo que el primer civil en desempeñar ese crítico puesto del Estado.

Al parecer existían sospechas de que pudiera estar cometiendo actos irregulares, pero en aquellos días, al menos en la impresión que me transmitió Julián, no pasaban de habladurías. Curiosamente me aseguró que ese hombre, Roldán, le había dicho a él, a Julián, en su condición de ministro de Defensa, que él, Roldán, había recibido un encargo muy especial de Narcís Serra, entonces vicepresidente del Gobierno. El encargo consistía en elaborar un informe sobre mi vida privada financiado con fondos reservados. Roldán le había dicho a Julián que tenía una copia en su despacho. El ministro me dijo que si tenía interés me la haría llegar.

La verdad es que por inconsciencia o lo que fuera no le di mayor trascendencia al asunto y así quedó la cosa. Pero el escándalo Roldán estalló poco después, y lo hizo con caracteres de gigantesco drama político. Sobre todo a partir del momento en que el hombre, asustado, deprimido o lo que fuera o fuese, decidió irse de España y escapar a la acción de una Justicia que parecía teñirse de instrumento al servicio de la venganza política. El escándalo, como digo, fue gigantesco. Localizar a Roldán se convirtió en un bien cotizado al máximo en la bolsa de la política. Y, curiosamente, al cabo de un tiempo, unos periodistas de *El Mundo* se apuntaron el tanto de unas declaraciones exclusivas de este hombre, sin desvelar, por supuesto, el sitio exacto de su localización.

Entre esas inauditas declaraciones Roldán hizo especial hincapié en el informe encargado por Narcís Serra sobre Mario Conde, aportando datos y creo recordar algunos documentos que el diario reproducía en sus páginas. La cosa parecía estar más clara que el agua. El tono político ascendió muchos grados. Ya se había producido la intervención de Banesto y era evidente que ambos acontecimientos guardaban relación entre sí. Claro que el consenso entre todos los partidos evidenciado en aquella histórica sesión parlamentaria del 30 de diciembre de 1993 provocó que se quitara bastante hierro a un asunto que tenía más material de ese tipo que la cárcel de Alcalá-Meco.

Aquella mañana me encontraba en La Salceda, nuestro campo de Ciudad Real, y dándole vueltas al asunto decidí por mi cuenta y riesgo, sin consultar absolutamente con nadie, marcar el número de teléfono de la secretaría del presidente del Gobierno. Lo hice conscientemente desde el teléfono fijo para que si algún día se necesitaba, se pudiera comprobar que desde ese número se marcó el de Moncloa. Dejé el recado de mi llamada y poco después me contestó Felipe González.

—Presidente, te he llamado a propósito de eso que dice Roldán en la prensa de un informe que encargó Narcís Serra sobre mí...

—De eso, Mario, no sé nada. Te aseguro que de esta casa no salió eso que cuenta.

—Presidente, estoy seguro de que tú no has intervenido, pero Roldán dice...

—Y del vicepresidente del Gobierno tampoco —me cortó Felipe.

—Me alegro, presidente. De todas formas tienes que entender que es el Estado, una autoridad del Estado, la que suministra la información y eso no es baladí...

—Ya, claro...

—Pero ahora hay otras cosas que hacer. No se trata de perjudicar a nadie. De momento el asunto es prensa pura, aunque hay documentos, según parece. Si va a mayores ya hablaremos. En todo caso, presidente, gracias por atender mi llamada.

No me quedé nada convencido, si he de seguir siendo sincero. El mero hecho de que atendiera mi llamada, con el banco intervenido, y en pleno escándalo político-mediático, podría ser un indicio de cierta preocupación en alguien que, como Felipe González, no suele tirarse a piscinas sin comprobar que tienen agua, e, incluso, que la temperatura es aceptable para bañarse sin riesgo de resfriado. Pero, en fin, como le dije al presidente de entonces, tenía muchas cosas que hacer. Ahora, en ese día de Navidad de 1994, la casualidad quiso que coincidiéramos en la misma prisión un hombre clave en esa historia y el supuestamente espiado según el ínclito Roldán. Así que tenía la oportunidad de conocer de primera mano lo sucedido. Que un Estado espíe a un sujeto privado utilizando fondos reservados y contratando servicios de espionaje extranjeros es algo más propio de la ficción que de la realidad, pero ya se sabe el viejo dicho a propósito de ambos, de ficción y de realidad.

Cualquiera que fuera la utilidad que pudiera derivarse del relato, aunque solo se tradujera en incrementar mi acervo de sucesos negros de la vida política, no podía dejar pasar esa oportunidad, así que manos a la obra. Sin tapujos ni medias tintas pregunté a Julián:

—Por cierto, Julián, ¿tienes inconveniente en que hablemos del asunto Kroll?

—En absoluto —me contestó.

—¿Por qué conoces el asunto?

—Porque yo fui quien lo organizó. Roldán me llamó un día para que fuera a verle a su despacho oficial de director de la Guardia Civil. Yo no tenía demasiada confianza con él, pero lo cierto es que había sido su jefe y estas cosas cuentan en la vida. En la entrevista me dijo que Serra le había encargado un informe confidencial sobre Mario Conde, especificándole que no quería que se enterara de ello la «bestia» de Corcuera, porque era un tipo que no valía para nada. Igualmente le dijo, según Roldán, que para ese trabajo no valían los del Cesid porque eran incapaces de leer un balance, así que no podía contar con ellos ni con los servicios de la Guardia Civil. Ante esta situación, Roldán me pidió consejo sobre qué hacer. Yo le comenté que tenía buenas referencias de la empresa norteamericana Kroll, especializada en este tipo de trabajos, y que, además, tenía confianza con ellos porque les había proporcionado contratos en algunas partes del mundo.

—Ya, Julián, pero si se trataba de cuestiones financieras, es claro que quizá no sirvan los del Cesid, pero para eso tiene a los mercenarios, perdona, funcionarios, del Banco de España, ¿o no?

—Sí, claro que sí, pero te cuento lo que pasó.

—Bueno, bien. ¿Y no te dio Roldán ninguna explicación de por qué Serra quería investigarme?

—Sí, pero tampoco demasiado profunda. Me dijo que el vicepresidente le contó que estabas haciendo una movida importante en medios de comunicación social en España y que eso era, posiblemente, el preámbulo para tu entrada en política, por lo que quería tenerte controlado ante esa eventualidad. Roldán no quiso aclarar más el asunto y quedó en esos términos, pero es obvio que ese informe solo tenía un objetivo: limitar tu libertad de movimientos para el momento en que te dedicaras a la política.

—Ya, y ¿cómo pensaba limitarla esa criaturita inocente de Serra?

—Pues supongo que hurgando, buscando y, si no encontraba nada, pues inventando.

—¿Qué quieres decir?

—Pues, hombre, que en un informe se pueden poner cosas que a lo mejor no han ocurrido, pero que ya quedan en un papel y eso les da cierta veracidad. Al menos el coste de desmentirlas es muy alto...

—Joder, pues sí que estamos bien... Bueno, sigamos. ¿Entonces fuiste tú quien puso en contacto a Roldán con Kroll?

—No. La gestión la hice directamente yo. No sé si Roldán habrá o no hablado con ellos, porque entre sus notas para Kroll me entregó unos números de teléfonos personales suyos, por lo que ignoro si en alguna ocasión habrán entrado en contacto telefónico, pero te insisto en que la conexión con Kroll la llevé personalmente yo.

—Pero ¿quieres decir que actuaste como un intermediario?

—En sentido estricto no. Roldán me pidió un favor y yo se lo hice, por mis relaciones con el ministerio, pero yo no me dedicaba a este tipo de asuntos con carácter profesional.

Esta respuesta no me pareció absolutamente sincera, porque pensé que nadie se encarga de un trabajo así sin recibir nada a cambio, aunque en aquel momento no debía poner en duda sus palabras. Además, el individuo estaba hablando conmigo en un tono franco, auxiliado, desde luego, por la especial situación psicológica en la que se encuentra toda persona que pasea por el patio de presos de una cárcel después de haber sido director de la Seguridad del Estado. La conversación estaba siendo muy importante y vino a mi mente la posibilidad de que algunos de aquellos que nos contemplaban con cierto aire fingido de indiferencia pudieran ser agentes del Gobierno que estuvieran espiándonos, a pesar de lo cual decidí continuar porque tenía ante mí una ocasión de oro que no sabía si volvería a repetirse. Las palabras de Serra —según Roldán— referidas a la movida en los medios de comunicación social conectaban directamente con nuestro intento de comprar parte de *La Vanguardia*, el diario catalán propiedad del Grupo Godó.

—Pero ¿cómo sabes que fue Serra el que encargó a Roldán el asunto?

—Por dos razones: la primera, porque me lo dijo Roldán. La segunda, porque en muchas de las ocasiones en las que acudía a entregarle la información que me había suministrado Kroll, Roldán llamaba a Serra delante de mí para decirle que tenía nueva información y para reclamarle el dinero necesario para pagar a la empresa investigadora.

Aquello era una información redonda. Yo estaba extrañado con la sinceridad de Julián, y, aunque comprendía su estado de ánimo —convertido en el único responsable político del caso GAL, con una amenaza terrible sobre su cabeza—, decidí ser cauto para ver cómo reaccionaba ante mi postura.

—Es curioso, pero cuando la prensa aireó el asunto, yo llamé personalmente a Felipe González desde La Salceda. Sinceramente, me extrañó que contestara la llamada a los pocos minutos de dejar el recado en su secretaría. Me dijo expresamente que él no había tenido nada que ver con ese informe. Utilizó la expresión «esta casa», por lo que quise entender que se refería a la Moncloa, lo cual era un paraguas protector de la intervención de Serra. El presidente del Gobierno notó mi reticencia cuando le contesté: «Presidente, estoy seguro de que tú no has intervenido», con lo que no me pronunciaba sobre el resto de los inquilinos de aquel edificio. Felipe, sin embargo, fue rotundo: «Ni el vicepresidente tampoco», frase ante la que guardé un profundo silencio telefónico.

—¡Eso es absolutamente mentira! —dijo Julián elevando el tono de voz y pronunciando las palabras de modo deliberadamente lento, con el propósito de remarcar lo que estaba diciendo.

No quise ratificar ni negar una afirmación enfatizada de tal manera. Ni siquiera le relaté mi cena con Julián García Vargas. Prefería el silencio porque era mucho más operativo. Sancristóbal se dio cuenta y descendió en decibelios su voz y en muchos grados su énfasis.

—Yo incluso pensé —dijo Julián— que cuando te ofrecieron comprarte tus acciones antes de la intervención de Banesto habrían aludido a las informaciones de las que disponían sobre ti.

—De manera directa no lo hicieron. Pero ahora que conozco la historia, recuerdo que cuando bajé a ver al gobernador, el día 28 de diciembre de 1993, a eso de las cuatro y media de la tarde, me recibió primero el subgobernador, Miguel Martín, con el que mantuve una conversación algo insulsa esperando a que llegara el gobernador. Miguel Martín me insistió en la conveniencia de que vendiera mis acciones y que, además, debía ser consciente de que tanto el Banco de España como el Gobierno tenían mucha información sobre mí. Yo no le di mayor importancia al asunto, pero ahora creo que se estaba refiriendo al informe Kroll, aunque lo cierto es que no mencionó esa palabra. No conozco las vinculaciones políticas de Martín, pero me parece que actuaba como el puente directo entre el Gobierno y el Banco de España por encima de Rojo. ¿Tú sabes algo de él?

—No demasiado —fue la respuesta escueta de Julián.

—Por Madrid circulaba que este hombre era sospechoso de estar ligado a movimientos políticos muy raros... Lo único que sé es la historia que me contó Arturo Romaní a propósito de la actuación de Miguel Martín el día del golpe de Estado de Tejero. Como sabes, los subsecretarios, bajo la presidencia de Laína, se constituyeron en «gobierno provisional». Pues bien, Martín intentó por todos los medios escaquearse de aquellas reuniones, alegando que se encontraba mal, que se sentía enfermo, y solo cuando Tejero fue arrestado y el Congreso de los Diputados liberado, apareció como si nada hubiera ocurrido.

—No sabía nada —insistió Julián.

Estaba resultando un día de Navidad realmente importante y, quizá por el calor interior producido por lo que estaba oyendo, me dio la sensación de que el frío había bajado considerablemente. Me detuve por unos segundos, desenfundé el guante que cubría mi mano derecha, encendí un pitillo, seguí caminando y pregunté:

—Oye, Julián, ¿a ti no te extraña que sabiendo ellos que estamos juntos en la cárcel no hayan tratado de evitar, por todos los medios, que tengamos una conversación como esta? La verdad es que a mí me llama la atención que no hayan adoptado medidas al respecto, como, por ejemplo, mandarme a otro sitio o pasarte a ti al módulo siete, en el que estás prácticamente incomunicado.

—Desde luego, pero es más que posible que este asunto les haya cogido desprevenidos.

—Sí, es posible, pero... Sigamos. ¿Quién hacía los pagos a Kroll?

—Yo —contestó rotundo Julián—. Roldán recibía el dinero en maletas de Serra. Cuando lo tenía en su poder me llamaba, yo iba a recogerlo y hacía los pagos a Kroll y entregaba a Roldán las facturas de la empresa investigadora. Cuando el director de la Guardia Civil le mandaba a Serra los informes parciales, le adjuntaba, igualmente, copia de las facturas de Kroll. Supongo yo —añadió Julián— que Serra las necesitaba para enseñárselas a Manglano, aunque solo fuera por razones «estéticas», dado que el director del Cesid le entregaba los fondos al vicepresidente —según me contó Roldán— sin exigirle ningún tipo de factura o comprobante, como, por otra parte, es lógico tratándose de fondos que son «reservados».

—Pero, Julián, ¿no cobrabas ni una peseta por tanto servicio?

—La verdad es que no. En las circunstancias en las que nos encontramos tú y yo, aquí, en la cárcel y con causas abiertas, no me importaría decírtelo, pero es que no cobré ni una peseta.

—Pero los pagos se hacían fuera de España. ¿Me estás diciendo que tú, a través de tus propios mecanismos, situabas el dinero fuera de España y, una vez en el extranjero, desde allí procedías a pagar a Kroll?

—Exactamente.

La respuesta de Julián, rotunda y sin duda alguna, cerraba el ciclo. Pensé en quién sería el imbécil que había permitido que Julián y yo habláramos en circunstancias tan especiales como la de dos hombres paseando por el patio de presos de la cárcel de Alcalá-Meco, ambiente más que favorable para todo tipo de confidencias, incluidas las brutalidades que acababa de escuchar.

Interrumpimos el paseo. Sin darnos cuenta llevábamos casi tres horas de conversación y llegaba el momento de volver al comedor a seguir probando el pan tumaca del bueno de Fontanella.

La comida de Navidad fue especialmente copiosa: paella, carne de «ternera», ensalada, patatas fritas y turrones variados. Hasta repartieron un puro para cada interno. Cuando terminamos, como todos los días, subimos al chabolo para que nos chaparan por el mediodía. Medité un largo rato sobre la importancia de la conversación que acababa de tener con Julián Sancristóbal y parecía evidente que un testimonio como el suyo, de la entidad del que yo mismo acababa de oír, podría tener efectos desagradables para Serra. Pero la pregunta era: ¿estaría Julián dispuesto a ser testigo en un asunto de esta envergadura?

No le conocía de nada, mi impresión es que era una buena persona y un hombre que había decidido hablarme con aparente sinceridad, aunque ignoraba por qué, si bien es verdad que en un ambiente como el de la cárcel puede suceder que una persona que ha desempeñado un puesto capital en la «sala de máquinas del Estado» —por utilizar una expresión que le gustaba mucho a Julián— y que diez años después de determinados sucesos en torno a la lucha antiterrorista se ve en prisión, con acusaciones muy graves y su patrimonio pendiente de un hilo, tenga una necesidad imperiosa de comunicarse con alguien, de sacar fuera inquietudes que lleva en su interior. La cárcel es una especie de confesionario o, mejor dicho, un muro de las lamentaciones. Los muros, desde luego, estaban allí, rodeándonos, definiendo de manera obscena nuestro espacio vital. Lo trascendental para mí era si estaba dispuesto a traspasar esa barrera, a llegar a testificar en contra de Serra y a mi favor, lo que, sin duda, podría afectar a su propio sumario. Solo había un modo de saberlo: preguntárselo de forma directa.

La tarde transcurrió sin excesivas novedades: una partida de mus con Emilio el gitano y Fernando, el empresario automovilístico, despertó cierta expectación entre los presos. Alguien la filtró a la prensa y fue titular de *Abc* del día siguiente, lo cual provocó no poco cachondeo entre los internos. Antes de cenar nos dirigimos a nuestro rincón, al lugar donde se encontraban las dependencias del grupo, y allí, sentados en los enormes tubos verdes de la calefacción, que permanecían casi todo el día fríos debido a la falta de presupuesto, nos volvimos a encontrar Julián y yo y se reanudó la conversación.

—Julián, todo lo que me has contado esta mañana es importante. Lo es, sin duda, para conocer cómo funciona un hombre como Serra, que ha sido capital en la política española. Bueno, ha sido y sigue siendo. Pero podría, además, tener importancia judicial en mi caso, por esa doctrina de las pruebas contaminadas, aunque ignoro el contenido real del informe. Si mis abogados deciden seguir este señuelo del informe, ¿tú estarías dispuesto a ayudarme?

Era una pregunta que no por necesaria dejaba de ser extremadamente comprometida. Yo esperaba que Julián tardara algunos segundos en contestarla, pero probablemente se la habría practicado a sí mismo con anterioridad. Por eso, casi inmediatamente después de que yo terminara de hablar me dijo:

—Sí. Puedes contar con dos cosas: las facturas originales del informe y el texto completo de este último. Creo, incluso, que soy la única persona que puede conseguirte esos documentos. Yo, actualmente, no tengo en mi poder el texto del informe, pero por las buenas relaciones que mantengo con Kroll estoy seguro de que podría proporcionártelo.

La verdad es que, de nuevo, esas palabras me extrañaron. Si era Julián quien entregaba los textos a Roldán, era rarísimo que no se hubiera quedado con una copia, aunque solo fuera por seguridad. Yo estaba convencido de que tenía un ejemplar en su poder, y así acabó confirmándolo días más tarde cuando, a la vista de las circunstancias, le apreté un poco diciéndole que estaba llegando el momento de necesitarlo. Pero en aquel instante lo que quería pedirle era algo mucho más personal, indudablemente muy comprometido, como era la posibilidad de testificar en este asunto.

—Muchas gracias, Julián —le contesté—, pero solo con eso es posible que no sea suficiente. Si se trata de que este asunto implique al vicepresidente del Gobierno, es muy probable que se necesite algo más y ese «algo más» es, precisamente, tu testimonio, porque solo tú puedes aseverar que Roldán hablaba con Serra cada vez que le entregabas un trozo del informe y solo tú puedes asegurar que el dinero se lo entregaba Manglano a Serra y este a Roldán.

—Mira, Mario, te contesto con sinceridad. Mi testimonio es algo más difícil de obtener porque yo tengo la obligación de pensar en la solución de mi problema personal, que es conseguir la libertad o, al menos, el día de mañana un indulto. Yo creo que Serra es perfectamente consciente de que yo soy de las pocas personas que pueden implicarlo gravemente y, por tanto, lo lógico es que tienda a ayudarme para comprar, en este sentido, mi silencio. Si hablo antes de tiempo me estoy perjudicando a mí mismo.

—Yo, Julián, no sé si estás acertado en tu razonamiento. No cabe el pacto contigo porque siempre sería relativo, máxime si ellos se encuentran en situación de debilidad. Por consiguiente, en vez de ayudarte tienen que destruirte como persona, conseguir por todos los medios que tu credibilidad personal quede destrozada. Es la única manera de abortar una bomba de relojería. Creo sinceramente que es técnicamente imposible que te ayuden.

—Es posible que tengas razón —dijo Julián—. En cualquier caso, no me fío de ellos y mucho menos de Felipe y Serra. Sin embargo, Barrionuevo es otra cosa: es un tipo de ley y estoy convencido de que dará la cara por mí. Los otros es posible que no se dediquen a matarme, pero estoy convencido de que no arriesgarán ni un pelo por ayudarme.

—Pero Julián, el problema consiste en que el asunto ya no está bajo su control. Como tú mismo decías, nos encontramos ante un matrimonio de ciertos jueces con determinados medios de comunicación social y ellos ya no pueden controlar ese extraño dúo. Por tanto, van a medir todos sus pasos en términos de impacto sobre la opinión pública, pero entendiendo este impacto en cuanto les pueda afectar a ellos personalmente de forma positiva o negativa. A Belloch no le interesa demasiado Roldán, sino los siete puntos en las elecciones europeas. El tema de los GAL es muy complicado y resulta imposible que rompan lanzas a tu favor. No tienen más remedio que convertirte en dique, en pared del asunto para que no les llegue a ellos.

—Es posible y hasta probable que tengas razón, Mario, pero por el momento tengo que ser extremadamente prudente y esperar a ver cómo evolucionan los acontecimientos.

—Desde luego. Quiero que sepas que yo no estoy en un planteamiento estrictamente egoísta de pedirte algo bueno para mí que sea perjudicial para ti, porque lo que está en juego es la libertad de una persona y eso me parece muy importante. En todo caso, tenemos tiempo de sobra y ya veremos cómo evolucionan las cosas.

No podía llegar más lejos. Era evidente que Julián tenía que pensar, ante todo, en su libertad, en su problema personal, y era más que comprensible que no estuviera dispuesto a arriesgar en mi favor si ello se podía transformar en complicaciones adicionales para él. Lo que ocurría era que yo estaba seguro de que su posición era equivocada, pero con el paso del tiempo lo vería claro. Julián estaba acusado de detención ilegal, tentativa de asesinato y malversación de fondos públicos. Por tanto, acusaciones extremadamente graves que, dado el cariz de los acontecimientos políticos, iba a resultar muy difícil «negociar». Pero también comprendía que su posición respondía a una especie de rompecabezas en el que mover ficha resultaba muy complicado. Lo cierto es que la conversación había resultado un regalo inesperado. Ahora tenía el círculo totalmente cerrado y debía limitarme a esperar.

No paraba de darle vueltas a la imprudencia de dejar que dos personas como nosotros pudieran intercambiar informaciones en el confesionario de una prisión. ¿Tendríamos problemas de seguridad dentro de la cárcel? Esa idea me asaltó y decidí planteársela a Julián:

—Julián, perdona la pregunta, ¿tienes resuelto tu problema de seguridad personal?

—Algo estoy trabajando para mejorarlo aquí dentro porque no me extrañaría que nos hubieran metido un topo.

—De eso puedes estar seguro, pero lo que me preocupa no es que nos espíen, sino otra cosa. Poco antes de llegar aquí recibí en mi casa una carta muy extraña de un tipo que pedía ponerse en contacto conmigo, para lo que me proporcionaba unos números de teléfono. La verdad es que me llamó la atención el asunto y, después de debatirlo con mi seguridad privada, decidimos llamar para ver qué ocurría. Previamente comprobamos los números de teléfono, que se correspondían con una barriada militar que existe en el polígono de Tres Cantos de Madrid. La cita se acordó y asistió Juan Carlos, una de las personas de mi confianza. Su interlocutor era un tipo alto, fuerte, con el pelo muy corto, que lucía unas gafas azules colgadas del bolsillo de su chaqueta, lo cual, al parecer, es un distintivo o señal de la gente que pertenece al Mosad. Se encontraron en un bar y con un gesto el hombre alto le indicó a Juan Carlos que le siguiera. La entrevista se celebró en un parque, en plena soledad. El mensaje que este hombre transmitía es que yo me había convertido en una pieza a batir, pero que no se trataba de que fuera a la cárcel, lo cual indefectiblemente iba a suceder, sino de quitarme de en medio. El plazo, según aquel tipo, era de dos meses. A partir de ese momento un día se me acercaría una vieja, un viejo o una mujer y todo terminaría. Él insistía en que podían ayudarme y querían, además, hacerlo, aunque no aclaró por qué. No pudimos volver a contactar con él. El asunto no me alarmó en exceso porque, la verdad, no encuentro el motivo por el cual quieran matarme, pero lo cierto es que me intranquilizó un poco.

—Lo comprendo porque estas cosas, al margen de su contenido de verdad, siempre producen inestabilidad interior.

—Sí, pero ahora lo veo mucho más claro: tú has estado en la «sala de máquinas» de la Seguridad y yo en la correspondiente a las finanzas, partidos políticos y su financiación. Aquí estamos los dos, en una cárcel de Madrid, jodidos y pensando que cómo es posible. Cada uno aisladamente tiene un grado de peligro, pero es obvio que nuestra conversación genera una amenaza mucho más grave. Eso es lo que me preocupa.

—Es muy posible que tengas razón y precisamente por ello, a través de personas de mi confianza, estoy tratando de resolver el tema de seguridad aquí dentro.

—Por mi parte, Julián, yo me moví antes de entrar aquí. Contacté con unas personas que parece que tienen cierta «tecnología» en este asunto y estoy seguro de que estarán trabajando en ello. En todo caso, si lo resuelvo para mí, lo será también para ti y espero que la recíproca sea cierta.

—Desde luego.

4

EL CUBANO, EL GITANO Y LA DROGA

La tarde dio poco más de sí, aparte de un paseo por el patio de presos en el que compartí alguna conversación más o menos banal con alguno de mis «colegas». La caída del sol, tempranera en el solsticio de invierno, aumentaba el omnipresente frío, así que decidí volver a nuestro rincón del comedor porque, además, se acercaba la hora de la cena. Me gustaba estar allí, sentado en los tubos de calefacción, que me proporcionaban un calor adicional que agradecía sobremanera, observando el movimiento de los presos, acumulando información, acostumbrándome al paisaje, aprendiendo a ser uno más en medio de esa selva en la que ni siquiera quería plantearme por cuánto tiempo tendría que vivir. En esas estaba, observando y pensando, cuando José, el tipo moreno y alto de aspecto serio, se me acercó mansamente y sin énfasis de entonación especial alguna me dijo:

—Te traigo «recuerdos del Cubano». Cualquier cosa que quieras me la pides.

Por mucho control que ejerciera sobre mi aparato emocional, por potente que hubiera sido mi entrenamiento previo a la práctica de este retiro, aquella frase consiguió soliviantarme interiormente, aunque procuré que nadie me lo notara, y menos aquel que la pronunció. Y es que esa frase, exactamente esas cuatro palabras, «recuerdos del Cubano», constituían la contraseña que habíamos pactado antes de que yo ingresara en Alcalá-Meco.

¿Contraseña? Pues sí. Cuando mis dudas se convirtieron en firmes certezas de que mi ingreso en prisión era solo cuestión de encontrar el juez adecuado al cometido, decidí tratar de enterarme lo más certeramente posible de cómo funcionan las cosas dentro de un penal, incluido el de Alta Seguridad del Estado al que llaman Madrid II, más conocido como Alcalá-Meco. Creo que se emplea ese atributo de «alta seguridad» porque se diseñó especialmente para evitar fugas de los presos de la banda ETA, porque, al menos en teoría, iban a ser los principales clientes de sus instalaciones. Pero como la política tiene esas cosas tan raras, después de construir el penal se puso de moda la llamada «dispersión», es decir, el reparto de los terroristas por diferentes penales alejados de sus lugares de origen, por lo que disminuyó la presencia en Meco de esos ejemplares humanos en la jungla de internos. De todos modos, según me fui enterando poco a poco, los presos de ETA apenas si viven la prisión como un recluso normal, porque por el mero hecho de ser miembros de la banda les obligan a cumplir, tanto si son preventivos como si ya recibieron condena, en eso que llaman primer grado, una penosidad muy especial añadida a la propia de verte encerrado en una cárcel.

Siendo práctico, lo interesante era disponer de un conocimiento, cuanto más preciso mejor, de cómo funcionan las cosas por allí dentro, porque una vez encerrado, el margen de maniobra disminuye en picado, y cuantas menos sorpresas, mejor. Claro que no era fácil ponerte a buscar a alguien con conocimientos carcelarios que relatara experiencias reales, no que me contara teorías más o menos bonitas, alguien que hubiera vivido la cárcel por dentro, como preso, o, cuando menos, como funcionario de módulo. En mi mundo no abundan esos conocimientos ni esas personas, y tampoco era fácil ponerte a pregonar por ahí que andabas a la búsqueda y captura de individuos con ese *know-how*. Al día de hoy sería mucho más fácil encontrar esos conocimientos en ciertos salones, porque desde que se decidió judicializar la política y las finanzas, en uno de esos errores que cuestan caro a una sociedad, las personas que de un modo u otro han vivido trozos de sus existencias encerradas en alguna cárcel no son pocas.

No hay como empeñarse en algo y poner los medios adecuados para finalmente conseguirlo. Encontré al hombre, cuyo nombre me lo reservo con todas las cautelas del mundo. También me guardo cómo conseguí localizarlo. Identificado el sujeto, hablamos con él, se mostró dispuesto a colaborar y nos pusimos manos a la obra de este peculiar y en cierto modo deprimente trabajo. Mantuve varios encuentros con él en riguroso secreto, casi con el tufo de amante oculto. No había duda de que conocía bien el medio y su funcionamiento interno, lo que me alivió bastante porque siempre te queda la duda de que sea uno de esos aficionados al farol y capaz de hacer casi cualquier cosa, mentiras incluidas, con tal de contactar con alguien a quien consideran importante. Nunca he sido miedoso para estas cosas, incluso diría que soy algo inconsciente, porque ni siquiera ese ambiente carcelario, rodeado de perturbadores terrores nocturnos por sus cuatros o cinco costados, conseguía llevarme más allá de una cierta inquietud. Pero, bueno, en todo caso mejor malo conocido que regular por conocer.

Al final, todas las informaciones que obtuve en las diferentes entrevistas se centraban en algo tan concreto como lo siguiente: la cárcel funciona como la libertad, porque con dinero se puede conseguir todo o casi todo. De nuevo el dinero. Dentro y fuera, protagonista de la acción. Se entiende fácilmente eso de que el dinero sea una pieza clave en el diseño de la convivencia carcelaria. En un entorno cerrado y con un porcentaje de indigentes elevado, el dinero es no solo mercancía escasa, sino, además, todopoderosa. Con dinero consigues casi cualquier cosa de los presos que viven en tu penal. En muchos casos los que reciben la paga «especial» usan el dinero para comprar droga. En otros para atender a las familias de esos internos, que carecen de medios de subsistencia, o como complemento de los que tengan. El preso que contratas te exige que el ingreso, el dinero, se lo entregues personalmente al familiar que te envían a recogerlo, y cuando le dicen que han cobrado, entonces es cuando se pone en marcha y ejecuta lo que le has pedido.

También, me decía, hay funcionarios dispuestos a cobrar algún dinero por «ayudar» en la vida carcelaria. Ciertamente en prisión se dan las condiciones típicas para que fructifiquen estos sobornos menores. En un ambiente de clausura, en el que conseguir cualquier cosa, incluso reglamentaria, cuesta una eternidad, por ejemplo, recibir un paquete antes de tiempo, disponer de un inocuo objeto menor, que no causa daño a nadie pero que puede ser de gran utilidad, como un calefactor o una pequeña cafetera, en ese entorno, contando con la autoridad funcionarial, si tienes dinero es normal que lo uses para esos fines. Cualquier cosa, por pequeña que sea, en la cárcel multiplica su valor muchas veces porque casi todo, por no decir todo, se encuentra estrictamente prohibido. Y es que la imaginación de algunos para convertir el más inocente de los objetos en un instrumento de guerra es sencillamente acomplejante por su fertilidad.

Y los funcionarios no ganan mucho dinero. Quiero decir que se produce una cierta desproporción entre el dinero que ganan y el poder que ejercen. O, si se quiere, entre su nómina funcionarial y la cantidad de cosas que pueden proporcionar sin riesgo ni daño a presos capaces de retribuirlas. Por eso esas prácticas existen. No estoy justificando nada. Simplemente describiendo y tratando de entender. No puedo asegurar que sean muy numerosas, pero existen. Y nadie debe rasgarse vestidura alguna por ello. No es una enfermedad exclusiva del cuerpo de funcionarios de prisiones, ni mucho menos. En todos los sitios las habas se cuecen. Allí donde existe poder del hombre sobre el hombre y del hombre sobre las cosas, la posibilidad de corruptelas mayores o menores se presenta a la pequeña o gran debilidad humana. En prisión las cosas son mucho más limitadas, más inocentes que las grandes corrupciones demostradas o pendientes de demostrar en áreas, por ejemplo, de las competencias urbanísticas. Solo por poner un ejemplo, porque el abanico, si se despliega, es demasiado amplio para que quepa en este libro.

Quizá lo más preocupante era la información referente al espionaje oficial en el interior de la prisión. Según me contaron, dentro de la cárcel hay policías que se hacen pasar por presos, que viven con los presos, que ocupan sus celdas, que mantienen el mismo régimen que un interno cualquiera, y todo ello con la finalidad de obtener información. Y no cabe duda de que si se actúa con inteligencia la cárcel puede ser una fantástica fuente de información. No solo de las bandas terroristas, sino de otros géneros organizados de delincuentes en masa, como traficantes de drogas, por ejemplo. Y parece que estos «presos fingidos» las cosas las hacen bien, llegando incluso a inventar sumarios para servirles de coartada. La explicación no es complicada. Si eres uno de esos capos de la droga o de otra forma de crimen organizado, y quieres saber si el preso con el que mantienes contacto, que se te ofrece en prisión para lo que sea, es un recluso verdadero o falso, lo normal es que, con independencia de tus dotes de conocedor de gentes, de que examines con lupa su comportamiento, de que escudriñes sus movimientos a ver si descubres algo, lo normal es que acabes consultando con tu abogado. El letrado iría al Juzgado en cuestión, preguntaría por la causa penal correspondiente, solicitaría examinar el sumario y comprobaría si es verdad lo que ese hombre cuenta en prisión. Y, gracias a los oficios de estos profesionales, allí estaría el sumario, los papeles, los documentos, las providencias y los autos judiciales, incluso las sentencias simuladas. Todo eso con existencia meramente virtual, como se dice ahora. Es decir, total y absolutamente falso, como se decía antes. Pero como no se podía probar, como no puedes ante la evidencia documental cimentar desconfianza en el juez o en el secretario, no le queda más remedio al abogado que volver sobre sus pasos, pedir comunicar con su cliente en la cárcel y relatarle que ese contacto es bueno porque, efectivamente, se trata de un preso-preso. Y, sin embargo, era y sigue siendo un policía infiltrado.

Reconozco que estas cosas me sonaban muy raras y me costaba creerlas, pero, en fin, el tipo era un buen informador, serio y nada dado a extravagancias, así que no quedaba más remedio que tragarlas, aunque fuera solo por si acaso. Más tarde, cuando me contaron en libertad lo de los cambios de personalidad al servicio del Cesid, me creí esto y lo que hiciera falta, porque comprobé que en esos submundos, en esas cloacas del Estado, la imaginación queda rotundamente superada por la realidad.

Todo esto era muy importante, pero quedaba una pregunta que indefectiblemente todo el mundo se hace y casi nadie tiene las agallas suficientes para formularla, no vaya a ser que la respuesta sea dura de verdad. Pero yo no me anduve con más coñas de las imprescindibles y pregunté en directo, seco y sin rodeos:

—¿Qué hay de las violaciones en prisión?

Esperaba un poco de intriga, de ambigüedad, de rodeo, porque eso queda bien ante un tono tan abrupto como el mío en una materia tan brutal como esa. Pues no. Nada de rodeos ni circunloquios. La respuesta fue tan directa como la pregunta.

—No me consta nada. Yo creo que en ese tema puedes estar absolutamente tranquilo.

Así que la mejor regla es que no te puedes fiar absolutamente de nadie. Desconfía de cualquiera que se te acerque. Dale tiempo al tiempo para observar, ver, comprobar. Una vez transcurrido un lapso prudencial, ya puedes tener una idea de con quién y en qué entorno te mueves. A partir de ese instante te puedes dedicar a conseguir cosas, lo que necesites y que sea suministrable por circuitos especiales, pero la relación de confianza es básica y no hay manera de establecerla sin el tiempo mínimo indispensable para que el cocido se cueza.

—Si necesitas un móvil, en prisión lo puedes tener. Es caro, desde luego, y tienes que andarte con ojo, pero es posible.

—Entendido, pero ahora necesito saber cómo me entero una vez dentro de quién es nuestro hombre, la persona o personas que vais a designar para ayudarme.

—Te contactarán ellos.

—¿Ellos? ¿Son gente que ya está en prisión? ¿Cómo sabemos a la que voy a ir?

—Hombre, en circunstancias normales te dejan elegir. Supongo que será Alcalá-Meco porque Soto está excesivamente masificada y allí te pueden tener controlado mejor. Ten en cuenta que en estos momentos no creo que les interese que te pase nada malo... Pero bueno, eso lo iremos viendo, porque tenemos posibilidad de conseguir traslados entre cárceles.

—¡Joder! ¡Vaya empresa que tenéis montada!

—No te equivoques. No nos movemos por dinero. Ya llegará el día en que hablemos. Por el momento no te preocupes de más. Cuando estés dentro un preso se te acercará en cualquier momento, en el comedor, las duchas, el patio, donde sea, y te dirá una frase. Esa será la contraseña de que es enviado nuestro y de que puedes confiar en él. Mientras no te pronuncie la frase, nada de nada.

—¿Qué frase? —pregunté con un punto de excitación.

—Toma. Lee. No la pronuncies siquiera en voz alta. Retenla en la memoria. Quien te la diga es nuestro contacto.

Abrí el papel con cuidado. Una frase escrita con bolígrafo azul era el único contenido de esa extraña misiva. La leí varias veces y la memoricé. «Recuerdos del Cubano.» Un poco rarita, pensé, pero en fin, da igual, lo que cuenta es que llegado el día funcione como contraseña.

Y ese momento había llegado. José, el tipo alto, moreno, serio, recio y curtido en misiones carcelarias, resultó ser el contacto. No lo sospeché cuando lo vi por primera vez. A lo mejor él tampoco lo sabía y fue contactado el día de Nochebuena. Lo cierto es que allí estaban el sujeto y la contraseña. Sentí mayor tranquilidad al darme cuenta de que mi contacto, mi protector, por así decir, era alguien de quien yo me forjé un buen concepto antes de conocer su dedicación a mi causa.

Le miré firmemente a los ojos, escudriñando su interior. Nada especial. Frialdad serena. No tenía la menor idea de cuánto le habían ofrecido o en qué compensación basaba sus servicios. Ni quería saberlo. Me bastaba con que hubiera pronunciado esa frase sin el menor aspaviento, con total frialdad.

—¿Tú llevas mucho tiempo aquí? —fue lo único que se me ocurrió para romper el hielo.

—Sí. Tanto que me da un poco de corte decirlo —contestó después de haber fijado sus ojos oscuros en mí como diciéndome: «Y a ti qué cojones te importa. Yo te protejo por encargo de tus amigos, pero eso no te da derecho a inmiscuirte en mi vida», a pesar de lo cual yo continué con mi interrogatorio.

—Ya, pero eso ¿cuánto tiempo es? —insistí.

—Llevo ya dieciocho años —respondió visiblemente molesto conmigo por lo que consideraba, a todas luces, una intromisión ilegítima en su intimidad.

La verdad es que dieciocho años es mucho tiempo, sobre todo cuando supe que le quedaban otros doce más por cumplir y que no tenía posibilidad de redención de penas por el trabajo porque había quebrantado la condena en más de una ocasión. Estaba encausado por atraco a mano armada —no sé si con resultado de muerte—, tráfico de heroína y creo que bastantes cosas más, pero preferí dejar la cosa así sin penetrar en mayores profundidades. Me parecía —al margen de sus andanzas personales— un tipo serio y sólido, perfecto conocedor del mundillo en el que estaba obligado a moverme. Manifestaba una sensación de serenidad muy notable, lo cual era extraño tomando en consideración el tiempo de condena que ya había pagado. En aquellos instantes todavía no era capaz de medir la verdadera duración del tiempo en prisión. Poco a poco fui aprendiendo que las condenas son de años, en ese período se miden, pero se consumen día a día, porque un día en prisión se asemeja a una eternidad.

—Claro que después de todo ese tiempo te conoces esto a la perfección, ¿no?

—¡Por supuesto! Pero hay diferencias. Carabanchel es «da buti» y esto una mierda, porque aquí el personal no sabe de qué va la fiesta, no tienen ni puta idea del rollo. Lo bueno que tiene esto es el Doble, que parece un tipo legal que se lo monta cojonudo.

—¿Quién es el Doble? —le pregunté.

—El que manda, el director, es el Doble, porque manda el doble que los otros —contestó con una ligera sonrisa al darse cuenta de mi inexperiencia en el lenguaje cheli-carcelario—. Oye, por cierto, que poco a poco iremos a más, pero ya tengo farlopa por si quieres.

—¿Qué es farlopa? —le pregunté con ingenuidad.

Me miró confundido. Su expresión indicaba duda acerca de la veracidad de mi frase, de ese desconocimiento de la farlopa. Se suponía que yo vengo de un estrato social en el que ese producto se encuentra a la orden del día. Pero se contuvo. Ni siquiera una sonrisa. Ni un ademán. Solo una palabra pronunciada en voz más baja de lo habitual.

—Cocaína, claro.

Un segundo de silencio, el tiempo transcurrido en deglutir mi sorpresa. No esperaba algo así. No lo imaginaba.

—No, gracias, José, no consumo.

—Bien. Cualquier cosa que quieras me lo pides. Estoy a tu disposición.

Era curioso eso del lenguaje carcelero. Todos los grupos sociales, cuando manifiestan su tendencia a convertirse en casta, utilizan instrumentos diferenciadores, entre los cuales el lenguaje cumple un papel predominante: no solo son las palabras, sino, incluso, el modo y forma de pronunciarlas lo que contribuye a incluirte en un determinado estatus social. A veces se genera un verdadero metalenguaje, como es el caso de los abogados o médicos. Pero siempre se trata de un mecanismo diferenciador por arriba, es decir, un algo atributivo de un estatus superior al resto. Lo curioso del lenguaje carcelero es que se trata de una técnica al servicio de la identificación de un estatus social negativo, una expresión plástica, incluso obscena, de la propia marginalidad, en cuanto grupo y en cuanto individuo que forma parte de él. De esta manera, mediante tales vocablos que resultan ininteligibles para los no «iniciados en la aventura del talego», el interno, el preso, se autodiferencia, se individualiza en su propia posición, se autoafirma en su íntima exclusión social, escenifica la inferioridad en la que se encuentra. Quizá por ello tenga doble valor: porque posiciona a quien lo usa y le confirma en su marginalidad social.

De esta manera se despidió, sin siquiera un apretón de manos. No hacía falta. El trabajo es el trabajo. Y el suyo era estar a mi disposición. Salió del comedor, dobló a la izquierda y se instaló en un rincón en el salón de presos, absorto en sus pensamientos y lejano, muy lejano a las conversaciones de los otros presos, y más si cabe de lo que aparecía en la pantalla de la televisión.

¿Me sentí mejor, más reconfortado al saberme protegido por una persona de las características de José? Sorprendido sí, porque una cosa es la teoría y otra, la acción en marcha. Pero poco más. En ningún momento tuve la sensación de peligro, así que tampoco me proporcionaba una seguridad que no reclamaba. Bueno, solo llevaba un día y medio en la cárcel y era poco para sentir seguridad o inseguridad. En todo caso, José podría serme útil para conocer los atajos de la prisión cuando empezara a querer cosas, para establecer contactos con menor riesgo que si los iniciara yo personalmente... en fin, este tipo de vivencias carcelarias, pero seguridad, lo que se dice seguridad, nunca entró en el elenco de mis preocupaciones.

En todo caso, con José o sin él, ya estaba en la cárcel, así que el siguiente paso era analizar con cierto detenimiento a los «personajes» con los que tenía que convivir allí dentro. Lo primero, conocer más o menos el delito por el que los habían encerrado para hacerme una idea del sujeto en cuestión. Fuera se dice eso de «por sus obras los conoceréis». Pues allí dentro lo mismo, pero por sus delitos...

Entonces descubrí que este es uno de los secretos mejor guardados en la cárcel. Si te lo cuenta el preso, te lo puedes creer o no, pero en determinados delitos se oculta siempre. Por ejemplo, violadores o pederastas. Se trata de que no se corra la voz en el módulo, lo que no siempre se consigue a pesar de las precauciones de los afectados y hasta de los servicios de la prisión, que en las fichas más expuestas al público suelen ocultar el delito concreto, si es de este tipo especial, claro. Pero en prisión, como en libertad, al final todo se sabe, se acaba conociendo, y casi suele ser peor.

La mayoría de los internos que estaban en aquel módulo PIN eran traficantes de droga, en algunos casos ocasionales y en otros no tanto. Algunos eran verdaderos profesionales para los que la estancia en la prisión era una simple interrupción de su actividad, un descanso forzado transcurrido el cual volverían al trabajo. Una familia de gallegos había sido sorprendida con un alijo de dos mil kilos de cocaína. En otros casos se trataba de transportes muchísimo menores. Sin embargo, parece que las penas no iban en consonancia con la cuantía, puesto que a los de los dos mil kilos les habían metido casi lo mismo que a los traficantes puntuales, y estábamos hablando de penas de diez o doce años de cárcel. En aquella familia parecía que los miembros del clan se repartían el trabajo entre cárcel y libertad. Me dio la sensación de que enfocaban la pena como un coste de su negocio, como la gasolina de las barcas, el transporte, los sobornos a los vigilantes... Se paga la cárcel, los demás se ocupan de mantener el negocio y de vuelta se sigue como si nada hubiera pasado. Al fin y al cabo, cuatro años se pasan pronto, pero los miles de millones cuesta mucho ganarlos.

Eso me dijo un individuo bajito, con vocación de regordete, de ojos diminutos cargados de brillo, de movimientos rápidos y cortos, que circulaba por los pasillos del módulo a toda velocidad, como si quisiera no ser visto por nadie, como quien esconde algo en su cuerpo que quiere guardar en intimidad. Se llamaba Nonteira, o algo parecido. Un gallego listo como una rata que se movía por los recovecos de la cárcel como si fuera su casa. Por lo visto estafó de la manera más directa, esto es, llevándose el dinero en billetes, unos cuantos cientos de millones, a una entidad bancaria, creo recordar que una caja de ahorros. Le condenaron a cuatro años de cárcel. Los estaba terminando de pagar. Ya salía de permiso y según me dijo se iba a Chicago. A mí, aquello me sonó a excentricidad: un preso viajando a Chicago en permiso carcelario... Bueno, por lo visto se iba a Lisboa, que es más digerible, y desde allí se embarcaba a Estados Unidos. Se ve que no le quitaron el pasaporte por la condena. O que disponía de uno falso, cualquiera sabe...

—Bueno, es que tengo allí unos locales y ya sabe usted, don Mario, que hay que echar una vista a lo que tienes...

Lo decía con ese deje a la vez lastimero y cantarín propio de algunos gallegos que sienten especial placer en inflacionar el estereotipo de los nativos de mi tierra. Me dejó el hombre claro como el agua que esas inversiones las hizo con el dinero que se llevó de su empresa financiera, y cuando me atreví estúpidamente a preguntarle que por qué hizo eso, por qué robó el dinero, el gallego no se amilanó ni un milímetro y me contestó firme, aunque oblicuando un poco la mirada, continuando con el tono cantarín y acentuando el lastimero, lo siguiente:

—Ay, don Mario. Es que cuatro años pasan enseguida y cuatrocientos millones no los gano en toda mi vida...

¿Qué puedes decirle a un tipo que te razona así? ¿Cómo contarle cosas de esas referidas a la moral, la dignidad, las buenas costumbres? ¿Cómo convencerle de que hay cosas que no tienen precio en la vida? Pues de ningún modo. Mejor callarte, sonreír, y decirle algo así como: «Pues nada, Nonteira, que vaya bien la cosa». No sé por qué, pero en aquel instante me quedó la duda de si el Sistema, nuestro modo de pensar y de comportarnos, se acabaría convirtiendo en una fábrica de Nonteiras, no solo para el dinero, sino para otros asuntos quizá de mayor calado.

Convivían con nosotros, formando parte de nuestra singular comunidad, algunos condenados por muertes violentas, quienes, curiosamente, ni se ocultan demasiado ni hacen excesivas proclamas de inocencia. En el módulo existía cierta profusión de violadores —«violetas» en lenguaje carcelario—, que eran la especie peor considerada de todas. Se decía que a los violadores, cuando llegaban al módulo por primera vez, a nada que se descuidaran los funcionarios, el resto de los presos les sacudía una paliza de primera división. Tampoco entendía yo bien ese juego de la doble moral consistente en que un asesino, alguien que ha privado de la vida a un ser humano, puede pasearse más o menos ufano por las galerías, mientras que el violador tiene que sufrir no ya el desprecio, sino, incluso, la violencia física a manos del asesino. No lo entendía. No se trata de defender a nadie, pero no me parece que un asesinato sea el mejor púlpito para impartir lecciones de moral a otros... Pero no era cuestión de profundizar demasiado, entre otras razones porque jamás vi siquiera un intento de agresión a un violador. Y en aquellos días en el módulo vivía uno de los más terribles.

Gallego, rubio con tendencia a pelirrojo, de ojos azules teñidos de gris color Atlántico invernal, gordo, casi fofo, había dedicado gran parte de su existencia a depredar a mujeres como autor de cientos de violaciones, con la crueldad añadida de que a sus víctimas las remataba con unos alicates con los que les arrancaba los pezones. Aquel individuo, que mostraba señales evidentes de que algo no funcionaba bien en el interior de su cabeza, se movía por el módulo con soltura. Nadie le amenazó jamás. Al menos no lo escuché. Corría como un loco mañana y tarde, verano e invierno, según me contaron, con el desespero de quien encuentra en el cansancio físico el único remedio posible para unas ansias depredadoras fuera de su control.

Y también teníamos un secuestrador. Este era un verdadero lujo porque no suele ser una especie que abunde demasiado. Julián Sancristóbal estaba preso por el secuestro de un vasco francés llamado Segundo Marey, pero ese era un asunto político, y nuestro secuestrador del módulo no guardaba relación alguna con las alturas del poder, sino, sencillamente, con un método expeditivo para cobrar deudas de juego...

Los yonquis se identificaban fácilmente por su aspecto: a casi todos les faltaban dientes y estaban extremadamente delgados. Aunque con el paso del tiempo me di cuenta de que algunos de estos consumidores impenitentes de droga dura que llegaban a la cárcel en estado semicadavérico al cabo de un tiempo de alimentación carcelaria, de dormir, de quedarse tirados por los patios sin dar golpe, comenzaban a engordar y su aspecto a mejorar. Obvio que nunca ninguno de ellos sería Paul Newman en sus mejores momentos, pero de cómo los veías al cabo de unos meses a su estado en el momento de cruzar Ingresos y Libertades mediaba un trecho largo.

De todas formas la cárcel y la droga tienen zonas secantes. Vamos, que en prisión hay droga, circula, se compra, se vende, se consume. Fernando, el empresario de coches, me lo contó con cierto lujo de detalles. Una papelina de heroína se cotizaba a dos mil pesetas y la de coca a mil quinientas. Es un tráfico conocido y —dicen— hasta consentido. El propio Fernando me relató algo que tal vez sea imaginación. O tal vez no. Por lo visto, en el penal de Ocaña arribó a la dirección una persona dotada de buenas intenciones y quiso, como es normal, erradicar el consumo de drogas, con la finalidad de que los presos emplearan su tiempo en algo más productivo que destruirse a fuego lento y sustancia blanca tirados por los patios bajo los efectos de lo que se hubieran metido en el cuerpo. Así que aumentó los controles al máximo y la cantidad de droga que circulaba se redujo a la mínima expresión.

En poco tiempo la faz externa del módulo, de la cárcel en su conjunto, cambió, como si de una operación de cirugía estética carcelaria se tratara. Se percibía la violencia que flotaba en el penal. La irascibilidad de los presos aumentaba enteros cada segundo. El ambiente comenzaba a tornarse peligroso. Aquello podía acabar en tragedia en cualquier momento. Un patio de presos es siempre un recinto que, aunque aparente serenidad, su suelo ha sido regado con gasolina de noventa y ocho octanos, de modo que la menor chispa provoca un incendio difícilmente controlable. El clima alcanzó un punto en que no se podía soportar la tensión, el miedo se instaló en los cuadros dirigentes y los educadores y psicólogos, los técnicos del tratamiento penitenciario, se reunieron con el director y le conminaron a que, si quería evitar un desastre que podía acabar costando vidas humanas, levantase la mano, dejase las cosas como estaban y procurara el bien de todos. Así lo hizo el hombre rendido ante la evidencia, el fuego del altar en el que se consumen las mejores intenciones. La droga volvió a circular. Los presos se calmaron. Los patios recuperaron su típica fisonomía, un espacio de cemento y armaduras de metal, repletos de cuerpos tirados, esparcidos sin orden por sus suelos, abandonados lastimosamente, con las miradas perdidas, los miembros flácidos, las mentes ausentes y los cerebros en fase de descomposición. Eso sí, la calma reinaba. Una calma virtual, artificial, falsa; no una calma de hombres, sino de desperfectos humanos con su bioquímica física y espiritual alterada.

En la celda contigua a la mía por la izquierda, vivían dos «cabezas rapadas». Eran chicos jóvenes, con el pelo rapado a cero riguroso, vestidos con cazadoras negras, de un negro azabache, azuleando en la lejanía de pura negritud, en la que las cremalleras plateadas, brillantes como luna de mayo, remataban una estética de película violenta de finales de los sesenta. Me pareció recordar que ese era el atuendo de las bestias humanas de la película *La naranja mecánica.* En todo caso, sesentas o noventas, su aspecto era inconfundible. Y, claro, estaban en la cárcel por haber propinado una paliza a no sé qué extranjero, al cual habían mandado, a consecuencia de la misma, a la unidad de vigilancia intensiva. Por lo visto, el delito que ese hombre había cometido era, precisamente, su extranjería. Al ver esos atuendos circulando por el módulo me pregunté por las razones para consentir semejante vestimenta, y la respuesta es muy clara: en España, a diferencia de otros países, los presos no tienen uniforme. Así que ni los funcionarios pistolas ni los presos vestimentas uniformadas. Cada uno puede vestir como quiera. De acuerdo, pero aquello era una incitación a la violencia racial... En fin, no era cuestión de ponerme a ejercer misiones que no me estaban encomendadas.

Pero la cosa se acentuó ante la presencia de uno de los presos que más me llamaban la atención: mi compañero de mus. Emilio, inconfundiblemente gitano, tenía treinta y tres años. Más bien bajito y de complexión delgada. Su pelo negro dejaba ver una calvicie que iría a más con el paso del tiempo y quizá por ello lo llevaba muy corto en la parte superior de la cabeza, pero dejándose una pequeña melena, negra y rizada, que descansaba sobre sus hombros. Sus ojos grandes y oscuros mantenían permanentemente una expresión de tristeza. No sé por qué, pero me resultaba un hombre interesante. Su celda no se encontraba demasiado lejos de la mía y algunas mañanas venía a mi chabolo con uno de esos vasos blancos de papel que servían para tomar nuestro café matutino y vespertino lleno de yogur con frutas, un desayuno que, según él, era típicamente gitano. Uno de esos días le vi con un aspecto más triste que de costumbre y le abordé:

—¿Qué pasa, Emilio, que te veo muy triste?

—Señor Mario, es que son ya casi tres años de cárcel y en estas fechas uno se pone muy nervioso al no poder estar con la familia, compréndalo usted.

—¡Claro que lo comprendo! Pero con estar tristes no adelantamos nada, Emilio.

—Si tiene usted razón, señor Mario, pero hay cosas que no se pueden evitar.

—Bueno, pero ¿por qué estás tú aquí?

—Por cumplir con las leyes gitanas, señor Mario.

—¿Qué es eso de las leyes gitanas?

—Es que yo tengo un hermano que se había casado con una chica y tuvo dos hijas, dos niñas preciosas, señor Mario. Luego mi hermano, que es un poco raro, se dio al mundo de la droga, se quedó sin valer para trabajar y su mujer decidió marcharse con otro.

—Bueno, Emilio, pero eso es normal, ¿no?

—Sí, señor Mario, pero lo que no puede ser es que a las dos niñas les quisieran dar otro padre.

—¿Qué quieres decir con eso de otro padre?

—Pues que el hombre que estaba con la mujer de mi hermano quiso adoptar a las niñas y convertirse en su padre y eso no puede ser. ¿Cómo puede haber en el mundo una ley que permita a unas niñas cambiar de padre? Mire, señor Mario, la sangre es la sangre y si mi hermano no sirve, para eso estamos el resto de la familia y no hay derecho a que mientras las niñas tengan familia venga un hombre a querer hacerse su padre. Para eso estamos nosotros.

Hablaba con el corazón, sabiendo que sus palabras salían de él, pero tenían un origen mucho más remoto y profundo, como una especie de ley ancestral, y él, en ese momento, se estaba convirtiendo en el eslabón de una cadena de transmisión con pretensiones de eternidad. Para Emilio, el «razonamiento» era muy simple: nadie puede cambiar la sangre, y, si una ley lo intenta, no es una ley válida, porque las leyes deben respetar la verdad de la vida.

Es muy posible que tuviera razón, pero, en cualquier caso, habría sido estúpido por mi parte comenzar a hablarle del ordenamiento jurídico, de la ley abstracta, de la necesidad de ordenar la convivencia humana conforme a principios racionales... No lo hubiera entendido. Renuncié a cualquier tipo de discurso abstracto que hubiera resultado estéril y le pregunté:

—Bueno, y ¿qué pasó?

—Pues nada, señor Mario, que me fui a hablar con ese hombre y a decirle que él no podía ser el padre de las niñas, que eran nuestras. Además ese hombre era muy mala persona, estaba metido en temas de drogas y cosas así.

—¿No te quiso devolver a las niñas?

—¡Qué va! Decía que eran suyas y que me fuera a la mierda.

—Y... ¿entonces?

En ese momento cambió la voz y, después de mirarme a los ojos fijamente por unos segundos, inclinó la cabeza hacia abajo, dio un paso hacia atrás y redujo ostensiblemente el volumen de la conversación, como si estuviera a punto de hacer una confesión ante un juez del que dependiera su situación personal.

—Pues nada, señor Mario, que discutimos, sacó una navaja y... murió.

El silencio era espeso. Emilio levantó la mirada del suelo y la fijó en mí. Sus ojos parecían demandar comprensión por su actitud y, al mismo tiempo, reflejaban una absoluta seguridad de que lo que había hecho estaba bien. Su mirada no era del tipo de «¿lo comprende usted, señor Mario?», sino que iba mucho más allá, en una especie de demanda de «¿verdad que hice bien al suprimir a una persona para proteger a quienes son de mi sangre? ¿Verdad que esa es una ley justa y no la que tienen ustedes que desprecia a la verdadera familia para entregar a mis niñas a un traficante que nunca podrá ser su padre? ¿Verdad que hice muy bien, señor Mario?».

No podía dejar la cosa así. No me permitía a mí mismo comprensión siquiera con la privación de una vida de modo violento.

—Mira, Emilio, está bien eso de que tengáis vuestras leyes, que son productos históricos de un pueblo, de una raza, de una cultura entendida como manera de organizaros. Pero nada justifica que le quites la vida a otra persona, ni vuestras leyes ni ninguna otra.

—Pero, señor Mario, él nos quería quitar a las niñas.

—Quitarlas sí, pero matarlas no, Emilio.

—Pero si se lleva a las niñas, se lleva nuestra sangre y esa sangre es nuestra...

Comprendí que no tenía nada que hacer. Cuando alguien ha decidido no oír, no oye, y si no escucha, es imposible que ponga en marcha el mecanismo del mero razonar. Emilio no razonaba. Sus leyes tenían valor sagrado, un atributo que no las convertía en dependientes de la comprensión, de la aceptación racional, sino simplemente de la imposición porque sí, porque así viene siendo desde siempre... Imposible cambiar un milímetro su gitana forma de entender el mundo. Para él la vida de un hombre es nada en comparación con recuperar la custodia de las hijas de su hermano. Bueno, de un hombre no, de un payo para ser más preciso. Las niñas también eran hijas, evidentemente, de la mujer de su hermano, pero para Emilio en el escenario solo existían su hermano y sus sobrinas. La sangre. Lo demás es decorado. Y el decorado se quita suavemente y, si eso no es posible, se arranca y en paz. Eso hizo: arrancar un trozo del decorado que le estorbaba. Por eso la noción de arrepentimiento le resultaba incomprensible. ¿Cómo arrepentirse de cumplir su ley? No podía razonar con él en términos profundos, así que me quedé mirándole fijamente y le dije:

—Bueno, Emilio, a ver si mañana no vienes tan tarde con el desayuno, que hoy te has retrasado un poco.

—No se preocupe usted, señor Mario.

Esa noche apenas pude conciliar el sueño. La conversación del día de Navidad había sido importante para mí. Me estaba adaptando a aquella comunidad tan especial y veía los jirones de personas humanas que paseaban por los pasillos buscando la miserable papelina que les alienara lo suficiente para perder la noción de prisión a base de perderla igualmente de sí mismos.

El lunes 26 de diciembre de 1994 volvió a amanecer limpio, claro y frío, muy frío. A eso de las nueve y media de la mañana, después de haberme tomado un café con leche en la celda, gracias al termo que la noche anterior me había proporcionado el taxista de los turcos, bajé al salón de presos. Hasta el momento tenía varias fuentes de suministro de leche, galletas y chocolate: el taxista bajito, rubio, gordito, que pertenecía al clan de los turcos; Cortés, el compañero de chabolo de Fontanella, que trabajaba en el economato, y el chaval aquel de gafas que me metió el pastel por debajo de la puerta de la celda la misma tarde de mi ingreso en prisión. Este parecía el más discreto de todos porque no quería publicidad en las relaciones conmigo.

La comunidad de internos funciona, más o menos, con las mismas reglas que la vida fuera de aquí: la norma básica es la existencia de clanes y la ausencia de solidaridad entre quienes los integran. Cada uno busca su propia parcela de poder, que puede ser el control del economato, la cercanía a algún funcionario destacado, el suministro de droga o, sencillamente, el dinero, que circula en la cárcel en mayor cantidad de la que pueda imaginarse. En total eran cerca de mil presos en la prisión de Alcalá-Meco y, teóricamente al menos, cada uno de ellos tenía derecho a ocho mil pesetas semanales, lo que marcaba un montante teórico de ocho millones de pesetas cada semana, es decir, 32 millones al mes y, por tanto, 420 millones anuales. Es cierto que no todos los presos tienen esa cantidad de dinero semanal, mensual o anual, pero también lo es que muchos disponen de mucho más en lo que se llama su «peculio» personal. Dentro del establecimiento carcelario, solo puedes consumir esas ocho mil pesetas semanales, pero para encargos especiales, a través del demandadero, puedes gastar prácticamente lo que quieras. Por otro lado, esa era la cantidad de dinero oficial, pero en la cárcel también existe una economía sumergida, es decir, un dinero que está fuera de control.

Los consumidores de drogas se gastan el dinero prácticamente en el mismo día en que lo cobran, es decir, los jueves. A partir de ese momento funcionan los préstamos, que suelen tener el módico interés del 25 por ciento semanal. Otra característica consiste en que el billete real se cotiza por encima del carcelario, es decir, que el dinero físico, el que sirve para ser gastado en la calle, vale más que el que te entregan a cambio del mismo cuando entras aquí. No entendía muy bien las razones porque, teóricamente al menos, cuando sales, sea definitivamente o con ocasión de algún permiso, tienes derecho a que el dinero carcelario se canjee por dinero de verdad. Pero, en fin, esas eran las reglas: un billete de verdad de cinco mil pesetas valía en la cárcel siete mil quinientas. Es posible que los vendedores de droga tuvieran un precio para su mercancía cuando esta se pagaba con dinero de cárcel y otro cuando era dinero real.

Como decía, todos se organizan en grupos, en clanes, y compiten por ver quién controla el módulo. Yo me había convertido en una pieza básica. Primero, porque consideraban que tengo mucho dinero. Segundo, porque podría ayudarles cuando salieran de aquí. Tercero, porque yo no era una persona normal y resultaba bastante obvio que el director y los funcionarios iban a tener determinadas consideraciones conmigo, aunque solo fuera para tomar en cuenta mis opiniones. Era, en gran medida, la atracción del módulo y la tensión de los primeros días, en los que no sabían si dirigirse a mí, cómo hablarme, etcétera, se iba relajando un poco al comprobar que mi actitud, sin renunciar a ser quien era, no pretendía marcar distancias, sino, más bien, todo lo contrario. Precisamente por ello decidí que yo no podía pertenecer a ninguno de los clanes, sino que debía sobrevolar un poco por encima de todos. Cuando los turcos me daban un termo con leche, Fontanella y Fernando se cabreaban. Cuando era Fernando el que me hacía algún favor, Fontanella se molestaba. Yo tenía que jugar con esos «celos» que despertaba la cercanía a mí y aprovecharme de ellos, no para crear tensiones, sino para ir consolidando la posición que ellos mismos, desde el principio, me habían atribuido.

De todas formas, de los distintos instrumentos de mando en la cárcel, el más poderoso es, sin duda, el suministro de droga. ¿Quiénes la suministran? Lógicamente los propios presos, dado que en su inmensa mayoría están en la cárcel por tráfico de estupefacientes, por lo que era lógico que mantuvieran sus contactos con la gente de fuera y extendieran el negocio al interior de la cárcel, aunque se rumoreaba que existía algún tipo de connivencia de los funcionarios encargados de vigilarnos. ¿Quiénes la consumen? Muchos. Algunos porque ya estaban habituados a ello antes de entrar. Otros para superar su situación en el «trullo». La vida en la cárcel reclama una dosis de fortaleza extraordinaria para poder superarla. Son muchos los que durante todo el día no tienen nada que hacer, absolutamente nada más que dejar que el tiempo transcurra sobre sus vidas mientras se consumen sin más propósito que la autodestrucción. El nivel intelectual de los presos no facilita las cosas porque abundan los que apenas saben leer o escribir. Su situación económica, familiar y social hace que tengan muy poco que esperar del momento en que salgan de la cárcel. Por tanto, se trata de buscar algo de evasión, un mecanismo de ruptura con la monotonía, un producto que sirva para alejar la mente de los pensamientos que la atormentan, y eso es, precisamente, la droga. El alcohol también funciona, a pesar de la rigurosa prohibición. El medio utilizado para introducirlo en la cárcel son recipientes de cartón de zumo de naranja que son vaciados previamente y rellenados de güisqui. Pero lo que verdaderamente produce el efecto deseado es la droga.

Fueron varios los presos que se acercaron a mí pidiéndome dinero con la excusa de mandar un telegrama a su familia. En cuanto les apretaba un poco, acababan reconociéndome que lo querían para comprar droga. Muchas noches, cuando estaba escribiendo después de que nos hubieran chapado, sentía las grandes carcajadas que venían desde chabolos más o menos contiguos o, incluso, gritos enloquecidos que demostraban la ingestión de alguna sustancia alucinógena. Era obvio que alguien tenía que controlar ese suministro que, posiblemente, constituía el mejor negocio de la cárcel. Sentí curiosidad por ver cómo funcionaba, pero tenía que ir con pies de plomo, no solo por el asunto, sino por los intereses económicos en juego. Quizá con el paso del tiempo consiguiera averiguarlo. Ahora tenía otras prioridades, entre ellas los contactos con el exterior y la seguridad en la cárcel.

5

FRÍO POR DENTRO Y POR FUERA

Todavía algo turbado por los efectos derivados de mi conversación con el Cubano, salí al patio a respirar un poco de aire, a mover las piernas y a intentar alejar los fantasmas de mi cabeza. Ciertamente los primeros días de prisionero se mostraron interesantes, pero quizá demasiadas emociones al tiempo. Una cosa es que te encierren, que ya arrastra lo suyo en broza emocional, y otra, que a la primera de cambio te encuentres con personajes como Sancristóbal y sus historias de espías y mercenarios, y con el bueno de mi protector carcelario identificado con consigna de la isla de Fidel Castro. Pues en esas estaba cuando volví a encontrarme con Julián, que tampoco la cárcel es como el paseo del Retiro y te acabas encontrando siempre con los mismos, como cuando habitas en un monasterio cisterciense. El aspecto del hombre no podía ser más revelador de un estado de ánimo que oscilaba entre el abatimiento y el deterioro abismal, así que me puse de nuevo a charlar con él:

—¿Qué pasa, Julián, que te veo un poco jodido?

—Es que he escuchado en la radio que Pedro J. anuncia que *El Mundo* va a dedicar toda la semana a unos reportajes extensos sobre las declaraciones de Amedo y Domínguez, con lo que vamos a tener una movida acojonante, pero ¡qué le vamos a hacer! Lo que tiene gracia es que ayer por la noche me llamó Granados, el fiscal general del Estado, para darme ánimos.

—Oye, si quieres hablamos un poco de ese asunto, porque lo cierto es que yo no tengo ni idea. Si te molesta, corta y en paz.

—No, para nada, al revés, yo creo que puede venirme bien —fue la contestación de Julián.

—¿Antes de que tú llegaras a ser gobernador civil y director de la Seguridad del Estado no existía el GAL?

—No. Había una cosa que se llamaba el Batallón Vasco Español, pero no estaban organizados y no hacían más que cagarla —contestó Julián.

—¿Por qué se creó el GAL?

Ahí es nada la preguntita. Esas tres letras, iniciales de Grupos Armados de Liberación, resumían un montaje que al parecer se ejecutó desde el Ministerio del Interior español como atajo en la lucha contra el terrorismo etarra. Pero sobre todo resumían la actualidad política y judicial del momento. El GAL se convirtió en el asunto político por excelencia a finales de los noventa. Y curiosamente, al judicializarlo se encargó de tramitarlo un juez apellidado Garzón que había servido como alto cargo del Ministerio del Interior. Paradojas de la vida. El GAL traía reminiscencias de secuestros y asesinatos, ahora convertidos en materia de alta densidad política. Y Sancristóbal era el primero de los altos cargos socialistas, por lo menos perteneciente al partido socialista, que fue encarcelado por decisión del juez. Así que preguntar por eso era como mentar la bicha, que dicen por el sur, pero mi interlocutor no quería hablar de otra cosa.

Suponía que Julián Sancristóbal, aunque solo fuera porque lo de haber sido director de la Seguridad del Estado imprimiría carácter —o debería—, y un carácter decididamente sigiloso, reservado y escrupulosamente prudente, ante un desconocido como yo, precedido de una imagen que recomendaba vivamente la prudencia en tramas que pudieran afectar a la política, relataría sus conocimientos de este lóbrego asunto de manera más bien rudimentaria, sin desmesura en el detalle, navegando con poco trapo por la superficie de algo tan escabroso como la posible implicación de un gobierno en la supresión de vidas amparándose en las exigencias de la maleable razón de Estado. Una cosa es que sientas necesidad de hablar, de comentar, de sacar al exterior rincones del alma golpeados por la vida a la que atribuyes un alto grado de sinsentido, y otra bien distinta, que te pongas a cantar zarzuela en demasía, con todas las notas y letras, asumiendo como único espectador de tu arte a alguien a quien apenas conoces, y de quien debes suponer que no guarda una entrañable amistad con quienes se supone le encerraron en prisión.

Pues no. Profundamente equivocado. Poco a poco, el bueno de Julián fue desgranando con paciencia pasmosa y meticulosidad de aprendiz de cantero gallego los orígenes de esta trama tan complicada... Reconozco que era un asunto que desconocía casi en su totalidad. Nunca me interesó en exceso. En ese instante tampoco demasiado, aunque algo más de morbo no hay duda de que se confeccionó a golpe de encierro, porque la cárcel, se supone, no es para altos cargos de la Seguridad del Estado. Sospechaba, asumiendo el grado de cinismo imprescindible, que todos los gobiernos del mundo navegan por cloacas cuando de combatir al terrorismo se trata. Y es que resulta particularmente complicado sustraerse a esas tentaciones de vías rápidas, de atajos legales, cuando un día y otro contemplas la muerte de inocentes y percibes que pelear con la Ley en la mano frente a quienes usan pistolas y metralletas es muy elegante, profundamente ético y toda una serie de atributos semejantes parientes cercanos del idealismo de salón, pero no siempre lo más efectivo, ni para atajar el terrorismo ni para mantenerse en el poder. Y ya se sabe que el que tiene el poder lo que quiere es preservarlo a toda costa... La libertad de alguna persona no es siempre un obstáculo insuperable... La vida, a veces tampoco... Lo suponía, pero no quería descender a ese mundo subterráneo, no solo por el olor de las cloacas, sino por las colonias de ratas que viven y se pasean por sus canales y recovecos.

Precisamente por ello, aquel paseo carcelario se convirtió casi en un monólogo de Julián. Yo apenas formulaba preguntas. Mi voz sonaba tímida y casi incolora exclusivamente para reproducir monosílabos indicativos de que seguía el discurso, pero sin que mi curiosidad se sintiera lo más mínimo espoleada a formular preguntas más allá de las meramente imprescindibles para que el hombre que se confesaba tan abiertamente sintiera que le prestaba atención. Con eso mi morbo de reciente fragua quedaba satisfecho. Pero para él, para el antiguo responsable de la Seguridad del Estado español, no solo era su vida, no solo se sentía como un servidor eficaz de ese Estado que le había empleado en tan alta dignidad y le había entregado tan decisiva responsabilidad, sino que, por si fuera poco, toda esa trama le golpeaba en lo más profundo. Julián no paraba de decirme que no podía comprender, que no era capaz de asimilar que el gigantesco riesgo en el que puso su vida y la de los suyos se pagase ahora en años de cárcel, de requisa de bienes, de persecución sin cuartel... Y todo, al parecer, por una serie de errores cometidos con un ciudadano vasco francés, de apellido Marey, que se convirtió en el motor para la decisión de Garzón, el juez de las mil causas notorias, de enviarle a prisión.

Lo que relataba como actuación de esos supuestos miembros de la organización diseñada merecería como mejor atributo el calificativo de chapuza. Y con la vida y la libertad las chapuzas son mucho más toscas e irritantes. Así que aunque solo fuera para descargar su ánimo, turbado y casi depresivo, se me ocurrió una pregunta más bien de educación primaria y que seguramente se la habrían formulado cientos de veces antes de decidirse a dar el paso, el dramático paso del que ahora resultaba víctima:

—Pero, Julián, ¿no existen profesionales en el mundo para estas cosas?

—Sí, claro que sí, conectados con las mafias francesa e italiana. El problema es que o te piden un dinero que no puedes pagar o, incluso, en ocasiones, ni siquiera quieren dinero y lo que solicitan es libertad para introducir toneladas de droga en el territorio de quien les contrate. Compran cuotas de droga a cambio de eliminar a gente. Ya te puedes imaginar que son condiciones que un Estado no puede aceptar. En España no existen auténticos profesionales para asuntos como este, son mercenarios de muy baja calidad.

Hombre, no aceptar toneladas de droga por escrúpulos de salud física y, sin embargo, mostrarse feliz y contento pagando dinero a cambio del asesinato de personas, aunque de terroristas se tratara... Preferí callarme esas reflexiones. Me seguía sorprendiendo que Julián Sancristóbal me estuviera revelando unos secretos de Estado de este calibre, porque, insisto, no le había visto en mi vida, apenas si habían transcurrido veinticuatro horas desde nuestro primer encuentro y ya estaba perfectamente informado del tema Kroll y ahora estaba recibiendo una información muy precisa que era, sin duda, la que necesitaba Garzón para llevar el asunto al terreno que aparentemente buscaba. Sin embargo, a pesar de mi talante claramente desconfiado, sobre todo después de lo que me había ocurrido en la vida, creía que este hombre me estaba hablando con sinceridad. Ratificaba con toda la fuerza de un oleaje de galerna cantábrica el efecto confesionario propio de la prisión. No hay duda de que el ambiente en la cárcel es especial, y la angustia de sentirse dentro y la sensación de que su tema podía ser extraordinariamente peligroso para él le provocaban esa necesidad de contar, de transmitir, de liberarse con alguien como yo de una carga pesada que podía afectarle gravemente en su vida. Una carga que ya le había sangrado parte de su existencia, y, lo que era peor, le situaba frente a interrogantes existenciales tremendos de imposible respuesta mientras viviera entre esos muros de cemento.

Por duro que fuera el relato, por escabrosos los detalles, no me sentía escandalizado en exceso. Quizá fuera porque, como digo, suponía que habas de este tipo se cuecen en todos los mentideros del poder. Estados Unidos, Reino Unido, Francia e Italia... en fin. Recordé historias que me contaron en mi primer viaje a Córcega a propósito de lo que el centralismo francés se dedicaba a ejecutar con los independentistas corsos. Historias de terror, asesinatos de familias enteras, torturas sin nombre, narraciones verdaderas o falsas, quién lo sabe... Pero el surco del hombre por la historia siempre deja un rastro similar. Su arado cicatriza en los barbechos del vivir con una marca inconfundible. Hombres ejecutando a hombres, en aras de la razón de Estado, o de la pureza de cualquier fe que al parecer reclama la barbarie para ser mantenida, o por defender unos postulados aprendidos no se sabe dónde, o por envidias de dinero y poder... No. No puedes escandalizarte en demasía si has leído y con interés, percibiendo el asombro inevitable, la historia de nuestra querida humanidad, aquello que el hombre es capaz de provocar sobre otro hombre al que acaba de llamar semejante.

El problema se tiñe de un olor más nauseabundo cuando se proyecta dentro de un contexto político y social concreto. Es decir: la gravedad de lo que sucede depende del interés que el poder tenga en amplificarlo o en aplicarle sordina. Así de rotundo. Y eso no ocurre exclusivamente con materias políticas. En el tormentoso mundo de los negocios en general y el campo financiero en particular, muchos de los quehaceres diarios pueden ser interpretados como obras de caridad, como decisiones económicamente correctas o como simples delitos. Depende de los ojos con los que los quieran mirar. Si me conceden un fiscal y unos cuantos miembros de la policía nacional, me comprometo a entrar en cualquier empresa española o extranjera de cierto tamaño y localizar más de diez o veinte conductas susceptibles de ser encuadradas, con algo de «buena voluntad», en la tipología penal al uso. Es así de claro. Y esto el poder lo domina a la perfección.

Lo malo, lo exquisitamente peligroso, consiste en judicializar estas cuestiones, poner a un juez al frente de un asunto con instrucciones más o menos precisas, sometiéndolo a la presión derivada de un invento llamado alarma social que es diseñado y creado precisamente para esta finalidad. El juez, en el mejor de los casos, puede trocear la realidad, contemplar un aspecto, un pedazo, un corte, y con ello perder la perspectiva. En el caso de que eso le interese, claro. Porque normalmente, cuando los asuntos tienen proyección política, esto es, cuando interesan en alguna medida al poder, mi querida —es un decir— razón de Estado, que para ser más congruentes con nuestros pensamientos deberíamos llamar razón de gobernantes, expulsa de la mesa de decisiones al ordenamiento jurídico y se dedica a eso que llaman «lo conveniente».

Pero, en fin, no era el momento para esas reflexiones, así que decidí seguir adelante con mi conversación, sobre todo porque era lo que necesitaba Julián, que se había adentrado en uno de los campos más minados de la convivencia nacional: el matrimonio morganático entre la prensa y la judicatura, cubiertos ambos con el paraguas del poder. La prensa la personalizaba en ese instante Pedro J. Ramírez, director de *El Mundo*. La judicatura, el omnipresente juez Garzón. La tesis de Julián, que los datos de hecho no convertían en un indigerible cuento de hadas, es que ambos trabajan de consuno, como dirían los antiguos castellanos recios. Sobre todo a la vista de que, al día siguiente, Pedro J. comenzaba a cumplir su amenaza.

—La ofensiva de *El Mundo* va en la línea de lo que hablábamos ayer, ¿no crees? —le pregunté a Julián.

—Por supuesto. Lo que yo pienso, sin embargo, es que la sociedad española no está radicalmente en contra del asunto GAL. Por ese camino creo que tienen difícil el destruirme como persona. Yo creo que para esa finalidad van a acudir a mis relaciones con Roldán, aunque, como te dije ayer, yo no tengo especial amistad con él, pero como es un prófugo, carece de credibilidad, y si a mí me unen con él pueden destrozarme, que es posiblemente lo que busquen algunos.

De nuevo Roldán en escena; el antiguo director de la Guardia Civil, prófugo y en paradero desconocido, se convertía, en el sentir de Julián, en un arma arrojadiza.

—¿Tienes alguna sospecha concreta?

—¿Alguna? Tengo todas las evidencias. Desde que el asunto Roldán estalló en la forma en que lo hizo he sido sometido a una persecución terrible. Todas mis cuentas, en España y en el extranjero, han sido analizadas, estudiadas, comprobadas, hasta el punto de que me he pasado una gran parte de estos últimos años dando explicaciones a los jueces suizos acerca de todos mis movimientos bancarios. ¡Es la hostia!

Había bajado mucho la temperatura aquella mañana, y aun a pesar de los movimientos físicos de casi correr de un lado a otro del patio, y del calor provocado interiormente por las confesiones de Julián, pensé que ya estaba bien de charlar y que lo mejor que podíamos hacer era volver al salón de presos, a disponer de un poco de silencio y de algo más de calor. Claro que ninguna de ambas conquistas serían fáciles de alcanzar, porque ruido, lo que se dice ruido, es algo consustancial con ese mundo, puesto que te sientes donde te sientes, no consigues evitar las infatigables radios de los colombianos que suenan a toda pastilla; y calor, lo que se dice calor, pues tampoco, porque las restricciones de presupuestos provocaban que si tocabas los tubos verdes de calefacción percibieras el frío en versión hierro pintado, que es algo así como frío y desesperación hermanados.

A pesar de todo ello, cada día me encontraba mejor y estaba consiguiendo adaptarme razonablemente bien —como dicen los educados— a mi nueva convivencia, a mi papel de preso, a mi condición de recluso. Me fabriqué un modelo mental —por llamarlo de alguna manera— que consistía básicamente en lo siguiente: todos los juicios de valor sobre lo justo o lo injusto, todo intento de entender lo que sucedía, había de quedarse en el departamento de Ingresos, con las llaves, los carnés y el dinero. Y allí debería permanecer quieto y sin agitarse hasta que me tocara salir por la puerta que me recibió al ingreso. Era lo mejor que se me ocurría para mantener un mínimo de sanidad mental. Tenía muy claro que mi obligación consistía en sobrevivir a lo que consideraba una barbarie. Bueno, aunque no lo fuera —que lo era—, mi obligación era superar la prueba, sobrevivir, no hundirme, no caerme, no cejar, no abandonar. Y sobrevivir exige serenidad mental. Son demasiados los que se mueren porque no resisten la presión emocional de verse encarcelados. Así que ese era el objetivo en el que concentrar las fuerzas internas y exteriores.

Lo cierto es que los primeros días me resultaron bastante llevaderos. Ante todo porque lo que me encontré distaba mucho de la imagen que me fabricaron fuera. La cárcel vista desde fuera es el horror de los horrores, pero no solo porque te encierran vivo, sino porque, además, se supone que el lugar del encierro es de lo peor que se despacha, en condiciones físicas, higiénicas, climáticas, de personas con las que tienes que convivir, de peligros latentes, de amenazas larvadas o consumadas, de posibles violaciones... Pues no tanto, ni mucho menos. No estaba en el mejor hotel del mundo, desde luego, pero las condiciones del «salón» de presos y de las celdas tampoco eran para pasarse el día llorando sin parar. Tal vez por otros motivos, pero no por esas condiciones físicas y ambientales. Seguro, absolutamente cierto, que muchos de los presos vivían en condiciones mejores que las que tenían antes de entrar y las que seguirían soportando al volver a la llamada libertad. Mi caso era distinto, por supuesto, porque mi casa de Triana era mejor que mi celda del primer piso. Pero eso no me impedía ver lo que mis ojos veían ni sentir lo que mi cuerpo percibía: que no era tan horrible lo vivido como lo imaginado.

Y, además, casi todo era nuevo para mí. Y en ocasiones además de nuevo me resultaba asombroso. Esta novedad y su correspondiente asombro servían para tener atada la mente, sujeta como el hipnotizado al péndulo que mueve el hipnotizador, evitando que le diera por largarse a deambular por páramos más peligrosos para el equilibrio interior. Claro que todo se pasa. Algún día los funcionarios, las celdas, los recuentos, los horarios, los gritos, los olores y demás equipaje del lugar se integrarían en una pura y dura rutina. Y ahí empezaría la cuesta arriba de subsistir. Quizá cuando se terminaran las novedades, cuando conversaciones como aquellas se hubieran agotado, tal vez apareciera con toda su fuerza la angustia de verte privado de libertad física. La rutina es un enemigo nada despreciable y su pariente el aburrimiento suele ser un destrozavidas de gente rica. Pero en prisión, la rutina es venenosa porque cada día se parece implacablemente al anterior, como si se reprodujeran en una clonación perpetua. Solo cambian las condiciones de estación en estación, desde el frío insoportable del

invierno al calor insufrible del verano. Esto último, el calor agobiante, no lo había sentido en esos días, pero algunos presos me
comentaban que el verano es la peor de todas las épocas del año
para vivir encerrado. Bueno, pues como no sabía hasta cuándo
querrían tenerme atado a aquel lugar, dejé de pensar en esas cosas
y decidí seguir casi como un autómata con mi vida diaria.

Lo que peor llevaba era la incomunicación. Tomé una decisión
muy clara: no quería que Lourdes, Mario y Alejandra vinieran a
verme, al menos en estos primeros días. Tienes derecho a un
encuentro semanal, generalmente sábado o domingo, pero se trataba del lugar de encuentro, no quería que mi mujer y mis hijos
sufrieran el impacto de contemplar mi rostro, y yo el suyo, a través de los cristales arañados por manos desesperadas de un locutorio carcelario. Eso, al fin y al cabo, formaba parte de la tragicomedia, pero nadie se imagina hasta qué punto puede causar dolor.
Es un instante en el que se acumulan recuerdos, vivencias, aspiraciones, sueños... Aunque no uses uniforme, el preso siempre es un
preso. Lo lleva en el rostro, en el gesto, en el tenue brillo de los
ojos, en los movimientos de sus brazos, de sus manos, en el tono
de voz... Al cabo de un tiempo era capaz de reconocer a un preso
con solo echar una ojeada a sus andares. Me contaban que los animales en cautiverio adquieren movimientos corporales diferentes
a los que podían vivir en libertad. Puede ser, pero de lo que no tengo duda, porque lo confirmé en mi experiencia de tres ingresos y
estancias como prisionero del Estado español, es de que el preso
sufre una transformación muy especial en su apariencia exterior.
Habla un lenguaje corporal distinto, para entendernos.

Y aunque yo llevaba pocos días encerrado, presumía que por
muy fuerte que fuera, por muy dominada que tuviera mi mente,
por muy interiorizada que asumiera la comedia que me tocaba vivir,
no era totalmente inmune a esa influencia del entorno. Reconozco

que me producía cierto pudor el que Lourdes, sobre todo Lourdes, pero también Mario y Alejandra, pudieran verme de esa guisa. Los humanos pensamos con imágenes. Nuestro modo de pensar reclama la imagen, de ahí la tremenda fuerza que posee. No es que una imagen valga más que mil palabras, es que la palabra sin referencia a imagen concreta se difumina en la pura abstracción. Se pierde. Se necesita mucha capacidad mental para transitar por esos páramos del intelecto. Por eso mi imagen a través del cristal perviviría en sus retinas durante mucho tiempo. Y seguramente algún día sería la imagen de la resistencia, de la capacidad de aguante, de la dignidad. Pero mientras ese instante llegara, la imagen podría socavar cimientos de mentes todavía no acostumbradas a contemplar los signos exteriores del poder en estado crudo. Mario tenía veinte años y Alejandra, diecisiete. Edades tempranas para convivir con la barbarie. Mejor alejar sus retinas de semejante intercambio.

Y a mí no me habría gustado recordar los preciosos ojos amarillos de Lourdes visualizados a través de un cristal carcelario, en un locutorio de convictos y vestido a la guisa de la prisión. Eran unos ojos magníficos que me llamaron la atención desde el primer instante en que los vi, aquella noche en que aterricé por el bar Angelito de Playa América procedente de Alicante. Ojos llenos de vida, rezumando inteligencia, prudencia, sabiduría vital. Recuerdo cómo me miró cuando me dirigí a ella preguntando por su nombre con la osadía de quien jamás experimentó el rechazo, de quien se sentía capaz de dominar una relación con la misma facilidad con la que acumulaba matrículas de honor en su carrera de Derecho con los jesuitas de Deusto. No. No quería para nada ese recuerdo. No aceptaba esa condena. Los ojos de Lourdes seguirían vivos en mi interior, almacenados en mi memoria emocional sin que ningún cristal carcelario ni ninguna prisión distinta a la esculpida con material del amor humano se interpusiera entre nuestras miradas. El precio que tuviera que pagar por evitar esa condena adicional lo pagaría encantado.

Pero es que además la prensa acechaba en busca de presa. Y mi familia, en especial Lourdes, entrando a verme en prisión era de las más cotizadas en la jerarquía de trofeos humanos en esta singular y miserable cacería. Si inventaron lo que cené en Nochebuena, si compusieron a su antojo mis partidas de mus en prisión, no se precisaba un exceso de creatividad para diseñar lo que serían capaces de escribir y comentar de viva voz a propósito de esa visita a Alcalá-Meco de mi familia más íntima. Su relato pertenecería a los arcanos de lo inenarrable, se dibujaría como un monumento a los sentimientos humanos que habitan en ciertas zonas de nuestra orografía corporal. Muchos periodistas y cámaras de televisión y antenas de radio hacían guardia permanente esperando, como cazadores asentados en los puestos de un cortadero serrano, a que ellos, Lourdes, Mario y Alejandra, se presentaran para tomar unas cuantas fotografías que servirían para solaz de muchos en las lecturas de los diarios o revistas o en los programas de televisión. No, desde luego que no quería jugar a ese juego. Y no les dejé venir en esos primeros instantes.

Otra cosa, sin embargo, era la posibilidad de llamar a casa por teléfono. En aquellos días el máximo permitido era una vez cada quince días. ¿Por qué semejante limitación? Te condenan a perder libertad, no a incluir en la condena la desaparición de la comunicación con el mundo del que transitoriamente te alejan a la fuerza. Es claro que cuando de delincuentes organizados se trata, por ejemplo terroristas o narcotraficantes de gran escala, las limitaciones al uso del teléfono tienen sentido, para evitar que desde las celdas, el patio o los lugares recónditos de la prisión se pudieran seguir organizando y planificando delitos. Lo entiendo y me parece sensato. Pero no alcanzaba a entender por qué a un señor no peligroso, como un director de banco, por ejemplo, se le privaba de comentar con su familia, de escuchar sus voces, de contactar con ellos en los momentos en los que la resistencia emocional de un humano se cae de bruces sobre el suelo de la celda. ¿Por qué? ¿Qué tiene de malo? ¿Se trata de añadir pena sobre pena?

Debería suceder lo contrario. Tendría que estimularse el contacto con el exterior. No ingresas para toda tu vida. No existe la cadena perpetua en nuestro sistema. Lo que constituye —o debería— el objetivo es el retorno a la libertad. No perder contacto con los tuyos, con quienes vivías antes de ingresar, con los que forman tu familia, es algo que alivia tu estancia y permite un regreso mucho menos traumático. Escuchar una voz y unas palabras te demuestra que existe un lugar y unas personas en las que tu vida sigue anclada, y te proporciona una esperanza sobre adónde vas a ir cuando salgas de aquí, que existe un lugar reservado para ti. Puedes cerrar los ojos y visualizar mentalmente, soñar por unos segundos, transformar el sonido en caricia, rozar palabra con palabra. El poder emocional de la palabra... Sin embargo, alejarte de los tuyos, introducir distancia adicional, no solo puede contribuir a que se rompa la familia —en muchas ocasiones cuando el marido sale de la cárcel descubre que su mujer se ha ido con otro y sus hijos están abandonados—, sino a que pierdas la esperanza y la ilusión por salir y, por consiguiente, a que el efecto redención que pretenden las penas carcelarias no se consiga en absoluto. Por ello les pedí a mis abogados que hablaran con el juez para que pudiera telefonear a casa con más frecuencia, lo cual, además, no conllevaba riesgo alguno, puesto que era evidente que mis teléfonos estaban pinchados por orden judicial. Pues no. El juez puede mandarte a prisión, pero la vida dentro depende del sistema carcelario, y en este caso se trataba del ministro Belloch, así que mis esperanzas tenían la consistencia de un hojaldre chino para alimento de mandarines. A esperar al juez y mientras tanto limitación a rajatabla. Claro que algunos presos organizados disponían de sus móviles y la prohibición acababa funcionando para los que menos tenían por qué sufrirla. Sí, claro, pero...

El viernes 27 de diciembre el frío parecía irritado y consiguió superarse a sí mismo, a pesar de lo cual Julián y yo decidimos salir al patio, abrigados hasta las orejas, con el propósito de que nadie pudiera escuchar nuestra conversación.

—Parece que el asunto se complica —comenzó Julián—. El hecho de que *El Mundo* dedique hoy cinco páginas y que anuncie que va a seguir toda la semana con lo mismo es una prueba evidente, como te decía, de que Garzón necesita cobertura y que Pedro J. está dispuesto a dársela porque lo que quiere es usar a Garzón para tumbar a Felipe González...

A continuación Julián, con su tono de siempre, con la mirada en exceso depositada en los muros que cercenaban nuestro caminar a ambos costados, desgranó un nuevo relato completo y pormenorizado del secuestro de un ciudadano vasco francés, de quiénes lo ordenaron, de cómo se ejecutó, de los fallos cometidos, de las soluciones de emergencia... Algo que me abrumaba, que me cansaba, que no quería escuchar, pero que con la voz y las pinceladas de Sancristóbal se reproducían ante mí con la cromía y el argumentario propio de un relato de terror. Traté cuanto antes de culminar la conversación y de retornar para el almuerzo. Me protegió de las confidencias el chapado de la una y media. Terminé de comer y subí a toda velocidad a mi chabolo. En algunos folios escribía las confidencias de Julián. No sé si para liberarme o para qué, pero confieso que lo hacía con una letra menuda, extremadamente pequeña, casi ilegible, y de vez en cuando echaba una mirada a ese papel y no podía dejar de sentir algo perteneciente a la familia del escalofrío.

A las cuatro de la tarde de nuevo Julián con sus confesiones, no precisamente agustinianas. Salimos al patio, otra vez a caminar deprisa de arriba abajo y de abajo arriba. Arturo Romaní, que por unos instantes nos prefirió a su amigo Fontanella, a los turcos y demás elementos humanos que formaban su pandilla carcelaria, se incorporó al grupo. Julián hizo caso omiso de la nueva presencia y continuó su relato.

—El problema —dijo Julián retomando la conversación— es que el Gobierno puede caer por este asunto. Están tratando de aparentar tranquilidad, pero no la tienen. El tema es complejo: imaginaos que cae el Gobierno y se convocan nuevas elecciones. El GAL deja de tener importancia inmediata porque ya se ha conseguido el objetivo. Lo malo es que, en ese caso, nosotros pasamos a un segundo plano. Nos olvidan y podemos quedarnos aquí por un tiempo sin que nadie se acuerde de que estamos en la cárcel.

—Yo creo que tenemos que quitarnos pájaros de la cabeza y hacer un planteamiento realista: al Gobierno le podría interesar que tú estés aquí, siempre que estés callado, porque de esta manera ya tiene un culpable del asunto y puede decir que la actuación del Estado fue conforme al Derecho. Si convocan elecciones y las gana el PP, o gobierna el PP con los apoyos que sean, me parece evidente que Aznar y sus muchachos no van a tener especial interés en concederte un indulto o algo parecido, porque no querrán asumir un coste —que lo tiene— sin ninguna contrapartida, y una vez ganadas las elecciones, lo que tú les puedes proporcionar es muy poco. Yo no sé qué es lo que tienes que hacer, pero sí sé que el tiempo puede comenzar enseguida a correr en tu contra.

Esto era lo peor de todo. La forma y manera en que se desarrollaban los acontecimientos ponían claro sobre oscuro que el objetivo final no era aplicar justicia sobre secuestros y asesinatos de etarras, algo que era conocido, consentido y hasta en muchos sectores aplaudido. La cosa era mucho más macabra. Felipe González ganó en 1993 unas elecciones que todo el mundo esperaba que perdiera. Mejor dicho, que tendría que haber perdido a la vista del tiempo de gobernante y de las circunstancias del momento. Pero frente a él tenía a Aznar. Y nadie confiaba en su capacidad de ganar en buena lid al sevillano González. Y en 1995 la cosa seguía igual. Y una nueva victoria de González levantaba espasmos de terror en muchos de los protagonistas de la vida española. Daba la sensación de que todo el GAL era, con independencia de su condena moral y hasta jurídica como terror de Estado, el único activo que determinadas fuerzas tenían a mano para conseguir que alguien como Aznar venciera a González. De otro modo parecía misión imposible. Vida, libertades, éticas, leyes... todo instrumentalizado al servicio de alcanzar y conservar el poder...

El viernes 28 de diciembre de 1994, día de los Santos Inocentes y aniversario de la intervención de Banesto, los periódicos dedicaron un montón de páginas al caso, haciendo coincidir la fecha de la intervención del banco con mi estancia en prisión, en un intento nada tímido de establecer ligazón entre ambos sucesos. Me sorprendió la distancia con la que percibía todo aquello. Recordé que al poco de la intervención del banco nos reunimos en Los Carrizos, en nuestro campo sevillano, unos cuantos amigos y, claro, inevitablemente surgió la conversación. Mi tesis era muy clara: tiempo, necesitamos tiempo. Todo el Estado se ha involucrado en esto, les decía. Así que mientras no transcurran unos cuantos años no hay nada que hacer.

No siempre eran bien comprendidas mis palabras, que a algunos les sonaban casi como un abandono de la lucha. Nada de eso. Pero, como dice el Tao, la energía aplicada contra un invencible es energía malgastada. Por eso sabía que mi vía crucis tendría que vivirlo con toda la intensidad del mundo y lo importante no residía en esas páginas de periódicos o comentarios de radio o televisión, sino en mi interior, en mi alma, que debería resistir, resistir, resistir...

La distancia con la que percibía todo ello provocó que no me sintiera alterado en lo más mínimo por el aniversario y su tratamiento mediático. Los rumores acerca de la caída del Gobierno o de la dimisión de Felipe González eran muy fuertes, lo que se estaba traduciendo en ventas masivas de deuda pública por parte de extranjeros, en desconfianza sobre la Bolsa, que bajaba dramáticamente, y en presiones sobre la peseta, que también perdía posiciones respecto del dólar, marco y demás monedas en general. Todo presagiaba que la tormenta política desatada a raíz del caso GAL era mucho más potente de lo que se había imaginado en un principio.

Había dormido relativamente bien la noche anterior, a pesar de que el ruido de la televisión me llegaba molesto desde el chabolo de Romaní, que había adoptado la costumbre de dormirse a las diez de la noche hasta, más o menos, las dos de la mañana, ver una película entre esa hora y las cuatro y volverse a dormir hasta la hora oficial de «deschapado». A las diez de la mañana ya estábamos otra vez Julián y yo paseando por el patio. En mi asunto, en el tema Kroll, había una cuestión que todavía no tenía clara, así que decidí plantearla abiertamente:

—Julián, me queda una duda en el tema Kroll y es por qué *El Mundo* publicó que tú habías cobrado unos cuarenta millones por hacer de intermediario en el asunto.

—¡Eso no es cierto! Lo que pasó fue que cuando terminaron con tu tema, Serra pensó en encargar a Kroll una investigación sobre De la Rosa y otra sobre Hachuel, y me volvieron a contactar para ese fin. Como ya había tenido muchas dificultades con los pagos, porque Serra tardaba en mandarnos el dinero del Cesid

—decía que no le quería pedir a Manglano demasiado dinero de golpe para que no se asustara—, yo les dije que antes de hacer nada recolectaran dinero y me lo entregaran como anticipo. Así se hizo y un día Roldán me dio, por cuenta de Serra, la cantidad de cuarenta millones de pesetas en efectivo metálico. Yo guardé los billetes en mi caja fuerte y ordené que se transfiriera el mismo importe en divisas desde mis cuentas en Suiza a la que controlaba Roldán. Ten presente que Roldán era entonces director de la Guardia Civil y yo no podía sospechar nada de lo que iba a ocurrir poco tiempo después. Por eso acepté transferir el dinero a la cuenta que el Estado español tenía en Suiza.

—¿Has dicho a la cuenta del Estado español en Suiza?

—Sí, claro. Es evidente que es una cuenta del Estado, lo que yo no sé exactamente es a nombre de quién está abierta. Lo que sí sé es que la manejaba un fiduciario, que es persona con cara y ojos y que, por cierto, lleva un tiempo absolutamente acojonado con todo lo que está pasando.

—Ya, pero tú debes de tener el número de esa cuenta.

—¡Hombre, claro! Conozco el banco, la ciudad y la sucursal, pero del número concreto no me acuerdo, aunque es obvio que lo tengo porque yo hice la transferencia desde la mía a esa y, por tanto, existe constancia oficial. Incluso más: yo creo que esos datos están ya en manos de la juez que investiga el caso Roldán porque creo que se ha entrevistado con un juez suizo que ha decidido proporcionárselos, aunque no tengo constancia de con qué tipo de detalle. Yo he tenido que declarar ante ese juez porque me ha llamado para pedirme explicación de esos movimientos. Me refiero concretamente —concluyó Julián— a esos famosos cuarenta millones de pesetas.

—Pero me has dicho que ese dinero era para pagar el informe sobre De la Rosa y Hachuel. ¿Qué ocurrió después con esa pasta?

—No sé muy bien por qué, pero lo cierto es que Serra un día decidió que ya no le interesaba el informe sobre esas personas.

La historia cada vez era más completa y compleja, pero también rotunda y evidente. Por eso le pregunté a Julián:

—¿No crees tú posible que Serra alegue que encargó ese informe porque es misión del Estado tratar de controlar los movimientos de una persona como yo que podía estar utilizando dinero de los accionistas en temas que afectaban o podían afectar a la seguridad del Estado?

—En principio sí y siempre pensé que eso era exactamente lo que iban a hacer, alegando, además, el hecho de que Kroll siempre actúa conforme a las leyes de cada Estado en el que realiza investigaciones.

—Ya, pero el problema de malversación de fondos públicos parece difícilmente salvable, ¿no?

—Eso sí —dijo Julián.

—Además hay otro dato —añadí—. Serra ha negado en el Parlamento que tuviera conocimiento de ese informe y mucho menos que lo hubiera encargado, así que ahora ya no puede volverse atrás de sus palabras y si lo hace, es la prueba más evidente de que lleva mintiendo sobre este asunto desde el principio.

—Desde luego —puntualizó Julián—. Esa declaración de Serra puede ser muy comprometida.

—¿Y no crees que pueden intentar dirigirse a Kroll con el propósito de destruir pruebas?

—No solo eso, sino que ya lo han intentado, pero es imposible. Los pagos y las facturas están ahí y eso no se puede borrar. Por otro lado, el investigador que hizo el trabajo, que es amigo mío, ya no está en Kroll porque ha montado una empresa del mismo tipo por su cuenta.

En ese momento se acercó uno de esos funcionarios vestidos de azul que controlaban el módulo. Con voz firme exclamó:

—Sancristóbal, abogado, a comunicar.

A Julián le llamaba Pepe Stampa, un catedrático de Derecho Penal, granadino de origen, brillante, extremadamente brillante en el foro y a quien se le había encomendado la defensa.

Me quedé solo en el patio y regresé al salón. Decidí sentarme de nuevo en los tubos verdes de calefacción, que a esa hora ya atisbaba una tibieza tendente a mayores. Me fijé en los funcionarios del módulo. Era pronto, demasiado pronto, para disponer de una información sobre ellos que me permitiera un juicio sereno, porque no podía fiarme de lo que los demás presos me transmitían. Es obvio que el funcionario recibe la carga de agresividad mental del preso porque se convierte en su carcelero, en el símbolo humano de su falta de libertad. Pero se equivocan. Los funcionarios no les meten en prisión. Ese viaje se lo deben, se lo debemos, a unas cuantas líneas o folios escritos en papel oficial de la Administración de Justicia, al que llaman auto y que firma un juez. El funcionario ejecuta órdenes. Lo hará con mejor o peor sentido, con más o menos humanidad, pero no es el símbolo de la privación de libertad. Yo lo tenía claro como el agua y por eso en mi celda, encima de la mesa, como primer papel que veía cada vez que entraba y salía de mi recinto, en cada ocasión que me sentaba en mi silla de plástico, guardaba el auto de prisión dictado por el juez García-Castellón. Ese papel, ese sello y esa firma son los instrumentos que cercenan la libertad.

A pesar de los pocos días transcurridos me di cuenta de que una parte nada despreciable de los funcionarios son personajes más bien grises, que no parecen disponer de una cultura excesiva y que, al menos algunos, evidencian tics claramente autoritarios. Sí, claro, pero es que resulta más que difícil gobernar un módulo de presos convictos y confesos por una gama variada de delitos a golpe de negociación y palabras suaves. Sencillamente imposible. La autoridad es imprescindible. Otra cosa es, sin embargo, superar la raya. La autoridad del funcionario sobre el preso es total. Cuando te encuentras en prisión, por mucho que te llamen interno, eres un preso de los de toda la vida, diga lo que diga la Ley, y es que seguramente no puede ser de otra manera. El preso es sujeto de una autoridad que ejerce el funcionario de modo casi absoluto. Y en caso de conflicto, es evidente que el funcionario tiene presunción de verdad y el preso, de lo contrario. Y es que en la inmensa mayoría de los casos esta presunción suele concordar con la realidad. En otros no, por supuesto.

Hay excesos. Algunos funcionarios, no muchos —en mi experiencia los menos—, eran tipos que sobrepasaban este cliché para dar un paso más allá: parecían disfrutar con recordarles permanentemente a los presos su condición de tales, incluso, en alguna ocasión, con maltratarles de palabra, puesto que despreciaban a los internos de manera lacerante en ocasiones y solo respetaban a aquellos que estaban dispuestos a colaborar con ellos ejerciendo la función de chivato. Estos, que están mal vistos por parte de los internos y cuya función es la causa de que, de vez en cuando, los periódicos publiquen la muerte de alguna persona en condiciones extrañas, suelen ser individuos que tienen condenas particularmente largas y que tratan de ganarse el favor de los guardianes. Pero no solo para disfrutar de un régimen de vida especial —comidas, vis a vis íntimos, etcétera—, sino, fundamentalmente, para que informen favorablemente sus permisos, cambios de grado, libertad provisional... Me dio la sensación de que algunos de estos funcionarios estaban sufriendo una crisis de protagonismo personal por tener entre sus «subordinados» ni más ni menos que a Mario Conde y al ex director de la Seguridad del Estado. Se les notaba nerviosos, sin saber cómo comportarse exactamente. En el fondo, lo que les preocupaba no era el principio de igualdad de comportamiento ante todos los presos —estupidez manifiesta que rompían con los chivatos y otras especies—, sino que estos, los internos, pudieran detectar que nosotros teníamos alguna parcela de poder y eso pudiera debilitar la posición personal de los encargados del módulo. Además, al menos en mi caso, existía el convencimiento de que estaría en el talego por poco tiempo y, por tanto, no merecía la pena arriesgar toda su estructura de poder —y, quizá para alguno, pequeñas compensaciones— por unos cuantos meses.

Pero lo cierto y verdad es que mi experiencia en esa primera estancia fue más que razonable en mi trato con los funcionarios. Unos decían que eran así conmigo porque yo era Mario Conde. No lo sé. Mi experiencia no es disociable de mi personalidad, obviamente. Como era de esperar, el día 28 de diciembre el juez García-Castellón dictó un auto desestimando el recurso de queja interpuesto por mis abogados. El auto era todavía peor que el primero. Su razonamiento no dejaba de maravillarme: venía a decir algo así como que había unos hechos y que la valoración de los mismos era una facultad exclusiva del juez, de forma tal que si él creía que había delito, pues lo había, y que además, si él creía que me tenía que mandar a la cárcel, me mandaba y en paz. Es así como funcionan las cosas en nuestro país. La noticia no me produjo ninguna alteración especial, puesto que ya sabía de antemano que el juez no iba a cambiar en dos o tres días una decisión que había conmocionado a la sociedad española, a pesar de que eran muchos los que la esperaban, pero hasta que estas cosas no ocurren no producen el efecto impacto. Por tanto, ya no tenía más alternativa que confiar en la Audiencia. Hablé con Antonio González-Cuéllar y decidimos que preparara el recurso y cuando lo tuviera listo lo veríamos los dos.

Poco después ocurrió lo esperado. Felipe González decidió, a la vista de los rumores de dimisión, dar una rueda de prensa después de un Consejo de Ministros. La tesis ya me la sabía: ni dimitía, ni anticipaba las elecciones, ni nada de nada. En relación con Julián, la postura del presidente del Gobierno era diáfana: el Estado no ha actuado más que conforme a la Ley y no puede ser responsable del comportamiento de determinados funcionarios. Además, las fuerzas de seguridad habían dedicado su vida a la defensa de la patria. Con eso todo estaba solucionado. A mí me parecía que Julián estaba siendo un ingenuo alucinante...

Esa tarde me mandó llamar el director del Centro. Por fin me había autorizado el ordenador en la celda, aunque sin impresora. Bueno, algo era algo. También me dijo que las llamadas telefónicas a mi casa podía hacerlas con mucha mayor regularidad, entre otras cosas porque el juez le había mandado un fax en ese sentido. Cuando habíamos terminado de hablar de mis asuntos me dijo:

—Estoy muy preocupado con Julián Sancristóbal.

—¿Por qué? —le pregunté—. ¿Es que ves mal el asunto?

—No es que lo vea mal, sino muy mal, pero no es eso. Resulta que he recibido una llamada del director de Instituciones Penitenciarias preocupado porque, según él, en la calle hay un rumor de que es muy peligroso que estéis juntos, porque ya sabes que se te relaciona con la declaración de Amedo y Domínguez.

—¡Eso es una gilipollez como un piano! No sé nada de los GAL, no conozco ni a Amedo ni a Domínguez, y a Julián lo he conocido en la cárcel.

—Lo sé, lo sé —dijo con cara de cierta preocupación el director—, pero eso es lo que me han dicho. Quería separaros, lo que equivale a decir incomunicar a Julián.

—Eso es una locura y además un error. Yo creo que Julián está relativamente entero, pero como le anden con coñas, van a conseguir el efecto contrario.

—Esa es también mi opinión y así se la he transmitido al director general, que ha quedado en estudiarla. Pero no descarto que vuelvan a la carga con el asunto.

—¡Allá ellos! —fue mi respuesta.

Lo que habíamos previsto que ocurriría ya estaba pasando: los nervios estaban a flor de piel y ahora comenzaban a caer en la cuenta de la supuesta peligrosidad de una estancia conjunta en la cárcel de Julián y mía. Claro que como son romos cuando el pánico aprieta, lo único que se les ocurría era separarnos... Si se hubiese enterado la prensa de eso, habrían tenido un escándalo adicional que hubiera movido todavía más el asunto. La verdad es que resultaba muy difícil hacer las cosas peor de lo que las estaban haciendo. Tal y como se estaban desarrollando los acontecimientos, empecé seriamente a temer por la seguridad personal de Julián. La cárcel, además, es un sitio muy adecuado para que cosas de este tipo puedan suceder, puesto que no es demasiado difícil encontrar un preso condenado a más de treinta años a quien, a cambio de lo que sea, le resulte indiferente una condena ulterior, puesto que en ningún caso puede superarse esa cifra mágica de treinta años de condena efectiva, hagas lo que hagas. No estaba razonando como una película policíaca de la Mafia italiana en América. Julián era un peligro. Unas declaraciones suyas, debidamente amplificadas por los medios empeñados en la lucha por el poder, podrían armar la marimorena, afectarían seriamente a España, a las inversiones extranjeras en nuestro país... Es decir, se estaban dando todos los motivos para el funcionamiento de la famosa razón de Estado y Julián podía verse enfrentado a ella de un momento a otro. Pero yo no quería meterme en su piel ni aconsejarle lo más mínimo. Una cosa es que intentara obtener información precisa del asunto Kroll, que me afectaba de modo directo y personal, y otra, bien distinta, meterme de lleno en lo que amenazaba con ser un caso gravísimo para el Estado español.

Y ¿no estaría yo corriendo un peligro similar? Más tarde o más temprano alguien del Gobierno supondría que Julián me había contado prácticamente todo lo que sabía y de ahí a calificarme de «peligro para el Estado» había escasos milímetros de distancia. Deseché, por el momento, estos pensamientos, aunque me acompañaron en mi celda por algún tiempo e incluso después de recuperada mi libertad.

6

«EL QUE PIENSA PAGA»

En nuestro módulo de Ingresos la población joven era abundante y su tipología delictiva, muy variada. A todos les resultaba hechizante que entre ellos, conviviendo allí, compartiendo el mismo espacio y, sobre todo, la misma condición de prisionero, se encontrara Mario Conde, considerado el referente ideal para millones de madres españolas. Sin saber por qué, de modo inconsciente e inesperado, como suelen suceder estos encuentros, un grupo de aquellos chicos se fue concentrando en la esquina norte del comedor, cerca de donde solía sentarse Arsensi. Cuando el grupo formado tuvo suficiente espesor humano, el enviado se acercó a mi lado. Unos veintitantos años, más o menos, pelo negro, rizado en la parte trasera que dejaba caer en bucles agitanados sobre la nuca. Inexpresivos los ojos, lentos los movimientos, exceso de cadencia en el hablar, como si alguna sustancia ingerida incrementara la sensación de espacio. Lo vi venir mientras me interrogaba sobre los motivos de su acercamiento.

—¿Quiere usted venir con nosotros un rato, señor Conde?

No le contesté de viva voz. Percibí las miradas del grupo clavadas en mí. Me levanté y caminé hacia ellos. Se arrejuntaron —como dicen por Castilla— al verme llegar. Ocupé un trozo del banco corrido que me dejaron libre. Comenzamos a hablar. Dos horas, más o menos, con aquellos presos de edades tempranas y delitos menores que siguieron el rollo que les coloqué con verdadera atención. Intervenían en el diálogo y expresaban sin tapujos sus opiniones. Lo cierto es que al finalizar la charla, acercándose ya la hora de la comida, en el momento de levantar la reunión, el chico que vino a pedirme el encuentro, convirtiéndose de nuevo en portavoz del grupo, me miró fijamente y en alta voz dijo:

—Señor Conde, deberíamos organizar esto de forma habitual porque nosotros estamos interesados en saber qué va a ser de nuestro futuro y qué podemos hacer cuando salgamos de la cárcel, y ya que está usted aquí, es mucho mejor que, antes de que se vaya, nos dé clases de la vida y no de matemáticas.

Decía lo de las matemáticas porque no recuerdo qué periódico había publicado, sin que tuviera la menor idea de dónde había surgido el invento, que en esos días me dedicaba a dar clases de matemáticas a los presos...

—Bueno, hablaré con el director para ver si nos habilita algún local para que podamos hacerlo.

Confieso que en aquellos días sentía cierta ilusión en ejercer como maestro de la vida. Lo curioso es que mi vida, esa de la que podía ser maestro, con los cuarenta y seis años que cumplí pocos días antes de que interpusieran la querella, comenzaba a convertirse en un acumulador de experiencias variopintas que circulaban en el espacio vacío situado entre la cúpula y los cimientos de mi edificio vital. Por si no fuera suficiente, admito sin el menor rubor que mi verdadera vocación frustrada siempre fue la docencia. Bueno, la docencia y algo la arquitectura, pero en fin. En el fondo es lo mismo, porque los maestros son arquitectos (y albañiles) que colaboran en el proyecto de diseño y construcción de la catedral interior de quienes quieren oírles.

Precisamente por ello, nada más tomar posesión de mi cargo de abogado del Estado en Toledo, con mis veinticuatro años a las espaldas, y a pesar de que Lourdes y yo vivíamos en esa ciudad imperial en un piso de las afueras por falta de recursos económicos para conseguir uno en la parte vieja, me apunté como profesor en la academia de preparación en la que yo estudié mis oposiciones. Un poco desafiante, sin duda, si se toma en cuenta que algunos alumnos míos eran mayores que su preparador, lo que no suele sentar demasiado bien. Allí, a la calle Juan de Mena, sede de nuestra academia, acudía varias veces por semana, charlaba con los opositores y ejercía un rato de frustración vocacional. Luego, cansado porque esto de enseñar en serio es tensionante, sobre todo cuando de tipos listos se trata, regresaba a Toledo. Algunas de esas tardes, al iniciar mi retorno, más que cansado tomaba el coche agotado, hasta el punto de que en muchas de ellas el sueño me invadía mientras encaraba la carretera para llegar a dormir a casa. Un día, abrumado por la tozudez del sueño, opté por no ofrecerle resistencia —estrategia muy útil cuando de algunos ejemplares del género femenino se trata— y decidí arrimarme a la derecha, parar en la cuneta y dormir un rato. Me despertó la Guardia Civil, con buenos modos, pero sospechando algo raro. Cuando les dije que era el abogado del Estado jefe de Toledo me miraron con cara de cachondeo, porque admito que entonces tenía cara de niño, o no disponía de la prototípica de un cargo semejante, pero ante la evidencia de mi carné de miembro de tan insigne cuerpo no tuvieron más remedio que admitirme como tal. Me fui a dormir a casa. Lourdes me esperaba despierta.

Envuelto en estos pensamientos me dieron la una de la tarde y decidí, mientras traían los de cocina el alpiste diario —así lo calificaban algunos veteranos—, refugiarme en la garita de entrada en nuestro módulo. Allí se aposentaba el funcionario encargado del control y allí nos daban noticias que pudieran afectarnos, como resoluciones de recursos, concesiones de permisos, novedades del módulo, correspondencia y parafernalia del estilo. Con algunos funcionarios, a pesar del escaso tiempo vivido en sus dominios, y debido básicamente a que cuando me lo propongo no soy antipático y, además, a que me llamo como me llamo, conseguí cierta relación cordial y me admitían a charlar con ellos dentro de esa garita de control. Lo agradecía vivamente porque ellos disponían de una estufa que funcionaba a todo gas, aunque sería mejor decir a toda electricidad. Charlábamos de nuestro mundo interno, de los presos, de sus comportamientos, de sus experiencias, de su cansancio..., pero lo que verdaderamente les gustaba era que contara cosas de mi mundo, no de mis condenas o de mis prisiones, sino de mi mundo exterior. Me percaté con total crudeza de la fascinación que ese entorno en el que había desarrollado unos cuantos años de mi vida ejercía sobre muchas personas, y los funcionarios de prisiones se incluían en ese colectivo. Así que ese activo, por llamarlo de alguna manera, me facilitaba el camino, aunque fuera solo el camino de evitar el frío. Eso de ser famoso parece que podía servir para algo reconfortante. Hasta el momento, como bien aventuraba Lourdes, solo para perjudicarme de modo grave.

Finalizado el almuerzo retornó el rutinario chapado y con él la soledad del chabolo. A esas horas casi todos los internos duermen siesta, ayudados o no por alguna sustancia adicional. Nunca me gustó esa costumbre de dormir a esa hora, salvo en el sur, en ciertas tardes que seguían a noches intensas de fiesta flamenca. Pero en prisión no era cosa de alterar costumbres. Al contrario, procuraba ajustarme en prisión a mi vida en libertad, a mi modo de comportamiento entre los libres. Por eso, precisamente por eso, rechacé el vestirme como casi todos los presos, con un chándal deportivo y las correspondientes zapatillas. Yo no estaba en la cárcel para practicar ningún deporte, sino para soportar la comedia urdida y la tragedia subsiguiente. Por eso, precisamente por eso, mi celda y demás pertenencias de prisionero tenían que ser consideradas como un nuevo lugar de trabajo, con peores olores, colores y formas que mi despacho en el banco, pero lugar de trabajo al fin y al cabo. Porque lo que allí dentro tenía que conseguir era exactamente eso: seguir trabajando. Quizá ahora más centrado en el mundo interior que en el externo, pero trabajando en cualquier caso.

Mientras los demás dormían mi mente se concentró en una conversación que había mantenido con Emilio el gitano esa misma mañana. Todo empezó por un hecho relativamente insólito y es que a Fontanella, el catalán, nada más venir de permiso ordinario de seis días, le habían trasladado al módulo 1 de Cumplimiento. Fue entonces cuando me enteré del asunto de los permisos carcelarios, pero me detuve en mis pesquisas al saber que eso solo funciona cuando ya estás penado, y yo todavía no me encontraba en esa situación. Era un preventivo que todavía no había alcanzado el estatuto de penado, y esa especie, aunque prisioneros como los demás, dependen directamente del juez que dictó el auto por el que nos ingresaron. Es él el que dispone de nuestras vidas, de nuestra libertad, de nuestras haciendas, y para los débiles de espíritu, para los flojos de la vida, hasta de nuestro llamado honor, como si el verdadero honor dependiera de un papel firmado por un funcionario del Estado. Si depende de la firma de algún funcionario, ese solo puede ser el que trabaja en nuestro interior. En todo caso, el Juzgado de Vigilancia Penitenciaria era en esas fechas navideñas un producto judicial inservible. Bueno, cuestión de tiempo...

Arturo Romaní estaba especialmente afectado por la decisión de la prisión de mover a su amigo de celda, no solo porque la consideraba injusta, sino, sobre todo, porque tenía cierta tendencia a pensar que la razón del castigo a Fontanella era la cercanía que tenía con nosotros dos, con él y conmigo. Yo no alcanzaba a entender muy bien por qué esa proximidad debía traducirse en penalidad adicional, pero tampoco quise ponerme a hurgar en el asunto. Quizá hubiera algo escondido que no supiéramos. Al final un preso profesional es capaz de darte una sorpresa en cualquier momento. Arturo sufría más porque se había acostumbrado a Fontanella, a sus conversaciones con él, al pan tumaca y a los detalles del «catalán». Le emocionó particularmente que el tal Fontanella, al regreso del permiso, nos trajera de regalo un pijama repleto de colorines por todos sus costados. En un entorno tan estéticamente hostil como es la cárcel, los individuos de naturaleza afectiva —como es el caso de Arturo— no solo sienten brotar sentimientos en tierra aparentemente inhóspita, sino que una vez interiorizados en cuanto tales, es muy poderosa la tendencia a cuidarlos, preservarlos, defenderlos, con el mismo ímpetu que se defiende una posesión propia en la que hubiéramos puesto algo profundo de nosotros mismos. Es indiferente el pasado del sujeto, lo que haya hecho, la razón por la que se encontraba aquí, porque, al fin y al cabo, todos estábamos en este territorio, con mayor o menor razón, pero lo «justo o injusto» se había quedado celosamente guardado en la sección de Ingresos. Supongo que este terreno es el propicio para que florezca eso que llaman «síndrome de Estocolmo» en versión prisionero-prisionero.

Emilio el gitano, con sus andares apresurados y carentes de compás, cosa extraña en los de su raza, se acercó a mí con el agridulce clavado en sus ojos y en el rictus de su boca. Se fijó en que la chapa verde del chabolo de Fontanella ya no mostraba su nombre escrito a tiza blanca; se veía un ligero resto, como si el borrado se hubiera ejecutado a toda velocidad. Un gesto silente y elocuente a la vez me impulsó a preguntarle:

—Oye, Emilio, ¿tú sabes por qué han trasladado a Fontanella?

El gitano abrió sus grandes ojos negros y me miró con un gesto difícilmente descriptible, pero que, en el fondo, quería decirme algo así como: «Por favor, no me comprometa y no me pregunte esas cosas». Cualquier respuesta podría encerrar algún tipo de crítica a la decisión adoptada por los superiores y Emilio, cuya condena por asesinato tenía gran envergadura, sabía perfectamente que debía huir a toda costa de enfrentamientos con los funcionarios, y mucho más con sus superiores, porque de eso dependen muchas cosas, no solo tu vida en el interior de la cárcel, sino, lo que es más importante, el acariciar trozos de libertad cuando de permisos se trata. Intuía algo así, pero reconozco que no me gustó el silencio y por eso insistí con tono algo más impertinente:

—¿Qué pasa, que no me escuchas?

—Sí que le escucho, señor Mario.

—Entonces, ¿qué dices?

—Que sí que te escucha y que no quiere escucharte que le preguntes por Fontanella —terció Romaní.

Era obvio que no me quería contestar. La intervención de Arturo no me aclaraba nada que no supiera. Quería forzar las cosas. Quien tiene valentía para matar a un hombre puede, debe mantenerla para un ligero comentario pronunciado en la clandestinidad del pasillo de presos, sin funcionarios a la vista. Claro que lo primero se debía a las costumbres gitanas. Y el silencio temeroso de ese instante lo provocaban las actitudes payas... Cuestión de culturas, a lo visto y no oído. Pero aun así no me hizo gracia.

Tampoco contestó Emilio a un capote tan claro que le permitía apoyarse en Arturo para justificar su silencio. Se limitó a mirarme, esbozar una sonrisa y añadir a continuación:

—En el módulo 1 se está muy mal, señor Mario, porque es de cumplimiento y allí se paga más.

A Fontanella lo habían sacado del módulo de Ingresos, que era el más deseado de todos los que componían el conjunto de la prisión. En aquellos días el Centro penitenciario se dividía modularmente en dos conjuntos de bloques de edificios. Al primero de ellos, entrando a la derecha, se le denominaba de Preventivos. Al segundo, integrado por un número similar de edificaciones, le atribuyeron el calificativo de Cumplimiento. Cada uno albergaba un número más o menos parecido de presos que en ellos desarrollaban su vida carcelaria. En cada conjunto existía una Junta de Tratamiento, disponía de sus propios educadores y psicólogos, es decir, que funcionaba como una cárcel casi independiente aunque sometida a la autoridad del director, y compartiendo lugares comunes como la cocina, el campo de deporte y otras dependencias. Pero incluso los lugares en los que se ejecutaba la visita de familiares eran diferentes en uno y otro módulo.

A pesar de estas similitudes, por alguna razón que nunca llegué a comprender del todo, Preventivos era algo así como la primera clase y Cumplimiento se asemejaba a turista. Pero a pesar de que la Ley decía aquello de separar preventivos y penados, lo cierto es que en Preventivos vivíamos los que teníamos ese régimen jurídico y los que, como Fontanella, Emilio y muchos otros, eran penados puros y duros. Incluso en ese lugar vivían etarras aunque encerrados en primer grado. Y violadores que se movían por sus dependencias como si de su verdadera casa se tratara. Pero con todo y eso, tanto los funcionarios como los educadores, los psicólogos y desde luego los presos, preferían el conjunto Preventivos al propio de Cumplimiento. Y a Fontanella no lo dejaron en un módulo de Preventivos, sino que se lo llevaron a Cumplimiento y eso tenía el tufo de una sanción encubierta. Y no a cualquier módulo, sino al uno, precisamente al «uno», que decían era el peor de todos.

Pero lo más curioso, lo que llamó mi atención fue esa expresión de Emilio referida a pagar más. Esa palabra, «pagar», tenía una connotación muy clara derivada de esa idea de la pena como retributiva, es decir, en el argot ordinario, «el que la hace la paga». Curioso en boca del gitano. Fui directo al grano:

—¿Qué es eso de que allí «se paga más»?

—Porque se piensa.

—Y eso ¿qué tiene que ver?

—Señor Mario, la cárcel es para pagar, y cada uno paga lo que piensa. Si no piensa no hay cárcel. Si duerme no paga. Si ve la televisión y se concentra en ella, no paga. Si lee y se olvida de otras cosas, no paga. Se paga si piensa y eso quiere decir que si piensa paga.

La reflexión era mucho más profunda de lo que parecía y debía conectar directamente con algún tipo de tradición de pensamiento de su raza gitana. El situar a la mente, al pensamiento en el centro del penar, del sufrimiento, tenía un atractivo indudable. No sabía si la idea era suya o algo que había recogido de otros presos, pero el tema me interesaba, por lo que insistí para comprobar hasta dónde llegaba Emilio.

—¿Me quieres aclarar eso un poco, Emilio?

—Mire, señor Mario, yo estuve una vez quince días sin comer porque pensé que estaba en la cárcel y los pagué de modo total. Allí, en cumplimiento, los hombres piensan que están en el talego y así están pagando. Por eso ese módulo es malo.

—Pero todo el mundo piensa, Emilio.

—Unos más y otros menos, unos de una forma y otros de otra. La cárcel no es igual para todos. Cada uno tiene su cárcel y cada uno paga su cárcel.

El asunto era claro: la cantidad de pensamiento consumida en realizar la privación de libertad equivalía al grado de sufrimiento que el hecho implicaba. Hombre, más que ser consciente de privación de libertad, yo habría dicho algo así como de sentirse preso. Porque, por ejemplo, yo tenía claro que era preso en cuanto que no disponía de libertad de movimientos más que dentro de un espacio-tiempo muy concreto, muy delimitado, muy definido. Pero preso y privado de libertad no es lo mismo. Está claro que la libertad del espíritu anda por en medio de estas consideraciones, de modo que fuera, mas allá del horrendo edificio, en eso que llaman el lugar de los «libres», seguro que convivirían muchos presos verdaderos, algunos sin ser conscientes de la estrechez y penuria de su verdadera prisión. Y aquí, en Alcalá-Meco, con presos-presos, con funcionarios-funcionarios, con chabolos, con alambres de espino de los de toda la vida, se podía sentir la libertad interior con mucha más fuerza incluso que en los países de la libertad.

En los primeros días de mi encierro, cuando bajaba a recoger la correspondencia, se armaba un cierto alboroto entre los presos al contemplar los montones de cartas dirigidas y destinadas al preso Mario Conde. Eran misivas procedentes de todas partes de la geografía española y enviadas por personas que me resultaban total y absolutamente desconocidas. A alguna de ellas, casualmente, la encontré en carne y hueso unos catorce años después de que escribiera por primera vez al lugar de mi encierro. Los presos se quedaban admirados, pero en sus ojos podías percibir un apunte de nostalgia. Les encanta recibir cartas. Era para ellos un verdadero acontecimiento tomarlas en la mano, acariciarlas, dirigirse a un rincón, refugiarse en el pedazo de soledad que consiguen, abrirla con una desconcertante delicadeza y leerla con fruición, mientras su rostro, como si de un mimo se tratara, iba reflejando gestualmente la pena, alegría o desconcierto que el contenido de la carta les provocaba.

Pero ni siquiera todos sabían leer. Uno me pidió ayuda. Me entregó la carta y me rogó con voz humilde que se la leyera. Una experiencia única para mí. Nos sentamos codo con codo en el largo banco del comedor. El preso fijó su mirada en la pared. Yo leía despacio, enfatizando el contenido, y de reojo contemplaba sus gestos. De repente rompió a llorar. Según la carta su madre acababa de morir. El silencio inundó el comedor vacío de presos. Solo el susurro de unos sollozos contenidos y el rasgar de una mano sobre la cara de preso para enjugar las lágrimas que caían en libertad por sus mejillas. Cerré el papel. Lo introduje en el sobre. Se lo entregué. Mi mano derecha dio unos golpes cariñosos sobre su hombro y me despedí. No levantó la cabeza para mirarme. Todo él se ocupaba de su pena y su sollozo.

Algunas cartas traían libros de regalo. Pero no es tan fácil introducirlos en la prisión. Necesitan superar los controles de seguridad por si contienen algún tipo de elemento extraño como pueda ser dinero de la calle con destino a drogas u otro tipo de objetos prohibidos. Por cierto, que las cartas tenían que ser abiertas con la misma finalidad. La parafernalia consistía en que el funcionario te llamaba a su presencia, te enseñaba el sobre cerrado y con un abrecartas más bien rudimentario la rasgaba ante tus ojos, sacaba el papel, lo agitaba, lo observaba cuidadosamente por ambos costados, te lo daba para que lo introdujeras tú en su sobre y pasaba a la siguiente. Un día vi cómo dentro de la carta venía un billete de cinco mil pesetas de las de entonces. Al preso se le abrió expediente disciplinario. Supongo que terminaría en nada porque la culpabilidad en ese caso no resultaba tan evidente como ciertas manifestaciones de la estupidez humana.

Pero, en fin, mis paquetes parece que se encontraban huérfanos de tales utensilios, así que me los entregaron en la garita. Y aquel día fueron dos ejemplares distintos de un mismo libro: *El principito*. Curioso. Por supuesto que lo conocía y lo había leído en más de una ocasión, pero no dejaba de ser evocador que dos personas diferentes pensaran en el mismo texto para mis primeros días de prisión. Eché una ojeada al primero de ellos cuando lo abrí en la celda. Y allí, recordé cómo el zorro le dice al principito que su secreto es muy fácil: «Las cosas importantes solo se ven con el corazón, porque resultan casi siempre invisibles para los ojos». Esa frase tiene un contenido esotérico muy profundo, puesto que conecta directamente con lo que los ocultistas llaman la línea directa, la línea del corazón. Es, sin duda, rotundamente cierta: solo se «ve» lo que se percibe con el corazón. Obviamente la expresión no se traduce literalmente por visión física ni por corazón en cuanto víscera. Es un mecanismo simbólico para expresar que la realidad formal que se ofrece a nuestra visión física nada tiene que ver con la realidad profunda que solo se percibe con los ojos del espíritu. Ocurre que muchos mortales, cuando escuchan hablar del lenguaje del corazón, se creen que te refieres al día de San Valentín y a algún producto para dispensarlo en grandes almacenes...

Si razonara como un cartesiano recalcitrante, tendría que asumir que la cárcel, en cuanto instrumento al servicio de la privación de libertad, no diferencia entre sujetos, sino que, por definición, es igual para todo el mundo, y todas las horas que transcurren allí dentro son horas de cárcel. Emilio, sin embargo, decía: «Se paga lo que se piensa, señor Mario». Y es, obviamente, Emilio quien tiene la razón: la cárcel reside en uno mismo, está dentro de nuestro corazón. No podía contestar a todas las cartas que recibía, pero sí a muchas y en casi todas ellas escribía la misma frase: la libertad está dentro de nosotros mismos y es planta que vive en nuestro corazón alimentada con el abono del espíritu. Por eso, dentro de estos muros rodeados de alambres de espino se puede ser libre, y, al mismo tiempo, más allá de ellos, en los campos teóricos de la libertad formal, se puede ser aparentemente libre y en el fondo esclavo. No le dije esta frase a Emilio, pero estoy seguro de que la habría entendido. En el fondo, él la había sintetizado mejor que yo: se paga lo que se piensa, señor Mario.

Ahí estaba la explicación de lo que me estaba pasando. El sábado 7 de enero había hablado con Lourdes por teléfono para ver cómo iban las cosas por casa. La mayor frecuencia de nuestras conversaciones telefónicas me venía muy bien y daba apariencia de normalidad a lo que estaba sucediendo. En un momento de nuestra conversación, de modo instintivo le dije:

—No te preocupes por mí, que de verdad que yo estoy feliz.

—¿Qué quieres decir con eso de que estás «feliz»? ¿No te parece demasiado? —me preguntó Lourdes algo molesta con una palabra que lógicamente debería reservar para mi vida fuera de aquí. Sobre todo para mi vida con ella. Porque las mujeres que verdaderamente están-en-el-amor no conciben otra felicidad diferente al estar con quien aman. Y Lourdes siempre fue lo que ella definía como una mujer completa.

La palabra «feliz», causante de la turbación de Lourdes, salió desde dentro de forma automática, impulsiva, sin haber sido objeto de reflexión alguna. Obviamente sonaba demasiado fuerte, sobre todo para decírsela a tu mujer, que estaba sufriendo por ella y por ti. Tenía que rectificar y lo hice:

—Bueno, mujer, es un decir. Pero lo importante es que estéis bien. Que no haya problemas.

—Hombre, ¿te parece poco problema?

—Pero ¿por qué dices eso? ¿Qué ha ocurrido?

—¿Es que te parece poco problema el que ya nos ha sucedido estando tú en la cárcel?

—¡Ah! ¿Te refieres a eso?

De nuevo mi subconsciente me había traicionado: cuando Lourdes dijo ¿te parece poco problema?, yo pensé que algo había pasado en relación con La Salceda, Los Carrizos o cualquier otra cosa. No se me pasó por la imaginación que estuviera refiriéndose a mi estancia en la cárcel, porque yo no la interiorizaba como un problema sustancial.

¿Por qué? ¿Qué sucedía en mi interior para semejante actitud? ¿Era solo un mecanismo de autodefensa, un instrumento al servicio de la necesidad de sobrevivir? Subí al chabolo con esas preguntas rondándome la cabeza. En la televisión iba a comenzar el partido del Real Madrid contra el Barcelona. Lourdes me había dicho que mis hijos, Mario y Alejandra, junto con los de los Romaní, habían ido al campo y pensé en ellos, aunque mi mente comenzó a atormentarse con la idea de lo que me estaba sucediendo. ¿Por qué había pronunciado esa frase de «aquí estoy feliz»? ¿Por qué no había captado la expresión «te parece poco problema» referida a mi estancia en Meco? ¿Me estaría volviendo loco? Todo es posible. ¿Estaría funcionando más allá de los límites normales mi técnica de fortalecimiento psicológico? ¿Podía ocurrir que en mi mente se estuviera cumpliendo ese principio de transformar lo lineal en curvo?

Por mucho que tratara de dramatizar mi situación, esta no se me presentaba con esos atributos, no se vestía con esas ropas, no caminaba por esas rutas. No me sentía ni desgraciado, ni abatido, ni humillado, ni nada parecido. Tampoco se trataba de que yo fuera capaz de diseñar una estrategia futura para la cual mi estancia en la cárcel pudiera resultar enriquecedora, positiva, factor de crecimiento o cualquier otra frase al uso. Ni era eso ni tenía nada que ver con eso. No estaba, no era, no sentía. Eran actitudes de presente, alejadas de hipótesis de futuro. Ni siquiera el factor temporal, es decir, la ignorancia de cuánto tiempo estaría aquí, me producía inquietud alguna. Incluso más, el saber que estaría tanto tiempo como les conviniera a ellos, es decir, que saldría en el mismo momento en que mi estancia aquí les resultara más perjudicial que mi vida fuera de aquí, conseguía alterar los sentimientos que antes expresaba. Todo eso sonaba un poco confuso y algo difícil de racionalizar, por lo que dejé de pensar en ello y concentré mis esfuerzos en los personajes que más directamente tenían que ver con mi situación.

Llevé mi mente hasta el juez García-Castellón, que teóricamente fue el autor del documento cuya fuerza legal me introdujo en los dominios de Jesús Calvo, aunque en mi fuero interno no albergaba duda alguna de que su mano fue movida por la fuerza de vientos que soplaban desde alturas a las que no supo o no pudo resistir. Seguramente antes de ser designado ya sabía en qué consistía su cometido principal. Me puse a practicar algo de rudimentaria introspección, nada sofisticada, muy primaria, con el objetivo de expurgar los rincones de mi alma tratando de identificar el tipo de sentimientos que albergaba hacia él, las reacciones interiores que me generaba visualizar su imagen, sobre todo en aquel preciso instante en que pronunció la inolvidable frase de «he tenido que enviarle a usted a prisión».

Pues nada. No podía engañarme a mí mismo: el odio no aparecía por ningún sitio. ¿Cómo es posible —pensaba— que yo, que soy consciente de que ha cometido una injusticia, de que se ha dejado llevar por la presión político-mediática, de que ha pensado en él antes que en mí, no sienta odio por esa persona? No ha tomado una decisión cualquiera. No se trata solo de la libertad de una persona o de una familia. Es más denso, más profundo, tiene más carga. Ha incidido de manera directa e inmediata en la utilización de la razón de Estado al servicio de la demolición del ordenamiento jurídico. Ha llevado a cabo una negación del Derecho...

Era inútil: por más que buscaba en los rincones de mi alma, por más que adjetivaba para dramatizar el alcance de la decisión, el odio no aparecía por ningún sitio. Lo que más me dejó anonadado fue el descubrir mi verdadero sentimiento: lástima. ¡La habíamos jodido! ¿Así que era lástima lo que yo sentía por ese individuo? ¡Hasta ahí podía llegar la coña! Definitivamente me estaba volviendo imbécil: una cosa es que aceptara bien la convivencia aquí, que no tuviera sentimiento de culpabilidad, que los días transcurrieran muy rápidos, que dispusiera de tiempo para pensar, reflexionar, leer, escribir y que todo me pareciera normal y nada infamante. Pero otra bien distinta es que, encima, sintiera lástima por el teórico causante de mi situación. Ni siquiera aun cuando asumiera, como asumía, que se limitó a poner la firma en un documento confeccionado y decidido por otros. Pero firmó. Pues ni aun así. No sé si estaba sufriendo una especie de síndrome de Estocolmo o cualquier alteración psicológica del género, pero lo cierto es que parecía que algo había fallado y mi cerebro, o los programas que lo ponen en funcionamiento, se había movido de su sitio. Por eso dejé de pensar y traté de concentrarme en el partido de fútbol, a pesar de que nunca en mi vida he sido demasiado aficionado a ese deporte.

Sin embargo, esa mañana del 8 de enero lo entendí todo perfectamente gracias a Emilio. Ahora lo veía con total nitidez. Estaba clarísimo: «Se paga lo que se piensa». Por eso mismo yo no estaba pagando, porque no pensaba que estaba en una cárcel cumpliendo el mecanismo retributivo de delito-pena, y si no pagaba no podía sentirme infeliz, y si no me sentía infeliz no podía albergar sentimientos de odio contra quien no me había procurado ninguna infelicidad. Entonces, ¿por qué lástima? Precisamente por eso, porque se paga lo que se piensa. ¿Y quién pensaba? Supongo yo que García-Castellón. Es posible que sí y es posible que no, pero en caso afirmativo estaba claro que él pagaba. Gracias a Emilio entendí eso que yo mismo había escrito: fuera de la cárcel hay muchos esclavos y aquí dentro pueden existir personas libres. Las «personas mayores» —como diría el principito— no entenderían lo que estaba diciendo. Por un segundo pensé: ¿es posible que si pasa mucho tiempo yo me convierta en «persona mayor» y, por tanto, deje de entender lo que estoy escribiendo?

Es muy posible que García-Castellón ni siquiera pensara, a pesar de que transmitía a mis abogados la información de que había pasado unas Navidades terribles y estaba sufriendo mucho por haberme enviado a la cárcel. No le di excesiva importancia al comentario, puesto que escondía un sofisma básico: el juez estaba persuadido de que estaba cumpliendo con «su deber», entendiendo por deber lo que resultaba «conveniente» a sus intereses de todo tipo. La sensación del «deber cumplido» no provoca ese sentimiento, sino, como máximo, la caridad, que, en el fondo, nace de una plataforma de conciencia de superioridad. Se es caritativo con el inferior y nosotros, obviamente, éramos «inferiores» al juez; la mejor prueba de ello era que, al margen de los méritos y realizaciones de la vida de cada uno, él podía disponer de nuestra libertad en un acto inmediato, directo, sin intermediarios, y aun cuando su actuación hubiera sido acreedora de la calificación de prevaricación, nunca tendríamos la oportunidad de operar sobre él con ese mismo carácter, puesto que nuestra voluntad necesitaría de un nuevo agente intermediario para hacerse efectiva: otro juez.

Y como esa labor de introspección ya no daba más de sí, volví a mi mundo carcelario, a mis funcionarios y mis presos, y recordé la conversación sostenida esa mañana mientras en la garita aprovechaba la compañía del funcionario para calentarme algo más de lo que daba de sí el salón de presos. Como decía antes, esa mañana, después de haber tenido lugar la conversación con Emilio y mi «mitin» político con los chavales «colegas del módulo», me fui a charlar con el funcionario y a calentarme un poco. Hablamos de todo, de mi estancia aquí, de la situación política, de cómo habían sido los interrogatorios y del tiempo que iba a estar por estos lares. La reunión comenzó por mi «mitin» político:

—Esta mañana he estado un par de horas hablando con los chicos jóvenes del módulo sobre política y otros temas —le dije al funcionario.

—Eso es perder el tiempo —me contestó—. No les interesa nada, como mucho el posible favor que usted les pueda hacer dándoles dinero si lo necesitan.

—Hombre, yo creo que estaban interesados y siguieron la conversación mucho tiempo, porque un par de horas es mucho para la cárcel.

—Desde luego, pero yo creo que no hay nada que hacer con ellos. Lo único que les interesa es la droga y nada más. Están ya destrozados y es irreversible su situación. No conseguirá usted nada.

Me di cuenta de que esa conversación se agotaba sin más camino que recorrer. Es posible que aquel hombre tuviera experiencia y también que sus palabras fueran fruto de un prejuicio acerca de los presos. Era obvio que algunos mostraban síntomas inequívocos de una situación irreversible. Incluso en algunos casos las señales externas de sida eran claramente perceptibles. Pero otros no. Concretamente, los que habían estado conmigo aquella mañana parecían tener ciertas inquietudes. Yo les hablaba de España, del problema del campo, de la destrucción del aparato industrial, de la necesidad de preservar las tradiciones culturales de cada pueblo, que Europa sí pero la coña de los burócratas de Bruselas no, y de cosas por el estilo. Ellos participaban, hacían preguntas y querían saber.

—Lo malo es que la juventud estáis atontados. Lo más que hacéis es quejaros pero nada más. Os liáis a fumaros un porro o lo que sea y dejáis que el tiempo pase por vosotros.

—¿Y lo rico que está y lo que uno se ríe? —dijo Raúl, un chico muy joven, de unos veinte años, que tenía una condena bastante larga por lesiones, y hasta creo que homicidio, y cuya familia era de las cercanías de mi campo de La Salceda.

—¿Y qué tendrá que ver, Raúl? ¡A ver si te crees que sois vosotros los que habéis descubierto el mundo! A mí no me parece mal que te fumes un porro. Lo de la droga dura es ya harina de otro costal porque es ganas de joderse uno la vida. Pero si de verdad quieres luchar, lucha primero, protesta, rebélate, y luego te fumas un porro o cuarenta. Pero haz algo útil en tu vida.

—Pero si la juventud no quiere hacer nada de eso —dijo Miguel, veintidós años, vestido con cazadora negra y que se definía a sí mismo como ultrasur, «español y fascista como tiene que ser»—. Como no podemos hacer nada, nos damos al porro o a lo que sea y a vivir, que son dos días.

—¿Entonces qué coño estamos haciendo aquí? ¿Para qué queréis que os hable? Me da la sensación de que estamos perdiendo el tiempo.

—¿Pero qué podemos hacer? —preguntó de nuevo Raúl.

—¡Joder! ¡Pues rebelaros! ¿No decís que esto no os gusta? ¿No me acabas de contar que el Aznar te parece un payaso? Pues manifestad vuestra protesta.

—¡Pero si en cuanto salimos a la calle unos pocos viene la poli y nos da una manita de hostias! —dijo David, también vestido de negro, con el pelo corto, ojos pequeños y expresión de indiferencia ante todo lo que le rodeaba como si no creyera en nada más que en no creer y que era ducho en eso de las peleas callejeras.

—Porque sois pocos. Aquí funciona eso de la cantidad convertida en calidad. Si os manifestáis diez o doce, os dan de leches y os meten al talego. Pero si sois cien mil, se transforma en una protesta ciudadana en toda regla y nadie se atreve a tocaros. ¿No os acordáis del Mayo del 68 francés?

—Yo sí, señor Conde —dijo otro mayor que los demás, de unos treinta y ocho años—. Primero fueron los estudiantes y luego se incorporaron los obreros, y aquello motivó un cambio de la política francesa.

—Pues aquí puede suceder lo mismo. Todos los años salen muchos universitarios que se han matado a trabajar, que luego hacen másteres o cosas por el estilo y que no encuentran trabajo y que tienen que buscar lo que sea. Un país no puede funcionar así porque se está desperdiciando la inteligencia.

—Pero no solo los universitarios, señor Conde, sino también nosotros, los que estamos aquí, que no sabemos de qué vamos a vivir cuando salgamos a la calle, así que lo más probable es que una vez fuera volvamos a lo mismo y otra vez para el talego a pagar lo que te echen.

Obviamente esta conversación no tenía nada que ver con la visión que el funcionario tenía de estos chavales. Es posible que el equivocado fuera yo, pero, en cualquier caso, iba a tratar de seguir por ese sendero y ver si se podía conseguir alguna cosa útil, porque la alternativa era tumbarse en el patio o en el salón mientras la música sudamericana de los colombianos les ayudaba a evadirse de la realidad. El funcionario, por el contrario, creía que la inmensa mayoría de los presos pertenecen a una raza inferior, son delincuentes sin remisión, personas cuyo único objetivo es escaparse, drogarse, destrozarse, hundirse y hacerles a ellos, guardianes del orden, representantes del Estado, la vida imposible. Sonaba a estereotipo, desde luego, pero en ese instante no sabía hasta qué punto la experiencia del funcionario contenía más dosis de verdad de la que yo imaginaba con aquella mente virgen en reclusiones carcelarias. Al verle me pregunté: ¿cuál es la atracción de ese puesto?, ¿por qué un hombre decide dedicarse a ser funcionario de prisiones?

En mis primeros días recibí una visita de uno de estos funcionarios. Era un chico muy joven de mirada limpia y hablar pausado, castaño claro el pelo y la piel blanca, amigo de un pariente lejano mío y que me traía recuerdos de su parte. Tenía modales educados, se expresaba con cierta cultura y se dedicaba en sus ratos libres a las labores de encuadernación, en las que había conseguido algún premio nacional. Se apellidaba Mínguez. Aquel ejemplar humano me extrañó como arquetipo del carcelero, pero pronto me di cuenta de que era un ser ajeno a ese mundo, que nada tenía que ver con algunos de sus compañeros empeñados en demostrar su autoridad, aunque su posición de superioridad sobre los reclusos era tan obvia que exteriorizarla con evidencia era, como mínimo, obsceno.

Cuando estaba sumido en estos pensamientos en aquella pequeña garita, vi el diario *El Mundo* correspondiente al domingo 8 de enero de 1995. Era exactamente siete años después de mi primera Junta General de Banesto, aquella en la que informé a los accionistas del resultado de la opa del Bilbao. Aquel diario me enervó.

Dejando a un lado el gran titular del día en el que Pedro J. aseguraba que una encuesta demostraba que la población española era contraria al GAL, lo que me indignó fue la otra noticia de portada confeccionada con una llamada que rezaba así: «Conde al director de Alcalá-Meco: "No sé cómo han tenido valor para meterme en la cárcel"». Esa misma frase se repetía poco después con grandes titulares en dos páginas enteras de Economía en un domingo, día de mayor tirada del periódico. Pero lo más grave era que después de ese enorme titular venía otro, también muy destacado, que decía: «El director de Alcalá-Meco narra los primeros quince días de Conde en la cárcel». ¡Acojonante! ¿Cómo era posible una cosa así? ¿Es que este hombre se había vuelto loco? El texto del artículo estaba redactado por José María Zavala, un periodista que me parecía más aficionado al periodismo ficción que a la más ingrata labor de redactar noticias. Era obvio que yo no había dicho esa frase porque, entre otras cosas, es absolutamente ridícula. No solo no me extrañó que me metieran en la cárcel, sino que, además, sabía que iba a ocurrir desde mucho tiempo atrás. Quizá no solo tuvieran valor, sino, sobre todo y en su idea, necesidad política de hacerlo. Eso lo sentía muy claro.

Pero el asunto iba más allá. Según el periódico, el director había hablado de mis juicios sobre el tema político, de que tenía un ordenador, de que estaba entero y bien, de que pensaba que esto iba a acabar pronto, de que creía que nunca me condenarían, etcétera. Todo ello tenía dos aspectos. El primero, que me parecía increíble que el director de una cárcel pudiera hablar con un periódico de estas interioridades. Estaba desvelando secretos y yo estaba seguro de que eso iba a traerle serios problemas a Jesús Calvo. En segundo lugar, ¿cómo podía haber cometido un error tan grosero? La prensa vuelve locas a las personas. No pueden resistir el protagonismo. Ya me sabía la excusa: «Es que la presión era terrible, me insistían en que ellos tenían que escribir y si no les decía nada iban a publicar lo que quisieran, así que era mejor que hablara». Muchas, muchísimas veces en mi vida, había oído esa argumentación y me la sabía de memoria. Ahora, Jesús Calvo se había convertido en una víctima de ella. Uno de los funcionarios con los que charlaba habitualmente, al ver mi cara de estupefacción, dijo:

—Nosotros también nos hemos quedado helados. No entendemos cómo se puede hablar de esto. Luego nos piden a nosotros discreción y es el propio director el que cuenta a la prensa lo que quiere. Yo creo que esto va a causarle muchos problemas y si no lo cambian, poco va a faltar.

Sobre el papel, el juicio del funcionario era equilibrado, porque no tenía sentido alguno que Jesús Calvo se dedicara a revelar —además falsamente— mi vida en prisión. Pero es que, por si fuera poco, hacía confidencias de que el juez llamaba a la cárcel todos los días para enterarse de cómo estaba, lo cual era falso igualmente, pero estaba seguro de que a García-Castellón le sentaría fatal. En cualquier caso, como decía Romaní, algo había que hacer. En fin, que no te dejaban en paz ni en la cárcel. Parecía mentira que yo hubiera ayudado tanto a *El Mundo*... Cuando hice esta reflexión en alto, Raúl, el chaval de cerca de La Salceda, dijo:

—Pero don Mario, si es una mierda de periódico, si solo se dedica al sensacionalismo. ¿Cómo pudo usted ayudar a esa gente?

Me quedé pensando en lo que decía Raúl. Tuve que consumir muchas energías en defensa de *El Mundo* en un momento difícil. La verdad es que lo volvería a hacer, pero fueron muchos los que me insistieron hasta la saciedad en que me estaba equivocando, que Pedro J. Ramírez no respeta a nadie, que solo conoce una fidelidad, la que se debe a sí mismo. Bueno, ahora, aquí, en la cárcel, este tipo de reflexiones no me conducían a nada.

El lunes 9 de enero de 1995, a eso de las nueve y media de la mañana, dije a los funcionarios que tenía que hablar urgentemente con el director. Me recibió sobre las diez y cuarto en el mismo despacho de siempre. La expresión de su cara demostraba, a todas luces, que su situación de incomodidad personal era muy profunda.

—Quiero que sepas que estoy cabreado e indignado con esta gente de *El Mundo*. Me han vuelto a llamar esta mañana y les he mandado a la mierda.

—No me extraña, Jesús, porque la faena que te han hecho es de aurora boreal. Dicen, ni más ni menos, que tú has «narrado» mis primeros quince días de estancia en la cárcel.

En ese momento sacó un papel tamaño folio de una carpetilla

que traía consigo y lo extendió encima de la mesa de formica que nos separaba a ambos. Se trataba de una carta dirigida al juez García-Castellón en la que exponía lo ocurrido y aludía a que para nada había hablado del juez como decía el periodista. Yo la leí atentamente y después comenté:

—Me parece muy bien, pero, como puedes comprender, yo tengo que redactar otra carta al juez. Creo que ni tú ni yo debemos contestar al periódico porque eso es exactamente lo que les gustaría que hiciéramos para seguir teniendo noticias al respecto. Me gustaría hacer referencia en ella a que conozco la que tú le has mandado.

—Por supuesto, ningún problema, sino todo lo contrario. Si quieres redáctala ahora y yo la paso a máquina en la oficina y te la bajo aquí para que la firmes.

Así lo hice. Mi carta decía que era rotundamente falso que yo hubiera dicho esa ridícula frase de que «no sé cómo han tenido valor para meterme en la cárcel» y que le hubiera confesado al director que los motivos de mi encarcelamiento eran políticos. Nada de eso le había dicho a aquel hombre y, por tanto, lo reflejé con toda claridad y, después de que me entregó el texto escrito a máquina, la firmé y se la di a él para que se la hiciera llegar a García-Castellón.

Otros incidentes contribuyeron a alterarnos un poco los nervios. Primero, el hecho de que José, «el Cubano», había recibido poco antes de comer la orden de ser trasladado a la cárcel de Navalcarnero. A José no le importaba demasiado el asunto e, incluso, estaba contento porque creía que dicha cárcel era mejor que esta, pero le mosqueaba que se lo hubieran dicho de esa forma y con tan poco tiempo. Eso se sumaba al traslado de Fontanella, que se había producido nada más regresar del permiso. En fin, daba toda la sensación de que a las personas que se acercaban a nosotros se las perjudicaba de alguna manera, pero sobre todo se las alejaba de nuestro entorno, lo cual empezaba a resultar peligroso, puesto que podría crearnos un clima adverso entre los colegas del módulo.

De repente, cuando bajaba a ver al director para la segunda llamada en la que quería comunicarme la buena noticia de que Rafael Pérez Escolar había quedado en libertad sin fianza, después de declarar ante García-Castellón por el caso Banesto, me encontré en el pasillo con Julián Sancristóbal visiblemente alterado:

—¿Qué te ocurre? —le pregunté.

—Que me acaban de comunicar que he sido cambiado de celda. Me voy a la once en la planta vuestra. Estoy muy cabreado porque el director no ha querido darme ninguna explicación y no se ha puesto ni al teléfono cuando he pedido hablar con él. ¡Esto es la leche! Mira tú si puedes hablar con él.

—Ahora subo y te digo algo.

Efectivamente, la noticia que quería darme el director era que Rafael Pérez Escolar había quedado en libertad sin fianza. Después de estas informaciones, aproveché la ocasión para preguntarle el motivo del traslado de Julián. Al principio no quería hablar, pero, por fin, cedió:

—Te lo voy a contar, pero por favor no se lo digas ni a él. He tenido información del servicio secreto de que se sabe el número de celda de Julián y, lo que es más peligroso, se puede ver desde la calle. Con las cosas como están de complicadas tengo terror a esa información, no solo porque desde el exterior le puedan hacer una foto, sino algo más. Es una medida de estricta seguridad para Julián.

—Comprendo —le dije.

—Pero, por favor, Mario, te insisto en que ni siquiera a él le des esa información porque no pretendo que se alarme, aunque hay que ser conscientes de que el asunto del GAL se complica cada día más y tengo que adoptar todas las medidas.

—Lo entiendo, pero resulta que dos personas cercanas a nosotros han sido trasladadas y eso puede dar la sensación de que nuestra compañía es motivo de penalización en este módulo, lo cual puede afectar, entre otras cosas, a nuestra seguridad.

—No solo no es eso, sino todo lo contrario. Estoy procurando reducir el número de internos en este módulo para que estéis con mucha mayor tranquilidad vosotros.

—De acuerdo. Gracias, Jesús.

Subí las escaleras y vi a Julián que estaba trasladando sus enseres a su nuevo chabolo. Era exactamente el mismo en el que me situaron el primer día, aunque no llegué a pasar la noche en él. Julián estaba cabreado como una mona y tuve que darle una explicación:

—Mira, Julián, no te puedo decir más que he hablado con el director y me indica que es un puro motivo de seguridad. Si quieres habla con él, pero yo no puedo ni debo aclararte más.

—Desde luego lo voy a hacer, pero no solo con él, sino con Belloch, porque este tipo de trato no lo aguanto y estoy hasta los cojones. ¡Esto es la hostia!

Efectivamente, Julián se movió rápido, hasta el punto de que llegó a la cárcel un fax de Instituciones Penitenciarias sugiriendo que no se hiciera el traslado, ante lo cual el director cedió y lo mantuvo en su celda original. Evidentemente, si algún día ocurría algo, Jesús Calvo tenía la coartada de poder decir que lo había intentado, pero ante la posición del Ministerio del Interior no pudo implantar su idea, puesto que para eso está la «superioridad»...

7

A MI MÓDULO LO LLAMABAN «EL BELÉN»

La tarde del día 9 de enero de 1995 sirvió para mostrar que la violencia, aunque no traspasara la frontera de lo verbal, apuntalaba los cimientos de la autoridad entre presos alojados en el recinto carcelario. Mis primeros quince días de recluso sirvieron para comprender que esa comunidad integrada por sujetos tan singulares como los reclusos del módulo de Ingresos funcionaba, en lo que al ejercicio del poder se refiere, de una manera primaria, rudimentaria, directa, inmediata. Constituíamos un tipo de sociedad casi primigenia, porque no preexistía un pacto o convención entre sus miembros por cuya virtud se entregara el poder a una instancia superior a través de los instrumentos que la llamada civilización ha creado para ese propósito. La autoridad, el poder, estaba allí, desparramada por el patio, por el salón de presos, por los corredores y los chabolos. Era cuestión de tomarla y conseguir, acto seguido, que te la atribuyeran. En realidad, que reconocieran tu conquista, pero en fin... Así sucede en ocasiones en la organización social del mundo libre, pero en prisión, al menos en mi experiencia, es una constante.

En la cárcel el poder no lo tienes si no te lo atribuyen, pero para conseguir este resultado, para convertirte por derecho propio en autoridad en ese mundo, al igual que sucede fuera de él, tienes que dejar de lado la prudencia y atreverte a actuar cuando se presenta el instante crítico. La autoridad se ventila en cuestión de segundos y los reflejos resultan vitales. Todo poder, en prisión y en la calle, comienza con un acto de violencia. Y la violencia, incluso en las sociedades llamadas civilizadas, pasa a formar parte del orden establecido, porque para quien sepa ver con claridad es evidente que todas nuestras instituciones sociales, las que ordenan nuestra convivencia, consumen violencia en mayor o menor medida. La violencia son los hidratos de carbono y las proteínas del poder, aunque ahora se la vista —mejor sería decir disfraza— con el ropaje de eso que llaman Derecho, un producto mental teóricamente diseñado para encauzarla, corregirla y limitarla; aunque ya sabemos que con las cosas de comer no se juega y por eso, inventado el Derecho, se creó paralelamente la razón de Estado.

Es un poco eso que suele decir el vulgo de que hecha la ley, hecha la trampa. El poder no quiere quedarse inerte, sujeto y limitado por alguna norma jurídica, que esas frases están bien para clases de Derecho, para que las enseñen los profesores de Constitucional y para que se incluyan en lugar preferente en los discursos de investidura de cualquier doctorado honoris causa de una universidad cualquiera. Pero cuando sopla duro del poniente hay que poder llegar a puerto, y para eso la razón de Estado se convierte en un navegador que no conoce más límites que los que el que pilota la nave del Estado quiera darle. Bien, pero en cualquier caso hay que atreverse. Y eso quiere decir asumir el riesgo correspondiente, que en el mundo carcelario siempre es riesgo físico.

Más o menos las tres y media de la tarde. En el espacio que distribuye el acceso al salón y al comedor de presos, en la pared de la cara sur se abría un pequeño hueco de metro y medio de largo por unos ochenta centímetros de alto. Detrás del orificio se encontraba el economato del módulo, que en horarios prefijados funcionaba como «bar», por llamarlo de algún modo. Se podían demandar y recibir a través del hueco refrescos y bebidas sin alcohol, chorradas variadas y café. No el mejor café del mundo, desde luego, pero café al fin y al cabo. A eso de las tres y media, concluido el chapado de la tarde, se concentraban diariamente unos cuantos presos, generalmente algo veteranos, en ese pequeño recinto dirigido por Paco, un andaluz listo y simpático, de unos cuarenta y cinco años de edad, traficante de hachís y administrador de un circuito bastante completo diseñado con gentes de ambos lados del Mediterráneo para importarlo de Marruecos e introducirlo en la Península. Le quedaba ya, al parecer, poca condena. Posiblemente no sería la última. Pues bien, con cierto tono festivo llegué a la barra y dije:

—Paco, dame un café, hijo —al mismo tiempo que depositaba una moneda de veinte duros encima de la tabla de madera. Curiosamente el dinero de papel estaba prohibido, pero las monedas no. Por eso algunos presos hacían acopio de ellas, pero cuando se pasaban de una cantidad determinada, que nunca supe cuánto era, si les pillaban, cosa que casi siempre sucedía, les metían un paquete considerable en forma de expediente disciplinario y a la mierda el siguiente permiso ordinario de salida.

—Querrás decir véndeme un café porque aquí no se da nada.

Quien pronunció estas palabras era un individuo de edad algo madura, más de cincuenta, uno de esos gallegos importantes en el tráfico de cocaína que «pagaba» cárcel con varios miembros de su familia que le acompañaban en esa nada placentera misión y en el mismo módulo. Por lo visto acababa de volver de la enfermería, donde consumió unos días aquejado de no sé qué historia, posiblemente no muy seria. Cuando arribé a Meco los nombres de los clanes gallegos de la droga no me resultaban conocidos, pero al poco de circular por el módulo comenzaron a sonar sus apellidos porque los reclusos, y en menor medida los funcionarios, hablaban de ellos. Aquella tarde de enero ya sabía que los de esa tribu, cuyo patriarca era la persona que interrumpió mi diálogo con Paco el del bar, constituían la élite del mundo del tráfico prohibido en mi tierra gallega. Y eso quiere decir dinero, mucho dinero, y, por tanto, ese hombre, junto con su familia, era uno de los candidatos más claros a ejercer ese poder desparramado por nuestras dependencias vitales. De hecho, eran sus titulares hasta que llegué yo. Quizá el retorno apresurado de la enfermería pudiera deberse a la necesidad de valorar el terreno y tratar de recuperarlo.

El dinero es clave para que te respeten dentro de la prisión. El objetivo es salir de allí y para eso el dinero puede servir. Mientras no sales, lo que buscas a toda costa es disponer del mejor trato posible y disfrutar de las pequeñas chorradas prohibidas que sirven para alegrarte la vida, aunque solo sea por diferenciarte de quienes no las poseen. Y el dinero para eso sirve. Y, al final del día, está la droga. Y el dinero es el instrumento para comprarla. Así que el estatus carcelario reclama que te atribuyan poder por tu dinero, y los traficantes de nombre lo tienen atribuido desde que traspasan el recinto de Ingresos. Los presos hablan de que los traficantes pagan extrasueldos a funcionarios, de que conocen a los «dobles» de todas las prisiones, de que contratan a presos de dentro de cada recinto carcelario para que les protejan... Realidades, mitos, ambas cosas... Lo cierto es que sus nombres inspiran reverencia y respeto. Bueno, miedo quizá sea la palabra adecuada. Por eso, cuando ese hombre pronunció esa frase en relación con la mía, no pretendía un chiste ni ninguna forma de coña marinera.

Me di perfecta cuenta de que aquello era algo más que mera palabrería y que contenía, en el fondo, un cierto desafío, una especie de confrontación o, al menos, un lance sobre el dominio del patio. Un gesto típico del ancestro de la especie que gusta de marcar su territorio. Primario contra primario, así que reaccioné de tal modo, sin que precediera ningún consumo de intelecto previo, actuando al impulso del instinto. Me sorprendió mi propio comportamiento. Sin girarme hacia el lugar del que provenía la voz causante del desafío, alcé mi mano, tomé de nuevo la moneda de veinte duros, la guardé en mi bolsillo y elevando algo el tono de voz con la finalidad de ser oído pero sin exceso de estridencia, dije:

—Paquito, dame un café porque no te lo voy a pagar.

Paco, inteligente y rápido, se dio perfecta cuenta de lo que ocurría, así que sin mediar palabra depositó en la barra el pequeño vaso de plástico que contenía mi café. El silencio se hizo. Nadie se movía un milímetro. Los gestos de los rostros de los presos indicaban su percepción de que la cosa no iba de coña.

Tomé el vaso ante la atenta mirada, algo contrita, de Paco y antes de empezar a beber dije:

—Ahora, inténtalo tú, a ver si te sale. Paco no te va a fiar.

Pronuncié la frase girándome hacia el hombre cuyos ojos brillaban como los de un gato antes de decidirse a saltar o emprender la retirada. Mi voz sonó suave, porque la verdadera autoridad no reclama grito. Antes al contrario, el grito la cercena, la convierte en autoridad del ruido. Esbocé una sonrisa que pretendía ser amable, pero con una delicadeza ejecutada desde un peldaño más alto a aquel en el que se situaba su destinatario. Me preguntaba por dentro si iba a pedir o no un café y en ese caso qué haría Paco.

El jefe del clan respondió con un gesto parecido al mío. Me miró fijamente y consumió deliberadamente un par de segundos en silencio, porque el rito no puede destrozarse, ni en prisión ni en la Zarzuela. Al cabo de ese tiempo, con una sonrisa de genética similar a la que yo tracé con mi gesto, respondió suave pero firmemente:

—Bien, paisano, bien. Al fin y al cabo, estarás poco tiempo aquí. Tranquilo, yo te invito.

Con aquella frase y, sobre todo, con la actitud, había comenzado a construir una «autoridad en el patio». Quienes la oyeron se dieron perfecta cuenta de que era el poder lo que estaba en juego. El lance se saldó con beneficios para todos porque el jefe del clan aceptó mi autoridad, pero advirtiendo al personal, como claro aviso a navegantes, que yo estaría poco tiempo en ese módulo, así que lo mío era algo transitorio, y ya se sabe que cuando fijas plazo a una autoridad, del tipo que sea, trasladas el poder automáticamente al sucesor. Y él, su familia, su clan eran el sucesor. Y todos lo entendieron. Pero a partir de ese instante y aunque fuera de modo coyuntural, comenzaba a construirse una nueva autoridad en el patio. Recordé la frase de Jesús Calvo el día de mi llegada: «Tienen miedo de que os convirtáis en los dueños del módulo». Pues dueños no, pero que en mi chabolo comenzaba a depositarse poder era claro como el agua.

Lo malo es que esto de la autoridad es una pesadez porque se ejerce de modo constante y una ligera dejación se traduce en pérdida absoluta. Pocos minutos después del café con los narcos gallegos, volvió a aparecer otro desafío. A eso de las cuatro, un chico rubio, preso de los presos de toda la vida, con su correspondiente mirada perdida, su impenitente chándal, el pelo sucio, la barba a medias y el olor corporal a enteras, además de inequívocas evidencias de mono por ausencia de droga, se me acercó y con tono de desafío dijo:

—Sancristóbal ha perdido su pluma y yo se la he encontrado, pero para recuperarla tiene que pagar mil pesetas.

—¿Cómo dices? —le contesté mirándole fijamente a los ojos con una expresión que demostraba autoridad.

—Que un compañero la ha «encontrado» y quiere mil pesetas por ella.

Cuestión de reflejos para percibir que robó la pluma y que ahora quería mil pesetas por ella para comprar droga. Pero ¿por qué me hablaba a mí? La pluma no era mía. ¿Tal vez presenció la conversación con el del clan de los gallegos? No lo sé, pero nuevamente tenía que reaccionar. Ahora el dilema era casi referido a una especie de administración de justicia de patio de presos. ¿Qué hago? ¿Dejo que se instale el robo para conseguir dinero para comprar droga? ¿Me convierto en justiciero con el peligro que eso conlleva? De nuevo el instinto aflorando en esos instantes críticos.

—Pues díselo a Sancristóbal, a ver qué te dice, pero si la pluma fuera mía a lo mejor tenías un disgusto serio.

Dos compañeros suyos atendían la escena. Sonrisas. Silencio. El chaval de la pluma se retiró. No esperaba mi reacción. Se fue al fondo del comedor a esperar acontecimientos. Los testigos salieron al patio y comenzaron a contar el incidente. Julián Sancristóbal estaba hablando por teléfono con Barrionuevo, su amigo, ministro del Interior de Felipe González, y principal posible perjudicado en el caso de que Sancristóbal, que fue su subordinado, rompiera el pacto de silencio y se decidiera a hablar contando lo que me relataba a mí con toda suerte de detalles. Quizá por eso le consintieron un trato especial en cuanto al uso del teléfono. Podía ir al departamento de Ingresos y llamar varias veces al día, lo que no solo hacía con mucha menos prudencia de la exigible, sino que, además, se recataba poco a la hora de contarlo. A los presos, como a los libres, les gusta mucho contar que tienen más privilegios que su interlocutor. Claro que en prisión eso de contarlo, eso de marcar las diferencias de disfrute, produce mucho más placer que en libertad.

Terminada su conversación, regresó al patio y nos pusimos a caminar juntos. Detrás de nosotros el chaval de la pluma. Se acercó a Julián y sin pronunciar ni una palabra se la entregó sumiso... Sancristóbal, al ver su pluma, echó mano instintivamente a su bolsillo interior para comprobar que le faltaba. Miró sorprendido al chico y le dio las gracias. El chaval no contestó. Me miró concluida la entrega. Le dediqué un esbozo de sonrisa. Se fue. Todo el patio se percató de la escena. En dirección opuesta a la nuestra venían los cuatro presos jóvenes con los que había hablado de política en la charla improvisada en el comedor. Les mandé parar y les dije:

—¿Os habéis enterado de lo de la pluma de Sancristóbal?

—Sí, señor Conde, y todo el patio está con usted.

—Por esta vez pase, pero la próxima actuamos. No quiero ningún chivatazo porque estos problemas los resolvemos entre nosotros.

—Por supuesto, don Mario, pero yo creo que le debíamos dar una manita de hostias para que se entere ese gilipollas.

—Por esta vez, lo vamos a dejar pasar.

—Pero don Mario, es muy bueno que le demos un repaso, porque, además, llevamos algún tiempo desentrenados. Y acaban de fregar la escalera...

—¿Y eso qué tiene que ver?

—Joder, don Mario, que es muy fácil resbalarse y caerse rodando desde el primer piso —dijo mientras las sonrisas de los cuatro tenían clara tendencia a convertirse en carcajadas de no ser por que lo corté en seco.

—No. Pero hacedle llegar claramente el mensaje de que la próxima va en serio.

—Bueno. Lo que usted diga. El mensaje ya se lo ha pasado Javi, el gallego pelirrojo.

Era la primera vez que ejercía una autoridad en el «patio» de la cárcel, es decir, en el módulo. Las premisas de mi autoridad no diferían de las que ejerciera cualquiera. Son las reglas de la prisión. El poder punitivo se ejercía sin necesidad de involucrar a los funcionarios, quienes tenían que permanecer al margen de esos problemas que debían plantearse y solucionarse dentro de nuestro círculo, en nuestro cemento, en nuestros muros, en nuestro ámbito de vida. Lo malo es que ese ejercicio, esa forma de solucionar problemas, implica violencia física. Y jamás en mi vida me gustó esa violencia. Bueno, ni esa ni ninguna, aunque la verbal se te escapaba del control con alguna frecuencia. Pero la física no. Jamás en mi vida me había pegado con nadie. A puñetazos o patadas, me refiero. Nunca pensé en dar una orden de daño físico a ninguna persona. Y la cárcel necesita una autoridad capaz de ordenar que a alguien se le dé una paliza. Y yo ordené exactamente lo contrario. No sabía cómo iban a aceptar esa orden mía, aunque la respuesta fue muy clara: lo que usted diga, don Mario. Pero en prisión y entre presos, los castigos tienen que ver, necesariamente, con la violencia. Ese es el único lenguaje comprensible. Quizá sin necesidad de llegar a caerte accidentalmente por una escalera, pero...

Por la noche, en el chabolo, medité sobre todo lo ocurrido durante el día. El incidente de la pluma había servido para que, al menos en relación con un grupo, quedara clara la autoridad del patio. Eso sería objeto de comentarios y correría como la pólvora. Posiblemente nadie lo volviera a intentar, pero algo en mi interior había quedado claro: la siguiente «operación» de ese tipo implicaría necesariamente el uso de la violencia. Por eso no deseaba que ocurriera. Bajo ningún concepto.

La noche de ese día resultó un tanto movida, puesto que a eso de las doce el juez Garzón dictó orden de encarcelamiento contra un hombre que trabajaba como secretario de Rafael Vera, otro de los implicados en el asunto GAL, que, al igual que Sancristóbal, fue secretario de Estado de Seguridad. El ambiente aumentaba de temperatura política y carcelaria. La razón era tan concreta como malversación de fondos públicos y el motivo un titular del diario *El Mundo* de ese día en el que se decía: «El Gobierno pagó 200 millones en Suiza a Amedo y a Domínguez con cargo a los fondos reservados». Era exactamente lo que a mí, y a cuantos quisieron oírle, contó casi a voz en grito Julián unos días antes, mientras gesticulaba acompañando al grito para incrementar la notoriedad. El nuevo preso llegó a la cárcel con orden del juez Garzón de estar totalmente incomunicado, pero solo en relación con Julián Sancristóbal. Creo que lo enviaron a un módulo de Cumplimiento en el que se custodiaba a los policías.

Curiosamente en la parte de Cumplimiento de la cárcel se dedicó un módulo al que solo tenían acceso los presos preventivos y penados que pertenecieran a los cuerpos de seguridad del Estado, policías, guardias civiles, funcionarios de prisiones y asimilados. Teóricamente la razón para semejante diferencia con el trato de los presos comunes consistía en que querían preservarlos de las posibles iras de los ordinarios, que no suelen ser muy amorosos con los policías, por eso de que se dedican a perseguirlos y encerrarlos. Así que mejor tenerlos apartados en un sitio especial para evitar violencias físicas de final incierto. Pero, además de protegerlos, según contaban, allí, en ese módulo especial, se recibía un trato totalmente diferente del que se dispensaba en el resto de estancias de la prisión. Contaban las buenas o malas lenguas, según se mire, que no existían los chapados, las celdas permanecían abiertas día y noche, el trato era casi de igual a igual, el alcohol no era algo rigurosamente prohibido de hecho... Bueno, tiene su lógica, aunque nunca pude comprobar si esa descripción de consumo ordinario entre los presos de «a pie» se ajustaba a lo real.

Aquella misma noche, para concluir un día agitado, Felipe González, el presidente del Gobierno, salió en un programa de televisión entrevistado por Iñaki Gabilondo, destacado locutor de radio perteneciente al Grupo Prisa, que gerenciaba Jesús Polanco. Su aspecto dejaba mucho que desear y daba la sensación de que estaba tomando algún tipo de medicamento de esos que producen un efecto de hinchazón en el rostro. Preocupación, susto, hartazgo... Uno de los internos, Luis el colombiano, me comentó a la mañana siguiente: «Felipito tenía ayer toda la pinta de estar acojonado». Las palabras de Felipe González fueron las de siempre: «Ni he conocido, ni tolerado, ni financiado, ni organizado el GAL». Por si fuera poco, insistió en su tesis de que la economía iba cada vez mejor y que en ningún caso habría elecciones anticipadas...

La mañana del martes día 10 de enero resultó especialmente movida: el mensaje de la noche anterior del presidente del Gobierno no había conseguido calmar a los mercados. A media mañana la peseta estaba cayendo casi en picado frente a otras monedas europeas. El Banco de España intervenía los mercados para evitar el desplome. El Ministerio de Economía lanzaba un comunicado diciendo que la moneda española no iba a ser devaluada. Se hablaba de una posible salida de nuestra divisa del Sistema Monetario Europeo. Las bolsas de valores caían fuertemente. Habían sido ya dos intervenciones del presidente del Gobierno para tratar de calmar a los mercados en general y a los inversores extranjeros en particular, pero todo parecía indicar que sus palabras carecían de credibilidad. Se extendía la conciencia de que estábamos en una crisis política muy profunda y que, por tanto, las meras palabras no servían para casi nada, incluso solo para agravar más la situación.

El viernes 13 de enero de 1995 transcurría como un día más de prisionero sin que, al menos en apariencia, ningún sobresalto o acontecimiento extraordinario pudiera sacarnos de la rutina en la que nuestras vidas penetraban poco a poco. Por otro lado, la capacidad para sobresaltarse había sido comprimida de forma extraordinaria: la cárcel genera, por el principio de los opuestos, un ansia de libertad que cada uno controla en la forma en que puede, consiguiendo, como máximo, larvarla, hibernarla, someterla a un estado vegetativo del que se separa de forma súbita y repentina si alguna noticia, por leve o indirecta que sea, es capaz de renovar una esperanza que nunca muere, pero que dormita como tratamiento terapéutico para la estabilidad emocional. Una sugerencia de nuestros abogados, un comentario de un preso, una noticia de prensa, son siempre leídas en clave de facilitar o dificultar nuestra salida de aquí. Todo lo demás toma unos contornos imprecisos, etéreos, intrascendentes, superfluos en la medida en que no contribuye a acercar o convertir en realidad el dogma «de aquí se sale».

Era necesario renunciar a vivir en el porvenir, puesto que el futuro que interesa solo se llama libertad y esta se presentaba ante nosotros como una tierra prometida a la que seguro llegaríamos, aunque la cuestión era cuándo. Pero esa certeza en la inseguridad temporal convertía en angustiosa la espera y, por ello mismo, había que renunciar a que llegara a ser un objeto diario de nuestra convivencia, algo que nos acompañara las interminables veinticuatro horas de cada insufrible día. Teníamos que arrinconarla, guardarla entre la multitud de objetos que dejábamos en el chabolo cuando bajábamos al patio o al salón de presos. Nadie podía requisarla, pero necesitábamos caminar libres de ese equipaje. No todos lo conseguían. Eran ya varios los casos de los que tenía noticia en los que personas aparentemente tranquilas y serenas habían penetrado de forma repentina en un estado de enajenación mental. La primera televisión que me introdujeron en el chabolo pertenecía a un italiano que poco antes de llegar yo rompió a llorar en público, entrando en una fase de depresión profunda de la que todavía seguía recuperándose en la enfermería cuando redactaba estas páginas. Otro, cuyo nombre no recuerdo, consiguió arrancar de cuajo una de las ventanas de metal de nuestro chabolo y arrojarla con estrépito al patio de presos, con la fortuna de que no alcanzó a nadie, que, en caso contrario, probablemente se habría encontrado en ese tránsito súbito entre la vida y la muerte que acontece en las cacerías cuando la bala penetra en el sitio sensible del animal. Quizá el más aparatoso fuera el de un colombiano cuya historia me contó Emilio el gitano.

—Era un chico tranquilo, señor Mario, muy amigo de ese con el que habla usted que se llama Luis y que salió ayer de permiso. Un día, estando normal, perdió la cabeza y empezó a dar gritos y a insultar a todo el mundo. Ya sabe lo que pasa con eso de la locura transitoria. Vinieron los funcionarios y se lo llevaron.

—¿Adónde?

—Creo que a la enfermería y allí te ponen una «indición» de esas para calmarte, pero que son muy malas porque si se pasan un poco de la raya te matan o te pueden dejar tonto para toda la vida. Al cabo de un rato, vimos a ese chico, que lo llevaban arrastrando los funcionarios y al pasar por delante del salón de presos, camino hacia Ingresos, gritó: «¡Luis! ¡Luis! ¡Me han matado!».

—¿Pero qué le habían hecho?

—Pues eso que le digo, señor Mario, que le pusieron esa «indición» y el chico debía de pensar que iba a morirse. Se lo llevaron a Ingresos y al cabo de dos horas dijeron que había muerto.

—¿Y no pasó nada? ¿Nadie exigió responsabilidades a nadie?

—Decían que iban a abrir unas investigaciones de esas de la policía, pero a los amigos suyos colombianos no les convenía hablar, así que prefirieron callar para no perjudicarse ellos y del muerto nunca más se supo.

Era la primera vez que me encontraba con la muerte física en una historia de la cárcel. Emilio me relataba que eran muchos los casos que él había conocido, pero que en la cárcel nunca pasa nada.

—Una noche —contaba Emilio— llegó un chico a Ingresos y le encerraron en observación. Debía de ser un drogadicto y a las doce de la noche le dio el mono, por lo que empezó a gritar y a dar patadas a la puerta, armando mucho ruido. Llegaron los funcionarios y todo el módulo pudo oír los golpes. A la mañana siguiente, los que tienen el destino de limpiar esa zona nos contaron que todo el pasillo estaba lleno de sangre. No sabemos qué pasó con aquel chico, ni quién era, cómo se llamaba, por qué estaba aquí y si salió vivo o muerto.

Así que no solo era tu libertad la que estaba prisionera de unos cuantos muros de cemento custodiados por funcionarios de prisiones. También tu vida podía correr serio peligro. La verdad es que nuestro módulo era distinto. Lo llamaban «el Belén», porque en él estaban todas las «figuritas». Y, obviamente, entre ellas el papel de figurita destacada me lo atribuían a mí. Posiblemente tuviera razón Tarsicio, un funcionario alto, delgado, de pelo y tez claras, de mucha experiencia carcelaria pese a su relativa juventud, con el que hice buenas migas desde el principio, aunque sin moverse un milímetro de su sitio ni renunciar un miligramo a su autoridad:

—Tú no sabes lo que es la cárcel. Este módulo no tiene nada que ver con lo que es una cárcel de verdad. Lo que estás viviendo aquí es casi un cuento de hadas si lo comparas con lo que ocurre en los restantes módulos de Cumplimiento, y no te digo nada con otras cárceles españolas.

Ese mismo día, en nuestro patio corrió la noticia de que sobre las tres de la tarde habían matado a un preso en el módulo 3. Se trataba de un ajuste de cuentas en el mundo de la droga. Una de las obligaciones de los transportistas cuando son «cazados» consiste, precisamente, en no delatar a nadie, y si la violas, si incumples la regla, el precio es la muerte. La cárcel —como antes relataba— es un sitio adecuado para ello porque siempre se encuentra a una persona o varias que, hagan lo que hagan, no podrán salir antes de cumplir treinta años efectivos de prisión, por lo que una muerte más o menos no influye para nada en su condena y, sin embargo, por un servicio de este tipo su familia puede recibir una sustanciosa cantidad de dinero. Así son las cosas. La muerte de aquel tipo no ocupó más de un minuto en nuestras conversaciones. Así de dura es la realidad carcelaria. Muere un hombre y poco más que un gesto de hombros. Vives envuelto en violencia. Larvada o expresa, pero violencia. La peor de todas, bueno, la única real, la del hombre contra el hombre, porque, en la creación, a falta de la conciencia de dominación, no puede crecer la violencia. La naturaleza no es violenta. Simplemente es. Obedece sus reglas sin más propósito que ser, que seguir siendo conforme a su patrón cósmico. La violencia es producto humano. Se traduce en alterar conscientemente el orden propio de los acontecimientos. Y detrás de ella siempre se esconde el intento de un hombre de dominar a otros hombres. Poco más.

Repentinamente me di cuenta de casi todo. Forzando mi ingreso en prisión, creando a través de los medios la «alarma social» para luego fundamentar en semejante salvajada mi envío a la cárcel de «alta seguridad», no se trataba solo de estigmatizarme para reducir mi peso, mi capacidad de influencia ante la opinión pública, de destruir el mito forjado a lo largo de los seis años en Banesto, como insistentemente pedía Román, el inspector del Banco de España autor directo de la querella contra nosotros, responsable directo del desaguisado documental, al fiscal Aranda. La cárcel es más que eso. Si moría..., pues había muerto. Si moría a manos de uno de esos condenados a más de treinta años... Ningún partido iba a demandar ninguna investigación, así que políticamente tendría muy poco o ningún coste. En caso de que me suicidara, de que no resistiera la presión emocional del «descenso» de los cielos de banquero a los sótanos de prisionero, pues todavía más fácil de manejar el suceso mortuorio. Y si ni me mataban ni me mataba, pues lo normal, lo lógico, casi lo inevitable es que me volviera bastante loco, o que perdiera el control de mis emociones lo suficiente para presentarme en adelante como un sujeto a no tomar en serio, eso sí, al tiempo que dirían «pobre hombre, no ha podido resistir, la cárcel se lo ha cargado...». La claridad con la que visualicé esos planes se correspondió con la determinación de oponerme a ellos. Ni iba a dejar que me mataran, ni me iba a suicidar, ni me iba a trastornar. Al contrario, saldría reforzado. Así que a trabajar, que la cosa venía dura.

En cualquier caso, muy pocos eventos eran capaces de sacarnos de nuestra rutina. Un poco de pulpo «a feira» preparado por Paco el del economato o por Nonteira el gallego era todo un acontecimiento, pero no solo gastronómico, sino social, porque después de consumirlo pasábamos mucho rato hablando de él, de cómo había sido cocinado, de los mecanismos a través de los cuales había entrado en la cárcel el producto prohibido y llegado hasta nosotros... La capacidad de conversar sobre asuntos a los que fuera de aquí no les habríamos dedicado ni un minuto progresaba a medida que se prolongaba nuestra estancia en la cárcel. Manteníamos una lucha encarnizada contra el tiempo en un espacio físico hostil. Cualquier cosa era buena, si no para matarlo —lo cual solo se conseguía con la salida por la sección de Libertades—, sí al menos para herirlo, o incluso para zaherirlo, en la esperanza de que, algún día, ese tiempo-espacio o espacio-tiempo se hartara de nosotros, dijera un «¡hasta aquí hemos llegado!» y prefiriera su muerte a nuestra compañía.

Después del café de rigor, al encontrarnos en nuestro rincón le pregunté a Julián Sancristóbal:

—¿Qué, alguna novedad?

—No mucho. Sigue la tormenta política de cojones y parece que, además, *El País* ha decidido dejar tirado a Felipe con un editorial importante. No sé exactamente qué dice, pero parece que algo así como que esto se acabó.

—Bueno, no es nada extraño, tenía que llegar —contesté con la más absoluta frialdad.

Nunca he sentido rubor en la autocita, y mucho menos ahora que estaba paseando por el «patio». Al revés: si formulamos predicciones en nuestros papeles que exponemos a la luz pública, es un motivo de íntima satisfacción saber que hemos acertado. Decir lo contrario no solo es una estupidez, sino, además y sobre todo, una mentira. Siempre que leo en un escrito o escucho en una conversación esa frase de que «yo creo que va a ocurrir tal cosa y me encantaría equivocarme», he presentido que su autor estaba mintiendo, salvo que la proposición se construya en forma negativa y referida a un enemigo, como por ejemplo: «No creo que vayan a echar a la calle a fulano, pero me encantaría equivocarme».

En mi libro *El Sistema* había explicado que Felipe era instrumentalizado por el Sistema, debido a que González era el principal activo político del país, por lo que, mientras tuviera esta cualidad, seguirían utilizándolo a su servicio mediante el mecanismo perverso de convertir postulados técnicos en definiciones políticas de Gobierno. Muchos se enfadaron conmigo por este análisis, pero para mí es claro como el agua. El Sistema es transpolítico, en el sentido de que nunca, por definición, se «casa» con ningún político, puesto que tal matrimonio sería morganático, en términos de los intereses grupales de que se trata. El poder político es un instrumento que es necesario utilizar para que los intereses grupales se proyecten sobre la sociedad. Para construir un edificio necesitamos albañiles y hasta un arquitecto, pero ninguno de ellos está llamado a disfrutar de la casa una vez concluida. Les invitaremos, si acaso, a la fiesta de inauguración, pero eso es todo. Además, los planos no los diseña el arquitecto, sino que obedece nuestras instrucciones. Calcula materiales, resistencias, ángulos... Ese es su oficio, y para eso le pagamos. Más o menos así funciona el Sistema respecto de quienes en cada momento ostentan ese instrumento de poder que es el cargo político.

En ese viernes del mes de enero de 1995, el diario *El País* publicaba un editorial al que quería dar especial importancia mediante llamada en primera página, bajo un título ciertamente expresivo: «Fin de etapa». Su contenido no era nada nuevo ni excitante, limitándose a recoger en su lenguaje algo pedante lo que era para muchos una evidencia desde hacía bastante tiempo: que las cosas no podían seguir así, que algo tenía que cambiar, que de continuar por el mismo camino Felipe se iría a la calle a empujones y a costa de todos los españoles. Es decir, una reflexión muy elemental y primaria escrita en el típico lenguaje de *El País* de aquellos días transpirando progresismo de salón endulzado con nostalgia. Ya había llegado el momento. Pero el problema no era la gobernabilidad de España, lo cual a Jesús Polanco probablemente le importara lo justo, y ni un milímetro más. El asunto radicaba en que Felipe podía haber dejado de ser útil para los intereses económicos y de poder —que es lo mismo— del Sistema. Ese era, sin duda, el primer sustrato de su decisión de publicar ese editorial. El segundo, insisto, «no era un problema personal, sino un asunto de negocios», como solían decir los mafiosos italianos cuando tenían que ejecutar a alguien. *El Mundo* había creado la situación de crisis política con la publicación del asunto GAL. Sin embargo, *El País* no podría jamás admitir que ningún medio de comunicación tuviera capacidad para desestabilizar seriamente a un Gobierno, salvo, por supuesto, ellos mismos. En eso basaba su fuerza, su pretendida superioridad y, por tanto, su negocio.

Al margen del contenido de verdad que tenga esa autocomplacencia, lo cierto es que su efecto sobre el presidente del Gobierno tendría que ser significativo, puesto que su buque insignia en la información parecía que le dejaba al pairo en mitad de la tempestad. Cierto que le daba una oportunidad: si haces lo que yo digo, que es un gobierno de coalición o un apoyo parlamentario estable y duradero, entonces te perdono la vida. La situación para el presidente del Gobierno era ciertamente complicada. Recordé aquella conversación nuestra, entre Felipe González y yo, seis meses después de la intervención de Banesto, celebrada a escondidas en su despacho de la Moncloa, aquella en la que me dijo expresamente que la investigación de los fiscales sobre el caso Banesto concluyó que no existía motivo para cuestión penal alguna. Precisamente al escuchar eso le dije que tuviera cuidado porque me constaba que había gente en este país empeñada en verle en la cárcel...

Para acabar de complicar las cosas, el sábado 14 de enero de 1995, en la primera página de la actualidad gráfica —curiosamente un día después del editorial de *El País*—, Luis María Anson, el director del *Abc,* publicaba dos fotografías, una de Sancristóbal y la otra mía, bajo el siguiente titular y comentario: «Conde-Sancristóbal, dinamita pura para el Gobierno. La estrecha amistad entablada en la cárcel entre Mario Conde y Julián Sancristóbal es dinamita pura para el Gobierno y, sobre todo, para Felipe González. Entre la cadena incesante de errores cometidos en los últimos meses por el dirigente del PSOE, encarcelar en el mismo sitio a Mario Conde y a Sancristóbal es, sin duda, uno de los mayores. Solo un hombre que no tiene puestos los pies en la realidad puede desconocer lo que significa una mezcla de tanto poder explosivo».

Las cosas se estaban poniendo feas de verdad y esta vez parecía que iba en serio el fin de Felipe González, aunque su capacidad de supervivencia podía todavía dar algún juego, sobre todo porque Aznar seguía sin despertar entusiasmo. Ni siquiera respeto. Era curioso, pero la falta real de liderazgo de Aznar se estaba convirtiendo en uno de los principales aliados estratégicos de Felipe en aquellos momentos. En todo caso, era posible —pero ni mucho menos seguro— que Felipe cayera de una vez. No sentí la menor preocupación por ello. A estas alturas de mi vida estaba ya convencido de que Felipe González no había sido claro conmigo. Yo, sin embargo, creía haberme portado con lealtad hacia él durante mi etapa en Banesto. Claro que eso significaría la llegada al poder de José María Aznar, no porque hubiera sido capaz de ganar unas elecciones, sino, sencillamente, porque le había regalado el poder a base de disolverlo en la calle. Tampoco eso me produjo ningún tipo de emoción especial.

Ese día estaba terminando de leer a Ortega y Gasset en su *Mirabaeu o el político* que me había mandado a la cárcel Antonio Hernández Mancha. Tiempo atrás lo había ojeado, pero no con el detenimiento de ahora. Allí aparecían estas palabras: «Es preciso ir educando a España para la óptica de la magnanimidad, ya que es un pueblo ahogado por el exceso de virtudes pusilánimes. Cada día adquiere mayor predominio la moral canija de las almas mediocres, que es excelente cuando está compensada por los fieros y rudos aletazos de las almas mayores, pero que es mortal cuando pretende dirigir una raza y, apostada en todos los lugares estratégicos, se dedica a aplastar todo germen de superioridad».

Aquellas palabras sonaban como martillazos en el tambor de la sociedad española. Pero no me provocaron ningún tipo de sentimiento especial, como no fuera el placer intelectual de releerlas. Yo estaba en la cárcel y una parte de la sociedad española tenía directamente que ver con ello. Así que me fui hacia donde estaban Arturo y Julián a ver si existía alguna noticia relacionada con nuestra libertad, o algo especial de comer, o alguna chorrada carcelaria.

8

EL SEXO Y EL JUEGO DE ROL

Concluida la cena comenzaba el ascenso de los presos a sus celdas. Nosotros solíamos dedicar diariamente un rato a la tertulia nocturna hasta que viniera el funcionario a cerrarnos a cada uno en su chabolo. Siempre aparecía en el fondo del pasillo, en la gruesa puerta enrejada que daba acceso a nuestras celdas, golpeaba con algún instrumento contundente sobre los barrotes de la puerta, al tiempo que el sonido metálico y su voz se unían en un grito inconfundible:

—¡¡Recuento!!

A partir de ese instante comenzábamos a movernos hasta que llegaba nuestro turno. El funcionario iba una a una cerrando las chapas de las celdas. Nosotros vivíamos al fondo, en las tres últimas del pasillo. Hasta que llegaba el momento de nuestro chapado seguíamos de charla. Esa noche el grupo tertuliano lo componían, aparte de Arturo y de mí, Javi —asesinato frustrado—, David —asesinato frustrado—, Portu —asesinato consumado— y un tipo alto y moreno al que no conocía. Posiblemente por cautela le pregunté quién era, a lo que me contestó:

—¿Has oído hablar del asunto del rol?

—Algo me suena —fue mi respuesta deliberadamente inconcreta.

—Pues ese soy yo.

En los días que transcurrieron desde el encarcelamiento de Arturo hasta mi llegada aquí, alguien me había transmitido la información de que ese chico, el «asesino del rol», estaba en Alcalá-Meco y en el mismo módulo que nosotros, pero lo cierto es que no había sentido especial curiosidad por conocerle, a pesar de que corría la voz de que era extremadamente inteligente. No dije nada. Me di cuenta de que quería hablar conmigo, así que mejor dejar que llegara el día siguiente. Vendría a mi encuentro. Nos fuimos a dormir.

La mañana se abrió al día con un miembro de nuestra tertulia que parecía vestido de domingo, al decir de los antiguos en los pueblos castellanos, cuando se sentó a tomar café con nosotros en el banco del fondo del comedor de presos. Llevaba consigo una bolsa de deporte, pero tenía aspecto de cualquier cosa menos de ponerse acto seguido a dar raquetazos, patadas a un balón o golpes a una pelota con el palo del hockey sobre hierba, aunque esto último solo fuera porque de hierba ni rastro en todo el campus de la cárcel. Se dio cuenta de que mi mirada expresaba curiosidad y no tardó en confesarse:

—Es que me han conseguido un vis a vis íntimo y viene una tía de puta madre. Además el funcionario es amigo y me consigue un tiempo doble. Me voy a hartar, que estoy como una mona.

Mi primer contacto con el sexo en prisión. En los días transcurridos ni siquiera había sentido la necesidad de su práctica, posiblemente porque el exceso de acontecimientos vividos relegaba el asunto sexual a un momento ulterior. Quizá no tardara en llegar, pero en aquel preciso instante no sentía una necesidad imperiosa que tuviera que aplacarse a golpe de vis a vis íntimo.

—¿Cómo funciona eso? —pregunté sin enfatizar en exceso.

—Pues nada. Hay una norma que dice que tienes derecho a

una sesión al mes. Tiene que ser con tu mujer legal o con alguien con el que estés empadronado o puedas aportar algún documento de convivencia.

—Y quien viene a verte ¿es tu novia?

—¡Qué cojones! Es una tía que no conozco, pero que uno de aquí, de dentro de la cárcel, que tiene cosas de burdeles, me dice que está de puta madre y folla como una máquina. Y eso es lo que necesito, joder, que me rompan.

Parecía entusiasmado. El poder de la visualización al servicio del sexo puro y duro.

—Ya, pero ¿no me has dicho que tienen que traer un documento?

—¡Que sí, joder! Pero me he fabricado uno y el funcionario es amigo, coño, y comprende que uno tiene que follar porque si no se vuelve loco. Bueno, loco te vuelves de todas maneras, pero por lo menos que sea bien «follao», joder, que encima que somos presos no vamos a tener que dedicarnos a la castidad de los cojones.

Se levantó y se fue como un cohete. Me quedé mirando sus movimientos, rápidos y nerviosos; sus ojos, brillantes, llenos de algo que se diría deseo en estado puro; su bolsa de deporte, en la que llevaba los condones que forman parte del equipo habitual de la prisión, el papel higiénico, un bote de gel de baño, unas toallas... Sentí cierta repugnancia. Me imaginé llegando a un cuarto frío, a esas horas mañaneras, ver a una tía que no conoces de nada y que se desnudaría como una autómata, con esa sonrisa imbécil y obligada que se practica en esos momentos, exhalando ese olor característico de las de su oficio. Llevaría, seguro, una ropa interior historiada, llena de florituras que pensaría resultan más excitantes. Se tumbaría en la cama y tú tendrías que hacer lo propio, quedarte en pelota picada, quizá con calcetines puestos por lo del frío en los pies y para aguantar más tiempo, y al lío de entrada, sin saber con quién haces eso que dicen ser «amor». Ella sabría bien a lo que vendría, así que empezaría por lo más fácil para aliviar su tiempo y trabajo... y si, despúes del sexo oral, te quedaban ganas de subirte en lo alto o de que fuera ella la que se pusiera arriba, o de cualquier otra práctica del arte, pues, nada, al lío... Y así hasta que, transcurrida la hora, el funcionario llamara a la puerta, te dijera que alivies, que el siguiente espera, a vestirte, con esa sensación más agria que otra cosa a nada que tengas un mínimo de sensibilidad, a reparar los desperfectos de la cama, recoger los trastos de matar, meterlos en la bolsa, despedirte de la tía y al módulo.

Imposible. No podría asumir esa escena. Me rompería demasiadas cosas por dentro. La escenografía del sexo de nuestro contertulio me trajo a la memoria mi primer encuentro con ese mundo de la mano de mi criado Avelino. Un 14 de septiembre de 1948 —fiesta de la Exaltación de la Santa Cruz, una de las pocas obligatorias para los Caballeros del Templo— mi madre corría dando gritos por el largo pasillo de nuestra casa pidiendo auxilio mientras con su mano derecha trataba de empujar hacia dentro la cabeza morena de un niño que nació porque le dio la gana. Mi madre alcanzó a duras penas su dormitorio, se tumbó en la cama, la gente del servicio localizó a Jurado —médico, falangista, alcalde de Tui, amigo de la familia—, que acudió en cuanto pudo a atender el parto. Demasiado tarde. Cuando llegó, mi madre me había parido, limpiado, vestido y aseado, y, con esa ternura que solo existe en un momento que —como todos los buenos— dura tan poco, me tenía con ella apretándome contra su pecho con una expresión de indescriptible felicidad en sus ojos. El médico certificó sanitariamente el nacimiento. Así llegué a la vida, saltándome las reglas, organizando un poco de ruido en la tranquila ciudad de Tui, que asistía impasible al nacimiento del primer hijo varón de aquel hombre joven, moreno, alto, guapo, simpático, que gozaba de gran popularidad entre los habitantes de la ciudad del Miño. Mi padre llegó a casa tranquilo, sin el menor síntoma de excitación, para contemplar los atributos del recién nacido. Después, como mandaban los cánones de aquellas épocas, se fue con sus amigos a celebrarlo.

Vivíamos en una preciosa casa situada casi en el centro geométrico de La Corredera, cuyo primer piso se dedicó a los locales del casino de Tui y en cuya parte trasera teníamos un pequeño jardín en el que mi padre quiso criar gallinas, cerdos y pollos, y, por si fuera poco, cultivar parra, tomates y otras hortalizas, en fin, un desastre económico y casi ecológico. Allí, en mis primeros andares de uso de razón, conocí a Avelino, un criado que mi padre trajo del valle de Covelo, de donde es originaria toda la familia de mi madre. Eso de tener servicio y criados no debe llamar a engaño a nadie. La posición económica de mi familia era más bien modesta. Claro que en aquellos años de la posguerra en Galicia campaba por sus respetos la pobreza. Y el hambre. Los salarios que se pagaban a los criados eran una miseria, pero les proporcionaban un sustento que de otra manera se veían imposibilitados de obtener. Por eso, a pesar de las estrecheces económicas de nuestra casa, podíamos tener servicio y hasta un criado. Avelino, moreno, bajo, delgado, casi enjuto, que hablaba un gallego rabiosamente cerrado, me enseñó a cazar gatos en la parra de mi padre.

Ese arte de los gatos, el perro y la parra no fue lo único que aprendí de él. Una mañana gris, de esas que constituyen el casi perenne decorado de mi tierra gallega, mientras nos refugiábamos en el gallinero de la fina lluvia que caía impasible sobre el huerto, mi criado sacó de su bolsillo un pequeño librillo de color marrón oscuro, con aspecto de haber sido manoseado cientos de veces. Me advirtió que como ya era un hombrecito —apenas si contaba siete años— tenía que enseñarme cosas de la vida, y resultó que ese atributo se lo asignaba a unas fotografías amarillentas, con los bordes ondulados, pegadas toscamente a las tapas de cartón para dar la impresión de un libro de rezos, en las que se veía a unas señoras más bien rellenas —gordas de solemnidad para los cánones actuales— en plena faena sexual —en todas sus variadas posibilidades— con unos varones que tenían todo el aspecto de estar pasándolo más que bien. Miré estupefacto a Avelino, quien me aclaró que aquellas individuas eran putas (era la primera vez que escuchaba esa palabra), esto es, mujeres que se dedican por dinero a complacer a los hombres, y que ese oficio era necesario para que los machos pudieran vivir tranquilos, y que no solo no debía escandalizarme por el espectáculo que me mostraba, sino, más bien al contrario, asumir que seguramente algún día yo sería un cliente de sus servicios. Volví a pedirle las fotografías y las contemplé una a una con el ansia de un ciego que recupera la vista. Allí, mientras el agua seguía cayendo, las gallinas dormitando, *Ámbar,* mi perro, caminando bajo la parra buscando más presas y Avelino guardando de nuevo en su bolsillo las instantáneas, tomé mi primer contacto con el sexo y con el oficio más antiguo del mundo. Esa tarde lo comenté con Choni, mi amigo, el hijo del dueño de los almacenes Pipo, quien casi se rió de mí porque él, un año mayor que yo, decía conocer todos los secretos de ese valle al que yo acababa de llegar y en el que me portaba como un cándido novato.

Volví a mi mundo carcelario. Dejé a la tertulia con sus putas, su cama, su sexo y lo que fuera o fuese y me fui al encuentro de Félix —que así se llama el del rol—, un chaval de dieciocho años, es decir, dos años menos que mi hijo Mario en ese instante, alto, de complexión más bien fuerte, moreno, con pelo muy corto en la cabeza pero abundante en exceso en sus cejas rabiosamente negras, adornado con unas pequeñas gafas graduadas de cristales ahumados sujetas a las orejas con unos bastoncillos de esos que se usan para limpiarse los oídos. Su aspecto de conjunto no conducía a un asesino, y menos de las características que se suponían al del juego de rol.

Salimos al patio a caminar juntos. Durante los primeros minutos me dediqué a observar a Félix para tratar de adivinar algún rasgo que definiera su personalidad, sobre todo para ver si podía confirmar las sospechas de que se trataba de un psicópata. Sus gestos transmitían una indudable inseguridad en sí mismo, lo cual es lógico teniendo en cuenta que se trataba de un chaval de dieciocho años que llevaba ya siete meses en la cárcel. Pretendí darle algo de calor humano empezando por preguntarle acerca de sus estudios y, en general, de sus objetivos en la vida.

—Me gustaría especializarme en matemáticas y trabajar después en inteligencia artificial. Es algo que creo que tiene futuro.

Al tiempo que pronunciaba estas palabras me miraba fijamente. Quizá estuviera tratando de adivinar si mi interés por él era sincero o se trataba de una introducción de compromiso para llegar a la historia del asesinato. En realidad yo estaba calibrando intelectualmente a aquel chico, así que continué sin dar importancia a su mirada inquisitiva.

—¿Siempre te han interesado las matemáticas?

—Sí. También la literatura. Durante muchos años de mi vida no he hecho otra cosa que leer libros y escribir. Me gusta la poesía. Tengo algunos poemas compuestos por mí que si quieres te los dejo para que los leas y me des tu opinión.

—Me parece muy bien. Pero ese interés por las matemáticas supongo que algún día te llevará a la filosofía, porque imagino que sabes que Einstein dijo algo así: las matemáticas son exactas en cuanto nada tienen que ver con la realidad y la realidad es correcta en cuanto nada tiene que ver con las matemáticas.

Un poco pedante por mi parte la cita del suizo, pero ya digo que estaba calibrando la calidad intelectual del muchacho.

—Yo creo —contestó rápido Félix— que todo es susceptible de ser reconducido a formulaciones matemáticas.

—Te acabas de apuntar al estructuralismo —le dije—. Esa polémica la sostuvieron Lévi-Strauss y Sartre. Este último decía que es imposible reducir el comportamiento humano a un conjunto de reglas matemáticas, mientras que el primero, que comenzó con una tesis sobre el comportamiento humano en un tema tan concreto como el parentesco, acabó aludiendo a la existencia de estructuras explicativas de la realidad social susceptibles de ser formuladas en términos matemáticos.

—El problema —añadió Félix— es que todavía no hemos encontrado las variables suficientes, pero cuando lo consigamos, todo es susceptible de ser explicado con formulaciones matemáticas.

—Eso es exactamente lo que Lévi-Strauss respondió a Sartre y, en cierta medida, parece ser verdad porque lo cierto es que la historia del mundo es un continuo transitar desde la magia a la ciencia. El problema consiste en que tienes que elegir.

—¿Entre qué y qué? —me preguntó mi interlocutor, cuyo interés por la conversación era creciente y sincero.

—Entre las dos concepciones del mundo que dividen a la filosofía: la primera, parte de la existencia de un Todo Ordenado, de un Cosmos organizado que responde a sus propias leyes. La segunda se apunta a la inexistencia del citado orden y se abona a la tesis del Caos. La primera trata de descubrir cuáles son las leyes que rigen el funcionamiento ordenado del Cosmos para aplicarlas a la vida social. La segunda intenta formular leyes con las que ordenar el Caos preexistente. ¿A cuál de ellas te apuntas?

—La verdad es que no lo sé.

—Yo personalmente creo en la primera y ese tránsito de la magia a la ciencia es, sencillamente, el progresivo descubrimiento de leyes que estaban ahí pero que permanecían ignoradas para nosotros. ¿Cuántos inventos actuales te hubieran llevado a la hoguera de la Inquisición apenas hace ciento cincuenta años? Prácticamente todos. Tenemos la tendencia a creer que lo que no sabemos no existe y lo que no existe es magia y lo que es magia es herejía. Por eso la lucha por el conocimiento es siempre una guerra contra la ortodoxia del momento.

—Pero en eso tiene mucho que ver la religión, ¿no crees?

—Por supuesto. Aparentemente no existe ninguna razón para que a Galileo quisieran meterlo en la cárcel por el mero hecho de decir que era la Tierra la que giraba alrededor del Sol y no viceversa. Sin embargo, el asunto era muy importante: son los satélites los que giran alrededor del planeta principal y no viceversa. Admitir que el Sol era más importante que la Tierra es tanto como dar alas a la religión de culto solar y esa ha sido siempre, al menos en apariencia, la principal enemiga del pensamiento católico.

—¿Eso tiene que ver con lo que llaman conocimiento oculto?

—Claro. La razón de la existencia del ocultismo es doble. Por un lado, evitar que determinados conocimientos puedan caer en manos de personas que harían un mal uso de ellos. La segunda, y quizá más importante, que el Sistema, en sus distintas variantes a lo largo de la historia, siempre se ha fundamentado en definir sus verdades como la «ortodoxia», de modo que quien no las acata es hereje, y a los herejes se les manda directamente a la hoguera. Y cuando eso suena excesivamente bárbaro, se les deporta, se les encarcela o se les intenta destruir psicológica y civilmente. Por eso es conocimiento oculto.

Tras estas palabras se creó el primer silencio prolongado en la conversación. Félix parecía querer madurarlas. Ignoro el grado de conocimiento que tenía sobre mí y el caso Banesto, pero me dio la sensación de que dudaba si asumir que me resultaban aplicables y profundizar sobre ellas o, por el contrario, dejarlas estar y seguir adelante, porque al fin y al cabo necesitaba confesarse conmigo de su asunto. Lo mío podía esperar. Así que retomó el tema del conocimiento prohibido.

—¿Y qué harán entonces con todo el asunto del genoma

humano? Porque eso es todavía más complicado —preguntó Félix con cierto tono de inocencia.

—Pues posiblemente torpedearlo. Mira, hay dos concepciones del hombre: la que sostiene que somos producto de la tierra y la que piensa que estamos sobre la tierra porque Dios nos puso en ella pero sin que respondamos a sus exigencias evolutivas. Para mí es evidente que la correcta es la primera, pero admitirla tiene como coste desmantelar muchas de las «verdades oficiales» que han adornado nuestra vida como seres humanos.

—A mí me parece que somos fruto de una evolución y que nuestros actos responden a nosotros mismos y a las circunstancias que nos han rodeado durante nuestra vida.

Mi excurso intelectual era sincero, no tenía finalidad última distinta de la de conversar y ver hasta dónde llegaba aquel chaval, pero lo cierto es que habíamos alcanzado un punto en el que mi interés por conocer lo ocurrido en su caso encontraba un terreno abonado: Félix había hablado de que nuestros actos son fruto de nosotros mismos y de nuestra circunstancia y eso me daba pie para penetrar en su intimidad, dirigirme a él con el fin de averiguar su circunstancia concreta, para saber si realmente había asesinado a un inocente y cuáles eran las motivaciones últimas de un acto así. Estaba a punto de abrir las puertas de su personalidad. El patio seguía lleno de presos que, de nuevo, una vez más, un día más, se movían con distintas velocidades en aquella mañana que había vuelto a nacer —como todas desde que llegué aquí— tercamente soleada y fría.

—Supongo que no te gustará recordar esas cosas, pero si quieres yo no tengo inconveniente en hablar contigo de lo sucedido, pero eres tú quien tiene derecho a llevar la iniciativa.

Mi introducción era deliberadamente cautelosa. El tiempo transcurrido era suficiente para permitirme concluir que Félix sentía una sincera preocupación intelectual; su inteligencia y sus conocimientos no me parecieron asombrosos, aunque, sin duda, eran superiores a la media de un chico de dieciocho años en los tiempos actuales. Ahora se trataba de saber si quería abrirse interiormente, no para contarme sus preocupaciones sobre la matemática o la filosofía, sino para un tema tan íntimo, capaz de rasgar las más duras vestiduras del alma, como la participación en el asesinato a sangre fría de un inocente. Comprendía que vacilara, que deseara eludir la cuestión, que dijera que tenía algo que hacer y quisiera marcharse a toda velocidad. Pero permaneció a mi lado, caminando juntos por el patio, que, mentalmente, se había vaciado para nosotros y para nuestra compañera: la conversación sobre la muerte, la conclusión violenta de la vida de otro ser humano cuyo gran delito era haber nacido y haber estado en un lugar concreto en un momento determinado.

Félix sacó un paquete de Fortuna de su bolsillo izquierdo, tomó un pitillo y se lo llevó a la boca pidiéndome fuego a continuación. Se metió el humo dentro de los pulmones con la misma fruición que bebería agua un sediento y me dijo:

—De acuerdo, pero tengo que fumar para poder contar cosas así. Lo primero que tienes que saber es que mi infancia ha sido muy conflictiva. Soy hijo de un drogadicto y de una drogadicta. Mi padre, además del consumo, estaba envuelto en temas de tráfico y mi madre en la prostitución. Ya comprenderás que descubrir eso causa una tensión interior muy grande.

—¿Cuándo lo descubriste? —le pregunté aparentando frialdad ante la información que recibía, puesto que tenía que permanecer impasible hasta que escuchara la versión de la muerte de un hombre. Drogas y prostitución en tu padre y en tu madre es algo muy fuerte, pero la muerte violenta de un inocente, más.

—Con seis u ocho años, cuando mi madre me habló de mi verdadero padre.

—¿Qué quieres decir con eso de mi «verdadero padre»?

—Es que mi padre y mi madre no estaban casados y sus únicos puntos de unión éramos la droga y yo. Mi madre conoció a un hombre normal que tenía un bar y se casó con él. Creo que es una buena persona y que me tiene afecto. De hecho, es el que actualmente se está ocupando de mí. Ese hombre me dio su apellido adoptándome y por eso me llamo Martínez, cuando mi padre verdadero se llama Asensio.

—¿Cómo supiste que tenías un padre verdadero?

—Porque mi madre me lo contó y me llevó a conocerlo. Yo no sabía qué era lo que estaba ocurriendo en torno a mí. Me sentía confuso, desorientado con solo ocho años y viendo que algo tan elemental como saber de quién eres hijo se rompía dentro de mí. Tenía dos padres: uno, al parecer, de sangre, y otro de ley. A mi padre de sangre no lo había visto en mi vida. Mi madre quiso que me quedara un tiempo a vivir con él, y así sucedió durante un mes, pero lo cierto es que sentía miedo y no sabía qué hacer.

—Pero ¿cómo sabías que tus padres verdaderos eran drogadictos?

—Porque lo veía. Ellos, a pesar del matrimonio de mi madre, mantenían ciertos contactos regulares y en más de una ocasión vi cómo calentaban con un mechero un papel de plata, encima del cual había una sustancia blanca que, una vez caliente, aspiraban por la nariz. Ya no sabía quién era mi padre, si el dueño del bar o aquel hombre que se drogaba junto a mi madre. Aquello creó en mí una reacción contra el ambiente, contra lo que me rodeaba.

—Pero ¿por fin viviste con tu padre adoptivo, no es así?

—Sí, pero todo aquello me marcó. Cuando tenía quince años, aproximadamente, mi padre y mi madre murieron de sida. Ya no solo eran drogadictos, sino, además, habían muerto de sida y yo había convivido años con ellos. Con todo lo que había sucedido en mi vida, no tenía interés en las gentes normales que encontraba en el colegio y es así como surgieron mis relaciones con las personas que me trajeron aquí. Básicamente Javier.

—¿Quién es este Javier?

—Un tipo extraordinariamente inteligente, cuatro años mayor que yo, que ejercía una enorme influencia sobre mí. Había desarrollado una teoría muy especial sobre las «razas».

—¿Las razas humanas? —le pregunté con cierto asombro.

—No. Las razas eran para él tipos, cuadros, arquetipos para ser más exactos. Había dos razas básicas: la del bien y la del mal. Dentro de la del bien, por ejemplo, estaban los caballeros, el arquero y muchos otros. Luego fue ampliando su número de razas. Cuando le dejé tenía clasificadas cuarenta razas fundamentales y ahora creo que ha llegado a cuarenta y cinco. Todo eso lo ha escrito en un libro que no ha publicado, pero del que yo tengo una copia.

—La verdad es que no entiendo muy bien esa teoría de las razas. ¿Son como casillas en las que encuadrar a las personas?

—Más o menos. Javier, cada vez que conocía a alguien, se comportaba de una manera distinta. Por ejemplo, con las chicas iba de guaperas. Si entraba en una carnicería, se presentaba como un apasionado de la carne. Trataba de representar tantos personajes como situaciones le ofrecía la vida y a cada uno lo clasificaba dentro del tipo o subtipo correspondiente. Sin embargo, él era el «Mara».

—¿Qué es eso del «Mara»? —pregunté acentuando mis palabras con un tono de intensa curiosidad.

—El que aprende y enseña. Decía que él tenía la capacidad para aprender la verdad y para enseñarla a quienes pudieran recibirla. Los demás eran alumnos que debían recibir sus enseñanzas. Nos tenía alucinados a Javier y a mí.

—¿Quién es ese Javier?

—Otro amigo mío, también muy inteligente. Era un chico gordito despreciado por todos en el colegio, al que yo atendí y saqué de esa situación. Me demostró, como te digo, que era un tipo muy inteligente.

—Pero Javier ¿era también alumno de Javier «el Mara»?

—No. Decía que no todos están capacitados para aprender, que son muy pocos los elegidos. Javier, mi amigo el gordito, según el otro Javier, no tenía esa capacidad. Al único que consideraba dotado para recibir sus enseñanzas era a mí.

—Ya, pero si solo los inteligentes eran capaces de ser «alumnos», eso significaría que la raza del bien es la superior, porque se supone que inteligencia debe ser equivalente a bondad en su terminología.

—Al contrario: el bien es la raza de los estúpidos, porque, según Javier, el bien no existe más que para ese tipo de gente. El odio, sin embargo, es la raza de los fuertes, porque el odio es lo que te proporciona la base para la fuerza.

—¡Joder! —exclamé ante una declaración que estaba perfilando las características de una psicopatía aguda en el tal Mara—. ¿Así que el odio es la base de la fuerza?

—Javier construyó el mundo en torno a la agresión. Para llegar a la conclusión de la fortaleza del odio se imaginaba una situación de máximo placer. Por ejemplo, estar sentado en una cómoda butaca de un cine con una chica que te gusta. Todo en apariencia es perfecto, pero inmediatamente comienzan las agresiones externas: el tío de atrás que come palomitas, el acomodador que enciende una linterna y te distrae, el volumen de la película que es excesivo... Todo eso genera la agresión externa contra tu estado de placidez humana. Eso provoca odio y solo en base al odio tienes la fuerza suficiente para destruir tales agresiones.

—Bueno, admitámoslo, pero con odio no se llega a ninguna parte. El odio, en todo caso, es una motivación, pero no una acción, así que con odio no te defiendes.

—Javier decía que los fuertes tienen que sacar su fortaleza del sacrificio.

—¿Qué quieres decir con eso del sacrificio?

—Del sacrificio humano —contestó mientras le temblaba un poco la voz.

Miró hacia el suelo del patio, como aturdido por la frase que acababa de pronunciar, encendió otro pitillo y solo segundos después se atrevió a levantar la cabeza y buscar mi mirada para ver si mi gesto indicaba una desaprobación tan profunda que estaba dispuesto a dar por terminada la conversación. Cuando se percató de que no era esa mi actitud, sin todavía atreverse a mirarme a los ojos, continuó:

—Para Javier no había más fuerza que el sacrificio humano. Solo podríamos ser fuertes si estábamos dispuestos a dar ese paso. Yo lo consideraba algo así como una mezcla de padre-maestro, pero siempre pensé que eso del sacrificio era una teoría, como toda la construcción de las razas, algo inteligente y divertido, pero teórico e irreal.

—Ya, pero por lo visto no fue así, ¿no?

—No.

En ese momento su expresión demostraba una profunda tristeza a pesar de que mantenía una entereza que me llamó la atención. Estaba contando una historia trágica que podía afectar en su vida futura a una persona a la que no conocía de nada y que, además, podía tener cierta influencia, una vez poseedor del secreto, que él ignoraba si sería para bien o para mal. Pero habían transcurrido ya más de siete meses en prisión y eso provoca un callo en el alma, así que tampoco di excesiva importancia a la fortaleza de ánimo que demostraba al contarme todo aquello con las escasas vacilaciones que suponía mirar hacia el suelo, rehuir mis ojos o encender un pitillo detrás de otro.

—Fue un viernes por la noche. Yo había estado bebiendo con una amiga mía y traté de que sus padres la dejaran dormir fuera de su casa. No lo conseguimos y tuvimos que volver yo a la mía y ella a la suya.

Cuando llegué, me llamó Javier diciendo que quería verme. Estuvimos charlando un rato y yo seguí bebiendo. La verdad es que estaba bastante colocado cuando me dijo: «Hoy es el día. Tenemos que hacerlo». Me entregó un cuchillo que había cogido en la cocina de mi casa, él se quedó con otro que había traído de la suya y salimos a la calle.

—Pero ¿tú aceptaste salir a matar?

—Bueno, primero yo estaba muy colocado y, además, siempre pensé que seguíamos jugando, que no iba en serio eso del sacrificio humano.

—Ya. Bueno, sigue.

—Era bastante tarde y llegamos a una parada de autobús del barrio de mi instituto. En ella había un hombre solo, de unos cincuenta y tantos años. La calle estaba totalmente vacía y nadie podía vernos. Javier se acercó a aquel hombre, que luego supimos que era un empleado de una lavandería que volvía a casa, y amenazándolo con el cuchillo le pidió que le diera el dinero que llevaba encima. El hombre obedeció e instantes después Javier le atizó una tremenda cuchillada en el cuello y vi cómo aquel individuo comenzaba a sangrar. Yo estaba aterrorizado ante lo que acababa de contemplar y no me atrevía a decir ni una sola palabra.

—Pero ¿te quedaste quieto mirando la escena?

—Absolutamente inmóvil, en silencio y acojonado. Javier y aquel hombre forcejearon y les vi caer por un barranco. Javier seguía dándole cuchilladas, una tras otra, manchándose con la sangre que salía del cuerpo de aquel hombre. Así una, otra, otra... De repente vi a Javier ponerse de pie. El hombre permanecía en el suelo en un mar de sangre. Javier le contemplaba con la mirada perdida en algún lugar que no podía imaginar. Inmóvil, lleno de sangre, con el cuchillo en la mano, el hombre muerto, la noche... No sé, una imagen que jamás podré olvidar.

—Lo entiendo, Félix, lo entiendo.

—Se giró, me miró en la distancia y vino al lugar en el que me encontraba. Su camiseta se encontraba totalmente cubierta con la sangre del muerto. Su expresión extraña, pero se mostraba tranquilo. No solo frío, sino rezumando una extraña serenidad. Me pidió mi cazadora. Yo no era capaz de articular palabra y se la entregué y se la puso encima de su camiseta. Esta es una prueba de que yo no intervine para nada porque mi cazadora, cuando la descubrió la policía, estaba manchada de sangre por dentro, pero no por fuera, porque yo había permanecido a distancia contemplando la escena.

De nuevo el silencio. Necesitaba silencio para deglutir lo narrado. Félix también. Seguimos caminando. Sus ojos se fijaron como atraídos por un imán en el cemento del suelo del patio. Caminaba con la cabeza gacha, como si pretendiera obtener un perdón cósmico y se inclinara como muestra de respeto. Yo me sentía mal por dentro. Violencia en estado puro. La vida sacrificada en un juego enloquecido. La tragedia de estar allí, en aquel momento, esperando un autobús. Algo tan banal convirtió al hombre en víctima de un loco, de un enfermo mental que jugaba a la teoría de las razas y que legitimaba la fuerza en el odio, y, por si fuera poco, que aseguraba que la fuerza se obtiene derivada del sacrificio humano... Tenía que seguir escuchando. No podía detenerme en ese instante aunque mis impulsos fueran terminar con aquel relato.

—¿Qué hicisteis después del asesinato?

Percibí que Félix se sintió aliviado al comprobar que la conversación continuaba. Levantó la mirada del suelo y prosiguió:

—Nos fuimos a casa. Recuerdo bien aquellas imágenes. Javier tenía una sonrisa abierta, enorme, franca. Nunca le había visto sonreír así. No solo estaba tranquilo, sino, además, profundamente feliz con lo que había hecho. Por el camino me dijo: «Bueno, pues ya está, ya lo hemos conseguido». Su cara transmitía una profunda satisfacción personal. De repente, comenzó a contarme lo que había hecho descendiendo hasta los más pequeños detalles. Me dijo que una vez muerto, le metía las manos dentro de las heridas del cuello y de los demás sitios en los que había dado las cuchilladas y con ellas sacaba trozos de carne del muerto y veía cómo la sangre abandonaba el cuerpo sin vida. Me contaba aquello sin ningún temblor de voz, ni vacilación en las palabras, ni miedo a lo sucedido. Por el contrario, expresaba una profunda serenidad y absoluta felicidad por lo ocurrido. Era capaz de recordar todos y cada uno de los detalles, cuchillada a cuchillada, la expresión de los ojos del muerto, los segundos exactos que habían transcurrido, la localización de las farolas, el silencio de la calle, los gritos de aquel hombre.... Todo, absolutamente todo. Por eso es evidente que Javier estaba lúcido. Yo prácticamente borracho y él entero y lúcido. Así llegamos a casa. Javier lavó el cuchillo, me devolvió mi cazadora y tiró su camiseta. Yo me fui a dormir. Aquella noche dormí como un tronco y me desperté a eso de las doce de la mañana.

—¿Qué sentiste al despertarte?

—Miedo. Estaba absolutamente acojonado. Al principio pensé que era una pesadilla, que nada de eso era real, que solo había ocurrido en mis sueños, pero vi mi cazadora llena de sangre por su parte interior y comprendí que no lo había soñado, sino que era verdad: habíamos matado a un hombre. Comencé a sentir pánico.

—¿Y qué hizo Javier?

—Vino a verme al día siguiente y volvió a contarme toda la escena otra vez. Estaba igual de feliz y tranquilo, pero mi acojone aumentó cuando me dijo que eso teníamos que hacerlo más veces porque solo así seríamos fuertes y, además, nadie nos podía descubrir. Entonces me di cuenta de que se estaba volviendo absolutamente loco y sentí la necesidad de contárselo a alguien. Yo no me atrevía a hacerlo y le pedí a Javier que juntos se lo contáramos al otro Javier, a mi amigo el gordito.

—¿Quién se lo contó?

—Javier, «el Mara», pero le dijo que yo también había participado en el asesinato, lo cual era falso.

—Pero ¿cómo no dijiste nada en ese momento?

—Porque sentía miedo. Había visto cómo era capaz de matar a un hombre destrozándolo a cuchilladas y yo ya estaba convencido de que ese amigo mío era en realidad un auténtico loco, así que me acojoné y me callé. Inmediatamente después le dije a Javier el gordito que eso no era cierto, sino que era mi amigo el que había matado a aquel hombre y yo no había hecho nada de nada, aparte de ver cómo lo ejecutaba.

—Bueno, pero por lo que veo eso no tiene nada que ver con un juego de rol. ¿Por qué se llama así a vuestro caso?

—Porque días más tarde Javier diseñó al personaje que había matado, dibujándolo en un papel y definiendo sus características fundamentales. Pero fue una vez muerto, es decir, no se imaginó al muerto antes de matarlo. Lo encontró y lo mató. Punto. Después, una vez consumado todo, dibujó sus características, pero te insisto, una vez que lo había matado. Ese papel fue descubierto por la policía en el registro y pensaron que correspondía a un diseño previo y que cuando encontramos al hombre dibujado decidimos matarlo. Pero fue exactamente al revés.

—Lo que no entiendo es por qué os descubrieron.

—Porque Javier se lo contó a otro amigo suyo y este se acojonó y se lo dijo a su padre, quien nos denunció a la policía. Así, un mes después de que sucedió todo, se presentó un día la policía en mi casa y me llevaron al interrogatorio. Yo al principio negué todo, pero volví a sentir pánico. Javier me hablaba casi todos los días de que si un día nos descubrían teníamos que decir que estábamos locos. Yo no quise seguir ese juego y les conté lo sucedido, pero luego vino mi abogado y me dijo que no firmara absolutamente nada. Me llevaron a Valdemoro tres días y luego vine aquí. Recuerdo que cuando vino la policía me faltaba una semana para los exámenes de COU, así que no pude hacerlos, aunque en ningún caso habría estado en condiciones para ello, porque ese mes fue terrible: todas las noches tenía pesadillas con el muerto y el día me lo pasaba prácticamente entero borracho. Bebía como un bárbaro para tratar de olvidar lo sucedido.

—¿Dónde está Javier?

—Lo ingresaron en el psiquiátrico y creo que sigue allí. A mí me vieron unos psicólogos y me dieron un montón de pastillas que me tenían casi todo el día dormido en un tratamiento contra el intento de suicidio.

—¿Tenías intención de suicidarte?

—En absoluto. Eso no va con mi forma de ser. Estaba totalmente jodido por lo sucedido, porque yo no había tocado a aquel individuo y porque Javier me había acusado de haberlo hecho con él, pero eso no quería decir que en algún momento pensara en suicidarme. Siempre he tenido que hacer frente a las situaciones peores en mi vida y estoy acostumbrado a luchar.

Eran casi las doce del mediodía y eso quería decir que llevábamos prácticamente tres horas hablando. Yo percibí en varias ocasiones cómo las miradas de David, de Miguel, de Portu y de tantos otros se fijaban en aquella conversación, preguntándose de qué estaríamos hablando. Estaba seguro de que aquello iba a dar lugar a muchos comentarios en el patio, entre otras cosas, como ocurre en todo patio, dentro y fuera de una cárcel, porque hay pocas cosas de las que hablar y la tendencia a ocuparnos de lo que hacen los demás es casi congénita, irremediable, imbatible.

La conversación había sido intensa, difícil, no solo para mí, sino, sobre todo, para mi interlocutor. ¿Me habría dicho la verdad? No lo sé, aunque me inclinaba a creer que sí. Es verdad que prácticamente todos los presos son «inocentes» en su opinión, pero también que tenía muy poco sentido que pretendiera engañarme. Había algunas cosas que, obviamente, cuadraban con mucha dificultad, como aceptar salir con un cuchillo a matar a alguien creyendo que era solo un juego, permanecer impasible ante la escena, dormir esa noche como un lirón... Pero ¿qué ganaba contándome una mentira? Era evidente que yo no tenía ninguna posibilidad de testificar a su favor ni ejercer ninguna influencia sobre el caso. Me imaginé que la convicción moral iba a jugar bastante en el ánimo del juez. Es cierto que Félix disponía de algunos dictámenes médicos que hablaban de una enorme influencia de Javier «el Mara» sobre él, pero me temía que eso iba a ser poco para apreciar una exculpación total. Como mucho conseguiría la eximente incompleta de enajenación mental transitoria, así que tenía que prepararse mentalmente para pasar muchos años de su vida en la cárcel. La conversación, por tanto, no podía terminar así. Necesitaba infundirle algo de ánimo, cambiar de aires, olvidar por unos minutos las cuchilladas en el cuello de aquel hombre solitario y las manos de Javier sacando trozos de carne de su cuerpo.

—Bueno, yo creo que si las cosas se hacen bien no lo tienes nada mal. Será muy difícil que no te incluyan en el capítulo de cómplice, coautor o encubridor, pero si consigues una eximente incompleta, tampoco creo que sea tanto tiempo.

—Yo creo que como máximo estoy fuera con veinticinco años y estoy convencido de que eso es una suerte porque este es el mejor sitio para poder estudiar.

—Eso desde luego, y tienes que convencerte de que es así. Has pasado una tragedia en tu vida, pero no debes mirar hacia atrás, sino hacia delante. Tienes unas facultades mentales que es necesario utilizar y eso se consigue ejercitándolas, es decir, estudiando. Lo mejor que puedes hacer por ti mismo es aceptar tu situación, demostrarte que vales y salir de aquí con tu carrera terminada. Piensa que tendrás veinticinco o veintiséis años, pero tu experiencia vital será muy importante y estoy seguro de que si lo planteas correctamente no tendrás, por este hecho, problemas en tu vida.

Así nos despedimos. Félix odiaba la droga, porque la había vivido en su madre y su padre, los dos, además, muertos por el sida. Era inteligente y parecía que se iba a dedicar seriamente a estudiar, aceptando lo que la vida le había deparado. Él tenía solución si hacía las cosas bien. Para quien ya no la había era para aquel hombre solitario que, poco antes de volver a su casa en un viernes cualquiera, se encontró con la muerte de mano de un psicópata que decía que el odio es la base de la vida y que la fortaleza se adquiere con el sacrificio humano. Su gran delito era estar allí en aquel momento. Así es de frágil la vida. Son muchos los que sostienen que nosotros podemos controlar nuestro proyecto vital, que tenemos una vocación y un destino y que somos libres para seguirlo o no. Pensé en aquel hombre. ¿De verdad era libre para haber estado o no aquella noche en aquella parada de autobús?

Un poco afectado por todo lo que acababa de oír, volví a nuestro rincón en el comedor. Romaní escribía algunas cartas. Julián Sancristóbal acababa de volver de su vis a vis, pero, una vez satisfechos sus instintos primarios, comenzó a sentirse afectado por la noticia de *El Mundo*. Portu charlaba con algunos del clan de los turcos. David seguía impasible oyendo una y otra vez a través de sus auriculares la misma música. Miguel me miró con una sonrisa de complicidad. Paco atendía las peticiones de café que se servían a aquella hora de la mañana. Un funcionario me dirigió una mirada aparentemente inexpresiva, pero, como era nuevo en el patio, traslucía curiosidad. Abrí mi libro de Ortega y leí una frase: «Algunas personas prefieren pasar su vida en una perfecta disponibilidad...». Es cierto, pensé, pero ocurre que hay una tremenda diferencia entre disponibilidad para matar y disponibilidad para ser asesinado. Comí mi ensalada, un poco de carne y como todos los días subí a que me chaparan en el chabolo. La rutina continuaba.

9

CONSPIRACIONES Y MÁS CONSPIRACIONES

¡Por fin! Los telediarios del día anunciaban que un frente proveniente del Atlántico, aunque no demasiado potente, dejaría algunas gotas de agua sobre el reseco suelo español. No es que sintiera especiales preocupaciones por el problema de la sequía en España, pero sí en cuanto me afectaba a los campos de La Salceda y Los Carrizos, sobre todo en estos últimos, donde desde el mes de octubre no había caído ni una sola gota. Claro que, como explicaba Gonzalo del Río en una carta que recibí en prisión, el rocío matutino permitía a aquella tierra de María Santísima mantenerse verde y producir algo de comida para el ganado. Pero la ausencia de agua seguía dejando notar sus efectos devastadores. Cuatro años de sequía consecutivos son muchos años y, por tanto, la aparición de una borrasca provocaba una sensación de alivio.

Sin embargo, en aquellas fechas lo de menos eran las perturbaciones meteorológicas. En el módulo, y derivado de él, en todo el país, parecían avecinarse tormentas y de altura, de las que contienen carga eléctrica capaz de destrozar árboles y siembras, y hasta de quitar la vida a cualquier bicho viviente que se situara en el radio de acción de sus rayos letales. El hombre del momento, Julián Sancristóbal, nuevamente fuera de sí. Comprendo lo difícil que es estar en prisión y, adicionalmente, sentirte frustrado por haber dedicado tu vida a la seguridad del Estado que ahora te encarcela por cometidos que ejecutaste precisamente en esa misión. Lo entiendo, porque para nadie es fácil vivir entre esas rejas. Se necesita una estabilidad emocional nada despreciable para subsistir sin excesivo daño en esta jungla de cemento. Julián Sancristóbal era un tipo listo y agradable si quería. Pero me daba la sensación de que resultaba excesivamente inestable, sobre todo para haber gestionado de modo directo la seguridad de los españoles. Tenía una especial habilidad para salirse de sus casillas sin que el motivo justificara semejante reacción. Aquella mañana nuevamente se encontraba fuera de sí porque el juez Garzón había mandado detener a su cuñado con el propósito de interrogarle.

—Pero ¿tú crees que hay derecho? Ha mandado detener a mi cuñado, enviándole a la oficina donde trabaja a unos tipos de la policía diciéndole que tenía que ir a declarar. El asunto es tan cojonudo como lo siguiente: yo tenía una caja fuerte abierta en el BBV y le di firma a mi cuñado por si a mí me pasaba algo. Obviamente, no soy tan gilipollas como para guardar nada ahí, pero no la había cancelado. Así que, con este motivo, se presentan unos policías en la oficina, acojonan a mi cuñado, la gente que trabaja con él se pregunta qué pasa... En fin, que este tipo se ha vuelto loco. ¡No aguanto más! ¡Se va a enterar!

Hablaba con furia más que con rabia. En mi interior admitía que su situación era bastante desesperada. Por un lado, el Gobierno parecía que estaba contra las cuerdas por el asunto GAL. Por otro, el Partido Popular daba la sensación visto desde fuera de que consideraba el caso como una oportunidad para conseguir el poder, para ganar unas elecciones que de otra manera, según las encuestas que se publicaban, parecía incapaz de alcanzar. Si eso era cierto, no tenía duda de que protegería con todas sus fuerzas al director de *El Mundo,* porque era básico en su tarea, y al juez que, según Julián Sancristóbal, le proporcionaba la coartada jurídica. Aznar, siguiendo el patrón marcado, repetía con su tono cansino y aburrido que la ley tenía que cumplirse y descartaba cualquier tipo de indulto. Con este escenario, Julián se encontraba con acusaciones que podían conllevar muchos años de cárcel, con sus cuentas bloqueadas por los jueces helvéticos que analizaban con todo detenimiento si existían indicios o pruebas de manejo de fondos reservados y con todas sus propiedades españolas embargadas por el juez Garzón. La verdad es que las nubes de su firmamento personal tenían un color negro oscuro.

—¿Cómo es posible —continuaba en un diálogo más consigo mismo que conmigo— que por asuntos de hace diez años se me embarguen propiedades que han sido adquiridas hace uno o dos? Yo creo que no es posible que eso sea constitucional, porque este individuo no me está analizando en relación con un sumario concreto, sino recorriendo toda mi vida a ver si encuentra algo. ¿Quieres algo más claro que eso para hablar de procedimiento inquisitorial? ¡Esto no puede ser! ¡Este tipo está definitivamente loco y tengo que reaccionar! ¡De perdidos al río!

—Comprendo lo que sientes, Julián, pero ¿qué es lo que has pensado hacer?

—¡Todo! —exclamó con tono airado—. ¡Absolutamente todo! Voy a decir que tengo pruebas de que existió una conspiración entre Garzón y Pedro J. para desestabilizar al Gobierno con el asunto GAL. En fin, voy a contar todo.

—Joder, yo que tú me lo pensaba antes de meterme en un charco como ese, que tiene pinta de aguas pantanosas. Es muy fuerte. Alta política, y yo de los riesgos que esas dos palabras implican sé mucho, te lo aseguro. Ya sé que tú también, pero, en todo caso, la cuestión es si tienes pruebas efectivas de la conspiración entre Garzón y Pedro J., porque sin una prueba sólida te ahorcas con total seguridad. Y disponer de pruebas sólidas es mucho más complicado de lo que crees.

—Hay un testigo que espero que declare en ese sentido. Oyó como Pedro J. le contaba que había hablado con Garzón y juntos habían sentado la estrategia de resucitar el caso GAL y, en particular, el asunto Marey para tumbar a Felipe. Es posible que se acojone, pero espero que no. En todo caso, lo voy a decir, y en vez de referirme a Pedro J. voy a utilizar la expresión «Mister Z», para situar el centro de la conspiración en Pedro J., el PP y Garzón.

—Un testigo de referencia... Me parece poca cosa. Poco arroz para tanta salsa. De los testigos en asuntos políticos hay que desconfiar a tope. Bueno, y en los no políticos también, pero cuando el poder anda de por medio, pues mucho más. Harán lo que les convenga porque el miedo es libre. Al fin y al cabo, el testigo es un hombre y los hombres, casi todos los hombres, tienen un precio, no solo medido en dinero, pero en dinero también. A veces el precio consiste en eliminar el miedo. Tú mismo no me garantizaste que declararías como testigo en el informe Crillon que hizo Kroll, porque tenías que resolver tus problemas como prioridad absoluta. Lo entiendo, pero si tú actúas así, tienes que comprender que otros sigan el modelo. Ten cuidado. ¿Qué piensas hacer?

—Pues primero hablar con la prensa. Después, a la vista de las reacciones, ir presentando una panoplia de actuaciones jurídicas: quiero una querella por violación del secreto sumarial, otra por prevaricación, otra ante la Justicia suiza por desvelar datos sobre mi situación patrimonial en aquel país, otra ante el Tribunal de Derechos Humanos... En fin, todo lo que pueda dar el Derecho en casos como este.

—Joder, meterte en manos de la prensa... Dinamita sobre dinamita... Pero vamos a ver: si tú atacas a Garzón, te sitúas en el mismo plano que el Gobierno. ¿Es eso lo que quieres? ¿No decías lo contrario hace unos días? ¿En qué quedamos?

—No es una cuestión de querer o no, sino de poder, de posibilidades reales. ¿Qué puedo hacer? He tratado de comprobar personalmente, a través de personas de mi íntima confianza, la posición de los partidos políticos, del PSOE y del PP, pero no de sus cuadros, sino directamente de sus líderes, y creo que no hay nada que hacer: lo único que les importa es acosar al Gobierno y en estas condiciones no puedo esperar nada de ellos, particularmente del Partido Popular. Si hubiera recibido algún tipo de cable, quizá podría actuar de otra manera...

—¿Por qué dices particularmente del Partido Popular?

—Porque han estado en la conspiración de Garzón y Pedro J.

—Ya... Julián, te vuelvo a insistir en que es dinamita pura, sobre todo para un preso...

—Existe un testigo —dijo Julián— que sabe que Aznar estuvo en esa conjura. Lo que ya no sé es si querrá hablar. Por eso no voy a tocar este asunto ahora y prefiero esperar hasta que tenga las cosas atadas.

No quería entender. Cierto es que detrás del GAL existían asesinatos de etarras. Cierto, pero también daba la sensación de que podía localizarse un trasfondo político. Provocado o no, parecía claro que el acoso al PSOE con ese tema podría traducirse en votos para el Partido Popular, y, por tanto, que Aznar, líder de la oposición en aquellos días, principal receptor de sus efectos beneficiosos, estaría al tanto y siguiendo la jugada en directo. Pura lógica elemental, nada más. En esos instantes yo carecía de cualquier información. Nunca me interesó el asunto y nunca lo seguí antes de charlar con Julián en Alcalá-Meco.

Decía Julián que tenía un testigo... Un testigo y nada era lo mismo a esas alturas de la película del poder. Daba la sensación externa de que eran muchas las fuerzas interesadas en la derrota de Felipe González. Pedro J. Ramírez, de no producirse, tendría una vida muy complicada y Aznar lógicamente sería expulsado de su condición de candidato del PP y se abriría un nuevo proceso «constituyente» en la derecha española... En fin, que algunos centros de poder tenían mucho que perder. Tal vez demasiado para que los escrúpulos morales o de otro orden pudieran incidir en sus estrategias. Lo de Garzón, sin embargo, me cuadraba poco. ¿Solo porque no quisieron hacerle ministro? Hombre, los registros emocionales de las personas son extremadamente complejos. Cuando se trata de sujetos dominados por la vanidad, ejemplares más abundantes de lo que se cree, convencidos de su misión salvífica respecto al mundo, todavía más inescrutables resultan sus interiores y los mecanismos que disciplinan sus conductas. Pero aun así... En todo caso había muertos, y los jueces, cuando del derecho a la vida se trata, suelen reaccionar de un modo especial.

¿Adónde le llevaba a Julián esa estrategia? ¿Cuál sería la respuesta de las fuerzas políticas? ¿Qué ganaba con tratar de apuntalar a un Gobierno que, según parecía, estaba a punto de desmoronarse? ¿Se hacía un favor a sí mismo? ¿Se estaba colocando la soga al cuello con un exquisito cuidado?

Esa tarde vino a verme mi abogado, Antonio González-Cuéllar, y sostuvimos una conversación sobre el estado de las cosas en relación con nuestros asuntos judiciales. Se encontraba en trámite el recurso que habíamos interpuesto ante la Sala de la Audiencia frente al encarcelamiento de García-Castellón. Antonio, hombre prudente por naturaleza, que había cursado la carrera de fiscal y que fue miembro del Consejo General del Poder Judicial antes de ejercer como abogado, intuía que el asunto iba bien, pero no las tenía todas consigo a la vista de los vientos que últimamente soplaban en las dependencias de la Audiencia Nacional. Insistía en que, con el Derecho en la mano, la Audiencia no tenía otra alternativa que estimar nuestro recurso y devolverme la libertad, pero le preocupaba la «contaminación política» de la Justicia, sobre todo en un momento tan candente como este.

—Yo he asistido a los interrogatorios y sé cómo, por desgracia, están funcionando las cosas en la Justicia de este país —decía con tono compungido.

—Mira, Antonio, yo estoy muy tranquilo y sereno, pero tienes que entender que permanecer en la cárcel cuando no existen motivos jurídicos para ello no es precisamente una situación agradable. Otra cosa bien distinta sería si tú y yo supiéramos que había razones fundadas. Pero utilizar la prisión preventiva con la finalidad de crear un estado de cosas «consolidadas» que conviertan en inevitable la condena, además de alimentar a las masas a las que previamente has enardecido estimulando lo peor de sus emociones... En fin.

—Desde luego.

—Tú eres testigo de que se quiso posponer mi declaración a enero y que eso motivó la filtración a *El País*. Tú sabes que eso proviene del fiscal jefe Aranda y que fue una estratagema para impedir esa pausa en mis declaraciones. La filtración de la querella es violación del secreto del sumario y eso es un delito, ¿no es así?

—Por supuesto.

—Bueno, pues tenemos derecho, por tanto, a que se investigue quién ha cometido ese delito. Tú sabes que el juez ha actuado con criterio inquisitorial porque lo has vivido directamente. Tú conoces que el juez pasaba constantemente información en aquellos papelitos amarillos a los inspectores del Banco de España. Tú sabes que el secreto del sumario funciona para nosotros, pero no para ellos. Tú sabes que toda la instrucción está políticamente condicionada... En fin, podría seguir, pero tiene poco sentido alargarse cuando uno se encuentra en la cárcel.

—Lo que dices es verdad y yo lo he vivido en directo contigo, y como fiscal y ex miembro del Consejo del Poder Judicial, lo que está ocurriendo con la Justicia española me produce escalofríos.

En ese momento apareció tras la puerta del despacho del Juez de Vigilancia, donde estábamos Antonio y yo, Julián Sancristóbal. Primorosamente afeitado, vestido con un traje azul cruzado, camisa azul pálida y corbata. Era obvio que se había preparado para su comparecencia en televisión. Le detuve un segundo y le presenté a Antonio.

—¿Qué —le pregunté delante de mi abogado—, empiezas ya la función?

—Sí. Ahora con Televisión Española y luego con el *Abc* y *El País*. La suerte está echada. Ya veremos cómo sale.

A las tres de la tarde estaba en mi chabolo cuando TVE 1 anunció su telediario. En la pantalla vi a Julián, con el fondo blanco de las paredes de la sección de Ingresos. Hablaba pausadamente, transmitiendo tranquilidad, con buen tono. El contenido de su intervención iba exactamente en la línea: Garzón forma parte de una conspiración con el Mister Z, que algún día desvelaré quién es, no he tenido nada que ver con el GAL, no ha habido ninguna actuación contra la Ley, el abogado de Domínguez me dijo... En fin, todo lo que me había contado que iba a ser su intervención, relatado con frialdad y transmitiendo serenidad.

Sentí preocupación. Pensaba que Julián cometía un error. Esas cosas proporcionan un minuto de gloria y años de penuria, pero...

Esa tarde se percibía cierto movimiento en el módulo. Yo me quedé trabajando en mi nuevo «despacho». Por fin había conseguido que el director autorizase una especie de «Zona Cultural Común» en la que podía tener mi impresora y ordenador. Como no había un lugar especial para ello, decidió localizarlo en las duchas del primer piso, en las que mandó instalar unas planchas de aglomerado en estado puro, situadas encima de los lavabos, lo que daba la sensación de una mesa corrida en la que podían situarse a trabajar varios internos. Y es que esa zona estaba, como es normal, abierta a todo el mundo, pero únicamente la frecuentaba yo. Ni siquiera Arturo se sentía a gusto allí. Prefería el patio y sus amigos. Sancristóbal siempre andaba de un lado a otro a vueltas con el teléfono. Gracias a estos gestos disponía de una tranquilidad adicional. Por cierto, que las siglas ZCC pronto iban a ser conocidas en el módulo como «Zona de Conspiración Condista», dado que era yo el principal usuario de la misma. Durante la cena comentamos algo el asunto de su comparecencia, pero no demasiado, y no solo debido a que Julián estaba muy excitado y nervioso, sino porque no quería mentirle y felicitarle o cosas así, estando convencido, como estaba, de que había constituido un error monumental, cuyas consecuencias en el orden político estaban por ver. Y en el judicial, también.

—Por fin conseguí hablar con mis abogados y me dijeron que no hiciera nada, que todo eso me iba a perjudicar, que no conseguiría ningún efecto positivo para mí. Pero ya es tarde. Yo había decidido actuar y lo he hecho, así que salga el sol por donde tenga que salir.

—Bueno, pues ya veremos —le contesté.

Al día siguiente, nada más concluir el funcionario con su rito diario de apertura de la celda, apareció Arturo Romaní con una cara de coña tremenda.

—Bueno, ya has visto, ¿no? O sea, que el culpable de todo es Jesús Calvo, el director.

—¿Qué quieres decir?

—Que ha salido Federico Trillo en la tele y ha dicho, como primera reacción oficial del PP ante las declaraciones de Julián, que cómo es posible que el director de la cárcel haya permitido la entrada de la televisión en Alcalá-Meco para que declare un «preventivo».

—O sea ¿que es eso lo único que les preocupa? ¿Del contenido de las declaraciones no han dicho nada?

—Absolutamente nada —dijo Romaní.

Me puse el albornoz azul, cogí mi toalla verde y me encaminé hacia las duchas del segundo piso. Justo antes de salir apareció un representante de Izquierda Unida en la televisión. El contenido de su «alocución» coincidía literalmente con el del Partido Popular: ¿por qué se había permitido hablar a Sancristóbal? ¡Acojonante! El PP y la llamada Izquierda Unida juntos de la mano. Semejante matrimonio morganático, nada usual, podría ser una imagen elocuente de que lo que realmente interesaba no era el GAL, sino González, al menos a algunos políticos.

Cuando terminé de vestirme, barrí la celda, eché un poco de detergente en el cubo de agua en el que, todas las mañanas, hacía la colada de mi ropa interior, pasé la fregona humedecida en lejía por el suelo del chabolo, que, ¿cómo no?, estaba pintado de color verde militar, cerré la chapa y me fui al «despacho» que me habilitaron. A eso de la una me incorporé a nuestro «comedor», en el que Arturo y Julián charlaban sobre el suceso del día. Eché una ojeada a los dos periódicos, *Abc* y *El País*, a los que Julián había hecho declaraciones. Como era de esperar, se trataba de la noticia del día y en ambos casos constituía portada de los rotativos la frase de Julián de la existencia de una conspiración de Garzón para derribar a Felipe. Desde el plano tipográfico, la entrevista había sido un éxito. Otra cosa bien distinta era si lo constituía, además, en el terreno de lo efectivo, de lo concreto, de lo material para conseguir una mejor solución judicial al asunto. En los dos periódicos existían algunas referencias a mí, como, por otro lado, ya sabía, porque

Julián me contó que los periodistas le habían preguntado por mí, por cómo me encontraba, por las relaciones de él conmigo...

En ese momento uno de los funcionarios se acercó a nuestro rincón atravesando el comedor discretamente y, cuando llegó a la altura donde estaba sentado Julián, se inclinó sobre él y le susurró algo al oído. Por la cara de asombro que puso Sancristóbal pensé que podría tratarse de algo importante.

—¿Qué ocurre? —le pregunté.

—Dice este que al parecer han cesado a alguien en Instituciones Penitenciarias como consecuencia de mis declaraciones. Me suena un poco a coña, pero todo es posible.

—¿Pero no estaba el director autorizado por el secretario de Estado para que recibieses a la televisión? —pregunté elevando un poco el tono de voz.

—No solo eso —respondió Julián—, sino que incluso se habló con Garzón diciéndole que iba a declarar y no puso ninguna objeción.

—A ver si al que cesan es a «María Peluda» —dijo Romaní. Arturo tenía la manía de cambiar los nombres por sus contrarios, de forma que a Jesús Calvo le llamaba María (Jesús) Peluda (Calvo).

—Hombre, no creo —tercié—. Pienso que cualquier persona tiene derecho a hablar y a expresar su opinión. El hecho de ser preso no te cierra la boca. Si pueden o no entrar aquí medios de comunicación social es algo de lo que no tengo ni puta idea, pero al parecer es posible. En nuestro caso ellos filtraron el sumario a la prensa. Un sumario secreto. Eso sí que es serio.

Bueno, pues el telediario de TVE 1 a las tres de la tarde del día 19 de enero de 1995 —curiosamente día de san Mario— no tuvo desperdicio. Las declaraciones de Julián habían provocado una tormenta mucho más fuerte de lo que, en principio, cabía imaginar. Prácticamente todo el mundo quería tomar parte en la polémica. Este país es así, en cuanto algo tiene dimensión mediática, sea lo que sea, hay cola para que te saquen en la cámara. El primero fue Felipe González, que —como en principio se podía esperar— se limitó a actuar de esfinge diciendo que él no quería emitir opinión sobre las declaraciones de Sancristóbal para «no interferir en la acción de la Justicia». Posiblemente no pudiera hacer otra cosa, pero sonaba a bastante poco. Los que parecían más nerviosos eran los líderes del PP. En la televisión apareció la imagen de Trillo diciendo cosas como las siguientes: «Acusamos a Belloch de haber permitido estas declaraciones para desplazar la responsabilidad política del Gobierno en el asunto GAL. Pedimos al fiscal general del Estado que actúe inmediatamente acusando a Sancristóbal del delito cometido al acusar a Garzón de conspiración».

Belloch, ministro de Justicia... En aquellos días no sabía hasta qué punto se trataba de una personalidad inquietante... Pero, en cualquier caso, los contenidos del discurso de Trillo, persona vinculada, al parecer, al Opus Dei, además de ala derecha-derecha del PP, me sonaba algo fuera de tono, sobre todo cuando, elevando casi mayestáticamente el discurso, sugirió que «el Gobierno debe abominar de esa entrevista y reafirmar de inmediato su confianza en el poder judicial». ¡Acojonante! Nadie se preguntaba si era o no cierto lo que decía Julián. Belloch, a la vista de la situación, pidió comparecer urgentemente ante el Parlamento para explicar las circunstancias en las que se había producido la entrevista. La reacción de Garzón tampoco se hizo esperar: pidió «amparo» al Consejo General del Poder Judicial ante las declaraciones de Julián. Lo más curioso es que, además, emitió un comunicado en el que decía ignorar las declaraciones de Sancristóbal y mucho menos haber autorizado su celebración.

El resto de la judicatura se inclinó también, como era lógico, por Garzón. Televisión Española llegó a decir que los jueces habían calificado la entrevista de Julián Sancristóbal como un «golpe de Estado». Parecía como si el país entero estuviera perdiendo el juicio: ¡un golpe de Estado! ¿Unas declaraciones eran un golpe de Estado? Pero ¿dónde estábamos? ¿De verdad vivíamos en España en los últimos años del siglo XX?

Podrían ser declaraciones afortunadas o desafortunadas, bien o mal de tono, permitidas o no, pero lo curioso es que nadie hacía referencia al fondo, a su contenido, a lo que dijo, a lo que insinuó, a sus acusaciones... Claro que sin hacer la menor referencia al fondo se trataba, curiosamente, de un golpe de Estado...

La secretaria de Estado de Instituciones Penitenciarias apareció también en la pantalla para leer un fax que se le había enviado a Garzón a propósito de la entrevista solicitada y la respuesta de este diciendo que no quería saber nada, pero que no se oponía. Es decir, el comunicado de Garzón estaba en contradicción con lo que la secretaria de Estado leía ante las cámaras. ¡Perfecto! La polémica era total y, por si fuera poco, las imágenes nos permitieron contemplar a unos cuantos funcionarios —como máximo cincuenta— que se manifestaban ante la puerta de la Audiencia Nacional en apoyo del juez Garzón. La verdad es que un poco de folclore no venía mal para reducir el dramatismo —evidente— que rodeaba todo el asunto.

Los días siguientes continuaron en escalada de tensión y prácticamente todo el mundo se situaba enfrente de Julián Sancristóbal. Este, sin dejar de estar preocupado por la situación, se mantenía bastante entero y con ganas de luchar. Lo que no sé es si debería haber luchado un poco más contra sí mismo, tratado de controlarse, de no dejarse llevar por unas emociones que podrían acabar costándole muy caro. La mayoría de las personas con las que hablé se inclinaban por la tesis de la equivocación.

La tensión del país, la carga política del escenario se transmitía al interior de la cárcel. A los funcionarios se les notaba particularmente nerviosos, inquietos, temerosos de que las declaraciones de Julián pudieran transformarse en algún tipo de sanción sobre ellos. Julián seguía muy excitado por el desarrollo de los acontecimientos.

—Tengo que seguir. No puedo rajarme ahora. Es imprescindible que dé una contestación a lo que está sucediendo. No puedo dejar las cosas así, porque si me retiro me matan.

Esta idea se estaba convirtiendo en una obsesión para Julián, empeñado en continuar su batalla con Garzón.

—Además, esto de luchar me mantiene vivo. Será bueno o malo, pero actúas, te mueves, dices algo y, al mismo tiempo, tus hijos reciben moral porque ven a su padre pelear por la libertad —seguía razonando Julián.

—¿Qué quieres hacer? —le pregunté.

—Voy a contestar con un artículo en la prensa. He elaborado unas notas y esta tarde las vemos en el despacho —dijo refiriéndose a la ZCC.

Aquello fue una aventura alucinante. Terminó su artículo, me pidió que se lo pasara a máquina en mi ordenador y se lo imprimiera en la miniimpresora autorizada en la ZCC, y Julián habló con el director sobre cómo enviarlo. El director quedó en consultarlo con Instituciones Penitenciarias. Esto de la consulta de los funcionarios a sus superiores jerárquicos se estaba convirtiendo en una norma de obligado cumplimiento cuando se trataba de asuntos nuestros. Al parecer la respuesta fue —según Sancristóbal— que utilizara los conductos «habituales», entendiendo por tales entregársela a alguien que la sacara fuera del recinto del módulo y se la llevara a Luis María Anson.

Miguel Gómez de Liaño, abogado de Romaní, había venido a ver a Arturo, y Julián le pidió que si podía entregar la carta en el *Abc,* a lo cual el letrado se negó para evitar que pudieran implicarnos a nosotros en el tema. Casualmente vino a verle otro letrado y Julián le preguntó si tenía inconveniente en entregar una carta a su cuñado, a lo que este, cuyo nombre no recuerdo, no se negó. Claro que no sabía que dentro del sobre con apariencia inocua que Julián Sancristóbal le entregaba se encontraba otro dirigido a Luis María Anson, y con la finalidad concreta de que apareciera en prensa el domingo 22 de enero de 1995.

A eso de las siete y media de la tarde del viernes 20 de enero de 1995, recibo una llamada del director:

—Mario, esto que te voy a decir es muy importante. He tenido conocimiento de que Julián Sancristóbal ha sacado una carta dirigida a la prensa a través de un abogado. Yo me he comprometido con mis superiores a que no saldría nada de este recinto antes del lunes. El asunto es vital para mí, así que tienes que conseguir que esa carta no se publique el domingo.

El asunto era cojonudo. Ahora tenía que solventar el problema de la publicación del artículo de Julián en el que no tuve más arte y más parte que actuar de mecanógrafo. El director, autorizado por Instituciones Penitenciarias, me concedió libertad de uso del teléfono con la finalidad de interrumpir el envío de la carta.

Después de consultarlo con el jefe de Servicio —Víctor Calvo, sobrino del director—, me puse en contacto con Luis María Anson. Su voz sonó como siempre y sin mostrar especial asombro por mi llamada. Incluso más: quiso normalizar la situación refiriéndose a mí como «hola, presidente», que era el apelativo que utilizaba en mis tiempos de Banesto.

—Luis María, tienes en tu poder una carta de Julián Sancristóbal para ser publicada. No puedo aclararte más por este medio, pero tienes que creerme y no sacar nada hasta el lunes. Al fin y al cabo es solo un día y carece de importancia. ¿Tengo tu palabra?

—La tienes, presidente. ¿Cómo estás tú?

—Bien. Espero que pronto charlemos personalmente. De momento esto hay que cortocircuitarlo porque es de extrema importancia para mí.

—Tranquilo, presidente, se hará como dices. A fin de cuentas, no es trascendente un domingo o un lunes.

—Un abrazo y gracias, Luis María.

A eso de las nueve y cuarto de la noche bajó Julián, porque yo se lo pedí al jefe de Servicio, al módulo de Ingresos desde el que estaba efectuando las llamadas. Le convencí de que era importante que él hablara personalmente con Luis María. Volvimos a marcar el mismo número y le dije al director de *Abc* que, independientemente de que yo sabía que iba a cumplir lo estipulado conmigo, quería que Julián Sancristóbal se lo dijera también. Así sucedió y el asunto quedó bloqueado.

Celebré mi primer mes en la cárcel con más tranquilidad que la que había existido en los días pasados. A propósito, Luis María Anson cumplió su palabra y el domingo 22 de enero el *Abc* no publicó absolutamente nada. El artículo de Julián apareció, conforme a lo pactado, el lunes 23, es decir, el día en que se cumplía exactamente un mes desde que García-Castellón formalizó la decisión tomada en otras salas de que pasara una temporadita por estos lares. Lo cierto era que la estrategia de Julián podía afectarme. Y lo consiguió, puesto que recibí una carta de Lourdes en la que me manifestaba su nerviosismo por el intento de algunos de utilizarme en toda la trama del GAL y, más concretamente, en tratar de sostener que Alcalá-Meco se había convertido en un centro de conspiración. Dicho más claramente: detrás de todo lo que hacía Julián estaba yo. De esta forma, la «Zona Cultural Común» se estaba convirtiendo en «Zona de Conspiración Condista», lo cual no dejaba de tener su gracia. Una vez más, mi nombre aparecía involucrado en operaciones a las que era ajeno. Nada podía suceder en este país sin que Mario Conde estuviera involucrado. Ni siquiera la cárcel había calmado las ansias de algunos carroñeros del periodismo español. Pero ya estaba acostumbrado y no conseguían turbarme lo más mínimo. Otra cosa era mi familia: había transcurrido un mes sin verme y era lógico que Lourdes tuviera miedo de que todos esos comentarios pudieran influir en la Sala de Apelación. Traté de calmarla y algo conseguí. Pero de nuevo mi inquietud dentro de la prisión ascendía enteros por lo que ocurría con mi familia fuera de ella.

La segunda noticia importante de aquel día era la muerte de Ordóñez a manos de ETA. Se trataba de un miembro del Partido Popular con fuerte tirón en San Sebastián, aunque yo nunca llegué a conocerle. Lo cierto es que esa muerte vino a calmar los ánimos sobre el asunto GAL, a eliminar tensión indirecta. Recuerdo que aquella mañana, como casi todas, Romaní, vestido con su eterno pijama, entró en mi chabolo y me dijo:

—Mira por dónde este Julián parece brujo. El otro día dijo algo así como que le vendría bien una muerte de alguien importante. Pues ya la tiene.

Por la noche, en el chabolo, vino a verme Tarsicio, uno de los mejores funcionarios del módulo. Me hizo una petición muy concreta: que le dedicara a su mujer un ejemplar de *El Sistema,* lo cual hice con mucho gusto. En nuestra breve conversación aludimos al recurso de la Audiencia.

—¿Es verdad que han fijado tu recurso contra el auto de prisión para el próximo día 26?

—Sí —le contesté—. Ya veremos qué pasa.

—Yo creo que las cosas pueden ir bien, puesto que con el follón que ha organizado Sancristóbal y, además, la muerte hoy de este político del PP, ya no se habla de lo tuyo. Así que este asesinato te ha venido muy bien y yo creo que si se decidiera hoy todavía mejor para ti.

A la mañana siguiente paseaba por el patio con Arturo Romaní, que había decidido tomarse en serio eso de las tablas de gimnasia.

—Me ha dicho Tarsicio que la muerte de Ordóñez nos viene muy bien porque ya no se habla de nosotros y eso puede facilitar las cosas.

—¡Hay que joderse! —exclamó Arturo—. Nosotros somos juristas, abogados del Estado y creemos en el Estado de derecho. Ahora resulta que nuestro recurso depende de que maten o no a Ordóñez, de que Julián organice una bronca, de que unos cuantos periodistas tengan otras cosas de las que hablar... ¿Pero qué coño de Estado de derecho? ¡Hay que joderse! ¡Lo malo es que Tarsicio tiene razón!

—Cuando un país entra en descomposición, uno de sus síntomas más evidentes es la politización de la Justicia. El siguiente paso es el asamblearismo judicial, el decidir a base de estados de opinión coyunturales. Pero así parece que van las cosas en España. Lo malo es que todo cambia, nada permanece constante. Por ello, estoy seguro de que algún día, por razones de conveniencia, el hoy aliado del PP, el juez Garzón, será considerado su bestia negra, y el odio que le profesan hoy el Gobierno y sus terminales mediáticas se transmutará en alabanza y protección. Lo único que seguirá igual de inerte será la sociedad... En fin, es lo que nos hemos buscado.

—Seguro que tienes razón, pero a mí lo que me importa ahora no son filosofías, sino salir de esta puta cárcel de una puta vez.

—Ya, sí, claro, Arturo...

10

EL OLOR DE LA LIBERTAD

La suerte estaba echada: el 26 de enero de 1995 la Audiencia Nacional fijó la vista para nuestro recurso en que reclamábamos que nos devolviera la libertad «preventivamente» cercenada por el juez (de apoyo, ¡vaya nombre!) García-Castellón. Difícil, muy complicado comprender la tensión que envuelve tu vida cuando eres consciente de que se va a decidir sobre tu libertad, sobre todo si crees que esa decisión tan brutal no va a adoptarse por consideraciones exclusivamente jurídicas, sino que, desgraciadamente, el clima político se convertirá en factor esencial. Por eso prestábamos atención prioritaria a la secuencia de acontecimientos exteriores, todos los cuales —como la muerte de Ordóñez— eran interpretados en clave de ser favorables o desfavorables para la resolución del recurso. Lo demás nos importaba más bien poco. Y en aquellos días, ese desmedido clima externo cuando menos no lo dificultaba en exceso. Sentí cierta desesperación como jurista, o como portador de restos de un viejo amante del Derecho, al admitir en mis adentros que ese factor político disponía de mayor fuerza argumental que mis sencillos y a la vez solemnes razonamientos. Pero con esos bueyes tenía que arar, así que mejor pedir a la Providencia, o a quien fuera, que no estropeara ese bendito clima con sucesos que pudieran aconsejar un estiramiento de nuestra estancia.

Deseaba la libertad. Era consciente de los motivos que impulsaron la decisión de quitármela; asumí, interpreté el papel que me correspondió en esa tragicomedia y lo demostré durante mi estancia. Pero me habría engañado a mí mismo si no hubiese reconocido que en mi fuero interno deseaba recuperar lo perdido. No sentía agobio alguno, ni especial incomodidad en mi vida «dentro», ni percibía riesgo tangible. Pero quería mi libertad.

Por fin la vista se celebró, mis abogados vinieron a la prisión a contarme su desarrollo. Según Antonio González-Cuéllar, el resultado parecía inmejorable. Pero si algo te enseña la experiencia del foro, es que debes desconfiar de esas apariencias de buen resultado procedentes de los jueces. Es más, un viejo catedrático y abogado me aseguraba que cada vez que al finalizar un juicio o, incluso, durante el desarrollo de la vista, el ponente mostraba cara amable y al concluir te daba una palmadita de ánimo, la resolución era contraria a tus intereses. Sin embargo, cuando ponía cara de perro, si daba la sensación de que te condenaba al más oscuro de los avernos, la decisión resultaba favorable. Elementos de hecho para un análisis psicológico de la magistratura para el que no me considero capacitado. Lo viví en persona en el asunto Argentia Trust.

A partir del instante en que tomé conciencia de que se decidiría en breve sobre mi libertad cercenada comenzó una nueva etapa en mi vida de preso. Me resultaba extremadamente difícil concentrarme en cualquier cosa diferente al hecho de que se estaba cociendo mi libertad en la mente de tres personas a las que no conocía. Bueno, de nuevo la ingenuidad: es imposible que esas tres personas no recibieran algún tipo de presión. Sutil, grosera, manifiesta, implícita... La tipología de las presiones y su modo de ejercerlas por el poder es variada. La capacidad de resistirlas depende de la fuerza que el sujeto «presionado» atribuya al poder del presionador, poder que se va a calibrar, medir o ponderar en términos de desarrollo personal, es decir, qué puede sacar si accede a lo que le piden y cuál sería el coste para él de no acceder, de no atender a las peticiones. Imposible que, con independencia de las buenas nuevas aparentes que me relataran los abogados, estas consideraciones tan «terrestres» se fueran de mi mente. Trataba de concentrarme contestando a los cientos, seguramente miles de cartas que recibí desde el primer día de mi ingreso.

El jueves 26 fue particularmente duro, porque queríamos saber cualquier cosa que nos proporcionara una pista, pero nada se dejaba traslucir al exterior. Parecía como si el secreto de las deliberaciones fuera esta vez en serio. Llegó la noche, la soledad y la celda. Dormí mal. Estaba inquieto. Conseguí controlar mi mente y no pensar demasiado en el recurso, pero, aun así, dormí poco. En estos casos el silencio, la ausencia de noticias, se convierte en la principal fuente de inquietud. Por ello te refugias en la búsqueda de «indicios» en lugares de lo más variopinto y que solo un poco de neurosis es capaz de convertirlos en un indicador de la decisión que adoptarían en la Audiencia Nacional. No apartaba de mí la imagen de esos tres hombres decidiendo. Visualizaba mentalmente el sitio, el lugar, si vestirían de toga o no, si les llamarían por teléfono, cómo se abriría la sesión, cómo se desarrollaría, si serían valientes juristas o acomodaticios empleados del Estado... Un gran coste en términos emocionales. Me di cuenta de que estaba sufriendo. Decidí cortar por lo sano las relaciones con mi mente.

A eso de las doce y media de la mañana del siguiente día, situado ya en el comedor de presos y sentado sobre mis amigos los tubos verdes de calefacción, pude ojear la prensa que compró un preso nuevo que había llegado dos días antes al módulo de Preventivos.

El Mundo, para variar, publicaba un artículo de Jose María Zavala en el que se decía que el recurso no sería resuelto hasta el lunes y apuntaba que con casi absoluta seguridad no se estimarían nuestras pretensiones. También *El País* decía que hasta el lunes no había nada que hacer, pero sin pronunciarse de manera tan rotunda como el periódico de Pedro J. Ramírez. Durante el almuerzo encontré a Arturo Romaní absolutamente abatido, puesto que comenzaba a desinflarse con el transcurso del tiempo consumido en elucubraciones mentales. Ante esa situación le dije:

—Te hago una apuesta sobre el recurso. Yo te digo que lo vamos a ganar y que van a decretar libertad con fianza. Si es así, el próximo viaje que hagamos lo pagas tú.

—¿Dices que lo vamos a ganar? —preguntó Arturo, frunciendo los ojos en ese gesto típico suyo cuando quiere transmitir incredulidad.

—Eso mismo, así que, si quieres, apuesta.

—Apuesto sin ninguna duda, porque lo que quiero es salir de aquí echando leches. Lo que pasa es que si tú pierdes, porque nos lo rechazan, no puedes pagar el viaje, puesto que, en ese caso, no lo hacemos porque nos quedamos aquí.

No podía sustentar una convicción sólida porque lo pantanoso de las razones que conducían a estimar o desestimar la petición de libertad impedían formular predicciones serias. Por si fuera poco, ya en mi celda, el telediario de Telecinco de las dos y media de la tarde, con la sonrisa complaciente de la locutora Carmen Tomás, pudo haber contribuido a cercenar o cuando menos debilitar esperanzas. Aseguró que no se sabría nada hasta el lunes, aunque la decisión estaba tomada, y que seguramente sería desestimatoria de nuestras pretensiones, puesto que el juez García-Castellón quería ponernos en libertad él y que lo haría inmediatamente después de fijar las responsabilidades civiles. Me dio la impresión de que los

ojos azules de aquella mujer expresaban a todas luces una satisfacción de fondo al asumir que nosotros permaneceríamos más tiempo privados de libertad. Me pregunté por qué ese sentimiento.
Inmediatamente me di cuenta de la estupidez que cometía con esas
preguntas sin respuestas constatables.

En ese instante sonó la puerta de la celda. Me extrañó porque
no era la hora. Se abrió con su inconfundible estrépito y el funcionario sentenció:

—Conde, el abogado.

Bajé las escaleras a toda pastilla, saltando entre escalones, y
no me maté de milagro porque todavía resbalaban debido a la
humedad provocada por la limpieza rutinaria que se ejecuta a esas
horas de la tarde. Llegué a la puerta de Ingresos y la abrí sin el
menor miramiento, sin reparar en mi condición de preso. Al fondo, saliendo del despacho de los funcionarios del departamento,
vi la silueta de Mariano Gómez de Liaño. Traté de escudriñar su
rostro, sus gestos, sus movimientos corporales en un intento de
adivinar algo respecto de la resolución del recurso, a pesar de que
era cuestión de segundos el obtener la respuesta directa, pero la
impaciencia, el nervio, casi la angustia, eran muy elevados. Penetramos en el recinto en el que fui recibido por el director el día de
mi llegada a la cárcel y Mariano, con voz pausada, me dijo:

—Han decidido la libertad. Me lo han dicho de modo oficial.
Puedo garantizártelo. Ya lo sabe Lourdes.

No resulta fácil imaginar lo que se siente cuando tu abogado
te dice que unas personas a las que no conoces han decidido tu
libertad. En esos segundos de silencio que siguen al sonido de esa
palabra en boca del letrado se agitan en tu interior demasiados
cimientos de excesivos edificios mentales y hasta existenciales. El
corazón aumenta el ritmo cardíaco, la presión sanguínea crece, el
cuerpo trata de moverse, de agitarse, de desprenderse de una ener

gía excesiva, no necesariamente buena, acumulada en las terminales nerviosas. El silencio se espesa. Escudriñas el rostro de tu abogado para adivinar si es verdad o mentira lo que de palabra te cuenta. Sometes a juicio sumarísimo su lenguaje corporal. Al final, te atreves a volver a preguntar. Sientes miedo, no vaya a ser que la respuesta no te llene, pero no te queda más remedio.

—¿Eso es seguro? —inquirí con un tono de voz que aparentaba tranquilidad.

—Seguro cien por cien.

—Bien, ¿a quiénes te refieres cuando dices que «han» decidido la libertad? ¿Quiénes son ese «han»?

—Los de la Sala, por supuesto.

—Mariano, los de la Sala, como dices, no pueden tomar solos esta decisión. Les trasciende. Para ser segura, tienen que haber contado con el beneplácito del poder. ¿Te consta?

—Ni me consta ni me deja de constar. Lo cierto es que es seguro lo de la libertad. Lo que hayan tenido que hacer es cosa que ni conozco ni ahora me importa demasiado.

—Perdona un momento, Mariano, que enseguida vuelvo.

Salí del despacho, crucé el pasillo, subí las escaleras y me fui corriendo hacia el chabolo de Arturo Romaní. El funcionario abrió la puerta y le dije a Arturo que estaba abajo Mariano. Como era lógico, me comentó la noticia de Telecinco. Se le notaba desinflado. Juntos recorrimos el pasillo dejando a nuestra derecha los chabolos, cerrados en aquellos momentos.

—Bueno, pues parece que me tienes que pagar el viaje —le dije con una voz deliberadamente suave y tranquila.

—¿Qué quieres decir? —preguntó Arturo con cierto tono de ansiedad.

—Es libertad —fue mi contestación escueta.

—¡No me jodas!

No cruzamos una palabra más hasta que llegamos, de nuevo, al despacho del Juez de Vigilancia donde Mariano nos esperaba. Repitió lo mismo delante de Arturo:

—Mirad. Algo sabía yo ayer por la noche, pero no quise decir nada. Hoy una fuente me lo ha confirmado de forma oficial. Lourdes y Aurelia ya lo saben. Lo que me han dicho es que es libertad, pero con un requisito.

—¿Qué quieres decir con eso de que falta un requisito?

—Pues que seguramente es libertad con fianza, aunque no sé la cuantía de esta. En todo caso ya he dado instrucciones a Paco Cuesta para que vaya recolectando lo que tenga. Yo no creo que sea exagerada, pero ten en cuenta que es casi imposible ganar una queja, sobre todo considerando la importancia social del caso.

—¿Se sabe cuándo se producirá?

—No. Hay rumores de que incluso esta misma tarde, viernes, podría llegar el telegrama ordenando vuestra libertad. El Doble, como decís vosotros, me acaba de preguntar si sé algo porque la prensa no hace más que llamar.

—Bueno, pues voy a hablar con Lourdes.

Me fui hacia la sección de Ingresos. Allí estaban Miguel y Fernando, los funcionarios encargados del turno de tarde. Les pedí permiso para llamar a mi casa y me lo concedieron, previa consulta con dirección, a la vista de que todos eran conscientes de lo que se estaba cociendo en aquellos momentos. Marqué el número de Triana a toda velocidad. Al otro lado del teléfono la voz serena de Lourdes.

—Hola, Mario.

—¿Qué pasa, gorda, sabes algo?

—Hombre, yo creo que todo va muy bien por lo que me ha dicho Mariano, ¿no?

La voz de Lourdes sonaba inconfundiblemente satisfecha con las noticias que había recibido. No quería profundizar en más detalles en ese momento, pero sí en algo que especialmente me importaba.

—¿Te ha dicho algo nuestro contacto?

—Sí. Ayer por la noche me llamó para decirme literalmente tres cosas: primera, que era absolutamente optimista. Segunda, que el comentario entre los magistrados era que en el auto había muchas chapuzas. Y tercera, y me insistió en que esto era muy importante, que había habido una reunión entre personas destacadas de la magistratura en la que se había acordado que no volverían a aceptar presiones políticas.

—¿Te dijo literalmente que *no volverían* a aceptar presiones políticas?

—Exactamente eso fue lo que me dijo, añadiendo que me lo contaría más despacio.

—Bueno, pues tranquila y ya veremos cómo va la cosa. Muchos besos.

Les di las gracias a los funcionarios. Me quedé en silencio unos segundos en aquel despacho. Quería alargar el instante. Sentía la voz de Lourdes resonar dentro de mí. Acariciaba sus palabras. Las reproducía una y otra vez en esa voz interior que solo resuena en el alma. Arrastrando los pies recorrí el pasillo, entré en el despacho del Juez de Vigilancia y me senté. Sentí los ojos de Arturo clavados en mí. Esperaba con ansia de moribundo el resultado de mi conversación. Por fin, sin disimular una sonrisa cauta, dije:

—Bueno, pues después de lo que me ha contado Lourdes ya estoy tranquilo. ¿Qué hacemos, Mariano?

—Nada. Esperar. No sé si será hoy o mañana o lo dejarán hasta el lunes. Pero, en fin, lo que sabéis es que se ha acordado la libertad.

Se fue Mariano. Nos quedamos con algo más que un trozo de esperanza. Casi teníamos una noticia, que es pariente cercano de una información. Y no una cualquiera, claro, sino la única que en aquellos momentos nos importaba. Volvimos al patio. Empezábamos a sentirnos diferentes. Asumíamos que en breve el patio, los presos, las celdas, los sonidos, los olores, todo ese territorio quedaría atrás. Ni siquiera quise formularme la pregunta de corte dramático: ¿sería un atrás transitorio? ¿Tendría que volver? ¿Se trataba de un paréntesis coyuntural en mi carrera de preso? Rechacé cualquier análisis de ese tipo: delante de mí tenía la libertad. Punto final. Así que a guardar silencio absoluto, incluso con Julián Sancristóbal. Había que aparentar total normalidad, seguir con la rutina diaria, y por ello, como muchos días, nos pusimos a jugar al mus con Emilio y Fernando. En esas estábamos —ganando nosotros, por supuesto— cuando el funcionario me anunció una nueva visita del abogado. Me extrañó porque Mariano Gómez de Liaño acababa de abandonar el Centro, pero en fin... Era Antonio González-Cuéllar.

Cuando le eché la mirada inquisitiva de rigor en esos días, me dio la sensación de que su expresión no resultaba tan jovial como la de Mariano. Se sentó enfrente de mí, separados por la inefable mesita de formica, y me dijo:

—La decisión está tomada al noventa y nueve por ciento, pero ya es seguro que no la harán pública hasta el lunes, así que el fin de semana podéis estar tranquilos. De todas formas, el problema viene con lo de la fianza.

—¿Qué quieres decir?

—Que tengo información de una fuente que no te puedo revelar, pero que creo que es bastante segura, y la fianza es altísima.

—¿Qué quieres decir con altísima? —pregunté con una voz y un estado general que delataba un ánimo radicalmente distinto de aquel con el que había salido del mismo despacho minutos antes.

—No estoy autorizado a decírtelo, porque además no es del todo seguro, pero supera los mil millones de pesetas.

—Pero ¿están locos? ¿Cómo pueden poner una cifra así? ¡Es humillante!

—Ten en cuenta —añadió Antonio tratando de quitar hierro al asunto— que el palo para el juez y el fiscal es tremendo y seguro que lo tratan de compensar con una fianza elevada. De todas formas, no tiene nada que ver con la responsabilidad civil, puesto que lo único que trata de garantizar es nuestra presencia en el juicio. Además, admiten aval bancario y creen que eso es fácil porque el banco no corre ningún riesgo.

—¡Joder, Antonio! ¿Cómo pueden decir eso? ¡Pero si habríamos podido largarnos cuando nos hubiera dado la gana! ¡Es la leche!

—Sí, sí, lo comprendo. —Antonio estaba muy abatido. Una nueva putada judicial venía a añadirse a las que ya había vivido conmigo y de nuevo su estructura moral parecía derrumbarse.

—¡Pero si no nos hemos movido, si hemos pedido declarar, si no hemos dado ni una sola prueba de querernos evadir a la acción de la Justicia!

Estaba hablando conmigo mismo y no con Antonio. Aquello me produjo mucha mayor rabia que cuando García-Castellón me anunció la prisión incondicional. Sus circunstancias las entendía y sabía que había cedido a la presión política que decía nuestro «contacto». Pero tres magistrados eran otra cosa y, además, los condicionantes externos habían variado sensiblemente. Sentí una rabia interior profunda, como persona, como jurista, como abogado del Estado y como español. Me rebelaba contra ese pacto de los hombres con los hombres dejando a un lado la Ley. ¿Dónde coño estaba todo lo que habíamos estudiado, aquello a lo que habíamos dedicado años de nuestra vida? ¿En un pacto para que todos pudieran quedar bien? ¿Y la Ley? ¿Y la Audiencia Nacional? ¿Y el sistema judicial que estaba viviendo un momento de terrible conflicto con el poder ejecutivo? ¿Todo eso no valía para nada? ¿Había que mandarlo a la mierda? ¿Qué estaba pasando en España?

—Mira, Antonio, por mí que se vayan a la mierda. Si esa es la cantidad, sencillamente no estoy dispuesto a pagarla, porque no hay derecho, además de que, sencillamente, no tengo medios para hacerlo.

—Lo comprendo, pero debes tener en cuenta todo lo que se ha escrito sobre tu fortuna personal. Los jueces creen que tienes muchísimo dinero y como esta fianza solo garantiza que estarás presente en el juicio, pues no entienden por qué has de tener alguna dificultad en prestarla.

—¡Hay que joderse! Bueno, dejémoslo. ¿Seguro que no hay nada hasta el lunes?

—Seguro —respondió Antonio.

—Bueno, pues ya hablaremos.

Con una cara que debía de reflejar mi estado de ánimo interior, entré de nuevo en el salón de presos. Arturo continuaba con su partida de mus, pero nada más verme se levantó como un rayo y juntos salimos a pasear por el patio.

—Las noticias de Antonio no son tan buenas. Confirma la libertad, incluso me ha llegado a decir que se juega la vida en que esa decisión no se modifica. Pero lo malo es que ponen una fianza altísima.

—¿Cuánto es altísima?

—Al parecer mil millones de pesetas o más.

—¡Pero no me jodas! ¿Es que están locos? ¡Si no podemos pagarla! ¿Qué quieren decir, que nos dejan en libertad teórica y anularla en la práctica con esa cifra?

—Yo me he cogido el mismo cabreo que tú, Arturo, pero eso es lo que hay.

—¡Joder! ¡Eso es peor de como estábamos! ¡Ahora sí que no salimos de aquí! El juez no va a modificar la cifra porque la ha acordado la Audiencia, así que podemos ir de culo. ¡Esto es la leche!

La cena transcurrió casi en un silencio absoluto. Aparentábamos estar concentrados en la comida, en lo que tocaba esa noche, pero en realidad nuestra mente daba vueltas y vueltas a la conversación que acabábamos de tener. La ilusión de Mariano se había transformado en cabreo de Antonio. Julián Sancristóbal nos miraba tratando de ver si era verdad eso de que «no sabemos nada», que era nuestra respuesta oficial a sus inquietas preguntas sobre nuestra situación. Con cierta pesadumbre recogí el termo con la leche caliente y nos subimos al chabolo. Ascendí la escalera del módulo arrastrando las piernas y los pies, sin ganas de decir nada, sumido en mis tormentosos pensamientos. Nos despedimos y poco después sentimos, una vez más, el chirriante sabor metálico del chapado de la puerta. No tenía ganas de contestar cartas, ni de hacer nada. Me acosté muy temprano. De nuevo el fantasma de un largo período de tiempo en la cárcel se había apoderado de mí. Tenía que rebelarme ante aquel pacto de conveniencias, pero sentía que mis fuerzas comenzaban a debilitarse. Arreglé las mantas, me lavé los dientes y, como todas las noches, acerqué la silla blanca a la cama, deposité en ella el cenicero y el paquete de cigarrillos, apagué la luz, encendí uno y me quedé pensando.

¿Quién coño habría fijado aquella cifra? Era obvio que no se trataba de una decisión técnica, sino política. ¿Un intento de contentar al juez al que se le daba un varapalo? No me cuadraba. Estaba claro que el juez sabía de sobra que no existían motivos para una prisión provisional porque no podíamos destruir pruebas ni disponía de la más mínima sospecha de riesgo de fuga. Lo hizo porque le dijeron que lo hiciera, a las claras o a las difusas, pero se lo dijeron, y ahora asumía que ya se había cumplido la misión de «sacar la foto» que pedía el Banco de España. Por tanto, ese motivo me parecía demasiado pedestre, poco serio.

¿Entonces? La respuesta debía seguir un orden. ¿Quién fijó la cifra? Antonio González-Cuéllar la sabía por una fuente de primer nivel con quien habló, según me dijo en nuestra conversación. ¿Quién podría ser que quisiera ocultar su nombre? Pues un magistrado de la Audiencia. ¿Tiene acceso un magistrado de a pie a esa información? No parece. ¿Entonces? Pues un superior. ¿Quién? El presidente de la Audiencia Nacional, Clemente Auger, amigo de Felipe González y buen amigo, aunque de otro tipo, de Antonio González-Cuéllar. Así que esa cifra venía por ese camino. Seguro. Era el circuito político para llegar a la Sala. Al fin y al cabo Clemente Auger podría decir que no se «inmiscuía» en una decisión judicial. Sí, claro, pero la finalidad de una fianza alta era clarísima: atribuir la sensación de culpabilidad. No se trataba de un chantaje moral, sino de algo más sutil: prejuzgar una decisión final de cara a la sociedad española. Lo vi con total nitidez en el silencio carcelario. Curiosamente, poco después me quedé dormido y me despertó el recuento de las ocho de la mañana.

Inmediatamente después de la ducha me fui a ver a Arturo, que seguía algo abatido por la conversación del día anterior.

—Mira, he estado pensando ayer antes de dormirme. Yo creo que tenemos que ordenar los datos. Primero, lo importante, lo verdaderamente trascendente, es que se acuerde la libertad. Ahora bien, con esa fianza puede resultar contraproducente. Quizá sea una trampa y pretendan decir: «¿Lo ven? Si tienen dinero para esa fianza, es que se lo han llevado».

—Ya... Coño, pero la gente sabe que tú ganaste miles de millones hace ya muchos años.

—Sí, pero se olvida cuando conviene...

—Sí, claro, eso es así. ¡Joder!

—Bueno, pues sigamos. Lo que hay que hacer, en cuanto tengamos el auto, es recurrirlo y pedir que nos rebajen la fianza. Si tenemos que esperar algunos días no pasa nada, y mientras tanto damos las instrucciones para que busquen la manera de arreglarlo. ¿Estás de acuerdo?

—Sí. Sustancialmente, sí.

En ese instante se acercó el funcionario para decirme que un nuevo abogado se encontraba a mi espera en los locutorios de los letrados. No tenía ni idea de quién podía ser, pero un abogado cuando estás en prisión suena a bálsamo, sobre todo si te encuentras a la espera de un auto de libertad. Bueno, a bálsamo en ocasiones y en otras a trilita pura, porque mi trayectoria penitenciaria residía en ver cómo los imposibles («es imposible que hagan esto») se convertían en realidades inevitables.

Era Jesús Santaella. Le había conocido con posterioridad a la intervención de Banesto. Creamos un equipo del que formó parte Santaella como experto en Derecho Administrativo. Jesús había sido Secretario General Técnico del Ministerio de Justicia en el Gobierno de Adolfo Suárez. Me extrañó verle allí. Tenía que ser portador de alguna noticia importante. Me recibió levantando los brazos con el pulgar de ambas manos extendido hacia arriba, en un gesto inequívoco de victoria. Estaba informado de los acontecimientos y del importe de la fianza.

—Ya sabes, como yo te había vaticinado, que la fianza es elevadísima. Se trata de un pacto evidente porque quieren ponerte incluso más que a Al Kassar y es ridículo que te comparen con él, pero eso es lo que pretenden.

—Precisamente por ello no lo voy a aceptar —le dije con gesto serio.

—No te equivoques, Mario. He estado hablando con Lourdes. Lo importante es salir de aquí. La fianza se puede prestar con bienes inmuebles a través de unas hipotecas *apud acta*. No hay ningún riesgo en ello porque solo garantiza el que te presentes en el juicio.

—Es algo que tengo decidido y no merece la pena insistir.

—No te equivoques. Tú estás sosteniendo un pulso con el Gobierno y con las fuerzas que tú llamas del Sistema. Así que no te conviene abrir nuevos frentes: oponerte a la decisión de la Audiencia va a ser interpretado como un nuevo pulso a la judicatura y en este momento eso es un error.

—Pero ¿qué coño de un nuevo pulso con la magistratura? ¿Es que te parece un pulso el recurrir una absoluta barbaridad?

—En el fondo tienes razón, pero lo importante es cómo vaya a ser percibido. Todo el mundo cree que tienes dinero de sobra para pagar esa cantidad, así que si no lo haces no se va a entender más que como un enfrentamiento con los jueces. Te insisto: lo importante es salir de aquí y cuanto antes. Si sales ya no te vuelven a meter. Lourdes está de acuerdo con eso. Lo importante es estar fuera de aquí y desde fuera recurrir y te aseguro que conseguiremos que la fianza se reduzca. No hagas el tonto. Es mi consejo como amigo y como abogado, como persona y como profesional. Fuera de aquí se puede hacer de todo. La imagen que tienes que dar es que sales de la cárcel. Nadie se va a preocupar de la cifra de la fianza.

La verdad es que aquellas palabras tenían sentido. Yo estaba radicalmente decidido a no irme de Alcalá-Meco mientras no pusieran una cantidad razonable, pero lo cierto es que las palabras de Jesús sonaban muy sensatas. Yo pretendía un acto de dignidad personal, pero, si iba a ser malinterpretado por la opinión pública y, encima, algunos lo iban a vender como un enfrentamiento con la magistratura, la cosa tenía un color negro. No estaba seguro de que Jesús tuviera toda la razón, pero lo que decía no sonaba a extraño, dada la dificultad de adivinar los «movimientos» de la opinión pública española. También era posible que las ansias de libertad estuvieran resquebrajando mis pretensiones de dignidad. Pensé: ¿es que se puede hablar de dignidad en un caso como este?

¿Es que debería tener ese tipo de escrúpulos a la vista de todo lo sucedido en torno a mí? ¿Qué pretendía con eso de la opinión pública? No parecía demasiado sensato.

—Bueno, pues si opináis así, haced lo que tengáis que hacer, pero no me lo contéis. Yo no quiero mover un dedo, así que si Lourdes me quiere sacar, que lo haga.

Era una especie de transacción conmigo mismo, un mecanismo que circulaba entre el autoengaño —motivado por las ansias de libertad— y la certeza de que la dignidad pretendida no fuera más que una «película» que me estaba contando a mí mismo, en un entorno que no iba a entender nada de eso. Bueno, en todo caso, la decisión la tomarían otros, por lo que volví al salón de presos y me puse a jugar al mus, después de comentar con Arturo Romaní la entrevista que había mantenido y las conclusiones a las que habíamos llegado.

Vivíamos el sábado 28 de enero de 1995. Todavía quedaba el domingo por delante. ¿Sería posible que en este fin de semana las presiones políticas cambiaran una decisión que ya habían tomado los jueces? Todo el mundo me aseguraba que no, que eso era imposible, pero eran muchos los imposibles que había vivido desde el 28 de diciembre de 1993. Si yo estaba convencido de que la prisión y la libertad tenían filiación básicamente política, no podía estar seguro de nada.

Lunes, 30 de enero de 1995. Amaneció cubierto pero no excesivamente frío. Después del ritual de la ducha comenzó la jornada decisiva.

—Enhorabuena, Mario, que os vais. Lo he escuchado en Telemadrid —me dijo el taxista de los turcos cuando vino a recoger el termo de leche, que, curiosamente, esa noche se había puesto agria.

No concedí demasiada importancia a lo que dijeran los medios de comunicación social, pero era mejor que hablaran de que nos íbamos que de que nos quedábamos. No podía olvidar que fue un medio de comunicación quien me informó de la querella y que la radio dio la noticia de mi prisión incondicional.

—Me ha dicho el taxista de los turcos que, según Telemadrid, nos vamos —le dije a Arturo, que estaba escribiendo no sé qué en su chabolo.

—¿De verdad? —fue su respuesta.

—Bueno, al margen de lo que digan, lo que está claro es que hoy es el día importante puesto que ya no pueden retrasar más la comunicación. La suerte está echada. Voy a tomarme un café y a pasear un rato por el patio, porque hoy no tengo la cabeza para ponerme a escribir o contestar cartas.

Entre los «colegas» se notaba un ambiente especial, dado que todos ellos eran conscientes de que hoy tendría noticias sobre un valor común para todos nosotros: la libertad. Nadie, sin embargo, se atrevió a mencionar el asunto. Cada vez que alguien se va en libertad te alegras por él, pero puede resultar superior el sentimiento de frustración por quedarte dentro. La libertad de otro es una bofetada en tus carnes de preso, en tu alma de prisionero. La alegría ante la libertad de otro preso es siempre menor, mucho menor que la que podría respirarse fuera de la cárcel. Ni siquiera se hablaba del asunto. Charlamos apoyados en la «barra» de Paco, mientras nos tomábamos un café, sobre el tránsito de la magia a la ciencia, las investigaciones en el campo de la ingeniería genética, la inteligencia artificial, el concepto del hombre y temas parecidos sobre los que exponía a unos cuantos «compañeros» mis ideas. En ese momento, cerca de las once de la mañana, uno de los funcionarios vino a decirme que me llamaba el director. Me acerqué a la garita de entrada en el módulo y pude hablar unos segundos con Jesús Calvo.

—¿Qué, Mario, sabes algo? Te lo pregunto porque la televisión ya está en la puerta y quería saber si tú tenías alguna noticia.

—Pues no. Nadie me ha llamado. He oído algunos comentarios favorables en la televisión y en la radio, pero eso es todo.

—Bueno, pues que sepas que, como te dije el día en que entraste, estoy contigo, salgas o te quedes, que eso no variará mi posición.

—Pues muchas gracias y en cuanto sepas algo me lo comunicas.

Volví al patio y me encontré con Arturo, que me miraba con una expresión de total ansiedad. Julián se unió a nosotros y les comenté:

—Era el Doble. La verdad es que no sabe nada, se ha limitado a preguntarme si tenía noticias al respecto y a expresarme su alegría si nos vamos.

—¡Es cojonudo! —comentó Julián—. Esa llamada te demuestra un poco cómo es. En realidad quería poder decirte el día de mañana que fue el primero en interesarse por tu estado y que, si salías, él te dejó claro que estaba contigo en cualquier caso.

—Bueno, dejemos eso. Creo que este hombre es sincero. ¿Retomamos nuestra conversación?

No tuve tiempo de esperar su respuesta. Por segunda vez, el funcionario venía a repetirme la frase: «Le llama el director». Esta vez era obvio que sería para darme alguna noticia definitiva. Así fue.

—Bueno, pues ya tengo el telegrama oficial. ¿Cuánto puedes pagar?

—Pues no lo sé, pero ¿qué dice el auto?

—Libertad con fianza de dos mil millones —me contestó.

—Ah. Muy bien. Gracias, director.

Respiré fuerte y salí de la garita. Desde el fondo vi acercarse a Arturo y a Julián. En silencio cruzamos el salón de presos y volvimos a nuestro sempiterno patio. Me esforcé en mantener la calma y en tratar de conseguir que mi voz no transmitiera ningún tipo de emoción.

—Bueno, pues ya está. Ya es oficial. Libertad con fianza de dos mil millones para mí y de mil millones para ti, Arturo.

Un silencio de interminables minutos fue la respuesta. La palabra mágica «libertad» sonaba en nuestros oídos. Allí, en el patio, seguían los presos paseando, los muros de cemento grisáceo, los alambres de espino, los guardias civiles y sus garitas y metralletas, la música colombiana. Javi continuaba haciendo pesas y el pequeño Aníbal, el colombiano, impenitentemente ejecutaba movimientos rítmicos de su tabla de gimnasia. Un nuevo interno, presa de un terrible mono, caminaba apoyándose por las paredes. Emilio, mi amigo el gitano, circulaba solo a gran velocidad, con la cabeza baja, sin mirar a nadie y moviéndose de un lado hacia otro, presintiendo, oliendo la libertad de quien consideraba su protector frente a los racistas cabezas rapadas. Miguel, Raúl y David también se movían agitados y nerviosos por nuestro espacio de aire libre. Ninguno de ellos nos miraba ni parecía prestar atención a lo que estaba sucediendo. «Libertad» era una palabra, una idea, un estado, una situación que estaba tomando cuerpo en aquellos que habían compartido con nosotros nuestros días de prisión.

—¡Es la hostia! ¡Están locos! ¿Es que no saben que mil y dos mil millones es una pasta enorme? —comentó Romaní.

—Mira, Arturo. Hace unos segundos estábamos en prisión incondicional. Ahora tenemos derecho a la libertad, te insisto, ¡derecho a la libertad! —dije elevando la voz—. Esto es lo que cuenta. Ya no somos presos preventivos, sino, a partir de este momento, sujetos que tienen derecho a pagar una fianza por su libertad. ¿Qué garantiza esa fianza? Sencillamente que nos vamos a presentar al juicio. ¡Eso es todo! El cambio cualitativo es impresionante.

—Estoy de acuerdo y además...

—Tenemos que tomar en consideración qué es lo que ha ocurrido. El Banco de España estaba empeñado en mandarnos a la cárcel. Polanco ha jugado esta baza con todas sus fuerzas, poniendo *El País* al servicio de nuestro encierro. Los otros medios de comunicación han sentido complejo por ello. El Parlamento, la

Comisión de Banesto, en una composición mediática que pasará a la historia, pidió nuestro encarcelamiento. Recuerdo las palabras de aquel individuo, Trocóniz, del PP, abogado del Estado para más señas, cuando dijo: «No hay que temer a Mario Conde en la cárcel». El fiscal nos engañó repetidas veces. García-Castellón actuó más como un acusador que como un juez. Nadie protestó por nuestra prisión, ¡absolutamente nadie!, ¡ni siquiera nuestros amigos en los medios de comunicación! El tratamiento de Antena 3 Televisión ha sido vergonzoso. Todo eso estaba ahí. Y frente a todos ellos tenían que decidir los jueces aparentemente con el único argumento de la Ley. Es muy poco frente a tanta fuerza. Por eso vale tanto tener en nuestras manos eso tan preciado que es la libertad, o, al menos, el derecho a tenerla.

No recuerdo nada concreto de aquel momento. Las paredes, los «colegas», las mesas, la música..., todo había perdido su propia individualidad, se difuminaba, se hacía borroso, perdía sus contornos. Yo estaba abrazado a la libertad que la Audiencia, aun a un precio tan absurdamente alto, nos había concedido. Era cualitativamente otra persona. Sentíamos una emoción interior muy profunda que solo un problema conseguía disipar: ¿de dónde íbamos a sacar el dinero? Tampoco eso nos perturbaba demasiado porque estábamos seguros de que, más tarde o más temprano, el juez o la Audiencia reducirían sensiblemente la fianza. Esa era la norma y no iba a dejar de aplicarse en nuestro caso. No sabíamos nada del auto, pero esa era, insisto, la regla general. Por tanto, aunque ignorábamos cuándo íbamos a salir, disponíamos de la certeza de que en algún momento cruzaríamos de nuevo la puerta de entrada, pero, esta vez, en dirección opuesta.

—Lo que está claro es que aquí ha habido algún tipo de pacto. La bofetada a García-Castellón es muy fuerte, por eso la han intentado tapar con la fianza elevada —dijo Romaní.

—Seguro, pero hay más. La cuantía de la fianza, Arturo, contiene una decisión política de fondo. De eso no tengo la menor duda.

Hablaba muy deprisa. Comenzaba a excitarme un poco. El estado de nervios de los días pasados comenzaba a salir a la superficie. Miré a Arturo. No quería sonreír, pero su boca esbozaba un rictus inconfundible. No teníamos la felicidad completa, pero...

—Es que todo un proceso tan complejo como este tiene que ir desenredándose progresivamente, de forma gradual —añadió Julián—. Si hubieran puesto de entrada una fianza de cien o doscientos millones, el juez vuestro tendría casi que dimitir. Por eso han templado gaitas.

No le dejé terminar. Nos llamaba el jefe de Servicio para notificarnos oficialmente el telegrama. Lo firmé encantado a pesar de la monstruosidad de la cifra. A partir de ese momento todo parecía cambiar. Los gestos y miradas de los funcionarios eran distintos: ya no estábamos plenamente sometidos a su jurisdicción. Ya no se trataba de dos presos incondicionales, sino de dos sujetos que en horas o en días estarían en libertad y tal vez nunca más volverían a verlos por allí. El mismo funcionario nos dijo que alguien nos llamaba en el módulo de Ingresos. Allí acudimos. Era el jefe de Seguridad, alguien a quien había visto una sola vez en todo el tiempo de mi estancia en la cárcel. Nos recibió en el despacho del Juez de Vigilancia.

—Bueno, pues ya se van, ¿no?

—Ya veremos —contesté.

Mi respuesta era un poco enigmática y nada jovial porque no quería dar explicaciones a una persona que durante la prisión, mientras fuimos presos, no se ocupó de nosotros y ahora que alcanzábamos la libertad parecía comenzar a ser amable. Admito que en esos momentos las suspicacias surgen a flor de piel y el riesgo de equivocarte en tus juicios es elevado, pero lo cierto es que la única vez que le vi siendo yo prisionero pleno fue a consecuencia de unos comentarios de *El País* en los que se decía la estupidez de que nuestra celda estaba pintada de otro color distinto al de la generalidad de los presos... Era un tontería cósmica, pero lo sorprendente es que el jefe de Seguridad me obligó a subir con él a la celda a comprobar que el color de mis paredes era blanco sucio como el de cualquier otro. Ahora estaba allí, ante nosotros, conocedor de la buena nueva con gestos que transmitían una amabilidad que me pareció forzada.

Durante el almuerzo nuestro talante era diferente y cuando subí las escaleras para el chapado del mediodía me sentía absolutamente distinto. Antena 3 abrió el telediario con la noticia y tengo que reconocer que la dio francamente bien, puesto que recogió la verdad: la Audiencia había corregido al juez Castellón. En cuanto el funcionario abrió la puerta de la celda, se aglomeró en torno a mí un número creciente de «internos» que venían a darme la enhorabuena y a decirme que todo el dinero que tenían lo ponían a mi disposición. Allí estaban Miguel, Raúl, David, Emilio, Fernando, Paco... Todos ellos contentos pero con una mirada que reflejaba alguna sensación especial. Quizá fuera porque pensaran que si yo me iba desaparecía algún tipo de control sobre la actuación de los funcionarios. Quise pensar que algunos de ellos me tenían alguna simpatía. En algo más de un mes nos habíamos reído, habíamos charlado, comentado, jugado, intercambiado cosas, tabaco, pitillos, café, chocolate... En fin, habíamos convivido y yo notaba que para muchos de ellos mi carácter había sido una sorpresa. Vi especialmente triste a Félix, el chaval del rol. Hizo lo que pudo para quedarse solo conmigo unos segundos en los que me pidió, con cierta angustia, mi dirección para escribirme y poder, así, seguir contándome cosas. Noté que me había tomado afecto. Quizá fuera yo de las pocas personas que le habían hecho caso en su vida, que hablaba con él, le obligaba a estudiar, le infundía ánimos sobre su futuro, le planteaba temas importantes, en fin, le consideraba como persona. Y es que era verdad. Por eso quizá mi papel se acercara a una especie de padre espiritual adoptivo. Cuando le dije que tardaría un poco en irme, se sintió como reconfortado. Esa tarde, cuando estaba jugando al mus, pasó cerca de nuestra mesa varias veces y, un poco a hurtadillas, me miraba con una expresión de sincero afecto. O eso creía yo.

Por fin, llegaron Mariano, Miguel y Antonio, nuestros abogados, y nos pusieron al corriente de lo sucedido. Ante todo, las gestiones para conseguir el aval. Lourdes, mi mujer, se estaba ocupando de conseguir el aval bancario al que se había subordinado nuestra libertad. Fue llamando uno a uno a los banqueros con los que tan buenas relaciones tuvimos en años pasados. El único que contestó a la llamada de Lourdes fue Emilio Ybarra, pero sin garantizar nada, limitándose a pedir que fueran nuestros abogados a negociar. Estaba claro que no iba a ser tan fácil obtener el aval, pero esa actitud de nuestros compañeros del mundo de las finanzas no me extrañó en absoluto. No era cuestión de dinero, sino de poder, así que antes de concederme algo tenían que consultarlo con quienes podían dar su visto bueno. Si se lo negaban, ellos construirían la excusa destinada a impedir mi salida de prisión. Así es la vida.

Se fueron nuestros abogados y me dejaron a solas con el auto de libertad con fianza. Lo leí con detenimiento. En su Considerando número 10 decía literalmente: «En todo caso la gravedad delictiva y la alarma social deben ser cohonestadas, a modo de catalizadores, con las auténticas razones legitimadoras de la prisión preventiva, y que son conjurar el peligro de fuga y la desaparición de las fuentes de prueba, o evitar la comisión de delitos análogos por el imputado [...] Razonablemente puede descartarse la repetición de hechos delictivos análogos, dicho solo a título hipotético que no supone afirmación de que los haya ya cometido el imputado, pues los que se le atribuyen implican una parcela de poder, en el ámbito socioeconómico, que actualmente ya no detenta el imputado y la desaparición de fuentes de prueba no se presenta tampoco como tema acuciante que obligue a privar de libertad a Mario Antonio Conde Conde, por análoga razón al supuesto anterior de cese de un alto cargo que el imputado desempeñaba en el Banco Español de Crédito».

Al final concluía la Sala: «Descarta la prisión incondicional por estimar que no hay proporcionalidad entre la absoluta privación de libertad y la finalidad que se trata de conseguir: la presencia del imputado en su eventual juicio». *Este* era el asunto principal: la Sala había negado a García-Castellón el derecho a meterme incondicionalmente en la cárcel. De todas formas, estaba convencido de que todo formaba parte del mismo guión. Se trataba de meterme en prisión. Eso se consiguió con la ayuda decisiva del diario *El País*. Ahora me sacaban, y así parecía que la Justicia funcionaba, pero para estigmatizarme me ponían la fianza más alta de la historia... En fin...

Sinceramente, me sorprendió que la televisión no comentara el importe de la fianza. Parecía como si una cantidad tan exorbitante les pareciera la cosa más normal del mundo. Me hizo una gracia enorme oír a la locutora Olga Viza decir algo así como que mis abogados acababan de entrar en la prisión y que se suponía que llevaban el aval y que, en consecuencia, la excarcelación iba a ser cosa de horas. La ignorancia acerca de que el aval se entrega en el Juzgado y no en la cárcel era más o menos disculpable, pero eso de creerse que dos mil millones de pesetas se consiguen en un abrir y cerrar de ojos era una absoluta y total frivolidad.

Bajé, a eso de las ocho y media de aquella tarde noche, a hablar con Lourdes por teléfono. Se puso mi hija Alejandra. Inmediatamente noté en el tono de su voz que las cosas de mi libertad se aceleraban, pero sobre todo cuando, llevada de su alegría interior, al despedirse de mí dijo algo así como «bueno, papá, hasta luego».

—¿Qué quiere decir Alejandra con eso de «hasta luego»? —fue mi primera pregunta a Lourdes cuando se puso al teléfono.

Mi mujer me ratificó que el asunto del aval ya estaba casi resuelto. Matías Cortés, el eterno abogado granadino amigo de Polanco, telefoneó a Jaime Botín, presidente de Bankinter, y parece que este estaba dispuesto a proporcionarlo, con las garantías precisas, por supuesto. Al principio quería darme el aval solo a mí, pero le transmitieron el mensaje de que yo insistía en que o arreglaba el de Arturo y el mío o ninguno de los dos. Las cosas parecían ir muy bien y Antonio González-Cuéllar estaba en la Audiencia. Era, incluso, posible que abandonáramos la cárcel aquella misma noche. La verdad es que si me lo hubieran consultado yo habría dicho que no, que prefería quedarme esa noche, «disfrutar» de mi chabolo en otras condiciones emocionales, ciertamente distintas a las de la primera que pasé ahí. Tenía ganas de despedirme de Miguel, de David, de Fernando, del taxista de los turcos, de Arsensi, de Héctor y Aníbal, de Cortés, de Emilio, de Javi, de Fabio, del chaval de las gafas que me metió el bollo la primera noche, del gallego-uruguayo, de Paco el del bar, de Félix, de Raúl, en fin, de todos los que habían contribuido a hacerme la vida un poco agradable. Abrí el ordenador y me dispuse a preparar una carta dirigida a todos ellos para el caso de que me moviera de la cárcel esa misma noche. Pero un sentimiento me vino a la mente: ¿por qué Matías Cortés ocupándose de esto? ¿Sería alguna presión de Clemente Auger? La verdad es que necesitaban mi aceptación de la fianza impuesta para que todo funcionara como tenían previsto. En fin, pensé que quizá se tratara de fantasmas y los alejé de mí a golpes.

Sobre las once de la noche se abrió la puerta del chabolo. No me esperaba esa visita a horario intempestivo. Estaba ya absolutamente convencido de que esa noche la pasaba en mi celda. El funcionario también abrió el cubículo de Arturo, que apareció envuelto en un horrendo albornoz de colorines y con aspecto de estar durmiendo a pierna suelta un segundo antes de que el estrépito del movimiento de la puerta consiguiera despertarle. Llevaba puesto el pijama que le regaló Fontanella. Ante nosotros se presentó el jefe de Servicio acompañado de cuatro funcionarios a quienes no conocía. Sin decirnos palabra nos ordenó gestualmente que le siguiéramos. Atravesamos el pasillo en silencio. Los presos dormían, o lo que fuera. Apenas sonaba música alguna. Rumor de televisiones en lejanía. Llegamos a la ZCC. Nos ordenó entrar en ese salón. Nuestros rostros indicaban la expectación que se cocía por nuestros interiores. Con voz serena, fría, sin un miligramo de emoción aparente, pronunció la frase sagrada:

—Sus libertades ya están en camino, así que tienen que preparar sus cosas para irse esta misma noche.

La libertad tomando cuerpo real. Sintiéndola. Acariciándola. Una voz que la pronuncia, pero no una voz cualquiera, sino la del hombre que la materializa, el encargado de abrir la puerta que se cerró tras nosotros al ingresar. Y eso, todo eso, sucediendo en la Zona Cultural Común... Segundos de aturdimiento interior. De nuevo la comedia, la farsa en acción, pero ahora en dirección contraria. Intenté rebelarme contra ese guión forzado.

—Esto es todo muy precipitado —le dije—. Yo creo que es mucho mejor que pasemos la noche aquí y mañana por la mañana, tranquilamente, nos vamos. De esta manera tenemos tiempo de despedirnos de la gente y de ordenar todo lo relativo a nuestras pertenencias.

—Es imposible —respondió el jefe de Servicio—, porque cuando las órdenes de libertad llegan, tienen que ejecutarse de forma inmediata. Ha habido casos de tener que salir a las tres de la mañana y no se pueden evitar.

—Pero vamos ver: lo que llega, según usted, es una orden de libertad. Es decir, que somos hombres libres, ¿no? Por tanto, podemos elegir y yo elijo quedarme hasta mañana.

Al margen de la sinceridad de mis deseos, el sofisma en mi razonamiento era evidente. El hombre, seguramente aturdido por mi condición de abogado del Estado, evidenció confusión interior, vaciló, no contestó de modo inmediato, sino que dirigió una inquisitiva mirada a quienes le acompañaban, que no pronunciaron ni palabra ni ejecutaron gesto alguno. Finalmente, tomando aire como para darse fuerzas ante el trago, pronunció la frase como si de una nueva ejecutoria se tratara:

—Es imposible. Se tienen que ir. Esta misma noche.

Evidentemente era así. Una cosa es ser libre y otra, poder elegir entrar y salir cuando quieras de una prisión. La chorrada era monumental, pero mi sincero deseo era quedarme esa noche. Arturo, al contrario, quería salir a toda piña de aquel encierro. No quedaba otra que hacer lo que hicimos: volver a nuestras celdas y cargar las cosas en las bolsas que sirvieron para meterlas dentro de la cárcel. Ejecuté el ritual de modo deliberadamente lento, como queriendo saborear cada pieza de ropa que introducía, convertirla en amuleto de libertad, en signo ostensible de que aquello se había acabado... Pero... ¿se había acabado de verdad? ¿Volvería con esa u otra bolsa a descargar la misma u otra ropa? De nuevo la pesadilla del retorno. La alejé a patadas de mi mente y seguí cargando cosas. Pero algunas resultaba imposible llevártelas al campo de los libres.

La televisión se la dejé a Cortés, aunque tuve que transportarla al departamento de Ingresos. Pude hablar a través de la chapa con Raúl, al que le dije que las cosas de comer se las repartieran entre ellos y le metí por debajo de la puerta metálica de la celda los billetes carcelarios que me sobraban, insistiéndole en que los repartiera con los otros. Tuve que hacer varios viajes entre Ingresos y mi chabolo porque eran muchas las cosas a transportar, pero, claro, ya se puede imaginar que no me molestaba lo más mínimo ese subir y bajar escaleras llevando cosas... Por fin, llegaron Mariano y Miguel Gómez de Liaño y Antonio González-Cuéllar, y me entregaron un traje gris cruzado que les encargué para salir de prisión porque mi ropa de paisano la había devuelto al poco de entrar. Me vestí con rito ordinario y bajé de nuevo a Ingresos. El funcionario me entregó un papel oficial que debía firmar. Lo hice encantado porque se trataba de mi orden de excarcelación. En ese instante el jefe de Servicio me explicó el ritual de salida:

—Sus coches les esperan en la salida de la prisión, justo en la garita. Desde aquí hasta allí tienen ustedes que hacer el recorrido a pie. No hay más remedio que hacerlo así. No pueden existir excepciones. Así que les ruego que se ajusten a las normas.

No recordaba la distancia entre la garita de entrada y el módulo de Ingresos, porque cuando llegué me introdujeron en coche a toda velocidad y desde entonces no había salido del módulo. Pero me daba igual. Cualquier recorrido hacia la libertad es corto. Así que ni siquiera presté atención a las palabras del jefe de Servicio. Sentía la necesidad de salir al aire libre. La noche fría me resultó acogedora. En un gesto casi automático, respiré profundamente, como queriendo meter dentro de mí la mayor cantidad posible de aire porque ese elemento sutil había constituido mi contacto con la libertad cuando, todas las mañanas, abría la ventana de mi celda. A través de él había mandado recuerdos a Lourdes, a Mario y a Alejandra.

Salimos a la noche. Comenzamos a caminar envueltos en silencio. A la derecha, tras las mallas de deslinde con alambres de espinos en sus cimas, las siluetas de los distintos módulos se dibujaban espectralmente como siniestros fantasmas que acudían en coro a recordarnos la estancia vivida y quizá a amenazarnos con el regreso. Pero se ve con la mente, y mi mente veía la libertad. No sé si un kilómetro, quinientos metros... daba igual. Paso a paso nos acercamos a la garita de salida-entrada. El espectáculo resultaba inenarrable. Cientos de periodistas, con sus inseparables máquinas de fotos y cámaras de televisión, se agolpaban en torno a la pequeña garita, abrumando a los funcionarios. Querían, necesitaban, buscaban a cualquier precio la instantánea. Gritaban, se insultaban entre ellos, me pedían alguna declaración, la que fuera... Dibujé una sonrisa de circunstancias como repetitiva respuesta a esas demandas. Imposible olvidar su actuación cuarenta días antes en aquel 23 de diciembre, persiguiéndome enloquecidamente por Madrid...

Abriéndome paso como pude, penetré en el coche y salimos a toda pastilla hacia Madrid. No quise volver la cabeza hacia atrás para contemplar el recinto de la cárcel de alta seguridad del Estado. No quería retenerlo en mi retina. Ni deseaba que su estética destruyera la que diseñaba en el aire la libertad.

Llegamos a Triana después de un viaje en el que la tensión me llevaba a hablar de todo a toda velocidad. Casi no era consciente de que, nuevamente, estaba en libertad. Al llegar a casa me sorprendió el tumulto que organizaron: un coche de Policía Municipal y otro de los de Seguridad indicaban que dos compañías trataban de contener a los periodistas, quienes, esta vez, habían llegado provistos no solo de sus instrumentos de fotografía y filmación, sino, además, de escaleras que apostaban contra los muros de nuestro edificio para poder filmar desde las alturas el interior de nuestro domicilio. A toda costa deseaban unas palabras. Las que fuera. Admito que dudé una décima de segundo, pero finalmente dije que introdujeran el coche en el garaje. Me bajé y me paseé delante de los periodistas sin palabras y con una sonrisa fabricada para la ocasión.

Al entrar en casa vi a todos: Arcadio, Pilar, Esther, Paloma, Mario, Alejandra, Juan, Arturo, Verónica, Aurelia. Pero yo solo veía a Lourdes. Sus ojos brillaban, su cuerpo vibraba, casi saltaba... Su sonrisa... Lourdes sentía pudor de expresar sus sentimientos de manera pública. Se contenía siempre. Y aquella noche algo dejó traslucir. En ella, aquel moverse agitado desparramando sonrisas sin lágrimas era todo un tratado sobre la emoción y la alegría. La abracé. La retuve todo el tiempo que pude, que no fue mucho porque se rebelaba contra la duración del abrazo por ese pudor incontenible. Sentí que mis latidos físicos y espirituales aceleraban su compás. Yo me sentía como flotando, casi con pérdida de la conciencia de realidad. Se hablaba a gritos, sin orden y concierto, fruto de la excitación que todos sentíamos en aquellos momentos. Era ya muy tarde cuando llegaron los representantes del Bankinter para firmar los documentos. Curioso, pero concedieron el aval sin que las garantías jurídicas estuvieran firmadas. Un extraño proceder en un banco, desde luego. ¿Se fiaban de mí o necesitaban mi salida con semejante fianza? ¡Quién sabe! Seguramente un poco de todo. Jaime Botín siempre hizo casi todo lo que pudo en este terreno.

Nos instalamos en el comedor. Los banqueros y los abogados, Lourdes y yo. Un papel y otro y otro... Todo, absolutamente todo, estaba en sus manos como garantía de los dos mil millones míos y los mil millones de Arturo. Incluso se habían llevado mis tres cuadros de Picasso, Juan Gris y Braque, pero daba igual. Yo presentía, casi disponía de la certeza de que nos habíamos equivocado al salir a toda velocidad de la prisión, sin recurrir y esperar a que nos rebajaran la fianza, pero ya estaba hecho, no tenía remedio, y, sin embargo, los ojos de Lourdes, su alegría interior, carecían de precio, en dinero o en futuras cuotas de libertad.

Eran más de las siete de la mañana cuando me acosté. Lourdes a mi lado. Sentí su presencia. Vivimos la fuerza del silencio. Tomé su mano. Sentimos y vivimos el amor.

Dormí como un tronco, hasta eso de la una y media del mediodía siguiente. Ese día mi casa permaneció todo el tiempo llena: mis padres, hermanas, amigos, consejeros... vinieron a verme y a celebrar mi libertad. Por fin, el miércoles por la tarde, a la vista de la presión de la prensa que no me dejaba en paz, decidí irme con Lourdes a La Salceda. Mi reencuentro con el campo, con la quietud de la casa que construimos después de la venta de Antibióticos... Me fui a una pequeña barbacoa improvisada en la que de vez en cuando me daba por preparar algo de carne siguiendo las recetas argentinas. Aquella noche le tocaba el turno a un cordero lechal que preparó Ignacio. Bebí un poco de vino tinto, con cuidado porque la ausencia de alcohol en la prisión me había desacostumbrado y no era cuestión de agarrarse tajadas innecesarias. La noche no era excesivamente fría y las brasas le daban un toque algo fantasmal. Envuelto en soledad, sin saber deglutir el cúmulo de emociones acumuladas en esos días, sin pretender clasificarlas, ordenarlas, situarlas a cada una en su contexto adecuado, me pregunté:

—Dime la verdad, Mario, ahora que sabes ya lo que ha pasado, si pudieras volver a vivirlo, ¿habrías preferido la libertad o la prisión?

—No tengo duda: la prisión. Este tiempo me ha enseñado muchas cosas y hubiera sido una lástima perderlas.

En aquellos días, como dice la Biblia, llegó a La Salceda la persona a la que llamábamos nuestro contacto. Le acompañaban su mujer y su hija. Habíamos dispuesto un pequeño gancho de cochinos en el costado poniente, cerca de la linde con el pantano de la Torre de Abraham. Se pondrían en posición de cacería el contacto, Mario, Ricardo, el hermano de Lourdes, y nadie más. Ignacio movería los perros para que sacaran los cochinos de sus encames. Pero antes teníamos que desayunar. Nos reunimos en torno a la primera de las dos mesas redondas del comedor de La Salceda. Mi contacto se sentó a la derecha. Ricardo a la izquierda. Lourdes frente a mí.

—Me dijo Lourdes, cuando la llamé desde la cárcel, que le contaste que ellos, los de la Audiencia, decidieron que no volverían a aceptar presiones políticas...

—Así es —contestó rotundo el contacto, sin excesiva parafernalia en su parlamento.

Contó para que todos lo escucháramos que, en efecto, supieron que el juez, al proponerme que continuara mis interrogatorios en enero, había decidido dejarme en libertad porque no encontraba motivos legales para una prisión incondicional. Sonaron las alarmas. Se incendiaron las terminales. Llegó la información al lugar desde el que se dirigía la operación. Se decidió forzar al juez. El primer paso consistió en llamar a *El País,* entregarle una copia de la querella con el compromiso de que la publicara al día siguiente con todo el estrépito posible. El diario de Prisa se encomendó a la tarea con devoción de custodio de las esencias del Sistema. Pero con eso no era suficiente. Había que dar un paso más.

—Aquella mañana —prosiguió el contacto—, llegué a la Audiencia y por casualidad entré en el despacho de Aranda, el fiscal jefe. Allí estaban Pepe Aranda, Florentino Orti y dos hombres más que no sabía quiénes eran. No sé si se percataron de mi presencia, pero siguieron a lo suyo. Escuché cómo uno de esos hombres, que luego me enteré de que eran inspectores del Banco de España, decía a Aranda: «Aquí tenéis esta documentación. Decidle al juez que es definitiva, pero tenéis que evitar a toda costa que le pregunte por ella a Mario Conde, porque, si lo hace, se la explica y vuelve a dejarle en libertad como ayer. Hay que conseguir que le meta hoy. Si lo pospone para enero no le meterá nunca. Y se necesita su foto entrando en prisión».

Aquellas palabras que evidenciaban un manejo obsceno de la Justicia al servicio de finalidades que nada tenían que ver con la Ley sonaron envueltas en silencio. Nadie rechistó. Casi nadie se atrevió a moverse. El sonido de los cubiertos contra los platos en los que se sirvieron las migas componía una sinfonía de notas amargas. Lourdes permaneció con la mirada triste y fija sobre el mantel que cubría la mesa del desayuno. Su inteligencia y sensibilidad le decían que semejante actuación no se saldaría solo con una prisión preventiva. No iban a parar. Yo comenzaba a acostumbrarme a pensar en mi retorno.

Cuando abandonaron el comedor con destino a la cacería, medité sobre aquel día 23 de diciembre. En efecto, el juez no me había preguntado nada. Curiosamente había copiado en el auto de prisión unos datos sobre los que no habíamos conversado a lo largo de los días anteriores. Eran datos obviamente manipulados, como se evidenció después. Pero no podía saber si era o no cierto que ese mismo día le habían entregado esa documentación al juez, como aseguraba haber escuchado el contacto en el despacho del fiscal. Al menos no podía saberlo en aquellos instantes porque para nosotros, para mí y para mis abogados, el secreto del sumario había funcionado con todo rigor. Claro que algún día se levantaría y entonces podría comprobar la veracidad de la información.

Culminó el gancho y se fueron todos de vuelta a Madrid. Lourdes y yo permanecimos en La Salceda. No queríamos siquiera tocar el asunto. Los dos sabíamos de la gravedad de lo relatado. Pero tampoco podía dejarlo así, sin más, sin una mínima reflexión. En la cena de esa noche, procurando desdramatizar al máximo, le dije:

—Es duro lo que ha contado Roberto, pero así son las cosas. Lo mejor es eso de que ya no quieren admitir más presiones políticas...

Lourdes no contestó. Esa frase sonaba a deseo de nuestro contacto, Roberto García-Calvo, fiscal, amigo de mi suegro, el padre de Lourdes, desde tiempo atrás. Se ofreció a informarnos de lo que pudiera conocer porque aseguraba que aquello era un proceso político en toda regla. Llegó a ser magistrado del Supremo y del Tribunal Constitucional. Se destapó como un hombre abanderado en la lucha contra el Estatuto de Autonomía de Cataluña. Había sido gobernador civil en la época de Franco. Una mañana lo encontraron muerto en una casa que tenía en la sierra madrileña. Desde que me encarcelaron por Argentia Trust casi no tenía contacto con él, salvo el meramente telefónico. Nunca sospechó —creo— que las cosas pudieran llegar tan lejos conmigo. En los primeros momentos su ayuda fue muy sincera. Después creo que la propia magnitud del asunto le llegó a asustar.

Pero su información era precisa y concreta. Imposible dejar de preguntarse por el papel que habían jugado en el proceso el Banco de España, Belloch, los fiscales, el Gobierno, Clemente Auger, Polanco, Aznar... ¡Qué más daba! Cualquiera habría sentido tristeza y hasta rabia por los hechos que estaba comprobando en mis primeros momentos de libertad. Yo, sin embargo, me limité a sonreír ante ellos. Eran las diez de la noche y en Alcalá-Meco, de un momento a otro, comenzarían a desaparecer los ruidos nocturnos para instalarse el silencio de la noche carcelaria. Me acordé de Emilio el gitano. Su frase era terrible:

—Señor Mario, el que piensa paga.

Cuando recuperé mi libertad, decidí pasar algunos días de descanso en La Salceda y en Los Carrizos. Durante mi estancia en Alcalá-Meco había consumido muchas horas meditando acerca de la importancia de las cosas pequeñas: un fino frío, un compás de guitarra, un paseo por el campo, un atardecer, acariciar a mis perros, ver a la potra *Camila*, la que nació por los momentos de la intervención, todo ello y muchas cosas más crecían en su propia dimensión para penetrar casi en el terreno de lo idílico para alguien que se siente privado de libertad. Durante muchos años había convivido con todas ellas, sin darles, al menos en algunos casos, excesiva importancia y, sin embargo, encerrado en la soledad de la celda, esos acontecimientos cotidianos aumentaban gigantescamente de tamaño para convertirse casi en un reproche por no haberlos sabido valorar cuando disfrutaba de una vida sin presos, ni chapas, ni rejas. El reencuentro con ellos me emocionaba y, al mismo tiempo, me asustaba un poco, no fuera a ser que al reproducirlos en mi vida recuperada no tuvieran esa dimensión idílica que el contexto y ambiente de Alcalá-Meco les había proporcionado.

Ni tanto ni tan calvo. Por supuesto que disfruté de esas «pequeñas cosas» en los primeros momentos de libertad, pero, desgraciadamente, tenía que ser consciente de mi situación. La querella penal del Ministerio Fiscal nunca me preocupó demasiado, sencillamente porque sabía de qué iba el asunto. Ahora ya había comprobado en mis propias carnes y en las de mi familia hasta dónde estaba dispuesto a llegar el Estado, por lo que no quedaba más alternativa que defenderse y tomarse el asunto muy en serio. Lamentablemente, una parte de mi tiempo vital, casi su totalidad, iba a invertirse en una actividad negativa: defenderse del Sistema. Tenía todavía pocas ganas de hacer cosas creativas, pero, desde luego, lo que menos me atraía era recuperar el papel de abogado para defenderme de alguien que había decidido de antemano mi culpabilidad por razones de Estado.

Los primeros comentarios después de mi regreso al territorio de los «hombres libres» me hicieron gracia: todo el mundo, al menos mucha gente, decía que mi comportamiento había sido de gran dignidad por la «forma» en que había sabido entrar y salir de la cárcel. La verdad es que nunca valoré ese extremo, pero vivimos en el mundo de la imagen y al parecer es más importante el «cómo» entras y «cómo» sales que el *porqué* tienes que traspasar, en una y otra dirección, las puertas enrejadas de un penal. En todo caso, el que no se consuela es porque no quiere. Pero, al margen de esa versión peliculera de la privación de libertad de una persona, los acontecimientos comenzaron a dispararse y el olor a podrido que me llegaba de los campos de la libertad era agobiante. Una espiral de acontecimientos comenzó a surgir a mi alrededor, hasta el extremo de que me tuvieron absorbido tratando de controlarlos.

Jesús Santaella comenzó a tomar importancia progresiva en mi vida a partir del momento en que recuperé la libertad. El diseño de la estrategia de defensa pasaba por dos territorios distintos: el mundo judicial, estrictamente hablando, en el que Mariano Gómez de Liaño iba a continuar como actor principal, y el de la negociación, para el cual Santaella parecía estar bien dotado. Es un hombre prudente y tranquilo, sereno y reposado, respetuoso con el poder y amigo del pacto. Se mueve con sigilo y discreción y tiene una enorme capacidad de trabajo. Así que los tres, Mariano, Jesús y yo, consumimos muchas, muchísimas horas de trabajo en tratar de reconducir los acontecimientos. Una tarde, Jesús me abordó:

—Oye, tengo un amigo que lo es también de Ana Tutor y de Pepe Barrionuevo y me ha parecido entender que le gustaría tener una reunión contigo.

Barrionuevo no solo pertenecía a la vieja guardia de Felipe González. Es que, además, había sido ministro del Interior en los momentos cruciales del lamentable asunto GAL, de modo que se encontraba de lleno en el epicentro del problema que llevó, de momento, a su amigo Julián Sancristóbal a prisión. Eso le dotaba de preocupación, pero al tiempo de poder, porque la crisis abierta en el seno del Gobierno le convertía en hombre crucial.

—¿Tú crees que es conveniente? —le pregunté a Jesús.

—Hombre, yo creo que todo lo que sea hablar es bueno. Pepe, además, parece que en estos momentos tiene una línea directa con el presidente, así que puede ser un canal muy adecuado. Yo creo que es persona seria y discreta.

—Pero ¿qué crees tú que quiere?

—Nadie me lo ha dicho, pero posiblemente estén influenciados por lo que te haya contado Julián y quieran saber en qué posición te encuentras. En fin, hablar, porque están muy preocupados y te insisto en que puede ser un buen canal.

—Bueno, pues de acuerdo.

Los preparativos del encuentro fueron bastante cuidadosos. Yo tenía especial interés en preservar el secreto acerca de su existencia. Discutimos acerca del lugar: yo proponía La Salceda y Pepe la casa de su padre, opción que fue la que admitimos porque, a juicio de Jesús y Mariano, era la mejor, ya que si yo iba a ver a Pepe Barrionuevo, era obvio que este me había llamado, así que este dato externo contribuiría, en caso necesario, a debilitar la hipótesis de una «conspiración».

Hacía mucho frío en Alpedrete, sobre todo en aquella pequeña casa en una de las urbanizaciones cercanas a la carretera de La Coruña. Era el día 24 de febrero de 1995 y a las once de la mañana —hora en la que comenzamos nuestro encuentro— me acordé de las condiciones climáticas ordinarias durante mi estancia en Alcalá porque hacía un sol de justicia y un ambiente frío. El salón disponía de una chimenea que, sin embargo, no estaba encendida. Jesús se quejaba mucho del frío y yo, curiosamente, que he sido friolero toda mi vida, no recibía ninguna sensación desagradable. Quizá fuera porque la temperatura ambiente en Alcalá-Meco era extraordinariamente baja, así que mi organismo se había acostumbrado a vivir en ella, hasta el punto de que no podía soportar la calefacción en mi casa y Lourdes llegó a pensar que me estaba volviendo loco cuando en pleno mes de febrero, con una temperatura invernal en Madrid, me dedicaba a abrir todas las ventanas porque no podía soportar el calor.

Pepe nos preparó personalmente un café bastante cargado y unas pastas, que, una vez consumidos, dieron paso a una tertulia que tuvo lugar enfrente de la chimenea. Pepe se situó en el centro, yo a su izquierda y Jesús a su derecha. Los inicios de la conversación fueron lógicamente tensos. Había visto a Pepe una vez en mi vida, precisamente en el despacho del Juez de Vigilancia en el que estaba con su hija haciendo compañía a Julián Sancristóbal.

—Yo creo, Pepe, que tú eres perfectamente consciente de todo lo que ha sucedido conmigo. No importa ahora hablar de personas; lo que es evidente es que el Estado ha actuado en la forma que conocemos. A pesar de ello, no mantengo ningún tipo de rencor ni quiero pretensiones estúpidas, como sería recuperar Banesto, o cosas por el estilo. De lo que se trata es de desactivar todo lo posible los mecanismos de violencia que se pusieron en marcha.

Allí, en Alpedrete, nació una nueva dinámica especialmente grave y dura y en ella viví envuelto hasta que Felipe González perdió inesperadamente para él las elecciones generales de 1996. Y las consecuencias vinieron después. Yo era perfectamente consciente de que para González perder unas elecciones frente a Aznar representaba algo ciertamente muy duro de aceptar. Pero finalmente en 1996, por un puñado de votos, las perdió. Comenzaba una nueva etapa. Aznar en el poder. Se preparaba con cuidado mi regreso a prisión.

SEGUNDO ENCIERRO

26 DE FEBRERO DE 1998

II

ENCARCELADO POR LA MAÑANA
Y LIBERADO POR LA TARDE

Unos meses después de recuperar mi libertad, apuntalada con la brutal fianza de dos mil millones de pesetas, de nuevo la prisión volvió a mi vida, si bien en esta ocasión en un episodio que, de no ser porque se trataba de la libertad de una persona y hasta de una familia, sería digno de figurar entre las chirigotas más insignes del mundo judicial.

En la Audiencia Nacional de aquellos días un juez destacaba entre todos ellos como una estrella en el gris firmamento de ese mundo de togas. Su nombre era Miguel Moreiras y la Ley le había encomendado el Juzgado Central de Instrucción número 3 de ese tribunal especial. Tal Juzgado tenía la nada despreciable particularidad de que todas las causas económicas que tuvieran que ser atribuidas a la Audiencia Nacional debían necesariamente recalar en sus dependencias. Así como los casos de terrorismo o de narcotráfico podían ser instruidos por cualquiera de los jueces de instrucción de ese tribunal de la calle Génova, cuando de asuntos económicos se trataba no cabía posibilidad distinta de que su instructor fuera el juez Moreiras. En momentos en los que la vida económica asumía un protagonismo inusitado, no debe extrañar que el juez tuviera una dimensión mediática muy superior a la del resto de sus compañeros, hasta el punto de que él fue responsable de que se acuñara un término específico: el juez estrella. No es necesario aclarar el contenido de esas palabras. Quedaba poco tiempo para que se comenzara a ver el desfile de personalidades económico-mediáticas por sus dependencias.

Ese juez, en pleno año 1994, antes de que se desatara la furia judicial «Banesto» contra mí, comenzó a instruir un asunto llamado «Argentia Trust» a consecuencia de una denuncia anónima. Algo raro pero así fue. En abril de ese año me llamó y acudí por primera vez a las dependencias de ese Juzgado para prestar declaración sobre un tema que no parecía dar mucho de sí. En esencia se trataba de un pago de seiscientos millones de pesetas que tuve que hacer por cuenta de Banesto a unos intermediarios muy conocidos en la sociedad española, los señores Navalón y Selva. El motivo de ese pago era tan lamentable como imprescindible para el banco que presidía, porque yo me había empeñado en crear una Corporación Industrial con todas las participaciones en empresas que tenía Banesto, que eran muchas y de una gran envergadura económica. La verdad es que el mundo de empresas era lo que más me gustaba de Banesto y lo que le diferenciaba de otros «bancos puros» como el Popular, del que decían que era instrumento financiero del Opus Dei... Lo fuera o no, la banca pura y dura tiene toda la pinta de ser un negocio poco excitante porque tomas dinero en depósito lo más barato posible y lo das en crédito lo más caro que te admitan.

Sin embargo, el mundo de la economía real es mucho más variado, más emocionante, si se me permite la expresión. Pero, claro, eso de mezclar acciones de empresas con créditos es un poco lío y creaba algo de confusión, así que lo mejor, lo más sano, era separar las churras de lo real de las merinas de lo financiero. Así cada cosa sería llamada por su nombre, en el sentido de que lo industrial tuviera su balance propio, su cuenta de resultados y su gestión independiente. Y lo mismo para lo financiero. Tendría como resultado un grupo económico soportado en dos patas: una compuesta de empresas del sector real, otra integrada por empresas financieras. A mí me parecía lo más sensato del mundo y, además, estaba en plena línea dogmática de los ortodoxos del Sistema, porque implicaba clarificación máxima de las actividades de nuestro grupo.

Bueno, pues a mí me lo parecía, pero al gobernador Mariano Rubio no. Y no se trató de una negativa cualquiera, sino que cuando Rafael Pérez Escolar —abogado, luchador impenitente, consejero de Banesto— le planteó en su despacho la creación de esa Corporación Industrial —así la llamábamos— el señor gobernador quiso adornar su negativa con la mayor de las tragedias posibles. Su frase fue de un dramatismo supino: «Tendréis que pasar por encima de mi cadáver». Nosotros no pretendíamos atentar contra la vida del gobernador. Nos bastaba con que no se opusiera a un diseño tan lógico que chirriaba de evidente. Pues no. Razones tendría. Mejor sinrazones o excusas. Quizá se acordara de que se opuso a nuestra entrada —la de Abelló y la mía— en Banesto porque le rompíamos sus designios. Bueno, da igual. Lo cierto es que con esa frase del cadáver la cuestión se ponía bastante fea.

Y como aquello sonaba a política pura tuve que moverme para buscar apoyos políticos para mi proyecto industrial. Carlos Solchaga, ministro de Economía y Hacienda y persona de la que, en consecuencia, dependía mi proyecto, era un hombre terco y luchador que entendía el poder que ejercía —que era mucho— en clave de amigos o enemigos, y como yo no tenía todas sus simpatías, las posibilidades de que me concediera las exenciones fiscales que le solicitaba para nuestro asunto eran sencillamente nulas. Nosotros y todo el que recibía la información no tenía la menor duda de que era un proyecto beneficioso para la economía española. Una vez creada la Corporación Industrial, pretendíamos sacarla a Bolsa y los mejores bancos del mundo se peleaban por que les diéramos el encargo de ese trabajo. Pero antes había que crearla y para eso necesitaba las exenciones fiscales previstas en la Ley. Pero la Ley es una cosa y los designios políticos de Solchaga eran otra diferente y no siempre resultaban coincidentes. Entre el cadáver del gobernador y la enemistad política del ministro, si quería sacar la Corporación Industrial adelante —y eso era fundamental para Banesto—, tenía que espabilarme en buscar apoyos políticos.

En aquel tiempo Antonio Navalón y Diego Selva eran los dos intermediarios más conocidos de España. Habían trabajado para muchas empresas y tenían eficacia probada. Así que contraté sus servicios en 1988, cuando el proyecto abortado de fusión con el Banco Central, pero ahora se trataba de un nuevo objetivo: ayudarme a crear en el ámbito político la convicción de que nuestro proyecto merecía ser tratado con buenas exenciones, como cualquier otro que tuviera esa dimensión. En el fondo lo que buscaba era vencer la resistencia irracional de Solchaga o, para no ser tan cáustico, la resistencia basada en «enemistad política», porque, esta es otra, el ministro me consideraba un enemigo del PSOE y decía que la Ley no estaba para favorecer a enemigos de su partido. Cité a Antonio Navalón en mi casa de Triana para un desayuno de trabajo, le expliqué el asunto y se ofreció a ayudarme a cambio de mil doscientos millones de pesetas. La cifra parece elevada, y lo es, pero en relación con los potenciales beneficios que se obtendrían para el banco y sus accionistas resultaba adecuada. Más tarde supe que, por ejemplo, la factura que Navalón y sus aliados pasaron en la fusión de Iberdrola alcanzó la nada despreciable suma de diez mil millones de pesetas.

Bueno, pues trabajamos, conseguí en su día ver al presidente del Gobierno Felipe González, le expliqué el asunto, habló con Solchaga, el ministro me citó en su despacho, me dio las exenciones, no las que pedía, pero suficientes para nuestros fines, y la corporación se creó. El mundo financiero tuvo que reconocer nuestro éxito. Mariano Rubio no se murió a pesar de ello. Las acciones subieron en flecha. Lo malo es que tiempo después estalló la guerra de Irak, las bolsas cayeron, el mundo entró en caos financiero y tuve que esperar a mejores momentos para sacar a cotizar nuestra reluciente Corporación Industrial. Para eso esperé, pero para pagar no, porque Navalón me lo pidió. Dado que no se habían conseguido todas las exenciones fiscales solicitadas, regateé la factura y la dejé en seiscientos millones de pesetas. Y como a todos nos venía bien, en lugar de pagarle a Navalón en una sociedad suya de Madrid, ordené que le transfirieran el dinero a una sociedad que constituyó en el exterior, Suiza en concreto, y que tenía ese nombre tan rimbombante de Argentia Trust, y una cuenta en un banco igualmente pretencioso: European Bank, con sede en Zúrich. Todos contentos. Transcurría el año 1990 y jamás nadie puso pega alguna.

Pero, como cuando vienen duras y hay que atacar cualquier cosa vale, una denuncia anónima puso de manifiesto ese pago y pidió que se investigara. Se trataba en el fondo de acusar al PSOE porque se quería demostrar que ese dinero fue al partido o a alguno de sus miembros, lo cual yo ignoraba porque jamás pregunté a Navalón qué hizo con él. Ni pregunté ni quise saber, que en ocasiones saber demasiado resulta extremadamente peligroso. Sin embargo, como la presión mediática mueve montañas, o cuando menos agita jueces, me tocó ir a declarar y explicarle al juez con más detalles de los que aquí escribo pero en esencia este relato, que tampoco resulta demasiado complicado, al menos para quien conozca mínimamente cómo funcionaban las cosas —supongo que seguirán igual— en esa zona secante del poder político y el económico.

Pues bien, esa declaración mía se produjo el 7 de abril de 1994. Unos días después, concretamente el 30 de mayo de ese año, me reunía en secreto con el presidente Felipe González en la Moncloa y este asunto ni siquiera apareció en nuestra conversación. Pero curiosamente el 18 de octubre nuevamente tengo que ir a ver al juez Moreiras para contarle exactamente lo mismo. El caso se estaba convirtiendo en una pesadez.

Un año más tarde, en el mes de octubre de 1995 y justo antes de que diera comienzo el puente del Pilar, me llaman de mi casa para decirme que unos policías me esperan, que tienen que entregarme algo muy importante. En ese instante ni siquiera podía imaginar lo que estaba ocurriendo.

En efecto, sin otros datos que los que acabo de contar, el fiscal Gordillo, un hombre muy vinculado a *El Mundo*, decide ejercitar la acción penal contra mí, y el 5 de octubre de 1995 presenta la correspondiente acusación. Para el fiscal Gordillo solo existe en la causa Mario Conde. Navalón y Selva son sencillamente inexistentes, meros fantasmas sin dimensión corpórea alguna. ¿Qué dice el señor Gordillo? Que Mario Conde «se benefició» de esos seiscientos millones. ¿Sobre la base de qué? No lo aclara. Sencillamente hace la afirmación ignorando el contenido documental y testifical de las diligencias. ¿Construye alguna teoría o hipótesis basándose en la cual pudiera llegarse, aunque fuera indiciariamente, a que Mario Conde pudo percibir alguna cantidad de esos seiscientos millones de pesetas? No. Absolutamente ninguna. ¿Cómo es posible esta acusación? Bueno, cada uno le dará la respuesta que crea más oportuna. Siempre he pensado que si se indaga sobre el hombre como producto se obtienen respuestas más fiables que analizando los llamados hechos, que muchas veces son, al igual que las llamadas pruebas, criados de intereses.

Lo cierto es que, a continuación, se pone en marcha un nuevo drama kafkiano. El fiscal Gordillo, no contento con acusar, solicita de Moreiras que adopte «las medidas personales suficientes para asegurar la presencia de los encausados en el acto del juicio oral». El magistrado Moreiras, que había sido «castigado» por el diario *El País* por su presunta «simpatía» hacia Mario Conde, además de por la extravagancia, a juicio de los periodistas y editorialistas de Prisa, de algunas de sus resoluciones judiciales, recibe el escrito de Gordillo y el día 11 de octubre de 1995 dicta un auto de prisión incondicional sin fianza.

¿Basándose en qué? Dejemos a un lado el que en ese momento yo tenía prestada una fianza de dos mil millones de pesetas ante el Juzgado número 3, en su sección de apoyo. Tratemos de saber por qué y sobre la base de qué Moreiras dictó esa prisión incondicional. El auto contiene un único fundamento jurídico en el que el magistrado explica: «Aunque el Ministerio Fiscal ha interesado del Juzgado que se adopten las medidas personales y reales suficientes para asegurar la presencia de los encausados en el acto del juicio oral, tales medidas únicamente pueden consistir en decretar la prisión provisional comunicada y sin fianza».

Ciertamente kafkiano. El fiscal pide medidas «personales», lo cual ya es mucho conociendo los datos del sumario y la situación de la persona acusada. Moreiras, por su parte, interpreta que esas medidas personales se concretan solo en una: prisión incondicional y sin fianza. Aquello, insisto, de no ser porque se trataba de la libertad de una persona, podría tomarse a broma.

Dos inspectores de aspecto contrito me comunicaron en mi propia casa en la calle Triana la medida. Hablé con Lourdes, subí a nuestro dormitorio a ayudarla a preparar el hatillo de cosas para la prisión, esta vez con mayor precisión que en la primera ocasión porque la experiencia siempre es un grado. Lourdes no hablaba. Bajamos juntos con la compañera llamada bolsa. Me despedí de mi hija Alejandra, que me miraba con ojos tristes y llenos de incomprensión por lo que sucedía, y me dirigí en el coche de la policía —técnicamente era un detenido— a las dependencias de la Audiencia Nacional. Curiosamente el magistrado no se encontraba en su oficina. Tuve que esperar porque el auto que dictó no concretaba la prisión a la que debía ser conducido, lo que parece ser un detalle de cierta importancia... Al final el hombre llegó de almorzar, me citó en su despacho y comenzó un nuevo drama kafkiano elevado a enésima potencia.

En una conversación a solas le dije:

—Señoría, no me he quedado ni con una sola peseta de ese dinero. Usted lo sabe.

—Si quiere puede hacerme una nueva declaración.

Consulté con Mariano Gómez de Liaño, volví a declarar, sustancialmente lo mismo que en la primera ocasión:

—«Es cierto que se encargó a Antonio Navalón que realizara gestiones tendentes a conseguir las exenciones fiscales para la Corporación Industrial de Banesto que pretendía crear y para que colocara en el mercado financiero las acciones de dicha corporación una vez creadas. El señor Navalón le pidió mil doscientos millones».

—«El declarante trató de este pago en la Comisión Ejecutiva de Banesto y se encargó al entonces consejero delegado señor Belloso que hiciera las gestiones oportunas para su abono al señor Navalón. El señor Belloso fue quien propuso que el pago se hiciera por Banesto Industrial Investment, que es una sociedad participada al cien por cien por Banesto, porque había obtenido beneficios, cree recordar que con motivo del cambio de cotización de la moneda.»

—«El declarante no conoce a la entidad Argentia Trust ni le ha hecho ningún encargo, ni ha tenido ni tiene ninguna relación con esa sociedad. Que supone que tuvo que ser el señor Navalón quien presentara al banco la factura de Argentia Trust.»

—«No es cierto que él se haya quedado con esos seiscientos millones de pesetas en absoluto, ni con ninguna cantidad, ni ha recibido nada de Argentia Trust en ninguna ocasión, pues como ya ha manifestado los seiscientos millones se los pagó o acordó que se los pagaran al señor Navalón.»

—«Que ese pago se hizo unos meses después de conseguidas las exenciones fiscales porque se esperó a que la corporación se constituyera.»

—«Que con ese pago no se causó ningún perjuicio a los accionistas de Banesto, sino todo lo contrario, pues la constitución de la Corporación Industrial con las exenciones fiscales concedidas resultó beneficiosa para los intereses del banco, hasta el punto de que subió la cotización de las acciones en Bolsa el mismo día en que se hizo pública la concesión de las exenciones fiscales.»

Al concluir, Moreiras, mirándome a la cara, me dijo:

—¿Alguien del PSOE o el PSOE cobró de ese dinero?

—No se lo puedo asegurar, Señoría, sencillamente porque no lo sé. No tengo ninguna evidencia.

—No me lo creo. Usted lo sabe. En ese caso no me queda más remedio que enviarle a la cárcel.

—Sepa usted que manda a prisión a una persona que no ha tocado una peseta de ese dinero.

—Lo sé. Estoy seguro de eso, pero con esa declaración que me ha hecho no puedo revocar el auto de prisión. Además el fiscal no está, porque se ha ido de fin de semana. Así que cuando venga el lunes, ya veremos.

Aquello rozaba lo escatológico. Así que el fiscal Gordillo de vacaciones mientras se ordena prisión para una persona a la que el magistrado dice que es consciente de que no ha tocado una peseta y que hay que meterle en la cárcel y esperar a que el señor Gordillo regrese de vacaciones... Hay momentos en los que es preferible reír.

Comprendí que no había nada que hacer. A partir de ese mismo instante se abrió entre el magistrado, el jefe de Policía de la Audiencia, Juan Carlos, de mi seguridad, y yo una discusión sobre si el establecimiento penitenciario al que debía ser enviado era Alcalá-Meco o la nueva cárcel de Soto del Real. Al final, debido a mi insistencia, ganó el concurso la residencia regentada por Jesús Calvo. Moreiras firmó el ingreso en prisión, especificando que me concedieran una habitación individual, y, mientras yo era de nuevo conducido a las dependencias de la comisaría, el magistrado parecía dispuesto a irse a casa.

Poco después, en la misma comisaría, cuando estaba a punto de salir en el coche a mi segundo viaje carcelario, recibí la noticia de que Aranda, el fiscal jefe, después de una conversación con Mariano Gómez de Liaño, había dirigido un escrito al juez, este lo había tomado en consideración y había comunicado verbalmente que revocaba el auto de prisión. Cuando, con esa noticia en el alma llegué de nuevo a su despacho, me encontré con Moreiras, que charlaba con ese señor mayor llamado Aranda.

—Gracias, Señoría, aunque la verdad es que no sé si se le puede dar las gracias a un juez.

Moreiras esbozó una ligera sonrisa y contestó:

—No me las dé a mí, sino al Ministerio Fiscal.

—El fiscal pide, pero el juez decide, con todos mis respetos, Señoría.

Me da absolutamente igual lo que sucedió aquella tarde noche. Pasara lo que pasara, fue algo de locos, absolutamente de enajenados mentales. La libertad de una persona pisoteada y humillada. Eso no puede ser la Justicia —pensaba—, pero lo cierto es que en mi alma estos acontecimientos ya no producían ni siquiera el efecto de sufrir. Prefería sonreír.

Moreiras revocó su orden. Tomé el teléfono y llamé a Lourdes.

—¿Que tal por ahí, te han recibido bien?

Imaginaba que la llamada se producía desde Alcalá-Meco. No podía imaginar bromas con la libertad de una persona.

—Bien, bastante bien. Por cierto, ¿quieres cenar?

—No entiendo, déjate de bromas.

—No es broma. Si quieres nos vemos a las nueve en El Cacique.

—Pero...

No entendía nada. No sabía de qué le hablaba. Incapaz de entender la lógica secuencial de los acontecimientos, optó por la pregunta más directa.

—Pero... ¿dónde estás?

—En el coche, Lourdes. Moreiras revocó la prisión, voy camino de El Cacique, avisa a todos, ahora nos vemos.

Prefería colgar. Sentía que al otro lado de la línea los sentimientos podrían desbordarse y no era cosa de ponerse a excitarlos en demasía. Me sentía extrañamente bien por dentro. Llegamos a El Cacique. Abrí la puerta y penetré en el comedor. A esas horas tempranas apenas un par de mesas ocupadas. Todavía no habían llegado mis amigos que me acompañarían en aquella insólita noche. Descendí las escaleras con destino a la planta inferior en la que se encuentra el cuarto de baño. Al regresar de nuevo a la planta principal, una señora bien vestida y con una expresión amable en sus ojos me dijo:

—Enhorabuena, señor Conde, lo están diciendo por la radio.

—Gracias, pero es enhorajusta, señora.

En ese instante Lourdes apareció por la puerta. Me dio un beso apoyando su mano derecha en mi hombro izquierdo, al tiempo que levantaba ligeramente del suelo la pierna izquierda en un gesto inconfundible de timidez. Quiso escapar de cualquier aspaviento excesivo. En el fondo, además, la alegría por la libertad no conseguía empañar del todo el dolor que sentíamos por el trato recibido, por ese ahora te meto, ahora te saco, que evidenciaba algo de manera indecorosa: la arbitrariedad. Cuando el campo de lo justo se deja en manos de lo arbitrario, la paranoia acaba presidiendo el comportamiento humano, porque desaparecidos los límites, borrados los senderos, el caminar a veces se traduce en un girar sobre sí mismo en un recorrido en el que se funden el poder y la estulticia.

—Bueno, dime qué ha pasado, por favor, porque esto...

Relaté a Lourdes y al grupo de amigos que en ese momento ya se arremolinaban alrededor nuestro los pormenores del episodio. La gravedad de los hechos no conseguía borrar una sonrisa que en sus rostros dibujaba la alegría que compartíamos. Desgrané los hechos desde el momento en que se produjo la llamada para que regresara a mi casa de urgencia, hasta que el increíble juez dictó el auto de libertad.

Lo más alucinante del caso es que al revocar el auto de prisión Moreiras dictó uno nuevo en el que literalmente aseguraba: «Se deduce que ha quedado acreditada la falsedad de ese documento mercantil o factura expedida por Argentia Trust, pero no la apropiación indebida de esa cantidad por el acusado Mario Conde Conde, por lo que en el estado actual del procedimiento únicamente se podría seguir acusando a este del delito de falsedad en documento mercantil», y basándose en ello acordaba reformar su auto, dejar sin efecto la medida de prisión provisional sin fianza y «en su lugar se acuerda su puesta en libertad provisional sin fianza». Así que un minuto antes a la cárcel. Un minuto después resulta que no queda acreditado el delito por el que me quería encarcelar preventivamente...

Ese mismo día 13 de octubre de 1995, el juez Moreiras dictaba otro auto en el que disponía: «Se acuerda remitir las actuaciones al Excmo. Sr. Fiscal Jefe de la Audiencia Nacional para que informe de si procede o no sostener la acusación contra los inculpados Juan Belloso Garrido, Antonio Navalón Sánchez y José María Xercavins Lluch y a su vista se acordará». El revuelo que se armó fue tremendo. Clemente Auger calificó la actuación de Moreiras como una tragedia.

Hombre, una tragedia... No aclaró si la tragedia consistió en el proceder en sí mismo o si ese adjetivo derivaba de que mi encarcelamiento fuera un interruptus... Pero en cualquier caso, como digo, el revuelo mediático organizado fue de órdago a la mayor. Quizá en ese instante afloraron con toda la fuerza del agua contenida las envidias, recelos, antipatías y otros sentimientos de la misma familia acumulados contra el hombre que había convertido una labor judicial en un espectáculo, y en ocasiones un esperpento mediático. Y, claro, si el escándalo es mediático, resulta difícil sustraerse a sus leyes. Estaba seguro de que Moreiras, a quien tanto parecían gustarle los medios de comunicación social, no se sustraería a la tentación de comparecer ante ellos y conceder entrevistas para aclarar lo sucedido. Los jueces deberían hablar en resoluciones judiciales, en autos y sentencias, pero la tentación es la tentación y la carne humana, la carne humana...

No tardó mucho en aparecer la respuesta. El propio domingo, 15 de octubre de 1995, el magistrado Moreiras concedía una entrevista al diario *Abc* en la que, entre otras cosas, aseguraba lo siguiente:

«Quiero subrayar que llevo dos años instruyendo esta causa y nunca he tomado ninguna medida personal contra ninguno de los acusados porque nunca me ha parecido necesario. ¿Por qué las tomo ahora? Por iniciativa del Ministerio Fiscal. [...]

»En esa declaración [Mario Conde] me dice varias cosas y me convence de que no se ha llevado el dinero sino que se lo ha dado a Antonio Navalón para la prestación de sus servicios profesionales. Yo llego a la convicción de que Mario Conde no se ha apropiado de ese dinero, convicción que no tenía antes, porque me convence de que se lo ha dado a Antonio Navalón para que pague al PSOE por esas exenciones. [...]

»Todas las medidas que he tomado las he tomado siempre de conformidad con el Ministerio Fiscal que es el defensor de la legalidad».

Aquello sonaba regular tirando a bastante mal. Así que en una declaración de urgencia, que se prestó porque yo acudí a la Audiencia, y fui a ese lugar porque se olvidó Su Señoría de poner en su auto en el que ordenaba mi encarcelamiento a qué establecimiento penitenciario tenían que trasladarme los policías... En esas circunstancias es cuando descubre que yo no me quedé con el dinero... ¿No sería preferible estar convencido de ello antes de meter a nadie en la cárcel? ¿En qué varió mi declaración de ese día respecto de las anteriores para soportar tan importante convicción? Sinceramente, aquello sonaba raro. Y no solo a mí.

Con esa declaración posiblemente solo consiguió el juez añadir explosivos incendiarios a su difícil situación personal. Pero, como la prudencia en esos instantes suele salir de viaje, volvió a la carga y ahora en otro diario, *El Mundo*, que se había convertido en el verdadero instructor de la causa penal con el nada disimulado propósito de encontrar financiación ilegal del PSOE o enriquecimiento personal de alguno de sus miembros más destacados. Así que nuevamente en domingo, para que la cosa tuviera mayor dimensión, Moreiras vuelve a la carga con otra entrevista en el periódico dirigido por Pedro J. Ramírez. El periodista le pregunta: «¿Por qué Gordillo dice ahora que no le pidió que encarcelase a Conde?».

Moreiras, sin cortarse un pelo, le responde: «Bueno, yo debo tener fallos de memoria, porque eso se lo oí decir. La medida de seguridad la tomamos de mutuo acuerdo».

Moreiras está diciendo la verdad. Gordillo en toda esta historia de Argentia ha jugado por lo menos a tres barajas al mismo tiempo. Fue él quien pidió mi ingreso en prisión. ¿Para presionarme y conseguir que «cantara» que cobró el PSOE? Es posible. Sin embargo, yo me inclino por una versión menos romántica: obedeció a presiones. ¿De quién? Misterio donde los haya porque lo cierto es que Aranda, cuya afinidad ideológica y posicional con el felipismo no es dudosa, decidió que no procedía mi nueva marcha hacia Alcalá-Meco. Y supongo que ganas no le faltarían. Si decidió que no, fue motivado por razones de conveniencia...

Estaba más claro que el agua que con esas declaraciones Moreiras acababa de rubricar su sentencia personal. Se le instruyó expediente sancionador, que primero se saldó con una multa, pero que, ante la insistencia de sus enemigos, se elevó a una sanción muy superior. Hoy, expulsado de la Audiencia, presta sus servicios como magistrado de lo social por las tierras de Ciudad Real. Cosas de esta vida nuestra...

Pero la cosa no quedó ahí. Moreiras quiso que se imputara a Navalón. Una cosa es sancionarle y otra, que ese tema quedara colgando. El 5 de marzo de 1996, dos días después de que el PSOE perdiera las elecciones generales por 300 000 votos, el fiscal general del Estado, Carlos Granados, produce un documento inolvidable en el que afirma que «no considera procedente sostener la acusación contra personas distintas a aquellas frente a las que se ha dirigido por la Fiscalía de la Audiencia Nacional». Dicho más claramente: Belloso, miembro de carné del PSOE, y, sobre todo, Antonio Navalón, respecto del cual las evidencias abrumaban en las diligencias, no existen penalmente, nada han hecho, son fantasmas procesales. El único acusado debe ser Mario Conde. No tenían pudor. La Justicia comenzaba a funcionar con destino a Alcalá-Meco.

El 11 de marzo de 1996, el magistrado instructor dicta auto de apertura del juicio oral. *Alea jacta est.* Moreiras había dicho que le había convencido de que no me había quedado con el dinero, pero... se ve que esos convencimientos no son duraderos. O tal vez en ese momento con mi imputación quería arreglar las cosas, pedir árnica, intentar evitar una sanción o cuando menos reducirla... No lo sé. Pero la experiencia dice que así no funciona... Le sancionaron, le elevaron la sanción, le quitaron de la Audiencia Nacional y le mandaron a Ciudad Real...

Y a mí al juicio por Argentia Trust.

12

UN JUEZ PARA UN JUICIO
Y DOS AMIGOS PARA UNA TRAICIÓN

Lunes 24 de febrero, la última semana antes de la iniciación del juicio oral. El fin de semana lo pasé en Los Carrizos. No sentía la menor inquietud interior. Conocía las diligencias, los papeles, las declaraciones, las incongruencias, la actitud de Siro García, el presidente del tribunal. Bueno, eso de que la conocía es mucho decir. Me hablaron de él, de cómo supuestamente estaba confeccionada su armadura interior, y de ese conjunto de suposiciones emocionales deduje un imaginario comportamiento como presidente de un tribunal. Claro que no siempre aciertas, por supuesto, pero en aquellos instantes, justo es decirlo, nada me preocupaba. Al final, un juicio es siempre un juicio y nunca se sabe qué puede pasar. Pero ese tipo de preocupaciones no encontraba terreno abonado dentro de mí, más atento a mi trabajo y dejando los sucios trasfondos —en el caso de que existieran— a la inevitabilidad de la dinámica propia del devenir patrio. Ni siquiera el convencimiento de que un resultado favorable en este primer envite judicial tendría —lo quisieran o no— indudable trascendencia para el siguiente conseguía alterar mi estado de ánimo. Los olivos, el pantano, los pasos badén y algunas otras referencias puramente camperas ocupaban mi pequeño mundo. Llegaría el lunes 24 y, sobre todo, el lunes 3. Si alguien no lo impedía por la ya improbable vía de la suspensión del juicio, la suerte estaba echada.

El lunes 24 de febrero de 1997 amaneció algo gris, con descenso no dramático de las temperaturas, pero perceptible a las horas tempranas, anteriores al alba, a las que me suelo levantar. Regresé al cortijo a eso de las nueve y cuarto y antes de subir a mi despacho para continuar trabajando consumí un turno en acercarme a la perrera en la que permanecía atada con una larga cadena metálica *Paulina,* mi perra negra, preñada de *Martín,* el dogo argentino. Morfológicamente no existía duda razonable: pariría de un momento a otro. Su primera camada nació, poco más o menos, por las mismas fechas el año anterior, casi coincidiendo con la muerte de mi padre. Ahora, nuevamente, traería vida a la vida, hermanándose con el primer aniversario de ese acontecimiento capital en mi existencia.

Nada más llegar a mi mesa de trabajo entró una llamada de Paloma, mi secretaria. Me transmitía una información de cierto interés.

—Me han asegurado, por la fuente que sabes, que a partir de hoy el ponente del caso Argentia será el magistrado Ventura Pérez Mariño.

No conocía a esa persona más que por referencias de prensa. Su aspecto físico, cuando lo contemplé en una de sus intervenciones en el Parlamento, me transmitió la imagen de un hombre sosegado y tranquilo, algo fundamentalista. Al igual que el juez Garzón, aceptó incluir su nombre en la lista de diputados independientes del PSOE en las elecciones de 1993. Daba la sensación de ser algo estudiado o, tal vez, el fruto inconsciente de la circularidad de los acontecimientos. Marqué el número de Mariano Gómez de Liaño, consumimos un ligero turno sobre el fin de semana, y le conté la buena nueva para conocer qué pensaba sobre ella. Mariano no fue demasiado explícito.

—Creo que no es buena noticia para ellos.

Ellos, claro, eran para mi abogado los acusadores, es decir, Gordillo y demás, aunque el fiscal, como es natural, solo funcionaba como terminal del poder político. No le concedió excesiva importancia.

Sin embargo, hoy tengo claro como el agua destilada que fue un inmenso error. Debimos plantear de manera clara y decidida la recusación del ponente. Independientemente de que hoy me parece obvio que por muy malas relaciones que pudiera tener con algunos miembros del Partido Socialista, su actitud hacia mí, hacia lo que representaba en la sociedad española, tenía que ser necesariamente mucho peor, partiendo de la base, que alguna vez comentó Luis María Anson, de que se trataba de un simpatizante de las posiciones de Izquierda Unida. Por si fuera poco, como parlamentario por el PSOE tuvo conocimiento del dictamen del caso Banesto, en el que, como antes dije, se contenía una admonición respecto del caso Argentia. Quien intervino como legislativo no podía ahora repetir como representante del judicial, en calidad, ni más ni menos, que de ponente de la sentencia.

Mariano pensó que ese magistrado tendría especial interés en averiguar la verdad, en conocer quién cobró. Teóricamente abandonó el PSOE por los casos de corrupción. Además de cumplir con el mandato del Parlamento, disponía de la oportunidad de ser congruente consigo mismo. Para ello le bastaba con aplicar el Tratado de Cooperación de Estrasburgo y solicitar de las autoridades judiciales suizas una comisión rogatoria dirigida a concretar quién, cómo y por qué cobró ese dinero de Banesto. Ingenuidad supina. Lamentable error. Asumió el caso para hacer lo que hizo. Después abandonó la Sala de lo Penal para dedicarse a lo contencioso administrativo.

Lunes 3 de marzo de 1997, 10.30 de la mañana. El tribunal se constituye en la Sala de la Audiencia Nacional. Preside Siro García. A su derecha la magistrada Ángela Murillo, aquejada de una ligera cojera. A su izquierda Pérez Mariño, el ponente, ex portavoz de Justicia por el PSOE hasta el momento de su dimisión. En mesa independiente, situada a la extrema izquierda de Siro, el secretario, un hombre de aspecto agradable, mirada compasiva, gestos pausados. Transmite bondad. Sobre la cabeza de todos ellos aparecen en grandes caracteres las palabras *Lex* e *Ius* en forma sucesiva. De aquel escenario, lo que más impactó a mi virginidad en este tipo de acontecimientos forenses fue, precisamente, ese orden sucesivo de las dos palabras mágicas. Dudé mucho que fuera premonitorio que la palabra *Ius* se situara sobre la testa presidencial de Siro García. ¿Cómo es posible que un hombre de su supuesta talla jurídica y moral aceptara como ponente a un diputado del PSOE que había firmado como tal diputado un acta referida a Argentia Trust? ¿No era evidente de toda evidencia que se encontraba incurso en una causa de abstención? Me formulé estas preguntas, pero no fui capaz de sacar todas las consecuencias implícitas en sus respuestas.

El lugar destinado a la acusación lo ocupaba el fiscal Ignacio Gordillo, personaje complicado donde los haya, ambicioso y obsesionado con su imagen en prensa, sobre todo en el diario de Pedro J. Ramírez. Gesticulaba y movía papeles, dando impresión de laboriosidad. Un plantel de niñas monas, vestidas de negro, ocupaban algunos de los asientos en el estrado de las acusaciones, aunque como no se planteó ninguna en concreto, era terreno de abogados sin más, ni defensores ni acusadores. Durante el juicio contemplaba a aquellas mozas jóvenes, impecables dentro de sus togas negro azabache, con aspecto serio, conscientes de la importancia que tiene la acción de la Justicia, observando con mirada dura, aunque no huérfana de un cierto toque de dulzura, al fiscal Gordillo interrogando al acusado Mario Conde y a los testigos propuestos por la acusación o la defensa. Alguien me contó que eran alumnas de Gordillo, estudiantes de judicatura que asistían a una clase práctica de su profesor...

Los comentarios sobre el comienzo del juicio fueron para irse a vivir a otra parte porque adolecían de una frivolidad exasperante. Insistían una y otra vez los voceros en que yo llevaba una así llamada «toga de diseño», esto es, especialmente encargada a un modisto para la ocasión y, como no podía ser de otra manera, los nombres de conocidos artistas de la costura, preferentemente italianos, sonaban con fuerza como padres de aquella novedosa vestimenta forense. Nada más ridículo. Decidimos que como letrado tenía derecho a sentarme en el estrado de abogados y en consecuencia debía usar toga. Y no tenía una propia. Mariano Gómez de Liaño, no sin cierta emoción en la voz, me cedió la toga que su padre utilizaba como magistrado del Tribunal Supremo, una vez arrancado de la misma el sello distintivo de tan alta posición en la pirámide judicial. El padre de mi abogado era bastante más bajito que yo, en lo físico se entiende, porque en lo demás por supuesto que no, de forma que, calculada para él, su toga me resultaba un tanto corta, al menos para lo que se lleva por los salones judiciales. Supongo que de ahí partió la idea del «diseño exclusivo». Lo cierto y verdad, según los comentaristas más avezados, es que tal disparate de la toga *ad cassum,* que diría un docto jurista, provocó las iras (¿envidias?) de algunos próceres de nuestra magistratura, hasta el extremo de que no pocos de los llamados «habitualmente bien informados» aseguraban que una de las razones por las que fui condenado era, precisamente, mi negra y especial vestimenta. Con ella, aseguraban, desafié la soberbia de Siro, que estimuló una sentencia condenatoria. No siento especial atracción por las características psicosomáticas del presidente de la Sala, pero mi concepto no es tan ácido y demoledor como el que se deriva del comentario «autorizado».

En tal trance, vestido de y sentado en el lugar de los letrados, tuvo lugar el interrogatorio al que fui sometido por el fiscal Gordillo. Todo un ejercicio de paciencia supina. En más de una ocasión tropezaba no ya con la falta de pruebas, sino con una enciclopédica ignorancia de conceptos elementales. Gesticulaba con mucha ostentosidad, tonalizaba un poco teatralmente, buscaba entre sus papeles como tratando de encontrar algún dato, algún apunte ejecutado en la madrugada anterior... Sus alumnas seguían sus gestos, movimientos, inflexiones de voz, tecnología de la pregunta, *know-how* de la acusación, admiradas de la capacidad de su profesor. Como acusador, me refiero.

Me pareció realmente penoso. Y es que lo fue. De no ser por nuestros errores y las connotaciones políticas del caso, el fracaso de Gordillo hubiera sido épico. Reconozco que le ayudamos. Incluso admito que en alguna ocasión nos proporcionó la posibilidad de enmendarle la plana a nuestra propia estrategia. Pero lo cortés no quita lo valiente. La forma de llevar el interrogatorio por su parte fue sencillamente lamentable. Ekaizer, aquel argentino del que Polanco decía que era el encargado de los trabajos sucios del periódico, lo resumía al día siguiente en un programa de radio con su característica voz aguda adornada del acento argentino: «Este fiscal es un idiota. Parecía que el acusado era él y el acusador Mario Conde».

Un detalle llamó la atención de Paloma, mi secretaria. Fernando Garro, una vez que abandonó el banquillo de los acusados, retornó a la Sala y se situó en una de las últimas filas dispuesto a contemplar en todos sus detalles el desarrollo del juicio. Gordillo, antes de iniciar el examen al que me sometió, pidió a la Sala que ordenara a Garro abandonar el recinto, dado que era posible que necesitara llamarlo como testigo y, en tal hipótesis, debía ser ajeno a lo que se hablara en el salón de sesiones.

En el fondo era una estupidez, porque Gordillo se olvidó de que se estaba transmitiendo señal de televisión en directo para quien quisiera seguirla. No obstante, algo provocó que retuviera la anécdota. Cuando la sesión concluyó, una vez cada pájaro en su nido, en una conversación que mantuve con Paloma, con ese gesto de falsa sorpresa que suelen utilizar las mujeres cuando tienen clara una idea que quieren expresar en forma de duda, me dijo:

—¿Te has dado cuenta de que Fernando se ha quedado en la Sala a escuchar el juicio?

—Sí —fue toda mi respuesta. Prefería dejarla hacer.

—¿No te parece raro que él, a quien horrorizan estas cosas, haya decidido quedarse a ver qué pasaba?

—Sí —insistí en el monosílabo.

—¿No te extraña que el fiscal haya pedido que se vaya? ¿No crees que eso significa que sabe algo más que nosotros?

—Tal vez, Paloma, tal vez, pero ¿adónde quieres llegar?

—Yo creo que se quería quedar para transmitir y si hace todo esto, con lo que le lleva de los nervios, es que solo hay una razón: ha cobrado de Argentia Trust o de estos dos.

—Mira que sois malas las mujeres —fue mi respuesta, provocando, a renglón seguido, un cambio de conversación puesto que en mi interior esa convicción comenzaba a tomar cada día mayor cuerpo y volumen.

Precisamente aquel viernes del fin de semana previo a la segunda y última fase del caso Argentia, recibí una llamada de teléfono de Fernando mientras me encontraba trabajando en la mesa de la biblioteca de Los Carrizos:

—¿Qué pasa, tío? ¿Dónde andas? —respondí con tono desgarrado.

—Aquí, en Madrid. ¿Estás solo? —preguntó Fernando. Su voz más bien seca contrastaba con mi desenfado verbal.

—No, estoy con Paloma. Queremos preparar y dejar listo el informe final para que Mariano lo vea y lo ajuste a lo que él le gusta. Lourdes se fue con Mercedes. ¿Por qué lo dices?

—Por bajarme el fin de semana.

—¡Cojonudo! Vente con Virginia y estamos aquí, que hace un tiempo estupendo.

—No. Mejor voy solo. Virginia tiene cosas que hacer.

—Bueno. Como quieras. Dime a qué hora llegas para que te vayan a recoger al Ave.

Raro. Muy raro. Fernando viniendo solo a Los Carrizos...

Llegó. Su actitud a lo largo del fin de semana fue particularmente extraña. Lo encontraba como ido, obsesionado con alguna idea, sin gastar una sola broma, en tono bajo, asombrosamente bajo. Cuando salíamos a pasear por el campo caminaba a toda velocidad, como huyendo de sí mismo, buscando que el cansancio alejara de su mente algún pensamiento obsesivo que le atormentaba. En una de aquellas deliciosas mañanas tomamos el camino que conduce a la plaza de toros y muy próximos al cercado de los terneros giramos a nuestra derecha para volver a campo través, volteando la loma del Malacate, para descender hacia la Fuente de la Bicha y subir el Cerro Nuevo, que nos devolvía al jardín de Los Carrizos. Durante más de dos horas caminamos y casi no pronunció palabra alguna.

La cena en el comedor resultó igualmente desangelada. Se percibía que la conversación que mantuvimos, cuya temática no recuerdo, era algo absolutamente artificial. Como no podía ser de otra manera, salió el tema del juicio: cómo lo veíamos, qué esperábamos. Fernando solo mostró interés en por dónde iban las líneas maestras del informe final y si en alguno de los días que faltaban Mariano decidiría presentar la comisión rogatoria.

El domingo temprano, antes de que se levantara Fernando, Paloma se me acercó mientras tomaba un zumo de naranja.

—Encuentro a Fernando muy raro.

—Sí, la verdad es que le pasa algo y no sé qué puede ser. En fin, todo se cura.

—Yo creo que ha venido a espiarnos, a saber qué estamos haciendo, por dónde va el informe final y si vamos o no a pedir una comisión rogatoria.

Paloma no se mordió la lengua. Siempre tuvo un cariño especial por Fernando, sobre todo porque fue él quien, en su calidad de director de Servicios, decidió que Paloma dejara de ser azafata para integrarse en mi secretaría. El fuego se rompió con la extraña actitud de Fernando en el primer día de juicio. Paloma tenía ya una idea forjada en su mente. Le costó, como cuesta trabajar el hierro, al que primero necesitamos convertir en incandescente. Una vez instalada la idea en su cabeza, cualquier dato, anécdota, ocurrencia, conversación y hasta comentario más o menos intrascendente lo procesaba dentro del modelo mental definido: Fernando ha cobrado de Argentia y se debe a Selva y Navalón antes que a nosotros. Para ella esa conclusión fue durísima, casi incomprensible. Pero la metabolizó. Y se puso en funcionamiento.

No contesté. Era algo inaceptable para mí. Fernando había sido considerado como un hermano. Le ayudé a lo largo de toda su vida en todos sus trances vitales. Le nombré para Banesto. Le entregué mi amistad y confianza. Incluso más. Lourdes siempre desconfió de él, nunca dejó de advertirme de que le parecía un hombre de talla moral jibarizada. Me pedía que no le diera más carrete, que no me siguiera considerando íntimo amigo suyo porque me traicionaría. Llegué casi a un punto de violencia verbal con Lourdes en defensa de Fernando Garro. Ahora lo tenía ahí, frente a mí, en un momento crucial de mi vida. No podía aceptar que fuera capaz de semejante traición a toda nuestra vida en común, a mi cariño, a mi amistad. No podía... y sin embargo estaba seguro de que Paloma tenía razón, pero no quería aceptarlo. La evidencia se acercaba cada día a pasos agigantados y no deseaba, por nada del mundo, enfrentarme a ella.

Todo llega. Todo lo que es inevitable. Afortunadamente llegó Joaquín, el marido de Josefina, la hermana de Agustín, el encargado. Venía de Castilblanco de los Arroyos con un montón de periódicos en la mano.

—Bueno, vamos a ver la prensa —dije en tono alegre para desviar mi mente y la de Paloma de aquellos tristes pensamientos.

La primera página de *El País* me dejó frío. A todo trapo, por utilizar una expresión marinera, Ekaizer, el inevitable, firmaba un artículo con un titular tan despiadado como: «El desmontaje de Argentia». No cabe duda alguna de que era el día adecuado, el título adecuado, el medio adecuado, para conseguir dar la vuelta a todo nuestro trabajo de la primera semana del juicio. Algo no cuadraba. En principio, la letra impresa del diario de Prisa se dirigía contra Selva y Navalón, a quienes acusaba de mentir. Difícilmente se ajustaba al dato de que Horacio Oliva, su abogado de facto, es un hombre de proximidad ideológica, lógica, etimológica y epistemológica con el grupo Prisa, además de económica, por supuesto. Por tanto, pensaba para mí, o Ekaizer se ha vuelto loco, o esto refleja un pacto.

La locura de Ekaizer es algo posible o incluso probable. Otra cosa es que se le permita escribir con libertad, cuerdo o enajenado, en un dominical de *El País* sobre un asunto para ellos capital. Esa no es, precisamente, la filosofía que inspira el diario que presidía Jesús Polanco. Tomé las páginas en mis manos y me di cuenta de que rezumaban, sudaban, expelían pacto. Aparentemente se trataba de un artículo contra ellos. En el fondo, nada podría ocurrirles. No eran inculpados. No iban a serlo. Soportando ese coste conseguían el objetivo final: introducir tal cúmulo de dudas en el tribunal y, sobre todo, en el especialmente sensible a estos asuntos, el ponente Pérez Mariño, que no quedaba más remedio que condenar a Mario Conde, aunque solo fuera por tomadura de pelo. Lo que *El País* quiso inyectar subliminalmente en la mente de mis magistrados fue lo siguiente: estos dos, Navalón y Selva, mintieron. Mario Conde aceptó la mentira. Las declaraciones estaban en línea de acuerdo, como dijo Siro García. ¿Por qué? Porque todo es una patraña. Entre ellos tres, y quizá con otros, se han repartido el dinero. ¿Quién da la orden? Mario Conde. Ese es el culpable. Los otros también, pero no han podido cogerlos. Además, el dinero era de Banesto y solo con la orden de Conde pudo salir de sus arcas.

Fue una especie de fogonazo de luz interior, un destello de intuición que me permitió contemplar con total nitidez la jugada. Sentí que la cocina de Los Carrizos giraba a mi alrededor y todo comenzaba a dar vueltas sin sentido. Salí al patio. Necesitaba aire, respirar, moverme en alguna dirección recta. Me acerqué al abrevadero de los caballos, crucé la portada neoclásica, atravesé el patio de las bóvedas y traspasé la puerta de madera que da acceso a la torre de entrada. Me acerqué al mirador y contemplé la increíble belleza del valle del Viar, con Sierra Morena al fondo, el río con caudal nutrido, los verdes en pleno estallido. Mis perros me olieron y comenzaron a aullar reclamando una caricia, más una caricia que incluso su libertad.

No podía ser verdad. Tenía que arrojar esa idea fuera de mi mente porque me llevaba a una conclusión monstruosa: Fernando sabía de antemano que este artículo iba a aparecer hoy y su misión era controlar mis movimientos. No tanto, que también, los que se producirían en la última semana del juicio, como los de hoy, domingo, dominado por la rabia, encendido por el texto, enfurecido por sus consecuencias. Se trataba de domarme, controlarme, introducirme un calmante en vena, fuere del tipo que fuere, engañarme, debilitarme, llevarme al terreno de que ellos estaban con nosotros y no contra nosotros. La nitidez con la que se dibujaba en la pantalla de mi mente la escena era tal que la luz ni siquiera provocaba sombra. Necesitaba rechazarla, ahuyentarla, expulsarla, de otra forma podría volverme loco. La intensidad del pensamiento era excesiva para un espíritu ya debilitado en tan escabroso terreno.

Volví al comedor. Paloma leía el artículo. No quiso formular un solo comentario. Lo tenía igual de claro que yo. Funcionó un mensaje telepático, o tal vez de lenguaje corporal. Suficiente. Fernando se levantó. Leyó el artículo de Ekaizer. Expresó asombro. No hicieron acto de presencia, sin embargo, sus tradicionales aspavientos ante situaciones de este tipo. Manifestó su ignorancia. Consideró que el asunto era grave, pero no para mí, sino sobre todo para Ekaizer. Aseguró que con este tema se le acababa su vida en *El País*. Que se pondrían en marcha al día siguiente... En fin, una letanía de lugares comunes.

¿Por qué no hice nada si lo tenía todo tan claro? Porque me resistía a aceptarlo. Luchaba contra mí mismo denodadamente. No quería ni siquiera por un segundo imaginarme que Fernando hubiera llegado hasta ahí. Podría haber cobrado, de eso comenzaba a estar absolutamente seguro. Pero colaborar en una condena de cárcel para mí... Era impensable. Algo capaz de provocar una reacción profunda en alguien como yo. Debía alejarme de ese lugar, cercenar tales pensamientos, incinerar sus residuos, no admitir conversación, insinuación o intuición sobre ellos. La evidencia quiso ser muerta con un no puede ser. Pero fue.

Volvimos a Madrid y se reanudó el juicio. La siguiente sorpresa, de tono menor, desde luego, pero sorpresa, fue la actitud de Ramiro Núñez. Lo conocí en Deusto. Ramiro era más joven que yo. Listo, muy listo, algo desequilibrado, se convirtió en una especie de protegido mío. Terminó su carrera. Le conminé a opositar a abogado del Estado. Empezó pero lo dejó. Más tarde consiguió la plaza de inspector de Finanzas del Estado. Le impulsé a que fuera a Estados Unidos a perfeccionar sus conocimientos. A su regreso a España le contraté para Antibióticos, S. A. Cuando llegamos a Banesto le nombré secretario del Consejo de Administración, para lo que tuve que cesar a otro abogado del Estado con el que yo mantenía cierta confianza. Poco después Ramiro me presionó para ser consejero. Aducía un problema emocional con la familia Oriol, dado que su padre fue empleado de ellos en el tren Talgo. Lo consiguió. Todo lo que pude le di en la vida. Ahora llegaba un momento crucial en mi existencia. Tenía que declarar sobre el pago de los seiscientos millones en su condición de secretario de la Comisión Ejecutiva.

Todos sabíamos que el asunto fue tratado en la Comisión Ejecutiva. De eso nadie albergaba duda alguna. Fui yo quien pidió que, por prudencia, no se recogiera en acta. Ramiro se acordaba a la perfección, pero entendía que podría haber incumplido su profesión de secretario del Consejo si un determinado asunto, tratado oficialmente, era excluido de la redacción del documento oficial. Es posible, pero en cualquier caso ese hipotético fallo menor no era comparable con la posibilidad de una condena privativa de libertad. Mariano Gómez de Liaño, Enrique Lasarte, César Mora y Vicente Figaredo tuvieron una reunión en casa de Lasarte con Ramiro Núñez para exponerle la necesidad de que dijera que efectivamente el asunto fue tratado en la Comisión Ejecutiva. Sencillamente la verdad. Ramiro lo comprendió y asintió.

Llegó su día. Se sentó en el sillón de los testigos. Desde mi atalaya percibí con claridad que un nerviosismo agudo recorría su cuerpo. El presidente le leyó los deberes y las responsabilidades del testigo. Ramiro se removió ligeramente en su asiento. Mariano comenzó:

—¿Este pago de seiscientos millones fue tratado en alguna Comisión Ejecutiva de Banesto?

—No.

Ramiro respondió seco. Rotundo. Mariano, anonadado por la respuesta, dejó que transcurrieran algunos segundos, esperando que Ramiro no se detuviera en la negativa, que arrancara de nuevo, que continuara explicando qué quería decir, en fin, cualquier cosa menos esa negativa ácida y áspera. Se mantuvo en silencio. Yo contemplaba la escena mientras en mi interior venían a mi memoria tantas y tantas veces en las que había ayudado a Ramiro... Mariano no pudo más y comprendió que no debíamos permitir que ese silencio se prolongara un solo segundo sin grave riesgo de que se volviera contra nosotros como un arma mortífera.

—Bien, pero ¿se trató incluso de manera no formal?

—Bueno, sí. Antes de constituirse la Comisión Ejecutiva el presidente, de manera informal, nos dijo algo relacionado con las exenciones fiscales para la Corporación Industrial.

Así concluyó Ramiro. «Algo relacionado con las exenciones fiscales para la Corporación Industrial...» Su testimonio fue fatal para nuestra causa. Un juez, acostumbrado al rigorismo de los temas penales, comprendía mal su postura de que el asunto fue tratado pero de manera informal, sin que tuviera que constar en acta. Sonaba a invento. Tuvieron la sensación de que forcé a Ramiro a formular esa declaración porque nunca se trató el pago en Comisión. ¿Fue solo el temor a que el tribunal pensara que no cumplía escrupulosamente con sus deberes de secretario? Creo que no. En realidad Ramiro se encontraba negociando su situación personal con Miguel Martín, subgobernador del Banco de España. Ramiro había sido jefe de su gabinete. ¿Influyeron sus pactos con Miguel Martín en esta actitud suya? Insondables los recovecos del alma humana. Nunca conoceremos bien a las personas. Garro, Ramiro... ¿qué más tendría que vivir en ese brutal terreno de la condición de ciertas almas humanas?

El inefable Ekaizer, verdadero acusador mediático en todos mis procesos, escribía en *El País* del 19 de marzo de 1997 que Ramiro Núñez ni siquiera admitió que se trató fuera del orden del día de la Comisión, sino en una reunión antes de comenzar esta y que no se habló de pago en dinero, sino de «gestiones para conseguir las exenciones fiscales». Pues nada, si lo dice Ekaizer, ¿qué más se puede pedir? Dolor. Mucho dolor.

Llegó el momento del informe final. El fiscal, al menos en la definición de su cargo, atiende a la Ley por encima de todo. No se trata de un acusador sin más, no acusa por el mero hecho de acusar, sino que teóricamente solo debe dedicarse a tan incómoda labor en el caso de que entienda que se ha producido una verdadera y auténtica violación de la Ley. Mi experiencia me dicta sin paliativos que estos postulados los niegan los hechos de manera impenitente. El fiscal es una parte acusadora más. Le pagan para acusar. No existe diferencia fáctica con otros acusadores. Bueno, sí, una y muy importante: le pagan desde el poder, y el poder lo ejercen los políticos, así que los fiscales es muy difícil que se sustraigan al imperio del dictado político en la redacción de sus escritos jurídicos.

Gordillo comenzó a hablar. Sus movimientos, gestos, inflexiones de voz, constituían un regular curso de arte dramático, aunque, eso sí, fueron diseñados para que la televisión obtuviera la mejor de las imágenes del fiscal para ser proyectada en los telediarios del día. Gordillo era consciente de que acusar a Mario Conde constituía un activo para su carrera. No cejó. Le trajeron al fresco las pruebas practicadas. Entendió que no cabía duda alguna de que esos seiscientos millones de pesetas se los embolsó el acusado Mario Conde, así que pidió para él seis años de cárcel. Primero, por un delito de falsedad. Segundo, por otro de apropiación indebida.

Le escuché con mucha atención. Consumía nuevas experiencias vitales. Mi virginidad de cliente del banquillo de los acusados quedó rota el 3 de marzo. Ahora, le tocaba el turno a la experiencia de ser acusado formalmente, escuchar cómo un hombre vestido de toga negra con puñetas se dirige a otros portadores de la misma indumentaria, compañeros de trabajo para más señas, y, como representante de la Ley, el Estado y su Razón, solicita que le sea aplicada tal pena, eso sí, con el doble carácter de instrumento punitivo y, sobre todo y por encima de todo, como señala nuestra Constitución, con la finalidad de conseguir la reinserción social del delincuente. Así que en aquellos seis años de cárcel que me solicitaba el fiscal, debía entender que se localizaba algo construido para mi propio bien. Dicho más claramente, Gordillo estaba haciendo todo lo que podía para conseguir la reinserción social de Mario Conde. Supongo que debo estarle agradecido.

Mariano, el abogado, lo escuchaba tomando notas, no sin ciertas evidencias de nerviosismo. Aquella mañana, antes de acudir a la Audiencia, nos reunimos en su despacho María, la secretaria del letrado, Paloma, Mariano y yo, para comentar las líneas maestras de su informe, cómo pensaba exponerlo, el tipo de representación que pensaba utilizar, en fin, las incidencias propias de un momento capital como era el que se tendría que dilucidar en la Audiencia. Paloma, de repente, le interrumpió y le dijo:

—Don Mariano, yo creo que es imprescindible que pida la comisión rogatoria, tiene que pedir la comisión rogatoria.

El tono de mi secretaria no era el de un consejo o una propuesta. Se trataba casi de una súplica, una petición en circunstancia límite, algo así como una solicitud de clemencia.

—Eso no se puede, Paloma, no se puede —fue la contestación de Mariano.

Mientras Gordillo exponía, vino a mi mente la petición de Paloma.

El informe de Mariano fue bueno, aunque no exhaustivo. Rebatió, sin duda, todas las acusaciones del fiscal, pero tal vez no remachó suficientemente algunos puntos claves. Para cualquier cliente que no se llamara Mario Conde, la calificación sería de matrícula de honor y la absolución gozaría de garantía absoluta. El problema es que se trataba de Mario Conde, quien, como decía mi mujer, no goza del principio de presunción de inocencia, sino del de culpabilidad, de tal manera que no basta con demostrar su inocencia por el mecanismo de probar que él no robó, no mató, no se apropió, no violó, no chantajeó. No es suficiente. Se le exige un paso más y debe probar quién fue el que robó, el que mató, el que se apropió, el que violó y el que chantajeó. De otra manera volverá a escuchar los sonidos de la sirena del patio de presos cuando a las siete de la tarde llaman al recuento.

Al concluir el juicio me encontré con Gordillo en uno de los pasillos de la Audiencia. Me tendió la mano. La acepté sin mediar palabra alguna. Abandonamos el edificio de la Justicia con el convencimiento de haber ganado aquel proceso.

Esa noche, Fernando Garro descorchaba algunas de sus mejores botellas de vino tinto. Tenía una cena de celebración en su casa de Madrid y quería cuidar hasta el menor de los detalles. Esa noche nada debía faltar, todo tenía que funcionar con precisión matemática. La ocasión lo merecía. Su invitado se llamaba Diego Magín Selva Irles y ambos, en armonía de intereses, celebrarían la terminación del juicio oral del caso Argentia.

Llegó el momento en que nos comunicarían la sentencia. Solo habían transcurrido unas horas desde el final del juicio. Por cierto, que, al concluir, pasé delante de Siro García, el presidente, y le dije si podía irme a Sevilla, al campo, a esperar la sentencia. El hombre con tono alegre, dentro de que no es precisamente la alegría de la huerta, me dijo:

—Es usted un hombre perfectamente libre, señor Conde.

Mal asunto. Entonces no sabía esa experiencia de que unas buenas palabras se traducen siempre en una mala sentencia. Pero lo cierto es que no me fui al campo. No sé por qué, pero me quedé en Madrid. Me levanté temprano y tomé el camino que conducía a nuestra oficina de Gobelas. Mi intención era consumir pocas horas de trabajo aquella mañana. No exhausto, pero sí me encontraba cansado. La experiencia del juicio oral disponía del atractivo de la novedad, pero no había resultado especialmente gratificante. La voz de Lourdes al teléfono sonó serena pero con un punto de cierta ansiedad.

—Oye, que Mariano va para ahí. Le han llamado para decirle que a eso de la una le comunican una decisión judicial.

—¡Qué raro! —le dije.

—Sí. Mariano también piensa lo mismo. Lo que ocurre es que una sentencia dictada con tanta celeridad parece que solo puede ser exculpatoria. Al menos eso piensa Mariano y yo creo que tiene razón.

—En fin, ya veremos.

Me crucé con César Mora y le comenté la novedad. César no sabía qué pensar. Ciertamente no le cuadraba una absolución, pero una ruptura de la estética llevada hasta sus máximos grados tampoco encajaba en sus esquemas, así que, aun a regañadientes, se sentía inclinado a pensar que la sentencia me permitiría salir airoso de este primer envite.

El pasillo de nuestro despacho de Gobelas y sobre todo su moqueta verde fueron víctimas de mi nerviosismo, traducido en un continuo andar de un lado a otro, en ocasiones arrastrando un poco los pies, en otras con movimientos vivos, pisando firme, transmitiendo al suelo y a la lana que lo cubría que, a pesar de los pesares, dentro de escasas horas, alguien, un tribunal, iba a proclamar urbi et orbi mi inocencia en el caso Argentia Trust.

Cada minuto que pasaba tenía en términos existenciales una duración de horas. Mi interior se encontraba en punto de ebullición. Necesitaba disponer de alguna fuente de información. Alguien tenía que saber el contenido de la sentencia. No podían ocultarla en caja fuerte hermética para todo el mundo. Algún poro, un resquicio por el que se filtrara el contenido del fallo. ¿Dónde encontrarlo?

Mariano no subió al despacho. Me llamó y charlamos. Su impresión era muy positiva, pero no quería decirme nada concreto y mucho menos seguro. Le noté tranquilo, relajado. Igualmente creo que no disponía de información y que operaba por mera experiencia forense: una sentencia condenatoria jamás se dicta en menos de veinticuatro horas, aunque solo sea por decencia formal. En eso, creo que exclusivamente en tal dato, basaba su moderado optimismo.

El tiempo transcurría desesperadamente lento, arrastrándose sobre unos cuerpos poseídos por almas llenas de angustia, pasión, necesidad de comenzar a despejar interrogantes en esta larga, penosa, cruel lucha iniciada años atrás. A medida que se acercaba la hora, aumentaba la intensidad del brillo de nuestros ojos. Los gestos más ostensibles, los movimientos más rápidos, con mayor utilización de las manos y los brazos para apoyar nuestros argumentos verbales. El andar menos cansino. La voz más preñada de aire que quería salir de los pulmones confundiéndose con el ruido de la palabra.

Bajamos a Triana César y yo en el mismo coche.

—Sería muy fuerte que te concedieran la oportunidad de explicar tu inocencia. No les entiendo, pero parece que esta primera batalla la pierden —comentó César en plena autopista de La Coruña.

César seguía convencido en su interior de que una absolución en Argentia era un imposible lógico en el tipo de guerra en la que nos encontrábamos envueltos. No podían cometer ese error. Al mismo tiempo no quería que los escasos minutos que quedaban para conocer la resolución definitiva fueran excesivamente tristes. Por ello optó en sus comentarios por la línea ecléctica: no es posible que te absuelvan, pero a lo mejor son tan estúpidos que lo hacen.

Le comprendía perfectamente. Yo pensaba lo mismo que él.

En Triana permanecieron César y Fernando Garro. Paloma y yo salimos en dirección a Asesores en Derecho, despacho de Mariano. Hasta ese preciso instante las apuestas de la comunidad periodística no admitían duda alguna: absolución. A la una y media en punto de la tarde Paloma recibía en su móvil una llamada. Era Carlos Chaguaceda, periodista de Antena 3.

—Tenemos la información. Nos la suministra una persona de dentro de la Audiencia. Alguien que tiene un acuerdo con nosotros. Te puedo confirmar que es absolución. Lo vamos a dar en exclusiva ahora mismo.

—Yo que tú, Carlos, sería más prudente. Eso es lo que dice todo el mundo, lo que debería ser, pero no necesariamente lo que sucederá. Tampoco pasa nada porque esperes unos minutos.

—Es que nuestra fuente es de dentro de la Audiencia.

—Haz lo que quieras. Yo que tú esperaría.

No sé muy bien por qué le dije aquello. ¿Prudencia, temor, las dos cosas a la vez?

En el despacho de Mariano se vivía un ambiente festivo. No es que las botellas de champán descansaran en la nevera ni los canapés dormitaran en las bandejas vestidas con paños de algodón fino, pero todo indicaba el pleno convencimiento de una sentencia absolutoria. Mariano salió con destino a la Audiencia Nacional puesto que la Sala había tomado la decisión de leer públicamente la sentencia ante todos los medios de comunicación social.

—¿Qué me dices? ¿Van a leer la sentencia a la prensa? —pregunté escandalizado.

—Sí, esas son las noticias que tenemos —dijo María, la secretaria de mi abogado.

No necesitaba más información. Todo se presentaba meridianamente claro. Una cosa es que me absolvieran, lo cual merecía el atributo de la cuasi imposibilidad, pero imaginar que la Sala, que

Pérez Mariño, el hombre de la izquierda en la judicatura, nombrado expresamente para ser ponente, se iba a prestar a salir en los medios de comunicación, con su traje negro, sus puñetas blancas, sus gafas y su voz estudiada para proclamar urbi et orbi la inocencia de Mario Conde era algo que no resistía ni el más ligero, fútil, frívolo y trivial de los análisis. La lectura a la prensa de la sentencia era la confirmación más obvia, grosera, elemental y vulgar de que el fallo sería condenatorio. Lo que quería Pérez Mariño, precisamente, era no perder la ocasión de ser el hombre que pasaría a la historia como el lector de la sentencia de Mario Conde.

Muchas personas querían un lugar en la pequeña historia contemporánea de nuestra maltrecha España en relación a Mario Conde. García-Castellón, hoy olvidado por casi todos, fue el hombre que metió en la cárcel a Mario Conde, el primero a quien correspondió tan alto honor. Orti, desconocido hoy y siempre, fue el fiscal que le acusó y el que pidió para él treinta y cinco años de cárcel. Moreiras quiso ocupar un plano segundón: el segundo juez que enviaba a Alcalá-Meco a Mario Conde. Gordillo emuló a Orti en el caso Argentia Trust: pidió para mí prisión incondicional sin fianza para garantizar que me presentaría en el juicio... Aranda, el fiscal jefe... En fin, ni la ceguera menos consciente podía evitar la representación del resultado que iba a tener lugar en escasos minutos.

El primer aviso llegó del propio Carlos Chaguaceda. Destinataria, Paloma:

—Los rumores cambian de signo. Parece que ha salido Ekaizer con la información de que son seis años por falsedad y apropiación indebida.

—Eso empieza a cuadrarme —comenté a Paloma cuando me trasladó la información.

Tomé el teléfono y lo comenté con Lourdes, un poco para prepararla psicológicamente.

A partir de ese instante solo quedaba la confirmación oficial. Pérez Mariño se sentó en el estrado de la Audiencia y delante de todos los medios de comunicación procedió a una lectura pausada, tranquila, subrayando las palabras de aquella sentencia producida precisamente para ser leída al pueblo. La terminología jurídica brillaba por su ausencia. Las palabras fueron extraídas de algún discurso mitinero. Los términos empleados se alejaban millas de la pulcra dicción de los jurisconsultos para incurrir en un lenguaje casi barriobajero.

Pérez Mariño pretendía no solo condenarme jurídicamente, sino, además, ejecutarme socialmente. «Condenamos a Mario Conde...», repetía incansable, insaciable, incontenible, disfrutando cada palabra, cada condena, cada descalificación. Imaginaba lo que sucedería en cada hogar de los españoles que contemplaran su rostro y su voz disparando sobre el mito de Mario Conde, a quien odiaba profundamente en su interior, no solo en lo que representaba como fenómeno social o incluso político, sino como persona, como sujeto, como individuo; asumía encantado su posición de verdugo. Claro que, como dicen los viejos sufíes, «antes de indignarte con alguien porque te ha ofendido, comprueba primero que de verdad se trata de una ofensa y no de una alabanza inconsciente».

Mariano apareció en el despacho totalmente demudado. El rostro desencajado, los ojos vidriosos, la voz trémula, el paso corto, los movimientos lentos, no sabía qué hacer, qué decir, hacia dónde ir, cómo encajar el golpe. Me miró fijamente unos segundos y luego con el hilo de voz que le quedaba musitó:

—No hemos sido capaces de superar la prueba judicial. Esto es muy grave. Es muy grave. No hemos sido capaces de superar la prueba judicial. Esto es muy grave. No hemos sido capaces... —se repetía como un autómata.

Traté de fijar la escena en mi memoria y busqué una impresión global de aquel hall del despacho de Asesores en Derecho. Era un funeral. La espera de un salón mortuorio. El pasillo de una noche de vela funeraria. Nadie lloró, pero presentía que la mínima chispa provocaría grandes sollozos. Nadie gritó, ni maldijo, ni blasfemó, pero la yesca estaba lista para arder. Nadie se hundió de forma ostensible, pero se percibía el sonido que produce el descenso por el túnel que conduce a la desesperación.

—Bueno, señores, hay que tener ánimo. Ya lo arreglaremos. Tenemos todavía el recurso de casación —dije en voz alta, con tono alegre, tratando de disimular el profundo, visceral, cósmico cabreo que llevaba dentro de mí.

Acompañado de Paloma abandoné el despacho y me desplacé a Triana. Hablé con Enrique Lasarte, que había oído la noticia en la radio viniendo de San Sebastián.

La confusión era la principal invitada en el salón de Triana. Los epítetos de increíble, alucinante, incomprensible y otros de la misma familia lingüística presidían los brevísimos discursos que cada uno de nosotros efectuaba, no tanto para ser escuchados, sino para vomitar la indignación interior que sentíamos. César y yo, en el fondo, lo sabíamos, lo esperábamos, lo comprendíamos, situando la sentencia dentro de la guerra en la que éramos conscientes estábamos inmersos de lleno. Era obvio, elemental, que no podía concluir de otra forma. No debían regalarnos la victoria de una manera tan infantil. Todo estaba previsto y meditado.

Lourdes y Mario, mi hijo, irrumpieron en el salón. Sin estar descompuesta, el cabreo de mi mujer no cabía en todo el edificio de Triana. Mario, más sereno, pero no por ello menos dolido interiormente. La sensación de impotencia ante los acontecimientos comenzaba a superar a la rabia que creció dentro de nosotros. Situación en la que las vísceras suelen tomar el control del navío y provocar más de una tragedia. Intenté por todos los medios evitar el resultado.

Fernando salió hacia el comedor. Hablaba con alguien en su móvil. Se trataba de Diego Magín Selva Irles, uno de los culpables de que en mi casa estuviéramos viviendo aquella situación. Pedro Pueyo se presentó en Triana. Apasionado, visceral, colérico y al mismo tiempo sensato, ordenado e inteligente, abandonó el pasado, los epítetos, las descalificaciones, los errores, para intentar poner un poco de orden y diseñar una estrategia para salir del atolladero. En alguna ocasión él y yo comentamos si Fernando habría o no cobrado de Argentia Trust. Yo le previne de que aunque le sometiera a un tercer grado jamás se lo reconocería, así que no merecía la pena intentarlo. Solamente si en alguna ocasión coincidíamos los dos con él en un momento en que se sintiera descompuesto, podríamos obtener alguna confesión. Era el día adecuado, el momento adecuado, el paisaje correcto.

La escena se desarrolló en el despacho de Triana. Mis viejos libros de Derecho, un precioso bodegón de Cossío, algunas fotos de mi boda, recuerdos esparcidos por las estanterías de la biblioteca, un chester en color vino, una lámpara de pie y los vidrios de la puerta de acceso fueron testigos mudos de una de las escenas que más daño me han causado en toda mi vida. Pedro llevaba dentro unos minutos conversando a solas con Fernando. Me mandó llamar. Tomé asiento. Pedro habló:

—Cuéntaselo a Mario.

Presentí lo que iba a suceder. Una vez más quise evitarlo, no vivir ese momento, alejarme de aquel lugar, seguir como hasta ahora. La duda era mala compañera. La certeza sería letal.

—Bueno, yo... por aquellas fechas Diego Selva me transfirió a una cuenta mía unos treinta millones de pesetas.

Así empezó Fernando. Estaba desencajado, como nunca le había visto en mi vida. Sus ojos desprendían un brillo especial. Su lenguaje corporal era el de que ha sido pillado en una inmensa, inconmensurable mentira capaz de provocar una hecatombe a terceros. Sentado en la silla de armadura de bambú, casi desvencijado, a punto de esconder el rostro entre las manos, en un tono que casi apuntaba súplica, relataba cómo había traicionado tantas cosas al mismo tiempo.

La hora de las excusas sonaba con una música desafinada y desacompasada. Reconocido el hecho, admitida la traición, diseñaba un relato que no resultaba ni siquiera admisible para cuentos infantiles. Lo burdo comenzaba a ofender nuestra inteligencia. Decidí mantener la calma. Se trataba de obtener la máxima información posible y cualesquiera que fueran los sentimientos interiores debía ser capaz de controlarlos, de aplazar su manifestación, llevar a cabo mi trabajo con el máximo de eficacia. Miré a Pedro. Su aspecto no dejaba lugar a dudas de lo que circulaba por sus carreteras interiores. También decidió controlarse. Fernando continuó:

—Por tanto, no cobré de Argentia. No cobré de Argentia...

—Pero, Fernando, cobraste de Diego, que es lo mismo, exactamente lo mismo, sobre todo cuando cobras de Diego porque Diego ha cobrado un dinero, la parte que le corresponde de lo transferido a Argentia Trust. Es exactamente igual.

Procuré pronunciar estas palabras en tono suave, embridando el caballo de mi rabia, que amenazaba con desbocarse. Sentí la imperiosa necesidad de calificar su conducta como se merecía, de expulsarle de mi casa, de... En fin, afortunadamente conseguí mantener la compostura externa.

—Es que ni siquiera sé de qué cuenta salió el dinero.

—Pues es imprescindible saberlo —casi gritó Pedro.

—¿Ese es todo el dinero que has cobrado de esta gente? —pregunté.

—Bueno, no, en el año 96 me dieron otros millones de pesetas para pagar a los abogados.

—Ya. ¿Vienen directamente de la cuenta de Diego Selva?

—Creo que sí.

—Es imprescindible que sepas si ese dinero, esos treinta millones, vienen de Argentia Trust o no —volvió a insistir Pedro.

—Lo único que puedo hacer es preguntar a Diego —contestó Fernando.

—Pues llámale ahora mismo, te vas a verle, le preguntas, vuelves y nos lo cuentas —exigió Pedro.

Fernando tomó su móvil, marcó un número, dijo algo así como «necesito verte ahora», luego un «salgo para ahí», cortó la comunicación, atravesó el hall y cruzó la puerta de salida de Triana.

Pedí a Pedro que me disculpara unos segundos y penetré en el salón de casa. Allí estaban Paco Cuesta y Paloma.

—Por fin ha cantado. Treinta millones —dije.

—Estaba claro —contestó Paloma.

Volví al despacho. Lo mejor era cortar la conversación y poner una noche por medio. Pedro y Fernando quedaron para cenar juntos. Pedro intentaría obtener más información. Yo me fui a dormir. Estaba absolutamente triturado. Sin embargo, aquella noche no era consciente de hasta qué punto la actitud de Fernando me había causado un daño profundo. Los días siguientes lo sentiría en todos los poros de mi cuerpo y en los más recónditos rincones de mi alma.

Lo humano, Dios, mío, lo humano...

Al día siguiente *El País* titulaba a cuatro columnas abriendo el periódico en portada que me habían condenado por apropiarme de seiscientos millones de pesetas. Nadie como ese diario y su presidente conocía a la perfección que ni una sola de esas pesetas había ido a mi bolsillo. Pero se trataba de anatematizarme aprovechando el momento a cambio de lo que fuera o fuese.

Lo humano, lo humano, lo humano...

13

LA JUSTICIA EN SUIZA Y EN ESPAÑA

La traición de Fernando Garro me resultaba inconcebible, inexplicable. La naturaleza humana comenzaba a mostrarse ante mí con una podredumbre inconmensurable. Sin embargo, en un momento de mi vida y por asuntos de orden estrictamente personal, Fernando demostró una dedicación a mi persona digna de enorme encomio. Nunca jamás dejaré de agradecerle lo que hizo. Ni siquiera tras conocer su traición. ¿Qué error habría cometido yo para merecer ese trato?

Era tal mi desazón interior y el dolor que sentía que cuando sentado en el salón de sesiones de la Audiencia Nacional contemplé al fiscal Santos —hermano de uno de los socios de Navalón— pedir prisión provisional para mí por la sentencia en el caso Argentia, o, en otro caso, una fianza sustanciosa, no sentí la menor inquietud. Me resultaba indiferente. El tribunal acordó una fianza de dos mil millones en metálico o aval bancario.

Desde el instante mismo en que se hizo pública la sentencia Lourdes decidió que en ningún caso podíamos soportar semejante mentira, así que había que diseñar una estrategia, la que fuera, para conseguir probar quién se había quedado con el dinero, con los seiscientos millones que nosotros transferimos a Suiza por orden y por cuenta de Antonio Navalón y en pago, precisamente, de los servicios prestados a Banesto. No existía otra posibilidad que intentar la comisión rogatoria para ver si la Justicia suiza decidía colaborar con el fin de arreglar el entuerto que se había producido en España.

Me fui a Los Carrizos, nuestro campo sevillano. A eso de las seis de la mañana abandonaba mi cuarto y paseaba desmadejado por los patios de nuestra casa. Me llamaban desde Madrid para preguntarme sobre mi actitud acerca de la fianza y a todos contestaba que me resultaba totalmente indiferente. Mi decisión había sido tomada antes de abandonar Madrid: necesitábamos, como fuera, conseguir una comisión rogatoria dirigida a Suiza con el fin de que la Justicia de ese país, en ejercicio de lo que pomposamente llaman la Cooperación Jurídica Internacional, nos proporcionara los datos que necesitábamos para probar mi inocencia. Cuando me percaté de que en mi interior se había roto de manera indeleble la confianza en Garro, una nueva punzada de dolor me abrasó por dentro.

Lourdes y Enrique Lasarte quedaron encargados de hablar con Mariano Gómez de Liaño para asegurarle que yo deseaba una comisión rogatoria, con independencia de que se hiciera lo necesario respecto del recurso de casación ante el Tribunal Supremo contra la sentencia de Siro García/Pérez Mariño. Me quedé helado cuando Lourdes, después de la reunión, me llamó a Los Carrizos para decirme que era absolutamente imposible seguir el camino que yo deseaba, que de la comisión rogatoria nada de nada porque Mariano era rotundo en negar, no ya la posibilidad, sino ni siquiera la conveniencia de semejante actuación. No podía entenderlo. Ninguna razón, ni jurídica ni lógica, podía abonar semejante discurso. Era evidente que teníamos que intentarlo como fuera. Colgué el teléfono y llamé de urgencia a mi hijo Mario:

—El camino, hijo, es la comisión rogatoria. No hay otro. No se trata solo de huevo, sino de fuero. Hay que probar nuestra inocencia. Es el único camino. Vete a ver a Enrique Lasarte y os digan lo que os digan, seguid adelante por todos los medios.

Concluyó la Semana Santa. Llegó el momento de volver a la cárcel, nuevamente como preventivo, a pesar de haber demostrado la ausencia de cualquier riesgo de fuga. A horas tempranas de aquella mañana me presenté en las dependencias de la Audiencia Nacional. Llevaba conmigo la bolsa en la que se contenían mis pertenencias porque aquella mañana, a la vista de que no aporté el aval de los dos mil millones, la Audiencia procedería a ingresarme en prisión. Comparecí ante el secretario de la Sala, que no podía disimular en sus gestos y en la expresión de los ojos el dolor que aquello le causaba.

—Nunca jamás he visto algo así en mi vida. Nunca jamás —decía.

Le pedí que me enviaran a Alcalá-Meco porque ya me resultaba un penal conocido, y que por favor señalaran expresamente que debía permanecer en una celda solo, por motivos de seguridad. Mariano Gómez de Liaño, por su parte, ofreció, como alternativa al aval bancario, hipoteca sobre las fincas de la familia, que superaban, con mucho, el valor de los dos mil millones de pesetas. No parecía que la Sala estuviera dispuesta a semejante cambio, así que esperé a que me llamaran para salir de nuevo con destino a la cárcel de Jesús Calvo.

El ambiente, sin embargo, se tensaba por momentos. Algo ocurría y no acertaba a saber en qué consistía. Por fin, un Gordillo nervioso y agitado se presentó en el despacho que ocupaba.

—Quiero decirte que la Fiscalía acaba de aceptar la posibilidad de que se constituya garantía con las fincas. No sé qué dirá la Sala.

La Sala, obviamente, se refugió en la posición de la Fiscalía para decretar que, a la vista de su escrito, no tenía más remedio que cancelar la orden de envío a prisión. Por mi culpa —es un decir— se enzarzaron unos y otros, Sala y fiscales, porque nadie quería asumir la responsabilidad de lo que sucedía en aquella mañana. Nuevamente la prisión de Mario Conde organizaba un revuelo político-judicial, casi del mismo porte que en octubre de 1995 cuando Moreiras quiso enviarme a Alcalá-Meco.

Cuando me dieron la noticia apenas si sentí alegría. Mi estado interior lo impedía, destrozado como estaba por mi convencimiento acerca de la actuación de Garro. Ya no me fiaba de él y decidí que debía ocultarle todos mis movimientos a partir de ese instante. Quería que no percibiera mis sentimientos, que creyera que seguía manteniendo mi confianza en él, pero no le informaría absolutamente de nada.

Ciertamente la posibilidad de pedir una comisión rogatoria se cercenaba de raíz. El propio Garro me lo comentó personalmente:

—Es inútil que lo intentes. Estos dominan el aparato judicial y político y no existe en España ni un solo juez que vaya a admitir el envío de una comisión rogatoria. La confluencia de todos consiste en condenarte y enviarte a la cárcel, así que la única esperanza es el Supremo y son ellos los que tienen que convencer a los magistrados de que no deben condenarte. Sigue con ellos y no te muevas por ti mismo porque sin ellos no puedes conseguir absolutamente nada. Contra ellos, mucho menos.

Ellos, claro, eran Navalón y Selva y sus supuestas terminales en el aparato judicial del felipismo.

Lourdes y Enrique Lasarte tomaron el toro por los cuernos y viajaron a Suiza. Allí contactaron con un abogado llamado Dreyfuss a quien relataron la historia de lo sucedido en mi caso con todo detalle. El hombre les insufló ánimo al asegurarles que si llegaba de España una petición de comisión rogatoria, él se encargaría de que el asunto se despachara a la mayor brevedad posible. Volvieron a España con muestras de felicidad en sus caras. Pero el problema seguía siendo el mismo: ¿quién se atrevería y cómo a mandar una comisión rogatoria a Suiza? Disponíamos de dos alternativas: la primera, solicitarla en el recurso de casación. No funcionaría. La segunda, dirigirnos al fiscal general del Estado para que, dando cumplimiento al estatuto del Ministerio Fiscal, la pidiera. Se encontraba en la secretaría del fiscal general del Estado Torres-Dulce, una persona que, decían, estaba vinculada con el grupo Prisa, así que nuestras posibilidades de éxito serían mínimas. No obstante, decidimos redactar el escrito, lo presentamos en debida forma y esperamos a que nos contestaran. No tardaron demasiado. Por supuesto, desestimaron mi petición.

¿Qué hacer? Frente a nosotros se erguía un muro insalvable. Desde Suiza nos informaban de que el problema se podría solucionar muy rápidamente, pero el requisito que exigían, el envío de una petición judicial, constituía para nosotros un imposible fáctico. Sin embargo, no quedaba más remedio que intentarlo, aunque significara confiar algo tan serio como la inocencia de una persona a los meros avatares de la suerte.

A partir de ese instante nos concentramos en diseñar los pormenores de la operación destinada a probar mi inocencia. Ante todo, más que una querella se trataría de una denuncia que, además, formularía Lourdes y no yo, para evitar que los del Registro, al ver mi nombre, mandaran el documento al decano y este lo enviara a algún juez determinado para que rechazara totalmente mi petición. El abogado que se encargaría del caso no podía ser ni Sánchez-Calero ni ningún otro a quien vincularan de modo inmediato conmigo. Apareció en escena Juan Carlos Lara, que había sido compañero de colegio de Joaquín Arroyo, el hermano de mi mujer. Se presentaría contra Navalón y Selva por delito de falso testimonio, después de comprobar con Dreyfuss que esa figura delictiva era sobradamente suficiente para que basándose en ella se tramitara una comisión rogatoria.

Mientras tanto, el abogado suizo Dreyfuss llegó a Madrid y me reuní con él en el despacho de Juan Sánchez-Calero. Me obligó a repetir punto por punto toda la historia de Argentia Trust, desde sus primeros movimientos hasta la sentencia de Pérez Mariño. Tomaba notas como un poseso y las contrastaba con las que traspasó a papel cuando le visitaron Lourdes y Enrique Lasarte en su despacho de Zúrich. Parecía como si deseara verificar la historia más de una vez, encontrarse total y absolutamente convencido de nuestro relato antes de aceptar el encargo. A pesar de que llegué a sentirme desesperadamente harto de repetir el relato una y otra vez, y de responder a todo tipo de preguntas que profundizaban sobre detalles de menor cuantía, aquel individuo, con sus pequeños ojos de halcón, su nariz aguileña, su cráneo alargado y sus modales educados, me caía bien; percibía en él un tipo fuera del estándar corriente que se despacha en la actualidad, un hombre preocupado con su país, con el futuro de Europa, con la corrupción en la Justicia, con el modo y manera en el que los Estados modernos, como los de antaño, siguen condenando a inocentes en función de la interpretación partidista de cada momento sobre la razón de Estado.

Cuando se convenció totalmente de que le contaba la verdad, se puso en contacto con el fiscal de Zúrich, jefe del Distrito IV, el encargado de recibir una hipotética comisión rogatoria que le enviáramos desde España. Se llamaba Peter Cosandey. Hablaron por teléfono y al cabo de un rato ya disponíamos en el fax de Sánchez-Calero de un documento oficial elaborado por la Fiscalía suiza en el que se ponía de manifiesto, con total y absoluta nitidez, que si recibían una petición judicial de España se encargarían de tramitarla a toda velocidad, sobre todo, decía literalmente el fax recibido, porque se trataba de demostrar la inocencia de una persona condenada a prisión. Me fascinó no solo la velocidad con la que el individuo era capaz de entrar en contacto directo con los responsables judiciales suizos, sino, sobre todo, cómo estos, a su requerimiento, superando el lastrante funcionamiento burocrático de nuestra justicia, enviaban documentos elaborados sobre la marcha, como si lo principal para ellos fuera, precisamente, la defensa de un inocente injustamente condenado.

Frente a semejante celeridad y vocación de conocimiento de la verdad, la postura de nuestras autoridades judiciales, enceladas en la misión de encarcelar a Mario Conde, solo arrastraban los pies sobre los documentos judiciales. Se ve que las diferencias entre Suiza y España seguían siendo —afortunadamente para ellos— muy sustanciales.

Por fin llegó el día. La denuncia de Lourdes se presentó en el Juzgado de Guardia. El Registro atribuyó la competencia al Juzgado 16. El Juzgado aceptó la denuncia de Lourdes y ordenó la práctica de la diligencia solicitada, que era, precisamente, el envío a Suiza de la comisión rogatoria conforme al texto elaborado por nosotros con el asesoramiento de Dreyfuss. *Alea jacta est.* ¿Suerte? Seguro que sí. Pero a veces la necesitas. Solo si tienes todo el poder en tus manos puedes permitirte el lujo de prescindir de la suerte.

No me lo podía creer. Seguramente nuestro camino antes de llegar al final no sería jamás un jardín de rosas, pero por lo menos teníamos situados en Suiza unos documentos que constituían la llave que podría contribuir a abrir la habitación en la que se escondía celosamente mi inocencia. Dentro del asco que todo aquello me producía sentí una hebra de alegría. Con cuidado elaboramos el texto de una noticia destinada a ver la luz en el diario *El Mundo*. Por fin, el periódico de Pedro J. publicó que había conseguido que un juez español, admitiendo a trámite una denuncia formulada por mi mujer, enviara a Suiza una comisión rogatoria. Cuando por la mañana llegué a mi despacho en la calle Gobelas y penetré en el que ocupaba Fernando, comprobé el estupor que le había producido la noticia. Tenía el periódico sobre su mesa, abierto en la página en la que se explicaba nuestro logro. Ni un solo papel más entorpecía la visión del texto periodístico. Sus ojos no engañaban. Su voz intentó hacerlo:

—Enhorabuena. Jamás pensé que conseguirías algo así —fue todo cuanto acertó a decir.

Guardé silencio. Sentí lástima. La expresión de su mirada, su lenguaje corporal completo, no permitía siquiera una mínima incertidumbre acerca del profundo enojo que aquello le provocaba.

La respuesta del Sistema no se hizo esperar. El Supremo funcionó con una celeridad inusitada y el 31 de julio dictó una providencia en la que se fijaba para últimos de octubre la vista oral de mi recurso de casación, nombrando, además, a un magistrado llamado De Vega como ponente, un hombre que se encontraba al borde de la jubilación y cuya obediencia felipista carecía de la menor fisura. Por si fuera poco, según pude enterarme después, le bombardearon con falsas informaciones acerca de si yo me disponía a espiarles a él y a su hija, que vivían en Sevilla. Ignoraba si estaba soltero o casado, si tenía hijos o carecía de descendencia, si habitaba en Sevilla o en Cuenca. Me traía absolutamente al fresco. Mi recurso estaba en marcha, pero mi petición de comisión rogatoria también. La pregunta que me formulaba entonces era: ¿se atrevería el sistema judicial a volver a condenarme sin esperar a las conclusiones que se derivaran de esa comisión rogatoria? Pregunta estúpida donde las haya porque cuando el poder decide sacrificar a un individuo, ni siquiera las elementales formas de los procesos penales constituyen barrera suficiente; se arrasa con todo lo que haya que arrasar, ética y estética incluidas.

La amenaza del recurso de casación se presentaba terrible. Se veía con claridad que deseaban una vista rápida para condenarme y de esta manera convertir en inocua la comisión rogatoria. Se me ocurrió una idea: que el juez Coronado, mientras tramitaba la denuncia y llegaban los papeles de la rogatoria, podía empezar a tomar declaraciones; por ejemplo, a Garro, a ver qué sabía al respecto. Si este reconocía la falsedad de las declaraciones de Navalón y Selva y conseguíamos que ello tuviera suficiente repercusión en prensa, tal vez la fuerza de los hechos les aconsejara paralizar o demorar la vista del recurso de casación porque, aun tratándose del demonizado Mario Conde, podría resultar excesivo para la opinión pública. Lo pensé despacio y tomé la decisión: Garro tenía que ir a declarar. Presenté la petición en el Juzgado. El juez consideró lógica mi petición y le llamó.

La noche anterior me reuní con él. Estuvimos hasta muy tarde en La Albufera, un restaurante situado en el centro comercial próximo a nuestro despacho de Gobelas. No existía duda alguna: los gestos de Fernando, sus ojos, sus movimientos, su forma de hablar denotaban que se encontraba sometido a un terrible tormento. Por un lado, tenía que atenderme; por otro, los compromisos adquiridos con sus gentes, los que le daban dinero, resultaban abrumadores. La situación le obligaba a elegir. Así lo expresó con elocuentes palabras:

—Es que mi declaración te salva a ti, pero les mete a ellos.

—Ya, Fernando, pero yo no he cobrado y ellos sí; yo he sido condenado y ellos no.

La noche se saldó con un compromiso firme de Fernando basado en nuestro pasado y en nuestra historia juntos de relatar al juez la verdad. Acudió al despacho de Coronado a la hora prevista. Prestó declaración. Sobre la una y media suena mi teléfono en Gobelas. Es el abogado Juan Carlos Lara, encargado del interrogatorio:

—Ya puedes borrar a un amigo de tu lista. No ha dicho la verdad. Ha negado todo. Te mando el texto de su declaración.

Lo esperaba. Lo presentía. Lo sabía. Me sentí total y absolutamente frustrado. Afortunadamente, en mi interior ya había fermentado la verdadera dimensión de la persona y cuando pude comprobarlo a través de sus palabras ante el juez Coronado el daño causado se amortiguó con los meses de sufrimiento previo. Después fui enterándome poco a poco de que, según me contaban, Fernando se dedicaba a cobrar comisiones en Banesto, no sé... En fin, todo se desmoronaba. La ruin miseria humana, su espectacular podredumbre, aparecía con toda crudeza ante mí. Poco tiempo después, Garro se jactaría ante su público de llamarme el torpe, debido a que no fui capaz de darme cuenta de que trabajaba para otros y no para mí.

Las reacciones del Sistema por mi éxito judicial demostraban una incontenible, profunda rabia. Ekaizer, desde las páginas de *El País*, destilaba odio. Trató por todos los medios de desautorizar al magistrado; habló de una «argucia» para calificar el procedimiento utilizado por Lourdes para conseguir el envío de la comisión rogatoria. Empezó a mutar su tesis sobre mi condena, señalando que la razón de mi envío a prisión no consistía en que me hubiera quedado con el dinero, sino en que no había dado explicaciones suficientes sobre su destino. Todo muy burdo. Las expresiones de la sentencia redactadas con la pluma de Pérez Mariño no permitían semejante juego floral: «Puso el dinero a buen recaudo y a su disposición». Eso, en román paladino, es quedárselo. Pero Ekaizer sabía que si el procedimiento judicial iniciado ahora prosperaba, tal vez se pondría de manifiesto la brutalidad del Sistema y el uso del poder judicial con la finalidad de encarcelarme. Sin embargo, no querían detenerse exclusivamente en artículos periodísticos. Necesitaban parar la petición de información y para ello la única salida disponible consistía en relevar al juez de sus funciones. ¿Cómo? Presentando una querella criminal contra él.

Así lo hicieron. Lo alucinante del caso es que contaron con todo el apoyo del fiscal de Madrid. Bermejo, el inefable Bermejo... Esperpéntico: un fiscal intentando por todos los medios legales e ilegales a su alcance que no se consiga probar la inocencia de una persona. Pero lo peor es que el Tribunal Superior de Justicia de Madrid admitió a trámite la querella. Aseguraba su presidente que lo hacía única y exclusivamente para no desautorizar de manera tan rotunda al fiscal jefe de Madrid, pero que en modo alguno prosperaría. Además de que la excusa es de no recibo, lo cierto es que el mero hecho de su aceptación ya produjo cierto impacto. Con la noticia en la mano Ekaizer se desplazó a Zúrich a conocer al fiscal Cosandey y a transmitirle que andara con mucho cuidado porque detrás de esa inocente petición de información se escondía una verdadera operación política, de manera tal que si yo conseguía probar mi inocencia, ello tendría terribles repercusiones en España y en su sistema político y financiero. El fiscal de Zúrich, cuyas características personales le definían como un sujeto capaz de sentir miedo y, si le apretabas un poco, terror, comenzó a asustarse y, en consecuencia, a ralentizar el proceso de indagación judicial que con toda celeridad puso en marcha nada más recibir la petición de la justicia encarnada en ese instante en el Juzgado 16 de Madrid. Se ve que en Suiza, o, al menos, algunos de sus nativos, también saben lo que es eso de cocinar habas, como dicen por nuestra tierra.

Fueron días difíciles. El juez Coronado, acompañado de su abogado, tuvo que prestar declaración ante el Tribunal que instruía su querella. Comenzaba a pagar el precio de intentar abrir un agujero en el sistema judicial por el que pudiera entrar limpia alguna brizna de eso que llaman Justicia. Resistió bien. Su querella se archivó.

Sin embargo, las cosas en Zúrich dejaron de ser de color de rosa. Aquella tarde, mientras almorzábamos en casa de Enrique Lasarte con Dreyfuss, este último, cada día más convencido de la profundidad política del acoso contra mí, comenzó a sentirse mal, aparentemente muy mal. Parecía una especie de cólico, o algo similar. Tomó el avión y voló a Zúrich. Nunca más volví a saber de él de manera directa. Al parecer le ingresaron de urgencia en un hospital en el que permaneció durante un tiempo. Concluida su vida hospitalaria, finalizó también su vida jurídica. Dejó el despacho que lleva su nombre y pasó a ostentar la formal posición de «asesor». A pesar de que nuestras relaciones habían alcanzado ciertos visos de cordialidad antes del percance, no me llamó para comunicarme ni su dolencia, ni las razones por las que tuvo que abandonar el despacho profesional. Silencio absoluto. Seguramente, silencio elocuente. Argentia Trust seguía cobrándose víctimas. Dreyfuss murió. No sé exactamente por qué.

Llegó febrero de 1998. Nombraron un tribunal ad hoc integrado por Jiménez Villarejo, de indudable filiación socialista y tío de Trinidad Jiménez, persona de muy buena relación con Felipe González, llamado a intentar ocupar puestos de relieve en la Administración socialista. Le acompañaban García Ancos, que fue subsecretario con Narcís Serra; Martín Canivell, un socialista confeso; Bacigalupo, un jurista de origen creo que argentino que fue nombrado juez por Felipe González, y Román Puerta, un hombre de Aznar. La verdad es que la adscripción ideológica cuando de Mario Conde se trata es un factor inerte. Lo mismo atacarían unos que otros. Con un tribunal así, la sentencia nació antes de reunirse.

Se celebró la vista. Un fiscal un tanto peculiar, apellidado Villanueva, defendió que yo no había cometido apropiación indebida, sino administración desleal. Ello me dejaba fuera de la cárcel. Pero yo no las tenía todas conmigo. Más bien, no tenía ninguna. Con todo lo ejecutado hasta ese momento resultaba ridículo e infantil creer que iban a respetar el principio ese del orden penal al que llaman principio acusatorio. El fiscal quería evitar la cárcel, pero suponía que los magistrados más bien deseaban todo lo contrario. Acerté de lleno.

La cena en El Cacique, el restaurante en el que tantas cosas han sucedido en estos últimos años de mi vida, en el que por un inoportuno ataque de gota tuve que abandonar a mi tradicional pibe argentino, transcurría sin más sobresaltos. Mi teléfono móvil recogió al otro lado del inalámbrico la voz de Paloma, mi secretaria:

—Acabo de escuchar en la radio que *La Vanguardia* anuncia en portada que la condena por Argentia es de cuatro años y medio por apropiación indebida aunque absuelven por el delito de falsedad.

—Seguramente es verdad, Paloma —contesté con una voz algo apagada.

Hasta ese preciso instante en el que comenzaba a confirmarse el resultado de mi recurso de casación ante el Tribunal Supremo frente a la sentencia de la Audiencia Nacional, carecíamos de auténtica información sobre el contenido de las discusiones en el seno de la Sala. La composición de la Sala, en cuanto a adscripciones ideológicas se refiere, no presagiaba nada bueno. Además, mi abogado Juan Sánchez-Calero había sostenido una muy breve conversación en la Universidad de Alicante pocos días antes:

—En el Supremo y en el Constitucional existe el ambiente de que hay que condenar a Mario Conde.

—¿Basándose en qué razones jurídicas? —preguntó Juan Sánchez-Calero algo escandalizado.

—No, si no se trata tanto de razones jurídicas, como de que es algo que conviene al PP y al PSOE. Y eso cuenta...

Por tanto, la adscripción ideológica parecía tener un valor neutro en lo que a mi porvenir judicial se refería. Era el Sistema en su funcionamiento operativo en el Tribunal Supremo. Después de él solo queda el Constitucional. Entre ambos, la cárcel. Una vez más. Antes como preventivo. Ahora como penado.

Al llegar a casa me metí cuidadosamente en la cama. Lourdes, que siempre ha hecho gala de un sueño ligerísimo, sensible al más tenue de los sonidos, se despertó y me sentí en la obligación de transmitirle la mala noticia.

—Seguro que no es verdad. Nuestras fuentes de información nos dicen lo contrario. Es una maniobra para presionar al Supremo —me contestó.

Clavos ardiendo a los que agarrarse. Poco más. Nuestras fuentes de información, como decía Lourdes, se centraban en un amigo de Jaime Alonso, juez de carrera, simpático, noctámbulo, conversador, con quien tuve la oportunidad de almorzar en dos o tres ocasiones y que días antes de la publicación de la noticia nos reclamaba tranquilidad absoluta, y que ante la evidencia de *La Vanguardia* aseguraba que era sencillamente imposible lo que el diario catalán publicaba en portada...

Nuestra segunda fuente era Roberto García-Calvo. Cuando la Audiencia Nacional dictó la sentencia de Argentia Trust, el magistrado mandó un mensaje: «Ningún magistrado del Supremo firmará esa sentencia». A Lourdes, mi mujer, esas palabras la tranquilizaron mucho por venir de quien procedían, por lo que siempre encaró el recurso de casación con altas dosis de tranquilidad. Después de la vista en el Supremo sus mensajes eran nítidos: «Muy buenas vibraciones». Incluso cuando sonó el timbre de alarma en forma de «condena por apropiación indebida», información de

Casimiro García-Abadillo a Paloma, bebiendo en las fuentes del Supremo que quisieron transmitirla a Enrique Gimbernat, penalista y miembro del consejo editorial de *El Mundo,* la posición de nuestro informador era rotunda: «No hay el menor motivo de alarma, todo sigue igual, no hay que escuchar intoxicaciones».

Roberto y un amigo suyo viajaban juntos con dirección a León el día 26 de febrero de 1998. Acordamos que les llamaría para que me reconfirmaran la información. Aquella mañana comprobé en el comedor de mi casa el texto exacto de *La Vanguardia.* No cabía duda alguna: se trataba de una filtración precisa, concreta, que afectaba incluso a un voto particular de Román Puerta sobre el delito de falsedad. Una información de tal calidad solo tenía un origen: alguno de los magistrados de la Sala que decidió el recurso. Me despertaba una indignación brutalmente ácida que el Tribunal Supremo, ni más ni menos que el Tribunal Supremo, no fuera capaz de sustraerse a la corrupción forense de filtrar a la prensa las sentencias antes que a los abogados, e, incluso, a los propios condenados. Una vez en Alcalá-Meco, en los primeros días del mes de abril, un periodista de *La Vanguardia* confirmó que el autor de la filtración al diario de Godó había sido Enrique Bacigalupo, uno de los integrantes de la Sala, quien, según el diario *El País,* fue autor del «razonamiento jurídico» que llevó al Supremo a condenarme por apropiación indebida.

Las radios de aquella mañana no albergaban duda razonable. Todo el dispositivo de prensa comenzó a ponerse aceleradamente en marcha. Se avecinaba una condena de cuatro años a Mario Conde y el morbo se concentraba en si entraría o no en la cárcel, o si traspasaría los muros de la prisión para salir como los condenados del caso Filesa según la suspensión acordada por el Tribunal Constitucional, lo que un semanario calificó de «cárcel de ida y vuelta».

Debía conectar con los dos amigos a partir de las diez y media de la mañana. Responderían a mi llamada utilizando el teléfono «manos libres» del coche del amigo del magistrado del Supremo. Unos segundos más tarde de la hora fijada marqué el número del móvil. Fuera de cobertura. Sobre las once conseguí la comunicación. La información fue concisa:

—Confirman el delito de apropiación indebida y quitan el de falsedad. Lo ha dicho Bacigalupo en el Supremo.

No había duda. Poco después efectué una nueva llamada para reconfirmar la información. En esta ocasión los datos procedían de Jiménez Villarejo, el presidente y ponente del recurso. Incluso se me anunció que se haría pública a la una y media de ese día.

—¿Cómo es posible que sea así cuando ayer me decías lo contrario? —fue mi pregunta en tono suave y moderado.

—Condenan por apropiación indebida y absuelven por falsedad. Es cuanto puedo decirte —respondió mi interlocutor.

Llamé a Lourdes, a Mario, a Enrique Lasarte, a Jaime Alonso, a mi madre, a mis hermanas Pilar y Carmen, a Antonio García-Pablos, a Juan Sánchez-Calero, a César Mora, a Vicente Figaredo, y no recuerdo si a alguien más. Todos ellos se encontraban psicológicamente preparados para recibir tan desagradable noticia. Los medios de comunicación sentenciaron con la información difundida por el diario de Godó.

Con el fin de consolar un poco a mi familia, llamé a Lourdes y quedamos en que almorzaríamos en casa con Antonio García-Pablos, mi abogado en el recurso de casación, a las dos y media de la tarde. Disponía todavía de algún tiempo y lo consumí charlando en mi despacho de Gobelas con Enrique Lasarte. En esas estábamos cuando una especie de ola de estupor comenzó a recorrer nuestras dependencias. Se abrió de un golpe seco la puerta de mi despacho. Los ojos de terror de Paloma y los de consternación de Paco Cuesta fueron el telón del anuncio de Juan Carlos, quien con voz trémula, gestos de excitación supina, irrumpiendo en mitad de mi espacio de trabajo y situándose delante del gran cuadro que me prestó Pedro Pueyo para decorar esa ala de la pared, nos dijo:

—Están fuera dos inspectores del cuerpo de policía. Traen una orden judicial para llevarle a usted inmediatamente a Alcalá-Meco. Ahora mismo.

El desconcierto fue total. Comenzó a reinar el caos. Todos se movían con gestos nerviosos, gritando frases del tipo de «¿cómo es posible?», «¡no puede ser!», «¡hay que hablar con los abogados!», y otras similares. Una sensación de incomprensión total, de atropello, de saña, de crueldad por parte de los Tribunales de Justicia invadía el ambiente con un olor pastoso que se aproximaba a lo fétido. Incluso a los miembros de Herri Batasuna se les había concedido la posibilidad de disponer de dos días antes de ingresar en prisión. ¿Quién sería el culpable de semejante gesto de hostilidad?

La providencia era de Siro García, presidente de la Sección Primera, quien ostentó esa posición en el caso Argentia y la mantuvo en el caso Banesto. Inmediatamente pensé que se trataba de una venganza por la dureza del informe que Antonio García-Pablos expuso el día del recurso de casación, en el que formuló —justificadamente en mi opinión— un durísimo ataque a la sentencia, que debió de sentar a Siro, dadas las muestras de aparente soberbia de las que hace gala en ocasiones, como si le estuvieran arrancando vivo las uñas de las manos con una tenaza de hierro. Sobre todo porque el inefable argentino Ekaizer publicó en *El País* del día siguiente que Antonio había asegurado ante el Supremo que a mí se me había condenado «por la cara», lo cual era rigurosamente falso, pero el mercenario de Polanco disparaba su dardo contra la vanidad de Siro, sabiendo muy bien lo que hacía, tratando de provocar en él la ira, que, por cierto, suele acompañar algunos de sus movimientos verbales sin razón suficiente que la genere. Lo consiguió. Antonio trató de hablar con Siro para explicarle la inexactitud de lo relatado por el diario de Prisa. Se negó a recibirle. Ahora sonaba su hora. Ya en prisión, me encontraba escribiendo en el ordenador instalado en el almacén de Ingresos cuando el funcionario me anunció una visita un tanto especial. Su mensaje fue muy preciso.

—Siro conoció la sentencia. Llamó personalmente al Supremo para que le enviaran urgente un fax conteniendo el fallo. Una vez recibido, reunió a la Sala. Pidió un dictamen de urgencia al fiscal Gordillo sobre la conveniencia de ordenar tu inmediato ingreso en prisión. Gordillo, consultado Fungairiño, accedió. La Sala aceptó la propuesta de Siro: ordenar tu ingreso de forma instantánea. Nadie tuvo valor para argumentar que no existía el menor riesgo de fuga, razón esgrimida por Siro para justificar tu envío inmediato a Alcalá-Meco. Jamás pensé que un hombre como él, con su trayectoria, podría llegar a ese extremo.

Pronunciadas estas palabras, abandonó la prisión sin dejar rastro de su nombre en ningún registro carcelario. El director consintió en el trámite habida cuenta de la personalidad del sujeto. Me quedé con sus palabras: «Jamás pensé que un hombre como él podría llegar a semejante extremo»... ¿Y Garro? ¿Y Ramiro Núñez?... La historia te demuestra que la endeblez de la naturaleza humana tiene que ser convertida en constante de las ecuaciones con las que tratas de configurar el futuro. No es fácil encontrar a personas capaces de comportamientos verdaderamente dignos.

La noticia de mi detención inmediata se traducía en más conmoción cada minuto que transcurría. Traté de imponer algo de calma en aquellos metros cuadrados ocupados por personas que rebosaban indignación por todos los poros de su cuerpo. Transmití la noticia a Lourdes y a Mario. Mi mujer no podía creerlo. Mi hijo lo sospechaba. La Cope aireaba la información en sus ondas preñando el comentario de alegría. La sentencia se comunicó pasada la una y media de la tarde. A las dos menos cuarto Siro García firmaba la orden de detención e ingreso en prisión.

Debo reconocer que la noticia me cogió por sorpresa. No tenía la menor duda de que volvería a las dependencias de mi antigua cárcel, pero sospechaba que el evento ocurriría a mediados de la siguiente semana, una vez que la Audiencia recibiera los autos del Supremo con ese caminar cansino, arrastrando los pies, prototípico de las andaduras judiciales. La normalidad de movimientos supondría unos cuantos días de libertad para mí. Pero no. El Supremo, que suele tardar unos quince días en devolver los autos a la Audiencia, envió un fax con el certificado del fallo en el mismo día y a la misma hora en que se publicitaba la sentencia. Siro García me envió a la cárcel y se fue de permiso reglamentario.

El escenario me recordaba el de la primera sentencia que fue pronunciada en menos de veinticuatro horas y leída a los medios de comunicación social para, tres días más tarde, comenzar el vía crucis del primero de los intentos de enviarme a la cárcel tras el producto de Pérez Mariño. Toda una puesta en escena de indudable calidad cinematográfica. La plástica y el decorado fueron impecables.

Los dos funcionarios de policía expresaban de forma inequívoca en su mirada, en la timidez de sus movimientos, en la forma de entregarme los papeles y en el tono de voz, su conciencia de la patología judicial en la que forzadamente asumían un papel tan destacado.

—Lo sentimos mucho, don Mario, pero tenemos que entregarle esta orden de ingreso —me susurró uno de ellos, a quien ya conocía porque me acompañó en el primero de mis viajes a Alcalá-Meco, el 23 de diciembre de 1994, y su rostro apareció junto al mío en una fotografía que la prensa publicaba al día siguiente.

—Por supuesto, por supuesto. No se preocupe, que lo comprendo perfectamente. Ustedes se limitan, una vez más, a cumplir órdenes —contesté empleando deliberadamente un tono amable de voz que paliara la indudable angustia que nos transmitían.

El segundo de los policías era moreno, delgado, con bigote espeso y ojos oscuros. De aspecto aseado, vestía una llamativa chaqueta de sport de color rojo caldero. Su rostro iba adquiriendo por segundos un tono cada vez más pálido, casi blanco, desde el cual transitó decididamente al gris mientras los poros de su frente comenzaron a dejar salir abundante sudor. Una sensación de mareo le hizo perder el equilibrio, mostrando a todos los presentes que sufría cualquier tipo de alteración somática, algo así como un corte de digestión. Tuvo que salir a toda velocidad hacia el cuarto de baño, donde posiblemente vomitara, aunque el hombre tuvo el buen gusto de no relatarnos el resultado final de su estancia en tal lugar, al contrario de lo que sucede con algunos supuestamente elegantes a quienes parece provocar especial satisfacción relatarte asuntos de este tipo relacionados con el funcionamiento de su particular biología... No recuperó el color hasta mediado el camino entre nuestra oficina y la de Jesús Calvo.

El estado de salud del segundo de mis policías contribuyó a dotar a la escena de mi detención-conducción de un peculiar dramatismo. Enrique Lasarte optó por lo práctico y decidió tomar el teléfono y contarle a Jaime Mayor, ministro del Interior y amigo suyo, lo que estaba sucediendo esa mañana en el despacho de la calle Gobelas. Jaime, aparte de la amistad, nos debía ciertos favores durante la etapa en la que convivió, con indudable mérito por cierto, con su propia soledad tratando de introducir el pensamiento del PP en el País Vasco, tarea nada sencilla, desde luego. Mientras tanto, yo hice lo propio con Antonio García-Pablos, quien, al anunciarle que dos personas, de profesión policías, eran portadores de una orden de la Sección Primera de lo Penal de la Audiencia Nacional para detenerme, y una vez cumplimentado el trámite conducirme a Alcalá-Meco, expresaba su incredulidad repitiendo de forma constante, con un tono de voz que disminuía en intensidad a medida que aumentaba la percepción de lo que sucedía:

—¡No es posible, no es posible, no es posible! ¡Qué barbaridad! ¡Qué barbaridad! ¡Ni a los etarras, ni a los de Herri Batasuna les dan ese trato! ¡No es posible! ¡Qué barbaridad! ¡Hasta dónde han llegado!

—Bueno, así están las cosas. Lo malo es que estos hombres tienen orden de conducirme directamente a la cárcel y no puedo forzarles a que me dejen pasar por casa para recoger mis cosas porque les meto en un lío, así que, Antonio, por favor, os encargáis de llevarme mi ropa y las cosas esenciales esta tarde, porque estoy vestido con traje y corbata y puedo morirme de frío, que ya conozco cómo se las gastan, en cuestión de temperaturas, por las dependencias de Jesús Calvo.

—No te preocupes. Por supuesto. Pero... ¡Qué barbaridad! ¡Qué barbaridad!

—Lourdes y Paloma tienen la lista de lo fundamental, así que de la definición de la intendencia no tenéis que preocuparos, que algo de tecnología ya tenemos.

Volví a escuchar los susurros de Antonio, que no daba crédito a lo que estaba viviendo. Un catedrático de Derecho Penal, un hombre sensato, tranquilo y modesto, a la par que inteligente, erudito y agudo, tenía, por mor del destino, que asistir a un espectáculo del dominio del Derecho por la razón de Estado. Entre las muchas cosas que dejarán huella en el proceso de formación humana, intelectual y académica de Antonio García-Pablos estoy seguro que ocupará un lugar destacado ese 26 de febrero de 1998.

—Bueno, señores, cuando quieran nos vamos —elevé amablemente la voz dirigiéndome a los policías.

Mi intención era transmitir entereza a los presentes. Sin embargo, algo seguía roto dentro de mí. Por muy kelseniano que haya sido en mi juventud, por muchas patologías que haya tenido que vivir en el escaso tiempo de mi vida que he dedicado a vivir-sufrir el mundo del Derecho, o, mejor dicho, de lo judicial, tal vez porque un alto grado de sentimentalismo y romanticismo forma parte indisoluble de mi personalidad, García-Castellón, Florentino Orti, Pérez Mariño y otros protagonistas del drama no consiguieron derribar por completo mi creencia en la Justicia. Socavaron sus cimientos de forma profunda y cuasi letal, pero pervivía la esperanza de que el Tribunal Supremo funcionara con arreglo a parámetros distintos.

La cuestión era si los viejos amigos podrían terminar socavando mi creencia en la amistad, en ciertos valores del ser humano... Eso ya era harina de otro costal.

Aquella tarde, rodeado del barullo inherente al tipo de acontecimiento que nos embargaba, representé en mi interior un viejo edificio de cinco plantas, construido con arreglo a los patrones del neoclasicismo, en cuyo pórtico de entrada aparecían en grandes caracteres dorados las palabras Estado de derecho. De manera lenta, gradual, progresiva, integral, se desmoronaba en una voladura controlada. Sentí pena no por el preso Mario Conde, sino por aquel magnífico estudiante de la Universidad de Deusto y por el entusiasmado opositor a abogado del Estado, el que quiso irse a estudiar Derecho Penal con Jiménez de Asúa y construir su tesis doctoral en Derecho Administrativo con el patrocinio de García de Enterría, y que disfrutaba dando «clases» a los opositores a abogados del Estado en el Instituto de Profesiones Jurídicas.

—Espera, por favor, que van a ponerme con Jaime —dijo enérgicamente Enrique Lasarte.

Salí de mi despacho y caminé lentamente sobre la moqueta verde de nuestra oficina de Gobelas, acariciándola con los pies, tratando de sentirla al máximo, uniéndome a ella, intentando alargar el tiempo de su posesión, convirtiéndola en compañera de tan inolvidables momentos. Abrí la puerta del despacho. Enrique, inclinado hacia atrás sobre el respaldo del sillón de su mesa de trabajo, concluía la conversación.

—Me dice que en lo judicial no puede hacer nada, pero que en lo penitenciario que no te preocupes, que ahora mismo, ahora mismo se pone en marcha y da las órdenes oportunas —me informó Enrique.

—Hombre, mientras me mantenga en una celda individual, tome las precauciones lógicas por razones de seguridad y me permita un destino digno para trabajar, me parece más que suficiente.

—De eso no tengas dudas.

—Bueno, vamos, que ha llegado la hora.

Descendí las escaleras de salida del edificio después de estrechar las manos de Paco, el conserje, y Ángel, el encargado de mantenimiento, en cuyas miradas observé síntomas inequívocos de disgusto. Antes de subir al coche blanco de la policía pude ver a lo lejos las cámaras de televisión y los fotógrafos que deseaban captar la escena que, sin duda, ilustraría los telediarios nocturnos de ese día. Aspiré con fuerza todo el aire que pude, sentí un punto de congoja interior, y un tenue pensamiento relativo a cuándo volvería por esos lares ocupó unas décimas de segundo mi mente antes de que tomara asiento en aquel coche pequeño, de cuya marca no me acuerdo, en el que comenzó mi segundo camino hacia Alcalá-Meco, que, como el primero, resultó lleno de una conversación amable, con personas que demostraban con su lenguaje corporal que no les gustaba en absoluto tener que cumplir con esa obligación, que no entendían el fondo jurídico del asunto, que eran conscientes de la carga política que encerraba su misión, convertidos en agentes de una fuerza de la que eran terminales involuntarios.

Trataba de sonreír, de eliminar electricidad en los acontecimientos, de evitar los odiosos silencios. Cuatro personas en un pequeño coche blanco. Unos conducen. Otro es conducido. Pero todos nosotros, en cierta medida, éramos a la vez conductores y conducidos, sujetos activos y pasivos de lo que para muchos, sin duda para quienes nos encontrábamos dentro de aquel vehículo, era una forma nada sofisticada de atropello judicial protegido por la legislación vigente.

Por fin, apareció de nuevo ante mi vista el tono gris de la horrenda arquitectura de Alcalá-Meco y recordé la noche en la que acompañado de Mariano Gómez de Liaño y González-Cuéllar, aquel frío 30 de enero de 1995, lo dejaba por la popa del coche que vino a recogerme. Ahora, a las tres de la tarde del 26 de febrero de 1998, tres años más tarde, volvía a él y no pude evitar un suspiro interior de mi alma al preguntarme: ¿cuánto tiempo, cuánto tiempo estaré aquí?

14

EL ALMACÉN DE INGRESOS Y LIBERTADES

«Solo se tiene miedo a lo que no se conoce», había declarado algunas semanas antes de este nuevo viaje a Alcalá-Meco para dar comienzo a mi segundo encierro, en un programa de televisión de Antena 3, añadiendo a continuación esta frase de corte algo lapidario: «Ya conozco la cárcel, así que no es miedo lo que siento ante la perspectiva de volver a ella».

Me acordé de un viejo postulado sufí: «Solo el que prueba sabe». El recorrido de vuelta a los dominios de Jesús Calvo me resultaba familiar. El coche de policía en el que me trasladaban atravesó el control, efectuó el recorrido que años atrás en aquella fría noche ejecuté a pie pero en dirección contraria, caminando hacia la libertad, penetró en el patio una vez que el funcionario accionó el desplazamiento lateral de la puerta que custodia ese especial recinto de la prisión, y se detuvo en el acceso exterior al departamento de Ingresos y Libertades. Descendí del vehículo. Me quedé unos segundos quieto, en pie, mirando las ventanas enrejadas del edificio. Esos segundos, ese breve y a la vez extenso trozo de tiempo consumido en la quietud de un espacio de cemento y hierro, constituyeron una especie de rito preparatorio, casi una plegaria en demanda de fortaleza espiritual, para de nuevo reintegrarme a aquella prisión que comenzaba a ocupar un pedazo significativo de mi vida. Cuando volví a pisar el pasillo verde de entrada al módulo de Ingresos tuve la sensación que se percibe al regresar a una casa familiar a la que no acudes desde años atrás.

Me acoplaba con el ambiente de forma progresiva: allí estaba el manoseado tampón de las huellas dactilares, el viejo paño sucio para limpiarse los dedos de los restos de la tinta negra con la que se estampaban en papel las huellas de las manos de los prisioneros, la destartalada máquina de rayos para analizar las pertenencias de los presos, el cuarto de ducha situado a pocos metros de esa máquina en el que se introducía, a la fuerza en muchas ocasiones, a los que accedían al lugar en condiciones higiénicas poco recomendables, la puerta de metal y hierro que daba entrada al despacho de los funcionarios de Ingresos y Libertades, el inolvidable despacho del Juez de Vigilancia, el olor a cárcel, ese olor característico mezcla de humanidad y lejía que se intensifica a medida que avanzas por el pasillo y recorres las dependencias de los presos, que se introduce como inquilino indeseado en tu pituitaria y que no llega a desaparecer por completo casi ni siquiera cuando paseas por el patio al aire libre. Vivencias que llegaban a mi memoria sin producirme el menor atisbo de miedo. Seguramente estuvieran repletas de otro tipo de sentimientos, pero miedo, lo que se dice miedo, de eso no existía rastro perceptible. En cierta medida volvía a una especie de hogar y eso, claro, de alguna manera reconforta.

«Vivir en este mundo sin ser de este mundo» es el objetivo de los viejos sufíes. De eso se trataba. Volvía a este mundo de la cárcel. Tenía que vivir en él, pero nunca sería de él. No lo fui cuando me envió García-Castellón en concepto de preventivo alegando posible fuga y calmando las ansias de una supuesta alarma social confeccionada con material inflamable de los medios de comunicación. No lo sería ahora que regresaba como penado, como condenado inapelable, durara el tiempo que durara este nuevo viaje en el que retornaba a sus pasillos de suelo verde, a sus funcionarios vestidos de azul, a sus personajes variopintos, al sonido estridente de las chapas de los chabolos, a los platos, cuchillos, tenedores y vasos de plástico blanco, a las conversaciones nimias, a los ratos dedicados a la mejor estupidez, a la imaginación que se agudiza para aprovechar al máximo el reducido espacio vital del que dispones, a la sensación de angustia que inevitablemente te asalta en ocasiones, al nudo en la garganta, al impulso a la tristeza, al recuerdo de tu mujer, tus hijos, tu madre, tus hermanas, tu familia, tus amigos, a recuperar en la memoria el verde insultante de los prados de Los Carrizos, nuestro campo del sur, en las estribanías de la sierra norte sevillana, el día en que por última vez los contemplé tratando de fijarlos en mi memoria para que me acompañaran en mi estancia carcelaria, al esplendor que mostraba este año el campo de La Salceda, en pleno valle del Milagro, y el maravilloso verdinegro del musgo que se fija a la piedra blancuzca de nuestra casa, a la lucha interior por mantenerte fuerte, por no ceder al desasosiego, a la necesidad de comprender que si de verdad estás aquí pero no eres de aquí estás salvado.

Antes siquiera de mi encuentro con el funcionario de guardia, allí, frente a la celda americana, recostado contra la pared, le vi. Pelo largo y negro, ojos oscuros, tez muy morena, mediano de estatura, me miró con rostro amable en el pasillo de acceso al módulo y le saludé con un «me alegro de verte», creyendo que se trataba de Emilio el Gitano, el que convivió conmigo en mi primera estancia. Sentí cierta alegría interior, he de reconocerlo, a pesar de que un «me alegro de verte» en la cárcel es casi un insulto para el que ve y para el que es visto, porque significa que ambos se encuentran «dentro». No era Emilio. Lo supe al día siguiente. Era su hermano. Por él Emilio había matado, porque era el padre de las dos niñas que por ser de su sangre Emilio quiso recuperar y la oposición de aquel hombre le llevó, en cumplimiento de esas singulares leyes suyas, a asesinarlo. Su visión me agitó recuerdos. El pasillo de nuestro módulo, las conversaciones vespertinas, los cabezas rapadas, pero sobre todo y por encima de todo aquella frase de Emilio convertida en sentencia inapelable.

—Señor Mario, el que piensa paga.

Fernando, el funcionario de Ingresos y Libertades a quien conocí en aquellas Navidades-Reyes de 1994-1995, se encontraba de servicio esa tarde. Me recibió con amabilidad.

—No puedo decirte que me alegro de verte, pero en fin... Lo escuché en la radio y me quedé acojonado. Nadie esperaba que vinieras, por lo menos de esta forma tan espectacular. Bueno, qué le vamos a hacer...

—Así son las cosas, Fernando. Cuando la política se mete por medio, no puedes predecir ningún comportamiento lógico. Ahora ya está. El truco consiste en llevarlo lo mejor posible.

—Pero estarás muy poco, ¿no? He oído que vas a presentar el recurso y te soltarán enseguida como a los de Filesa.

Fernando se refería a uno de los escándalos mayores del PSOE consistente en una organización de empresas fantasmas, meras carcasas, en las que se almacenaba dinero procedente de distintos orígenes con la finalidad de financiar al PSOE como partido político. Constituyó un escándalo mayúsculo y no pudieron evitar que el senador Salas pasara por prisión. Sin embargo, a raíz de ese escándalo, y tal vez con la finalidad de mejor control por el Ministerio del Interior de las condenas judiciales, Belloch, ministro de Justicia e Interior, propició una reforma del Reglamento Penitenciario que no vino mal del todo, porque, entre otras cosas, derogó la exigencia de la cuarta parte cumplida para llegar al tercer grado penitenciario. Ellos, los de Filesa, tuvieron la suerte relativa de que sus recursos al Constitucional fueran admitidos a trámite y suspendieran la condena. Suerte impulsada por sus contactos políticos, claro. Pero al final ingresaron en la cárcel algunos de ellos. Por poco tiempo, desde luego. Curiosamente vino a mi memoria ante esas palabras del funcionario una conversación mantenida con Felipe González en 1993, en pleno campo de Huelva, en la que me relató su versión sobre el origen y destino de esos fondos de Filesa que tantos quebraderos de cabeza propiciaron al PSOE y sus dirigentes.

—La verdad es que no lo sé y no quiero pensar en eso. Lo que me preocupa ahora es algo más concreto: no me han dejado pasar por casa, así que les he pedido a mis abogados que me traigan todas las cosas esta tarde. Lo demás ya lo iremos viendo con el paso del tiempo.

—Joder, por eso no te preocupes, tío, que ya lo entendemos. Les dices a los abogados que te lo traigan y en paz. Por cierto, te espera Jesús en el despacho del juez —contestó Fernando.

Jesús Calvo, el director, seguía como la última vez que le vi. Estos tres años no le habían cambiado físicamente. Su porte tranquilo, sus gestos templados, su tono de voz medido volvían a hacer acto de presencia en el despacho del Juez de Vigilancia, en una nueva conversación de porte similar a la que mantuvimos el día 23 de diciembre de 1994, aproximadamente a la misma hora.

—Bueno, pues otra vez aquí. Es duro, Mario, duro...

—Sí, director, pero es lo que toca, como dicen los mallorquines, así que...

—Me llamó el director de Instituciones Penitenciarias. La verdad es que estaba algo sorprendido porque nadie esperaba una reacción así de violenta en un asunto menor como es este. Al menos eso me dijo. Ya de por sí la condena es llamativa, pero que encima te encierren como si fueras un preso peligroso de ETA... En fin, comprendes que nosotros no podemos hacer más comentarios que los justos.

—Así es, director, así es.

Su tono medido reflejaba abundantes dosis de sinceridad. Cierto que el director de una prisión tiene que encerrar sus emociones en una caja fuerte mientras administra la vida de los reclusos a su cargo. Pero en determinados casos el factor humano sale a la superficie, sin asomar en exceso, como los primeros brotes de las flores que viven en los estanques y charcas, tímidamente, sin estrépito, demostrando que el agua es el origen de la vida. Y ciertas emociones son el origen de la humanidad ascendente.

Miré a mi alrededor. Entre nosotros, en aquel instante, se instaló el silencio. Jesús Calvo me escudriñaba. Sentiría preocupación por mi estado interior. Su mente de psicólogo trataría de adivinar cualquier patología interior, que, por lo demás, se le antojaría lógica, casi inevitable. Mientras tanto yo visualizaba el despacho, tratando de importar al presente los viejos recuerdos del pasado consumidos entre sus cuatro paredes blancas. Permanecía exactamente igual. La misma sensación de frialdad ambiental, la mesa de formica, la papelera y las sillas metálicas, las paredes encaladas, el espejo, dos pequeños cuadros y los huecos rectangulares en la parte superior de la pared situada frente a la puerta de entrada, casi lindando con el techo, que podían ser accionados para mover una cubierta de hierro y cristal que permitía el paso del aire de vez en cuando, aunque generalmente permanecía cerrada todo el día, dado que además del aire penetraban en el recinto los gritos de los presos que deambulaban por el patio, porque el despacho colindaba con nuestro lugar al aire libre.

El silencio se estiraba, se espesaba, se alargaba. Los sonidos carcelarios comenzaron a alcanzar frecuencia auditiva. Todavía sonaban lejanos, tenues, pero la simple sensación mental de tenerlos cerca te trasladaba al mundo de prisionero. Jesús no dejaba de mirarme. Yo tragaba de vez en cuando saliva. Mi rostro expresaba un lenguaje difícilmente controlable. Una sonrisa de circunstancias apenas esbozada, parpadeos nerviosos, apretar de dientes. Las manos..., las manos se movían a su antojo. ¡Qué difícil resulta en ocasiones controlar el lenguaje de nuestras manos! De cuando en cuando me arremolinaba en la silla de plástico. El director decidió cortar lo que caminaba directo a lo insoportable.

—Bueno, Mario, ahora tenemos que hablar de asuntos penitenciarios.

—Sí, claro, director...

Mis palabras sonaron como si despertara de un sueño, perezosas, lastimeras, queriendo alejarme de ellas.

—¿Quieres algo en concreto?

—Te quiero pedir, Jesús, que me des un destino y a ser posible aquí, en Ingresos y Libertades.

No quise andarme por las ramas y fui directo al grano. Mi primera estancia me proporcionó una información muy nítida: Ingresos y Libertades es uno de los mejores destinos de Alcalá-Meco. Cierto que otros, como mantenimiento o comunicaciones, te permiten salir al exterior, respirar un aire distinto al del patio, sentirte más cerca de la última de las puertas accionadas electrónicamente, la que proporciona el acceso al territorio de los hombres libres. Además, de vez en cuando se te permite comer de aquello que se cocina para los funcionarios, lo cual, más que un acontecimiento gastronómico en sí mismo, es una novedad, lo que se cotiza muy alto en un entorno existencial sustancialmente dominado por la rutina.

Sin embargo, lo que más me interesaba era la soledad, la capacidad de disponer de un espacio suficientemente amplio en el que situar la mesa, el ordenador, los libros, los códigos, las enormes carpetas que contenían la ingente documentación que, con ayuda de Paloma, mi secretaria, preparé, conservé, analicé, estudié y organicé para elaborar los escritos de defensa en el caso Banesto. Esta vez toda esa documentación formaba parte sustancial de mi equipaje de prisionero porque debía dedicarme con toda la intensidad que me fuera posible a preparar mi declaración en el juicio Banesto que tendría lugar en apenas unos días. Por ello precisaba un lugar en el que la convivencia con el resto de los presos no consumiera excesivo trozo de mi día, y no porque me molestara, que no era el caso, sino porque necesitaba tiempo, todo el que pudiera para preparar mi defensa, que en aquellos momentos presentía que podría verse seriamente afectada por mi nueva situación. En mi primer viaje a esta tierra aprendí que el lugar adecuado para mis deseos se llamaba Ingresos y Libertades y por ello no dudé un instante en pedírselo a Jesús con toda la determinación de la que era capaz.

—Me resisto a pensar que vas a estar tiempo. Tienes que irte. Lo único serio es que tienes que marcharte de aquí, dentro, claro, de las posibilidades que nos da el tratamiento penitenciario —me contestó Jesús, con un tono y un gesto que me indicaban que para él mi petición de destino resultaba secundaria, incluso obscena, porque lo que debería ocurrir es que mi destino volviera a ser el que era antes de traspasar la puerta de Ingresos y Libertades.

—Bien, Jesús, te lo agradezco, pero no está en nuestras manos, así que mientras deciden qué quieren hacer conmigo una vez que han conseguido devolverme a tu casa, debo ordenar mi vida de la manera menos traumática posible. Por eso te pido el destino.

—Cuenta con ello. Desde mañana mismo. Pero quiero que sepas que lo que de corazón deseo es que te vayas porque este no es tu sitio —insistió Jesús con un tono afectivo, arrastrando las últimas palabras, alargando el «este no es tu sitio» para que no cupiera duda alguna de su posición personal respecto a mí.

Pero ¡claro que era mi sitio! Al menos en lo físico. Otra cosa es en lo espiritual, pero físicamente el Sistema me quería allí y ellos tenían fuerza. Yo solo podía contestarles con entereza. El diálogo de los opuestos Fuerza y Dignidad... Un poco altisonante, excesivamente épica me sonó la frase, desde luego, pero algo de eso había, por algún sendero parecido circularía mi vida en adelante.

—Dime una cosa, Mario. ¿Creías que ibas a volver o ha sido para ti una sorpresa?

—No tenía duda. Cuando me fui, en enero del 95, sinceramente mi convicción era que les resultaría muy difícil reenviarme a tus dominios. Pero desde entonces han sucedido muchas cosas en España. Ahora manda Aznar y algún problema grave tiene ese hombre conmigo. Desde que me condenaron en la Audiencia Nacional por obra y gracia de Siro García y Pérez Mariño, no tenía duda de que acabaría volviendo por aquí.

El director no contestó. De nuevo un trozo de silencio espeso. Los nombres de Pérez Mariño y Siro García resonando en aquel estrecho recinto... Nos levantamos de nuestros asientos. Jesús cruzó la puerta de salida al pasillo de Ingresos. Yo detrás. Nuestro propósito era acudir directamente al despacho de los funcionarios para explicarles mi destino y formalizarlo en condiciones jurídico-penitenciarias. Entonces le vi.

La luz del pasillo reflejó aquel rostro de tez blanca algo sonrosada por el sol, con sus ojos claros y vivos escondidos detrás de aquellas enormes gafas que seguía utilizando, vestido con su mono de trabajo, de color blanco aunque adornado con un firmamento de manchas multicolores, componiendo una especie de Mompó a base de restos de pinturas manejadas para adornos de exteriores del edificio, sus gestos nerviosos, sus manos grandes en las que se reflejaba su trabajo en el mantenimiento de la prisión en estos cinco últimos años. Recordé con cierto punto de emoción interior aquel grito de «Señor, Señor, sáááacame de aquíííí» con el que solía descargar su tensión en el salón de duchas. Era Arsensi. El empresario del sur. El del duelo con su socio. El que decían que se libró de la condena por el asesinato de su mujer. El que se sentaba en la esquina del comedor de presos...

Sus ojos expresaron una alegría instintiva al volver a verme dentro de los muros de Alcalá. Le traía recuerdos de otros momentos, de otra época que para él ya había sido superada. Ahora era un hombre de confianza de Jesús Calvo, y se encontraba a la espera del tercer grado penitenciario, que, según me dijo al día siguiente, era algo que estaba al caer. Nos fundimos en un abrazo. No se abrazaban dos personas con trayectorias tan distintas en la vida, dos biotipos de genética existencial tan divergente, sino dos sentimientos de congoja, esperanza, alegría, tristeza, semillas que florecen por estos campos de cemento donde la libertad se queda depositada en un papel que se guarda en el módulo que iba a ser mi destino.

—¿Cómo estás, Juan?

—Bien, ¿y tú?...

—Ya ves... Me alegro de verte.

—Yo digo lo mismo, pero en ese otro sentido, ya sabes...

—Sí, claro. ¿Sales al exterior?

—Sí, gracias a don Jesús.

—Me alegro...

Diálogo de circunstancias. Entre presos las palabras son casi un exceso. No sirven para expresar veracidad. Un movimiento de brazos, o de ojos, una mirada, un abrazo, un apretón de manos..., eso era elocuencia en estado puro. La palabra..., un desperdicio de energía. Por eso se consumen diálogos cortos, casi monosilábicos, precisos, concretos, o ambiguos, pero de una ambigüedad elocuente, expresiva, categórica.

El director, Jesús Calvo, tenía sobrada experiencia para conocer este territorio como la palma de su mano. Sonreía desde lejos mientras nosotros conversábamos. Nos interrumpió con una voz que ahora, en presencia de Juan, sonaba un miligramo más cargada de autoridad que cuando hablábamos los dos en el despacho del Juez de Vigilancia minutos antes.

—Juan te procurará todo lo que necesites —sentenció Jesús cuando todavía Juan y yo no habíamos deshecho el encuentro corporal.

—Con todo gusto —añadió Juan, con tono sincero y decidido.

—Muchas gracias —fue todo lo que pude decir.

Volver a ver a Juan provocó una cierta catarsis interior que viví en escasos segundos, como si el tiempo y el espacio decidieran fundirse en una ecuación diversa a la que sirve de base a nuestras técnicas de medición. Toda mi estancia anterior se sintetizó en una fracción de tiempo inmedible de forma convencional: veía a Emilio, a David, a Miguel, al propio Juan, a Fontanella, a Cortés, a Portu, a su hermano, a Fabio, al del juego de rol..., en un suceder de imágenes en moviola que circulaban a enorme velocidad, sin perder su nitidez, como tampoco distorsionaban las músicas interminables que los colombianos no cesaban de escuchar, ni siquiera los gritos enloquecidos de la noche de fin de año. Arturo Romaní y Julián Sancristóbal curiosamente no aparecían en mi pantalla mental. Romaní se quedó fuera. A Sancristóbal lo trasladaron de prisión.

—Te he asignado la celda número 31 —sentenció Jesús.

La celda número 31... Bueno, por lo menos no era la número 9, por aquello del preso número 9 que decía una canción de mi juventud. Traté de hacerme una composición del lugar en el que se encontraba mi nueva habitación. Miré hacia atrás, al pasado, a mi primera estancia, a ver si conseguía alguna información..., pero no. Aun así, admito que ese número me sonó a que sería un lugar más o menos especial... Inmediatamente me di cuenta de que tras ese número se encontraba la calificación de preso vip.

Aquella tarde, poco después de que concluyeran estas tomas de contacto iniciales con mi nuevo destino, y antes de que subiera a conocer de primera mano mi nueva morada carcelaria, me llegó el aviso de que en el despacho del Juez de Vigilancia y por especial deferencia del director para esta ocasión, se encontraban mis abogados. Vinieron a visitarme Adolfo Domínguez, la mano derecha de Juan Sánchez-Calero, que no pudo acudir por encontrarse de viaje fuera de Madrid, y Antonio García-Pablos, el catedrático, penalista y hombre de bien que asumió con entusiasmo la defensa del recurso de casación contra la sentencia de Siro García/Pérez Mariño. Me traían antes que nada una inmensa bolsa roja. Dentro de ella mi equipo de prisionero tradicional junto a las innovaciones que dictaba la experiencia de mi primer encierro. Ya había sido examinada por el funcionario de Ingresos.

La miré en silencio. Aquella bolsa era emblema de encierro o de libertad, según los momentos. Ahora volvía a tocar lo primero, una vez transcurridos tres años desde mi salida el 30 de enero de 1995. Aquel día se cumplían dos años del fallecimiento de mi padre. Simplemente una casualidad, pero en esa fecha y de un modo tan áspero me trajeron de nuevo a este lugar. Mi madre, que dice ser católica, apostólica y romana, organizó una misa para conmemorar el segundo fallecimiento de Mario Conde Oliva. Ellos fueron. Yo no, porque a esas horas me encontraba en prisión conociendo pormenores de mi nueva habitación... Tomé la bolsa y la dejé en el pasillo, cerca de la puerta de acceso al módulo. Volví a sentarme con los abogados.

Difícil, casi imposible el diálogo entre nosotros. Sentíamos en nuestras carnes y en nuestros espíritus lo que estaba sucediendo en esa fusión indeseable entre política y judicatura, y en tales circunstancias el único diálogo posible es el construido con silencios. De nada valen los intentos de razonar, de edificar algo intelectualmente coherente. Nos encontrábamos desarmados, desvencijados, jurídicamente destrozados. Antonio apuntó muy humildemente que sería incapaz de volver a ejercer la profesión. No solo como abogado, sino como profesor de Derecho Penal, el comportamiento vivido al gestar el engendro de sentencia en la Audiencia Nacional, con una terminología no solo impropia de la dignidad de lo jurídico, sino alarmantemente cercana a la mera chabacanería o a lo barriobajero, al ratificarse en el Tribunal Supremo por una Sala cuya composición, en cuanto a genealogía ideológica, despejaba cualquier duda sobre el resultado de sus deliberaciones, y al enviarme a la cárcel como si fuera un peligroso etarra, un asesino múltiple o un violador de parque público, le había vaciado por dentro. Lo entendía: ¿cómo explicar a los alumnos las nociones básicas de ese llamado Derecho Penal después de vivir lo que le había tocado sufrir en sus carnes de profesor y letrado? Por mi costado comenzaba a darme cuenta de que una extraña fortaleza se instalaba en mi interior. Desde el 28 de diciembre de 1993, fecha en la que todo comenzó con la intervención del Banesto, transcurrieron cinco años en los que no tuve un segundo de paz, sintiendo, como sentía, la fuerza, la presión, la amenaza de todo el Estado contra mí y mi familia. Eso es capaz de romper la resistencia psicológica de cualquiera. Sin embargo, aguantaba, resistía, subsistía, supervivía al calvario. Al menos por el momento.

—Lourdes ha decidido hablar y va a conceder unas entrevistas a la televisión y a *El Mundo* —dijo Antonio García-Pablos.

Lourdes... Demasiadas cosas rotas en su interior. Fernando Garro y su traición, como ella había pronosticado en muchas ocasiones y yo ciegamente rechazado. Navalón y Selva, a quienes había atendido en nuestra casa de Triana en muchas ocasiones. Conocía a la perfección la historia. Noches agitadas en las que le relataba, cuando arribaba a casa pasadas las doce de la noche de un día cualquiera, mis encuentros con el ministro Solchaga y el gobernador Rubio, mis intentos de llegar al presidente González, mi alegría el día en que nos concedieron las exenciones tributarias solicitadas, la inmensa satisfacción del instante en el que pude firmar ante notario la creación de nuestra Corporación Industrial, el desayuno en el que Navalón vino a cobrar los honorarios por sus gestiones consumadas con éxito... Y ahora, ocho años después, me encerraban acusado de apropiación indebida de unas cantidades que toda España, al menos toda la España financiera, sabía de sobra que eran ingresadas como honorarios por los más conocidos agentes intermediarios del país... Recordé el dolor que sintió Lourdes cuando Polanco, a quien ella apreciaba, ordenó publicar en *El País* a cuatro columnas para informar de la sentencia de Argentia Trust que me habían encarcelado por apropiarme indebidamente de seiscientos millones de pesetas... Polanco sabía mejor que nadie la falsedad de semejante titular. Se confeccionó con el exclusivo propósito de hacernos daño. ¿Al servicio del poder? Supongo.

Lourdes siempre dijo que contra el Sistema no se podía luchar. Además, en el fondo, era muy respetuosa con el poder establecido, aunque fuera la mujer de un revoltoso impenitente como yo. Pero jamás pensó que la crueldad que practicaban fuera tan hiriente, tan brutal, tan lacerante, tan dolorosa... Muy agotada tendría que estar interiormente para decidirse a salir a los medios, porque ella rehuía cualquier contacto de esa naturaleza. Supo mantener en lo posible su anonimato en mi etapa de Banesto y lo consiguió a base de rechazar sistemáticamente los millares de ofertas que recibía a diario para exponerse en el papel cuché o en las imágenes de las televisiones. Ahora iba a romper ese principio. Y lo haría impulsada no solo por la sensación de injusticia, no exclusivamente por el dolor que le causaba volverme a ver encerrado por semejante causa, sino, además, para sentirse bien consigo misma. Su creencia en la honestidad del Sistema se destruía, se esfumaba a cada golpe bajo que recibíamos.

—No me parece mal, Antonio, pero no servirá de nada. ¿Cuándo sale en la televisión?

—Esta noche.

—Bien. Gracias a los dos. Un abrazo a Juan. No os preocupéis demasiado. Me quedo en buenas manos.

Las manos en las que me quedaba eran la fortaleza de mi corazón. Veríamos si resultarían tan buenas como anunciaba en la despedida de dos letrados abatidos, abrumados, que sentirían dolor físico cuando la puerta de Ingresos, el inefable rastrillo, con su desplazamiento lateral y su punzante sonido concluyera su viaje hacia la pared para ajustarse al carril vertical en el que encajaba su extremo con la rudeza de un golpe de martillo pilón, anunciando un «se acabó; vuestro cliente Mario Conde se queda dentro».

Al salir de nuevo al pasillo de Ingresos, Fernando, el funcionario, me presentó a Andrés como mi nuevo compañero. Le miré pero sin prestar atención, forzando un esbozo de sonrisa y saludo y un «ya charlaremos mañana». Le dije a Fernando que me encontraba muy cansado y que prefería subir al chabolo a ordenar mis cosas.

—Lo comprendo. Descansa. Mañana te introduzco en el departamento para ver cómo nos organizamos.

Agradecí el gesto, tomé la bolsa roja, crucé la puerta y penetré en el módulo. Mi módulo.

El funcionario de guardia me recibió con una sonrisa de circunstancias en la que no supe identificar el sentimiento dominante. Abrió la puerta de acceso a la zona de presos. Subí despacio las escaleras, que me resultaban familiares por mi estancia anterior. El módulo de Ingresos se compone de dos plantas: la primera por lo general sirve para los presos de paso y los que tienen estancia pero se encuentran peor clasificados en el modelo de tratamiento penitenciario. Por eso me tocó la primera planta en mi primera estancia como preventivo. Los más instalados, los que de alguna forma se integran en el *establishment* de la prisión, habitan en la planta segunda. En esta última, una vez alcanzado el descansillo en el que finaliza la escalera, girando hacia la izquierda, se penetra en un pasillo de dimensiones mucho más reducidas, como de unos treinta metros de largo, en el que existen seis celdas, numeradas desde la 26 a la 31 y emparejadas, más o menos, de dos en dos, es decir, 26/27, luego un espacio, 28/29, otro espacio, y finalmente la 30/31. Son celdas idénticas a las demás, es decir, con su correspondiente chapa verde que se desplaza lateralmente, su agujero que hace las veces de mirilla para que el funcionario controle en los recuentos, el sempiterno sistema de cerrado que provoca el mismo estrépito metálico al que nunca acabas por acostumbrarte..., en fin, que en lo que a infraestructura se refiere, ese pasillo, aparentemente de privilegiados, es uno más.

Incluso si me apuran acaba resultando mucho menos confortable porque da descaradamente al poniente y en verano se convierte en un auténtico tormento. El calor de esas celdas es sencillamente insufrible. Como en este segundo encierro llegué a Alcalá-Meco en febrero de 1998, en pleno invierno, no tenía idea de eso de los calores veraniegos, máxime cuando en mi primer encuentro con la cárcel, la Navidad de 1994-1995, no solo no hizo calor, sino que sufrimos un frío especialmente duro en aquel inolvidable invierno. A pesar de los pesares veraniegos, lo cierto es que ese pasillo y esas celdas constituyen la zona vip de Alcalá-Meco a la que llaman los internos La Moraleja. El hogar de los privilegiados. Personas que gozan de la confianza de la dirección y que prestan destino, lo que significa que trabajan en algún cometido concreto, de los que verdaderamente importan para el funcionamiento de la prisión.

Bien, pues traspasada la segunda puerta enrejada, dejas a tu derecha una ventana con sus inevitables rejas de hierro que da a un espacio libre que no se utilizaba para nada, al menos para nada conocido, y ya estás en el pasillo de reducidas dimensiones, en plena Moraleja. A mano derecha te encuentras con la celda 30. En la siguiente, la número 31, desde ese mismo día, escritas a mano, con tiza blanca y un subrayado poco artístico, aparecían estas dos palabras: «Conde Conde». No cabía duda: esa era mi habitación, mi nueva casa.

Me hizo gracia eso de la tiza blanca. Hacía muchos años que

no convivía con ese material y con su inseparable pizarra negra. Me trajo recuerdos de niñez ver mi nombre escrito de esa manera, pero ninguna emoción adicional más. Sin embargo, admito que el que figuraran solo los dos apellidos me resultaba algo corto, por lo que después del segundo añadí «Mario». Así la cosa quedaba más estética. ¡Ah!, la tiza me la prestó el de la celda 28, que no sé de dónde la consiguió, porque ya sabía por experiencia de mi visita anterior que eso de conseguir cosas en prisión exigía ser un oficiante de lo que llaman «buscarse la vida». Alguno de los presos encargados de limpieza decidió que era mejor borrar mi nombre al día siguiente. Pero como la estética es la estética, volví a pedir la tiza y a grabar con ella nuevamente mi nombre. No lo volvieron a borrar. Allí permaneció hasta el día en que me despedí de esa celda.

El funcionario abrió la puerta y la cerró con el estrépito que ya me resultaba familiar. Bueno, pues otra vez dentro. Eché una ojeada a mi alrededor.

Juan se había encargado del colchón, las mantas, las colchas, el cubo y la fregona, las bolsas de basura, el termo para la leche, otro para el consomé caliente, la funda de la almohada, la televisión, la solicitud de enseres por demandadero..., en fin, de todo, absolutamente de todo. Nada me resultaba extraño. Todo desprendía un olor a conocido, a vieja habitación, a antigua morada. Mezcla de sentimientos: no sabría definir el que me provocaba volver a estos lugares. En todo caso, albergaba satisfacción interior por dominar el entorno.

La celda resultaba fría. No es que fuera a esperar una decoración siquiera similar a la de mi casa de Triana, pero habida cuenta del tiempo que iba a consumir en ella, lo más sensato y práctico a la vez residía en volver a echar un vistazo a la de otros veteranos y comprobar qué tipo de artilugios resultan de mayor utilidad en el desarrollo de la vida cotidiana de un preso. Además disponía de cierta tecnología que quizá resultara aplicable procedente de mis tiempos en el Colegio Mayor de Deusto. Pero para eso tenía tiempo.

Me senté en la silla de plástico, compañera de estancias anteriores, y apoyé mis brazos sobre la mesa de obra. La tarde nos había abandonado. La noche inundaba el patio de presos. La garita de la guardia civil seguía allí, en su sitio, impertérrita. Nada se había alterado en el paisaje que podía vislumbrar a través de las rejas de la ventana. La cárcel consume rutina. Es su principal aliada y una de las mayores enemigas de la estabilidad emocional de sus habitantes. Sonó un ruido en la celda 30, la de mi derecha. No tenía idea de quién sería mi compañero, mejor dicho, mi vecino por ese costado. Lo comprobaría al día siguiente. Tratar al tiempo con displicencia para que él nos tratara a nosotros con la soberbia de quien se sabe señor de nuestros territorios vitales.

Intenté concentrarme en lo sucedido. Estaba bastante claro que nuestra defensa había sido un error. Creímos que funcionaría la presunción de inocencia y que si no conseguían probar que me quedé con el dinero la absolución se convertiría en inevitable. Pero nos equivocamos. Tratándose de mí se producía una inversión de eso que era algo así como la esencia del Derecho Penal desde que el mundo es mundo, o, al menos, desde que el mundo empieza a ser algo humano. Pues no. Yo tenía que probar mi inocencia. Bueno, en realidad hasta eso era una estupidez porque se había tomado la decisión de encarcelarme, así que, hubiera hecho lo que hubiera hecho, la sentencia no habría variado un ápice. Por eso resultó indiferente que no recusáramos a Pérez Mariño imaginando que las palabras de un hombre pueden ser de mayor importancia que sus intereses. Pérez Mariño debe su vida al partido que le nombró. Le debe su pasado, su presente y su futuro. Una estupidez meridiana creerse que esa red de intereses y ambiciones podía ser demolida en un altar en el que solo se custodiaba la legalidad.

Demasiado condimento para una salsa tan espesa. Todo eso era cierto, pero me asaltaba la idea del porqué de la urgencia, de dónde surgía esa imperiosa, casi rabiosa decisión de enviarme a prisión de un modo y manera capaz de desestabilizar a cualquiera. Por qué no quisieron, como era obvio que debería haber procedido, meter el caso Argentia Trust dentro del general de Banesto, puesto que, al fin y al cabo, era una operación más, que guardaba conexión —así dicen los letrados— en el tiempo y en la sustancia con, por ejemplo, los trescientos millones de pesetas que entregué al partido de Adolfo Suárez.

En esas andaba cavilando cuando la imagen de Lourdes apareció en el televisor que tenía situado en una especie de repisa de madera y cartón pegada en el costado derecho de la celda, una televisión que me prestó de urgencia Arsensi mientras el demandadero, el servicio al que se le piden las cosas que quieres comprar, tramitaba la petición de una nueva para mí, puesto que la que tuve en mi etapa anterior la dejé en el departamento de Ingresos el día de mi primera salida.

Lourdes estaba guapa, como siempre, pero sus ojos amarillos y su hablar algo agitado y nervioseando entre palabras y frases expresaban sin disimulo la abrumadora indignación, casi convertida en rabia rezumada, que los acontecimientos de fondo y forma le habían producido. Su desprendimiento para con los medios de comunicación resultaba ostensible. Hablaba sin concederles ni la menor importancia, como si en su fuero interno latiera la profunda convicción de que todos ellos funcionaron en el mejor de los casos como cómplices o encubridores de este nuevo episodio en nuestra tragedia vital. No pude evitar sonreír y percibir que, al tiempo, una emoción intensa se apoderaba de mis adentros. Entendía, valoraba, comprendía su formidable sacrificio. Hablaba en televisión por mí, exclusivamente por mí. Sacrificaba, aparcaba por unos minutos sus antipatías para con los medios, dejaba a un costado la alergia espiritual que le provocaban sus trabajos, miserablemente indecentes en demasiadas ocasiones, con la finalidad exclusiva, con el único propósito de enviarme el transparente y nada oblicuo mensaje de que allí estaba ella, en su sitio, sin moverse un milímetro a pesar de tantos pesares, para decirme que seguiría peleando, que no se iba a rendir, que llevaría la comisión rogatoria suiza hasta sus últimas consecuencias y que nada ni nadie conseguirían apartarla de su propósito.

Una frase de Lourdes, pronunciada en medio de aquel torrente de palabras y frases con las que quería sacar fuera todo el revoltijo interior que la acosaba, me obligó a agitarme en la silla:

—Y todo esto cuando se encuentra en marcha el juicio Banesto...

Ahora lo entendía. El juicio Banesto, el gordo, aquel en el que el fiscal pedía cifras de prisión equivalentes a más de diez asesinatos, había dado comienzo en el mes de diciembre anterior a mi encarcelamiento. La secuencia de los acontecimientos era tan diáfana como la voluntad política que se escondía tras ella. El inolvidable 20 de marzo de 1997 Pérez Mariño lee en televisión la chabacana sentencia que confeccionó. El 27 de mayo, pocos meses después, el mundo político judicial se da cuenta de que finalmente y a través de una denuncia de Lourdes hemos conseguido enviar a Suiza una comisión rogatoria para que nos envíen los documentos que acreditan quién o quiénes cobraron ese dinero, algo que ellos quieren evitar a costa de lo que sea. Es solo cuestión de tiempo, si no consiguen arrodillar al fiscal suizo, que los verdaderos perceptores del dinero salgan a la luz en España. Así que hay que estigmatizarme cuanto antes. Se ponen en marcha. El juicio Banesto da comienzo el 1 de diciembre de ese mismo año 1997. A la vista de mi recurso de casación y de esa comisión rogatoria deciden resolver de urgencia ese recurso. Pocos meses después ya tienen la Sala de genética ideológica elocuente al máximo. Se dieron prisa. Dictaron sentencia y me metieron en prisión.

Diez días más tarde, solo diez días después de este segundo ingreso, comenzaría a declarar ante el tribunal por el caso Banesto. Un momento decisivo. El juicio iba a ser grabado en cintas de televisión. Ellos conocen el valor de la imagen. Y el poder emocional de lo injusto. Así que no resultaba banal pensar que mi encarcelamiento por algo que todos sabíamos carecía de fundamento tendría efectos demoledores sobre mi estabilidad emocional. Y, por si no fuera suficiente, llegaría al juicio en un furgón, conducido como un convicto, como un preso, dando toda la sensación de reincidencia. Esa imagen implicaba de por sí cuotas importantes de culpabilidad. Con ella fabricaban la imposibilidad mediática de una sentencia absolutoria.

Me levanté de la silla azuzado por la corajina interior que sentía al descubrir la obscenidad de estos imaginados planes. Más claro, agua. Nítido como las mañanas mallorquinas después de una noche de viento norte. Paseaba —es un decir— de un lado a otro de la celda, recorriendo los escasos metros cuadrados —quizá cinco o seis— de longitud desde la chapa a la pared de la mesa de trabajo. La noche resultaba silenciosa. En la celda de la izquierda una extraña música sonaba, una melodía que llegaba por los espacios abiertos entre las dos puertas correderas de ambas celdas. A mi derecha el habitante de ese cubículo permanecía en silencio. Ningún sonido. Ni siquiera un ronquido. El patio solo registraba el cambio de guardia de los centinelas. Al fondo las luces tenues de Alcalá de Henares.

—¡Joder con esta gente! —exclamé con el pensamiento.

Todo diáfano. Pero como tantas veces me ha sucedido en mi vida, descubrir la impudicia se transforma en mayor cantidad de fortaleza espiritual para resistir. Y eso me juré a mí mismo:

—No voy a caer, no voy a dejar que me hundan. Voy a pelear con todas mis fuerzas. Mi declaración en el juicio tiene que ser ejemplar. Da igual que no sirva para nada. Al menos quedará para la historia. Así que manos a la obra y de momento a dormir.

En mitad del silencio de la noche me percaté de que esta frase, esta admonición a mí mismo, acababa de ser pronunciada en voz alta.

«No dejes que te domine el odio», leía en una carta que me escribió Joaquín Tamames.

Volví sobre mi bolsa roja y saqué lo que en ella me habían metido en casa. Coloqué la ropa como pude en el cicatero espacio de que disponía. Decidí utilizar la litera de arriba, la superior de las dos de que consta la celda, para depositar ropa y otros enseres. Me di cuenta de que tenía que pedir un traje, camisa y corbata para cuando comenzara a declarar. En ese instante, casi ya vacía la bolsa, lo vi.

Era un sobre blanco con remite de mi casa. En la cubierta, escrita con bolígrafo azul, la palabra «Mario», obra de la inconfundible letra de Lourdes. Me senté en la silla. Miré a través de le negritud de la noche. Encendí el flexo. Abrí la carta. Saqué el folio doblado y lo extendí. Comencé a leer:

«Mi querido Mario.

»A lo mejor me estás viendo ahora en la tele. No te preocupes por eso. Lo que pasa es que lo que te han hecho me parece indignante. No te lo mereces. Es una barbaridad...».

No pude seguir leyendo. Doblé el folio y lo introduje de nuevo en su sobre. Dejé la carta encima de la mesa. Quise controlar la emoción, pero no pude. Me tumbé en la cama.

Lourdes...

15

PRESO DE HOY Y DE MAÑANA

A las ocho menos cuarto de la mañana de aquel 27 de febrero de 1998 escuché nítidos los sonidos que indicaban la apertura de la puerta de acceso a nuestro pasillo. A continuación los pasos. Segundos después la llave se introducía en mi cerradura. Los tres giros. El levantamiento del cerrojo. El desplazamiento lateral de la chapa sobre su carril anclado en el suelo. La figura del funcionario, con gesto amable y una sonrisa que pretendía ser de circunstancias, intentando transmitir al tiempo alegría por verme y pena por el lugar. Era Tarsicio, de servicio aquella mañana. Escuché su voz:

—Mario, te esperan en Ingresos.

—Hola, Tarsi, buenos días. Por aquí otra vez.

A los funcionarios se les reconoce entre los presos por su nombre de pila precedido de un respetuoso «don». Es la etiqueta obligada en el recinto, la frontera del respeto, la distancia entre su mundo, el de la autoridad, y el nuestro, el del preso, el convicto, el hombre privado de su libertad. Teóricamente al menos, la contrapartida a ese «don» reside en que el funcionario debiera utilizar el usted para referirse al preso. Sería ridículo, obviamente, un formulismo como señor preso o cualquier otra estupidez parecida, pero lo cierto es que se dirigen a los presos por su nombre de pila o apellido, pero en todo caso de tú, generando una asimetría que traduce aún mas plásticamente la diversidad de posiciones relativas. Pero en mi caso, no fue así. Salvo uno o dos funcionarios, con todos los demás me trataba de tú, en justa correspondencia con el modo y manera en el que ellos se dirigían a mí. Admito que el único recluso en utilizar ese expediente era yo. Pero en algo tenía que residir mi singularidad, claro. Y creo que nunca me pasé de la raya porque siempre procuré extremar el respeto al funcionario delante de los demás reclusos, para que la maledicencia, tan extendida dentro de la cárcel, casi tanto como fuera de ella, no se pusiera a escribir relatos que solo existieron en la imaginación de su autor.

Descendimos en silencio. Al llegar a la puerta de acceso a Ingresos y Libertades Tarsicio golpeó con fuerza el hierro con su llave. Al chasquido le correspondió un «voy» gritado desde el interior y amortiguado por el grosor del material carcelario. Tres giros, siempre tres giros, y se abrió la puerta.

—Hola, pasa.

—Gracias. Adiós, Tarsicio.

No cruzamos palabra alguna mientras seguía al funcionario a través del pasillo. Frente a la máquina de control de equipajes se encuentra la puerta del despacho de Ingresos y Libertades. Metálica, como todo, pero con cristal en su parte superior. Allí, en el despacho, tuvieron lugar las presentaciones de rigor. Los funcionarios trabajaban en dos turnos: mañana, de ocho a tres, y tarde, de tres a diez de la noche. Por la mañana acudían Pablo y Carmelo. Por la tarde Fernando y Miguel Ángel. Cuatro personas de la misma profesión pero de muy diferente textura humana. Pablo sentía pasión con trabajar el bronce y el latón y su vena artística se manifestaba con calidad. Tardé en descubrir estas habilidades porque era hombre reservado, consciente de lo delicado de ejercer su autoridad. Responsable y serio, se dejaba caer el pelo lacio casi sobre el hombro y se mostraba al exterior con una barba relativamente cuidada. No sé por qué, pero me pegaba que Pablo hubiera sido una suerte de revolucionario en su juventud, quizá alguien que por sus ideas políticas o sus actitudes ante la vida podría haberse encontrado en ese lugar, pero en posición invertida. Carmelo, moreno, también de pelo lacio más bien castaño, ojos limpios y con una cara de buena gente incontrovertible, se apasionaba por la lectura de las novelas históricas. En cuanto tenía un rato libre se ponía a ello. Además le dio por terminar un libro teórico que debía contener todas las fotografías de los presos, algo insólito en la era del ordenador, pero el aparato que tenían en aquellos días encima de la mesa, tanto en calidad de hardware como en disponibilidad de software, era de broma. La gran parte del trabajo teníamos que ejercitarlo manualmente.

El cubículo era más bien pequeño, con dos mesas, cada una situada en un costado de la pared. Al fondo, detrás de la mesa en la que se situaba el ordenador (es un decir) y a su costado la impresora (casi otro decir), tres archivadores metálicos de color gris, y otros dos de madera barnizada en oscuro, altos, con tiradores de época, de época antigua quiero decir, servían para custodiar fichas de presos que se encontraban en prisión en ese instante o que algún tiempo de su vida fueron inquilinos de esa residencia. Teóricamente ordenadas por criterio alfabético se consultaban cuando los partes de la prisión nos decían que el recién llegado al que se le estaba confeccionando su ficha ya había sido cliente de la casa en algún momento anterior de su vida. Por cierto, el trabajo de ordenar aquel galimatías era de lo más penoso que se despachaba y todos hacíamos lo posible por escaquearnos de tal tormento, aunque de vez en cuando te tocaba aparentar que te dedicabas a esa misión con cuerpo y alma...

En el costado opuesto, otra mesa metálica de características idénticas, dos archivadores más, una máquina de escribir de las de toda la vida —por decir algo— y un armario metálico que servía para guardar más archivadores, una máquina de plastificar para confeccionar los carnés de preso y una televisión de tamaño considerable. Encima, en su parte superior, un ventilador y una cámara de esas de seguridad que teóricamente informaba de los movimientos en el hall de entrada, aquel en el que se encontraban las celdas americanas, y que de hecho servía para muy poco, por no decir para nada. Eso era casi todo, porque una caja fuerte pequeña completaba el equipamiento, donde se custodiaba dinero de la calle. Unas veces era el que traían los presos al llegar, que, salvo casos como el mío, no solían ser cantidades exageradas. Además, necesitaban tener metálico disponible para los que se iban de permiso o en libertad y querían canjear su dinero de prisionero por el que utilizarían al cruzar la puerta de entrada/salida en dirección libertad.

El conjunto resultaba más bien deprimente, debo reconocerlo. Una cosa es esperar que ese cubículo de recepción de prisioneros sea como el hall de Banesto y otra, que tuviera un aspecto tal que a la depresión emocional que puede acompañar el mero hecho de saberte preso se añada la que puede provocar en almas mínimamente sensibles imaginar que si así viven los funcionarios... qué va a ser de ti como preso. Y eso que pocos se percataban de un detalle que hubiera supuesto el remate.

En la pared frente a la puerta de entrada, pegados al techo, aparecían dos ventanucos de hierro pintado en verde oscuro y cristal casi opaco por el material con el que se confeccionaron pero sobre todo por la suciedad acumulada, que permanecían permanentemente cerrados. Por cierto, eran los dos únicos orificios encargados de traer algo de luz diurna al cubículo, por lo que ya es fácilmente imaginable que el día transcurría consumiendo luz eléctrica que, al provenir de unas bombillas de no más de sesenta vatios per cápita, arrojaban una tonalidad más bien amarillenta, lo que incrementaba la cutrez del entorno. Aunque no sirvieran para dar luz, sí al menos habrían debido ser utilizados para ventilación. Pues tampoco, porque esos ventanucos, aunque parezca increíble, daban directamente a las letrinas del patio de presos del módulo PIN, es decir, al lugar de entrada a ese sitio en el que, aparte de necesidades biológicas, los presos se dedicaban a consumir droga, por lo que en las dos o tres ocasiones que fui allí obligado por impulso incontrolable, me encontré con alguna jeringuilla de ocasión que seguramente no correspondía a ningún diabético incurable. Así que abrir los ventanucos para ventilar era equivalente a traerse una amalgama de olores variados entre los cuales ni uno solo dejaba de ser bastante putrefacto. Pablo siempre decía que si una inspección de sanidad viera aquello, los metía a todos en la cárcel...

Pablo y Carmelo me explicaron más o menos cómo funcionaba el lugar, asegurándome que con el paso del tiempo me familiarizaría más con todos los objetos extraños que nos rodeaban y que servían para el ejercicio de sus funciones. Por ejemplo, una pieza casi de museo. Una máquina Polaroid que servía para las fotos de los presos recostados contra la pared y con su cartelillo confeccionado a mano sujeto por ellos mismos cerca de la barbilla, para que quedara claro su nombre y fecha de ingreso indisolublemente unido a la imagen de su cara. Por cierto, unos ponían cara de susto. Bueno, unos no, en realidad casi todos. Menos aquellos que llegaban con copas consumidas en libertad para facilitar el ingreso dándose ánimos artificiales, y que no paraban de reírse fruto evidente del alcohol, lo que cabreaba a los funcionarios en grado sumo. Recuerdo un día de aquellos, creo que un viernes. Fernando se encontraba de servicio. Aquella tarde se marchó a la cafetería del Centro. Le gustaba tomarse un vino de vez en cuando. En su ausencia apareció por Ingresos, de modo voluntario y sin acompañamiento de ningún policía o guardia civil, un individuo que venía a cumplir un fin de semana, una modalidad de prisión que no sé si sigue en uso. Era un chico más bien joven, de pelo castaño rubio extremadamente largo y recogido con una fastuosa cola de caballo, muy delgado, vestido con cuidada afectación tendente a enfatizar lo femenino y portador de modales gestuales que permitían concluir que sus aficiones sexuales no se decantaban por el mundo de los «heteros», sino más bien por el de los «homos». Me vio, me reconoció, se puso algo nervioso, sobre todo cuando se dio cuenta de que me apercibí de que traía encima una tajada de tamaño natural, como la de un guarda, que dicen por el sur, aunque no sé de dónde viene esa expresión porque llevo más de veinte años en el campo del centro y sur de la Península y nunca he visto a guarda alguno con borrachera. Bueno, lo cierto es que el chico aquel la traía, y monumental. Le pregunté por su dedicación en la vida y sin cortarse un miligramo, sonriendo a espuertas llenas, dijo:

—Cantaor... Cantaor de flamenco, señor.

Dijo «cantaor», comiéndose deliberadamente las letras y sílabas que hiciera falta para parecer andaluz. A mí me daba que como mucho era de la Mancha, pero que, en cualquier caso, de Despeñaperros no había pasado en su vida, así que aquello sonaba tan artificial como ciertos olivos de plástico que pusieron los italianos en sus campos para cobrar la subvención de la Unión Europea. Pensé para mí que le convenía una pequeña lección, así que con cara de buenos amigos, tratando de ganarme su confianza, le dije:

—Hombre, pues ¡qué bien! Ahora vendrá el funcionario para tomarte las huellas. Es un hombre al que le encanta el flamenco y, además, entiende. ¿Por qué palos cantas tú?

—Yo... por tooos, por tooos...

—Fantástico. Pues cuando te esté tomando las huellas, sin decir nada, te arrancas por Huelva, un poco de fandango, un dibujito nada más, que le va a sentar muy bien al funcionario.

El chaval, porque era un chaval, ni siquiera se mosqueó con la propuesta, porque el vino —o lo que fuera— que traía dentro cumplía su función de atontamiento. Por si las moscas, añadí:

—Si ves que el funcionario te dice que te calles, no le hagas caso, porque eso es solo para aparentar que no le gusta, como si tuviera que poner orden, pero en realidad le encanta y te lo agradecerá.

Es difícil tragarse este sapo, pero ya digo que el alcohol provoca milagros consistentes en no entender lo obvio. Además el escenario de la prisión te inclina a creerte lo que haga falta.

Llegó Fernando. Llamó con su característico tono hosco al chaval, que se acercó sonriente. Fernando, al ver tanta sonrisa, ya empezó a mosquearse. Me miró con gesto inquisitivo, pero no me di por aludido. Le tomó la mano derecha para comenzar la ceremonia de huellado y en ese instante el chaval se arrancó por Huelva con un grito espantoso. Yo me escondí detrás del archivador para que no se me notara el ataque de risa que me entró al ver el rostro casi desencajado de Fernando, que no podía creer lo que estaba viendo, y es que, encima, el chaval cantaba fatal, pero fatal de todos los fatales posibles. El despacho de Ingresos y Libertades se llenó de un «aayyyyyyyyyy...» que pretendía ser un cante por fandango.

Sin soltarle el brazo, Fernando, visiblemente irritado y casi gritando, dijo:

—Pero ¿qué haces, gilipollas? ¿Tú eres tonto o qué? ¿Te quieres callar?

El chaval me buscó con su mirada inquieta para ratificar que debía continuar, y al no encontrarme decidió seguir mis instrucciones y se volvió a arrancar con fuerza, con más intensidad en la voz y más desafino en el tono. Fernando gritó con tal ímpetu que

383

el chaval se acojonó. Yo salí de detrás del armario muerto de risa para evitar un desperfecto. Le pedí perdón al chaval y a Fernando. Conseguí calmar una situación que habría podido tornarse en peligrosa. Nos reímos todos un rato. Terminó el huellado, el chaval se fue al módulo a que lo encerraran para cumplir su pena, Fernando volvió a la cafetería y yo me quedé en el despacho muerto de risa. En fin, cosas de los prisioneros.

Decía antes de relatar la anécdota esta del cantaor que los presos ponían cara de susto, cuando no de terror, al hacerles la foto, salvo, esto sí, los reincidentes o procedentes de otras cárceles en conducciones llamadas «cundas», porque estos sujetaban con desgana el cartelito y sus rostros transmitían una mezcla de resignación y paciencia asumiendo su inevitable destino. La máquina tiraba cuatro fotos a la vez, porque todo se hacía por cuadruplicado. Una para la ficha de Ingresos, otra para el carné, la tercera para la ficha del Centro y la cuarta de repuesto. Bueno y para que Carmelo consumiera tiempo, cuando se cansaba de leer, confeccionando ese libro interminable.

Me sentí cómodo con ellos. No solo no vislumbré hostilidad, sino más bien lo contrario. Me acompañaron los dos a enseñarme el resto de mi zona de trabajo, que era propiamente el almacén de Ingresos y Libertades. Justo antes de traspasar la puerta que da acceso al módulo y que lo separa de las dependencias de Ingresos, teníamos un almacén compuesto de dos naves de unos dieciocho metros de largo por cinco de ancho cada una, cuyas paredes laterales estaban llenas de estanterías metálicas. En el primero de estos almacenes, además de pertenencias de los presos que por alguna razón u otra deben ser retenidas, se encuentran los objetos que constituyen el equipo habitual para todo nuevo inquilino: un juego de sábanas, una manta, una toalla azul clara, un par de rollos de papel higiénico, una maquinilla de afeitar de plástico, un cepillo de dientes con su crema correspondiente, un par de platos de plástico, tenedor, cuchillo y cuchara, igualmente del mismo material, y, por fin, una caja de condones para ser utilizados en los vis a vis íntimos. Nada más entrar, a mano derecha, una mesita de madera con largas patas aloja un cajón en el que se guarda el libro de entregas. Cada vez que preparan un «equipo» y se entrega a su destinatario, el nuevo inquilino debe firmar lo que recibe como medio de control. El conjunto se llama «un lote» y los teníamos preparados de antemano para entregarlos en cada nuevo ingreso sin demora.

El segundo de los almacenes está especializado en objetos prohibidos, aquellos cuya posesión en el recinto carcelario no se encuentra permitida por las normas de régimen interior. Botes de colonia, desodorantes de spray, platos de metal o de cristal, guitarras, hornillos, cuchillos y navajas, espejos y un largo sinfín se colocan con relativo orden en su lugar, clasificado alfabéticamente, y a cada uno de los objetos retenidos se le cuelga una etiqueta con el nombre del recluso, de forma que en su día, cuando salga, cuando recupere la libertad o le trasladen de cárcel, incluso si por su encargo lo solicitan sus familiares, pueda serles devuelto lo que en su día no se permitió traspasar la puerta de acceso a la cárcel propiamente dicha. En este lugar especializado instalé lo que sería «mi despacho».

Allí vivía, como ordenanza de estas dependencias, Andrés. Me lo habían presentado la noche anterior, pero apenas si pude hacerle caso. Ahora supe que sería mi acompañante en las labores del departamento. Estatura mediana, cabeza de corte potente, ojos marrones, tez clara, aspecto sano, hijo de un criminólogo amigo de Jesús Calvo, el director, de unos veintidós o veintitrés años de edad, no excesivamente locuaz, algo retraído en sus expresiones, no me produjo la impresión de ser mala gente. Era preventivo. No sabía cuánto tiempo estaría conmigo. Andrés, el chaval, se convirtió en el primero de mis compañeros en mi nueva etapa de prisión.

A medida que fue avanzando mi tiempo de prisionero me percaté de que mi destino conllevaba algunos privilegios, no debidos a mí, sino a todos cuantos allí trabajaran. Antes que yo y después que yo. Se trataba de pequeñas cosas inherentes al cargo, que yo ignoraba porque en mi etapa anterior de preventivo estas interioridades me estaban vedadas. Aprendí que mi nuevo destino me permitía una libertad de movimientos distinta a la habitual. A las ocho y media de la mañana llamaba a la puerta de Ingresos y Libertades, inmediatamente después de que el funcionario me abriera tras el primer recuento de la mañana. Los dos funcionarios que constituían el turno de la mañana llegaban al departamento a eso de las ocho. Les saludaba, preguntaba si necesitaban algo y me iba a continuación a mi «despacho». Por la mañana estaba a disposición de los funcionarios del turno, Pablo y Carmelo, y por la tarde de Fernando y Miguel Ángel. Incluso comíamos y cenábamos allí mismo muchos días. Por las mañanas permanecía en mi «despacho» del almacén hasta la hora del almuerzo.

Desde la última puerta enrejada de Ingresos y Libertades veía a los presos encargados de transportar la comida. Empujaban enormes carros con grandes contenedores de acero inoxidable en los que se almacena lo dedicado a los internos. La operación se efectúa todos los días a eso de la una de la tarde. Curiosamente la cocina se encontraba en otro edificio, bastante alejado del módulo de Ingresos, sin que nadie me explicara el porqué de esa distancia que solo traía costes y complicaciones, porque, por ejemplo, la comida se enfriaba al ser transportada. Por ello, a las horas de la cena y el almuerzo, aparecía un coche confeccionado como un tren de esos que se usan para visitar exposiciones o zoológicos, tirando de varios módulos rodados, encima de los cuales los contenedores de comida eran transportados desde el lugar en el que fueron confeccionados a aquel en el que iban a ser consumidos.

Como teníamos dos prisiones dentro de una misma cárcel, dos conducciones se dedicaban a esta misión. Una vez en cada uno de los patios respectivos, los presos que trabajaban en cocina —uno de los destinos mejor pagados de la prisión— descendían las gavetas, las subían a otros carritos más pequeños y las conducían a cada módulo circulando por sus largos pasillos cementados, porque la comida era para todos igual. Por cierto, que pocos saben la variedad de regímenes alimenticios que existen en prisión. Teníamos comida con sal y sin sal, de régimen para diabéticos y hasta sin cerdo, debido al creciente número de musulmanes que ocupaban plaza en las prisiones españolas. Creo que me dejo alguna otra variedad, pero da igual. Con esto ya se adivina que la misión de cocina era bastante complicada. Y desgraciadamente sobraban cantidades ingentes. Sobre todo en determinados días, porque, como es normal, los menús se confeccionaban conforme a patrones diarios operativos semanalmente. Los lunes paella, los jueves garbanzos con chorizo, los domingos queso y embutidos... La comida en general era buena, aunque con exceso de grasa.

Bueno, pues llegada la hora, Andrés, que estaba atento como un perro de guardia, traspasaba la puerta clave y veía a los presos portadores de gavetas acompañados del funcionario de vigilancia. Salía al módulo, recogía la comida para nosotros dos y la traía al almacén, donde dábamos cuenta de ella. Así fue al comienzo.

Un día sorprendí a Andrés cocinando en condiciones lamentables. Utilizaba una estufa de esas que conectadas a la red eléctrica ponen al rojo dos resistencias y con el calor que daban se dedicaba a cocinarse un trozo de carne que le había regalado un amigo suyo que trabajaba en el departamento de comunicaciones sobre una plancha de hierro, más bien rudimentaria la pobre, situada directamente encima de las resistencias. Quizá la calidad de lo cocinado se resintiera poco con el invento, pero pocas dudas caben de que el incendio podría provocarse en cualquier momento. Una locura de esas que suelen acabar en desastre. Y un desastre en la cárcel es desastre elevado al cubo. Si eso era posible —pensé—, lo procedente sería hacerlo bien, es decir, hacerse con un hornillo y cocinar lo más elemental. Teníamos una nevera obligada. Uno de nuestros privilegios consistía en un verdadero tesoro: una nevera de esas que se usan en bares y cafeterías para guardar los botes de coca-cola y similares. Cuadrada, con apertura por su parte superior, de un color azul desteñido, con aspecto de llevar muchos años de servicio, instalada a la entrada del almacén destinado a mi lugar de trabajo. Era un mueble secular de Alcalá-Meco. La nevera era imprescindible, puesto que son muchos los internos que a su entrada por vez primera en prisión, o a la vuelta de algún permiso, traen consigo cosas de comer, pensando que en estos territorios resulta imprescindible un mayor aporte calórico. Lo malo es que suelen querer disponer de aquello que no se pueden subir a los chabolos, como chorizo, queso, jamón y cosas por el estilo. Se les retienen, previa elaboración manual del «recibo» correspondiente. La prisión debe conservarlas por espacio de cinco días, plazo dentro del cual los familiares del preso pueden reclamar lo retenido, lo que significa que es necesario conservarlos y para ello la nevera es instrumento imprescindible. Es así como disfrutamos de un auténtico lujo, inusual en las dependencias de Alcalá-Meco. En ella conservábamos algo de queso, jamón de york, fruta que comprábamos por demandadero y algunos embutidos.

Ahora podíamos ampliar el círculo gastronómico con un hornillo eléctrico que nos permitiera, por ejemplo, cocinar pasta italiana. Así se lo comenté a Andrés, que me respondió rápido y con distancia:

—Sí, claro, pero ¿cómo lo entramos?

—Fácil, Andrés. Mira, aquí se retienen los objetos prohibidos, ¿no es así?

—Sí, claro.

—Pues nada. Alguien trae un hornillo. El funcionario no se lo deja pasar. Nosotros se lo retenemos en el almacén que controlamos. Le damos su certificado de posesión y lo usamos. Con dos pelotas, ¿o no?

Andrés se rió. Evidentemente, nunca se le habría ocurrido cubrirse con un sofisma legal de este porte, porque si se lo propusiera al funcionario seguramente le mandaría a la mierda sin más miramientos. Pero tratándose de mí —debió de pensar— quizá la cosa funcionara.

—Bueno, pues díselo a don Pablo y si él te deja, arreglado.

Sin ser oficialmente el jefe del departamento, Pablo ejercía una autoridad basada en su austeridad, seriedad, sentido del deber y disciplina. Por eso era la persona adecuada, porque si él lo autorizaba, no habría problemas con el resto de los funcionarios. Diseñé la estrategia de acercamiento. En la cárcel, como en la vida, conseguir algo depende del acierto en el rodeo. Todo tiene su lance, su aproximación, su conquista, y la cárcel es femenina, así que a conquistarla. En una mañana de aquellas, sin saber muy bien cómo, a propósito de un objeto retenido a un preso, le dije algo así:

—Oye, Pablo, ¿los objetos retenidos se pueden usar?

—Depende de qué. Los teléfonos móviles no, claro.

Los teléfonos móviles son una pieza codiciada en prisión, porque contribuyen a mejorar la comunicación con el exterior, pero se encuentran rigurosamente prohibidos, tal vez para evitar que se cometan delitos desde la cárcel, como es el caso de los grandes narcotraficantes, o simplemente para acentuar la penosidad de modo adicional, lo cual ya he dicho que me parece un sinsentido para la generalidad de los internos. Lo cierto es que cuando un preso llega a la cárcel con alguno, se le retira, le confeccionas el recibo correspondiente y se guarda el móvil en un archivador especial, un cuarto cercano al despacho del Juez de Vigilancia Penitenciaria, de reducidas dimensiones y dedicado a almacén de objetos especialmente prohibidos o que pueden tener mayor valor de lo usual. Siempre que no se trate de objetos de oro, plata o joyas, que de todo traen algunos.

Estos se registran en un libro especial y se envían directamente «arriba», a dirección. El almacén digamos intermedio, de objetos sensibles no joyas, permanece siempre cerrado y la llave se custodia en un lugar que solo conocen los funcionarios. Allí tendríamos retenidos como mínimo veinte o treinta móviles. Algunos los reclamaban los familiares. Otros se quedaban encerrados hasta la salida del preso. Curiosamente en alguna ocasión nos encontramos con un preso que decía que el móvil que le entregábamos no era el suyo, que se lo habían cambiado. Aquel día el preso se puso serio, muy serio, y amenazó con una denuncia penal. Aquello se corrió por el módulo. Al día siguiente, como por arte de magia, el teléfono que el preso decía ser suyo apareció en el despacho de Ingresos y Libertades, sin que nadie se explicara cómo y de qué manera había llegado allí. Tampoco quiso nadie indagar. El preso se calmó y todos más o menos contentos.

—Ya, claro, Pablo, pero si es otra cosa de las que guardamos allí no hay inconveniente, ¿o sí?

Pablo se quedó mirándome sin saber muy bien por dónde iba la cosa y pronunció un «en ese caso no hay problema» sin excesiva convicción, como suponiendo que le estaba metiendo algún gato por liebre, pero al final su sonrisa de complicidad me indicó que imaginaba algo, que se fiaba de mí y que prefería no saber demasiado.

—Gracias, Pablo.

Volví al almacén y le dije a Andrés que el asunto estaba solucionado. Víctor, un amigo de Andrés que salía de permiso con cierta regularidad, fue el encargado de rematar la faena. Le di el dinero retirándolo de mi peculio el viernes, a la hora de su salida, y lo compró durante el permiso. Lo trajo el lunes. Se lo retuvimos como objeto prohibido y esa noche cenamos pasta italiana. La conseguimos fácilmente porque las cantidades que se compran en la cocina de la prisión son ingentes, y aunque no excesivamente buenas, resultaban más que aceptables. Uno de los presos, también amigo de Andrés, nos trajo un pequeño saco que nos dio para mucho tiempo. Aprendí a cocinar pasta con aceite y ajo. ¿De dónde sacar el aceite? Pues por el mismo procedimiento: porque se trata de objeto prohibido perecedero. Así que nos hicimos con unas cuantas botellas que guardábamos en nuestro almacén. El ajo lo trajimos igualmente de la cocina; también la sal. Y con eso, felices. Poco a poco fuimos sofisticando el menú, pero sin salirnos de pasta y arroces, que era lo máximo que se nos permitía en nuestro particular habitáculo. Bueno, también garbanzos y cebollas. Un día incluso cocinamos unos trozos de carne, pero el olor salía por los ventanucos del almacén y se metía dentro de las dependencias de los jefes de Servicio, y no todos eran igualmente comprensivos, así que para evitar complicaciones innecesarias decidimos trabajar lo inodoro. Más tarde nos enteramos de que a causa de ese olor se corrió la voz por la cárcel de que me traían la comida de un restaurante de lujo de Madrid... ¡Alucinante!

Al fondo del segundo de los dos almacenes instalé mi despacho, que consistía, por todo consistir, en una mesa medio desvencijada que encontramos no sé dónde y que trasladamos a ese lugar, una silla de las comunes de la prisión, un flexo de los que había retenido en el almacén y muy poco más. Lo más interesante residía en que en los espacios vacíos de las estanterías metálicas que rodeaban mi lugar de trabajo fui colocando las carpetas de documentación del caso Banesto, que ocupaban varios metros de esas estanterías. Allí las estudiaba y me subía a la celda, al acabar el día, lo inmediatamente preciso para la declaración correspondiente. Y poco más. Bueno, algo muy importante: mi ordenador portátil. Tenía la experiencia de la primera vez con el añadido de que en el Reglamento Penitenciario que elaboró Belloch se introdujo un artículo especialmente dedicado a la posibilidad de tener un ordenador dentro de la cárcel, así que todo funcionaba reglamentariamente; en cualquier caso, habría sido un objeto prohibido, pero no hacía falta recurrir a la pirueta legal. Cursé la solicitud reglamentaria, se vio en la Junta, se me autorizó y a funcionar. Y nunca mejor dicho, porque además de para mis propios fines aquel ordenador sirvió para unos cuantos presos a los que les confeccioné sus recursos de permisos y grado.

De ordinario permanecía en el almacén sin tener que ser «chapado» al mediodía. A algunos les habría molestado este aspecto de mi vida porque les encanta la siesta de dos y media a cuatro de la tarde. De hecho, Andrés consiguió una camilla del despacho de los médicos, que era contiguo al del Juez de Vigilancia. Desecharon la camilla por vieja, pero a Andrés le vino de muerte para situarla al fondo del primer almacén, tirar una cuerda atada a cada una de las estanterías de ambos lados, colgar un manta de la prisión a modo de cortina, y tumbarse a dormir unas siestas de señorito andaluz en plena Feria de Abril. Sin embargo, yo no practicaba ese deporte. Nunca ha formado parte de mis hábitos dormir al mediodía, así que agradecía mucho no tener que subir las escaleras y encontrarme cerrado en ese período de tiempo. Como mínimo, disminuía la sensación de encontrarte privado de libertad. Por fin, a eso de las nueve de la noche, una vez que los funcionarios de la tarde, que llegaban al departamento a las dos y media, comenzaban a preparar las cosas para irse a su casa, lo que ponían en práctica a las nueve y media o diez menos cuarto, yo recogía mi ordenador, lo colocaba dentro de su bolsa con algunos papeles que examinaría en la celda y me despedía de ellos.

Penetraba en el recinto carcelario propiamente dicho. Era posiblemente el momento más duro del día. Hasta entonces, embargado por el especial mundo que se vive en el almacén y en el departamento de Ingresos y Libertades, y concentrado en mis labores preparatorias del juicio oral, apenas percibía mi privación de libertad. Traspasar la puerta de acceso al módulo te devolvía de golpe, de manera brusca, instantánea, a tu condición de preso. A esas horas algunas noches todavía me encontraba con alguno de los internos dedicados a la labor de limpiar el pasillo y los comedores después de la cena. El olor a lejía penetraba nítido por la pituitaria. Los presos arrastraban las fregonas sobre el suelo pintado de color verde militar con aire cansino, con movimientos casi mecánicos. Cada dos días de trabajo se traducía en uno de redención. Belloch no sabía muy bien lo que hacía al suprimir las redenciones por trabajo.

Recorría dominado por la sensación de estar en la cárcel los quince metros del primer pasillo. Llegaba a la puerta enrejada que da acceso a las escaleras que conducen a las dos plantas dedicadas a celdas de presos. Antes de subir consumía unos segundos, a veces minutos, con los funcionarios del módulo encargados de controlar a los internos que pasan el día en los comedores o en el patio. Me despedía de ellos y subía a mi «Moraleja». A las nueve y media comenzaba la soledad de mi celda. Y al siguiente día, de nuevo la rutina.

Pero, en todo caso, frente a mí tenía una tarea hercúlea: enfrentarme a mi declaración por el caso Banesto. Y merecía ese adjetivo, no solo porque como principal causado tenía que desempeñar un papel digno, un papel adecuado demostrando que no me quería sustraer a preguntas de cualquier tipo y naturaleza, sino, además, porque visto lo visto en Argentia Trust, comprobado en mis carnes el modo y manera de proceder de la Justicia para conmigo, si algo tenía claro con total nitidez, es que no serviría absolutamente de nada el esfuerzo, el empeño, el coraje y la voluntad que pusiera en mi defensa. Era obvio que habían pretendido minarme física, emocional y jurídicamente ingresándome en prisión de esa guisa. El 26 de febrero volvía a la cárcel. El 10 de marzo comenzaría a declarar. Apenas unos pocos días. Los suficientes para venirte abajo, para desmoronarte, para que tu mente estuviera circunscrita al dolor de sentirte prisionero, a la frustración de no poder contar plenamente con tus amigos y abogados, a no disponer del apoyo directo de tu mujer, de tus hijos... Una estrategia demoníaca de demolición personal.

Quizá pensaron que me rendiría, que tiraría la toalla, que renunciaría a mi defensa, que aparecería en el juicio diciendo algo así como acabemos con esto, me declaro culpable y en paz. Hubiéramos ahorrado mucho coste al Sistema. Pero ni de lejos semejante ocurrencia pasó por mi mente. No la sembré en los barbechos de mi alma, así que imposible recoger semejante siembra. Al contrario, me puse a estudiar como si de una oposición se tratara. Retenía todos los asuntos, los datos, las cifras, las conversaciones. En muchos casos, en una gran proporción de temas concretos dentro de los asuntos con los que los inspectores del Banco de España le confeccionaron la querella al fiscal, ni siquiera tenía idea de lo que leía, de lo que mostraban los documentos. Es normal. Un banco como Banesto con un grupo industrial de envergadura necesita de muchos ejecutivos para su normal funcionamiento, y ellos operan sobre la base de funciones delegadas, sin tener que acudir a cada instante a pedir autorización para cualquier movimiento. Son mayores de edad, física y profesionalmente. Por ello desconocía los detalles de gran parte de las operaciones incluidas en la querella sobre las que todos, fiscal y acusaciones, me iban a freír a preguntas. Pero sabía cómo funcionan los fiscales y acusadores en general, de modo que si a una pregunta contestas que sinceramente no lo sabes, ellos suelen repetir, con un tono sarcástico: «Ah, claro, no lo sabe, ¿verdad?», y cuando lo que un tribunal quiere oír es eso o algo parecido, porque lo que desea es construir una sentencia condenatoria, tu obligación es evitar semejante maniobra torticera manipulando el tono y el lenguaje, asumiendo, claro, como contrapartida que digan: si usted contesta a todo, es que sabe todo, y si sabe todo, es que estaba en todo. Así que no te librabas en ningún caso, pero la mejor elección es la que más se ajustaba a tu dignidad. Así que a estudiar a fondo y que saliera el sol por el único sitio que le dejaban amanecer.

En esos primeros días, además de estudiar me ocupé de la parafernalia de salida a juicio. Enrique Lasarte habló con Jaime Mayor, el ministro, para que, como se hacía con otros presos, por ejemplo, Sancristóbal, mi salida al juicio se hiciera en un coche de la policía, al igual que se produjo mi entrada. Pues no parecía por la labor el señor ministro. No quería decírselo claramente a Enrique pero sus evasivas a respuestas concretas lo evidenciaban. Así fue.

Llegó el día 10. A las ocho de la mañana el furgón verde de la Guardia Civil llegó al departamento de Ingresos y Libertades. Iría en furgón a la Audiencia Nacional. Eso significaba como mínimo dos cosas. Ante todo, que tendría que ir esposado, porque era obligatorio al viajar en esos vehículos. Además, mi destino sería el calabozo de la Audiencia. Más claro agua. La presión emocional continuaba, estirándose, incrementando la tensión al máximo, buscando la ruptura... Pues no. Mi determinación era firme, rotunda, inamovible. Hicieran lo que hicieran. Era su problema apretar. El mío resistir. Me sabía de memoria el sumario, así que no se me iba a olvidar ni por viajar en furgón ni por recalar en los calabozos.

Los guardias civiles que conducían el furgón mostraban cierto nerviosismo. Vestido con traje y corbata me presenté ante ellos después de firmar el documento de salida, un parte que diariamente se confeccionaba «arriba», que «bajaban» al departamento y sobre el que ponía mi huella dactilar, la firma elocuente de un prisionero. Me quedé de pie, mirando al guardia, y dije:

—¿Nos vamos?

Ese era el momento de tomar la decisión. Las esposas metálicas pendían del cinturón del guardia. Permanecí silente e inmóvil. Nunca hasta ese instante me habían puesto unas esposas. Pero la norma era esposar a todo conducido en furgón. El guardia dudó. Se percibía en el silencio del departamento la agitación interior en la que estaba envuelto. Me miró a los ojos, apartó la mano de las esposas y con voz firme dijo:

—¡¡Vamos!!

En voz baja, casi para sus adentros, sin querer que nadie le escuchara, pronunció: «Que sea lo que Dios quiera, pero a este hombre yo no le pongo unas esposas».

Subí al furgón y me instalé en la parte trasera. Viajaba solo. Los movimientos del vehículo, el inevitable traqueteo, provocaban que el viaje de casi una hora —y en ocasiones más— de duración entre la cárcel y la Audiencia no fuera lo más confortable del mundo. Pero tampoco resultaba un tormento insoportable, aunque solo fuera porque llevaba ya unos cuantos días sin ver la calle, y a través de los pequeños ventanucos del furgón, asomándome a ellos como podía, sujetándome contra sus paredes, atisbaba a ver los movimientos de Madrid, la gente circulando, agitándose, moviéndose. Por cierto, cuando llevas tiempo en prisión y sales a contemplar el espectáculo de la calle madrileña, sientes algo parecido al agobio, porque la gente que alcanzas a atisbar da la sensación de vivir en aceleración máxima. Si te fijas en sus caras, ninguna sonríe, los gestos son adustos, contritos, enojados... Cualquier cosa menos una sensación de convivencia feliz es lo que alcanzas a percibir. Quizá sea una técnica del subconsciente para añadir consuelo a tu condición de prisionero, pero lo cierto es que esa percepción me embargaba. Y no en una, sino en todas las ocasiones, que fueron muchas y muy variadas en cuanto a clima y circunstancias, porque atravesé en invierno, primavera y verano de tal guisa todas esas calles madrileñas, oteando el panorama desde la mirilla de un furgón de la Guardia Civil. Aun a pesar de esa sensación, resultaba inevitable un ligero estremecimiento de emoción al ver la vida en acción, la vida de la que había sido secuestrado y de la que permanecería ajeno, con total seguridad, por un tiempo duradero de mi vida. Cosas de esa señorita llamada razón de Estado...

Mientras consumía el tiempo de trayecto traté de concentrarme en mi primera declaración, pero algo que había ocurrido días atrás, y que ya me había agitado durante la noche, volvía a reproducirse en mi mente. Es casi imposible controlar la producción de pensamientos. El mecanismo funciona de un modo automático. Por ello, las técnicas de meditación suelen desanimar al más constante de los voluntarios practicantes. Pero hay que aceptarlo como es. Tratar de no forzar las cosas esas del mundo del pensamiento. En fin, lo cierto es que, como digo, el suceso tenía suficiente carga emocional como para instalarse de manera duradera en mi cerebro-mente.

Volvía desde el almacén al despacho de Ingresos cuando vi a Fernando, el funcionario, que acompañaba al módulo a un hombre de cierta edad de porte tranquilo, mirada amable, gestos educados y vestimenta que indicaba una posición social más bien desahogada. Me saludó afectuosamente. Confieso que no le reconocía, pero nada de extraño tiene porque esto de no reconocer al personal es un compañero inseparable de mi vida, dentro y fuera de la prisión. Se detuvo un segundo y al preguntarme si me acordaba de él, si retenía que nos habíamos visto en mi primera estancia, acabé confesándole que sí, pero solo para no amargarle más la existencia, para no ratificarle su condición de mero número. Por aquello de hablar de algo le formulé sin muestras de interés alguno, como mera rutina, la pregunta esa de ¿qué te ha pasado?, a lo que el hombre contestó con cierta sonrisa de complicidad:

—Pues una estafilla con tarjetas de crédito... Ya sabes... Cosas que hay que hacer en ocasiones.

No pudo extenderse más porque Fernando le dijo que venga, que adelante, que tenía mucho trabajo. Se despidió con un gesto afectuoso y se perdió tras la puerta de acceso al módulo.

Fernando, al regresar, me dijo que le acompañara al despacho, y allí, una vez solos, me dijo:

—De estafilla nada. Este es el dentista de los niños. ¿Te acuerdas?

Volé con la mente al primer encierro. Al final cedí a las presiones de Lourdes para verme, pero una vez que el director me dijo que podríamos tener el encuentro en la sala de reuniones familiares, en lo que se llama salón de comunicaciones. Es un habitáculo no excesivamente grande, como unos treinta o cuarenta metros cuadrados, en el que se disponen unas cuantas mesas con cuatro sillas alrededor. Una máquina expendedora de bebidas y un par de cuadros horrendos culminan la decoración. Bueno, además del cristal tras el cual se encuentra el funcionario encargado de velar por el buen orden de las comunicaciones. Los familiares que quieren ver a los presos tienen que solicitarlo por escrito, indicando nombre, apellidos, DNI y demás circunstancias que se suelen traducir en razón de parentesco, porque los amigos pueden ser autorizados a tener visitas, pero es más discrecional su presencia. Depende en gran medida del director de Seguridad del Centro, un cargo de mucha importancia en la vida interna de la prisión.

Si son admitidos a visitar a sus presos, los familiares deben llegar al Centro, presentarse en la garita de entrada, se comprueba por el funcionario que tienen hora asignada, se les concede el acceso, caminan a pie el trayecto que nosotros, los presos, ejecutamos en dirección contraria para salir de permiso o en libertad. Llegan a una edificación conocida como «La Palmera» donde unas funcionarias les retienen los objetos prohibidos. Esperan su turno. Cuando llega la hora, el grupo de familiares, porque son varios los presos que comunicamos a la vez, atraviesa el patio principal, penetra en el recinto, escucha las puertas abrirse y cerrarse con la inefable música carcelaria y espera. Mientras tanto, nosotros, los presos, atravesamos los pasillos de la prisión. Generalmente nos hemos vestido para la ocasión. Al menos lavado y peinado más intensamente que de costumbre. No dejaba de constituir un espectáculo elocuente comprobar cómo algunos que se abandonaban entre semana de manera miserable se vestían con la máxima pulcritud de que eran capaces —otra cosa es el gusto— para atender a sus familiares. Solo este detalle debería servir de reflexión acerca de la importancia de las comunicaciones en la vida del prisionero. Pasamos al salón vacío y ocupamos cada uno una mesa. Cuando el ritual del prisionero se encuentra cubierto, se abre la puerta.

Allí la vi. Vestía un abrigo marrón largo, el pelo suelto. Rodeada de algunas gitanas y buscándome con la mirada, se encontraba Lourdes. Vino sola por decisión mía. Me vio. Sonrió. Agridulcemente. Atravesó el salón y se sentó conmigo en la mesa. Un beso discreto, y por un rato las manos retenidas la una con la otra. Lourdes era tremendamente vergonzosa para estas manifestaciones de afecto y yo la seguía a la zaga. Nos sentamos. Conversamos repletos de nervios.

—Bueno, ¿qué te parece?

Lourdes no miraba a su alrededor. Sus ojos estaban fijos en mí. Quería indagar mi estado de ánimo interior después de unas Navidades, fin de año y Reyes como prisionero preventivo.

—Te veo bien.

Traspasar, cruzar la barrera de los monosilábicos, de las frases cortas, casi convencionales, no era fácil. Nuestros corazones hablaban sin parar, pero las gargantas se atascaban. Los dos sabíamos que nuestra situación era límite. Jamás imaginamos un encuentro semejante. Pero el hecho incuestionable es que allí estábamos y allí seguiríamos estando. Aceptar lo inevitable.

Poco a poco nuestros sentimientos explosivos se fueron amansando y la conversación se distendió. Una vez que nuestras cosas domésticas quedaron más o menos claras, y digo más o menos porque Lourdes no quería que me llegaran todos los problemas por los que tenían que atravesar debido a mi prisión preventiva, hablamos de mi vida en la cárcel, de cómo me encontraba, de qué necesitaba... De repente una señora que estaba con un preso sentada con otra chica más joven en la mesa contigua a la nuestra envió a Lourdes una sonrisa, a la que mi mujer correspondió. Me fijé en ellos. Parecían gente educada. Pregunté a Lourdes.

—Es la mujer de ese hombre. Tienen un problema terrible. Se ha sincerado conmigo. Él es dentista y le han metido porque tiene problemas con niños...

—Sí, lo sé, aquí se sabe casi todo.

—La familia está destruida, pero tanto la mujer como la hija han decidido apoyarle, ayudarle, intentar que se trate para destruir esas cosas interiores, pero si vuelve...

—Es muy difícil, Lourdes. Son psicopatías, enfermedades que generalmente tienen muy mala cura.

—Ya. Lo que pasa es que ellos no quieren desesperar. En fin...

Concluyeron los cuarenta minutos. Nos levantamos ante la

sugerencia amable del funcionario encargado de las comunicaciones. Un nuevo grupo esperaba nuestra salida para comunicar con sus gentes. Retuve la mano de Lourdes. La dejé irse lentamente, resbalando sobre la mía. La vi alejarse. Sentí una punzada. La soporté. El hombre ese, el dentista y yo, en silencio, sin pronunciar palabra, nos dirigimos de nuevo al módulo. Nunca hablé con él sobre su problema penal, pero uno de los presos me contó que se trataba de un dentista pederasta encarcelado por abusos sexuales cometidos contra algunos niños a los que les cuidaba la boca y mientras se encontraban en su dispensario. Resultaba difícil creer que un motivo de semejante porte habitara en un individuo de características exteriores como las que ostentaba el sujeto en cuestión. Pero la información tenía la crudeza de la verdad. En casos así y por razones de seguridad, en la ficha del interno, en la que se queda en el departamento de Ingresos y Libertades, se hace figurar como delito «estafa» para evitar que pueda correrse la verdadera razón de la condena. Así sucede con los violadores. Pero es inútil. Al final, en prisión todo se acaba sabiendo. Es cuestión de tiempo, y ese material abunda en exceso entre los muros de la cárcel.

Ahora, tres años más tarde, aparecía nuevamente en mi vida el sujeto. Volvía a prisión. Yo lo recordaba, pero muy difusamente. Fernando fue explícito: «Ha vuelto a las andadas». Tres días después me encontraba solo en el despacho cuando percibí una agitación superior a la normal. Varias enfermeras se movían nerviosas de un lado a otro. La puerta que da acceso al módulo de Preventivos comenzó a ser aporreada con inusual fuerza mientras al otro lado alguien gritaba: «¡Abrid, a toda leche, abrid!». Llegó el funcionario y, algo congestionado por la carrera con la que había atravesado el patio, introdujo la larga llave, dio dos vueltas hacia la derecha y se abrió la puerta. En una camilla depositaron a un individuo de mirada absolutamente inexpresiva, cubierto con una colcha blanca. Atravesó el pasillo a toda velocidad empujado con violencia por las enfermeras y un ordenanza de la enfermería de la prisión. Martín, el de las ambulancias, ya se encontraba esperando. Lo introdujeron en el vehículo blanco apresuradamente y salió como alma que lleva el diablo. Quizá nunca mejor dicho.

Cuando el ambiente se despejó de tanta histeria, me acerqué por el despacho en el que el funcionario ultimaba los trámites burocráticos que impone la salida de cualquier preso, sea para permiso, libertad u hospital. Le pregunté de qué iba la cosa y sin levantar la mirada de los papeles que extendía sobre su mesa me dijo:

—Era el dentista ese de los niños. No sabemos cómo se ha hecho con una caja de somníferos y se la ha tragado entera. No creo que salga de esta.

No pudo con la presión. No solo con la cárcel, sino con la inevitabilidad de sus tendencias sexuales, con el convencimiento de que cuando recobrara la libertad volvería por sus terribles fueros, así que decidió lo más práctico: quitarse de en medio, desaparecer. Con tan expeditivo método no surgirían nuevas víctimas. Su familia descansaría. Seguramente él también. Nunca más volvió. No tuve confirmación oficial de su muerte, pero su ausencia de este mundo constituía una elocuente respuesta sobre su destino final.

El furgón de la Guardia Civil merodeaba ya los alrededores de la Audiencia Nacional con destino al acceso a los sótanos donde se encuentran los calabozos. Me asomé por los ventanucos y contemplé un montón de cámaras de televisión apostadas para tomar la imagen. Ciertamente no podían verme, pero daba igual. Se trataba de decir: aquí llega Mario Conde a declarar, y al ver la gente que entraba en un furgón de la Guardia Civil, como entran los presos de ETA cuando salen por la televisión, asociarían la imagen a culpabilidad. En ocasiones el Sistema opera con más finura, con mejores formas, con más elegancia, pero en otras la pasión les nubla ese tipo de exquisiteces.

Me bajé del furgón y me llevé la sorpresa de que el jefe de Policía de la Audiencia me esperaba; tras un amable saludo me indicó que teníamos que subir a ver al comisario jefe. Le seguí con cierta intriga. En la primera planta del edificio le vi. Un hombre más bien joven de estatura media, pelo marrón claro, expresión amable y gestos tranquilos se presentó como el comisario jefe de la Audiencia.

—Quiero decirle que no va a esperar usted en los calabozos. Le cedemos mi despacho. Aquí si quiere podrá ver a su familia y charlar con ellos en los descansos.

Me sorprendió el gesto. No me lo esperaba. Era un gran regalo. Poder ver a Lourdes, Mario y Alejandra en semejantes condiciones era más, mucho más, que las comunicaciones autorizadas por el Centro penitenciario. Desde ese mismo instante todo cambió. Sentía ganas de que llegaran los días de juicio para poder verlos y charlar con ellos sin el clima penitenciario. Cierto es que el despacho de un comisario sigue siendo un lugar algo tétrico para relaciones familiares, pero en modo alguno teníamos nosotros esa sensación. Al contrario. Siempre comentamos lo agradecidos que estábamos. Lourdes me preguntaba quién sería el que había tomado la decisión. Yo no podía responderle.

Un día, con el fin de poder darle una respuesta, se lo pregunté al comisario jefe, al dueño del despacho en el que se producían nuestros encuentros. El hombre me dijo que era decisión personal de Siro García, el presidente del tribunal que me juzgaba. No me lo creí. No cuadraba en absoluto con su comportamiento conmigo. Creo más bien lo contrario. El hombre que me condenó de esa manera en Argentia Trust y que forzó mi ingreso sin darme siquiera tiempo a despedirme de mi familia, que me trató peor que a los de Herri Batasuna, no iba ahora a tener un gesto de magnanimidad. Imposible. Quizá la orden partiera de sus labios, pero en tal caso a él se lo habrían ordenado desde otras instancias. Así que nunca conseguimos saber de dónde nacía aquella conducta que me permitió durante todo el tiempo del juicio Banesto en el que permanecí encarcelado por Argentia Trust ver a mi mujer y a mis hijos.

Y fue un tiempo largo. Comencé a declarar el 10 de marzo. Terminé el 20 de abril. Comprendo que no es creíble, pero es cierto. Un mes y medio declarando, viniendo y regresando de y a prisión en un furgón de la Guardia Civil tres o cuatro días por semana. Comprendo que resulte indigerible. Comprendo que todos se preguntaran por mi estado de ánimo, por cómo podía soportar semejante calvario. No fue demasiado difícil. Llevarse bien con lo inevitable y convivir con lo insoportable como si fuéramos buenos amigos. Tenía que hacer bien mi papel. La historia se escribía cada día. Algún día alguien la leería. Me lo debía a mí mismo, a Lourdes, a mis hijos, a mis amigos, a Enrique, a César, a Paloma, a Figaredo..., a todos los que colaboraron conmigo.

Y la escena en ese despacho del comisario se prolongó hasta que en septiembre de 1998 me concedieron el tercer grado, de un modo un tanto singular, por cierto.

16

COSAS DE COMPAÑEROS DE ENCIERRO

A pesar de que mi dedicación primordial en los primeros meses de mi segundo encierro se centró en preparar mis declaraciones en el juicio Banesto, y asumiendo que mis salidas a la Audiencia Nacional por razón de ese juicio, como mínimo tres días semanales, cercenaban mi tiempo de estancia en prisión, tuve oportunidad de entablar algunos contactos, ciertamente no muchos, con gentes que compartían conmigo la condición de prisioneros y de habitantes del mismo módulo PIN. Y eso a pesar de que mi trabajo en el departamento de Ingresos y Libertades me aislaba parcialmente del resto de los prisioneros. Incluso más: Jesús Calvo, el director, había ordenado que no me dejaran circular libremente por el módulo y mucho menos que me desplazara, por la razón que fuera, a otro diferente. Motivos de seguridad sin duda. Por ello, cuando quería moverme, por ejemplo, a la enfermería, se pedía a algún preso veterano que me acompañara... Se ve que eso de ir protegido a todas partes no era monopolio de mi vida en libertad, sino algo que me perseguía incluso en un lugar tan insólito como la prisión que se decía, precisamente, de alta seguridad. Pero insisto en que en esta segunda estancia, al igual que en la primera, en ningún momento vi mi seguridad amenazada. Ni siquiera ligeramente perturbada. En absoluto.

Andrés tenía la misma edad, más o menos, que mi hijo Mario. Su padre, como dije, era un criminólogo conocido, su tío, un hombre muy importante en el mundo penitenciario y él, un preso preventivo por varios atracos a bancos. Su familia, integrada en la burguesía española media, disponía de ciertos recursos económicos que hubieran permitido a Andrés trabajarse un futuro más brillante que convivir conmigo en el seno del almacén de Ingresos y Libertades de la cárcel de Alcalá-Meco. No uno, sino varios atracos. Todos ellos con el mismo fin: dinero para droga. Andrés era —ignoro si seguirá siéndolo— un drogadicto. Un típico caso de burguesía urbana aficionada al consumo de droga desde edades tempranas. Cuando digo droga me refiero a la dura: cocaína y heroína. Dinero, bastante dinero se necesita para mantener el nivel de consumo creciente al que se acostumbran los feligreses de esa cofradía. Y como no lo consiguen trabajando, la solución es robarlo, y a ese esquema mental se apuntaba Andrés. Hasta que le pillaron. La policía iba tras su pista, sabiendo, siendo consciente de que su objetivo tenía cierto grado de protección penitenciaria por sus circunstancias familiares. Pero lo consiguieron. Andrés ingresó en preventivo a la espera de sus juicios. Su padre, el jurista de prestigio, se negó a visitarlo. Resistía mal la imagen de su hijo en prisión debido a su trabajo y el de los demás miembros de la familia. Su tío le recomendó a Jesús Calvo, el director. Su madre asistía a los encuentros semanales con regularidad. Andrés no se cortaba lo más mínimo: dentro de la prisión seguía consumiendo droga, posiblemente amparándose en ese halo de protección que sentía sobre su cabeza procedente de dirección y debido a esa red familiar.

Me di cuenta desde el principio. Los funcionarios de mañana y tarde me lo advirtieron. Además eran conscientes de que con Andrés había poco que hacer. Yo me impuse una obligación: arrancarle de ese mundo, introducirle en la esperanza de vivir conforme a normas de decencia. Siempre he odiado —esta es la palabra— el daño que producen, los destrozos que causan las drogas duras. Andrés era un ejemplo vivo. Se destruía a sí mismo, a su vida, y a su familia le causaba un dolor estruendoso. Pero la distancia de los valores que produce la droga le instalaba en el palco de la indiferencia absoluta frente a semejantes desperfectos. Le daba sencillamente igual. Y esa era la mentalidad que quise cambiar. Día a día. Todas las noches cenábamos juntos. En algunas ocasiones sentía cómo sus ojos, sus palabras, sus movimientos, sus gestos traducían al exterior la droga que llevaba en su interior, los criminales chinos de heroína que conseguía a razón de unas cuantas pesetas. Conocía a la perfección los circuitos de comercialización de estos productos, los módulos en los que resultaba más fácil conseguirla, por ser más abundante y de mejor precio. Se encerraba en su cuarto, conseguía el vaso y el papel de plata y por ese mecanismo miserable de calentar la droga y aspirar el humo se transportaba al lugar donde se destruía como persona, como individuo. El escapismo propio de quien no ha entendido la grandeza de vivir.

Pero no cejaba. Cada noche un discurso. Sutil en ocasiones, abrupto en otras. Dirigido siempre al mismo fin. Aquella noche me lo confesó:

—Quiero que sepas que me he apuntado al programa de desintoxicación, pero no por metadona, sino natrasona.

—¿Qué coño es eso? ¿Metadona?

Nunca en mi vida había oído ese palabro. No tenía la menor noción de ese producto. Sonaba a droga, desde luego, pero lo del programa evocaba algo así como el tratamiento.

—La metadona es algo que te tomas como sustituto, es decir, que es droga, pero droga de cojones, aunque menos fuerte que la heroína, y la consumes para evitar o disminuir el mono. El producto que yo voy a tomar, la natrasona, es totalmente distinto. Es algo que te tomas y si luego consumes drogas te pones a morir, pero a morir casi de verdad, así que te juegas la vida. Por eso la decisión es jodida. Y ya la he tomado. De hecho, tengo el producto dentro.

—La verdad es que no tengo ni idea de qué es eso. Escuché algo acerca de unas pastillas que se toman los alcohólicos para no beber y que hacen un trabajo parecido al que me cuentas, es decir, que si beben se ponen a morir. ¿Es algo así?

—Sí, más o menos, pero creo que esto es más fuerte y por eso más peligroso.

—No sé si es más fuerte, pero para mí los alcohólicos son los drogadictos más recalcitrantes. Aunque, eso sí, si quieren se curan.

—Sí, es jodido, desde luego, pero lo de los chinos de heroína es la hostia...

—Bueno, me alegro. Espero que sigas en esa línea.

Y siguió durante varios meses. Su comportamiento varió, pero los funcionarios seguían sospechando que en cuanto yo dejara de estar encima las aguas turbulentas volverían a asolar vidas fuera de su cauce. A veces pensaba que casi con nadie conviví tanto tiempo como con Andrés. Desde luego, a mi hijo Mario, por mi dedicación al banco, no pude entregarle tantas horas de mi vida, dispensarle tantos razonamientos y consejos como los que trasladé a Andrés. Esa idea reconozco que me atormentaba un poco, pero ya era tarde y la cárcel es mal muro de lamentaciones. En general lamentarse por el pasado es una prueba de inmadurez, pero aun así es vicio en el que casi todos caemos con cierta frecuencia, por educado y consolidado que tengamos nuestro interior en la comprensión del ahora. Pero, en fin, ver a Andrés en esas condiciones me causaba alegría. Sentía que mi vida en prisión resultaba útil.

Era imbécil tenerme a mí dedicado a acarrear mantas y demás enseres. No es que eso me preocupara. Al contrario. Una labor tan poco costosa en consumo de energías del intelecto me permitía disponer de un tiempo libre que necesitaba para ocuparme de mis propios asuntos. Pero no por ello dejaba de pensar en lo irracional del modelo. En lugar de esas funciones que cualquier otro podría realizar igual o mejor que yo, habría sido más útil para la comunidad que, por ejemplo, me hubieran puesto a estudiar y clasificar jurisprudencia penitenciaria, o que ayudara en labores más administrativas, en fin, funciones en las que mis conocimientos resultarían de mayor utilidad para la comunidad de presos en particular y para la sociedad en general. Y no me refiero solo a mí. Esto —pensaba— se debería aplicar a todos con carácter general. Es verdad que algunos que procedían de ocupaciones manuales encontraban acomodo similar en prisión, porque ciertos puestos de trabajo lo permitían. Pero a los que veníamos de otros pastos más intelectuales, por así decir, nos obligaban a desperdiciar nuestro tiempo. Insisto en que no me preocupaba por el tipo de trabajo. Al contrario. Lo decía por el modelo penitenciario, pero lo predicaba en el desierto.

Sin embargo, incluso en esta misión de educador de Andrés, de terapeuta existencial, por decirlo de modo cursi, coseché un estruendoso fracaso. Mientras estuve cerca, la cosa funcionó. Pero un día me concedieron el tercer grado. Y a partir de ese instante mis cenas con Andrés quedaron interrumpidas. Y eso que procuraba volver al Centro lo antes posible, aunque solo fuera para verle unos minutos. Nada. A los pocos días los funcionarios me informaron ya del desenlace: Andrés había vuelto por su sendero. Y eso que habían conseguido sus parientes que sus condenas por varios atracos se circunscribieran a una sola de cuatro años, gracias a las gestiones cerca de la Sala que juzgaba. Y eso que le llevé conmigo un fin de semana a Los Carrizos, en Sevilla, para seguir dándole la vara con mis sermones. Nada. La droga es más potente. Anula la perspectiva vital. Reduce al mínimo la conciencia. Por eso no creo en las natrasonas o como se diga. Porque impiden la toma de verdadera decisión. Uno decide no beber o no consumir droga porque tiene algo dentro, algo físico, que se lo impide, no porque su decisión sea la abstinencia. Por ello mismo, ante la ausencia de decisión firme, ante el hecho de que la voluntad ha sido anestesiada por unas pastillas, es solo cuestión de tiempo el fracaso. Y así sucedió. Andrés volvió a sus drogas. Consiguió la libertad. Y cuando tuve que volver a la cárcel por el caso Banesto, al cabo de un tiempo le vi entrar por Ingresos y Libertades procedente de otra prisión. Ahora su condena era muy superior. Creo recordar que unos diez años por el Código nuevo. Su vida destrozada. Mi tiempo a él dedicado convertido en cenizas. Esto último era lo que menos me importaba. Pero mi odio por la droga se incrementaba cada vez que veía los destrozos humanos de los que se componía su surco.

En las pocas ocasiones que salí al patio de presos del módulo PIN me percaté de que en la esquina izquierda, mirando desde el comedor, se asentaba una tertulia algo especial. Les permitieron a sus componentes —supongo que algún jefe de Servicio— sacar una de las mesas del «salón de presos», lo que no era demasiado habitual, y allí, desde mediados de abril, comenzaron unas reuniones que se extendían prácticamente durante toda la jornada de prisionero, y en las que la cobertura formal consistía en jugar al parchís, algo realmente muy extendido entre la población reclusa. Sus partícipes, según me contaron, eran un español, aunque no sé si español con tiempo de residencia en Colombia o colombiano con tiempo de residencia en España, algunos otros más anodinos que se percibía con total claridad que no pasaban de puros pelotas del que aparentaba ser jefe, y, de vez en cuando, pero no siempre, un tipo de un aspecto algo confuso que decía ser turco. El español decían que secuestró a dos mujeres para conseguir que sus maridos pagaran lo que les debía. El cachondeo carcelario consistió en que, en efecto, los maridos, a la vista del secuestro, se mostraron dispuestos a saldar la deuda, pero con la condición de que no les devolvieran a las secuestradas... Bueno, lo cierto es que la veracidad del relato era más bien cuestionable, como tantos mitos de los que circulan por todos los módulos de España, pero en todo caso el hombre tenía pinta de saber ejercer autoridad.

El turco era otra cosa. Más bien bajo de estatura, de ojos grandes y negros, cara ancha poblada en casi toda su extensión por una barba negra y cerrada, que componía una sinfonía cromática con su pelo negro, que arrancaba en forma de pico muy poco por encima de las cejas atiborradas de cabellos negros casi ensortijados.

Pertenecía, al parecer, a una de las familias más conocidas en el tráfico de la heroína mundial. Originaria de y con base operativa en Turquía. Se jactaba de ello sin el menor recato. Quise saber algo más y acepté pasear por el patio unos minutos con aquel sujeto, mientras desde la esquina del poder —así decían— nos miraban con algo más que mera curiosidad. Traté de sacarle información más o menos sensible, pero esta gente profesional de la heroína sabe medir sus palabras y siempre controla sus movimientos. Lo único que conseguí fue que me reconociera que dentro de la organización «profesional» de su familia, a él le correspondía España, como territorio asignado para la venta de su droga. Se me heló la sangre cuando, después de exponerme su cometido, añadió:

—Me encanta trabajar en España, porque es el país que mejor se deja envenenar.

Reconozco que sentí una fuerte punzada por dentro, un impulso de violencia extraño en mí, pero tuve que contenerme, no solo porque no conseguiría nada, sino, al contrario, porque esta gente dispone de dinero y son capaces de comprar cualquier cosa, incluso la vida de otro, dado que siempre pueden encontrar, a nada que insistan, algún indigente dispuesto a venderse por unas cuantas monedas o una dosis de «chino» de heroína carcelaria. Preferí seguir indagando y me tragué el sapo como mejor pude. El tipo era frío como un témpano y me reconoció que no consumía ninguna droga.

—Joder, yo enveneno a otros hijos de puta que se tragan la mierda que les vendo, y encima me pagan, pero yo no estoy loco para envenenarme.

Su acento extranjero contribuía a crear dosis adicionales de irritabilidad en sus palabras. Concluido su turno de envenenamiento, se atrevió a opinar sobre mí.

—La verdad es que siendo quien eres no sé qué haces aquí. En mi país, en Turquía, esto jamás habría pasado.

Sentenció algo tan serio como quien afirma que en Turquía no se pueden comer bocadillos de cerdo ibérico por la prohibición islámica, pero, aunque me imaginaba sus respuestas, decidí preguntarle un poco más sobre sus ideas de «organización social».

—¿Ah, no? ¿Por qué?

Me miró fijamente y trazando una sonrisa que dejaba entrever unos dientes amarillentos y desordenados, me relató:

—Nosotros nos acercamos al fiscal del caso y tratamos de convencerle por todos los medios de que no resultaría conveniente que formulara una acusación, ofreciéndole para estimularle una cantidad de dinero suficiente para colmar sus aspiraciones. La inmensa mayoría de los fiscales aceptan gustosos el regalo y de esta forma se solucionan los problemas.

—Ya, y ¿si no aceptan?

—En esos casos, peor para ellos, porque se les mata y en paz. Todo menos romper el orden que permite funcionar a un país.

Y con semejante estructura de país abandonamos conversación y paseo. Pero no tardé mucho en comprobar otra de sus artimañas de envenenamiento.

Aquella mañana el turco tenía que salir de diligencias. Se había afeitado la barba y se disponía a vestirse de limpio. En pocas horas daría comienzo su juicio oral. El fiscal le pedía más de veinticuatro años de cárcel por ser el dirigente de una de las bandas mejor organizadas en el tráfico mundial de la heroína. Contaba con un informe de la DEA, la policía estadounidense encargada de la represión del tráfico de estupefacientes a gran escala, que identificaba al turco sin el menor atisbo de duda como un sujeto más que peligroso en ese sector. A pesar de ello el turco no daba muestras de sentir la menor preocupación, lo cual llamaba la atención a todos menos a su interlocutor, a quien, a grito pelado, relataba con todo lujo de detalles:

—Me van a caer siete años y como ya llevo tres y medio, me largo enseguida.

—Pero el fiscal te pide más de veinte, ¿no? —le preguntaba con cierto miedo el otro preso.

—Que le den por el culo a ese hijo de puta. Lo tengo arreglado con el presidente de la Sala. Le hemos pagado cincuenta millones y se ha comprometido a que no me metan más de siete años y me pone en libertad.

El silencio en el salón de duchas permitía escuchar el repiqueteo constante del agua al chocar contra el cemento. Nadie se atrevía a hablar. El turco y su ronca voz monopolizaban los sonidos humanos. Fueron muchos los que pudieron escuchar con nitidez su bravata envuelta en gruesas carcajadas.

Tiempo después, concluido el juicio, el tribunal dictó sentencia sobre el turco: siete años de cárcel, y teniendo en cuenta el tiempo transcurrido lo pusieron en libertad. Se despidió de sus amigos con una sonrisa enorme tanto en extensión física como en elocuencia. Tenía razón. No fue una bravata. Tal vez solo una coincidencia. Quizá no. Pudiera ser cierto que aquel individuo compró al presidente de la Sala que debía juzgarle. No es, evidentemente, lo mismo comprar una absolución que una condena de siete años. Lo segundo resulta mucho más asequible. Tal vez solo fuera un bravucón. En cualquier caso, sería además adivino porque en el cuarto de duchas relató con suficiente antelación lo que sucedió algunos días después.

Algo así como dos meses más tarde ingresó en el Centro un colombiano. Este sí que no ofrecía duda acerca de su origen y de su prolongada estancia entre nosotros. Me confesó que le habían caído unos añitos, creo que siete, por tráfico de drogas, pero, claro, que no tenía nada que ver, que era un error y que su abogado, que mantenía excelentes relaciones con miembros destacados de la judicatura, le había asegurado que era cuestión de muy pocas semanas que le pusieran en libertad. No me precisó el método de soborno que utilizaba. Bueno, la verdad es que lo enunció de modo un tanto elíptico, al relatarme que era dueño de una casa de señoritas que, casualmente, se encontraba muy cerca de mi domicilio, en la que, según aseguraba, la calidad era excelente. La de las mujeres, se entiende. Y que allí recalaban miembros significados de nuestro aparato judicial, a los que él, como dueño, generosamente invitaba a las consumiciones que despachaba su establecimiento. Nunca supe de la existencia de ese local, pero ahora que me lo decía, sí recordé que algunas mañanas, cuando salía temprano para ir al campo de golf, de vez en cuando me llamaba la atención un grupo de dos o tres mujeres de muy buen ver y con cara de no haberse acostado todavía, que paseaban cerca del semáforo de Pío XII, y era evidente de toda evidencia que no se dedicaban al turismo sexual callejero, sino que procedían de algún lugar de nivel elevado. Bien, pues misterio desvelado.

Pero algo no funcionó porque al hombre no solo le ratificaron la condena, sino que de la noche a la mañana se lo llevaron a la prisión de Córdoba. O no era el dueño, o no acudían jueces, o no les regalaba la consumición, porque de la calidad de las personas que trabajaban en el lugar no había duda. Bueno, siempre que fueran aquellas esporádicas que contemplé en aquellas horas tempranas en más de una ocasión.

Nunca más preso alguno me habló de compras de jueces. Tema seguramente tabú. Aunque se hubieran producido —cosa que ignoro—, probablemente nunca querrían mentarlo reconociéndolo. El turco se iba de España y además de envenenarnos con su droga nada de extraño tiene que contaminara el sistema judicial con el dinero procedente del envenenamiento. Al fin y al cabo, de veneno se trata en ambos casos. Pero envuelto en ese silencio, de vez en cuando escuchaba referencias inconcretas al poder que los capos de la droga tienen sobre instancias judiciales relacionadas con el mundo penitenciario. En ocasiones, en la propia Audiencia Nacional, se tenían noticias de fugas de presos por narcotráfico propiciadas por ciertas desidias judiciales. Nada concreto, desde luego.

Aquella mañana, como muchos sábados, teníamos una «cunda», una conducción de presos que salen desde Alcalá-Meco con diferentes destinos. En principio un preso puede elegir el Centro penitenciario en el que desea cumplir su condena y generalmente se acepta su propuesta por los responsables penitenciarios, porque tal decisión suele adoptarse en función de proximidades familiares para que puedan acudir a las visitas semanales con mayor facilidad. Pero no siempre. En algunos casos, como narcotraficantes, por ejemplo, se les cambia de prisión por si han sido capaces de crear algún tipo de infraestructura dentro de la cárcel en la que habiten que les proporcione no ya su vida interna con mayores o menores comodidades, sino la posibilidad de seguir ordenando envíos de droga aprovechando las facilidades que construyeron mientras se encontraban en libertad. Concretamente a Sito Miñanco, por ejemplo, uno de los más famosos traficantes de España, de origen gallego, como muchos otros, le tuvieron recorriendo España en turismo forzoso carcelario durante muchos años hasta que finalmente consiguió asentarse en Alcalá-Meco.

Ya salía de permiso y poco le quedaba para conseguir la condicional cuando tuve ocasión de charlar unos minutos con él en el despacho de Ingresos, mientras venía a firmar la documentación para irse unos cuantos días de libertad prestada. En esa breve charla me abordó en directo y me preguntó si en Mefasa, el astillero que había sido propiedad de Banesto y en el que se construyeron algunos barcos famosos, como, por ejemplo, el *Alejandra,* mantenía algún contacto, porque quería construir unas lanchas rápidas de gran tamaño y potencia que pensaba utilizar en el contrabando de tabaco. Al percibir cierta extrañeza en mi cara me dijo:

—Es que lo de la droga lo dejo para siempre. Es demasiado peligroso. Te tienen atado. No quiero seguir. Lo del tabaco es mucho menos rentable, pero también menos peligroso y si te pillan, la cosa no tiene importancia porque se soluciona con alguna multa.

No sé si le creí o no. Me había vuelto demasiado escéptico para formar juicio acerca de semejantes palabras. Pero unos años después, quizá tres o cuatro, leía en la prensa que con la colaboración de la policía antidroga estadounidense y mediante un sofisticado sistema de satélites, habían conseguido apresar en plena alta mar un barco que transportaba, debidamente disimulado, un gigantesco cargamento de cocaína procedente de Colombia. Varios miles de kilos. Daban las cifras del valor de la mercancía en el mercado y recuerdo que se trataba de una cantidad muy considerable, bastantes miles de millones de pesetas. Alegaban que posiblemente era el mayor apresamiento jamás hecho. De su costado, los narcotraficantes tenían una infraestructura de control, mediante satélites y ordenadores a través de los cuales se podía efectuar un seguimiento exhaustivo del movimiento del barco. Según la prensa el montaje era realmente apabullante. Incluso —decían— crearon un barco fantasma, un buque virtual, con la finalidad de despistar a quienes intentaran interferir en el mecanismo implantado por los narcotraficantes. Lo curioso es que el centro de operaciones era España, y concretamente una casa ubicada en La Moraleja, la de verdad, no la mía, la de Meco. Quizá lo menos curioso es que el patrón de todo este tinglado decían que era Sito Miñanco, a quien encarcelaron nuevamente, y me daba que esta vez, por virtud de la reincidencia y el tamaño del apresamiento, el resto de su vida útil lo consumiría en prisión. No supe más de él. Me cuentan que consiguió que le anularan alguna sentencia.

Años más tarde ingresó en Alcalá-Meco Pablo Vioque, un conocido abogado madrileño —ya fallecido en la cárcel— a quien se acusaba, además de narcotráfico, de haber pagado a unos colombianos con el propósito de que quitaran de en medio al fiscal de su caso. Estaba a punto de salir con destino a Ocaña, creo recordar, cuando me decidí a consumir con él algún turno de palabra, y entre otras cuestiones abordamos, por eso del gremio, el caso de Sito Miñanco. Yo le decía que para mí carecía de toda lógica que una persona relativamente joven que había sido condenada a veinte años de cárcel y que los había pagado duramente, aun a pesar de las redenciones por trabajo del viejo Código penal, y que se suponía tenía medios económicos —con independencia de su legitimidad— para vivir el resto de su vida, siguiera empeñado en insistir una y otra vez, asumiendo el riesgo, ya convertido en certeza, de pasar entre cemento y alambres, entre chapas y rastrillos, entre ruidos y olores cáusticos el resto de su vida. No imaginaba que hasta ese extremo pudiera llegar la avaricia. Tal vez no fuera cierto lo que contaban. Tal vez hubiera otros motivos. No sé...

—No es eso, Mario —me explicó aquel hombre—. El asunto es peor y más complejo. Cuando entras a formar parte de una red de distribución de cocaína en gran escala, ya no puedes librarte. Estás obligado a continuar. No pueden dejarte suelto. Sabes demasiado. Así que o continúas o...

Quizá fuera eso... Bien, pues aquel día, como decía, teníamos una «cunda» y me tocaba atender a los que salían temprano con otros destinos. Les calenté la leche, arrojé sobre la jarra de plástico un puñado de azúcar y otro de café molido que suministra regularmente la prisión y con unos cuantos vasos, también de plástico, me acerqué a la inhóspita celda americana en la que esperaban pacientes los prisioneros la llegada inevitable de la Guardia Civil, el ritual del huellado y su forzada salida con destino a la cárcel de Soto del Real. De los ocho conducidos solo dos aceptaron el café y las galletas que les ofrecía. Los demás los rechazaron con un incoloro gesto, sin mediar palabra.

Una conducción siempre es un tormento y a todos les afecta saber que van a ser sometidos a ella, salvo a los que la han solicitado por razón de «arraigo familiar», en cuyo caso las incomodidades inevitables les resultan, como la sarna con gusto, más llevaderas. Pero si te trasladan, por la razón que sea, desde Meco hasta, por ejemplo, Cádiz, tienes que asumir que serán varios días los que consumirás en el viaje, con estaciones forzosas en otras cárceles, a las que posiblemente llegues al anochecer y abandones a primera hora de la siguiente mañana, con todas tus pertenencias en una especie de bulto gigantesco que tiene que ajustarse a los requerimientos de espacio del furgón de la Guardia Civil. Dormirás con otro en una celda, a quien seguramente no conoces; permanecerás, por ello mismo, inquieto durante la noche, vigilante, sin conciliar en profundidad el sueño. Y al día siguiente vuelta a empezar hasta que llegues a tu destino. Por eso no me extraña que no quisieran café ni galletas. Seguramente no tendrían ánimo para nada.

En la caja del departamento de Ingresos el médico había depositado la noche anterior dos pequeños cubitos de plástico cerrados con una tapa de color rojo anaranjado. Contenían metadona, una droga pura y dura destinada a evitar que los yonquis sientan un mono irrefrenable, de modo que al suministrarles el producto —insisto, droga pura— la desapacible cuesta arriba de la abstinencia se les convierta en más llevadera. No tengo idea de si la finalidad es puramente terapéutica o simplemente cínica, es decir, si se trata de curarles o, ante lo irremediable, procurar que sufran lo menos posible y, al mismo tiempo, conseguir que causen los mínimos trastornos a la de por sí compleja vida de la prisión.

Aquella mañana de sábado, un chaval de apenas veintitrés años acudió a mi mesa y me pidió su dosis, la que Enrique, uno de los médicos de la prisión, había dejado lista para el consumo la tarde anterior. Parecía tranquilo, aunque su mirada perdida demostraba que su estado distaba de la normalidad. Se la entregué. Con enorme parsimonia abrió la tapa roja, contempló el producto, lo olió y, con un gesto similar al de los cosacos bebiendo vodka, se lo tragó de un golpe. Respiró profundamente, giró sobre sí mismo y sin decir nada se volvió a su celda americana. Disponía de su dosis, que, según me cuentan, produce efectos capaces de calmar el espíritu por un buen número de horas.

¿Qué sentí? Nada, absolutamente nada. Si la escena se hubiera desarrollado años atrás, tal vez mi inmunología espiritual hubiera producido un sentimiento del corte de lástima o similar. Pero comenzaba a mutar mi concepto del ser humano, seguramente influido por el modo y manera de los comportamientos para conmigo y mi familia. Empezaba a sospechar que ningún modelo de civilización podría fácilmente conseguir una rehabilitación integral de la raza humana. Diseñar modelos de convivencia ignorando la esencial maldad de una parte de los seres humanos no es solo una estupidez, ni tampoco una ingenuidad. Es un acto de profunda ignorancia que el tiempo remediará con un revoltijo trágico.

Aquella tarde, quizá cansado de la inercia que comenzaba a soplar en las velas de nuestra estancia en prisión, decidí cortarme el pelo en un cursillo de esos que organiza de vez en cuando el sistema penitenciario, cuyo objetivo terapéutico reside en que algunos presos busquen un oficio digno al que dedicar sus vidas cuando retornen a los campos de la libertad que les ofrecen los políticos de turno, envueltos en tonos de ética negra de hedor insoportable. Pues bien, en la primera planta de nuestro módulo, una chica más o menos joven, algo gordilla ella, sobre todo de cintura para abajo, peluquera de profesión, comenzó a dar el curso.

La verdad es que sin saberlo comencé a sospechar que algo extraño ocurría en el módulo porque, de repente, por todos los rincones aparecían presos con el pelo teñido de amarillo, de rojo, de amarillo y rojo, de morado, violeta y un sinfín de colores que dotaban a este mundo de grises y verdes de una cromía extraña, peculiar, no excesivamente desagradable, aunque solo fuera por su novedad. La verdad es que el espectáculo resultaba interesante, pero no porque mejorara la estética de los afectados por ese repentino ataque de cuidado capilar, sino porque revelaba, una vez más, la búsqueda de una individualidad virtual. No se trata exclusivamente de salirse de la rutina, sino de querer ser algo individualizado, sentirse como un ejemplar diferente a otros, dotado de personalidad propia, y si para ello el camino reside en cortarse el pelo y teñirse lo que queda de cualquiera de los colores del arco iris, pues se hace y en paz. Nuevamente la miseria humana en evidencia ante sí misma.

La chica peluquera me recibió solícita. Los presos pusieron cara de póquer. Me atendió uno más bien jovencillo, de nacionalidad española, extremadamente delgado, que parecía evidenciar que la droga no constituía para él un accidente, sino algo consustancial a su existencia. Inmediatamente me di cuenta de que sus habilidades para la peluquería, a pesar de ser alumno aventajado del curso, no resultaban profusas, porque en sus primeros movimientos situó el peine sobre mi pelo, intentó que las puntas sobresalieran para ser cortadas, empuñó las tijeras con la misma destreza que un mono un palo de golf, y apretó las dos hojas con toda la fuerza de la que fue capaz. El resultado se evidenció en un grito: se cortó el dedo. Se arreó un tajo en el dedo de su mano izquierda que obligó a llevarlo a la enfermería para que se lo vendaran. Tal vez lo hizo a propósito, pero lo dudo. En cualquier caso me vino muy bien porque gracias a su singular maestría se ocupó de mí la profesora y mi cabeza agradeció su oficio, aunque la verdad es que para transitar por estos lares tampoco resulta excesivamente importante, y eso que yo sostengo que el cuidado de la estética debe ser constante y que precisamente por vernos rodeados de fealdad ambiental no solo no debemos renunciar a nuestra estética habitual, sino mantenernos en lo posible en los mismos moldes con los que nos movemos en libertad.

Mientras todo esto sucedía, la profesora, quizá porque nosotros formábamos parte de su colección de conejillos de Indias, trató de edificar un discurso moralizante con los presos, aleccionándoles para que, una vez en libertad, montaran unas peluquerías, o se dedicaran ellos mismos a la profesión. No consiguió más que unas cuantas sonrisas, algunas carcajadas francas y afirmaciones del porte de «una leche, después de estar jodidos aquí solo faltaba que cuando saliéramos nos dedicáramos a hacer el gilipollas cortando el pelo al personal». Uno de ellos, quizá el más listo, dijo que lo de la peluquería era una buena idea para lavar el dinero de la droga que pensaba comprar y vender el mismo día que saliera por el departamento de Libertades. La chica no sabía qué decir. Yo sonreía en mi interior, y no porque me hiciera más o menos gracia el tipo de comentarios que escuchaba, sino porque, una vez más, me reafirmaba en mis ideas, sentía la imperfección del ser humano, la ínfima calidad del producto en sus variadas manifestaciones.

Pero, de la misma manera que aquellos que nacen en el Pozo del tío Raimundo tienen un horizonte vital tan corto que su entrega a las drogas resulta más comprensible que la de los que vieron su primera luz envueltos en lencería fina, comprobar la maldad en los campos de la libertad mancilla más intensamente que cuando se trata de la prisión. No solo la maldad, sino también la cobardía y otras virtudes similares que adornan a ese producto llamado individuo.

De vuelta al almacén de Ingresos me dijeron que Andrés, mi compañero de fatigas, quería verme. Acudí al fondo del primero de los dos almacenes, donde solía recostarse, y lo encontré acompañado de uno de sus grandes amigos. Sergio era natural de la provincia de Alicante. Parece ser que su madre tenía un restaurante en Torrevieja o en Benidorm o por alguna población de aquella zona y que el director, don Jesús, veraneaba por esos territorios, y por ello conocía a la familia, de modo que Sergio se convirtió desde su ingreso en Alcalá-Meco en una especie de protegido suyo, lo que, dado el carácter y sentido del jefe, se traducía en poco, muy poco privilegio.

Sergio quería consultarme su situación penal. Estaba condenado a un montón de años, algo así como veinticuatro. Por dos asesinatos. Hablando de él, en una de nuestra cenas, Andrés me reconoció que Sergio «tenía una muerte», pero no dos. En prisión, a matar a alguien se le llama «tener una muerte», como quien tiene un coche o un tocadiscos de los antiguos. Por eso a Andrés le parecía injusto que del Supremo le hubiera «bajado» una condena tan grande. Y le aleccionó para que hablara conmigo.

Eso de las muertes siempre me ha producido un escalofrío intenso. El caso más notable era el del Legi, un hombre bastante mayor, condenado, creo, por matar a su mujer y al amante, que siempre gritaba de manera estruendosa en favor de Franco y que no salía de prisión a pesar de que casi tenía cumplida la condena porque cada vez que le preguntaban qué iba a hacer si le daban el permiso, contestaba sin cortarse un pelo que ir a matar a uno que le quedaba pendiente porque era el único vivo de todos los que le habían traicionado. Así se comprende que no le dieran ni diez minutos fuera del penal.

Al contrario de lo que sucedió con otro preso alicantino que era encargado de las gavetas de comida; Andrés y yo nos reíamos mucho al hablar con él porque constantemente hacía un ruido con los labios, como si soplara aire que al rozarse con la carne producía un silbido curioso. Aprendí a hacerlo y le dije a Andrés que viniera conmigo a charlar con el sujeto, previa advertencia de que le iba a hablar copiando su sonido porque seguro que no se daría cuenta dado que él lo contemplaría como una cosa normal. Andrés no aguantó el primer envite; en el mismo instante en que imité el ruido y aun a pesar de que el alicantino ni se canteó, Andrés no pudo más y salió huyendo para evitar que se diera cuenta de que andábamos de coña con él. Lo cierto es que aquel hombre había matado a su mujer cortándole la cabeza con un hacha en el cuarto de baño de su casa. Lo peor es que la hija del matrimonio había entrado en la casa, se había acercado por el lugar y se había quedado horrorizada al ver el espectáculo de la cabeza de su madre por un lado, el cuerpo por el otro y la sangre inundando suelos y paredes. El padre no se lo había pensado dos veces y para evitar testigos había tomado el hacha y repetido la operación con su hija, aunque con el forcejeo la muerte no había sido tan limpia y el destrozo en el cuerpo causado por los múltiples golpes de hacha había resultado sencillamente delirante. Tenía otra hija más, que se había librado porque esa tarde no había aparecido por su casa. Un psicópata, sin la menor duda. No tenía, claro, a donde ir ni nadie que le acogiera. En esos casos solo se les concede permiso con la condición de acudir a un piso regentado por alguna de las organizaciones de acogimiento de presos.

Una de estas organizaciones, quizá la más conocida en Alcalá-Meco, la regentaba una monjita ya mayor y muy agradable de trato. Se empeñó en que ese hombre debía rehacer su vida porque llevaba ya demasiados años en prisión, unos quince más o menos. Así que con el compromiso de dormir en esa casa la prisión propuso y el juez aceptó un permiso carcelario de tres días. Todo fue bien la primera noche. Pero la segunda el hombre acudió a un bar de esos de alterne, que se decía antiguamente, bebió algo más de la cuenta, le arreó una paliza que casi le desgracia a uno de los clientes por el grave delito de discutirle no sé qué chorrada y se empeñó en mantener allí mismo, sobre la barra del bar, relaciones sexuales con la camarera, que no se negaba a ello, solo que quería cobrar dinero, y, además, prefería una cama o un sofá, porque lo de la barra del bar no le convencía como asentamiento adecuado para labores tan primitivas. Pues se tuvo que aguantar porque el preso alicantino se empeñó y la forzó un poco. No remató la faena sin que se sepa muy bien por qué. Quizá exceso de copas. Lo cierto es que de golpe y porrazo se largó del bar dejando los desperfectos dichos y las copas sin pagar. Nadie se atrevió a seguirle. Llegó al piso de acogida. Entró tambaleándose y menos mal que la monjita se percató de su estado y se encerró en su cuarto con siete llaves, esperando a que se le pasara la mona, porque de otro modo quizá no habría perdido la cabeza, pero... Al día siguiente vinieron a por él. Le reingresaron en prisión, lo metieron en el módulo 7, que era el destinado a aislamiento, y al cabo de siete días salió en conducción con destino al psiquiátrico de Alicante.

Bueno, pues a pesar de esta cierta alergia por asuntos escabrosos atendí a Sergio porque me lo pidió Andrés. Me dejó todo el expediente, es decir, el resumen del sumario. Lo leí con detenimiento en mi celda. Sergio, para variar, anduvo envuelto en drogas. En cocaína nuevamente. Consiguió concertar un trato muy importante. Vivía con un amigo de color a quien él, al menos según su relato, había ayudado mucho. Aquel trato de una cantidad relativamente considerable de esa droga dura le permitiría a Sergio retirarse definitivamente y alejarse de ese mundo. Su novia y su amigo quedaron en el apartamento de Benidorm en el que él había citado a los del trato para culminarlo y cobrar la parte pendiente del dinero. Sergio decidió irse a pasear por Elche para calmar sus nervios. La cita era a las siete de la tarde. Pero se hartó de pasear y consumido por la impaciencia decidió volver a su casa. Vivía en el vigésimo segundo piso de una de esas torres que destruyeron la estética de Benidorm. Un coche aparcado a la puerta del edificio de apartamentos le mosqueó. Subió a pie los veintidós pisos. Llegó exhausto. La puerta estaba entreabierta. Miró dentro y contempló que su amigo y su novia parecían mantener una camaradería impensable con los clientes del trato. La cosa para Sergio estaba clara: traición de la novia y del amigo; le querían quitar del negocio. Dio una patada a la puerta y entró dando gritos. Los intermediarios, creyendo que eran policías porque no esperaban a Sergio, salieron huyendo. No pudo detenerlos. Entró en el salón y se asomó al balcón de su piso. Llamó a su amigo, el de color, y a su novia. Les pidió que se fijaran desde el balcón para ver si podían distinguir algo que permitiera reconocer a los que huían. Se inclinaron un poco hacia delante para tratar de ver mejor. Sergio, aprovechando la inclinación, los empujó con todas sus fuerzas. Los dos cayeron al vacío. Murieron en el acto. Eso, al menos, decía la sentencia.

No fue el único caso de arrojar a gente por el balcón que me tocó vivir, aunque este segundo fue más suposición que certeza. En mi módulo ingresó un tipo curioso. Gordito, más bien bajito, de pelo casi rojo y cara pecosa, andares tímidos y voz ronca, muy ronca, mucho más que la del Padrino. Se trataba de un informático ingresado por no pagar la pensión a su mujer. Lo de gordito lo digo por la fotografía que figuraba en la ficha de entrada, porque cuando le conocí llevaba ya un año y siete meses de prisión, algo insólito para una condena semejante, pero su mujer se presentaba al juez y al fiscal cada vez que el informático pedía salir, para hacerles responsables de los daños que pudiera causarle su marido, así que ante semejante amenaza, ante la posibilidad de tener que asumir las responsabilidades propias de sus cargos, juez y fiscal optaban por la línea fácil y mantenían al hombre en prisión, quemándose cada día un poco más contra todo, especialmente contra su mujer. Máxime cuando las malas lenguas decían que le tenía encerrado porque la buena mujer, ante su ausencia, andaba liada con un concejal de la localidad. Y aparte de quemarse espiritualmente, el hombre, el informático, hacía lo propio físicamente porque perdió un montón de kilos.

Todo llega y el hombre penetró en el departamento de Ingresos, esta vez en su segunda función, la de las Libertades, porque le dieron la total, es decir, el cumplimiento íntegro de su condena. No había modo legal de retenerle. Recuerdo la imagen casi cómica de aquel hombre envuelto en su traje de calle de cuando entró en el que ahora cabían tres o cuatro como él. Me dio la risa. Él, sin embargo, no sonreía. Atendí al funcionario que le huellaba y le pregunté al ex preso qué pensaba hacer en libertad, y con su voz ronca, con la vista fija en los papeles del huellado, me respondió:

—Me voy a mi casa. Vivo en Alcalá, en el piso quince de un bloque...

Aquello sonaba raro porque esa explicación del piso quince debería querer decir algo. Continuó.

—Llamaré a mi mujer y le pediré que venga conmigo al balcón. Le preguntaré cómo se llama y cuando me responda que se llama Paloma le diré, pues hala, a volar, hija de puta, y la tiraré por el balcón por cabrona y por tenerme dos años aquí.

A pesar de lo macabro del relato no pude aguantarme la risa. El hombre no reía. Ni siquiera sonreía. Se fue. Me contaron que poco después regresó. Yo ya no estaba porque me dieron el tercer grado al poco de salir él. La razón de su retorno era una acusación de asesinato: había arrojado a su mujer por el balcón de su casa. Dicen que entró en prisión contento y satisfecho diciendo: ahora por lo menos me meten con razón.

Por cierto, cada vez que se me estropeaba el ordenador, como no era entonces excesivamente ducho en esas materias que todavía tenían para mí un tinte esotérico difícilmente superable, sobre todo porque no transité por la ceremonia de iniciación consistente en ponerme a estudiar el curso correspondiente, llamaba a un vecino de pasillo, el que vivía en la penúltima celda. También vivía solo, por decisión de la dirección, dado que ejercía de ordenanza de la zona ocupada por los jefes de Servicio, una especie de salón algo cutre por lo de mantener el estilo, en el que este hombre, al que llamaré Illescas, para no identificarle, les preparaba algo de comer con alimentos y condimentos que pedía especialmente por el demandadero, un servicio de la prisión que atendía demandas de presos y de funcionarios con destino a esta especie de comedor de respeto. Illescas era de profesión informático, concretamente programador. No sabía el motivo de su ingreso. Sí conocía su defecto: era alcohólico. Claro que en prisión le resultaba más que difícil hacerse con el material que reclama su vicio, pero ocasionalmente, muy ocasionalmente, conseguía una botella y se la bebía. Un día lo encontré a punto de colgarse en la celda. Afortunadamente no regía por la cantidad de alcohol en sangre. Le tumbé y le dejé dormir. Los funcionarios eran conscientes. Sentían por él desprecio como delincuente y aprecio como persona. Una mezcla rara, desde luego, porque esa separación era ciertamente difícil de sostener.

Illescas me pidió ayuda. Llevaba ya muchos años encerrado y si bien hacia dentro le trataban muy bien, todas, absolutamente todas sus demandas de permisos se las denegaba sistemáticamente la Junta de Tratamiento y, además, elaboraba unos informes dirigidos al juez realmente letales para el preso. Más de siete años sin salir a la calle. Indigente total. No recibía ninguna visita. Ni de padres, ni hermanos, ni mujer. Solo. Absolutamente solo. Y la soledad, la ausencia de contactos exteriores, penaliza en el entorno carcelario. Por fin se decidió a dar el paso de entregarme su sentencia porque sin ese documento no podía ayudarle.

La leí recién levantado, a eso de las cinco de la mañana. La acusación y la condena eran terribles. Abusos sexuales sobre su hija menor. Lo peor del asunto residía en la propia tramitación del proceso. La acusación indicaba que existió violación plena. El padre lo negaba. La niña declaró ante el tribunal. Imaginé la escena y no pude soportarlo. Me levanté de la mesa y paseé por la celda. El silencio de la noche resonaba en mis adentros. No podía quitarme la escena de la cabeza. Intenté calmarme. Volví a mi sitio. Comenzaba a amanecer. La niña, de unos diez o doce años, admitió tocamientos y muy levemente penetración. Pero su testimonio no era rotundo. Parecía sujeta a algún tipo de presión. El padre, Illescas, que negaba semejante extremo, pidió prueba pericial y la niña tuvo que someterse al dictamen de unos peritos sobre el estado de sus partes íntimas en fase sumarial. Brutal. Los peritos dictaminaron que en modo alguno existió penetración vaginal. La madre insistía a muerte, presionaba, no cedía ni un milímetro. Lo más que consiguió fue que los peritos advirtieran pequeñas rojeces en el ano de la niña, pero sin poderlas atribuir a penetración ni intento alguno. La sentencia, con todo y eso, fue terrible: catorce años de cárcel. No daba la violación por consumada, pero a sus efectos les dio lo mismo. Ciertamente no son excusables los abusos deshonestos. Menos sobre la propia hija. Es perfectamente lógico que la madre quiera defender a su hija de semejante brutalidad. Es no solo normal, sino necesario que las penas sean duras para casos como este. Pero la violación consumada es algo peor que esos tocamientos en estado de embriaguez, merecedores de pena, sin duda, pero no idéntica. Illescas se vino abajo. Le encerraron preventivamente. Allí seguía. Nadie de su familia se dignaba visitarle. El coste emocional es brutal y por eso hay que saber entender esos comportamientos familiares.

Al día siguiente su mirada indicaba la angustia de imaginar si dentro de mí se albergaría no solo una condena, sino un desprecio profundo por lo leído. Fue valiente al entregarme la sentencia. Estábamos los dos solos en el almacén de Ingresos. Andrés había salido a otro módulo con un encargo de los funcionarios del departamento. Illescas tenía que ver algo que no funcionaba bien en mi ordenador y por eso pedí permiso a Pablo para que bajara de su cubículo al nuestro. Encendí el ordenador. Illescas fijó su vista en la pantalla. Yo, sin preámbulos adicionales y con una voz que demostraba neutralidad de juicio, pregunté:

—¿Qué pasó?

Illescas reaccionó a mi demanda. Dejó pasar unos segundos. Respiró fuerte. Su vista permanecía fija en la pantalla del portátil.

—Me emborraché. Perdí la cabeza. Mi hija tiene doce años, pero es físicamente una mujer madura. Nunca jamás dirías que tiene esa edad. Perdí la noción del tiempo y de todo. No sabía qué hacía. Es verdad lo de los tocamientos, porque estaba borracho, pero nada más. Te puedo asegurar que la confundí con mi mujer, con la que apenas si mantenía relaciones sexuales porque se negaba. Y mi estado habría impedido físicamente cualquier cosa más, aparte de que mi lucidez mental era nula. Eso fue lo que ocurrió. Su madre, mi mujer, tenía un amante. Necesitaba verme en prisión. Forzó a la niña a declarar. Con eso consiguió su objetivo.

La voz de Illescas iba sonando cada vez más apagada a medida que avanzaba en el relato. Las lágrimas cayeron sobre el teclado. Lentamente, sin echar la vista atrás, se marchó del almacén. Me quedé pensando. Mejor dicho, me quedé sin poder pensar. No hay forma humana de penetrar en un asunto tan brutal manteniendo la serenidad de juicio. Nadie va a disculpar abusos deshonestos. Que la mujer tuviera un amante añade poco o nada. No conseguí nada con él. La psicóloga del Centro estaba empeñada en que hiciera un curso para violadores. Se negó porque no era —decía— ningún violador. Y mucho menos de su hija. Le advirtieron que en caso contrario no le concederían ningún beneficio penitenciario. Le dio igual. Lo acabaron trasladando de cárcel. Me contaron que años después lo encontraron perdido, tirado en un patio de una prisión diferente a la que fue trasladado por informes negativos de la Junta. Quien me lo contó me aseguró que el hombre solo deseaba morir, pero que no tenía la valentía suficiente para dar el paso definitivo.

Violadores... El mito de que son agredidos cuando ingresan en prisión. Nunca contemplé algo semejante. En ocasiones se les adjudicaban los mejores puestos de la prisión. En cuanto a trabajo, me refiero. Quizá porque, conscientes de esa potencial agresividad del módulo hacia ellos, preferían ser silentes, trabajadores, respetuosos con los funcionarios, amables con los presos. Quizá. Pero, aun cuando la agresividad no se percibiera en lo externo, el desprecio sí era ostensible en el modo de hablar de ellos. Recuerdo que un día, un chaval con un aspecto extraño, de cráneo redondo, manos pequeñas, dedos rechonchos y ojos en los que desplegaba una mirada entre cruel y huidiza, intentaba arrancar a las cuerdas de una guitarra un sonido mínimamente aceptable. No conseguía articular un acorde. Me acerqué a su esquina del patio, en la que, sentado en el suelo, alejado de los demás presos que a esa hora respiraban el aire que llegaba hasta ellos después de patinar sobre los alambres de espino, intentaba sin éxito componer música con las seis cuerdas de nailon. Tomé la guitarra en mis manos. Le enseñé la posición de los dedos en la serie sucesiva de los acordes de do mayor, la menor, fa y sol, y, además, le mostré cómo con la mano derecha se consigue el compás, el ritmo deseado. El chaval me miró con una expresión de agradecimiento; pero se trataba de un agradecimiento triste, melancólico, casi temeroso. Al mismo tiempo, agresivo. No sabía por qué, hasta que aquel preso grande y fuerte, con gesto hosco en su cara, se acercó y me dijo: «¿Sabes que estás tratando con un violador?».

Moreno, de más o menos 1,82 metros de estatura, buen aspecto, pulcro, escrupulosamente peinado, fuerte, atlético, de rostro y sonrisa muy agradables, aquel preso resaltaba por encima de la media de los que habitaban el módulo. Se acercó a mí con mucho respeto para contarme que había trabajado en una empresa de seguridad que prestó servicios a Antibióticos, S. A., y a los Laboratorios Abelló, en los que invertí una parte de mi vida profesional. Estudiaba Derecho, según me contó. Tenía el libro *El Sistema*.

Trabajaba como ordenanza de Dirección. Supuse que se trataba de algún delito económico de menor cuantía, pero no indagué más. Nos veíamos de vez en cuando y me pedía consejo sobre las asignaturas que estudiaba en Derecho.

Aquella mañana estaba desencajado. Acudió a mí en un estado desconocido. Me informó de que le trasladaban. Llevaba ya cinco años de preso preventivo en Alcalá-Meco y al declararse firme su sentencia por el Tribunal Supremo, la Dirección General de Instituciones Penitenciarias decidió enviarle a la prisión de Valdemoro y, además, en primer grado de tratamiento. Me dijo que el director no podía hacer nada porque era algo decidido desde arriba sin consultar siquiera a la Junta de Tratamiento del Centro.

Me extrañó y mucho esa información. Si una persona, un preso, lleva tanto tiempo en preventivo, es que su condena es enorme. Pero en cualquier caso carecía del menor sentido que ahora se le enviara a primer grado, que es una especie de castigo adicional. Así que le dije que no se preocupara, que redactaría el escrito destinado al Juez de Vigilancia para que le devolviera aquí, aunque la conducción a Valdemoro era imposible pararla. Sus ojos evidenciaban angustia. Los míos supongo que transmitirían confusión.

Cuando un preso es trasladado, su expediente penitenciario tiene que viajar con él. A veces lo envían antes. En este caso no lo hicieron, así que tendrían que bajarlo a Ingresos y Libertades para que se lo entregáramos a la Guardia Civil, que lo introduciría en el furgón de presos. Me quedé atónito cuando lo vi. Se componía de al menos tres o cuatro tomos y cada uno de un tamaño más que considerable. No es normal algo semejante. La documentación es secreta. Salvo los servicios penitenciarios, nadie puede ver lo que allí se contiene. Pero si quería ayudarle tenía que saber de qué iba su condena, de cuántos años era y a qué era debida. De otro modo trabajaría en el puro vacío y eso no da resultado nunca.

Con todo el cuidado del que soy capaz, que no es mucho porque mi torpeza para estas labores es proverbial, fui despejando de celos y cordeles los bloques que componían el expediente. Conseguí localizar el tomo en el que se encontraba la sentencia de la Audiencia Provincial que acababa, por lo visto, de ratificar el Supremo. Y pude comprobar con mis propios ojos que la vida es una sorpresa permanente. Aquel chico, con un aspecto tan saludable y unos modales tan educados, estaba condenado a más de mil quinientos años de cárcel. He escrito bien: mil quinientos años de prisión...

Él y su compañero se dedicaban a esperar a las mujeres en los portales. Allí mismo las agredían sexualmente. Primero el compañero. Después el preso que iba a ser trasladado. En algunos casos además les robaban. En otros utilizaban armas de fuego o blancas con fines intimidatorios y para que no se resistieran...

El preso en cuestión admitió en el juicio más de doscientas cincuenta violaciones consumadas... He escrito bien: más de doscientas cincuenta violaciones consumadas. Además quedaban pendientes otras muchas...

En fin. Me había comprometido. Redacté el escrito lo mejor que supe. Poco tiempo después un auto judicial confirmaba la aceptación de mi tesis. Al cabo de unos pocos días el preso volvía a Alcalá-Meco y era repuesto en su trabajo anterior. A mucha gente no le gustó que ayudara a esa persona con mis conocimientos. Pero entendí que era mi deber hacerlo. Y lo hice. Sin embargo, siempre me queda la duda de qué pasa por la mente de una persona así, cómo es posible que alguien cometa semejante barbaridad. Incomprensible. ¿Tiene solución?

17

PELEANDO DE NUEVO POR LA LIBERTAD

Cansado, realmente agotador eso de levantarte temprano, estudiar documentos y declaraciones, montarte en el furgón, consumir la hora de trayecto tratando de retener en la cabeza los datos acumulados, imaginando por dónde irían las preguntas y las maldades de los acusadores, para, culminada la tarea, regresar de nuevo a la prisión y volver a empezar. Un día, otro día y otro, como decía la canción mexicana. Pero era lo que me tocaba, como dicen por Mallorca, así que mejor no menearlo en el interior para evitar incómodos desperfectos emocionales. Menos mal que un rato de encuentro con Lourdes, mis hijos, los abogados, Paloma y algún otro, muy escaso, a quien se le permitía el acceso al despacho del comisario jefe convertía en más liviana la carga de aquellos días.

Los fines de semana dedicaba un rato a acondicionar mi celda, a dotarla de esas pequeñas cosas que contribuyen a hacerte la vida un poco menos desagradable. Algunos presos disponían de una imaginación admirable porque estando casi todo prohibido eran capaces de confeccionar artilugios memorables. Otros, como mi vecino por la derecha, hacían gala de una austeridad espartana. Su celda estaba vacía de cualquier ornamentación, por así decir. Ocupaba la celda número 30. Un hombre silente y solitario. Le llamaban «el político» debido a que perteneció al partido CDS, el que fundó Suárez cuando abandonó la UCD. Decían que era concejal por Móstoles o algo así y como en un momento dado Jesús Calvo, el director, había pertenecido igualmente a esa organización política, se comentaba que tenía cierta «protección», lo cual, una vez más, es muy relativo porque Jesús Calvo conocía los límites infranqueables en la vida de un prisionero. Hablé poco con él, porque entre mis salidas a juicio, mis ocupaciones de Ingresos y Libertades y sus soledades buscadas, las coincidencias resultaron mínimas. Sin embargo, aquella mañana, finalizada la ducha, vino a verme a mi celda. Quería hablar sobre los trescientos millones de Adolfo Suárez, el ex presidente del Gobierno.

Enero de 1989. Fin de semana del 20-21. Antonio Navalón —el conocido intermediario nacional— y su mujer acuden a la vieja casa de La Salceda acompañados de Adolfo Suárez y la suya. La primera vez que había visto físicamente al ex presidente del Gobierno había sido en la isla del Pacífico de nombre Contadora, a la que había acudido después de su forzada dimisión como presidente del Gobierno. Juan Abelló y yo, camino de Argentina, habíamos decidido pasar en ella un fin de semana dedicados a la pesca. Cuando concluimos nuestra cena en aquel hotel precioso, típicamente colonial, en el que la madera barnizada en oscuro constituía un elemento primordial no solo de la arquitectura, sino también de la decoración, acudimos al casino y allí se encontraba el recién cesado presidente del Gobierno, acompañado de un hombre bastante grueso, llamado Viana, que fallecería algún tiempo después. Juan me presentó a Adolfo y mantuvimos una conversación absolutamente informal y sin trascendencia.

La naturaleza de mis problemas en Banesto era de tal envergadura que Antonio Navalón, que en aquellos días ejercía como asesor nuestro, me propuso como única alternativa para desbloquear políticamente los cientos de problemas que se acumulaban en nuestra mesa —debido, sustancialmente, a la enemistad de Mariano Rubio, el gobernador del Banco de España, y de Carlos Solchaga, el ministro de Economía y Hacienda— que acudiéramos a solicitar los servicios profesionales de Adolfo Suárez.

—¿Adolfo Suárez? ¿Pero tú crees que tiene algún futuro?

—No tengas la menor duda. Va a convertirse en árbitro de la situación dentro de muy poco. El PSOE así lo cree y lo está mimando mucho. Por supuesto que tienen que atacarlo externamente, pero Adolfo les interesa. Es un hombre que jamás se llevará bien con la banca, la alta burguesía, el ejército y en general las fuerzas conservadoras de este país, porque es consciente de que le echaron de mala manera.

No disponía de muchas alternativas. Mis problemas eran casi irresolubles. Si no actuaba de manera expeditiva, la fusión Banesto-Central, que comenzó con un designio claro de dominio por nuestra parte, acabaría siendo Central-Banesto, con un presidente como Miguel Boyer, lo que significaba poner en manos de ese clan el centro de poder más importante de la economía privada española. No solo sería un pésimo negocio para los accionistas de Banesto, sino para España, al menos en mi concepto.

Tal vez Adolfo Suárez fuera operativo. Era posible que los pronósticos de Antonio sobre su futuro político inmediato fueran acertados. Tal vez no. Cuando no tienes donde elegir, la opción es muy fácil, así que acepté la sugerencia. Nos entrevistaríamos en La Salceda, con el propósito de dotar de la máxima discreción al encuentro.

Llegaron Adolfo y su mujer Amparo, Antonio y la suya, y una vez que las señoras se fueron a dar un paseo por el campo, nosotros nos instalamos en el comedor de la antigua casa de La Salceda, después de que Lucinio, mi encargado de entonces, tuviera el placer de saludar a su presidente Adolfo. Por algo fue elegido alcalde de Retuerta del Bullaque.

Adolfo comenzó explicándome su trayectoria política personal, cómo ascendió a la posición de presidente del Gobierno, cómo legalizó el partido comunista, cómo ganó las elecciones y cómo pensaba retornar al poder. Concluido su discurso, que debo reconocer escuchaba con atención porque me aportaba un visión auténtica de un trozo de nuestra historia reciente, me limité a relatarle, por indicación de Antonio, mis problemas en Banesto, la negativa de Mariano a aprobar o dar su visto bueno a las cuentas del banco, la necesidad de romper la fusión, el problema adicional de los recursos propios..., en fin, la letanía que constituía mi vía crucis particular. Adolfo puso cara de comprender mi postura, me reveló algunas claves, y antes de cenar me dijo:

—Estoy dispuesto a ayudarte. Creo que sintonizamos y cuando llegue a la presidencia del Gobierno tú serás mi hombre en el sistema financiero, algo que me faltó en mi etapa de UCD. Tienes que darte cuenta de que a Mariano Rubio lo nombré yo, yo le hice la carrera. Me respeta y me hará caso. Además controlo otros centros de poder.

—Muchas gracias, Adolfo —fue todo lo que acerté a decirle.

Cenamos los seis y entrada ya la noche mis invitados volvieron a Madrid. Me quedé meditando mientras una intensa helada se tumbaba a dormir sobre las rañas del campo. Quizá fuera cierto que controlaba centros de poder real. Tal vez se tratara de un farol. Un ex presidente del Gobierno que provenía del corazón del aparato franquista, capaz de demoler controladamente el Sistema creado por el movimiento, un hombre que, en aquel contexto, tomó la difícil y comprometida decisión de legalizar el partido comunista, por todo ello y el poder ejercido en un momento capital de nuestra historia contemporánea seguramente dispondría de algunos resortes, al menos de mejor calidad que los que se encuentran al alcance del común de los mortales. Pero, sobre todo y por encima de todo, en la situación en la que me encontraba, con un PSOE hegemónico y un PP prácticamente inexistente, no vislumbraba mejores campos en los que elegir, en los que buscar algo de aire para respirar más tranquilo en un entorno políticamente asfixiante como el que me tocaba vivir.

Pocos días después, Antonio Navalón vino a verme a mi despacho. La noticia que me traía era excelente: Adolfo confirmaba su decisión de colaborar conmigo. Sin embargo, era necesario que yo contribuyera financieramente a su esperado ascenso y triunfo electoral. El dinero para los partidos políticos.

—¿De cuánto dinero estamos hablando? —pregunté.

—De trescientos millones de pesetas —respondió Antonio sin el menor indicio de temblor en la voz.

—¡Joder, Antonio! ¡Eso es una pasta!

—¿Que eso es una pasta? No tienes ni idea de lo que en estos conceptos se gastan otros bancos, en concreto el Popular.

—La verdad es que como recién llegado no tengo la menor idea, pero me sigue pareciendo una pasta, aunque, si conseguimos el resultado, es una magnífica inversión para Banesto.

—Desde luego. El asunto es que quiere el dinero de manera no oficial.

—¿No le vale un crédito?

—No. Tiene que ser algo que no aparezca en la contabilidad.

—No tengo ni la menor idea de cómo se hace eso.

—No seas ingenuo. Si crees que la banca ha estado al margen de la financiación del PSOE y de otros partidos en estos años, es que no sabes andar por el mundo. Cualquiera de los clásicos de la casa te lo explicará, porque lo habrán hecho muchas veces.

—Bueno, lo miraré.

—Date prisa, que el tiempo apremia. Cuando encuentres la fórmula, llamas a Adolfo por teléfono a este número y le dices simplemente que has hablado conmigo y que estamos de acuerdo. No tienes que mencionar cantidades ni nada. Simplemente que hemos hablado y que estás de acuerdo y que las cosas se harán en la forma que yo diga.

Ya tenía un plan de perfiles tan inconcretos como que Adolfo había decidido ayudarme. ¿Cómo, de qué manera? Usando eso que llamaba «resortes reales de poder», una grandiosa inconcreción que tal vez contuviera en su interior la capacidad de decirle unas cuantas cosas a Mariano Rubio y a Solchaga. Frente a lo etéreo, lo concreto, lo tangible, trescientos millones de pesetas. Seguramente otros bancos hubieran gastado mucho más dinero en estos menesteres. Pero para mí, no cultivado en semejantes jardines, era dinero, mucho dinero, y, además, no tenía ni idea de cómo conseguiría dárselo a Adolfo de manera oculta. De todas formas, esa frase de Navalón de que no hablara de dinero con Adolfo me llamó la atención, pero pensé que era un modo educado de solventar estos asuntos...

¿Con quién hablar? En el banco no tenía confianza con ninguna de las personas que ejercían funciones en el campo estrictamente bancario, así que decidí llamar a Martín Rivas. Era un hombre clásico de Banesto. Creo que empezó desde la zona más baja del escalafón y subió peldaños, uno a uno, a través de la red comercial del banco. Ignoraba si Martín era mi hombre para el cometido de los trescientos millones de Suárez, pero no disponía de otro. Le llamé a mi despacho.

Martín es un hombre grueso, de prominente barriga, de origen navarro, de ojos pequeños que transmiten agudeza, de andares más ágiles que los que insinuaría su volumen corporal, que entró de botones en el banco a los catorce años y como consecuencia de sus habilidades personales y del trauma de la opa del Banco de Bilbao ascendió al puesto de mayor responsabilidad dentro de lo que llamamos la banca al por menor: director del Área

Comercial, es decir, el jefe de filas de los activos humanos que constituyen el ejército que, según me decían, permanecía unido con el así llamado «espíritu Banesto».

—Voy a poner en marcha una operación para desfusionarnos del Banco Central y que no tengamos que sufrir trauma alguno.

—Me parecería algo excelente para Banesto, presidente.

—El tema es que carecemos de apoyos políticos. A través de un tal Navalón creo que disponemos de la ayuda de Suárez, que puede ser decisiva. Lo malo es que, como siempre ocurre, los políticos quieren cobrar. Me hablan de trescientos millones.

—Eso no sería dinero si consiguen el resultado.

—Por supuesto, Martín, el problema es que lo quieren de manera no oficial y no sé cómo hacerlo.

—Por eso no te preocupes, presidente, yo me encargo. Se ha hecho en varias ocasiones. El Sistema consiste en conceder pequeños créditos a personas de confianza que luego se van provisionando y en paz. No hay ningún problema. Lo haré con gente de mi confianza.

—De acuerdo, Martín. Para el transporte del dinero si lo necesitas llama a Pol, ese que trabaja para mí y que tiene el despachillo enfrente del mío.

—De acuerdo, presidente. Así lo haré.

—Martín, quiero que sepas que si existe algún problema yo te respondo de que este dinero ha sido para beneficio del banco.

—No es necesario que me digas nada, presidente. Lo doy por descontado.

Así concluyó nuestra conversación y me desentendí del asunto. Martín, según me enteré años después, no operó en la forma en que me indicó, sino que tomó el camino directo, se fue a ver al cajero de Banesto, le pidió los trescientos millones de pesetas y los entregó en la forma convenida. Nunca supe en qué consistió la operativa concreta. Jamás me la contó.

Lo cierto y verdad es que, en un espacio de tiempo que podría contarse por horas, como por arte de magia, Mariano dio el visto bueno a nuestras cuentas, Juan Abelló se fue del Consejo, la desfusión gozó del beneplácito del Banco de España, nuestro balance fue aprobado, las plusvalías de fusión fueron anuladas, pero no nos pusieron problemas de recursos propios, nos permitieron el dividendo y todo en paz. Mariano nos aprobó las cuentas. Aquello fue la prueba del nueve del poder que ejerció, directa o indirectamente, Adolfo Suárez.

El pago de aquellos dineros, esos trescientos millones de pesetas, lo supo yo creo que media España, al menos media España político-financiera, porque en aquellos días obtener respaldo de Mario Conde significaba mucho para un político que pretendía ascender para recuperar el poder perdido. Incluso apareció publicado en libros de la época. Pues bien, curiosamente fue incluido en la querella contra nosotros. En fase sumarial, es decir, mientras García-Castellón instruyó el sumario Banesto, Martín Rivas fue llamado a declarar y dijo la verdad de lo sucedido. Yo, sin embargo, no. Aconsejado por mis abogados dije no saber nada del asunto. Me sometieron a un careo con Martín Rivas y fue de los momentos peores de mi vida.

Pero ahora nos íbamos a encarar al juicio oral y contra viento y marea no estaba dispuesto a seguir contando una mentira. Por supuesto que todos me decían que no dijera lo de Adolfo Suárez y el CDS porque eso podría traerme problemas adicionales. Es posible —pensaba—, pero mantener una mentira me acarrea dificultades profundas de entendimiento conmigo mismo. Y declaré ante la conmoción del fiscal, el tribunal, la Sala y la prensa. Dije la verdad. Aquello dolió. Acordaron citar como testigo a Adolfo Suárez. Prefiero no describir la escena. Adolfo dijo que nunca había hablado con él de dinero y que nunca le había entregado cantidad alguna como esa. Mientras declaraba Adolfo Suárez no pude evitar el recuerdo del verano de 1993.

Recogí a Adolfo; Amparo, su mujer; Marian, una de sus hijas, y Javier, el segundo de sus hijos varones, en Andraixt, Mallorca. Subimos a mi barco, el *Alejandra,* fondeado en la rada del puerto. Lourdes nos esperaba a bordo. Navegamos poco y acabamos fondeados en las proximidades de la Mola, a unas pocas millas de Andraixt, para almorzar juntos. En medio del almuerzo Adolfo tomó la palabra para declarar solemnemente delante de su mujer, hija e hijo el agradecimiento de él y su familia por todo lo que había hecho por ellos, por cómo les había devuelto una consideración social que habían perdido tras su salida del poder. Me preguntaba por qué ahora adoptaba semejante comportamiento.

«El político» se acercó cauteloso. Aparentaba tranquilidad, aunque sus gestos indicaban que alguna inquietud interna le atormentaba un rato. Antes de que comenzara a contarme lo que se traía en mente, le pregunté por su problema, la razón de su encarcelamiento, y la verdad es que se trataba de uno de esos casos típicos de financiación ilegal de partidos con cargo a las cuentas del ayuntamiento del que era concejal. Por esas jugadas maestras del destino, todos los demás representantes de grupos políticos decidieron que el culpable era él, así que a la cárcel y los demás a seguir a lo suyo. La política parece que es así. Reconfortado con mi comentario, el hombre empezó.

—He visto lo que has declarado de Adolfo Suárez y te digo que eso es absolutamente verdad.

—Hombre, gracias, pero entiende que yo sé perfectamente que es cierto.

—No, perdona, quería decirte que yo sé que es cierto porque lo viví en primera persona.

—¿Ah, sí?

—Sí. Adolfo Suárez tenía previsto dar un mitin en Móstoles. Quería un local y yo, por encargo del partido, le alquilé el único bueno para eso. Lo malo es que el contrato de arrendamiento lo tuve que firmar yo, comprometerme yo personalmente a pagarlo. Y se acercaba el día, pedía dinero al partido y me decían que esperara, que no tenían tesorería. Yo me acojoné.

Hizo una pausa, se asomó por la reja de la ventana, saludó a algún preso que no conocía dada mi escasa asistencia al patio, le advirtió que enseguida bajaba, y continuó:

—De repente me dijeron que el problema se había solucionado, que Adolfo había recibido trescientos millones de Mario Conde y que enseguida me entregarían lo necesario. Al cabo de unos días llegó ese dinero. El que me dieron venía todavía en los fajos esos del Banco de España. Pagué el arrendamiento y me quedé tranquilo. No sirvió de nada porque perdimos las elecciones, pero al menos no perdí mi dinero.

Le di las gracias. Se extrañó de que no le pidiera nada más. Incluso creo recordar que me ofreció contactar con el tesorero del partido y hasta intentó hablar con él, pero creo que había muerto. En fin, daba igual. Las cosas eran claras como el agua. Si querían condenarme lo harían a pesar de lo que este hombre declarara. Las pruebas, eso que llaman pruebas judiciales, en algunos casos no pasan de ser criados de los intereses.

Pero la pregunta me atormentaba. ¿Por qué esa declaración de Adolfo Suárez? Nunca más he vuelto a hablar con él desde entonces. Me habría gustado. ¿Es posible que no supiera en concreto esas cantidades? Es cierto que jamás hablé con él de ese dinero, así que al decir eso no mentía. Pero siempre he tenido la duda de si fue algo organizado por Navalón. De hecho, me solicitó encarecidamente que no hablara con Adolfo de esa financiación. ¿Se quedó Navalón con dinero? No lo sé, pero no me extrañaría. ¿Fue Navalón quien hizo llegar el dinero al CDS, quien resolvió problemas como los de Móstoles sin concretar nada a Adolfo? Es posible. No me extrañaría porque conociendo a Suárez un poco como le conozco, no le habría gustado hablar de dinero conmigo, y quizá Navalón quiso ahorrarle el trámite. En todo caso, a fuer de sinceridad, no era excesivamente importante que lo reconociera porque tanto en un caso como en otro, visto lo visto, podrían condenarme si quisieran, que para eso el Derecho en sus manos es maravillosamente elástico... Estoy seguro de que más de uno debió de convencer a Adolfo de que no hacía falta ir más allá de lo imprescindible en su declaración porque el caso estaba prescrito... En fin, no lo sé. Sin hablar de nuevo con Adolfo Suárez no me atrevo a sentenciar de modo firme.

Bueno, pues el juicio Banesto sería lo que fuera o fuese. Tenía mucho tiempo por delante. Ahora tenía que dedicarme a estudiar para ver cómo conseguía un trozo de libertad lo más rápidamente posible. Lo malo es que no tenía ni idea de eso que llaman Derecho Penitenciario. Y en esos instantes me resultaba imprescindible.

El mundo penitenciario es un gran desconocido. Si por avatares de la razón de Estado te encuentras obligado a vivir un espacio considerable de tu tiempo vital en ese territorio, compruebas hasta qué punto el desconocimiento es el impenitente protagonista en casi todo lo que rodea las existencias consumidas en el mundo del cemento y de los tubos de color verde militar, de los alambres de espino y los recuentos en las celdas, de los pasillos en los que reina el frío hiriente en invierno y el calor lacerante en verano.

El territorio penitenciario genera para el común de los mortales un rechazo profundo, tanto que en ocasiones se muestra casi como un pariente carnal de la náusea. La imagen que, por diversas razones, se instala en la sociedad, en quienes la pueblan, tiene perfiles de terror. Posiblemente las películas norteamericanas sobre asuntos carcelarios contribuyan de manera decisiva a solidificar la versión para consumo del gran público. Los que viven fuera de los recintos de prisiones creen firmemente que en la cárcel se tortura, se viola, se mata. Con semejantes ingredientes no resulta extraño el rechazo social hacia los guetos de prisioneros. Prefieren mirar hacia otro lado, no vaya a ser que la imagen real del mundo de los reclusos coincida o se asemeje demasiado al estereotipo social.

De vez en cuando alguna comisión de políticos parlamentarios, normalmente de nivel medio, se digna aparecer por las cárceles españolas en una visita programada y anunciada. He vivido varias de ellas en estos largos años. El director de la prisión ordena que se pinten de nuevo, en el implacable color verde militar, los pasillos por los que los políticos efectuarán su recorrido, que las cocinas reluzcan de limpieza y rebosen de higiene, que los rastrillos corran con el mínimo chirrido posible, que los patios de presos se encuentren libres de ropa vieja colgada de los alambres tendidos entre sus muros, de comida fermentada, de basura multicolor arrojada desde las ventanas de las celdas. Muchos presos trabajan los días anteriores a la llegada de los parlamentarios en acondicionar el circuito. A los peores, a los más revoltosos, se les aconseja con la convicción de la fuerza que permanezcan en sus celdas, para evitar que en presencia de los comisionados puedan organizar algún alboroto, lo que sería un desagradable incidente.

Los políticos suelen llegar tarde, incumpliendo el horario previsto y ajustándose a ese estúpido patrón hispano que proclama que la tardanza, el retraso, es síntoma de poder en quien lo practica. Conversan algunos minutos con el director en su despacho. Atraviesan el primer rastrillo. Penetran en la cárcel. Visitan las instalaciones de cocina y comprueban su magnífico estado; recorren los pasillos recién pintados alabando el estado de conservación en el que se encuentran, se asoman cautelosos a los patios de presos y se van con cara de haber contribuido de manera decisiva al control de la mejor vida de los reclusos, y con una expresión de alivio en sus ojos porque consiguieron salir ilesos de la visita al mundo del terror.

Mientras tanto, los presos permanecen instalados en la más profunda de las indiferencias. Los funcionarios, al menos muchos de ellos, cansados de tanto teatro, se limitan a esbozar una sarcástica sonrisa. Horas después, la vida volverá a sus cauces. Los restos de comida poblarán los patios, en cuyos rincones algunos presos, llenos de droga, dejan silentes que el tiempo resbale sobre sus vidas, perdida la esperanza, descompuesta su idea de vida en libertad. La cárcel volverá a llenarse de ese sinfín de estridentes ruidos metálicos que parecen destinados a recordarte dónde vives. Incluso en la noche, y no solo en las de luna llena, muchos presos lanzan gritos desaforados al patio, gritos sin otro sentido que gritar, ni siquiera protestar; quieren afirmar mediante el ruido la personalidad perdida, olvidada, marginada en un cubículo de ocho metros cuadrados en el que la vida se consume en un sinsentido existencial.

No solo el mundo penitenciario es un gran desconocido. El Derecho Penitenciario recibe el mismo trato. Posiblemente la alergia que provoca el mundo real se traspase al jurídico. En varias ocasiones he visto la ignorancia —a veces esperpéntica— sobre el ropaje jurídico-penitenciario campar por sus respetos a lo largo y ancho de la prisión de Alcalá-Meco, desde las cimas de los despachos que rodean la dirección hasta los locutorios en los que los abogados despachan con sus clientes encerrados. Estoy convencido de que esa ignorancia de mi recinto carcelario no constituye una cualidad exclusiva de él, sino que en mayor o menor grado participan de semejante atributo las restantes instalaciones destinadas al cautiverio de los presos. Basta con leer algunos de los autos de los jueces de vigilancia penitenciaria sobre decisiones de Juntas de Tratamiento de otros centros penitenciarios para comprobar la más que probable exactitud de mi aserto.

La gran mayoría de los abogados muestran a las claras, sin excesivo pudor, su sideral desconocimiento de la normativa penitenciaria.

Seguramente es mucho más elegante profundizar sobre la concesión administrativa, el derecho civil de sucesiones mortis causa, el derecho económico, los tratados internacionales o las materias comunitarias, que sobre el prosaico y casi miserable mundo de los derechos de los internos, de sus obligaciones, de los permisos de segundo grado, de las regresiones y progresiones en el tratamiento penitenciario, de la llamada vida en semilibertad. Y, sin embargo, resulta capital. La libertad anda en juego en medio de tanta ignorancia. El consumo de tiempo en prisión es el principal afectado por ella. Claro que la inmensa mayoría de los pobladores de las cárceles españolas —y supongo que mundiales— no se distingue, precisamente, por pertenecer a la élite económica, de manera que sus disponibilidades para retribuir los servicios de los abogados no son excesivas.

Ciertamente muchos de los habitantes de las celdas pertenecen al mundo del tráfico de drogas, en el que circula y abunda el dinero. Cada día es mayor el porcentaje de reclusos relacionados con los delitos contra la salud pública, forma técnica de calificar al tráfico de drogas. Pero no conviene deslumbrarse ante los espejismos: casi todos son correos, transportistas que aceptan el encargo por un puñado de monedas. Los capos de la droga en prisión son la excepción. He conocido a algunos y, desde luego, sus disponibilidades económicas son notorias y en cierta medida provocan respeto en el mundo carcelario. Pero cuantitativamente son muchos más los presos-camellos que los dueños del negocio, así que el aserto anterior, matizado si se quiere con los escasos capos encarcelados, mantiene toda su fuerza.

Por ello, los grandes despachos que defienden con soltura y abundantes citas jurisprudenciales y doctrinales en los casos de delitos económicos o de tráfico de drogas consideran concluida su misión cuando el cliente, conducido por la fuerza pública o presentándose voluntariamente en las instalaciones de control, traspasa el umbral en el que el libre se transforma en preso. A partir de ese instante, una nube de ignorancia se extiende sobre la vida del recluso, incapaz, desde luego, de comprarse un ejemplar de la Ley Orgánica General Penitenciaria y de su Reglamento, aprobado por el inaudito ministro Belloch, y dedicarse a estudiar su articulado, buscando los preceptos en los que habitan sus derechos.

Además, en la cárcel vive el miedo. La autoridad que el funcionario ejerce sobre el preso es directa, inmediata, intensa, brutal. Conozco pocos casos donde el dominio del hombre sobre el hombre se dibuje con trazos tan intensos. Y el reverso de esa medalla es el miedo. Algunos, acostumbrados a convertir la cárcel en su morada existencial, se saltan a la torera ese miedo y se dedican al papel de camorristas de la prisión. No hay problema: se les reduce y se les conduce a los lugares de castigo o aislamiento en los que permanecen encerrados en sus celdas veinte horas diarias, hasta que la soledad y la ausencia de contacto humano consigan reducir sus ímpetus de alboroto. Pero los demás, los comunes mortales carcelarios, saben que su palabra no vale, que son delincuentes convictos o confesos, pero delincuentes en todo caso, y que, en consecuencia, sobre ellos y sus actos pesa la presunción de culpabilidad, de mentira, de engaño. No se necesitan excesivas dotes intelectuales para percibir que en el hipotético enfrentamiento preso-funcionario, el primero será presuntamente mentiroso y el segundo, ciertamente veraz. Además, la noción de encierro, de aislamiento, de lejanía de los instrumentos sociales de control de la autoridad provocan que esta percepción aumente de forma exponencial.

El preso es sustancialmente egoísta. El ser humano, en cuanto tal, es un panteón del egoísmo, pero cuando sufre el castigo de verse privado de libertad el atributo alcanza límites realmente increíbles. Al encerrado solo le interesa salir en libertad. Punto y final. A este objetivo subordina toda su conducta, por encima de cualquier otra consideración. Si tiene que mentir, miente; si engañar, engaña;

siempre sin pestañear. El preso es él y su mundo. Los demás presos, cualesquiera que sean sus relaciones con él, son eso: presos, nada más. Es prácticamente imposible que nazcan relaciones sinceramente afectivas en medio del erial del penal. Incluso las preexistentes antes de traspasar la barrera del ingreso pueden verse seriamente afectadas por el especial comportamiento que imponen los muros de la cárcel, la vida dentro de sus patios y celdas. La convivencia humana es un producto difícil y que exige muchas dosis de paciencia y de mano izquierda. Cuando se trata de la prisión, el consumo de energías para preservarla de forma adecuada es ingente.

Desde que ingresé por primera vez en Madrid II en la Nochebuena de 1994, hasta el día en que redacto estas líneas, mi experiencia carcelaria es intensa, entre otras razones porque muchos trozos del tiempo consumido por estos páramos lo empleé en tratar de escudriñar el verdadero funcionamiento de las prisiones. Mejor dicho, de la mía, de Madrid II, la llamada cárcel de alta seguridad del Estado español, porque no pertenecí jamás a ese grupo de presos que se dedican, de grado o fuerza, al turismo carcelario, conducidos en los furgones de la Guardia Civil de una cárcel a otra, por motivos familiares o de asistencia a juicios pendientes. Y esa experiencia me dicta que es más que posible que existan malos tratos a presos, que se abuse de los derechos de algunos reclusos. Es posible, pero no me consta. No lo viví. Al menos no he vivido un caso realmente calificable de malos tratos. Y digo, sin embargo, que es posible porque en todo colectivo humano, sea de funcionarios de prisiones o de abogados del Estado, de taxistas o arquitectos técnicos, la existencia de patologías humanas es una certeza constatada. Lo increíble sería lo contrario.

Además, en el campo de las prisiones se dan tres circunstancias nada despreciables. La primera, que son muchos los funcionarios que se dedican a ese menester, y al aumentar el número aumenta la probabilidad de la patología. La segunda, que la autoridad que ejercen, como decía, es brutalmente intensa, de forma que se convierte en territorio propicio para que pueda germinar el abuso. La tercera, que el material con el que tratan es muy complejo: asesinos, drogadictos, violadores, secuestradores, ladrones a mano armada, muchos de los cuales están dispuestos a, perdida la esperanza, convertir su estancia en prisión en una constante transgresión de las normas que disciplinan su vida. Ciertamente no todos los delitos son iguales ni todos los presos tampoco. De ahí el llamado principio de individualización científica.

Y, aparte de su condición de delincuentes, la reclusión forzosa es un instrumento eficaz al servicio de la pérdida o reducción considerable del equilibrio mental. Las alteraciones psicológicas en las cárceles constituyen una realidad, al margen de que muchos de los que ingresan ya tengan afectadas sus facultades mentales antes de que el funcionario los «chape» —como se dice en el argot carcelario— en la celda correspondiente. Por ello no resultan extraños episodios dramáticos, en los que, en ciertas ocasiones, el pagano resulta ser el bien más apreciado por todo ser humano: la vida. Nadie está exento de morir a causa de las patologías de algunos internos.

La lucha por salir de la prisión tiene un nombre concreto: tercer grado. El sistema español diferencia el primer grado, que se aplica a los inadaptados y determinados colectivos de presos, generalmente terroristas y violadores masivos; el segundo grado, que es el normal de la población reclusa, y el tercer grado, que implica libertad restringida porque solo tienes que ir a dormir. Así que mi lucha era clara, mi camino estaba perfectamente definido, sus cunetas no admitían duda: había que conseguir ese tercer grado.

Tercer grado. Son las palabras mágicas, la aspiración sublime de todo interno, el grial a descubrir, la meta de sus sueños, la musa de sus momentos de éxtasis. Cuando obtienes el tercer grado de tratamiento penitenciario, pisas de nuevo la libertad, aunque sea en ese concepto lleno de eufemismo al que llaman semilibertad. Es el tramo final de la condena, la más corta de todas las distancias que te separan de la libertad perdida tiempo atrás. Un paso imprescindible para alcanzar la libertad condicional.

Debo confesar que nunca en mi vida tuve la menor idea de en qué consistía eso del tercer grado. Me sonaba a interrogatorio practicado con las mejores técnicas al servicio del descubrimiento de la verdad, pero en absoluto podía siquiera imaginar que constituía el estadio previo e imprescindible para todo penado que quiere alcanzar la libertad condicional.

Imagino que el gran público, eso que llaman la opinión, participaría —con más razón incluso— de mi ignorancia. Pero como vivimos en una sociedad mediática dominada por personajes con nombres y apellidos que llenan y rellenan los espacios televisivos, las ondas de radio o las páginas de los medios escritos, si uno de ellos llegara a disfrutar de esa condición, de ese tercer grado, la masa, alentada desde los medios, comenzaría a opinar sobre tal evento soportada con la más intensa y lacerante de las supinas ignorancias. Los periodistas, incapaces en muchos casos de consultar siquiera las reglas de oro de este estadio penitenciario, escribirían a toda velocidad sus artículos con el fin de que su director les valorara en su capacidad de producir exclusivas o de servir a la finalidad política de ayudar a que un sujeto salga de la cárcel o empujarle nuevamente hacia sus patios de presos si por alguna razón se encuentra a punto de volver a pisar los territorios de la llamada libertad.

Pues bien, transcurridos casi seis meses desde que volví a ingresar por segunda vez, encarado ya el verano del 98, superados los enormes calores que te toca sufrir en la celda, la Junta de Tratamiento no tenía más alternativa que clasificarme, es decir, adjudicarme el segundo o el tercer grado. Posiblemente no sea una mera casualidad que el Reglamento Penitenciario tenga fecha de febrero de 1996 y que en los albores del mes siguiente, marzo, los socialistas perdieran las elecciones por primera vez desde 1982. Seguramente tuvieron cierta urgencia en aprobar el nuevo texto que disciplina la vida en prisión para que cuando abandonaran el poder dispusieran de una normativa más o menos cómoda para prevenir los incidentes que el horizonte dibujaba como inevitables para algunos que desempeñaron cargos de notoria importancia. Y ese Reglamento suprimió la obligación de cumplir la cuarta parte de la condena para obtener el tercer grado y, consiguientemente, permitía que tu primera clasificación como preso fuera directamente en ese maravilloso —todo es relativo en esta vida— tercer grado penitenciario.

Bueno, a partir de ese instante, lo importante consistía en fijar las condiciones para obtener tan fantástico resultado. Obviamente, cuanto más etéreas, mejor. Cuanto más inconcretas, más espacio queda para la discrecionalidad y aunque nadie quiera reconocerlo, el mundo penitenciario está plagado de discrecionalidades y de presiones políticas que afectan a la libertad de los reclusos.

La primera condición que se exige es que transcurra «el tiempo de estudio suficiente para obtener un adecuado conocimiento» del penado. ¿Qué más requisitos? Pues hay que «valorar especialmente el historial delictivo y la integración social del penado», además de la «personalidad» del penado, su «historial individual, familiar, social y delictivo», la «duración de las penas», «el medio social al que retorne». Nos movemos en un territorio en el que la concreción brilla por su ausencia. Seguramente es imposible funcionar de otra manera y los términos más o menos abstractos se convierten en algo inevitable. Estos términos constituyen lo que los juristas llamamos «conceptos jurídicos indeterminados» y es bien sabido entre nosotros que son el campo abonado para que en él florezca la arbitrariedad y la desviación de poder. Controlarla, cuando se trata de la libertad de las personas, se convierte en una exigencia ineludible.

¿Quiénes son los encargados de traducir en informes concretos —o más o menos concretos— esos conceptos tan genéricos para saber si a un individuo le corresponde el tercer grado o no? En la cárcel hay dos órganos claves: el director y la Junta de Tratamiento, presidida por el primero e integrada por vocales que ejercen cargos en la estructura administrativa de la prisión, a saber, el jefe de Servicio, el educador, el/la psicóloga, el director médico, el subdirector de Tratamiento..., es decir, los cuadros claves. Además, funcionan otros como el Consejo de Dirección, la Comisión Disciplinaria o la Junta Económico-Administrativa. Todos ellos tienen, desde luego, su importancia, pero el verdadero centro de poder para lo referente a la clasificación de los presos, y, en consecuencia, para la forma de su libertad, depende, por este orden, del director primero, y de la Junta de Tratamiento después.

Claro que el poder final no se encuentra en sus manos, sino, como luego diré, en un cargo político: el director general de Instituciones Penitenciarias. De momento, en este estadio, a las Juntas de Tratamiento les corresponde solo la misión de proponer la clasificación del interno y la Dirección General es la que tiene que aprobar.

¿Por qué digo que el director es más importante incluso que la Junta de Tratamiento? Ante todo, por mi experiencia en Madrid II. ¿Es debido exclusivamente a la personalidad de Jesús Calvo? Evidentemente cada sujeto impone su impronta personal en las actividades de su vida, y Jesús Calvo es un hombre que se hace respetar. Se maneja políticamente de forma adecuada, con mesura; ejerce la autoridad de una forma educada pero sin permitir ni una broma. Manda. Y mucho.

En contadas ocasiones aparece por las dependencias del departamento de Ingresos y Libertades. Cuando una visita especial tiene, por su decisión, acceso a las instalaciones del Juez de Vigilancia Penitenciaria, Jesús Calvo puede acompañarla. En tales casos atraviesa lentamente el patio principal, con andar pausado y tranquilo, acompañado de Pepe Comerón y de algún jefe de Servicio, porque el jefe no puede ir nunca solo. Gesticula despacio mirando a su derecha e izquierda en una actitud de transmitir su deseo de controlar lo que sucede, pero sin estridencias, sin histerismos, con tranquilidad, como corresponde al que detenta el mayor poder en un Centro en el que vive tanto poder como es el carcelario.

Atraviesa el rastrillo después de dedicar un saludo de circunstancias al funcionario que consume un montón de horas diarias apretando con sus dedos un botón que acciona el impulso eléctrico para abrir y cerrar los dos rastrillos que se encuentran a derecha e izquierda de la garita que ocupa. Penetra en el departamento. Las caras de los funcionarios que en él habitan, sus ojos brillantes, sus gestos contenidos, sus sonrisas algo forzadas, demuestran la fuerza del jefe, su autoridad. Jesús Calvo los saluda. En ocasiones les extiende la mano con pausada lentitud, midiendo el gesto.

Además delega mucho, o al menos lo aparenta, porque le guste o no se entera de todo, absolutamente de todo lo que sucede dentro del recinto carcelario. Se apoya en Comerón, el subdirector de Seguridad, un funcionario que se dedicó al sindicalismo militando en Comisiones Obreras y que, por una serie de avatares, pasó a desempeñar, por decisión de Jesús Calvo, ese puesto. Comerón prácticamente vive en el despacho de la cárcel. Consume en él casi todas las horas del día. Jesús Calvo se siente tranquilo con ello.

Jesús Calvo, asumiendo su papel de líder de la prisión, le ha defendido en más de una ocasión. Aquella tarde de invierno de 1998 nos regaló una niebla intensa, cerrada, que cubría todo el recinto carcelario con un manto espeso en el que no conseguías ver más allá de un par de metros. El patio, nuestro patio, cubierto de semejante guisa ofrecía un aspecto fantasmal, sin duda mucho más atractivo que cuando tus ojos se ven obligados a contemplar los grandes recipientes metálicos de color gris anodino en los que se vierten las inmensas bolsas de plástico que contienen restos de comida y basura producida por los presos a lo largo del día.

Tres presos, aprovechando la niebla, decidieron buscar una libertad forzada y se dieron a la fuga. Ascendieron como gatos por los alambres de espino protegidos por unas mantas que se deshacían en jirones cada vez que las arrojaban contra los pinchos metálicos. Consiguieron su propósito. Bueno, parcialmente porque, en efecto, vivieron algunos días en libertad, transcurridos los cuales, como siempre sucede, la Guardia Civil los localizó y los depositó nuevamente por este recinto en el que la niebla ya no vivía y, sin embargo, las celdas de aislamiento forzoso, a las que retornarían en su forzado regreso, continuaban prestando sus servicios.

Cuando se corrió la voz de fuga por el recinto de Meco, todo el mundo comenzó a dar muestras de una excitación poderosa. La fuga es, para los funcionarios, sinónimo de catástrofe. Los presos atienden a la evasión con una mirada hija de la nostalgia y la alegría interior. El entorno se revoluciona. Suenan gritos y se escuchan susurros, mientras los sonidos metálicos de las chapas y las puertas enrejadas aumentan exponencialmente su volumen y su tono estridente, incrementando la desazón que provocan. La huida es tragedia carcelaria porque desde el mismo instante en que se toma conciencia de que se ha producido, comienza la especulación sobre la depuración de posibles responsabilidades. Desde el funcionario del módulo al que pertenecían los fugados, hasta el de rastrillo o exteriores, la guardia civil que custodia el recinto, el subdirector de Seguridad y el responsable máximo, el director de la cárcel; todos ellos cuelgan de una u otra manera de un delgado hilo que depende de la mayor o menor intensidad, color, formato y espacio con los que los medios de comunicación social quieran tratar el suceso.

Cuando alguien se fuga ya se sabe que el diario de turno va a calificarle de preso peligroso —aunque se trate de un pobre diablo—

porque de otra manera disminuiría el dramatismo de la noticia y, consiguientemente, su recepción por el cuerpo social, la ansiedad de saber que motiva la decisión de comprar ejemplares del medio que informa. Precisamente por ello la espada vengadora se alza sobre las cabezas de los posibles afectados. De ahí que la calma abandone el recinto y ocupe su lugar una histeria que, como ciertas obras sinfónicas, pasa del moderato al allegro en acordes progresivos. Por eso me llamó la atención Pepe Fuentes, el jefe de Servicio, que en mitad del tumulto mantenía una calma serena nacida desde la profundidad de su experiencia y la deglución adecuada del concepto de lo inevitable: en tales circunstancias, como no se podía evitar la fuga, solo cabía esperar a la captura y reenvío forzado de los osados presos.

Cuando me movía por los campos de la libertad, una nueva fuga volvió a producirse en Alcalá-Meco. Desde dentro de la prisión me llegaban los rumores de que esta vez Jesús Calvo no podría evitar el cese de Comerón, lo que consiguió con éxito la vez anterior. Llovía sobre mojado. La opinión pública parecía alarmarse con salidas por la puerta de atrás de un recinto al que se calificaba de alta seguridad. Jesús Calvo tomó el toro por los cuernos, se fue a la radio y comenzó explicando que el jefe era él y que, por tanto, si había que cesar a alguien, si se trataba de buscar responsables, el principal responsable era el director y que precisamente por ello comparecía en primera persona ante los medios de comunicación.

Seguramente en todas las prisiones de España el director mandará mucho. Ante todo porque ejerce autoridad sobre los miembros de la Junta. Por supuesto que en teoría las cosas no son así, sino que la independencia de cada miembro es un postulado básico, pero la vida enseña, aquí como en tantos otros territorios, que la teoría y la realidad no siempre son parientes de sangre. El director controla muchos votos de la Junta. Bueno, pues el órgano clave de la propuesta es la Junta de Tratamiento, inmediatamente después del director. ¿Suelen ser muy habituales los casos en los que se propone una clasificación inicial en tercer grado? Sinceramente en mi experiencia no. Sucede en muy contadas ocasiones. ¿Es normal o anormal que se produzca una clasificación en tercer grado, inicial o no, sin tener cubierta la cuarta parte de la condena? No es excesivamente habitual. Más bien diría que es raro. Pero no excepcional.

¿Qué es lo que más influye en esos casos? Pues un cúmulo de circunstancias, entre las que la duración de la condena no resulta ser la más importante, aunque pudiera parecer lo contrario. He visto muchos casos de chicos condenados a tres años por robo con violencia o intimidación que no consiguen ni mucho menos la clasificación inicial en tercer grado. Y es que resulta lógico porque hay que ponderar el historial delictivo, el medio social y cosas por el estilo, y está claro que esos jóvenes que se dedican a ese tipo de actividades, si reciben de entrada el tercer grado basándose en la cortedad de sus condenas, se tomarán la cárcel a beneficio de inventario, al menos en sus primeros movimientos dentro de ella.

Mi caso estaba claro: mi condena era corta, cumplía la cuarta parte de la condena, mi comportamiento era excelente... Jesús Calvo lo consultó con el Juez de Vigilancia, llamado Racionero. Era un juez de la tercera vía, al igual que Pérez Mariño, es decir, nombrado por el PSOE sin haber seguido la oposición a judicatura. Le aseguró que era de libro mi tercer grado. Así que decidió llevarlo a la Junta de Tratamiento. Esa misma mañana me entrevisté con la psicóloga del Centro en el despacho del Juez de Vigilancia. Conversamos durante unos pocos minutos. La mujer, llamada «doña Sole», evidenciaba un carácter agrio, con gestos de sentirse frustrada, o cuando menos algo descontenta consigo y con su vida, pero no era cuestión de que yo me pusiera a ejercer de psicólogo, que la profesional era la mujer que en aquellos instantes me examinaba... Salí de aquella corta entrevista convencido de que estaba a favor de mi tercer grado, aunque solo fuera porque de las escasas preguntas que me hizo en el aspecto en que más enfatizó fue, precisamente, en saber a qué cárcel o centro de inserción social prefería ir. Pues me equivoqué porque ella y el llamado jurista votaron en contra. No lo acababa de entender y más por curiosidad morbosa que por otra razón quise saber las razones que alegó la buena de doña Sole para justificar su posición. Las supe cuando leí su informe. Me quedé de piedra:

«En el área psicosocial y personal posee una personalidad inteligente y manipuladora, con aspectos ambivalentes inestables, con actitudes omnipotentes, tal vez el aspecto más llamativo a destacar es el juego que realiza a través de la imagen corporal que constituye un elemento muy importante en su persona. Hábil y seductor manejo de las relaciones interpersonales, tanto a nivel verbal como físico».

De no ser porque en juego anda la libertad de una persona, cosas como esta pueden producir hilaridad. Si esa mujer es capaz de escribir cosas así después de una conversación de apenas diez minutos, ¿qué no escribiría de otros presos anónimos sin siquiera verles? La verdad es que si uno se pone a pensar en cómo redacta el informe puede alcanzar conclusiones curiosas. No solo por la referencia a «omnipotente», ni siquiera esa alusión a ese «seductor manejo de las relaciones interpersonales», sino sobre todo a esa referencia de que el seductor manejo de esas relaciones interpersonales se produce en el plano verbal y en el físico... Garantizo que en ese despacho solo tuvo lugar una conversación y breve. Nada más.

La Junta de Tratamiento, con el voto en contra de la llamada psicóloga y del llamado jurista, aprobó mi clasificación en tercer grado y la elevó a la Dirección General de Instituciones Penitenciarias, encuadrada en el Ministerio del Interior que entonces ocupaba Jaime Mayor Oreja. Para evitar complicarse la vida en exceso, el ministro habló con el director general de Instituciones Penitenciarias con el fin de formularle la pregunta de si lo que yo pretendía era normal o anormal, de si se trataba de lo que me correspondía legalmente o de un trato de favor, a lo que el director general, Ángel Yuste, un individuo vacilante, le respondió:

—Si no se llamara Mario Conde ya estaría en tercer grado, pero, ministro, debes valorar sobre todo las consecuencias políticas de la decisión que tomes, incluso por encima de la ley.

Aquí reside uno de los nudos gordianos del Sistema: las influencias políticas, incluso las meras conveniencias políticas, preñan las decisiones que la Administración Penitenciaria adopta sobre cuestiones penitenciarias. Todo el mundo en la Dirección General que ostentó Yuste hasta su cese en 2004 lo sabe a la perfección y cuando les fuerzas a reconocerlo se encuentran en la encrucijada de tener que admitirlo.

Llegaba agosto de 1998. Mi impaciencia aumentaba enteros a diario. Por fin, el día 4 la Dirección me concedió el tercer grado en su modalidad restringida a la que llaman artículo 82. Es así como esa modalidad de tratamiento penitenciario comenzó a tomar cuerpo en los medios de comunicación en un mes huérfano de noticias como suele ser agosto. En aquellos días, el mundo vivía algo aturdido por un acontecimiento político de corte escabroso: el sexo oral que en su despacho de la Casa Blanca el presidente Clinton practicaba con soltura con una becaria denominada Monica Lewinsky, que se convertiría, por mor de sus habilidades bucales, en un personaje mundialmente conocido. El asunto, además de escabroso, se puso muy serio y los republicanos llevaron a Clinton a un juicio por perjurio. El tradicional carácter farisaico que en cuestiones de moral y sexo adorna a la sociedad estadounidense introducía factores de sólida incertidumbre en el desenlace del sexo oral y juicio por perjurio. Ciertamente Clinton gozaba de una popularidad muy fuerte porque los éxitos económicos de su mandato le proporcionaban una coraza de blindaje suficiente para resistir determinado tipo de disparos. Pero lo insólito de dedicarse a practicar sexo oral con una becaria, bromas fáciles aparte, permitía formular apuestas sobre el desenlace final. Yo personalmente albergaba serias dudas de si, al final, el presidente se vería obligado a dimitir de su puesto. En todo caso, era primera noticia en los informativos mundiales.

Sin embargo, el día de mi primera salida de prisión a pasar un exiguo fin de semana en mi casa, Clinton, Monica y el sexo oral en la Casa Blanca quedaron relegados a segunda noticia del día, porque la salida de Mario Conde en tercer grado revestía, al parecer, mucha mayor importancia que la previsible crisis que se cernía sobre el sistema estadounidense con un presidente, insisto, acusado de perjurio. Cuando a las siete de la mañana de aquel día, sentado en el suelo de la celda practicando los estiramientos de rigor, contemplaba —atónito— cómo los telediarios me dedicaban sus más preciadas galas, y, a consecuencia de ello, todo el mundo se ponía a opinar sobre el tercer grado, sobre su conveniencia o inconveniencia, sobre si procedía o no modificar la legislación penitenciaria, me pasmaba estupefacto, no solo por la importancia que me concedían, sino por la enciclopédica ignorancia y el majestuoso atrevimiento con el que la inmensa mayoría de los que opinaban osaba pronunciarse sobre asunto tan técnico y jurídico.

En ese instante, muchas voces de la izquierda española, jaleadas por el inefable Bermejo, fiscal de Madrid, comenzaron a esbozar ideas referentes a la modificación del régimen penitenciario con la finalidad de que el acceso al tercer grado se limitara de forma sustancial, de atribuir mayor protagonismo a los jueces de Vigilancia Penitenciaria y otras consideraciones por el estilo. La derecha no opinó en ese momento porque al fin y al cabo Mayor Oreja era uno de sus más conspicuos y conocidos representantes, un hombre que no solo protagonizaba la línea dura de Interior, sino, además, el españolismo militante contra el nacionalismo vasco. Sin embargo, alguno lo hizo a escondidas, como Trillo, miembro del Opus Dei, que, según me dijeron, llamó expresamente al Ministerio del Interior para protestar por la concesión de mi tercer grado e, incluso, no se privó de alguna declaración a los medios en la que demostró algunas cosas...

Envuelto en esas declaraciones salí de prisión. Vino a recogerme mi hijo Mario y pusimos rumbo a La Salceda, nuestro campo de Ciudad Real. Llevaba seis meses de prisionero sin haber salido un solo día. Allí, en nuestra casa, me reencontré con Lourdes. Vinieron amigos. Pasamos un buen fin de semana. Ni siquiera quise ver los telediarios, aunque Paloma, que se acercó por La Salceda, me informó de que el fiscal Bermejo había anunciado urbi et orbi que recurriría mi tercer grado.

Yo me encontraba tranquilo porque Jesús Calvo había hablado con el juez que debía resolver el recurso y este le había garantizado que no lo estimaría porque yo tenía todo el derecho del mundo a esa situación.

Volví a prisión preparándome para mi siguiente salida. Lourdes regresó a Mallorca. El estupor cundió en Ingresos y Libertades cuando llegó el auto del juez Racionero en el que me quitaba el tercer grado. Jesús Calvo bajó a comunicármelo en persona. No sabía qué decir. Habló con el juez y este le reconoció que la presión de Bermejo para que revocara la decisión le había resultado insoportable. Además le dijo que se iba de vacaciones a Brasil, pero que presentáramos recurso ante él y lo resolvería cuando volviera.

A mi juicio, fue sobre todo un acto de crueldad y quizá algo más inspirado por Bermejo. Llamé a Lourdes a Mallorca para comunicarle la mala nueva. Se quedó tremendamente dolida:

—Mario, si hacen esto con algo tan claro, ¿qué podemos esperar? ¿Qué va a ser de nuestras vidas?

No tenía respuesta. Solo pedirle que siguiera siendo fuerte. La rabia me inundó. Me fui al almacén y me puse a saltar a la comba para agotarme físicamente, para no pensar en hasta dónde querían llegar. A pesar de ello el diseño me resultó diáfano: se trataba de empalmar la condena de Argentia con la que indefectiblemente ellos sabían que me caería en Banesto. Así una condena tras otra y años continuados de prisión. Las declaraciones de los políticos acerca de la revocación de mi tercer grado permitían pocas dudas. Me llamó la atención que por el PSOE asumiera el protagonismo un hombre que entonces era presidente de la Comisión de Administraciones Públicas, que poco o nada tiene que ver con el mundo penitenciario. La verdad es que no echó leña al fuego y resultó muy comedido. Se limitó a declarar que el auto del juez Racionero le parecía «bastante razonable». El que declaró se llamaba José Luis Rodríguez Zapatero.

Presenté mi recurso. Llegó septiembre. Se reanudó el juicio. Aquella mañana atendía sentado en el banquillo de los acusados a la declaración de alguien que no recuerdo. Antonio García-Pablos se presentó en la sala del juicio. Sus ojos evidenciaban una extraña alegría. Levantó el dedo pulgar en señal de victoria. Le miré desconcertado porque no tenía ni idea de a qué se refería.

Culminada la sesión, retorné como siempre al despacho del comisario jefe. Apareció Antonio y lo que me dijo me sonó a sueño: me habían estimado el recuso y devuelto el tercer grado.

—¿Ha cambiado de criterio el juez? ¿Ha decidido rebelarse contra Bermejo?

—No, no ha sido él. Como estaba de vacaciones en Brasil, le ha sustituido una juez que ha resuelto el recurso y ella entiende que tienes toda la razón y te ha devuelto el grado. Mandó el auto esta mañana a la prisión.

—Pero... ¡No me jodas! Pero... ¿Quién es esa mujer?

—No tengo ni la menor idea. Jesús Calvo creo que la conoce, pero el primer sorprendido ha sido él.

—O sea, ¿que estoy en tercer grado?

—Pues sí. El fiscal Bermejo lo recurrirá, pero no puede evitar que salgas.

Lourdes no se lo creía. Yo tampoco. Al llegar a prisión leí el auto. Más bien escueto porque poco había que razonar en un asunto tan claro. Soñé con pasar mi cumpleaños, mis cincuenta años, en casa. Pues resultó imposible. Jesús Calvo recibió la orden de Yuste, el director general, de que retrasara mi salida porque en aquellos días entraban en prisión Barrionuevo y Vera y no le parecía adecuada la imagen de ellos entrando y yo saliendo... Bueno, pues me quedé en la cárcel y lo celebré como pude con Andrés.

El fiscal Bermejo recurrió el auto. En noviembre de ese año, la Audiencia Provincial desestimó el recurso del fiscal y nos dio toda la razón. A nosotros y a la juez. Ningún político hizo la menor declaración. Ni siquiera el portavoz de la Comisión de Administraciones Públicas del PSOE.

Silencio político con la rabia seguramente ardiendo en los interiores de muchos personajes de escasa talla moral. A pesar del griterío organizado con ocasión de mi salida, la rutina volvió a inundar la vida carcelaria. Se siguieron concediendo y negando terceros grados, las influencias políticas regaban los campos de la libertad, la ignorancia jurídica seguía provocando estragos en los derechos de los presos. Es decir, lo de siempre. Más de lo mismo. Mario Conde se encontraba en libertad y no merecía la pena seguir con una demagogia que de momento no conducía a nada. Cuestión de esperar. La sentencia de Banesto no tardaría demasiado.

TERCER ENCIERRO

29 DE JULIO DE 2002

18

EL DOLOR DEL ODIO

El 29 de julio de 2002, a eso de las tres horas de una calurosa tarde, me encontraba nuevamente forzado a pasear, por tercera vez en mi vida en los últimos ocho años, por las dependencias de la cárcel de Alcalá-Meco. Nuevamente un papel con el membrete de la Administración de Justicia firmado por algún magistrado era capaz de encerrarme, de privarme de libertad. ¡Qué frágil la libertad que agoniza en un trozo de papel adornado con la caligrafía de un magistrado del Estado!

Resulta muy fácil pronunciar la frase, pero arduo vivir su contenido. Tres veces en prisión, en el mismo Centro penitenciario, en un lapso temporal de ocho años. La primera, en las Navidades de 1994-1995. Acababa de cumplir cuarenta y seis años. La segunda en los años 1998-1999, cuando ya contaba cuarenta y nueve, y ahora, la tercera —quizá sea como dice el refrán la vencida— entre el 2002 —mi calendario indica la cifra de cincuenta y tres años cumplidos— y ya veremos cuándo. Si repasamos la historia moderna de España y del mundo occidental, es más que probable que algo así carezca de precedentes. Los episodios de crueldad derivados de una epilepsia instalada en los centros del poder no florecen —afortunadamente— todas las primaveras. Su amenaza, sin embargo, es real. La semilla se sembró en los barbechos del Sistema y con algo de agua y un poco de calor, destilada la primera y artificial el segundo, nos manifestará la brutalidad de su presencia. Producto humano.

La verdad es que casi todo lo que me ha tocado vivir en este mundo del triángulo Justicia-Política-Medios de comunicación constituye, al menos en apariencia, innovación singular respecto del comportamiento en el pasado. Creo, sin embargo, que la historia siempre se repite. La esencia del comportamiento humano es idéntica, aunque su maldad latente tiende a aumentar a través de la entropía, pero sus decisiones son similares. Ocurre que los tiempos cambian y, por tanto, idénticas actitudes, análogas decisiones se disfrazan con nuevos ropajes, se guardan en diferentes cofres, se transportan en nuevos carruajes. Bueno, pues en mi caso los ropajes, disfraces y cofres parecían constituir inventos vanguardistas de la era de la modernidad.

La primera vez que alguien mencionó la posibilidad de que algún día me encontraría entre rejas sucedió hace ya muchos años, en la casa de Jaime Botín, presidente de Bankinter y hermano menor de Emilio Botín, el presidente del Banco Santander. Aquel día se celebraba el referéndum que el presidente del Gobierno socialista, Felipe González, en contra de los postulados tradicionales del PSOE, su partido, convocó para la entrada de España en la OTAN, en medio de una marejada política de consistencia considerable. Jaime nos invitó a Lourdes y a mí a cenar en su casa con él, con Arenas, entonces director general de Bankinter, y con un hombre mayor a quien no conocía. Contemplamos algo atónitos la postura para mí inconcebible del entonces líder de la oposición, Manuel Fraga. Triunfó el sí a la entrada en la Organización del

Atlántico Norte, que no por esperado nos dejó de parecer una magnífica noticia. El socialismo se occidentalizaba, al menos en la epidermis de las organizaciones político-militares.

Concluida la cena, llegó el tierno turno de las despedidas; situados todos los asistentes en el pórtico de la entrada de la casa de nuestro anfitrión, evidenciando gestualmente el cansancio, aquel hombre mayor se acercó despacio al lugar que ocupaba mi mujer en el porche y, con una voz serena, un cierto deje de amargura y la sensación de que iba a transmitir un enorme secreto existencial, le dijo:

—Ten cuidado con tu marido porque lo pueden meter en la cárcel.

A pesar de la noche y algo de vino, una frase así, en la que aparece el vocablo mítico de la prisión, pronunciada con pocas trazas de broma y con un apunte de cierta solemnidad, provocó una sorpresa de tamaño considerable en mi mujer, que abrió con ímpetu sus ojos amarillos a la vez que esbozaba una ligera mueca de disgusto, y eso que era muy poco dada a los aspavientos emocionales. No quiso conservar para ella sola una frase de tan alto contenido enigmático y preguntó a aquel hombre las razones para que dijera una cosa así.

—Porque le he escuchado durante la cena y es un hombre muy inteligente y debes saber que en este país se mete en la cárcel a los hombres inteligentes.

Bueno, pues, piropos aparte, Lourdes se quedó muy tranquila porque no quiso asumir que la historia humana es la del encarcelamiento de la inteligencia, o, mejor dicho, de las potencias del alma que ascienden nítidas sobre los aleteos de la mediocridad. Claro que los mediocres también pueblan las cárceles e, inevitablemente, en mucha mayor proporción. A ellos se les encarcela por sus actos. A las potencias del alma, a los portadores de ellas, simplemente por existir.

El hombre se marchó a su casa muy sentido. Lourdes y yo nos quedamos unos minutos más con Jaime Botín consumiendo los últimos turnos de la larga noche. Lourdes, sin especial énfasis, comentó la intervención del hombre en cuestión y Jaime desveló su identidad: se trataba del padre del que llegaría a ser vicepresidente y ministro de Economía Rodrigo Rato, que entonces se perfilaba como uno de los descollantes miembros de la derecha española. Lo relevante del caso es que ese hombre y su hijo mayor, padre y hermano de Rodrigo Rato, respectivamente, sí que estuvieron en la cárcel. No podía precisar Jaime cuánto tiempo, pero manejó alguna cifra sensible, más de un año. Creo que más bien cerca de dos. Al parecer tuvieron algunos problemas con la banca Rato en materia de tráfico de divisas o algo parecido, y en los tiempos de Franco y su retranca ese asunto era gasolina inflamable. Les pillaron en algo o simplemente resultaba conveniente enviarlos a prisión. No lo sé. Lo cierto es que el padre y el hijo mayor dieron con sus huesos en Carabanchel, porque creo que en aquella época no estaba construida la cárcel de alta seguridad del Estado español llamada Alcalá-Meco. Claro que el juicio del padre de Rodrigo acerca de que en este país se encierra a la inteligencia entre el jolgorio de los mediocres perdía valor al conocer que él mismo y su hijo fueron encarcelados. Rodrigo Rato no.

Al margen de anécdotas —quizá no exactamente— de este tipo, lo cierto es que la opinión de su padre resultó premonitoria. Por tres veces fui enviado a prisión. En todas las ocasiones, sea como preventivo o penado, mis ingresos carcelarios derivaban del singular caso Banesto que arrancó el 28 de diciembre de 1993, día de los Santos Inocentes, con una decisión, insólita donde las haya, de intervenir uno de los grandes bancos españoles y sustituir a todo su Consejo de Administración de un golpe. Nunca mejor dicho.

El juicio del caso Banesto duró la nada despreciable cifra de dos años. Se dice pronto. Se vive lentamente, desesperadamente. En sus sesiones consumía horas tomando notas y reflejando pensamientos en un pequeño libro que encuadernó Luis Mínguez y que se convirtió en mi compañero inseparable. A esperar la sentencia después de centenares de testigos, miles de documentos y alguna fauna pericial de singular corte, como los inolvidables Monje y Román, inspectores del Banco de España. A las dos de la tarde del inolvidable viernes 31 de marzo de 2000 se concentraba sobre nosotros, sobre nuestras familias, amigos e, incluso, enemigos, la inmensa tensión vivida desde el 14 de noviembre de 1994, seis años atrás. Quedaban minutos para que oyéramos la voz escrita en los folios de la llamada Administración de Justicia de tres hombres: Siro García, el presidente; Choclán, el ponente, y Díaz Delgado, el vocal para formar la Sala. Cuatro años de instrucción y dos de juicio oral. No está nada mal. Por fin llegaba la conclusión, al menos del primer acto.

Paseaba agitado e inquieto alrededor de la mesa de juntas del despacho de Juan Sánchez-Calero, donde mi abogado, junto a Adolfo Domínguez, su colaborador más directo, Paloma, mi secretaria, Paco Cuesta y yo, permanecíamos en un intenso y espeso silencio, sin atrevernos siquiera a pronunciar palabra, moviéndonos unos, quietos los otros, transmitiendo todos una inevitable sensación de angustia nacida de nuestra experiencia con la Justicia, de comprobar aturdidos cómo los factores políticos y mediáticos, los intereses subyacentes, constituían el caldo de cultivo del que nacían por fermentación autos, providencias, sentencias y decisiones judiciales en los que el principal ingrediente no eran ni el Derecho, ni la Ley, ni la Justicia, sino una especie de juicio de fatalidad, una cadena inevitable entre la condena política y la decisión judicial. Por si fuera poco, los augurios de los días precedentes se inclinaban en la dirección de una catástrofe nuclear. Yoldi, periodista de *El País* experto en temas judiciales, había confesado a un amigo común que Clemente Auger, presidente de la mentada Audiencia, había transmitido la información de que la sentencia iba a ser ejemplarizante, con condenas para todo el mundo, y, en concreto respecto de mí, más de veinte años de cárcel.

Aquella mañana los minutos se convirtieron en horas, pero, por fin, llegó el momento. Los procuradores entraron en la Sala en la que se les iba a entregar el texto de la sentencia, previsiblemente voluminoso. Cientos de periodistas esperaban expectantes la buena nueva de una brutal condena para Mario Conde. Las radios no ocultaban la ansiedad. Detrás de ellos, años de continuas descalificaciones, insultos, acusaciones y sentencias desde las páginas de los periódicos, las imágenes televisadas y las voces de las ondas. Nada de eso podía verse ahora desplazado por un texto de la Administración de Justicia que desautorizara una labor tan sistemática como grosera, ejecutada inmisericordemente, siguiendo un patrón de gélida crueldad.

Paloma recibió la información de su amiga Pilar, periodista de la Cope. Traté de escudriñar en los ojos de mi secretaria el contenido de lo que recibía al otro lado del inalámbrico, pero Paloma permanecía inexpresiva, como si en su interior colisionaran dos fuerzas que se anularan la una a la otra para dejar la expresión en un sin-saber-qué-sentir.

—Diez años para ti. En Trescientos Millones hay absolución, Garro está condenado a seis años por Locales. Se confirma lo de Pérez y Romaní en Carburos y la absolución en toda la trama suiza y en artificios contables.

Me quedé algo aturdido. ¿Cómo que absolución en Trescientos Millones? Entonces, ¿en qué otra operación me habían condenado? Si absolvían en Isolux, en Promociones Hoteleras, en Carburos, en Artificios, ¿entonces? Paloma me dio la respuesta.

—Dice Pilar que te han condenado en Dorna.

Su propia voz transmitía incredulidad. Nos miramos en silencio unos a otros y nuestros gestos eran expresivos de nuestro sentir íntimo.

—¿En Dorna? —exclamé en voz alta dando por primera vez algo de rienda suelta a la acumulación de sentimientos guardados en un alma aturdida—. ¿En Dorna? —volví a preguntar elevando ostensiblemente el tono de voz, lo que me situaba al borde del inicio de la explosión—. ¡No puede ser! ¡Tiene que ser un error!

—No es un error —insistió Paloma—. Me lo confirma Pilar.

—Es cierto —ratificó Juan Sánchez-Calero—. Es Dorna. El procurador viene con la sentencia.

La mirada de Juan indicaba un estado de ánimo diferente, como si de alguna manera tuviera la sospecha de que Dorna podría haber sido el gato encerrado de nuestro proceso penal, la trampa mortal urdida entre la mala fe de algunos y la ignorancia de otros, entre una pésima acusación y algunas lamentables defensas.

La prensa sentía la sentencia en términos muy próximos a la derrota. Latía en el ambiente que el resultado se aproximaba mucho a una victoria de nuestro bando. Ante todo, por la gran cantidad de operaciones en las que había sido absuelto, porque la gran bestia negra de mis actividades delictivas, la trama suiza, había sido despachada por el tribunal con una absolución rotunda (tanto que ninguna de las acusaciones se atrevió a recurrirla en casación) y, por si fuera poco, la absolución en el capítulo de artificios contables se transformaba en una victoria sobre la intervención de Banesto en 1993. La decepción era patente en las voces que surgían de las ondas y en las imágenes que transmitían los aparatos de televisión. Ese era, según Yoldi, el estado de ánimo que se vivía en la redacción de *El País*. Renuncié a pronunciar palabra. No entendía cómo podían construir una condena mía en Dorna;

me resultaba un arcano incomprensible. Algo así jamás había formado parte de mis cálculos. No solo porque el fiscal Orti nunca me había acusado de esta operación y el juez García-Castellón jamás me había abierto juicio oral sobre ella, sino porque era tan clara, tan diáfana mi actuación en las dos operaciones concretas que integraban ese capítulo acusatorio llamado Dorna, que no podía imaginar el «artificio penal», la «ingeniería penológica» según la cual pudieron articular una condena —y de seis años— sobre mí y, al parecer, por estafa, en este asunto

Bueno, pues no quedaba más alternativa que el recurso de casación. Pero antes, ¡cómo no!, necesitaban someterme a un nuevo puyazo de castigo. El fiscal y las acusaciones solicitaron prisión provisional. La Sala la acordó, eso sí, con la posibilidad de liberarme de acudir a prisión si depositaba una fianza de quinientos millones en metálico —en metálico, nada de avales bancarios— y con la obligación de presentarme todos los días, insisto, todos los días, ante la Policía Judicial de la Audiencia Nacional. Pude atender a ese requerimiento gracias a la colaboración de mi madre y amigos. En fin...

En más de una ocasión, cuando tomaba el ascensor del edificio de la Audiencia Nacional para ascender a la planta quinta, sede de la Policía Judicial, pedir el libro de presentaciones, abrir la página correspondiente y firmar dejando constancia del día y la hora, me encontraba casualmente con un abogado, un procurador o, incluso, algún miembro de las fuerzas de seguridad del Estado. Muchos de ellos se quejaban de mi situación. Les parecía terrible que yo tuviera que acudir a diario y que para algunos narcotraficantes de gran escala resultara suficiente una o dos veces mensuales.

Algunas personas saben hasta qué punto estuve tentado de no seguir aceptando su juego. Era obvio, absolutamente obvio de toda obviedad que no existía el menor riesgo de fuga. Lo acredité durante años en los que algunos, de manera harto interesada, me estimulaban a que abandonara España a la vista de la politización de la Justicia en mi caso. Ni siquiera escuché sus cantos de sirena. Ahora la Sala, decidiendo dar más sangre a las fieras, me volvía a someter a esa nueva e innecesaria humillación. Me rebelé, pero me convencieron. Hoy es evidente que me equivoqué.

Dos años más tarde nos anunciaron que en los primeros días de mayo de 2002 se celebraría —¡por fin!— la vista del recurso de casación contra la sentencia que Siro García y otros dos magistrados habían dictado en marzo de 2000. Desde ese preciso instante, mi vida, la de mi familia, amigos y colaboradores, comenzó a girar en torno a un horizonte vital: el reingreso en prisión. Mi abogado, Antonio García-Pablos, se mostraba cautamente esperanzado por el resultado de la vista en la que, según todo el mundo me transmitía con elocuentes muestras de entusiasmo, sus intervenciones constituyeron parlamentos especialmente brillantes. La verdad —pensaba para mí— es que en mi caso las cosas eran particularmente claras. Cuando conocí la sentencia de la Audiencia me dediqué a estudiar concienzudamente los motivos para mis condenas. El resultado lo traduje en un libro que, encuadernado por Luis Mínguez, dediqué a mis hijos y a algunos de mis mejores amigos con el elocuente título de *Mis condenas en el caso Banesto*. Quería que dispusieran de él para la historia, para cuando llegara el momento en el que perecieran los odios y envidias que tantos desparramaron sobre mi persona, se consumieran en la hoguera vacía de leña seca con la que seguir creando fuego en el que ardieran algunas miserias. Mientras esperaba la resolución del Tribunal Supremo trataba de aprovechar al máximo mi tiempo, los trozos de vida de que disponía antes de volver a recibir uno de esos papeles judiciales en los que se contiene la irremediable pérdida de tu libertad. Cuando te levantas y acuestas, día tras día, noche tras noche, semana tras semana, con dosis considerables de angustia, a pesar de que la razón reclama aparcar los sentimientos para no «pagar» dos veces la condena, una en la cárcel y otra en libertad, cuando tu capacidad de concentración, sea en jugar al golf, al tenis, escribir o leer, se ve cercenada de raíz por la tensa espera de acontecimientos vitales, cuando aunque no quieras debes dedicar un poco de tiempo a prever cómo funcionarán las cosas cuando ingreses en la cárcel, cuando ignoras siquiera el tiempo que permanecerás entre sus muros, la vida, tu vida y la de quienes te acompañan en la aventura de existir, se convierte en un ejercicio lacerante.

Trataba de grabar en el disco duro de mi memoria cada una de las imágenes que vivía, desde la sierra pedregosa de La Salceda al verdor grisáceo de los olivos de Los Carrizos, el olor del vino tinto, el color ocre de la caída de la tarde, la temperatura tibia en las primeras horas del alba, las caras, las miradas, los gestos de mis seres queridos, para, una vez en la celda, recordarlos para mis adentros, sin recurrir obligatoriamente a ninguno de los ingenios electrónicos que la tecnología ha puesto al servicio de semejantes cometidos. Si albergaba sus imágenes en mi interior y las traía al alma en medio de la tensa soledad carcelaria, serían propiamente, exclusivamente, mías, y su posesión me aportaría unos cuantos gramos de felicidad en medio del erial del dolor.

Llegó el día en el que, a eso de las siete de la tarde, recibíamos una filtración dolorosa: según un oficial del Supremo, las cosas saldrían muy mal para mí. Hasta ese preciso instante, todos los efluvios que emitían las doctas mentes encargadas de intentar averiguar, por el procedimiento que fuera, el resultado de mi nuevo encuentro con la Justicia disponían de una textura suave, tranquilizadora. Ya está bien, insistían. Son muchos años de sufrimiento los que has soportado y todo el mundo es consciente de ello. Además, los escándalos que preñan el país, los dineros ocultos del

BBVA, los delitos fiscales de Botín, todo eso te favorece, al menos para comprender que lo tuyo al lado de tales barbaridades no deja de ser un asunto de corte menor.

Cierto —pensaba para mí—, pero Mario Conde es Mario Conde. Trataron de eliminarle en su primera estancia en prisión, allá por diciembre de 1994. Le condenaron y enviaron a la cárcel por el asunto Argentia. De ambos envites salió vivo. ¿Le dejarán en paz?

—Sí, papá, seguro, ya no aumentarán tu condena porque te has portado bien —me decía esperanzado pocas horas antes de mi nuevo encierro mi hijo Mario almorzando en El Cacique.

Sí, en efecto, siguiendo sus parámetros, ajustándome a su ortodoxia, mi comportamiento no podía haber sido mejor. Había mantenido silencio. Había dejado de comparecer en los medios de comunicación social. Pero, con todo y con eso, el fantasma de Mario Conde seguía vivo y por ello mismo desconfiaba para mis adentros. No me fiaba de ellos, así que cuando Paloma me dijo que no solo no modificaban a la baja ninguna de las condenas de Siro García, sino que, al contrario, las aumentaban para meterme más años de cárcel por los trescientos millones de pesetas que le di al CDS de Adolfo Suárez, además de las supuestas falsedades contables, no me extrañó en absoluto. Debo reconocer que por unos instantes todo comenzó a girar a mi alrededor y sentí una rabia inmensa ascender desde los lugares más recónditos de mi espíritu. Pero tuve capacidad de control. Aquella noche cenaba con Iván y Elena Mora, una de sus hermanas y su novio, en un restaurante de La Moraleja en el que en muchas ocasiones, en vida de don Juan de Borbón, habíamos consumido horas y ginebra mientras charlábamos de los asuntos más variados, aunque el mar, el maravilloso, increíble, inaudito e inagotable mar, siempre acudía a su cita con nosotros.

Al día siguiente, después de una noche en la que no pude evitar que mi mente viajara hacia el Supremo, su sentencia, sus actores, Alcalá-Meco, sus presos, su director, sus funcionarios, llegué temprano a nuestra oficina. Encerrado entre sus paredes trataba de encontrar algún mecanismo para cerciorarme de que la filtración disponía de solvencia. Llegó Enrique Lasarte y lo comenté con él.

En la Universidad de Deusto formábamos un trío Enrique Lasarte, Fernando Almansa y yo. Amigos desde entonces. La vida laboral separó nuestros caminos, pero para volver a reencontrarnos profesionalmente años después. Enrique entró por propuesta mía en el Consejo de Banesto y asumió la presidencia del Banco de Vitoria. En 1993 le propuse y fue nombrado consejero delegado del banco. Almansa, por su lado, siguió la carrera diplomática. En 1992, cuando sus planes profesionales le conducían a Estados Unidos, el Rey, con quien en ese momento yo mantenía una relación de gran confianza, decidió nombrarle jefe de su Casa. En ese puesto se encontraba aquella mañana. Decidimos llamarle para ver si podía corroborar nuestras informaciones. Hablé personalmente con él y veinte minutos después me devolvía la llamada.

—Sí. Siento ser transmisor de noticias tan horribles, pero me dicen que la sentencia ya está votada y fallada y que, en efecto, te implican, a ti y a otros, en nuevos delitos. Lo siento mucho, de verdad.

—¿Qué es eso de otros? ¿No se tratará de Enrique, verdad?

—No. De Enrique no me dicen nada.

—Bueno. Gracias. Adiós.

Fernando habló con el presidente del Supremo y este con Luis Román Puerta, presidente de la Sala Segunda y del tribunal que vería mi recurso de casación. Lo recordaba nítido porque también formó parte de la Sala del Supremo que vio mi recurso en el asunto Argentia. Luis Román Puerta presentó un voto particular contra la condena de los otros cuatro magistrados, porque en lugar de los cuatro años de prisión que finalmente me cayeron encima, deseaba que fueran seis.

Desde el momento en el que recibimos la información de Almansa y sabiendo que su calidad era máxima, Enrique y yo tuvimos la conciencia de que el resultado final se acercaría mucho al relato de nuestro amigo, a pesar de que desde otras fuentes llamadas seguras se nos transmitía que la decisión no se podía adoptar porque las discrepancias entre los magistrados impedían el consenso. Incluso nos hablaron de un voto particular del presidente en materia de prescripción. En fin, rodeos sin sentido, deseos alejados de las dolorosas realidades.

El 29 de julio a las doce de la mañana los procuradores recibirían el texto de la sentencia. A las doce y cinco la voz dolorida, casi sin vida, de Juan Sánchez-Calero, mi abogado defensor durante el interminable juicio oral del caso Banesto, me transmitía pesarosamente la pésima nueva:

—Las peores noticias. Te meten lo de Suárez y, además, condenan por artificios contables.

—¿A todos?

—No. Solo a Enrique y a ti.

—¿Solo a Enrique y a mí?

—Sí. Solo a Enrique y a ti.

Giré hacia mi derecha. Enrique, anonadado, recibía idéntica información de su abogado, Álvarez Pastor. Se había quedado en Madrid para acompañarme en el trance en el absoluto convencimiento de que la condena por artificios contables constituía un imposible existencial, sencillamente porque la sentencia de Siro García insistía hasta la saciedad en que, después de miles de pruebas, no había podido acreditarse que ni Enrique ni yo, ni nadie, diéramos orden a los encargados de elaborar la contabilidad para que alteraran los balances del banco. Ahora nos condenaban. A él y a mí. Belloso, consejero delegado desde 1988 a 1993, quedaba libre. Ramiro Núñez, encargado de la auditoría interna de Banesto, también. A ambos les acusaba el fiscal. No importaba. Comenzaba a sentir la crueldad que destilaba por todos sus poros la sentencia. La exclusión de ambos, Núñez y Belloso, y la inclusión de nosotros dos en un llamado delito de artificios contables evidenciaba la realidad que subyacía.

Me fui hacia mi casa en el completo convencimiento de que me quedaban muy escasas horas de libertad. Quería vivirlas junto a los míos. Cuando llegué a casa, Lourdes y Alejandra lloraban desconsoladamente. Mantener la serenidad en circunstancias tan especialmente dramáticas resultaba ciertamente complicado. Hice lo que pude. Llegaron todos a despedirme. César y Silvia, Iván y Elena, Gonzalo y Mercedes, María José, la mujer de Enrique, Elena, la hermana de Lourdes, Paco Cuesta... en fin, todos. Recibí la llamada de Ángel, el oficial de la Audiencia, quien me preguntó si deseaba que el coche de policía que me conduciría a prisión viniera a casa o yo me pasaba por la Audiencia Nacional. Elegí la segunda alternativa. Bebí un poco de vino blanco. Abracé a todos y en compañía de Paloma me dirigí a las dependencias de la comisaría de la calle Génova. Llevaba el alma rota, pero me debía a mí mismo y a los míos la imprescindible fortaleza. Tenía cincuenta y tres años. Y a esa edad, cada año de vida es un mundo y mi interrogante vital residía en cuántos mundos más querrían arrancarme del trozo de tiempo que me concediera Dios.

Con una celeridad que según me cuentan resulta inaudita, salvo que se trate de delincuentes peligrosos, la sala presidida por Siro García, o quizá el propio Supremo —que no lo sé—, ordenó el ingreso en prisión de todos los condenados. Enrique Lasarte incluido. Le mandaron un coche de policía a su casa en Puerta de Hierro, como hicieron conmigo al ejecutar la sentencia de Argentia Trust. Cuatro años después, en las postrimerías del mes de julio del año 2002, nuevamente volvía a «llegar la hora» de ingresar en prisión. La experiencia de la ejecución de la sentencia en el caso Argentia Trust me eliminó cualquier incertidumbre acerca de cómo se desarrollarían los acontecimientos: sin la menor duda seríamos encarcelados de inmediato, con toda la celeridad del mundo. Ahora, en esta ocasión, Enrique no sería un testigo indignado, sino, lamentablemente, un actor pasivo de una orden de encarcelamiento.

Trataba de imaginar la reacción de Enrique ante su envío a prisión. Primero recibía la brutal noticia de su condena, absolutamente inesperada, y sin tiempo para deglutirla se encontraba con la brutalidad adicional de tener que ingresar de inmediato en prisión. Tenía que ayudarle en lo posible, facilitarle el trance, no solo por mi amistad de tantos años, sino, además, por el profundo convencimiento de que esa amistad vieja, incorruptible, era la última razón de que, violentando lo que fuera menester, tuviera que consumir un tiempo de su vida en alguna de las cárceles españolas.

Olía a odio, a crueldad. Dolían el odio y la crueldad. Necesitábamos recorrer hasta el último de los rincones de nuestro interior para obtener una fortaleza que se convertía en angustiosamente imprescindible. El odio huele, como también huele el amor. Cuando era joven, después de una noche de amor, al despertarme por la mañana y respirar un poco de aire limpio, notaba el olor humano de quien había compartido conmigo aquellos momentos y trataba de cuidarlo, de acariciarlo —porque se puede acariciar un olor— y de esta manera prolongar espiritualmente lo que horas antes había sucedido. Dicen que la vejez comienza cuando pesan más los recuerdos que las ilusiones. Si es así, no tengo duda de dónde estoy en el plano de la ecuación espacio-tiempo porque sigo oliendo, aunque de otra manera, en cualquier caso no menos intensa para el espíritu. El olor del odio es fétido, porque nace de la podredumbre humana. Sus gases derivaban de la descomposición del alma. Cuando los cuerpos comienzan a pudrirse, las normas de higiene aconsejan enterrarlos o incinerarlos no solo por motivaciones religiosas, sino para privarnos del olor que despiden. Sin embargo, tratándose de la podredumbre de los espíritus, seguimos condenados a tener que soportar su miserable hedor. Claro que como el hombre es trino, el odio es la podredumbre de todo el conjunto y su olor, el más intenso que imaginarse pueda. Como la naturaleza es sabia y tiene sus propios mecanismos de autodefensa, en la inmunología del espíritu se ha visto obligada a desarrollar los anticuerpos necesarios para combatir a los antígenos que transportan el olor del odio. Por eso son tantos los que conviven rodeados de él sin percibirlo. Atrofia de la pituitaria espiritual.

Afortunadamente, gracias al comisario de la Audiencia, conseguí que Enrique y yo fuéramos conducidos en el mismo furgón hacia las dependencias de Alcalá-Meco. Allí, en aquella especie de furgoneta verde, blindada por dentro y por fuera, en la que tantos días recorrí, de ida y de vuelta, el trayecto que separa la cárcel de la Audiencia Nacional para asistir a las sesiones del juicio, sentados en su interior y sujetándonos para no ceder a los inevitables vaivenes del vehículo, golpeados en lo más profundo, vivíamos ambos un nuevo camino de nuestra existencia, impensable, inconcebible, pero dotado del ácido olor de un producto de la llamada Justicia de los hombres.

La Justicia. Hoy, cuando alguien, letrado o no, culto o lerdo, pronuncia en mi presencia semejante palabra, no soy capaz siquiera de sentir ira o indignación. Controlo mis sentimientos. Los adormezco con mesura contenida. Tengo tiempo. Sigo esperando.

Cuando por tercera vez en mi vida huellaba mis dedos sobre el papel oficial de la prisión, vino a mi memoria el comentario de

Clemente Auger al periodista de *El País*. El tiempo lo convirtió en certero. Lo que no consiguieron en primera instancia lo alcanzaron en casación. Seguramente no existirá en la historia un caso en el que el Supremo haya doblado la condena de un recurrido. Ya dije antes que mis carruajes y arcones son ejemplos novedosos de la llamada cultura de la modernidad.

También acertó mi fiscal pariente. Cuando Orti, el primer fiscal del caso Banesto, concluyó su escrito de calificación, pidió la excedencia y se fue al despacho de Garrigues. Realmente dibujó un comportamiento exquisitamente anómalo para un representante de la Ley porque si tienes el valor de acusar a una serie de personas y pides para ellos ingentes cantidades de años de prisión, lo normal, lo serio, lo sensato consiste en que no abandones en ese preciso instante, sino que permanezcas, hagas honor a tu acusación, vivas el juicio oral y después, consumada la tarea, te vayas. Orti no siguió ese patrón. Se fue. No solo porque tenía pactado su destino de antemano, el despacho de Garrigues, de excelentes relaciones con el Banco de España, sino porque además, como le confesó a un compañero de pupitre en aquellos días, no se sentía con valor suficiente para sostener la acusación que se vio obligado a firmar. La vida ha querido que el fiscal de antaño fuera poco después el defensor de uno de los acusados por apropiación indebida en el escándalo formado en torno a Ybarra y el BBVA. A Orti le sustituyó un tal Luis López, un chico bajito, de andares, mirada, gestos y comportamientos esencialmente discretos. Pertenecía a la llamada Fiscalía Anticorrupción. Le ayudaba en el cargo otro fiscal joven al que un escrito de acusación le resultaba idéntico a un tema de oposición. Este último, curiosamente, estaba casado con una chica en la que coincidía la circunstancia de ser hermana del novio de Virginia Garro, hija de uno de los acusados en el caso Banesto. A pesar de ello no se abstuvo.

Tampoco, según creo, lo puso en conocimiento del tribunal. Una vez concluido el juicio, con Garro condenado por estafa, sucedió algo terrible: la mujer del fiscal se suicidó ingiriendo pastillas. Dicen que pidió la excedencia para defender a otro acusado del BBVA y allí sostener con idéntico ardor de jurista profundo exactamente lo contrario de lo que utilizó para formular acusaciones en el caso Banesto contra mí. Ironías del destino, que no quiere dejar de entretenerse a costa de nosotros, los humanos.

Lo peculiar de Luis López residía en que de alguna manera mantenía una lejana, muy lejana relación de parentesco conmigo. Sin embargo, su tío abuelo, el obispo Luis López, vicario general castrense, y, como digo, pariente de mi abuela, casó a mis padres, nos dio la primera comunión a todos los hermanos, y ofició el matrimonio de mis hermanas Carmen y Pilar. Manteníamos con él y su familia una relación muy estrecha. Recuerdo perfectamente al abuelo de mi fiscal que entonces era magistrado del Supremo. A las tías del fiscal Luis López en mi casa se las llama las obispas y mi madre mantiene relaciones cordiales y frecuentes con ellas. El padre del fiscal, también magistrado, le escribió una buena carta a mi madre con ocasión del fallecimiento de mi padre.

Cuando se hizo público el nombramiento de Luis López como fiscal del caso Banesto, sus tías acudieron a Serrano, a casa de mi madre, y le dijeron que estaban anonadas, que habían intentado convencer a Luis de que por nada del mundo aceptara acusarme, dadas las relaciones entre nuestras familias. La voz de sus tías sonó especialmente angustiada cuando le reconocieron a mi madre:

—No hubo manera de convencerle. Dice que es una oportunidad profesional para él, para hacerse conocido, y que, además, no tiene riesgo porque Mario Conde ya ha sido condenado políticamente.

Mi madre guardó silencio. Sus tías también.

El 30 de marzo de 2000 se les aguó la fiesta porque la condena a la que me sometieron les pareció ridícula.

Los periódicos del día 30 de julio de 2002 reflejaban la inmensa felicidad con la que fue recibida la noticia de la duplicación de mi condena. No había más que echar una ojeada a *El País* para comprobar el cósmico regocijo, el júbilo, la euforia, el placer, el gozo y la algarabía con la que recibieron el nuevo maná judicial.

Mi fiscal pariente celebró la sentencia con entusiasmo. El tiempo le dio la razón: Mario Conde había sido condenado políticamente. Mi madre le escribió una carta en la que le decía: «Espero que cuando el sufrimiento inevitablemente te llegue, te acuerdes del que voluntariamente causaste tú».

A lo largo y ancho de nueve lacerantes años de sufrimiento profundo, que por todos los medios a mi alcance intentaba evitar que trasluciera al exterior de mi vida, aprendí a esculpir en mi alma, con el martillo de la constancia y el cincel de la inteligencia, el más rotundo convencimiento de la inconmensurable fuerza de la llamada razón de Estado. Algunos de los hombres vestidos de negro con puñetas blancas encargados de esa encomiable labor de administrar justicia, de aplicar con decencia el postulado de la supremacía de la Ley, de traducir en trozos de realidad la teoría del llamado Estado de derecho, funcionan como terminales del poder político. No todos son iguales, desde luego. Es seguro que algunos, posiblemente bastantes, individuos que disfrutan del título oficial de miembros de la judicatura son capaces de producir resoluciones judiciales dictadas exclusivamente al amparo de la Ley. Tal vez constituyan una mayoría silente, pero no pongo mi mano en el fuego por semejante afirmación.

Sentado en el almacén de Ingresos y Libertades, en el que he consumido tantas horas de mi vida y en el que preveía un horizonte temporal por delante que se me antojaba dolorosamente extenso, tecleaba sobre el ordenador estas palabras, construía las frases, expresaba los sentimientos con miedo a exagerar, a ser víctima de un ataque de rabia, de una mutación de ecuanimidad derivada de volver a convivir, a subsistir como mejor supiera, entre las rejas y los alambres de espino, acompañado de ejemplares destacados de la zona inferior de la raza humana, aunque ciertamente no peores que otros elementos con los que me vi obligado a compartir trozos de tiempo en los campos de la libertad.

Volver por tercera vez a la cárcel es capaz de alterar el equilibrio mental de cualquiera, por fuerte que sea. Tal vez de ahí derivan mis juicios. Es posible que en ese barbecho germine la siembra de mis ideas. Quisiera que fuera así, lo desearía con toda la fuerza de la que soy capaz. Preferiría mil veces que mis asertos carecieran del menor sentido, que reflejaran una paranoia interior, una neurosis de condenado, de triple encarcelado. Tal vez por ello dejé transcurrir algunos días antes de volver a esta dolorosa labor de escribir, dibujar en blanco y negro mis sentimientos y experiencias. Ciertamente cuarenta y ocho horas nada son cuando de alteraciones psicológicas profundas se trata. Pero, insisto, lamentablemente no son esos los circuitos que impulsan mis manos sobre el teclado de mi ordenador portátil del que la administración de la cárcel me permite disponer para que produzca estas páginas.

No me centro en exclusiva en el aparato judicial, aunque dispondría de títulos más que legítimos para ello, no solo por la intensidad de mis experiencias en sus campos de actuación, en sus dominios territoriales, sino porque, además y sobre todo, en tales sujetos —insisto— se deposita la fase terminal de las creencias —por decirlo de alguna manera— que constituyen el engendro al que llaman Estado de derecho. La limpieza o suciedad de sus actos, de sus decisiones, de sus comportamientos, traduce en términos contantes y sonantes la veracidad o mentira del Sistema en su conjunto.

Pero, aun así, resultaría ingenuo creer que la corrupción, como algunas células cancerígenas, es identificable y aislable con exclusividad en ciertas dependencias judiciales. No. Ni siquiera es cierta la disección intelectual entre los llamados poderes del Estado. Si la Justicia fuera corrupta, no podría ser debido más que a la certeza de que el Sistema en su conjunto participa de idéntico atributo. No son aislables partes o elementos más que en el idílico terreno de unas ideas prefabricadas con el único propósito de ser vendidas a las mentes ingenuas, haraganas o dispuestas a comulgar con ruedas de molino si el precio por ello resulta suficientemente suculento. El cinismo es soporte inmanente en la arquitectura del modelo que nos toca vivir. Mejor dicho, sufrir.

Parece que la estrategia de subsistencia del modelo reside en la erradicación de los disidentes, de cualquiera que pretenda introducir siquiera sea algo de tímida reflexión sobre el modo y forma de comportamiento de las llamadas instituciones democráticas. El axioma se convierte en el principio intocable y ponerlo en cuestión se traduce en pecado de lesa majestad. Ellos, los libertarios de palabra, definen la ortodoxia y conceptualizan a la libertad como la potestad de elegir dentro de las únicas opciones que el Sistema ofrece y siempre conforme a sus postulados previos. Exterminan la disidencia creativa, aniquilan la denuncia con la misma placidez con la que los hombres de campo arrancan las malas hierbas.

Durante algunos años creí que el Sistema impulsaba la mediocridad, lo cual, de por sí, resulta suficientemente triste. Ahora mi convencimiento pasta por prados más horrendos: compruebo una y otra vez que la esencia del modelo reside en la maldad aplicada con unas dosis de crueldad tan exponencialmente increíbles que solo vivirlas permite acercarse a comprenderlas. «¿Qué es la maldad? Eso que has visto tantas veces», decía Marco Aurelio. El modelo fabrica personas, mejor sería decir sujetos, tan ausentes de una escala de valores medianamente aceptable que, sin siquiera conocerlo, fermentan en su interior formas hediondas del vicio en toda su gama. Lo malo es que con esos bueyes no podrían conducirse otros carros, de la misma manera que con tales mimbres sería imposible confeccionar distintos cestos. Quizá resulte algo tarde para comprenderlo, pero no para, al menos, disponer del desahogo de escribir sobre ello.

Carezco de orden premeditado, no dispongo de una imagen mental del resultado, no existe un proyecto de libro en mi mente. Escribo a borbotones porque las ideas y los sentimientos se me acumulan desordenadamente en mi interior y mi esfuerzo radica en la nada fácil tarea de evitar que se desborden, que se desparramen en cualquier momento por el almacén de Ingresos, la celda, el patio, los corredores, la enfermería o cualesquiera otras de las dependencias de esta nuevamente mi morada.

Es de noche. Desde la ventana enrejada de mi celda contemplo a lo lejos las luces de Alcalá de Henares. Un viejo preso, de esos que llaman «treinta» porque cumplen el máximo legalmente establecido para permanecer en la situación de privación de libertad, me contó en mi primera visita a estos páramos humanos que, dada la cortedad de las distancias en las que nos movemos, se pierde vista, porque los ojos se acostumbran a enfocar a distancias nunca superiores a los treinta o cuarenta metros. Por ello me recomendó encarecidamente que solicitara de las autoridades carcelarias una celda situada en la parte superior del módulo de Ingresos para poder ejercitar la vista sobre el fondo, disponer de un horizonte lejano sobre el que depositar la mirada no con el propósito de ver, sino de evitar la atrofia parcial del músculo visual. Nada hay de bello, sugerente o atrayente en un paisaje desértico rodeado de una inmensa nada, que seguramente constituye el entorno idóneo para un lugar en el que se aíslan a setecientas, ochocientas y hasta en ocasiones algo más de mil personas, y cuyos mecanismos de vigilancia, por muy alta que sea la seguridad a la que las fuerzas del Estado someten al recinto, de vez en cuando algún preso desesperado consigue burlar para vivir, por un breve plazo de tiempo casi siempre, la ilusión de una libertad recuperada.

Sobre el muro de cemento, más allá de unos alambres de espino enrejados, un estrecho pasillo conduce a la garita de la Guardia Civil, que domina en todos sus ángulos los recovecos de nuestro módulo. Por cierto, que, según gritaba un preso la pasada noche, los guardias resultan ser también humanos y como desde hace algún tiempo se permiten mujeres en tan digno cuerpo, al que sinceramente respeto, y como alguno de sus ejemplares femeninos dispone de atributos físicos nada despreciables, resulta que, por verde que sea el uniforme, férrea la disciplina y potente el honor de la divisa de la Guardia Civil, el poder de atracción de los sexos opuestos reviste tal intensidad que puede en ocasiones debilitar creencias, blasones y hasta honores. Así debió de suceder, como digo, la pasada noche, porque uno de los presos cuya celda es la más cercana a la garita contempló la entrada del turno nocturno, compuesto por un hombre y una mujer. Al cabo de un rato, siempre según el recluso, los movimientos en el interior de su lugar de control nada parecían tener que ver con los gestos propios de actos de vigilancia. Más bien asemejaban un apareamiento. Daba toda la impresión de que los guardias, protegidos por su garita y víctimas de lo que vulgarmente se llama un «apretón», se dedicaron a menesteres tan antiguos como el de la fornicación, creyéndose invisibles por la nocturnidad que invadía el recinto carcelario.

El preso, sometido a las temperaturas de agosto y, sobre todo, a las limitaciones que impone la prisión, comenzó a gritar enloquecido que dejaran de fornicar o que, en otro caso, le dejaran participar. Al oír los gritos inundados de excitación del recluso recalentado dejé el libro que leía sobre la mesa de mi celda y miré hacia el recinto. El silencio y la quietud lo invadieron de forma repentina. El patio se llenó de ojos concentrados en la garita. ¿Cierto o falso lo que gritaba el preso enloquecido? ¿Delirio derivado de la privación de libertad combinada con los calores del verano? Más que posible. En cualquier caso, muchos de los prisioneros del módulo observaban sepulcral silencio con la vista, y diría que casi todos los restantes sentidos, concentrada en el lugar de guardia. No buscaban acusar, increpar, denunciar, sino algo más simple: sentir en cuerpos ajenos la ausencia de tales sensaciones en los propios. El ruido de los motores de un avión con destino al aeropuerto de Barajas alteró por un segundo el increíble silencio de la noche carcelaria. Ni siquiera los yonquis posesos del mono más recalcitrante osaban romper la magia de aquellos instantes. La quietud se apoderó de todos nosotros. Ya poco importaba si el guardia y la guardia fornicaban o no, ni siquiera que mantuvieran el más inocente de los jugueteos entre un hombre y una mujer. Los pensamientos volaron hacia nuestros propios contactos sexuales de tiempos pasados. Las imágenes comenzaron a tomar una cruel realidad en nuestro interior, una nitidez enconada en nuestra profunda soledad. El silencio de la noche me llevó a mis tiempos de juventud y por unos instantes volé fuera de los espinos, del patio, del cemento, de Alcalá de Henares, de los olores y colores de la cárcel. Me fui transportado por el sentimiento que vivía en mis recuerdos. Cerré los ojos. Volví a sentir la suavidad del roce, la dulzura de la caricia, la deliciosa armonía que habita en un beso apasionado, el acompasamiento de los cuerpos fundidos en el diseño de la vida, el latido de corazones expectantes; solo la brusquedad, la tosquedad, la pura animalidad son capaces de romper la magia de un encuentro en el que el compás adecuado de los gestos, actos y movimientos dibuja en el espacio, interno y externo, el más profundo y mejor concepto de belleza. El amor, en esta maravillosa forma de expresión, no resulta inerte a la magia de los números pitagóricos.

Nadie puede encerrar a la imaginación. La libertad no es un atributo del cuerpo, sino del espíritu y al de los hombres realmente libres nadie puede convertirlo en esclavo, por mucha cárcel en la que encierren a su envoltura corporal.

Ya es tarde. El calor tórrido del día decide acostarse por unos instantes. Quizá como ayer la madrugada me sorprenda desnudo sobre la sábana de mi catre, apoyada la cabeza en la almohada y presa el cuerpo de un sueño que despertó con un escalofrío provocado por una brisa que penetraba por la rendija con la que dejé entreabierta la hoja central de mi ventana. Me cubrí con la sábana de la prisión, sin excesivo esmero, depositándola de mala manera sobre mi espalda. Sonreí por dentro. Hasta en Alcalá-Meco, en los abrasadores inicios del tórrido mes de agosto, en un recinto de menos de ocho metros cuadrados que recibe impenitente el calor solar durante todo el día, porque su orientación al poniente no le concede otra alternativa, una suave brisa nocturna es capaz de redescubrirnos el placer del escalofrío. Ni siquiera pueden matarme a calores sofocantes porque el aire del cielo, como el espíritu de los hombres libres, se les escapa.

No quiero seguir escribiendo esta noche porque percibo que un punto de emoción comienza a apuntarse por mis adentros, como dicen por el sur. Abrí, gracias a la magia del ordenador, algunas de las fotografías digitales que almaceno en el disco duro y al contemplarlas, al percibirlas en mitad de este sórdido mundo, tuve que redoblar los esfuerzos para evitar que unas ingenuas lágrimas comenzaran a desfilar por mis mejillas en un gesto de debilidad inaceptable. Cuando tu padre es el sufrimiento y tu compañera la soledad, no puedes permitirte el lujo de las emociones incontroladas.

19

ESTILETES EN EL ANO
Y BOLÍGRAFOS EN EL PENE

La mañana me devolvió nuevamente, con la brusquedad propia de mi morada, a los aspectos más sórdidos de la prisión, de ese mundo carcelario que algunos se empeñaban, sin cejar un milímetro, en que se convirtiera en mi mundo por excelencia. A las siete y media, antes de que la generalidad de los presos vean liberados los cierres que inmovilizan las chapas de sus celdas, acudí con un vaso de plástico lleno de café caliente y un pequeño paquete de galletas carcelarias a entregar el desayuno a un chaval de veintinueve años, más o menos, que, vestido con un pantalón corto impecablemente blanco, zapatillas de deporte, calcetines de tenis y una camiseta de un rojo chillón que espabilaba a un muerto, esperaba paciente y sereno en la celda americana a que la Policía Local de Alcalá de Henares le trasladara al hospital, según constaba en el papel oficial que permitía su salida de prisión. Contemplé su aspecto. Transmitía cualquier cosa menos la sensación de enfermedad. Sus ojos brillaban con un punto de felicidad mientras su boca esculpía una nítida sonrisa. Me reconoció a pesar de que la barba comenzaba a cubrir una parte sustancial de mi cara y que mi aspecto, como había dicho la monjita de la cárcel la tarde anterior, distaba mucho del que había contemplado en televisión poco antes de mi llegada al recinto de Jesús Calvo.

Extrañado por el contraste entre salida hospitalaria y un aspecto tan saludable, le pregunté al preso por los motivos reales de su caminar hacia el hospital. Su respuesta, espontáneamente sincera, me devolvió bruscamente a este mundo en el que vivo:

—A que me saquen el misil que me metí.

Arrastró de manera casi imperceptible las vocales y consonantes de la palabra «misil», como si esbozara un comienzo de duda sobre mi capacidad de discernir su vocabulario. Al principio no caí en lo que me quería transmitir porque partes sustanciales del lenguaje taleguero —así se le llama— se habían difuminado en mi memoria. «Misil.» «¿Qué significa?», pensé sin pronunciar palabra en alta voz. El preso descubrió la duda en mi mirada y él mismo me explicó:

—Me metí una aguja en la tripa, eso sí, después de quemarla. Quiero salir, ver aire. Llevo nueve años en la cárcel y todos ellos encerrado en primer grado.

No articulé palabra, ni sonido alguno. Traté, además, de evitar cualquier gesto porque una mala interpretación puede provocar en este mundo carcelario consecuencias fatales. El llamado primer grado consiste en que el preso solo tiene derecho a alguna hora de paseo por el patio; creo, en concreto, que dos por la mañana y dos por la tarde. El resto del día lo consume en la celda en la más absoluta soledad. Incluso la comida y la cena se sirven a través de unas rendijas diseñadas específicamente para ello en la chapa del calabozo. Penar solitario. Anacoreta forzado.

La soledad y el aislamiento no son, ni mucho menos, por sí solos un tormento. Al contrario. En ocasiones constituyen una verdadera bendición, el mejor camino para poder escuchar con nitidez, sin interferencias extrañas, la voz de nuestro interior. Pero pocos seres humanos lo soportan, seguramente porque son extremadamente escasos quienes buscan dentro de ellos mismos. Si somos capaces de perfilar alguna certeza, de encontrar respuestas adecuadas a una búsqueda sincera, la única tierra de promisión para semejante deseo vive en la introspección sobre nosotros mismos. La Iglesia dice: Dios está con vosotros. La verdad es: Dios está en vosotros.

Pero resulta imprescindible sentir la necesidad de la búsqueda. De lo contrario, la soledad y el aislamiento se transforman en uno de los peores tormentos a los que someter a ejemplares humanos. A los seres más servidores de la materia, a los que nada buscan ni quieren encontrar, a quienes carecen de preguntas y horrorizan las respuestas, a quienes permiten que el tiempo resbale inerte sobre sus vidas como la brisa del amanecer sobre la superficie del mar, a quienes únicamente les gusta echar la vida para atrás, como dirían por las tierras de María Santísima, solo les calma el ruido estridente de una civilización asombrosamente materializada. Lo que para algunos de nosotros constituye el verdadero, el auténtico primer grado existencial, es para ellos su maravillosa libertad. Vidas de podredumbre. Vidas que no son más que muertes ocultas en un velo de inconexos movimientos.

Sin embargo, para quienes no se rinden y continúan —aun rozando la aspereza del desespero— recorriendo el implacable sendero de una búsqueda de perfiles cada vez más difusos, abrumados por la apariencia de que la única verdad parece ser el sinsentido, una vez que han conseguido escuchar la melodía de la voz que habita dentro, percibir su acompasamiento, sentir su dulzura, el ruido externo, el que fabrican los hombres civilizados, resulta estéril para interrumpir el concierto interior en el que se funden música con existencia, sujeto con objeto, números con armonía. Tal vez el espíritu, abrumado, aturdido, dolorido hasta la raíz al comprobar la exquisita dificultad de la búsqueda, la casi certeza del desenlace frustrado, fabrique en su interior alguna droga capaz de provocar alucinaciones de música, números, sujeto, objeto y armonía.

Algunos, destrozados por la certeza de la inutilidad de la búsqueda de la verdad, han decidido sentir profundo asco por ella.

La policía nacional embarcó esposado en el furgón al muchacho del misil. Sonreía entusiasmado cuando penetró en el tétrico vehículo convertido, para él, en carroza de reyes. Esencia de lo relativo, motor de la vida.

Me quedé solo, paseando meditabundo entre las rejas de la celda americana, ahora vacía, y la blanca y rugosa pared del fondo que conduce al rastrillo de hierro acristalado del patio de entrada, y no pude evitar que volvieran a mi memoria retazos de lo que aprendí en mi primera estancia en prisión. En aquellos días mi mente virgen de experiencias carcelarias no sufrió en exceso por la privación de libertad a la que me sometieron, ni siquiera por el trato recibido, que, ante las amenazas de Belloch, entonces ministro del Gobierno socialista, no superó ni un milímetro el peor de los que se dispensa a los presos en segundo grado, y ello a pesar de los esfuerzos y sufrimientos del director Jesús Calvo. Sabía que tocaban bastos. Hoy soy reo de una condena que dicen ser de veinte años. En fin, precisamente por percibirlo en su diáfana nitidez no sufrí en exceso mi privación de libertad, que deglutí como una escena más de la farsa político-mediática construida en torno a la gigantesca mentira de la intervención de Banesto.

En aquellos días comprobé el terror de muchos reclusos a la soledad carcelaria. En nuestra prisión no existen barrotes horizontales en las ventanas de la celda, precisamente para evitar que los presos se suiciden colgándose de ellos. A pesar de tales pesares, en una ocasión, un preso, desesperado y sin horizonte vital, decidió quitarse la vida por un procedimiento escalofriante: ató su cinturón a la reja vertical de la ventana y lo anudó corredizamente alrededor de su garganta. Apoyó firmemente los pies en el punto en el que confluyen pared y suelo y dejó caer su cuerpo hacia delante, con determinación casi religiosa. A medida que avanzaba con dirección al suelo notaba el agobio de la presión del cinturón sobre su cuello, las dificultades crecientes para inhalar y exhalar oxígeno, el comienzo de la asfixia y, finalmente, la muerte. La voluntad de desaparecer de este mundo tiene que ser extraordinariamente poderosa para utilizar semejante mecanismo en el que el tiempo que transcurre hasta colgar inerte de tu propio cinturón es lo suficientemente largo como para aminorar la más férrea de las voluntades, para doblegar los más firmes deseos de suicidio, para buscar, siquiera artificialmente, un mínimo sentido a la existencia, un clavo ardiendo al que agarrarse, una rueda de molino con la que comulgar aunque solo sea unos segundos más. Indica hasta dónde puede llegar la fortaleza humana, aunque en este caso se trata de una fuerza aplicada contra la propia vida. No puedo ocultar que al interiorizar entonces el hecho sentí por el suicida mucho más respeto que por la inmensa masa inerte de sujetos que consumen sus vidas quemándolas en la hoguera de la necedad más absoluta.

Nuestra única posesión real, de lo único que somos verdaderos dueños y podemos ejercer como tales, es del derecho a morir, la posibilidad de interrumpir a voluntad el trozo de vida que, sin nuestro permiso y menor requerimiento, nos fue otorgado con la obligación de preservarlo a toda costa, arrastrándonos por el fango de los mortales rodeados de la certeza de la imposibilidad de alcanzar una explicación convincente a algo tan absolutamente sustancial como es la tolerancia con nuestros llamados espacio y tiempo. El derecho a morir nos diferencia de los animales, entre los que no habita el suicidio, seguramente porque permanecen en un plano inferior de la conciencia.

En la cárcel, los hombres con vida sin sentido no solo dilapidan su paréntesis vital arrinconados en algún mísero trozo del patio de presos con su interior lleno de cualquier droga que les permita ignorar su propia existencia, entregarse con entusiasmo fofo y banal a la mejor de las nadas, sino que, además, son capaces de diseñar las más variadas sutilezas con las que romper la rutina y encontrar algún trozo de individualidad virtual. Lo peor reside en que prefieren sentir, refocilarse en el hedor de una vida descompuesta, armada con inmundicias, que atreverse a romper con ella. Prefieren buscar trozos de una individualidad virtual a costa de lo que sea, incluso de asar a fuego lento la pizca de dignidad que pudiera adornarles rechinando sobre la nadería de sus existencias.

Pero en ocasiones la mente conduce a autoarrancarse la vida. Era un chico de unos veinte años, quizá menos. Volvía del hospital al que le condujeron a consecuencia de un segundo intento de suicidio frustrado. La primera vez que vi un suicida fue en Deusto, en el Colegio Mayor. Era un amigo de Rodríguez Colorado, alias Colo, y como él creo recordar que procedente de Burgos o Valladolid. No disponía de una estética excesivamente agraciada el muchacho, he de reconocerlo, pero en modo alguno con ella podía justificar el suicidio. Sin embargo, lo intentó, o al menos esa sensación me dio. Cuando abrí la puerta de su dormitorio, situado frente al mío, lo encontré en la cama, el cuerpo desvencijado, la mirada perdida, los ojos abiertos y clavados en un punto del techo. Respiraba pero no respondía. En la mesilla de noche un tubo de Valium. Lo tomé en mis manos y comprobé que se encontraba absolutamente vacío. Se suponía que las pastillas estarían en su estómago. Salí corriendo atravesando el largo pasillo de madera del viejo edificio. Conseguí avisar a la enfermería, llegaron a toda velocidad y se lo llevaron. Tuvieron tiempo para un lavado de estómago. Salvó la vida que tal vez nunca quiso quitarse del todo. En adelante, por esa crueldad que a veces nos distingue en el trato con nuestros semejantes, le pusimos un apodo con el que sería reconocido: el Suici.

Ahora no me encontraba en el Colegio Mayor de los jesuitas, sino en un lugar bastante más inhóspito, al menos físicamente. Y aquel chico de veinte años que me reclamó desde la celda americana no tenía el aspecto de nuestro «suici» universitario. Alto, más bien gordo, de gestos torpes y algo fofos, de hablar cansino que evidencia unas luces mentales muy justas, cuando me acerqué a él me dijo que volvía del hospital debido a su segundo intento de suicidio. No me lo tomé demasiado en serio, lo reconozco, y me limité a preguntarle por qué quería quitarse la vida.

—Porque hago sufrir a mi madre, don Mario. Y no hay derecho a eso. Yo no puedo controlarme y mi pobre madre sufre. Eso no puede ser. Tengo que suicidarme.

Allí le dejé, en la celda americana en la que tantas horas consumí dando el desayuno a los presos que salían de cundas. Llegó el funcionario y se llevó al preso junto con otros más al módulo de menores. Cuando atravesaba el rastrillo que da al patio por el que se cruza camino de la sección de Cumplimiento, el preso se volvió hacia mí y me dijo en alta voz:

—Es por mi madre, don Mario, por mi madre...

Me fui al almacén. Después del almuerzo, a eso de las tres y media, un jefe de Servicio apareció por Ingresos con la cara descompuesta. Algo serio acababa de suceder, y se trataba, en concreto, de que un chico joven se acababa de suicidar en el módulo de menores. Pregunté si era uno que acababa de regresar del hospital por segundo intento consecutivo.

—Sí, ese, el mismo.

La respuesta del jefe de Servicio era más burocrática que otra cosa. La muerte en prisión es un lío de papeles administrativos y de burocracias judiciales. Preso, pero ser humano. Así que la Ley en estos casos actúa. Por ello creo que en alguna ocasión un suicida salió muerto de hecho aunque vivo de derecho con destino al hospital. Casualmente aquel día, mi hijo Mario, utilizando su carné de abogado en ejercicio, vino a verme. Charlaba con los funcionarios de Ingresos cuando una camilla atravesó el pasillo del departamento echando humo. Entre gritos y algarabía la dejaron unos segundos frente a la celda americana mientras el jefe de Servicio ejecutaba las llamadas de rigor al hospital y la ambulancia. En la camilla depositaron a un chico con aspecto de cadáver: total ausencia de movimiento, color cetrino de muerte y una gigantesca mancha de sangre cubriendo sus ropas. Los presos destinados en enfermería que empujaban la camilla se habían cubierto manos y cara para «evitar contagios», según me dijeron, aunque nadie me explicó si padecía alguna enfermedad contagiosa. Mario contempló la escena en silencio. Se descorrió la sábana y se mostró un brutal corte en la femoral que resultó excesivamente profundo para poder contener la hemorragia provocada. Creo que si no estaba muerto le quedaban segundos. La urgencia en introducirlo en la camilla, consciente de que nada podía hacerse por su vida, derivaba del intento de que los papeleos del fallecimiento se ejecutaran en el hospital, cuya tramitación es sensiblemente menos engorrosa que la muerte en prisión. Nadie me contó con qué utensilio se ejecutó el corte. Cualquier arma blanca es un bien cotizado a muchos enteros en la prisión. Y no precisamente para suicidarse.

Aquella tarde nos encontrábamos solos el funcionario de servicio y yo. Era sábado. Un individuo de físico anodino, extremadamente delgado, regresaba de permiso. El funcionario intuyó —pues la experiencia es un grado— que quería ocultarnos algo. Sus gestos eran nerviosos, sus movimientos algo erráticos, sus ojos disponían de un brillo extraño... Optó por introducirlo en la máquina detectora de metales. El ruido del artefacto no dejaba lugar a dudas. Así que primero fuera los pantalones, seguidos del cinturón, las botas, las pulseras, en fin, todo lo metálico que pudiera provocar el sonido. Al final se quedó en calzoncillos. Volvió a introducirse en la máquina y esta a emitir el mismo pitido. No quedaba más remedio que el cacheo con desnudo integral, algo que regula el Reglamento Penitenciario exigiendo la autorización del jefe de Servicio y, además, que el lugar sea cerrado y que no se efectúe a la vista de otros reclusos.

El funcionario llamó por teléfono al jefe, quien autorizó la práctica, ordenó que se quitara los calzoncillos, preparó una manta, ordenó que volviera a la máquina de rigor, escuchó el pitido, le ordenó salir, le entregó la manta y lo condujo a la celda americana, mientras, dirigiéndose a mí, decía:

—Está claro, está claro. Voy a pedir que baje alguien de Seguridad.

El preso cubierto con la manta se acurrucó en una de las esquinas de la celda americana, protagonizando una escena para mí insólita. Allí le dejé y me encaminé al despacho de Ingresos, cuando de repente escuché que el preso gritaba con un acento inconfundiblemente cheli:

—Funcionarioooo, funcionarioooo, funcionarioooo...

Volví sobre mis pasos a la celda. El preso se situó en la posición de tocar el suelo con las manos, las piernas rectas y el culo apoyado, sobresaliendo lo máximo posible, en los barrotes de la celda. El espectáculo estéticamente dejaba mucho que desear. Cuando se dio cuenta de que el funcionario se encontraba a mi lado, lentamente movió su mano derecha, hasta que introdujo dos dedos en el ano con una facilidad sorprendente. Comenzó a tirar de algo que no sabía qué podía ser, pero la sonrisa del funcionario me indicaba que a él no le resultaba extraño. Siguió tirando y asomó un trozo de plástico transparente. Continuó y poco a poco un extraño objeto envuelto en ese plástico acabó saliendo de su ano. Se irguió y totalmente desnudo le entregó aquello que sacó desde sus adentros físicos al funcionario, que previamente se colocó unos guantes de plástico transparentes para tomarlo en las manos. Era un condón.

Una vez en el despacho y en presencia del jefe de Servicios, que ya había llegado a nuestras dependencias, abrieron el paquete y se dieron cuenta de que increíblemente comprimidos dentro del condón venían una cantidad nada despreciable de estiletes de diferentes tamaños. Letales instrumentos en prisión. Capaces de servir para imponer la autoridad en el patio. Objetos prohibidos entre los prohibidos. El jefe de Servicio redactó lentamente el parte para elevarlo a la superioridad, y adjuntó al escrito el condón y las navajas que venían dentro. Al preso lo condujeron directamente al módulo 7, el de aislamiento. Yo no era capaz de articular palabra ante la sorpresa de que un ser humano prisionero aceptara asumir semejante riesgo. Dinero, siempre por dinero, y para consumo de droga, muy probablemente. Con independencia de que se veía abocado a un nuevo delito, especialmente agravado por afectar a un Centro penitenciario, asumía un riesgo físico nada despreciable y todo por dinero.

En una de aquellas tardes en las que, ganada la confianza de los funcionarios, preparaba los documentos de ingreso de los nuevos presos que llegaban a nuestro recinto, un chico joven, de apenas veinte años de edad, fue conducido por la Guardia Civil directamente desde el aeropuerto de Madrid-Barajas a la cárcel, al serle descubierto un alijo de cocaína escondido en sus pertenencias. Nada especialmente sofisticado. El individuo era gallego de origen y acento y tenía un aspecto muy agradable, y no lo digo por ser paisano, porque otros que reunían esa condición no merecían idéntica conclusión. Me contó que sus tíos vivían en Venezuela y que a él le dijeron que trajera esa bolsa y que ignoraba que dentro, en un doble fondo rudimentariamente construido y chapuceramente ocultado, venían cargas de cocaína suficientes para unos nueve años más o menos de condena de cárcel. Por mucho que le reprendí su comportamiento no conseguí que abandonara su sonrisa. Algo mosqueante, desde luego, pero con los presos, potenciales o firmes, siempre sientes que no llegas al reducto final, que alguna barrera, algún doble fondo bien construido, mejor que el de algunas maletas de droga, te impide el acceso a lo que auténticamente sienten en esas profundidades.

El chico fue conducido al módulo de menores. Serían las siete de la tarde aproximadamente. A la mañana siguiente, a eso de las ocho y media, el subdirector de Seguridad bajó enloquecido al departamento de Ingresos buscando el nombre exacto del chico gallego que había ingresado la tarde del día anterior. Traía consigo unas placas tipo radiografías. Y es que eran radiografías del estómago de ese chico ejecutadas en Barajas y que habían llegado con el preso, pero como era tarde y no teníamos a ningún técnico de servicio, se habían quedado para ser vistas al día siguiente. Pues bien, al contemplarlas con detalle, se pudo apreciar que en el estómago de mi paisano una cantidad bastante importante de pequeños bultos indicaba a las claras que se trataba de envoltorios de cocaína en una cantidad que le provocaría la muerte cien veces seguidas si sus cubiertas protectoras llegaran a romperse.

Salieron corriendo al módulo de menores. Enseguida se dieron cuenta de que llegaban tarde. El chico había expulsado por el ano todas las bolsas ayudado de una sustancia laxante de origen venezolano y especialmente diseñada para esta finalidad. Sabedor de que el descubrimiento podría acarrearle todavía más problemas, había distribuido la droga por todo el módulo. Cuando llegaron el subdirector de Seguridad y el resto de los funcionarios, el módulo se encontraba todavía en plena fiesta... Tuvieron que esperar a que se les pasara el efecto a todos los que habían consumido la nada despreciable cantidad de cocaína que traía el chico en sus entrañas.

En ocasiones, no es el dinero la razón de la extravagancia, sino una pelea por la individualidad, por la singularidad, por sentirse alguien, aunque sea a costa del dolor físico. El hombre aquel sentía especial satisfacción en acudir a Ingresos a buscar algo que firmar. Lo que fuera, una instancia pidiendo alguna estupidez, un parte, una comunicación... El caso era firmar. La razón era inmediatamente entendible. Para trazar los rasgos de la firma el hombre se sacaba el pene y lo movía con la mano sobre el papel. Al principio pensé que estaba loco, pero llegué a pensar que quien no estaba en su sano juicio era yo cuando comprobé que tras el movimiento del pene la firma del hombre se dibujaba nítida con tinta azul sobre el papel. Miré y remiré. Seguí con atención sublime el movimiento del órgano masculino. Increíble pero cierto: escribía. Al menos firmaba, que para el caso es lo mismo.

Miré fijamente a aquel hombre, de edad no excesivamente madura, que con la paciencia de un relojero suizo había conseguido introducirse por el pene el plástico de un bolígrafo tipo Bic, de forma que la punta quedaba, precisamente, en la terminal de su miembro. El hombre no solo lo enseñaba a los demás como una muestra de sus habilidades físicas, sino que, para demostrar el funcionamiento de su invento, pedía un trozo de papel y estampaba en él su firma moviendo su instrumento, que dibujaba, con la punta del bolígrafo sobresaliente, la caligrafía deseada. Hasta tales extremos es susceptible de degradarse la naturaleza humana impulsada por un demoníaco afán de ridícula falsa individualidad.

Un funcionario de Tratamiento me devolvió a la realidad. Me traía una noticia que me provocó un escalofrío, y eso que a estas alturas de mi vida casi nada es capaz de alterar la frialdad con la que defiendo el trozo de alma en el que conservo las emociones de las que deseo disfrutar. Me dijo:

—Venga, que desea verle el psicólogo.

El escalofrío derivaba de que en los últimos tiempos a los psicólogos, inspirados por el clima político etarra, o, mejor dicho, de combate a los etarras, les encanta una pregunta: ¿te encuentras arrepentido? Es curioso cómo determinados sujetos pretenden juridificar conceptos propios del terreno moral. El arrepentimiento es un sentimiento que vive, habita, en el interior del alma y nadie, por muy psicólogo que sea, puede descifrarlo con tintes de absoluta certeza. Además, ¿qué tendría que ver si estaba o no arrepentido? Parece como si el derecho, no contento con suplantar a la fuerza física, quisiera, además, ocupar el territorio de la moral, o, incluso más, el propio de los sentimientos. No bastándole con coartar la libertad del cuerpo, pretende exigirnos la disposición de nuestras almas. ¿Podemos o debemos arrepentirnos de nacer? ¿Acaso lo decidimos? ¿Quién debe arrepentirse, el criminal o quien incluyó en su código genético la necesidad de su propensión al crimen? ¿Piden los psicólogos la certificación del arrepentimiento divino como pórtico imprescindible para reclamar el humano? El mundo se llena de una frivolidad vestida de pensamiento profundo, rodeada de apariencias retozando en una inmensa futilidad.

Pero, en cualquier caso, resultaba imposible que me arrepintiera de algo que jamás cometí. Si me metieron en la cárcel, como dijo Pérez Mariño en sentencia de Argentia Trust, porque puse seiscientos millones de Banesto «a buen recaudo y a mi disposición», según reza literalmente la sentencia de la Audiencia Nacional, resultaba obvio que sobre tal condena podría expresar ira, pena, lástima o cualquier otro sentimiento, pero nunca arrepentimiento porque jamás toqué ni una sola peseta de ese dinero por el que me encontraba en la cárcel. No puedo arrepentirme de nacer porque de mí no dependió. Puedo sentir tal sentimiento por no disponer de la valentía necesaria para interrumpir el paréntesis vital. Pero no puedo arrepentirme de que el sol nazca por el este y de que decida acostarse por el poniente. ¿Debo arrepentirme de lo salobre del agua marina? ¿De las escamas de los peces, las plumas de las aves, las garras de los felinos? No soy culpable de ello. Tal vez lo sufra o lo disfrute, pero mi juicio no es de culpabilidad. Exigir arrepentimiento por actos al margen del sujeto que debe albergar el sentimiento no es más que una forma grosera de comprobar la epilepsia en quien reclama.

No. No solo no estaba arrepentido —imposibilidad de la lógica—, sino que estaba profundamente ofendido y decidido a demostrar quiénes habían sido los verdaderos cobradores del frac, lo que me resultaba frustrantemente difícil, tras conseguir los documentos de la Justicia suiza que probaban —¡por fin!— que no toqué ni una sola peseta de ese dinero. Los que con su falso testimonio me enviaron a prisión, con la colaboración de los redactores de los documentos judiciales, seguían paseando por los campos de la libertad. El Sistema defiende a sus empleados de alto rango.

Pero la aventura del arrepentimiento juridificado de los presos sigue su impenitente camino, provocando destrozos físicos y conceptuales. El 22 de julio de 2002, muy pocos días antes de mi regreso al almacén, la Audiencia Provincial de Madrid, al conocer el recurso de un preso contra la denegación de un permiso de salida, escribió en uno de sus autos literalmente lo que sigue: «Debe exteriorizar un mayor arrepentimiento en su conducta, que no aparece por ningún sitio». Bueno, pues al menos sitúa el concepto en su campo propio de juego: no le pide que se arrepienta, sino que lo «exteriorice» en su conducta, lo que supone mucho mayor realismo al transitar desde el interior de nuestras almas hacia el prosaico campo de la vida manifestada al exterior. En eso se funda la civilización; no en el sentimiento, sino en su exteriorización. Lo que importa es que se exteriorice pena aun cuando en el espíritu habite la sequedad más absoluta. Lo que cuenta a los ojos de los humanos reunidos en torno a este modelo de civilización no es otra cosa que la exteriorización, el llamado estereotipo. Es cierto lo exteriorizado. Falso lo que no trasciende mas allá de las fronteras del cuerpo humano. Si exteriorizas querer, quieres; odiar, odias; arrepentirte, te arrepientes. No conviene consumir exceso de pensamiento sobre el andamiaje de nuestra convivencia, para no sentir su agridulce fragilidad. Preferible subsistir en el sopor de un mundo sin preguntas ni respuestas, retozar en la intuición de la nada como respuesta sin el atrevimiento de interiorizarla como patrón de conducta.

Ahora bien, si se trata de un preso recluido en una prisión de alta seguridad, uno se pregunta: ¿cómo puede exteriorizar ese arrepentimiento? Lo lógico sería dejarle salir si se puede llegar a la conclusión de que, arrepentido o no de lo que en su día hizo, las probabilidades de que no quiera volver a delinquir de inmediato son razonablemente suficientes, lo cual no deja de ser un ejercicio de adivinación que necesariamente se someterá a fallos tan groseros como inevitables. Pero dentro de la prisión lo único que le cabe, si se pretende seguir literalmente la requisitoria de la Audiencia Provincial, es arrodillarse en el suelo en presencia del psicólogo, el director de la cárcel, el encargado de Tratamiento, el Juez de Vigilancia o una delegación de la Audiencia, extender los brazos en cruz, inclinar la cabeza hacia el suelo en señal de humillación y gritar a los cuatro vientos su contrición por lo cometido, mientras unas lágrimas gruesas corren por sus mejillas con destino al suelo verde de nuestro lugar de encierro. De esta manera ese arrepentimiento exteriorizado aparecería por «algún sitio», viviría en la plástica de la imagen creada por y para él mismo, y el preso podría disfrutar de algunos días de libertad, aunque en su interior, mientras interpretaba la escena del dolor contrito, no dejara de reírse a carcajadas y aunque sus lágrimas fueran del mejor cocodrilo africano.

Seguramente los magistrados que firmaron un documento judicial semejante exigiendo al preso una exteriorización de su arrepentimiento ni siquiera imaginaron la lectura de su papel en el inhóspito ambiente de un almacén de Ingresos y Libertades, rodeados de objetos inconexos, llenos sus habitantes de libertad castrada, de almas cansadas, de ojos que expresan la incontenible ira nacida de los hierros y los alambres de espinos, de vidas fustigadas a golpe de cercenar sus vivencias. La libertad es frágil. Cuidado de no humillarla en exceso. Puede resultar peligroso.

Cuando el funcionario me anunció la visita al psicólogo, pensé que tal vez se tratara de un nuevo encuentro con la señora madura, a la que, por cierto, un auto del Juzgado de Vigilancia Penitenciaria dejaba al pie de los caballos, viniendo a sugerir que sus informes en relación conmigo, dado que no podían atribuirse a una exquisita profesionalidad, tal vez pudieran inspirarse en razones de otra naturaleza...

Al abrirse la puerta del despacho del psicólogo me recibió un hombre de aspecto amable, que nada quería especialmente de mí. Mantuvimos unos minutos de conversación intrascendente. Tal vez durante sus vacaciones, inminentes según me contó, dedicara algún minuto a meditar sobre los asuntos que abordamos. Quizá, vista mi experiencia con la señora de antaño y las reprimendas del Juzgado de Vigilancia, en las clasificaciones que se avecinaban sobre mí no fuera ella, sino ese hombre amable, el que tuviera que emitir dictamen. Ya veríamos. En todo caso, instalado en el convencimiento de la estupidez, jugaba a las adivinanzas con mi amiga indiferencia.

Finalmente conseguí hablar con mi madre, que consumía el verano en sus tierras gallegas. En la cárcel el teléfono es un bien impagable, como la ternura en el amor, porque te conecta con los tuyos, te permite superar el espacio físico para generar cierta proximidad espiritual, la que nace al escuchar el tono de una voz en la que descubrir, a través de sus matices, los sentimientos que poseen a quien la emite. Mi madre cumplía años. Jamás, como buena mujer coqueta, quiso celebrar el aniversario de su nacimiento por el valle de Covelo, en pleno corazón del viejo reino de Galicia. Incluso aceptaba sin el menor rubor que la única mentira que había contado en su vida había sido la referente a su edad. Ignoro cuál es la cifra exacta que cumple, los dígitos precisos que definen su espacio-tiempo, pero en todo caso serán muchos, desde luego más de ochenta.

Su voz sonaba trémula al otro lado de la línea, reflejando los calmantes que seguramente consumiría para ayudarla en la tarea de superar, de trascender, de pasar sobre esta nueva condena mía y el tremendo impacto que le había producido. Ella, que es católica, apostólica y romana (además de políticamente admiradora de Franco y de Salazar), aun cuando, sin saberlo, almacena en su interior, como buena gallega, creencias paganas propias de nuestra tradición galaica, confiaba en una amiga suya que le relataba entusiasmada historias mágicas de contactos espirituales con el más allá, con los espíritus que flotan por esos espacios de éter infinito, según los cuales el resultado de las deliberaciones de los jueces del Supremo que formaban mi tribunal sería claramente favorable para mí, a pesar de que, según transmitía la comunicante por orden de los seres angelicales, uno de mis juzgadores, de mediana estatura, desempeñaba un papel agresivamente activo para conseguir que me condenaran al máximo posible de años, impulsado, aseguraba, por el odio personal y siguiendo dictados del poder; eso sí, siempre según la vidente, tomando el máximo posible de precauciones para evitar que yo me enterara de su estremecedora animadversión, no fuera a ser que el día de mañana, al mejor de los estilos sicilianos, decidiera hacer *vendetta* sobre él o sus descendientes. Por muy angelicales que sean los transmisores de la información, por puras y sin mácula que conserven sus almas extraídas de la mejor miel de Dios, no pueden evitar descubrir la maldad que habita en los humanos que, curiosamente, fueron creados por el mismo Principio que a ellos les dotó de la eterna limpieza de espíritu. Nuestro Señor resulta ser un amante apasionado de las contradicciones elementales capaces —quizá— de producir hilaridad en los espíritus divinos, en las ocasiones de regocijo por los eternos cielos, pero que se convierten en impertérritas siembras de sufrimiento para los pequeños humanos en este trozo de pobre tierra regado con lágrimas de dolor solitario.

Mi madre, que desconfía a estas alturas de su vida de su propia sombra, quería creer a la vidente, se refugiaba en sus deseos más que en las informaciones, vicio prototípico de muchos humanos que a él recurren no solo en momentos puntuales en los que buscan un cálido puerto en el que guarecerse de la tormenta provocada por un inmenso, inaudito dolor. Son seres que deciden alejarse de su propia realidad, de la vida que les ha tocado en suerte o desgracia vivir mediante la confección de un relato imaginario que consiguen introducir en su interior como su auténtica definición existencial. Ignoran su origen y su destino final y, por si fuera poco, alteran el guión de su existencia terrenal, aquello sobre lo que tal vez pudieran disponer de cierta certeza. Es una manifestación más de esa vieja máxima orteguiana de que no existe nada que agrade más al español que encontrar al culpable de todos sus males. En ocasiones, ante la imposibilidad de definir al supuesto responsable con nombres y apellidos, de dotarle de una mínima corporeidad asequible, no queda más alternativa que modificar el relato en su conjunto, construirse una vida virtual nacida en la imaginación e incorporarla a la mente como la única realmente cierta y vivida. Es un atributo propio de la gente alicorta de espíritu, pero, por ello mismo, extraordinariamente abundante.

Todos nosotros no somos más que un relato, una tragedia, comedia o tragicomedia, con retazos de épica, pero un relato al fin y al cabo. Nos desespera ignorar quién fue el autor del guión que forzadamente nos vemos obligados a interpretar. Ni siquiera sabemos la razón que le llevó a decidir que lo ejecutáramos a lo largo de nuestra existencia. En ocasiones, en nuestra novela existencial, nos desagrada profundamente el rol que nos atribuyó el autor del guión y preferiríamos ser aquel otro que aparenta ser mejor que nosotros, más rico, listo, culto, físicamente dotado o cualquier otro atributo. Ser el malo de la película o el bufón de la comedia nunca resulta agradable, pero en ocasiones la rigidez de algunas partes del relato existencial no permite sustanciales alteraciones.

Lo bueno de la vida en cuanto relato es que, a diferencia de las mejores novelas de caballería o de las películas de consumo general, en la vida nunca triunfan los buenos. Una serie de radio de mis años mozos me atraía de manera particular. Se llamaba «El criminal nunca gana» y la escuchaba complacido porque conectaba de manera afinada con todo lo que aprendía en el colegio de los Maristas de Alicante: la esencial bondad del ser humano provoca que los que se separan del patrón, esto es, los malos, por dotada que fuera su inteligencia y grande su valor, no podrían jamás triunfar, porque sería contra la esencia del modelo. ¿Cómo vamos a enseñar a la gente a respetar los valores de bondad, dignidad, sinceridad, caballerosidad y otros de la misma tela y corte si resulta que a lo largo de nuestra existencia comprobamos que son sus antónimos los que otorgan triunfo, gloria y poder? Ya, pero así es. La vida, triste resulta el aprendizaje de ello, funciona al revés del idílico modelo para consumo de alumnos de bachillerato: la maldad gana. En un mundo en el que nada está en su sitio sería paradójico que la biblioteca de la existencia encontrara la bondad correctamente situada en la mejor de sus estanterías. No. Claro que no.

Me preguntaba mi madre con una voz delicadamente débil en la que se percibía un fino hilo de energía si estaría mucho tiempo dentro de la cárcel. Una y mil veces habría efectuado cálculos mentales, repasado hasta la extenuación los artículos de prensa que pronosticaban con ardor preñado de entusiasmo de cloaca los años que consumiría entre rejas, incluso la edad que tendría cuando volviera a respirar con mis pulmones las brisas de la libertad. Buscaba a cualquier precio alguna frase que redujera las predicciones de los voceros entusiastas del mal ajeno. No le importaba demasiado que el aserto de disminución tuviera un tufillo de mentira, incluso que groseramente se percibiera que buscaba más consuelo que verdad. En momentos límites rechazas el encuentro con la certeza para sustituirlo con un rato de convivencia con la esperanza.

Trataba de sacar fuerzas de mi interior, lastimado hasta las entrañas por escuchar la tenue voz de mi madre, y fingía un tono fuerte, decidido, con el propósito de que no vislumbrara a través de los hilos del teléfono ni un atisbo de decaimiento o tristeza, ya que ella no podía verme ni sus manos acariciar mi cabeza, ni sus labios darme un beso, siquiera un roce ligero, que sería lo que más desearía del mundo en aquellos momentos. Imaginé la escena. Sentada en el sillón que solía usar mi padre, frente al ventanal desde el que se contempla Panjón, Playa América y Monte Ferro, en un espectáculo de belleza inconfundiblemente galaica, sujetaría el teléfono entre sus manos, las deslizaría suavemente sobre sus formas soñando que se trataba de una de las mías. Sufriría más por mí que por ella. Ni siquiera sus deseos de tenerme cerca superarían los de verme fuera. Pagaría por mi libertad el precio de no volver a verme. La esencia del verdadero amor es la renuncia. Su llama arde con la leña de la entrega sin exigir siquiera la devolución de las cenizas. Amar es vivir-en-otro asumiendo la conciencia de la ruptura momentánea de nuestra plena y egoísta individualidad.

—No mucho, mamá. Seguro que el año que viene podré ir por Galicia.

Un silencio intenso, inusualmente profundo, me respondió. Al cabo de unos breves segundos mi madre contestó:

—No sé si para entonces viviré.

«No dejes —me dije— que el odio inunde tu corazón.» Trato de luchar con todas mis fuerzas para impedirle la entrada en mi recinto. A veces asoma un trozo de su cuerpo y me veo obligado a esfuerzos ciclópeos para arrojarlo fuera.

Todos los años, el 31 de agosto, en Azpeitia, Guipúzcoa, se celebra uno de los acontecimientos que cada día cobran mayor fuerza en Euskadi. Es el día de San Ignacio de Loyola, patrón de Guipúzcoa, y cada año con mayor intensidad y pompa asiste en pleno la Diputación de Guipúzcoa y el lendakari vasco a la misa celebrada por el obispo de San Sebastián. Uno de los personajes que con puntualidad suiza acude a los eventos del día es Xabier Arzalluz, prohombre del PNV, líder carismático del nacionalismo vasco y, a la vista de la situación en Euskal Herria, una de las personas con mayor poder en España, al menos con mayor capacidad de desestabilización. Por todo ello, y, desde luego, por el especial momento que se vive por las tierras vascas, los discursos, eclesiásticos o seglares, que toman cuerpo en esa jornada aparecen, deliberada o inconscientemente, cargados de un nada disimulado contenido político. Enrique Lasarte, cuyo abuelo materno fue vicepresidente de la Diputación Foral y firmante del último de los conciertos económicos con el Estado español, acude igualmente con regularidad a tan señalado día. Este año, sin embargo, no pudo. A pesar de ser absuelto por la Audiencia Nacional después de permanecer sentado junto a mí más de dos años en el interminable juicio oral del caso Banesto, el Supremo —o quien fuera o fuese— decidió condenarle por falsedad a cuatro años de prisión. En realidad es a todas luces evidente, para mí y para toda la sociedad española, que su condena la debe a su amistad conmigo y a su decisión de mantenerla a lo largo y ancho de las tormentas que hemos vivido durante estos abrasadores años de lucha.

La ausencia de Enrique Lasarte en el acontecimiento se cubrió con la presencia de María José, su mujer. Conforme a lo previsto, Arzalluz apareció por las tierras de Azpeitia y consumió una media hora de conversación con la mujer de Enrique. Después, en el restaurante en el que comen algunos vascos que asisten al evento, Arzalluz volvió a la carga y se acercó a la mesa de María José con el propósito evidente de que todo el mundo que quisiera ver contemplara la escena. Al margen de factores estéticos, que siempre son decididamente importantes, el diagnóstico de Arzalluz sobre la sentencia del Tribunal Supremo en el caso Banesto, sobre la elevación de mi condena, la inclusión de Enrique entre los inculpados, la condena por falsedad o artificios contables, no pudo ser más nítida ni expresada con laconismo más elocuente:

—Es una venganza personal de Aznar contra Mario Conde.

Al margen del componente de verdad que pueda tener el juicio del líder nacionalista, implica un concepto del modelo político que vivimos-sufrimos de corte sustancialmente idéntico al mío, puesto que reclama la capacidad del presidente del Gobierno español de ordenar al Supremo, de forzar una sentencia, un documento judicial capaz de privar de libertad y hacienda a determinadas personas, no debido a un desajuste de sus conductas con la legalidad formal, sino a algo mucho más pestilente: la pura y dura venganza personal. El desprecio por las instituciones españolas que deberían encarnar el valor sagrado de la Justicia no puede ser mayor. Los miembros de sus Salas de Justicia, los llamados magistrados, son, para Arzalluz, meros sicarios al servicio del poder que no dudan en atender los requerimientos del príncipe.

Al día siguiente de las celebraciones guipuzcoanas, a eso de las seis de la tarde y en el despacho del Juez de Vigilancia, previo permiso del subdirector general de Seguridad de la prisión, nos reunimos Enrique Lasarte, Jacques Hachuel, Rafael Pérez Escolar y yo. La reunión revestía tintes de muy diverso colorido. Antes que nada, años atrás ni la mente más calenturienta habría podido atreverse a imaginar que una escena de semejante textura pudiera siquiera tener visos de existencia, incluso puramente virtual. El presidente y consejero delegado de Banesto, uno de sus más significados consejeros, abogado madrileño duro y tenaz donde los haya, y uno de los financieros de más renombre en España, que organizaba óperas en su casa de Puerta de Hierro a las que asistía lo más granado del Sistema, convertidos en reclusos de Alcalá-Meco y reunidos en una singular rueda de presos en torno a la mesa de formica del despacho del Juez de Vigilancia de la prisión.

«Así es arriba como abajo.» La frase contiene una de las verdades esenciales del llamado pensamiento oculto. Sin necesidad de descender a territorios del esoterismo, lo cierto es que de vez en cuando nuestra existencia adquiere una forma oval sin que nos percatemos de ello. Ascendemos por la curva hacia la cima sin darnos cuenta de que en ese preciso instante comienza inevitablemente el descenso hacia el siguiente trazo de la elipse. En los primeros momentos del inicio de la caída, sin asumir la causalidad de los acontecimientos, provocamos con nuestros actos muestras de una rebeldía frente a lo inexcusable que solo consigue transmitir perfiles de inmadurez. Pero así son los humanos. Al menos muchos humanos. En la parte alta de la elipse vital el movimiento se desarrolla sin dificultad seria, a pesar de que para mí las cosas no son tan fáciles porque sostengo que el precio del poder es la soledad y en la cima siempre hace frío. Otros, llegados a la parte cómoda de su círculo existencial empujados por el trabajo, paciencia, valentía y ardor de sus mentores y protectores, se sienten con unos derechos adquiridos que no pasan de ser, una vez más, un trozo de sus espejismos vitales. Por ello, llegado el momento del descenso, gritan histéricos, asustados, presas del pánico y se manifiestan capaces de vender o arrendar su dignidad, de suplicar, llorar, mentir, difamar, siguiendo un sendero que les conduce hacia su propia realidad: caricaturas humanas que ni siquiera son capaces de inspirar algo más que tristeza.

Rafael y Jacques ingresaron directamente en la enfermería de la cárcel debido a su edad: más de setenta años en ambos casos. Por Madrid, en los círculos financieros, circulaba la tesis de que, en el caso de que fueran condenados, ninguno de ellos daría con sus huesos en la cárcel porque, según dicen, nadie pasa por sus rejas cuando su edad supera los setenta años. Se trata de una falsedad muy extendida. En muchas ocasiones, mientras presté mis servicios en el departamento de Ingresos y Libertades cumpliendo mi condena por el caso Argentia, tuve que rellenar las fichas, hacer las fotografías y cumplir con los formularios de presos de edades superiores a los setenta años e incluso en alguna ocasión más allá de los ochenta. Posiblemente se trate de una crueldad adicional, pero así son las cosas. Por otro lado, no podría ser de otra manera porque la edad, por sí sola, no puede determinar la impunidad de conductas, lo que le atribuiría en el mercado del crimen un valor incontestable, porque si puedes contratar a un sujeto de, digamos, setenta y dos años, bien conservado físicamente, para que mate o robe por encargo sin que ello se traduzca en consecuencias penales para el autor, mas allá de una nominal condena, el modelo de convivencia se resquebrajaría mucho más de lo que ya lo está. Por tanto, yo sabía, no albergaba la menor de las dudas, que si el Supremo —o quien fuera o fuese— ratificaba la condena de Pérez Escolar, tendría que pasar por la prisión. La verdad es que ni siquiera llegué a imaginar que Hachuel, declarado inocente por la Audiencia Nacional, podría ver su sentencia absolutoria transformada en una condena, pero lo cierto es que así sucedió y, por tanto, Jacques abandonó Ibiza, donde pasaba sus vacaciones, y se vino para Alcalá-Meco.

Rafael envejeció en estos años de manera considerable. Estoy seguro de que las cicatrices del sufrimiento se dibujarán en todos nosotros, se mostrarán obscenas en nuestra piel, además de vivir en el espíritu. Pero, en cualquier caso, Rafael seguía conservando esa fuerza que transmite en todos sus gestos y que le animaba en su particular cruzada. Sufría de hemorragias intestinales, pero su salud, al menos según creo, no corría riesgo grave por el momento. A Jacques Hachuel lo encontré estupendamente, siempre cubierto de una aureola de optimismo. Ambos comenzaban a darse cuenta de que se encontraban en prisión y de que, posiblemente, su estancia por este hotel de Jesús Calvo podría prolongarse en el tiempo más de lo que imaginaron en el momento de traspasar el umbral de acceso. Dentro de pocos días posiblemente se encontrarían mucho peor. El gusano carcelario avanza lenta pero inexorablemente. Los primeros momentos se consumen entre la imprecación por lo injusto y la novedad del recinto. Cuando la ronquera espiritual demuestra la soledad del grito interior y el paso de los días convierte la novedad en inercia, comienza a nacer, con la lentitud de un encinar salmantino, el sufrimiento. Y no todo el mundo sabe sufrir.

El surrealismo existencial nacido de la crueldad política nos rodeaba cuando comenzamos a charlar. Jacques, que suele querer buscar siempre las explicaciones últimas de los acontecimientos que se escapan a su control y capacidad de explicación inmediata, insistía en saber qué y quiénes habían provocado semejante acto de barbarie.

—Hay algo claro y es que no tenemos ni idea de qué fuerzas están detrás de una sentencia de este tipo. Es obvio que iban contra ti, Mario, pero para eso no se necesitaba asumir tantos riesgos innecesarios. Por ejemplo: mi condena. Yo no tengo, en estos momentos, ningún punto en común contigo y condenarme, violar forzadamente el derecho, no les aporta gran cosa y puede suponerles un coste adicional porque voy a tratar de movilizar a la comunidad judía y a presentar la agresión contra mí como un acto de hostilidad racista por ser judío.

No creo que Jacques tuviera verdadera capacidad de movilizar a la comunidad judía. Siempre le ha gustado presumir de su condición hebraica, a la que solía aludir añadiendo el adjetivo «errante» que atribuye un dramatismo adicional, y así se expresó delante del Rey cuando ingresó en la Academia de Ciencias Morales y Políticas. Pero entre la proclama de su sangre y la vivencia conforme a los postulados que impone, media un largo trecho. Ni de lejos puede calificarse a Jacques como un judío ortodoxo. Ni practica su religión, ni cumple con sus normas elementales ni, mucho menos, cree en el concepto sacro que define la vida conforme al modelo mosaico. Precisamente por ello, por su propia trayectoria vital, no veo cómo habría podido movilizar a los judíos del mundo contra su condena y, menos aún, convertir en creíble que la agresión contra él —indudable en el plano jurídico— se derivara de un acto de hostilidad racial. Si perteneces a una comunidad por razón de sangre o religión y deseas que algún día pueda protegerte cuando la inevitable desgracia vital decida desparramarse sobre tu vida, debes, mientras la abundancia te riega, asistir a quienes llamas hermanos, cumplir con sus principios, ajustar tu comportamiento a los requerimientos comunes. Solo de esta manera dispondrás de la legitimidad necesaria para reclamar el auxilio en el momento de la dificultad.

Ser judío no consiste en conocer perfectamente la Torá, dominar su contenido, las reglas que Dios dio al pueblo elegido en las faldas del Sinaí. Su conocimiento pertenece a los maestros llamados rabinos. Tampoco exige necesariamente respetar el alimento kosher. Einstein, Freud o Herzl no eran judíos en virtud de su práctica religiosa, sino por su identificación con el pueblo y la comunidad judía. Los judíos que se identifiquen vigorosa y orgullosamente con el judaísmo aunque no hayan meditado con seriedad sobre Dios o no hayan realizado o asistido a un acto religioso durante meses son verdaderos judíos. En el judaísmo pertenecer es más importante que creer. Se trata de ser parte de una comunidad especial que lo es en virtud de su relación con Dios.

Ciertamente hay aspectos que admiro en el pueblo judío, sobre todo su concepto teocrático de la existencia, la formulación precisa del monoteísmo, la idea de un pacto con Dios (la Alianza, la Torá), la ordenación de la convivencia conforme a los postulados emanados de la Ley de Dios. Es complicado vivir siguiendo al pie de la letra los postulados de la religión hebraica, máxime si tienes que moverte en el mundo occidental, donde la inmensa mayoría de los seres que lo pueblan ostentan una ecuménica ignorancia sobre este tipo de cuestiones y cuando las comprueban en el modo de vivir de alguna persona creen que se trata de teatro, de comedia, de pretender una originalidad prestada de las aparentes convicciones religiosas.

Pero, al margen de sus capacidades de movilización, lo cierto es que Jacques planteaba el verdadero nudo gordiano del problema: ¿por qué semejante brutalidad? Dejando a un lado juicios de culpabilidad o inocencia, incluso en el supuesto de que las acusaciones tuvieran ciertas dosis de realidad, el exceso preñaba la decisión adoptada convirtiéndola en sencillamente cruel.

Ciertamente la condena por artificios contables, a pesar de la absolución de la Audiencia Nacional, tenía una explicación suficientemente clara: en diciembre de 1994, el pleno del Parlamento español, en un acto sin precedentes, por unanimidad de todos los grupos de la derecha y la izquierda, desde el PP a Izquierda Unida y desde Coalición Canaria a Convergència i Unió, aprobaban el dictamen elaborado, confeccionado, urdido y manipulado por el Banco de España para legitimar la intervención de Banesto. En él sus señorías parlamentarias, sin conocer ni un ápice de la verdad de las cuentas y balances de Banesto, sin consumir ni un minuto en estudiar documento alguno, no tuvieron el menor reparo y no sintieron ni una micra de pudor en estampar su firma en un documento en el que se nos declaraba culpables de manipular balances.

Precisamente por ello la sentencia de la Audiencia Nacional, al declarar probado, repetitivamente, que ni Enrique ni yo dimos orden alguna a nadie para que alterara la contabilidad del banco, les sentó a cuerno quemado. Pero no solo se trataba de un problema de sentimiento o frustración personal. Era mucho más grave: para ser cierta la tesis del Banco de España de que en Banesto existía un agujero de muchos miles de millones de pesetas, resultaba imprescindible que alguien, quien fuera, deliberada y conscientemente hubiera alterado la contabilidad. De otra manera resultaba imposible. Ese alguien, necesariamente, tenía que ser el presidente, puesto que contra él iban los tiros, y a él, junto con su Consejo, cesó de manera abrupta y violenta el Gobierno de Felipe González. Como me dijo gráficamente el subgobernador de entonces, Miguel Martín: «El problema eres tú». Por tanto, si la Audiencia declaraba, después de años de juicio oral, de cientos de testigos y de miles de documentos que no existía siquiera indicio de que ordenáramos la alteración de la contabilidad, todo el edificio construido por la unanimidad del llamado arco parlamentario quedaba obscenamente al descubierto y eso es algo que los políticos, la clase política, no suele tolerar. Una absolución en los artificios contables generaba, aun cuando algunos no se dieran cuenta, un conflicto entre dos instancias del Estado: el poder político y el poder judicial. Uno de ellos necesariamente debería ganar la batalla y de quien triunfara dependía un trozo de nuestra libertad, dignidad y hacienda.

Precisamente por ello, a pesar de que los abogados proclamaban a los cuatro vientos que resultaba imposible que el Supremo condenara por artificios contables, siempre sentí pánico en mi interior a que pudiera suceder, porque en los pasillos del Supremo, que recorrí por primera vez en mi vida cuando acudí a examinarme de las oposiciones para el cuerpo de abogados del Estado, en sus salas de sesiones, en los despachos de los magistrados y fiscales, hacía tiempo que la razón de Estado había sustituido al Derecho como el principal inspirador de muchas de sus sentencias, autos y providencias.

Sucedió. Nos condenaron a Enrique y a mí, como si el presidente de un banco y el consejero delegado se dedicaran a confeccionar personalmente los documentos contables de la entidad. Ridículo, sin duda, pero no era ese el valor que cotizaba en las líneas que constituían los párrafos de nuestra condena. Los miembros de la Sala asumían conscientemente el coste medido en términos de Derecho para ajustar su sentencia al superior marco que define la Política, y, por tanto, sus decisiones judiciales no podían apartarse —y menos contradecir— de los postulados de verdad que emanan de un Parlamento en el que reside la llamada soberanía popular. La condena de Enrique, en este contexto, resultaba absolutamente necesaria porque ordenar prisión exclusivamente contra mí tal vez les pareció excesivo, aunque el exceso no es precisamente un límite que parezca preocupar cuando de justicia del príncipe se trata.

En el fondo habría dado igual. Si la sentencia se hubiese empeñado en relatar que yo mismo, por las mañanas, tardes o noches, me dedicaba, paciente y constante, a alterar los balances de Banesto, a reescribir sus asientos contables, a manipular el Diario o el Mayor, a corromper las normas que rigen la práctica de las amortizaciones, el importe de las provisiones por créditos fallidos y lindezas de similar género, el público en general, dispuesto a creer lo que le conviene, no habría protestado lo más mínimo. No solo no habría elevado la voz en un «¿cómo es posible?», sino que, al contrario, habría celebrado eufórico que la Justicia encarcelara a una persona dotada de la capacidad de presidir un banco y, al mismo tiempo, ejercer de contable de la entidad industrial y financiera. Alimenta los bajos instintos y dispondrás de las respuestas que esperas. Pide sacrificio y dignidad y te encontrarás con la miseria humana en su hedionda desnudez.

Todos estuvimos de acuerdo en que la condena por artificios resultaba, en este sentido, comprensible, aunque jurídicamente dejara atónitos a los amantes del Derecho. Pero ¿por qué condenarme por los trescientos millones del CDS de Suárez? ¿Por qué no quisieron entrar en temas tan sensibles como los de la falsedad de las pruebas aportadas contra mí en el caso Dorna? No lo entendíamos.

En el fondo, al margen de otras consideraciones —dije a mis compañeros de estancia carcelaria—, la sentencia tiene todas las trazas de un acto de soberbia de quien la inspira. Se trata de hacer lo que se quiere hacer y punto final. Pretende asumir este terrible valor de «ejemplarizante», lo que conlleva un tufo inevitable de sacrificio del Derecho en el altar de otros deseos. Al fin y al cabo, en la mente de determinadas personas germina la idea de que el Derecho no es más que un artificio —esta vez sí— con el que disfrazar la versión moderna de la fuerza, y esta se inventó para ser usada cuando la ocasión lo merece. Al inspirador de nuestra condena no le cabía duda de que nuestro caso constituía uno de esos momentos en los que conviene la brutalidad del poder.

Enrique razonaba, y no le faltaba solidez a su juicio. Los acontecimientos del momento, eso que llaman «el contexto», habían influido de manera considerable. El año 2002 amaneció con una crisis bursátil de dimensiones más que notables y que afectó de manera singular a valores tecnológicos, aunque los estandartes de la economía real no permanecían inertes ante sus derivadas. De repente, el mundo civilizado comenzó a descubrir que algunas compañías, desde la tecnología punta a las farmacéuticas, se habían dedicado a ejercicios de ingeniería contable, de forma y manera que anotaban ingresos que no se habían producido en la realidad, amortizaban de manera harto generosa, inmovilizaban gastos y un largo abanico de prácticas heterodoxas que, a decir verdad, estoy absolutamente convencido de que en mayor o menor medida las empresas norteamericanas, alemanas, francesas, inglesas y de cualquier otro rincón del mundo llamado occidental han venido convirtiendo en doctrina habitual a lo largo de muchos años. En el fondo la contabilidad, dentro de determinados límites, no reviste la solidez del acero toledano, sino que permite flexibilidad de manejo de las cifras, siempre, evidentemente, que no se utilice para la comisión de un puro y duro fraude.

Bueno, pues los casos proliferaban, los periódicos inundaban sus páginas de economía con este tipo de noticias y comenzó a correrse la estúpida voz de que la crisis de confianza de los inversores en la credibilidad de las cuentas empresariales constituía la verdadera razón del desmoronamiento de las bolsas del mundo. Digo que es una estupidez porque la verdad, una vez más, residía en una auténtica crisis económica nacida a la luz de una burbuja financiera creada en torno a los valores tecnológicos, que consumió sin contrapartida billones de dólares que resultaba necesario recuperar para volver al punto de partida.

Pero ya teníamos un culpable de los errores del pasado: las manipulaciones contables del presente. Ahora solo quedaba un paso: pedir mano dura contra los ejecutivos empresariales que practicaran semejante deporte financiero. El presidente Bush se puso en cabeza de la manifestación y decidió enviar una ley al Congreso estadounidense para que, a partir de ese momento, los gestores empresariales que decidieran caminar por tales senderos dieran, si fuera preciso, con sus huesos en alguna de las cárceles norteamericanas por un período de tiempo. El clima, por tanto, no podía ser peor para juzgar un asunto al que deliberada e intencionalmente se le calificaba de artificios contables.

Bien, pero todo eso explica una parte de la trama. Sustancial si se quiere, pero solo una parte y deja sin una línea conductora coherente el resto de la crueldad que vive en la sentencia. ¿Por qué tanta crueldad para con nosotros?

El 29 de julio de 1998 el Supremo notificaba la sentencia dictada en el caso del secuestro de Segundo Marey en el que condenaba, entre otros, al ex ministro Barrionuevo y al ex secretario de Estado Rafael Vera a penas de decenas de años de cárcel por malversación de caudales públicos y secuestro. El 29 de julio de 2002 el Supremo notificaba nuestra sentencia. En el caso Marey el Supremo decidió ejecutar la condena el 16 de septiembre, permitiendo a los culpables pasar el verano con sus familias. En el nuestro ordenó la inmediata ejecución e ingreso en prisión de todos los condenados.

Agosto es un mes terrible para ingresar en la cárcel. No solo por el tórrido calor que asola los recintos carcelarios como el de Alcalá-Meco, sino, además, porque se trata de un mes inútil judicialmente hablando. Ni un solo recurso es atendido. Ni una sola petición se tramita con visos de solidez. Pero no solo en los tribunales, sino incluso en la propia prisión. Seguramente, si Rafael y Jacques hubieran ingresado en un mes lectivo, las Juntas de Tratamiento, que se reúnen con una periodicidad semanal, habrían podido examinar sus casos con prontitud y, aplicándoles el correspondiente artículo del reglamento, enviarlos a su casa a la mayor brevedad posible. Al ingresar en agosto se les condenaba, al menos, a cumplir por espacio de más de un mes, aunque fuera en la enfermería de la prisión o en el hospital penitenciario.

Días más tarde se llevaron a Rafael. Su destino era el hospital Doce de Octubre, en el que procederían a practicarle pruebas que demostraran, en la forma forense establecida, el estado real de su salud. Serían las nueve de la noche cuando Martín, el hombre de las ambulancias, apareció por el departamento de Ingresos. Poco después la puerta verde metálica que daba acceso desde nuestro lugar de trabajo al módulo de Preventivos se abría con su estrépito característico. Apareció Rafael Pérez Escolar acompañado del funcionario de enfermería. Se le veía contento, incluso entusiasmado con la idea de abandonar la cárcel. Pensé que no se daba auténtica cuenta del lugar al que iba destinado: un hospital, desde luego, pero sometido al mismo régimen —incluso peor— que el de la vida en la enfermería de la prisión. Días más tarde alguien comentó que Rafael se encontraba como una hiena porque lo tenían encerrado en una habitación, de la que no podía salir y ni siquiera recibir visitas, más que algunas muy contadas y con una burocracia terrible.

—Ya te dije, Enrique, que sigue en la cárcel. Es así de duro. Y no te extrañe que dentro de poco le veamos atravesar nuevamente este pasillo con dirección a la enfermería de la prisión. Es más, creo que resulta inevitable. Así son las cosas por el mundo en el que nos encontramos.

Es difícil, muy difícil, saber superar tanta barbarie sin que el odio se cuele en tu corazón por alguna de las cicatrices que las heridas creadas inevitablemente forman en tu alma. Pero resulta imprescindible pelear por que así sea. No puedes descender a su hábitat, participar de sus atributos, convivir con sus preferencias. Claro, que no albergar odio no significa en absoluto sustituirlo por el perdón. Yo no puedo perdonarles. Ese atributo solo corresponde a Dios. Por ello ni el odio ni el perdón deben vivir en el interior de mi alma.

Vino a verme un amigo de los campos de la libertad. Es judío ortodoxo y practicante. Me trajo algunos libros. Entre ellos uno interesante referido a «la celebración de ser judío». Lo leí con avidez porque tampoco resultaba excesivamente profundo y contenía algunas enseñanzas de interés. Una de ellas afectaba de manera directa a la ley bíblica del «ojo por ojo». Sostenía una posición al respecto que me parece muy importante.

«Ojo por ojo es una frase gráfica con que la Biblia dice que la persona que causa un daño debe recibir el castigo condigno. Este debe ser el merecido. Ni más ni menos. Es una exhortación a ejercer la justicia, no la venganza.»

El mecanismo funciona de manera automática: el causante de un daño debe recibir el castigo equivalente. Ni siquiera cabe la intromisión de la misericordia. Debe ser.

¿En qué consiste, entonces, la venganza? En disfrutar con el mal ajeno, tanto si es merecido como si no lo es. En otras palabras, aquel que disfruta cuando alguien recibe el castigo merecido ejerce venganza.

Mucho más vengativo resulta aquel que disfruta con el daño inflingido a otro a sabiendas de que no es ni merecido ni proporcionado.

Por tanto, desterrando el odio del corazón se destruye el espíritu de venganza y solamente queda el automatismo del necesario funcionamiento de lo justo en sentido bíblico.

20

EL HOMBRE... ESA IMPERFECCIÓN

En mi nueva etapa carcelaria me encontré con la sorpresa, presentida al finalizar el segundo encierro, de que los funcionarios encargados del departamento habían sido sustituidos por otros nuevos. Fernando, Pablo, Carmelo y Miguel Ángel pasaron a trabajar en el interior de la prisión, en los módulos. La plantilla del departamento de Ingresos y Libertades quedaba encomendada a aquellos que cumplieran los requisitos para alcanzar la categoría de V2, aunque no sabía bien en qué consistía ese peldaño administrativo. Mauricio, José Antonio, Ángel —el de León—, Angelito, Juan Antonio y Santiago se organizaban en equipos de dos personas que atendían durante dos días consecutivos el departamento, comenzando a las ocho de la mañana y terminando a las diez de la noche, lo que equivale a dos largos días de trabajo por cuatro libres. Además de ellos apareció en escena Vicente, un funcionario muy gordo, más bien antipático y algo malencarado, que había sido jefe de Servicio y que a consecuencia de un amago de infarto —eso contaba— le fue concedido un régimen laboral algo especial. De lunes a viernes llegaba a trabajar a las ocho de la mañana y se iba sobre las dos, después de consumir a diario un pedazo de tiempo nada despreciable en la cafetería del Centro, aunque creo que no podía tomar café por la posible lesión del corazón. Con todos ellos me llevé estupendamente bien. José Antonio era un hombre educado, recto, que medía siempre sus actos en términos de equilibrio. Compartíamos la afición por la informática y muchas horas de conversación sobre asuntos variados formaron parte de nuestra relación de aquellos años, en la que también participaba de modo muy activo Ángel, el de León, un personaje notable, de origen maragato, interesado en temas orientales, aficionado a alabar y piropear al género femenino. Benjamín, responsable de cocina en ese trío, resultó ser también un conocedor de la informática y aficionado al Tao de Lao Tse. Mauricio, listo, originario de Alcalá de Henares, donde vivía, de buena estampa física, simpático y con don de gentes, formaba tándem con Angelito, aficionado a la psicología, preocupado por asuntos sociales, quizá el de mentalidad más progresista, buen conversador y amante de la tertulia. Juan Antonio, de edad más madura que los anteriores, meticuloso, algo quisquilloso, celoso de sus competencias, buena persona, y Santiago, oriundo de Meco, más directo y primario de gestos, aficiones y conversaciones, completaban el trío de parejas. Valentín, más bien bajito, muy rápido de mente, divertido y ocurrente, se ocupaba de cocina. Todos ellos, como digo, mantuvieron una buena relación conmigo que creo fue correspondida por mi parte.

En este tercer encierro, estuve sin salir de prisión prácticamente desde el 29 de julio de 2002 hasta el 23 de julio de 2005. Tres años continuados. Durante ese período de tiempo conviví con estos funcionarios. Y una convivencia intensa porque comenzaba mi jornada laboral a las siete de la mañana y la concluíamos a las nueve y media de la noche. Y así durante años, y en ese período atravesé por todas las estaciones varias veces, viví los fríos y los calores, las lluvias y las sequedades... Y sufrí inevitablemente estados de ánimo cambiantes. Días de calma, de agitación, de serenidad, de cabreo... Quizá por eso las personas que mejor me conocen en el mundo son ellos, estos funcionarios, porque me han visto un número enorme de horas y en todas las circunstancias posibles en las que se manifiesta el ser humano, además, claro, de que en prisión te acabas mostrando como eres de verdad, porque sentirte privado de libertad trae a la superficie, por mucho que quieras controlarte, por energía que consumas en el arte del disimulo, tus instintos más primarios, tu verdadera forma de ser. La cárcel es un espejo de tu verdadero carácter, de tu auténtica estructura anímica y emocional, de cómo realmente eres. Esas personas estoy seguro de que podrían definirme con mucha mayor precisión que otros que presumen de saber quién y cómo soy.

Mi horario era particularmente duro sobre el papel porque a las siete de la mañana me abrían la celda y comenzaba mi trabajo para atender a los reclusos que salían a diligencias, es decir, a realizar cualquier labor en diferentes Juzgados. Los funcionarios de sus respectivos módulos los acompañaban al departamento de Ingresos. La noche anterior recibíamos los partes de salida y con ellos confeccionábamos un documento en el que luego se punteaba a cada uno de los presos salientes, para que huellaran en su autorización individual de salida y volvieran a repetir de nuevo la ceremonia al regresar al Centro agotado el trámite para el que fueron conducidos a las dependencias judiciales, o al hospital, que este tipo de salidas por razones médicas también resultaban numerosas.

Mi primera misión diaria consistía en algo tan concreto como preparar el desayuno para los presos que iban a ser conducidos fuera de prisión. Oficialmente el desayuno se daba a partir de las ocho u ocho y media de la mañana, y como es evidente que necesitaban tomar algo, no quedaba más alternativa que prepararlo nosotros.

Los jueces, curiosamente, se ponían muy nerviosos con esto del desayuno si un preso alegaba que no quería declarar a consecuencia de encontrarse mareado o sin fuerzas porque en la prisión no le habían dado de desayunar. Daba igual que fuera excusa y que evidentemente el preso ejemplificara con ella una farsa burda. Los jueces no querían vicios formales en sus procedimientos y ese, al parecer, podía ser uno de ellos. Así que nos apremiaban y enviaban de vez en cuando partes a la dirección insistiendo en esta labor doméstica.

Como digo, mi trabajo residía en calentar unos litros de leche, añadirles café y azúcar, y complementarlos con unas galletas que, por cierto, no estaban nada mal. Por alguna razón que ignoro el café les gustaba a la mayoría cargado y muy, pero que muy azucarado. Una vez preparada la jarra con el café con leche, en una caja de cartón depositaba los envoltorios de papel transparente que contenían cada uno tres o cuatro galletas, y añadía un número de vasos de plástico calculado más o menos conforme al número de presos salientes. Con esta parafernalia en las manos —en más de una ocasión se me cayó algo al suelo— dejaba el almacén y atravesaba el pasillo con destino a las celdas americanas. Cuando los presos advertían mi presencia, formaban cola para tomar el vaso con sus manos, extenderlo a través de las rejas de la celda, esperar a que lo llenara de café, tomar uno o dos paquetes de galletas y volverse a su rincón en la celda a dar buena cuenta de todo ello. No todos querían probarlo, a pesar de mi esmero, salvo que corriera la voz de que tenía azúcar por un tubo, en cuyo caso el porcentaje de consumidores aumentaba muchos enteros.

A medida que fue transcurriendo el tiempo y aumentando la confianza entre nosotros, los funcionarios me permitieron ayudarles en misiones más administrativas. Podía escribir partes, introducir datos en el ordenador, preparar las fichas de los presos, expedir los documentos de salida y un largo etcétera de la multitud ingente de documentación que se genera en un Centro penitenciario. Menos los cacheos y las labores del huellado, en todo lo demás creo que les fui útil. Eso, lo confieso, me hacía sentirme bien. Además, deseaba corresponderles porque el régimen de vida dentro del departamento había mejorado de forma notable respecto de mi estancia anterior. Los funcionarios se quedaban a comer en nuestro almacén, y prepararon una mesa especialmente para esa labor. Así que alguien tenía que cocinar y un preso se encargaba de ello, para lo que tenía que disponer de ciertos conocimientos, aun cuando, como es fácilmente imaginable, aquello no era un local dedicado al gourmet de altura. Aprovechando esta circunstancia, el preso responsable de esta misión cocinaba también para él y para el resto de los que trabajábamos allí. Del papel de restauradores se fueron encargando sucesivamente Rubén, Luna y Charlie. Con este último conviví más tiempo que con los demás. Los materiales generalmente venían de cocina, así que era la misma comida que la de los demás, aunque cocinada con mayor esmero, o, cuando menos, no tan masificada como la del resto. A mí eso me importaba más bien poco porque dado que no comía ni carne, ni pescado ni embutidos, me alimentaba de arroz, garbanzos, judías verdes, cebollas, ensalada, tomate, fruta y queso. Y pechugas de pollo, que cuando tenían en cocina nos sentaban muy bien. A través del demandadero de la prisión compraba las lechugas, los tomates verdes, queso y fruta, mucha fruta. No exagero si digo que comía siete kilos de manzanas cada semana. Mi cena era siempre la misma: ensalada, tomates, cebolla y una o dos pechugas de pollo. En ocasiones sustituía la carne de pollo por una lata de atún. Para almorzar garbanzos, o lentejas, o judías... en fin, vegetarianismo en estado puro. Nada, absolutamente nada de alcohol. Ni carne roja de ningún tipo. Ni grasas animales. Insisto: vegetarianismo casi puro, de no ser por el pollo y el atún, pero me insistían en que algo de proteínas tenía que comer.

Una vez finalizadas las salidas de los presos, me duchaba y desayunaba en el almacén. A continuación me ponía a saltar a la comba. Un ejercicio muy duro, cuya intensidad y duración fui incrementando con el paso del tiempo. Llegué a estar una hora y media seguida. Para acompasarme ponía alguna canción especialmente diseñada para este fin. En ocasiones practicaba un ejercicio casi de artesanía porque en uno de los programas del ordenador de tratamiento de archivos de audio cambiaba el compás, el ritmo de la canción, disminuyéndolo al comienzo, restaurándolo al suyo propio en pocos minutos para ir creciendo en rapidez de manera progresiva, lo que intensificaba el esfuerzo y el consumo de energías. Mi misión —ya se comprende— no consistía en perder peso ni nada parecido, aunque solo fuera porque a lo largo de mi vida muy poco peso he tenido disponible para ser perdido. Más bien lo contrario. Se trataba de cansarme, de agotarme, de consumir tensión; en fin, un ejercicio específicamente orientado al equilibrio emocional, uno de los bienes más preciados —y al tiempo escasos— en los recintos carcelarios. Según los días y el trabajo, saltaba por las tardes en lugar de las mañanas, pero en cualquier caso, finalizado el ejercicio y la ducha de rigor —terminaba absolutamente empapado en sudor—, consumía algunos minutos en estiramientos y una suerte de meditación de andar por casa.

A eso de las nueve llegaban los restantes compañeros de faena. Enrique Lasarte estuvo conmigo los primeros seis meses. El día de nuestra llegada, el 29 de julio, Jesús Calvo no pudo atendernos, así que encomendó esa misión a Pepe Comerón, el subdirector de Seguridad, con instrucciones muy precisas respecto a que ambos teníamos que estar destinados en ese departamento y que debíamos ocupar una celda en La Moraleja. A mí me tocó la 30, la primera de ese especial pasillo, la que albergó al político de Móstoles. A Enrique la última. El reparto de funciones entre los cuatro o cinco destinados en esa zona en aquellos días me excluía de las labores de fregado. Solía ser responsabilidad del último que llegara, pero como yo me propuse voluntariamente para ser el chico de los desayunos y los demás se mostraron encantados de la vida porque nadie tenía especial interés en madrugar, quedé fuera de ese cometido. Enrique lo cumplió un tiempo. Era una labor que yo dominaba no solo porque todos los días fregaba mi celda, antes de salir y nada más llegar por la noche, justo antes de dormir, sino porque, además, en mi etapa anterior, siendo el único que se encontraba en el departamento los domingos, aprovechaba para fregar los dos almacenes y el pasillo, así como, de vez en cuando, las celdas americanas. Resultaba cansado, pero no se trataba de un trabajo meramente material. Lo más importante era aprender a ejecutar esas funciones tan rudimentarias en un plano diferente al meramente físico. Ciertamente alguno pensaría que se trataba de un enorme desperdicio de energías. Sí y no, porque para el cultivo de la humildad sincera no viene nada mal. Y por eso mientras pasaba la fregona por el suelo una y otra vez, mientras la escurría en el cubo de agua siguiendo una técnica secular entre los prisioneros, mientras vaciaba el agua sucia en las letrinas del cuarto de baño de Ingresos, pensaba en lo que estaba haciendo en ese instante mientras en un rápido recorrido a mi vida evocaba momentos de la llamada y ya pasada gloria... Y sonreía. Sinceramente sonreía... sonreía.

En los primeros días de septiembre, de regreso al Centro, Jesús Calvo nos recibió al tiempo a Enrique Lasarte y a mí en el ya famoso despacho del Juez de Vigilancia. Era la tercera vez en mi vida que me tocaba atravesar ese puente de comunicación con el director del Centro y todo me sonaba sabido. A Jesús también. Aquella mañana le noté especialmente abatido. Como buen profesional sabía lo que significaba una condena de veinte años, aunque fuera solo sobre el papel. Asumía el efecto impacto en jueces y autoridades penitenciarias. Comprendía que se trataba de un castigo, de un mazazo —como tituló *El Mundo*— del poder a Mario Conde y eso iba a tener sus costes que irremediablemente se medirían en tiempo de privación de libertad. Quería hablarme, y al tiempo rehuía hacerlo. Sabía que yo dominaba mejor que muchos el Derecho Penitenciario, amén del mundo de la política, y tendría perfectamente asumido que con la laxitud propia de los conceptos jurídicos de esa rama tan especial, y las derivadas políticas del caso, mientras el poder, léase en ese instante Aznar, mantuviera una posición de abierta hostilidad, como parecía ser el caso, mi libertad brillaría por su ausencia. Por ello optó por dirigirse a Enrique.

—Teniendo en cuenta que tu condena es de cuatro años, yo creo que en febrero puedes estar en permiso y enseguida tercer grado.

A Enrique aquellas palabras le sentaron a cuerno quemado. Pensaba que podría salir mucho antes, aunque ignoraba quién era responsable de una información a todas luces falsa. No había nada que hacer. Enrique peleó por salir en Navidades de ese inolvidable 2002, pero todo su esfuerzo fue inútil. Jaime Mayor, ministro entonces y amigo de Enrique, no pudo conseguirlo. Supongo que lo intentaría, pero posiblemente entendió que el coste político de provocar una salida anticipada de Enrique sería superior a esperar dos meses más. Claro que eso puede parecerte lógico cuando no has experimentado en carne propia lo que significan dos meses de prisión.

—En cuanto a ti, Mario, ¿qué quieres que te diga? Todo depende de la acumulación. Si te la conceden...

Esa palabra, «acumulación», se convirtió en mi objetivo. Una norma técnica del Código penal advierte que cuando se trata de delitos conexos las penas impuestas no pueden ser superiores al triplo de la más grave. Es algo muy conocido en el mundo forense, que utiliza para referirse a ella la expresión «el triplo de la mayor». Que me concedieran ese derecho era tan vital como ajustado a la Ley. Y digo vital porque en tal caso, dado que la mayor de mis condenas era la de seis años y un día que me impusieron por los trescientos millones que di al CDS de Adolfo Suárez, el total no podía superar los dieciocho años por el Código antiguo. Pero, claro, de esos dieciocho años ya tendría cumplidos cuatro años y seis meses, es decir, los correspondientes a Argentia Trust (en esto reside la gracia de la acumulación), lo que quiere decir que mi tercer ingreso en prisión se haría con una cuarta parte de la condena ya cubierta, lo que me permitiría estar como mínimo en permiso ordinario y, de ser coherentes con la doctrina que venían aplicando desde siempre, acceder de modo inmediato al tercer grado. Por eso —me decían voces autorizadas— te han subido la condena, porque si mantenían los diez años de la Audiencia Nacional ni siquiera hubieras tenido que ingresar, salvo para cubrir los trámites de concesión del tercer grado. Seguro que ese debería haber sido el resultado, pero estaba convencido de que cuando, en un ejercicio tan insólito como evidenciador de una terrible crueldad, decidieron doblarme la condena e imponerme veinte años, más que un asesinato, no tomaron en consideración ese dato técnico. Sus deseos iban por otros derroteros. Se trataba de destruirme. Eso era todo. Sin más paliativos. La acumulación, si me la concedían, era un punto de esperanza en el que seguramente ni siquiera habrían pensado, pero podría servir para algo. Así que a esperar.

Aun alimentando ese resquicio de la acumulación técnica y el posible recorte de pena que implicaba, admito que no podía sustraerme en aquellos días a la carga de maldad, o de crueldad si se prefiere, que contenía la sentencia. Nadie, creo sinceramente que nadie, mínimamente conocedor del asunto pensaría que semejante número de años pudiera considerarse siquiera proporcionado. Y la desproporción se alimentaba de crueldad. Por ello mi concepto del ser humano descendió muchos enteros. Empecé a pensar que se trataba de un producto esencialmente imperfecto.

Por si fuera poco, además de consumir como una fiera el nihilismo de Cioran, pedí cuantos libros pude encontrar sobre el catarismo. La herejía de aquellos llamados «perfectos» me fascinó. Las portadas de los libros las pegaba como decoración en la pared blanca del fondo del almacén, allí donde instalé la mesa de trabajo. Su dualismo me parecía algo infantil, si se quiere, pero su concepto del mal, la esencial maldad de lo corpóreo, encajaba muy bien con mi estado de ánimo de aquellos días. La Iglesia católica los persiguió hasta generar niveles de crueldad realmente inconcebibles. Los quemaba vivos, les quitaba sus bienes, asesinaban a sus familias... La odisea cátara, ocurrida en la maravillosa tierra de Languedoc, fue un brutal genocidio humano. Pero la resistencia de los practicantes de esa fe, su inquebrantable creencia en la primacía del espíritu sobre la carne, su insobornable dignidad, constituían algo capaz no ya de ser admirado, sino de agitar tormentosamente los cimientos de mi equipaje emocional más profundo en aquellos días. Veía sufrir a los míos. El dolor de Lourdes ante la brutalidad de la sentencia no me permitía alejarme de esos campos, huir de convicciones referidas a la maldad sustancial del ser humano, en general, y en particular de aquellos que ejercen algunas parcelas de poder. Vivía atormentado con esa idea que sabía nociva. Algo así podría fácilmente convertirse en el pórtico de entrada del odio en mis adentros. Y estaba convencido de que ese veneno acabaría con mi vida emocional, espiritual y quién sabe si física. Pero admito que renunciar a esas ideas cuando todavía estaban en carne viva las heridas abiertas por la condena multiplicada por dos y elevada a veinte años en un ejercicio de ingeniería jurídica en el que ni siquiera se respetó la contradicción probatoria, se me convertía en una cuesta arriba demasiado pronunciada.

Tendría que ir poco a poco. Día a día. Mes a mes. Año a año...
¿Hasta cuándo?

A las siete y media de la mañana, después de una breve ducha,
llegué al departamento. La noche anterior, un Juzgado de no sé
dónde había ordenado el ingreso de dos musulmanes por el interminable delito de robo con violencia. Mozos jóvenes de apenas
dieciocho o veinte años, que roban, ingresan en la cárcel, se ali-
mentan, descansan, vuelven a la libertad, a robar, a reingresar, así
en un círculo vicioso que no alcanzo a comprender. Pero no es el
momento de filosofar sobre semejante barbaridad, sino de prepa-
rarles sus papeles, las fotografías, preguntarles el nombre de su
padre, que siempre suele ser Mohamed, el de su madre, que con
inaudita frecuencia coincide con Fátima, en qué fecha nacieron,
que, casualmente, casi siempre suele ser el uno de enero del año
que daría como resultado una edad de dieciocho o veinte años. En
fin, una farsa sin sentido que me veo obligado a aceptar como parte de mi trabajo.

Inmerso en semejante clima laboral y vital, los conceptos de
gravedad desdibujan un tanto sus perfiles y pierden intensidad en
su dramatismo. Lo verdaderamente grave es sentirte privado de
libertad como consecuencia de una decisión que al margen de otras
consideraciones rezumaba brutalidad, exceso, demasía. Tal vez por
ello el escenario carcelero constituye una plataforma adecuada
para pensar en los territorios de la libertad sin que la histeria nacida de los intereses personales pueda nublar la claridad de ideas.
Tal vez no. En fin, quién sabe. Lo mejor es escribir, reflejar sentimientos, pensamientos y juicios tal y como vienen, como nacen, y
posteriormente ya los analizaremos.

Salí al patio principal a buscar a Enrique. Un coche de la policía nacional se apostaba junto al rastrillo mientras un miembro del
cuerpo, con el pelo rasurado al máximo, escribía, con gesto mecá-

nico y ausente de cualquier emoción, el formulario de entrega de un nuevo moro —otro— apoyado sobre el capó del vehículo policial. Enrique caminaba a velocidad considerable entre los dos extremos del patio. En su mano derecha sujetaba un ejemplar del *Abc*. Cuando llegué y se percató de mi presencia, sin cesar su marcha abrió el periódico, buscó en las páginas de hueco grabado y sin pronunciar palabra me mostró una fotografía en la que aparecía Fernando Almansa, todavía jefe de la Casa Real, y el presidente Aznar, que había acudido a Palma de Mallorca para entrevistarse con el Rey, supongo que a propósito del último atentado etarra.

Caminamos un rato más en impenitente silencio mientras deglutíamos confusos la fotografía y su simbolismo, que vibraba en nuestro interior con un patetismo superlativo en ese mundo de hierro y cemento. En esas, Enrique dijo:

—Teóricamente, en estos momentos, con Jaime Mayor, amigo, situado como quizá el hombre más fuerte del PP después de Aznar, y con Fernando Almansa como jefe de la Casa del Rey, nuestro entorno, en especial el mío, porque Jaime es amigo mío y no tuyo, es el mejor que imaginarse pueda en el plano político. Y, sin embargo, lo real, lo auténtico y lo increíble es que a pesar de todo nos encontramos aquí.

Continuamos caminando. Se abrió la puerta metálica que da acceso al patio de preventivos desde el correspondiente de cumplimiento y apareció un funcionario que transportaba con gesto indiferente a unos cuantos moros hacia el departamento de Ingresos. Ahora les tocaba el turno de la libertad después de consumir escasos días en prisión. Al verlos salir con destino al mundo de los libres pensé que en cuestión de días, tal vez de horas, todos o algunos de ellos volverían a recorrer el camino en sentido contrario, en dirección nuevamente a sus celdas. Pero los moros, su libertad o confinamiento, no constituían mis preocupaciones fundamentales en aquellos momentos en los que, por alguna razón u otra, nuestras mentes volaban hacia Fernando Almansa.

La verdad es que aquella generación de Deusto había proporcionado nombres notables a nuestro país. Desde Almunia, ministro con González y secretario general del partido socialista por un breve período de tiempo, pasando por José María Rodríguez Colorado, «Colo» para casi todo el mundo, director general de la Policía con el PSOE, hasta Almansa, jefe de la Casa del Rey, pasando por Enrique y por mí, que habíamos ocupado los nada despreciables puestos de consejero delegado y presidente del Grupo Banesto. Que todos nosotros perteneciéramos al mismo curso de la Universidad de Deusto la convertía en una promoción de alta densidad política y financiera.

Colo, desgraciadamente, había sido condenado por el asunto de los fondos reservados y si su recurso de casación no resultaba estimado, tendría inevitablemente que cumplir algún tiempo de prisión. Almunia se estrelló en su intento de sustituir a González, posiblemente porque, al margen de sus cualidades intelectuales, no cumpliera el patrón de los aspirantes a liderazgos políticos, independientemente de que, justo es reconocerlo, sustituir a González no constituía misión particularmente fácil. Quedaba Almansa, y hacia él volaban nuestras mentes en aquella mañana carcelaria.

Dormí regular aquella noche. Me embrujó la luna. De madrugada, a eso de las seis menos cuarto, me encaramé sobre la cama y muy despacio, porque todavía sentía ciertos dolores de espalda por excesos de estiramientos, me situé en la silla de plástico frente a la mesa de obra de mi celda. Eché una ojeada al exterior y allí estaba. Situada sobre el costado izquierdo del trozo de cielo que me es permitido contemplar. Decididamente, la luna llena es más llena y brilla con mayor intensidad cuando la contemplas cautivo, encerrado en un espacio de ocho metros cuadrados, desnudo, silente, cansado, preso.

El tono del cielo comenzaba a girar cromáticamente con destino al azul añil, aunque en Castilla ese color no alcanza la increíble tonalidad que despliega en las tierras de María Santísima. Sobre ese campo, el brillo intenso de la luna proporcionaba cierta textura mágica al conjunto, que, lamentablemente, se perdía al instante porque las luces amarillentas de seguridad seguían impenitentes arrojándose sobre el patio de presos, reflejándose sobre el muro, fijándose en los alambres, impidiendo que la cálida tonalidad de una luna llena vertiera sobre el patio, inmensamente vacío de presos a esas horas del alba, algo de su flujo sagrado. Todo te recuerda tu condición de preso. La silla de color blanco rancio situada en la esquina izquierda del patio, junto con un trozo de ropa desteñida y sucia; el cantar de los pájaros tempraneros, que pierde todo su encanto porque acuden a nuestro patio a picotear sobre los trozos de pan abandonados por los presos antes de subir a sus celdas. Comen desperdicio de preso. Quizá por ello su canto dibuje en el espacio melancolía.

Me acordé del postulado sufí: El león no come carne de perro.

La luna, como es femenina y está acostumbrada a girar alrededor del inmóvil sol, permanecía alegre y ajena a la tragedia que habitaba en nuestro módulo de Ingresos y en los demás, de preventivos y cumplimiento, que integran la prisión. Se la veía feliz, contenta, encantada de sí misma. Claro que, como buena mujer, en poco tiempo perdería su brillo y caminaría hacia la oscuridad plena, para volver a nacer y retornar a su esplendor. Mientras tanto, el sol, como buen macho, permanecería quieto, sin moverse un ápice, sin alterar sus tonos, cromía o temperatura, permitiendo que la luna revoloteara retozando a su alrededor mientras cambia de forma, tono y brillo una y otra vez para volver nuevamente a empezar. El sol no sonríe. La luna sí.

Conversé con el padre Garralda. Hombre ya mayor, de más de ochenta años, había dedicado, según me cuentan, una parte muy sustancial de su vida a moverse por estos ámbitos carcelarios, supongo que para tratar de ayudar a los presos, no sé si a practicar el cristianismo o simplemente a soportar la vida. Me llamó la atención cuando lo vi charlando con Enrique poco después de nuestra arribada forzosa por este departamento. No lo recordaba de mis dos estancias anteriores.

Aquella mañana, escuchaba algo de música mientras permitía a la mente viajar sin control a través de sus propios pensamientos e imaginaciones cuando apareció la figura de Vicente detrás de la mesa cubierta con mantel de cuadros blancos y rojos. Me hizo un gesto con la cabeza y me levanté. En voz baja me indicó que alguien me quería ver. No sabía de quién se trataba. Me acompañó al despacho del médico, lo que excitó un poco más mi curiosidad porque no había solicitado ningún tipo de consulta. Abrí la puerta despacio y le vi.

Era el padre Garralda. Su pelo blanco, lacio y largo, peinado hacia atrás, su nariz aguileña sin exceso, con el punto necesario para añadir elegancia a un rostro, sus ojos grandes situados en los extremos de su cara y su boca fina, sin asperezas, proporcionaban una estética agradable que contrastaba con su oficio de cuidador espiritual de presos, además de que en modo alguno habría podido suponer que aquel rostro pertenecía a un hombre de más de ochenta años. Me senté frente a él, separados ambos por la mesa de formica de los médicos sobre la que se encontraban algunas páginas escritas a mano, con esa letra tan increíblemente ilegible de la que suelen hacer gala los profesionales de la medicina.

Cuando comenzó a hablar su rostro parecía relajado. Tuve la sensación de que quería transmitirme una buena noticia. La verdad es que en el brevísimo primer encuentro me insinuó que tenía en la cabeza alguna idea buena para mí, capaz de explotar de la mejor manera posible mis capacidades. No presté demasiada atención, lo reconozco, pero el hombre, constante y concienzudo, insistía ahora.

—He hablado con el director y le ha parecido muy bien lo que te voy a exponer.

La apelación al argumento de autoridad siempre es un recurso aceptable, incluso en libertad. En este mundo, mucho más. La autoridad que los funcionarios ejercen sobre los presos es total, inmediata, directa. La del director es sobrenatural. Para un amante de la autoridad por encima de cualquier otra cosa, el cargo es incluso peligroso porque el poder de mandar casi sin límite sobre cientos de personas que, debido a su condición de presos, tienen el estigma de engañar y mentir, lo que limita de modo considerable su capacidad de protesta, es un atributo difícil de manejar porque los límites casi te los proporcionas tú a ti mismo y el ser humano suele ser más amante del exceso que de la moderación. Por eso es admirado Jesús Calvo en este entorno. Ejerce la autoridad con mesura, dejando que su lado humano modere la crudeza que rezuma el entorno. Nadie duda de que sabe ser duro cuando alguien confunde humanidad con blandura, comprensión con debilidad.

—Le he comentado al director —prosiguió el padre Garralda— que dadas tus capacidades lo mejor sería disponer de un módulo especial en el que vivieran unos cuantos chicos de los que no quieren volver a la cárcel y que tú pudieras hablar con ellos, formarles, enseñarles, explicarles cómo funcionan las cosas por ahí fuera. De esta manera los conocerías y podrías avalarles para que encontraran encaje cuando vuelvan a la libertad. Al director, como te digo, la idea le ha gustado mucho. Ahora mismo tiene cierta dificultad para encontrar un módulo adecuado, pero si lo ponemos en marcha lo hará.

Se inclinó hacia delante, acercándose a mí, como queriendo ganar intimidad al reducir el espacio que nos separaba. Sus ojos expresaban satisfacción y su boca cinceló una amable sonrisa. Esperaba mi respuesta.

—Pues te agradezco muy sinceramente lo que me propones, pero debo decirte que no me apetece nada. Absolutamente nada.

Se tensó. Su rostro cambió bruscamente. Sus ojos transmitían estupefacción. Su boca, un rictus de desagrado. Sus manos se juntaron una con la otra, como para ayudarse mutuamente. Irguió la espalda.

En ese instante se abrió la puerta y penetró Enrique en el recinto. Saludó con una voz fuerte que sonó amplificada en el ambiente espeso y tenso creado en aquel pequeño despacho. Se sentó a mi derecha. Continué:

—Como te digo, no tengo el menor interés en atender lo que me propones. Sin duda alguna, si esta conversación se hubiera celebrado en los primeros días de prisión, allá por las Navidades de 1994, mi respuesta habría sido entusiásticamente positiva. Incluso en 1998, cuando me encarcelaron por Argentia, es más que probable que hubiera aceptado el envite. Ahora no.

Enrique, ajeno a los prolegómenos de la conversación, atendía a mis palabras sin saber exactamente a qué se referían, aunque como había charlado algo con el padre Garralda y me conoce a la perfección, no albergaba demasiadas dudas de que rechazaba un ofrecimiento de esos de llamado tinte humanitario. La expresión de nuestro interlocutor, por otro lado, no permitía excesivas dudas. Sus ojos se convirtieron en elocuentes discursos de su estado de ánimo. Proseguí.

—Durante estos años he aprendido mucho sobre el ser humano. Lamentablemente, he llegado a una conclusión: el ser humano es un foco de maldad. En él viven, habitan los peores instintos y salen al exterior a la primera de cambio. No hay nada que hacer. Ello, sin duda, es compatible con sujetos capaces de aportar muestras inequívocas de una alta dignidad. Pero son excepciones minúsculas en número en comparación con la generalidad.

El silencio reinaba en el pequeño despacho blanco.

—Curiosamente, durante toda mi vida he creído en el individuo, en los valores que le adornaban. Mi concepto de la amistad se edificaba sobre tal convencimiento. Cuando llegué a Banesto, con treinta y nueve años, pensé que disponía de la oportunidad de promocionar a personas que lo merecían. Por ello, al margen de hacer banca, quise crear un centro de estudios superiores financieros y pedí a los accionistas autorización para crear una fundación cultural desde la que pudiéramos, como decía entonces, devolver a la sociedad en forma de cultura una parte de lo que ella nos permitía acumular en forma de beneficios. Cuando intervinieron Banesto, Botín, sin ninguna razón, cerró la fundación y clausuró el centro de estudios. Bueno, sin ninguna razón no. Precisamente porque la creamos nosotros, para que no viviera nuestro nombre en las labores de este tipo que uno y otro, centro de estudios y fundación, pudieran desarrollar.

—Ya —fue todo lo que pudo musitar el padre Garralda.

—No creo en el hombre, en el individuo. No deseo conocer a nadie más. Me basta con aquellos que tengo. Me parece profunda y absolutamente inútil dedicar mis esfuerzos a una labor que nace muerta porque es sembrar semillas de trigo sobre un campo de cemento. Lo siento, pero es así. Comprendo que tu vida dedicada a estas labores carcelarias se basa en un concepto sustancialmente opuesto al mío. Pero este es el que tengo hoy, el que vive en mi interior.

—Pues lo siento.

La voz del padre Garralda sonaba lastimera. Enrique, asintiendo levemente con la cabeza, asistía a la escena.

—Pues sinceramente lo siento —insistió el sacerdote—. Comprendo que todo lo que has vivido es muy duro, y por muy Mario

Conde que seas, te tiene que afectar. Por eso ahora estás en un pozo y lo que hay que hacer es luchar con todas las fuerzas para salir de él. Cuando lo consigas volveré a la propuesta. Ahora lucha por salir del pozo.

—Creo sinceramente que no me has entendido —repliqué.

Mi voz sonó con cierta aspereza. El volumen ascendió ligeramente. Me erguí. No sentía la menor tensión interna. Hablaba con la calma que te proporciona la convicción absoluta en tus ideas.

—No estoy en ningún pozo. Para nada. Tengo mis ideas muy claras. Estoy lleno de ilusiones, de cosas que quiero hacer cuando termine este encierro forzoso. Me sobran proyectos y capacidad de ilusionarme con ellos. Conozco a personas extraordinarias. Sé con quién quiero vivir y compartir los restos de mi espacio-tiempo. Todo ello me proporciona un estado de ánimo de ilusión y tranquilidad al mismo tiempo. No odio a nadie. Quiero a algunos. Deseo vivir mi vida, superar este momento dibujado y cincelado por la maldad. No te equivoques.

—Bueno, entiendo.

—La verdad es que resulta quizá algo complejo de entender —proseguí—, pero ya no creo, te insisto, en el ser humano. No deseo conocer a nadie más. Mi proverbial confianza en los demás ha mutado hacia una exquisita desconfianza. Creo que cuando alguien se me acerca su aproximación se motiva en sentimientos de corte inferior. Será o no siempre cierto, pero no tengo el menor interés en descubrirlo. Mis afectos están llenos, mis ilusiones también. He sufrido demasiado cuando he visto la estructura moral de personas a las que he querido entrañablemente y a las que he dado casi todo lo que podía entregar en mi vida. El hedor que desprende el ser humano es tan brutalmente fétido que no quiero volver a sentirlo. Quizá me pierda con ello conocer a alguien de la talla de algunos que comparten conmigo sus vidas. Es muy posible. Pero a cambio me ahorraré con plena seguridad el fétido olor que despide ese producto capaz de odiar, envidiar, mentir, difamar, ofender, disfrutar con el dolor ajeno y si es inmerecido mucho más. No hay ningún pozo en mi vida. Coexisten ilusiones y convencimientos. Eso es todo.

No pudo responder. Mis palabras sonaban sinceras, nacidas de un interior cincelado a golpe de sufrimiento. No existía alternativa. Me puse de pie. Enrique hizo lo propio. Le dimos la mano ambos a nuestro interlocutor y abandonamos el despacho del médico. Allí se quedaba el sacerdote, con su vida dedicada, según creo, a los presos y presas, y con un concepto del hombre, su material de trabajo, que se aproximaba mucho a los desperdicios de un estercolero.

Volví a mi lugar de trabajo en el almacén. La música sonaba. Me sentía tranquilo y sereno. Al comienzo, cuando este tipo de pensamientos se apoderaban de mí, cuando los veía crecer en mi interior, sufría porque deseaba que otras plantas crecieran en ese trozo de jardín, pero no había nada que hacer. Cada día, cada hora, se convertía en un nuevo testigo de la certeza de mis ideas. Poco antes de volver por aquí alguien me habló de un libro llamado «El hombre en busca de destino». Era una especie de diario intimista de un judío prisionero en Auschwitz, Victor Frankl, sobreviviente de semejante locura. Escribió: «Hemos conocido al hombre tal como es. El hombre es el ser que inventó las cámaras de gas de Auschwitz; pero también es el ser que al entrar en esas cámaras de gas murmuró Shemá Israel».

Ya, pero lo importante consiste en que los que son capaces de inventar las cámaras de gas y disfrutar con ellas componen la inmensa mayoría, abrumadora mayoría, de los individuos que constituyen la humanidad. Los capaces de entrar calmos en el horror de perder sus vidas por una crueldad enloquecida y sin sentido, gritando Shemá Israel u otro grito de similar textura y porte, componen una ínfima porción, unas rutilantes excepciones. Son productos grandiosos en los que viven los valores que verdaderamente definen al hombre, le atribuyen su grandeza, le hacen auténticamente semejante a Dios. Conocerlos y compartir con ellos la existencia te permite creer en la esencia de la vida. Seguramente por ello son excepciones. Sin duda la masa retoza en la maldad enloquecida.

Tal vez por ello me resulte tan atractivo el pensamiento mosaico. «Dios comprendió que exigía demasiado a los seres humanos cuando les solicitaba que demostraran cualidades morales en una comunidad esencialmente inmoral. De modo que en lugar de pedir a los individuos que se eleven por encima de su sociedad, Dios se aboca a crear una comunidad donde el común de la gente, no los santos, se respaldan mutuamente en sus esfuerzos por actuar con rectitud.» Pero aun así la comunidad debe ser necesariamente pequeña, reducida. Tal vez por haberlo comprendido con tanta nitidez, quizá por esta asignación del papel de modelo que se autoatribuyen los judíos al definir su idea de pacto con Dios plasmado en la Torá, quizá en esa filosofía de base reside la esencia de su persecución secular. Ellos, los judíos, sostienen que el cristianismo arranca de una base judía. No en vano Jesús, el profeta cristiano, pertenecía a su raza. La diferencia radica en que ellos, los judíos, eran ya un pueblo antes de tener una religión. Descubrieron el monoteísmo y pactaron con Dios. El cristianismo se dedicó a universalizar el mensaje, desproveyéndole de algunos datos esenciales de forma y manera que permitiera su deglución por el gran público. Es evidente que no fueron los judíos —insisten— quienes crucificaron a Jesús. La responsabilidad recae en los romanos y la razón deriva directamente de la proyección política contraria al Imperio que emanaba de toda la doctrina del revolucionario de Nazaret.

Los calores estivales, como mis esperanzas en el ser humano, nos habían abandonado tiempo atrás, pero esos días finales de agosto, con el menguante lunar, nos inundaban con temperaturas absolutamente inhabituales. Esas últimas noches ya no nos visitaba una brisa templada, sino más bien una racha fría. No gélida, como las del invierno, que ya llegaría el tiempo de sufrirlas.

La tarde ya la habíamos echado para atrás y en el fondo del almacén de Ingresos, como todos los días, sonaba una música con la que buscábamos unos momentos de tranquilidad antes de ascender nuevamente a la celda. No me inspiraban ninguna nostalgia esos instantes. A algunos les producía cierta depresión pensar en que nuevamente, como protagonistas de un eterno mito de Sísifo, tenían que ascender hacia el calabozo para volver a descender la mañana siguiente, y así día tras día, mes tras mes y año tras año. No veía las cosas de tal manera. Una tarde vencida era un día menos, y, aplicando las redenciones ordinarias y extraordinarias, dos días menos. Es la teoría del «mirar para atrás», regocijarse en lo consumido, en el tiempo malgastado entre rejas por imposición forzosa de algún tribunal o lo que sea. Por ello, cuando llegaba al convencimiento de que había vencido al día, de que había echado la tarde para atrás, no solo no me invadía un sentimiento depresivo, sino todo lo contrario: había vuelto a ganar la batalla de cada día a este mundo, a este entorno y a las gentes que me habían enviado a él.

—Vuelve Escolar.

El jefe de Servicios anunciaba oficialmente lo que para mí constituía un inevitable: el retorno de Rafael por estos lares. Cuando días atrás salió por la puerta de Libertades aquella tarde, en el comienzo de la anochecida, los ojos de Rafael transmitían una alegría especial: la que se siente cuando crees recuperar, aunque sea parcialmente, tu libertad. Yo, sin embargo, sabía que las cosas no discurrirían por un sendero de flores y hierbas verdegueantes recién nacidas a la vida, semejante al que Rafael en su fuero interno, en su espíritu que retozaba en su nuevo estado, imaginaba. Así fue. Estuvo, desde luego, en un hospital, pero penitenciario, y eso imprime carácter. Una pequeña habitación, de dimensiones inferiores a las de una celda, dos camas —afortunadamente para él una de ellas se encontraba vacía—, un aire acondicionado que brillaba por su ausencia y un pequeño ventanuco que debía permanecer inexorablemente cerrado de acuerdo con «las normas», constituyeron el nuevo escenario en el que consumió unos cuantos días mientras se ejecutaban las pruebas forenses para determinar su estado de salud con la finalidad de concretar su situación penitenciaria. Concluido el trabajo de los especialistas, el destino de Rafael no podía ser otro que el territorio regentado por Jesús Calvo.

La imagen de su nueva entrada distaba mucho de los cánones de belleza griegos: esposado, con la camisa fuera de los pantalones cubriendo el cinturón, y una chaqueta algo arrugada, como equipaje de regreso, acompañado de una expresión de indescriptible tristeza. Al vernos, se vino arriba, como dicen por el sur. Aparentó fortaleza y serenidad. Seguramente algo de ello viviría en su interior.

Al día siguiente nos volvimos a reunir Enrique y yo con él y Jacques. En efecto, como preveía, el gusano carcelario comenzaba a producir sus efectos. La voluntad de abandonar este recinto a costa de lo que sea comienza a ser perceptible, aunque todavía conserva la suavidad de las rachas de viento térmico que visitan la bahía de Palma de Mallorca cuando caen las tardes del estío. Pronto tomarían la acritud de las ráfagas del mistral de octubre. Mientras llega, la mente todavía dispone de cierta quietud para pensar. Jacques tenía las ideas claras:

—Seguimos sin saber qué fuerzas son las que nos encerraron aquí con tanta crueldad. Pero lo que tenemos que hacer es pensar en cómo salir de aquí. Ese es el objetivo. El Tribunal Constitucional no servirá para nada, porque seguirá nuevamente instrucciones.

—Yo ni siquiera pienso acudir en amparo. Lo harán mis sociedades, pero yo no —dijo en tono seco y duro Rafael.

Pronto se irían los dos. El sistema penitenciario impone sus reglas y la Junta de Tratamiento de Madrid II seguramente aprobaría su tercer grado por razones de salud y edad, previo a solicitar de la Juez de Vigilancia que les aplicara el correspondiente anticipo de la libertad condicional debido a la lejana fecha de su nacimiento y a las especiales condiciones de salud que les acompañaban. En unos días, como mucho un mes, se encontrarían libres —parcialmente— de esta pesadilla. Volvería Rafael por sus fueros. Seguiría en su lucha. Tal vez muy poco efectiva, por la desproporción de fuerzas en litigio, pero si servía para mantenerle vivo, para suministrarle energía para levantarse con ánimo cada mañana y soñar algunos minutos cada noche, pues muy bien.

Cuando se fueron, volví por el despacho de Ingresos a charlar con Pepe de los ejemplares humanos que abundan por estas tierras. Me contó, como uno de los más singulares de su vida, ya dilatada por encima de treinta años en el mundo de las prisiones, el de un tal Abito Luciano. Debió de ser un ejemplar memorable. Limitado de mente —es decir, un poco corto el hombre—, gangoso en el hablar para adornar su figura, Abito era un impenitente creador de problemas a los funcionarios, claro que el método para ello no dejaba de ser doloroso y cruel porque con cualquier instrumento que tuviera a mano comenzaba a hurgarse en el antebrazo izquierdo. Poco a poco, centímetro a centímetro, horadaba en su carne, creando un foso de tres o cuatro centímetros de largo y dos o tres de ancho. Primero apartaba la piel, después llegaba a las venas y los nervios. Jugaba con ellos como si fueran cuerdas de guitarra. Seguía profundizando mientras en el suelo verde comenzaba a dibujarse un charco con su sangre, espesa y oscura. Abito no parecía sentir el menor dolor porque toda la maniobra la ejecutaba impertérrito, sin perder en sus labios una mueca que se parecía mucho a lo que en los humanos «normales» recibe el nombre de sonrisa. Seguía con la vocación de un peregrino atraído por la llamada de su Dios hurgando y hurgando hasta que el hueso de su antebrazo aparecía a la vista de quien se asomara a semejante ventana. Lo limpiaba para que reluciera y lo mostraba encantado, como quien consigue una obra de arte fruto de un esfuerzo de la imaginación y las habilidades manuales.

Lo peor de todo es que Abito, una vez concluido el primer hoyo corporal, comenzaba, centímetros más arriba, con el segundo, y si alguien no lo remediaba, se cubría todo su brazo con tan inequívocas muestras de desequilibrio mental.

Los funcionarios lo prendían y lo sujetaban, pero Abito poseía, entre otras cosas, una habilidad especial para liberarse de ataduras. Me contaba Pepe que lo situaban de espaldas a una pared cualquiera y Abito, echando los codos hacia atrás, clavándolos en la desnuda pared y apoyándose con los tobillos, pies y piernas, conseguía ascender por la esquina a una velocidad endiablada sin que nadie supiera describir el juego de fuerzas que le permitía semejante ascensión.

Por mucha fuerza que consumieran en atarle las ligaduras y numerosos los nudos de ajuste, Abito, en una versión carcelaria de las habilidades de Houdini, se liberaba de todas las trabas y comenzaba de nuevo con la aventura de horadarse el antebrazo. Decidieron llevarlo a un psiquiátrico, porque otra solución no les quedaba. Pero ¿cómo sujetarlo hasta el día siguiente? El método que me describió Pepe para calmar al personaje no pudo ser más expeditivo. Lo envolvieron en un colchón que rodeaba su cuerpo por completo. Las manos se las sujetaron firmemente a la espalda. El colchón lo ataron contra su cuerpo con cuerdas y cinta adhesiva. Concluida la primera parte de la operación, dio comienzo la segunda: lo colgaron en semejante estado desde la ventana de la celda. Su cuerpo pendía sobre el patio de presos, aunque la altura era más bien escasa. Si hubiera sufrido una rotura de ligaduras o ataduras, no se habría provocado demasiado daño al estrellarse contra el suelo, en todo caso mucho menos que el que el bueno de Abito se dedicaba a sí mismo con sus manías de buscador de tesoros escondidos en la carnes y huesos de sus brazos. A todo esto, Abito, con su voz gangosa que inevitablemente transmitía comicidad, rompía el silencio de la noche con una frase repetida mecánicamente: «Funchionayo achechino».

El 29 de agosto se cumplía el primer mes de mi tercera estancia carcelaria. Mis penalidades interiores se agolpaban entonces en torno a mi futura ahijada, la hija de Jaime Alonso. Leonés de cepa pura, de los montes altos, cercano a la Puebla de Lillo, honrado a carta cabal, capaz de llevar la amistad y el respeto por lo digno hasta confines no hollados más que por una inmensa minoría de humanos, Jaime quiso que yo fuera el padrino de su hija Alejandra, cuyo nacimiento se esperaba para el siguiente mes, fruto de su segundo matrimonio. Esa hija constituía un pilar decisivo en el que Jaime apoyaría su vida futura. Su designación de padrinazgo era de las decisiones más trascendentes de su vida. Yo era perfectamente consciente de lo que eso significaba para él. Y lo acepté como un honor además de un servicio. Jaime pertenece en teoría a eso que llaman la extrema derecha. Sin embargo, yo, que no he militado en esas filas, en ningún momento he tenido que enfrentarme a él por cuestiones referidas, por ejemplo, a la economía de un país, a las relaciones Oriente-Occidente, a la necesidad de asegurar igualdad de oportunidades... En fin, a muchas otras consideraciones esenciales para la vida en común. Al margen de que en cualquier caso esa discusión teórica no producida no quebrantaría la cimentada solidez de la amistad entre nosotros forjada. Su hija nacería en los próximos días. Y yo no podría estar allí.

Pronto vendría septiembre y con él se reanudaría la actividad judicial, lo que provocaría que los abogados vinieran a verme, a contarme las pocas cosas de las que teníamos que hablar, porque cuando te sentencian, te condenan y encierran, las palabras comienzan a sobrar. Es el turno de la fortaleza interior, que se verá golpeada una y otra vez por la amarga inercia de la vida carcelaria, con el añadido de que cualquier noticia que llegue desde los lugares en los que viven y trabajan esos hombres de negro con puñetas blanquecinas en sus mangas será, seguramente, negativa para tus intereses, esto es, tu libertad o hacienda, con lo que el efecto demoledor que añadirán a tu estado de ánimo te provocará uno o dos días de intenso ataque del gusano carcelario, en los que todo será agrio, ácido, perverso. Pero se pasa. Si quieres, sobrevives. Por mucha patología que te circunde.

Por cierto, que Rubén, uno de los que trabajaban en el módulo, aunque en su caso de manera ocasional y no fija, vamos, una especie de eventual por horas de la prisión, me contó que su vecino de celda era un personaje para el anecdotario carcelario. Su ficha de módulo reflejaba que el delito por el que vivía en la celda contigua a la de Rubén era «estafa». Yo sabía que en algunas ocasiones se utiliza esa figura delictiva con la intención de que no trascienda en exceso el verdadero motivo de la privación de libertad. El vecino de Rubén también vino para este mundo etiquetado con la polivalente «estafa». Y de tal delito económico, nada de nada. En realidad se trataba de un muchacho que no había recibido de la naturaleza excesivas bellezas corporales. Su padre tenía un negocio un poco peculiar: una funeraria. Alguien tiene que ocuparse de enterrar a los muertos, o de incinerarlos, procedimiento cuya clientela aumenta cada día. Bueno, pues, al parecer, el hijo del padre funerario se dedicaba a un deporte de sustancia necrófila: cuando llegaba alguna muerta de buen ver —es un decir— el chaval, impulsado por unos instintos sexuales un tanto peculiares, se introducía en la caja, se ponía encima de la muerta y fornicaba con ella. No debía de importarle demasiado ni la rigidez del cuerpo, ni la ausencia de movimiento, ni la frialdad de la temperatura. Otra cosa es cómo podía superar esos condicionantes para hacer el amor —es un decir— con una fallecida. Tal vez dispusiera de algún secreto ancestral inaccesible para los comunes mortales como nosotros.

Era, según cuentan, el encargado de preparar el cuerpo, limpiarlo, peinar el pelo, situar los miembros superiores e inferiores en la posición adecuada para que se ajustaran a la caja de madera elegida por la familia con arreglo a los gustos y posibilidades económicas propias de cada uno. Se ve que en esa labor no tenía más remedio que tocar la carne de la muerta y verla desnuda integral, y eso, al chico ese, tal vez porque no encontraba demasiada receptividad entre las vivas debido a su escasa belleza corpórea, le debía de provocar impulsos sexuales irrefrenables y ni corto ni perezoso se dedicaba a la tarea de amortajarlas sexualmente. Al fin y al cabo, la muerta no podía denunciar la agresión. El delito parecía bastante cómodo de cometer. Fornicaba a la muerta y punto final. En realidad punto y seguido porque no fue un caso, sino varios hasta que alguien, por un método que desconozco, tuvo constancia de que el hijo del funerario se dedicaba a tan atrabiliarios menesteres con las clientes pasivas de su padre. Le denunciaron y le metieron doce años de cárcel. Por eso vivía al lado de Rubén.

Aquello me produjo una reacción interior brutal, lo confieso. Comenzaba a acostumbrarme, después de tres encierros, a las patologías propias de algunos —quizá muchos— ingresados en prisión, pero aquello sobrepasaba un poco los límites. O tal vez no. Digo esto último porque cuando tuve ocasión de comentarle a Lourdes el caso, lo trató con distancia, asegurando que los violadores de vivas le parecían repugnantes, pero que en ese caso, como se trataba de personas ya fallecidas, el caso tenía menor importancia...

Rubén andaba muy fastidiado esos días porque a pesar de que llevaba muchos años en prisión, casi cinco continuados, de una condena de nueve años, no le concedían ni un solo permiso, a pesar de que había superado la cuarta parte muy de lejos. Sobre todo le encendía el alma que a su compañero de causa, que incluso tenía un año más de condena que él, le dejaran salir de permiso en varias ocasiones. El agravio comparativo se lleva muy mal por las tierras de la libertad, pero por los cementos y espinos mucho peor. Y en el mundo de la droga, de las condenas por tráfico de estupefacientes, se provocan situaciones realmente injustas en las que chicos que trafican con cantidades pequeñas para ganarse malamente la vida sufren condenas superiores a las de algunos organizadores del narcotráfico a gran escala.

21

LA LIBERTAD VIVE LEJOS DE MI PRISIÓN

A finales de septiembre comienzan a remitir los dolorosos calores del verano carcelario. Las celdas se convierten en hornos. Las noches, en tormentos. Nada que hacer. Abrir la ventana es remedio peor que la enfermedad porque asciende el aire recalentado del cemento del patio y muros, que trae consigo, por si no fuera suficiente con la temperatura, los olores del día, no siempre un placer exquisito para cualquier pituitaria, por laxa que fuere en sus tolerancias. Recuerdo que una noche se me ocurrió la peregrina idea de inundar la celda con el agua tibia que salía del grifo del lavabo. Con paciencia llené el cubo de fregar el suelo y cumplimentada la fase del llenado, ayudado por un vaso de plástico de los que usábamos para tomar café, eché pacientemente agua sobre las paredes y el suelo, incluso sobre la chapa metálica de la celda. La organicé buena: el agua, al contacto con la temperatura de la habitación, se convirtió en vapor denso y generó el efecto sauna húmeda, porque en el interior al menos tendríamos unos cuarenta y cinco grados. El ambiente se convirtió en difícilmente respirable, así que me vi obligado a abrir de golpe la ventana, lo que trajo como consecuencia adicional el incremento de temperatura y el aumento de los olores de materias en descomposición a consecuencia del calor diurno. Ante semejantes desperfectos solo te queda la opción de reír.

Los veranos tenían otras consecuencias vestidas de visitantes generalmente nocturnos y con traje de luto. Me refiero a las cucarachas, cuya aparición solía corresponder con el final de la primavera y los primeros compases del verano. Y eso que los funcionarios ponían empeño en que el servicio anti esos bichitos funcionara con la máxima energía posible y lo aplicaban con esmero en las celdas. Supongo que matarían muchas, pero no todas. No era extraño ver un par o tres de ellas caminando despacio por el pasillo y observar cómo cambiaban al ritmo rápido su marcha una vez percatadas de nuestra presencia. Los presos las mataban en cuanto podían. Yo prefería dejarlas vivir.

Aquella mañana, concluido el turno de salidas y otras incidencias ordinarias, me senté en el despacho de los funcionarios a dejar que el tiempo resbalara un poco sobre mi vida, que no todo iba a ser agitar la mente sin descanso. Pero inevitablemente los pensamientos manan libres, por lo que volvía la imagen de que nuevamente viviría mi cumpleaños envuelto en cemento, hierro, presos y parafernalia de prisión. Alcanzaba ya una cifra nada despreciable: cincuenta y cuatro. Me acordé de los cincuenta, cuando a pesar de un auto judicial no me quiso dejar salir el director Yuste, que lo era con el PP y lo seguiría siendo con el PSOE, seguramente por eso de la polivalencia unificada de algunos servidores públicos. En este cumpleaños me acompañaba Enrique Lasarte, quien, casualmente, el 21 del mismo mes, cumpliría años en el mismo entorno. Lo de menos era, en el fondo, eso, porque ya lo suponía cuando me ingresaron a finales de julio. Lo que podía llegar a convertirse en tormento lacerante residía en la ignorancia de hasta cuándo algo así asolaría mi vida. Mi esperanza era la acumulación. Claro que eso de poner esperanzas en una institución jurídica después de los ocho años pasados, envueltos en decisiones judiciales un poco raritas, no tenía mucho sentido de fondo, pero cuando no puedes hacer otra cosa...

Sonó el teléfono en la mesa de Vicente, el funcionario gordo de las mañanas. Descolgó y no dijo palabra. Me miró, pero me encontró pensativo y sin prestar atención a esas rutinas mañaneras. Colgó finalizada su conversación. Su rostro resultaba inexpresivo y su voz anodina.

—Es de arriba, de Régimen. Ha llegado un auto de la Audiencia. Te conceden la acumulación con lo de Argentia.

Tardé en reaccionar unos segundos. No me esperaba, sinceramente, semejante notición. Me puse en pie como impulsado por un aguijonazo en el trasero y exclamé:

—¡No me jodas! ¿Es verdad?

—Eso dicen de arriba...

La expresión de Vicente no podía ser más insulsa, más carente de vida, como si la noticia equivaliera a que me habían concedido un paseo por el campo de deportes los jueves de Cuaresma de cada año. Quizá no entendía que aquello significaba, o podría cuando menos significar, mi libertad parcial mucho antes de lo que imaginarse pudieran quienes me habían enviado allí por tercera vez. No podía creerlo. Me convertí en sonrisa. Mis gestos no dejaban lugar a la más ínfima de las dudas de que estaba feliz, absolutamente feliz. Recorrí el pasillo que separaba el despacho de los funcionarios del almacén de Ingresos donde tenía mi lugar de trabajo gritando como un poseso: ¡bien! ¡bien! ¡bien!... Un interno acompañado de un funcionario se dirigía al despacho para salir de diligencias al hospital. Me miró con cara rara. El funcionario sonrió. Yo seguí a lo mío.

Pensé en Lourdes. La alegría iba a ser brutal. Por fin una luz, una rendija, un punto en el horizonte en el que poder anclar, al menos sujetar, la débil, casi inexistente esperanza de libertad temprana. La acumulación funcionaría como un resorte penitenciario. Todo cambiaría a partir de ese instante.

—¡Mario, te llama el director!

Era la voz de Vicente, que había salido a la puerta de su despacho y a gritos me comunicaba que Jesús Calvo deseaba hablar conmigo. Salí como una flecha hacia el teléfono del funcionario cantando eso de ¡bien, bien, bien!...

—Enhorabuena, Mario. Sinceramente, no lo esperaba tan pronto. Esto cambia todo tu horizonte penal. Vamos a hacer la liquidación de condena. Que sepas que ya tienes derecho a permiso ordinario de salida. Voy a ponerlo en marcha.

—Gracias, director, pero ¿puedo pedirte un favor?

—Dime.

—¿Puedo hacer una llamada especial para hablar con Lourdes?

—Sí, porque esto es como si volvieras a entrar con una condena diferente. Dile a Vicente que te lo permito...

—Gracias, director.

Enrique Lasarte me miraba feliz. Vicente, indiferente. José Antonio y Ángel el de León, los funcionarios de aquella mañana, expresaban en sus rostros una sincera alegría. Habíamos conversado en algunas ocasiones, y ya tenían una idea suficientemente clara de mi situación como para recibir con contento una noticia que se traducía en un cierto pasaporte hacia mi libertad temprana. Estaba convencido de que Mauricio, Angelito, Juan Antonio, Valentín y Santiago también se pondrían contentos al saber la noticia cuando les tocara su turno.

Marqué el teléfono nervioso. Pedí para mis adentros que Lourdes estuviera en casa, porque ansiaba darle la noticia. Sonó. Pregunté por la señora. Estaba allí. Esperé impaciente. Mi pierna izquierda no paraba de dar patadas nerviosas al suelo tratando de calmar las emociones. Y es que me sentía emocionado, esa es la verdad.

—Sí, dime, ¿qué pasa? ¿Por qué me llamas?

Inquietud en la voz de Lourdes. Claro, porque no parábamos de recibir malas noticias, así que una llamada de prisión no tenía a priori buen color. Pero esta vez iba a desquitarse con una excelente nueva.

—Pues que me han concedido la acumulación, gorda.

Un segundo, quizá una décima de segundo, no sé, un tiempo inmedible, pero palpable al tacto del alma, un silencio que Lourdes rompió con un

—¡Qué bien! ¡Qué bien! ¡Qué bien!

—Pues sí, increíble pero cierto. Bueno, pues eso...

—Pero eso ¿en qué se traduce?

—Pues en que tengo ya la cuarta parte, que voy a pedir permiso y que, si aplican la doctrina que aplican a todo el mundo en casos así, a fin de año tendrán que ponerme en tercer grado.

Silencio. Ahora espeso. Denso, evocador de efluvios diferentes.

La voz de Lourdes cambió hacia un tono más lastimoso o, cuando menos, ausente de la alegría del inicio.

—No sé, no sé... No creo que te den eso así... Nunca te han aplicado la Ley... No sé, no sé... ¿Qué dice el director?

—Es que es la Ley, Lourdes. Eso dice Jesús Calvo, que les gustará o no, que sobre eso no dice nada, pero que es lo que procede conforme a la Ley. Hay muchos casos anteriores resueltos en idéntico sentido...

—Ya, pero también era la Ley cuando lo del tercer grado de Argentia y de no ser por la juez aquella, todavía sigues ahí.

—Sí, Lourdes, pero esta vez es imposible porque...

—No digas «imposible» nunca más, porque cada vez que usas esa palabra acaba sucediendo lo que dices que no puede pasar, así que vamos a estar tranquilos y ver qué pasa, pero yo que tú no me haría demasiadas ilusiones. Yo no me las hago, desde luego.

No me intranquilizaron las palabras de mi mujer, aunque sí comprobar su estado de ánimo, la erosión que lo vivido había provocado en sus creencias en el funcionamiento de la Justicia. No era para menos. Pero el dolor en ese instante me lo causaba la nueva inseguridad en la que viviríamos, concretamente viviría ella, hasta el preciso instante en el que todo se resolviera. Mi sonrisa seguía intacta en mi cara pero por dentro algo se agitó. Tocaba calmarlo.

Cuando regresé al almacén fui dando la noticia a todos los compañeros de destino. Faltaba Juan. Rubén tenía cara de pocos amigos cuando le pregunté por él.

—Creo que está con un policía en el despacho del Juez de Vigilancia.

—¿Con un policíaaa?

—Pues sí, joder, con un policía. ¡Es acojonante!

Extraño, más que anómalo que un preso recibiera la visita de un policía de cierta graduación en el despacho de un Juez de Vigilancia. Me asomé de tapadillo y vi a Juan con un hombre que, si no era policía, la pinta que tenía, su aspecto exterior, le llevaba sin remisión a parecer un miembro de ese cuerpo de seguridad. Pensé en las consecuencias de semejante visita para Juan. Nada puede alterar más a un preso que ver que otro es confidente de la policía. Al fin y al cabo, una actuación policial se encuentra en el inicio del procedimiento que acaba en prisión. Precisamente por eso los policías encarcelados viven en otro módulo diferente, porque nadie podría garantizar su seguridad si se relacionaran con el general de los reclusos. Pero si se corría la voz en el módulo de que Juan era confidente de la policía, podría llegar a pasarlo muy mal. Le pedí a Rubén que no dijera nada, al menos mientras yo me enteraba de lo sucedido, del motivo para esas visitas, porque me informaron al iniciar mis pesquisas de que no era la primera. Rubén accedió de muy mala gana, pero aclarando que mientras no estuviera el asunto claro como el agua no pensaba volver a dirigirle la palabra.

Juan tendría algo más de treinta años, rubio, con toques pelirrojos, ojos claros sin excesiva agudeza, un cuerpo atlético que fomentaba con ejercicio a base de pesas y alimentos de esos que son proteínas puras, o algo parecido, y que, por lo visto, sirven para desarrollar los músculos tipo Míster Universo, algo que siempre me ha repateado como estética humana. La verdad es que la frase de *mens sana in corpore sano* no siempre resulta premonitoria de lo que te vas a encontrar en un cuerpo con apariencia de salud, porque los he visto espléndidos de físico, pero dejando mucho, mucho que desear en cuanto a inteligencia y otras dotes mentales. Bueno, pues Juan trabajaba en la construcción, creo recordar, pero las aspiraciones a vivir mejor, sobre todo después de haberse casado, le llevaron a donde ese impulso lleva a tantos: vender droga. Cocaína en concreto. Como algunos más que conocí en aquellos días, era un correo volante. A su móvil llamaban clientes cuando necesitaban de los polvos blancos, y el bueno de Juan acudía a las direcciones que le suministraban telefónicamente a entregar la droga y recibir el dinero. Esto de la droga a domicilio me parecía más que penoso, una prueba de hasta dónde llega el vicio del consumo en determinados segmentos de la población española.

Un día le detuvieron. Dos disparos a su coche le frenaron en seco. Se sentía protegido porque el policía que le detuvo, que era el que le visitaba en prisión, pertenecía a su cartera de clientes. El juicio fue inevitable. Le condenaron a nueve años de prisión. Juan no se esperaba tanta severidad, sobre todo porque el juez y el fiscal pertenecían, al igual que el policía, a su clientela. Eso me contó y como tal lo relato. ¿Creíble? Hombre, suena raro, pero esto del vivir es tan extraño... Añadió que pronto se iría en tercer grado después de algún permiso. Se fue un poco antes de la mitad de la condena. No era usual en esos casos, pero se fue. La misión del policía, según decía Juan, era apaciguarlo y ayudarlo para cuando saliera. Y, claro, mantener vivas sus esperanzas porque, aunque el preso tiene por definición su credibilidad muy capada, en ocasiones si se ponen a dar datos pueden ocasionar desperfectos inconvenientes.

Volví de urgencia al despacho de los funcionarios porque se oían en el almacén procedentes de esa zona unos gritos terribles. Un tipo alto, moreno, de pelo negro zaino, fuerte de complexión, con aspecto de musulmán aunque vestido a la europea, con los ojos inyectados en sangre, gritaba con todas sus fuerzas:

—¡Que no soy yo! ¡Que no soy yo!...

Al reconocerme, insistió:

—Don Mario, que no soy yo, que no soy yo...

La histeria del sujeto era palpable y contrastaba con la calma de Vicente. Cuando le pregunté por lo que sucedía, sin siquiera detenerse a charlar conmigo, contestó:

—Pues nada, lo de siempre, que dice que no ha sido él, que le han confundido.

—Pero ¿qué ha hecho supuestamente?

—Han matado a uno en la salida de una discoteca en Alcalá de Henares y unos testigos le han reconocido, y por eso lo han traído aquí.

No quise discutir, pero lo cierto es que nunca antes había contemplado un griterío semejante en proclama de una inocencia, en denuncia de una confusión física. Me quedé pensativo, pero nada podía hacer porque el hombre ese iba a ser conducido, como todo hijo de vecino encerrado en prisión, a la celda de observación, sobre todo después de que sus síntomas, sus gritos enloquecidos, levantaran sospechas de que podía hacer algo raro. Y de esa celda el responsable era Paquito.

Paco, alias Paquito, era un tipo listo, de unos cuarenta y dos años de edad, que padecía soriasis y que se había convertido en un verdadero maestro de hacer la pelota a todo el que tuviera un miligramo de poder en el recinto carcelario. Estaba siempre dispuesto a todo con tal de agradar. Su condena era de las más altas en estos mundos de la droga —doce años por el Código nuevo—, así que necesitaba desplegar toda su imaginación y capacidad de peloteo para que se apiadaran de él y le retribuyeran. Eso es un poco peligroso porque cuando te conviertes en imprescindible, cuando facilitas mucho la vida a otros, acabas provocando que no quieran que te vayas en libertad, por eso de buscar sustituto, así que mejor ayudar pero dentro de un límite. Bueno, pues Paco llevaba ni más ni menos que la sección de Suicidios.

Cuando un interno ingresaba en un estado emocional que podría presagiar que estaba dispuesto a quitarse de en medio, el psicólogo anunciaba «protocolo de suicidio», lo que se traducía en ir a dormir unos días con Paquito, a la misma celda, y el bueno de Paco se encargaba de vigilarle para que no hiciera tonterías o, por lo menos, de avisar si había decidido hacerlas. Estaba el hombre un poco harto de ese oficio no solo por lo engorroso de dormir con un ojo abierto y otro cerrado, sino porque ya había sufrido varias falsas alarmas en su cometido de celador. Yo viví una de ellas. Aquella noche Paquito gritaba como un poseso por la ventana:

—Que se mata, que se mata, funcionarios, vengan, deprisa...

Eran más o menos las cinco de la madrugada y en la quietud carcelaria de esa tempranería la voz de Paquito, más bien fina de tono, resonaba como la de un tenor de altos vuelos. Yo me encontraba en plena meditación. El griterío me trajo de regreso al mundo un poco antes de tiempo. Oí los chasquidos de las puertas, las llaves, los gritos y... las carcajadas. Unas tan inexplicables como inconfundibles carcajadas... Después un ruido. A continuación, silencio. Al día siguiente pregunté a Paco por lo ocurrido.

—Un hijo de puta que decía que se iba a cortar las venas y sacó una cuchilla de afeitar que llevaba escondida. Se la pasaba por el brazo, se chinaba y se restregaba la sangre, gritando: «Me chino, me chino...». Por eso me acojoné. Vinieron los funcionarios y cuando abrieron empezó a descojonarse de risa de todos ellos. Le sacudí una hostia que casi lo mato, para que no ande jodiéndonos a todos. Menos mal que estaba de servicio don Manuel, porque si llega a ser quien yo me sé, le mete una patada en los cojones por cabrón que lo deja tieso.

Buena gente este Paquito, dentro de lo que cabe, claro, porque todo es relativo, y en un contexto de asesinos y violadores, lo de buena gente tampoco es tanto. Por cierto, lo de chinarse es una expresión carcelaria pura que significa cortarse los brazos o las piernas, incluso el pecho, con cualquier elemento cortante, preferiblemente cuchillas de afeitar, y dejar que la sangre brote. Algunas «chinadas» son ejecutadas como diversión. Otras persiguen el suicidio, pero nunca encontré una muerte suicida provocada por ese método. Sin embargo, fueron muchos los presos que me enseñaron sus brazos, pechos y piernas plagados, literalmente plagados, de cicatrices procedentes de las múltiples chinadas que se autopracticaban.

Paquito regentaba una casa de putas en una localidad cercana a Toledo capital. Se casó en segundas nupcias con la hija de una de sus amigas. Su nueva mujer tenía dieciséis años y él, cuarenta... La madre y la nueva esposa le pidieron ir con ellas a Perú. La cocaína la trajo Paquito en su maleta. Unos setenta kilos. Funcionó en los primeros envíos, pero, claro, le acabaron pillando. Hubo juicio y acusaron a los tres, madre, mujer y Paco. Las dos le convencieron de que lo mejor era que asumiera sus culpas en exclusiva porque así ellas podían cuidar de la hija de Paquito. Aceptó. Se comió —como se dice en argot carcelario— la condena en exclusiva. Su mujer venía a verle de vez en cuando. A partir de un día determinado comenzó a retrasarse. No asistía a los vis a vis íntimos para los que Paquito se lavaba, peinaba y vestía como de domingo en la feria de un pueblo de Pontevedra. La mujer se le alejaba. Paquito sufría. Yo le advertía. Él seguía impenitente porque estaba enamorado y porque no deseaba aceptar lo evidente. Consiguió por fin un permiso. Salió. Se encontró con lo lógico: su mujer andaba liada con otro. Le prometieron que no era nada, le pidieron perdón. Paquito volvió con el cuento tragado, o, por lo menos, con la conclusión de que era más cómodo comer cuento que ingurgitar verdad. Cuando salió en tercer grado le dijeron sus mujeres que o seguía con el tráfico de cocaína con ellas o que se buscara otra casa para vivir. Paquito se fue con sus padres. La mujer le dio la custodia de la hija sin el menor problema. No le interesaba demasiado. Paco, sin embargo, en multitud de ocasiones me enseñó, mientras nos encontrábamos en el almacén de Ingresos, una foto de su hija pequeña, que cuidaba como oro en paño y a la que daba besos múltiples antes de volver a esconderla en una especie de cartera roída en la que guardaba cosas personales.

Bien, pues el hombre ese que entró diciendo que se habían confundido con él fue enviado por orden del psicólogo al protocolo de suicidios, es decir, a Casa Paco, que era exactamente la misma celda que la mía, pero en el piso de abajo. Alguna veces la luz se iba en el pasillo y en el módulo a consecuencia de excesivo consumo, debido sustancialmente a unos artefactos que usaban los presos para calentar agua o leche: unas resistencias clásicas, de material variable, que consumían un montón de electricidad. En esas noches no quedaba más remedio que llamar al funcionario para que activara el interruptor. Subían de mala gana y lo comprendo. Pero una vez, no dos. Y en más de una noche la luz se iba por lo menos dos veces. En esos casos no tenías más solución que esperar a que abrieran la celda a la hora de costumbre. Pero yo me inventé un truco. Desde mi ventana dejaba caer un alargador terminado en enchufe. Pegaba unas cuantas patadas al suelo para despertar a Paquito, que, como digo, dormía con un ojo abierto. Se asomaba, veía el cable, lo conectaba a su enchufe y yo ya disponía de luz.

Dos días más tarde decidí preguntar a Paquito qué tal el hombre ese, el de la equivocación. Me contó que nada especial. Llegó a la celda, lloró como un niño —decía Paquito— y de repente se calló. Ya no volvió a pronunciar palabra. Paseaba por el patio en total soledad. No quería relacionarse con nadie.

Tres o cuatro días después, al entrar en el departamento de Ingresos me llevé una sorpresa mayúscula. La Guardia Civil nos entregaba un preso iraní que era idéntico al hombre por el que había preguntado. Era el asesino. El parecido resultaba realmente alarmante. En efecto, se trataba de una equivocación. Con el nuevo ingreso venía el auto de libertad del primero. Lo llamaron. Al cabo de un rato apareció por el despacho para firmar su salida. No pronunció palabra. Su pelo negro era ahora totalmente blanco. Firmó y se fue. Imaginé el dolor de ese hombre durante cuatro noches consecutivas asumiendo que iba a ser condenado por un asesinato que no había cometido. Me pregunté si ese tipo de errores de identidad es frecuente. La respuesta resultó aterradora:

—No mucho, pero en todas las prisiones de España unos doscientos, más o menos, al año...

Preferí guardar silencio ante la respuesta. Alguna vez, curiosamente, es el preso el que engaña con la finalidad de que lo encierren. Bueno, solo lo supe en una ocasión. Se trataba de un hombre de más de setenta y cinco años de edad, que, según la policía, había agredido a su mujer, de una edad similar a la suya. Tanto la mujer como el marido aceptaron sin discutir en absoluto la veracidad de la agresión, cosa que es de extrañar, porque casi siempre se niega, como sucedió con aquel elemento de aspecto chulesco, fontanero de profesión, que hablaba con marcado acento de corte hampón, que trajo la policía una tarde de aquellas, un sábado para ser más preciso, porque había violado una orden de alejamiento de su mujer, a la que fue sometido precisamente por malos tratos continuados. El tipo, cuando yo le pregunté, se enzarzó en insultos para con la policía diciendo que no había hecho más que ir a recoger una «chupa» (léase cazadora) que se había dejado en su casa y que por eso le metían ahora. Me sonaba la historia regular, así que le pregunté si al ir a recoger esa cazadora había agredido a su mujer, a lo que con una sonrisa de esas que se fabrican echando hacia un costado el lado izquierdo de la boca y con los ojos plagados de un brillo inconfundible, contestó:

—Bueno, ya que estaba en casa, le di una manita de hostias para aprovechar el viaje.

Pero el viejecito era la semblanza de la paz. Imposible comprender cómo aquella criatura humana había podido convertirse en agresor de una anciana. Es verdad que a veces los viejos, incluso viejos en serio, son capaces de hacer cosas muy raras, como aquel hombre de unos setenta y ocho años de edad que, obedeciendo instintos pederastas, acosaba sexualmente a niños en un parque cercano, y, concretamente, había ingresado en prisión con cerca de ochenta años por abusos sexuales con su sobrino. La mirada libidinosa de aquel hombre atribuía veracidad al relato de su detención. Producía cierta repulsión, lo reconozco, aunque no sea muy humanitario. Su presencia me enviaba a mis tesis del fallo estructural del producto humano. Pero, al contrario, aquel otro, el supuesto agresor, no inspiraba más que un trozo de ternura.

No tardé mucho en desvelar la incógnita. La mujer del anciano ingresó en una residencia pública de esas para cuyo acceso hay colas de muchos meses y hasta de años. Hay un supuesto en el que la mujer goza de preferencia: cuando es mayor y agredida por su marido. Eso fue lo que ocurrió: los dos ancianos aceptaron relatar al juez una historia que jamás ocurrió, y así ella, supuesta agredida, ingresaría en la residencia, aun a costa de que el marido, falso agresor, hiciera lo propio pero en Alcalá-Meco. El anciano aceptó por amor. Cuando les descubrieron y a ella le dijeron que abandonara la residencia, llegó el auto judicial ordenando la libertad del anciano. Recuerdo sus gestos. Dulce, muy dulce la mirada. Agridulce la sonrisa.

Quería pedir perdón por el engaño, pero no se atrevía a ello de viva voz, aunque su lenguaje corporal era inequívoco; lo lamentaba, pero lo volvería a hacer si su mujer podía ingresar en cualquier otra residencia de ancianas.

Retornaba a mi misión de aquellos días, que consistía en conocer a fondo el Derecho Penitenciario. Y estudié el funcionamiento de mi querida acumulación, la Inesperada, como la llamaba en mis adentros. La doctrina era inequívoca, puesto que se trataba de aplicar el artículo 24 de la Constitución española referente a la reeducación como fin de la pena de privación de libertad. Por eso, si un preso estaba en tercer grado o libertad condicional, o, incluso, con condena cumplida, y por hechos anteriores le bajaba —así dicen— una nueva condena acumulable a la anterior, ingresa en prisión pero se le clasifica directamente en tercer grado, porque ya ha demostrado que es capaz de vivir en libertad. La doctrina era muy antigua, tanto como el primer auto, que fue producido por un juez de Valladolid y que desde entonces seguían todos los Juzgados. Era mi caso al pie de la letra. Por si fuera poco, Yuste, que seguía siendo director general de Instituciones Penitenciarias, escribió un artículo en uno de esos libros que se publican con motivo de las reuniones de jueces en el que aseguraba sin la menor duda que eso es exactamente lo que había que hacer en casos como el mío. Con ese bagaje de antecedentes las dudas comprensibles de Lourdes habrían debido descender varios enteros, casi tanto como las acciones bancarias en días de bolsa temblorosa, pero curiosamente no lo conseguía, al menos no en la medida lógica. Claro que esto de la lógica cuando vives en política es tan flexible, se dobla tanto...

Jaime Alonso vino a verme. Lo hacía con regularidad espartana en el segundo encierro y lo mantuvo en el tercero. Aquella mañana nuestro encuentro tuvo un sabor especial. Abrió una carpeta marrón, de esas que se circundan con cremallera, y sacó de ella un sobre de cartas algo voluminoso, en cuyo interior se encontraban fotografías, las primeras fotografías de mi ahijada Alejandra, su hija, que había nacido el 26 de septiembre, unos días antes de que fuera dictado el auto de acumulación. Jaime se sentía emocionado. Yo también. Tanto que no quise verlas en su presencia, más que de un modo muy superficial. Preferí contemplarlas en la soledad, arriba, en la celda, cuando cayera la noche y se cerrara la chapa, antes de que los gritos nocturnos rellenaran de desarmonía el ambiente.

En aquellos días todavía no se había creado el Juzgado Central de Vigilancia Penitenciaria, así que yo era un recluso ordinario que dependía de una juez que vino de Barcelona llamada Reyes Gimeno. Jaime tenía cierto contacto con ella a raíz de un episodio judicial bastante desagradable para esa mujer. Le había explicado a Jaime en una visita anterior la acumulación, la situación de ella derivada, la liquidación de condena y el hecho de que según el director me correspondía el permiso y hasta el tercer grado. Las noticias de Jaime eran buenas. Había hablado con la juez y esta le había dicho que si cumplía la cuarta parte y la Junta de la prisión le proponía el permiso, ella lo aceptaría porque era de ley. Jaime estaba que no cabía dentro de sí. Charlábamos del bautizo de la niña, que programamos para primeros de año, una vez retornado a la libertad, aunque fuera capitidisminuida en ese tercer grado que, sin embargo, en aquellos días se convertía en un sueño.

Se reunió la Junta. Aprobó el permiso. Días antes me visitó la psicóloga, aquella de la omnipotencia y del lenguaje seductor corporal tanto en el plano físico como en el verbal, o algo así. Me llamó a su despacho y fui. Se respiraba la tensión en el ambiente. Respondía a sus preguntas con monosílabos, evidenciando lo poco que me agradaba el encuentro. Llevada de su posición de superioridad sobre el preso, la mujer aquella se atrevió a preguntarme:

—Le veo que no tiene usted ganas de hablar, ¿no es así?

—Con usted no, desde luego. Respondo a sus preguntas por disciplina, pero eso es todo. Después de lo que usted escribió la última vez no creo que tenga nada que decirle, así que si usted no me pregunta nada más, prefiero irme.

Se quedó de piedra. Su voz apenas si sonó con los mínimos decibelios para resultar audible. Su «puede irse si quiere» lo escuché con mucha dificultad. Salí de su despacho. Me sentía bien por haber actuado así. Claro que era consciente de que con ello mi glamour, mi capacidad de seducción a la que aludía en su informe acababa de ser enviada a la hoguera. Pero daba igual. Votaría en mi contra en cualquier caso. Porque era yo. Y porque yo le recordaba que no se gustaba demasiado a sí misma. Y así sucedió. La Junta aprobó el permiso con los dos mismos votos en contra de la última vez: la psicóloga Sole y el jurista, a quien, por cierto, nunca vi y jamás supe siquiera cómo se llamaba. Una vez aprobado el permiso, me puse a trabajar en el escrito solicitando de la juez el tercer grado.

Respiraba optimismo por todos los poros de mi cuerpo. Y en esas andaba cuando me anunciaron que en la visita ordinaria de esa semana vendría a verme Alejandra Conde acompañada de Fernando Guasch.

Se sentaron frente a mí. Los ojos de Alejandra transmitían una felicidad diferente a la propia de saber que con alta probabilidad su padre tendría una libertad de tercer grado. Fernando Guasch, con su cara de niño bueno, no pronunciaba palabra. Era la primera vez que se sentaba en un Centro penitenciario frente a una persona como yo, a la que, además, iban a someter a una especie de tercer grado existencial.

—Bueno, pues como imagino que ya lo sospechas, quiero decirte que tu hija se casa.

La vida tiene entre sus aficiones preferidas la de sorprender a ciertos mortales, entre los que yo ocupaba una plaza decididamente muy distinguida. Por supuesto que esperaba que algún día mi querida hija Alejandra acabaría pronunciando esa frase que se traduciría en un cambio de estado, aunque solo fuera jurídico. Lo esperaba y no sentía, como dicen que ocurre a algunos padres, un dolor agudo o siquiera incomodidad ante el hecho. Al contrario. En este caso, además, Fernando Guasch, su futuro marido, me parecía una elección más que afortunada. Pero lo que jamás pude siquiera vislumbrar es que una declaración de semejante porte, de tanta trascendencia en la vida de una mujer que, además, era mi única y muy querida hija, tendría como escenario la sala de comunicaciones de la prisión de alta seguridad del Estado español, Madrid II o Alcalá-Meco, según se prefiera. Pero así son las cosas.

Claro que como uno sabe algo de eso del control mental y del poder de visualización, decidí cambiar el escenario. Lo lógico es que se casaran en Los Carrizos, en nuestro campo sevillano. Así que la escena de tal declaración tendría lugar en el comedor y el cuadro que compondríamos sería más o menos el siguiente: al fondo Lourdes, su madre, a mi derecha Alejandra, a la izquierda de Lourdes Mario y entre Mario y yo Fernando Guasch. Pues nada, a componer mentalmente la imagen y asunto concluido. Detrás de

Alejandra situé visualmente el tapiz flamenco que cuelga del techo. Fernando aparecía cubriendo parcialmente la cómoda en la que se depositan las fuentes antes de ser servidas. Frente a mí la imagen de Lourdes, y entre ella y Fernando la de Mario. Una foto de familia. Cerré los ojos y la introduje en el disco duro de mi mente. Pero, claro, tenía que volver a repetir la frase para que todo cuadrara.

—¿Qué has dicho, hija?

Alejandra, que creyó que se lo preguntaba por eso de la sorpresa, insistió:

—Pues que tu hija se casa, papá.

Ahora sí. La frase pronunciada en su decorado mental. La voz plagada de alegría. Los ojos de Fernando preñados de ilusión. Mi sonrisa difícilmente equívoca. Sobre todo cuando escuché eso de «tu hija se casa». No era Alejandra la que iba a contraer matrimonio, sino mi hija. Se ve que me conoce como el que me inventó, aun cuando la inversa es la correcta; en el plano terrenal, me refiero, porque el espíritu que anida en cualquiera de nosotros no es invención mía, ni de nadie, porque solo es Eternidad.

—Bueno, bueno, y ¿para cuándo?

—Pensamos en el verano. Mamá nos ha dicho que ya te dan permiso y que tendrás el tercer grado en diciembre, así que tenemos tiempo para prepararlo.

—Bueno, eso de que me lo dan... Nunca es seguro.

—Ya, papá, pero por lo visto mamá habló con un señor que dice es contacto vuestro de los jueces y le dijo que no hay duda alguna.

—Bueno, mejor así. Pues ¿qué queréis que os diga? Pensáis casaros en Los Carrizos, supongo.

—Sí, claro, y yo me encargo de todo. Tú no te preocupes.

Se fueron. Salí al patio de entrada. Caía la noche del otoño. Sentía frío externo. Calor interior. El patio estaba silente. Mi alma también. De regreso, en la cena, Enrique me preguntó si me ocurría algo porque permanecía más callado y pensativo que de costumbre. Le conté la buena nueva. Se alegró. También se dio cuenta de la ironía del destino, pero mejor así que de otra manera. Esa noche, en la celda, repasando los acontecimientos de los últimos días, tomé las fotos de Alejandra, mi futura ahijada, y pensé en mi hija, Alejandra, futura mujer casada. Allí estaba yo, todavía vivo y con la capacidad de ilusionarme por estas cosas. Todo había empezado en 1993. Estábamos en las postrimerías de 2002. Nueve años de dolor no habían conseguido abortar mi capacidad de almacenar ilusiones viejas, de sonreír ante la llegada de las nuevas.

Pero en cierto modo ese estado de ánimo, esa manera de enfrentarme al vivir, tropezaba con la angustia derivada de la vivencia de ciertos comportamientos humanos que comenzaban a dejar huella en mi interior. Tenía que pelear contra el concepto de hombre que me había forjado y que se había traducido en aquella conversación con el padre Garralda. Cierto es que algunos hombres de poder pertenecen a la cofradía de la maldad, pero seguramente eso no me concedía derecho a encasillar a toda la humanidad. Ni siquiera viviendo, como vivía, en un ambiente donde el horror lo encuentras en casi todas las esquinas, paseando por el patio, almorzando en el comedor, durmiendo en las celdas... Casualmente el día anterior había tenido una discusión con un punto de violencia con un preso de nombre Luna, que presumía de ser amigo del director, cuando no pasaba de ser conocido debido a una cierta proximidad geográfica de sus casas en una zona de Alcalá de Henares. Aquel hombre había sido encarcelado por algo tan poco edificante como secuestrar a un amigo, o cuando menos conocido, con el fin de reclamarle una cantidad de dinero, alrededor de cien millones de pesetas, como precio a su libertad, dado que esa era la suma que necesitaba, según me contaron, para solventar problemas de una fábrica de carpintería o algo así.

No hace falta ser desconfiado ni elucubrar en exceso acerca de la maldad humana para suponer que quien se involucra en semejante barbarie es capaz de casi cualquier cosa. Por eso no me fiaba de él. Sus viajes extraños al polideportivo de la prisión, donde, amparado en la mayor amplitud de espacio, contactaba con algunos colombianos que, al parecer, le ayudaron en su singular método de cobro, sus constantes alardes de amistad con el Jefe, referido al director, su desenvoltura por el interior de la prisión... en fin, toda una serie de comportamientos y sus correlativas exhibiciones que me permitían suponer, solo suponer, que aquel hombre podría andar envuelto en cosas raras. Y el departamento de Ingresos es el más apetecible para esas finalidades.

Cuando alguien llega de permiso, tiene que someterse al cacheo del funcionario de guardia. Imaginemos que trae droga y que queda de acuerdo con algún preso destinado en el departamento de Ingresos. Nada más atravesar el rastrillo que da acceso al hall de las celdas americanas, el preso compinchado sale al encuentro del que llega y este le entrega el paquete con la droga. Ese preso, el destinado en Ingresos, no tiene por qué someterse a cacheo alguno, porque no ha salido a la calle y porque allí trabaja, así que regresa al almacén pasando por delante de los funcionarios sin levantar sospecha alguna y esconde la droga. Mientras tanto el otro preso, el que vuelve, acepta sin problemas el cacheo del funcionario porque lo que traía para vender se encuentra ya a buen recaudo. Por eso el destino de Ingresos es de confianza, por la gran cantidad de oportunidades que ofrece para introducir objetos prohibidos, singularmente droga. Ninguno de los que conocí en esa etapa me provocó sospechas, pero Luna... Sin poder asegurar nada, me sentía incómodo. Alguna sugerencia le hice a Jesús Calvo, pero con el cuidado propio de la materia a tratar, de su relación con Luna y de que estaba hablando con el director de una prisión... Así que decidí forzar un poco las cosas para que se fuera.

Un día le hicimos una faena graciosa. Todas las mañanas, aunque no cruzábamos palabra, a eso de las nueve y antes de salir a la carpintería, Luna pasaba por el almacén y se preparaba un café con algo de leche y mucho azúcar. El gesto se encontraba casi mecanizado: agarraba la cafetera, ponía el vaso, echaba el café, luego un poco de leche de la otra jarra situada al costado de la de café, y a continuación tres cucharadas grandes de azúcar que guardábamos en un bote cilíndrico de color amarillo y en el que descargábamos los paquetes grandes de ese elemento que nos enviaban desde la cocina. Así que decidí, vista la mecanicidad, que si sustituíamos el azúcar por sal no se daría cuenta y se echaría una montaña de sal en su café. Había que estudiar su reacción. Seguro que iría al funcionario a chivarse, como en los colegios, y como mantenía una buena relación con Vicente, cosa no demasiado extraña, seguro que le pediría que viniera al almacén para comprobar personalmente en el lugar del crimen que le estábamos haciendo la vida imposible. Así que teníamos que tener otro bote idéntico con azúcar para sustituirlo inmediatamente después de que Luna hubiera recargado su vaso de café con leche.

Lo localizamos. El bote me refiero. Lo cargamos de azúcar y el de siempre lo llenamos con sal, la más fina que encontramos. Charlie se sentó en su sitio de costumbre. Yo en el mío saltando a la comba. Llegó Luna y efectuó su recorrido pero con una variante: ese día, en lugar de tres, se echó cuatro cucharadas de sal en el vaso, convencido de que se trataba de azúcar. Cuando cruzó la puerta con destino al pasillo, Charlie dio el cambiazo del bote de azúcar por el de sal mientras yo seguía saltando a la comba como podía, porque el ataque de risa resultó descomunal. Sobre todo cuando unos segundos después, proveniente del pasillo de Ingresos, oímos el grito enloquecido e histérico de Luna al tragarse de un golpe el café totalmente repleto de sal.

Apenas un minuto y allí se presentó Vicente con Luna para ver qué estábamos haciendo con aquella pobre criatura.

—¿Dónde está el azúcar? —preguntó Vicente en tono agrio.

—Pues donde siempre, ¿por qué? —contestó Charlie mientras yo no dejaba de saltar a la comba para darle naturalidad a la escena.

Vicente introdujo su dedo en el bote y se lo llevó a la boca. Al comprobar que era azúcar miró a Luna con cara de ira, porque Vicente era la personificación de la ira, sobre todo después de volver de la cafetería. Luna, sorprendido y rojo de rabia, tomó un puñado de azúcar, se lo tragó y se puso como un loco a buscar un bote igual que contuviera sal, porque no era tonto y suponía que le habíamos dado el cambiazo. Pero Charlie, siguiendo mis instrucciones, lo había escondido en un sitio inalcanzable para él. Vicente esperó unos minutos y ante el fracaso de la búsqueda regresó al despacho con Luna tras él. Charlie me contó que se había asomado al pasillo y había oído cómo Vicente le decía a Luna:

—Creo que te estás volviendo loco.

Días después, por fin Jesús Calvo ordenó su traslado del departamento. Sentí alivio. No ya por la prisión, ni por nosotros, sino por el director, porque cualquier cosa que sucediera le habría salpicado de modo tan brutal como injusto. Bueno, admito que sentí alivio y quizá un poco de susto, porque Luna era consciente de mi influencia en su traslado y, en el caso de que estuviera envuelto en negocios raros, no me perdonaría fácilmente el cierre de su empresa, y ya se sabe que una persona que secuestra a un amigo no es lo más recomendable de la creación. Es difícil que te secuestren en prisión, porque de hecho ya estás secuestrado, pero...

Poco tiempo pude disfrutar de una tranquilidad relativa, sin embargo. Aquella mañana Jaime Alonso, cuando me encontré con él, estaba descompuesto por dentro y algo por fuera. Venía del Juzgado de Vigilancia Penitenciaria que tenía que resolver la petición de permiso y mi clasificación en tercer grado.

—Malas noticias. He hablado con Reyes. Va a denegar el permiso...

Su voz salía con dificultad de su garganta. Su deseo de rebelarse lo contenía a duras penas. Yo recibí la noticia como un nuevo mazazo. No pude evitar pensar en mi hija Alejandra y en su proyecto de boda.

—Pero... ¿por qué?

—Pues por presión de la Fiscalía. Esta vez a través de una discípula de Bermejo que se llama Esmeralda Rasillo...

Otra vez Bermejo, ahora actuando a través de una fiscal que parecía disfrutar al confeccionar sus escritos sobre mi persona, en los que vertía mayores dosis de insultos y descalificaciones que de argumentos jurídicos, lo cual, por cierto, era comprensible, porque siempre es más socorrido y fácil eso de insultar que aquello de razonar. De nuevo la crueldad asomando por las ventanas de mi vida.

—Y claro, si deniega el permiso supongo que del tercer grado no quiere ni oír hablar —pregunté a Jaime aun cuando ya conocía la respuesta.

—No hemos comentado nada, pero seguro que es como dices.

—Entonces lo mejor es no darle argumentos adicionales. Si deniega el permiso, el auto de denegación del tercer grado va a ser tan simple como eso: si no puede salir de permiso, menos de grado, y evitará tener que «razonar», es un decir, sobre mis argumentos. Así que lo que hay que hacer es renunciar al permiso.

—¿Renunciar? Nunca se ha visto eso —dijo Jaime impactado.

—Pues será la primera vez, pero hay que hacerlo. No conseguiremos mucho, pero por lo menos tendrá que extenderse en el auto. Sobre todo después de lo que sabemos.

—Bien, como quieras, no creo que se consiga nada.

—Pero dime una cosa, ¿qué es lo que tiene la Fiscalía para sujetarla?

—Pues que la juez concedió un permiso a un preso y en ese permiso mató a su mujer. La Fiscalía le abrió diligencias y presionó hasta extremos inconcebibles. Al final levantó el pie, pero ella se quedó cogida a estos métodos tan especiales de los fiscales de Bermejo. Tiene miedo, eso es todo.

Bien, pues nada que hacer. Bueno, nada más que cumplir con lo dicho. Presenté el escrito renunciando a mi permiso y la juez lo aceptó encantada. Nada conseguí, sin embargo, porque días después, en la primera quincena de diciembre de 2002, firmaba un auto en el que, copiando trozos enteros del dictamen de la fiscal Esmeralda Rasillo, denegaba el tercer grado, rompiendo con la doctrina aplicada hasta entonces. Nada que hacer. Recurrir, claro, pero sin la más leve esperanza.

Por si no fuera suficiente, aquella semana Jesús Calvo nos citó a Enrique y a mí en su despacho. Acababa de llegar de la Dirección General de Instituciones Penitenciarias, de hablar con Yuste, su titular. Las noticias para Enrique eran relativamente buenas.

—Nada que hacer, Enrique, para salir antes de Navidad. Jaime Mayor no va a dar ese paso. Después de Navidades, más o menos en febrero, te propondremos un permiso, saldrás y al volver, el tercer grado.

Enrique asumió que pasaría las Navidades en prisión. No le hizo la menor gracia, pero al menos disponía de un horizonte con plazos, con un punto en el que visualizaba una salida. Llegó mi turno.

—En cuanto a ti, Mario, la cosa es mucho peor. No hay horizonte. Me han prohibido que la Junta apruebe siquiera un permiso ordinario de salida. Si lo hago me cesarán y no conseguiremos nada. Si tú lo pides tendré que rechazarlo a pesar de haber aprobado el anterior. Son órdenes de Yuste...

Silencio. Nunca el silencio sonó tan fuerte en aquel despacho del Juez de Vigilancia. Sobrecogía su fuerza. Pronunciar cualquier palabra equivalía a sacrilegio. Jesús Calvo tuvo que romperlo.

—Lo peor es que no tengo plazo. Quizá para el verano que viene puedas empezar a salir, pero no lo sé. Estoy... Bueno... No sé... en fin. Espero que seas fuerte, ¿qué otra cosa te puedo decir?

De nuevo el silencio cubriéndonos como un manto capaz de engullirnos en nuestra totalidad. Lo acaricié por unos instantes y dije:

—Director, pero ¿no es cierto que Yuste publicó con su firma un artículo diciendo que en casos como el mío es de aplicar el tercer grado?

Jesús Calvo no quería contestar. Es disciplinado y ni siquiera en tal ocasión se pronunciaba con adjetivos mínimamente descalificadores. Prefería asumir sobre sus espaldas las cruces.

—No tengo respuestas. No debes plantearte esas preguntas que no te conducen a nada... Tú tienes claro lo que sucede...

Lo entendí. No podía llevarle más allá. Bastante lejos había llegado impulsado por su deber moral de director.

—Director, tengo que decírselo a Lourdes. Teníamos en proyecto la boda de Alejandra...

—Lo sé, Mario, lo sé, pero... No veo ni la más mínima posibilidad de que salgas antes del verano que viene...

—Bien, director. Gracias. No te preocupes. Resistiremos.

Nunca antes me había encontrado con una despedida de Jesús Calvo tras una entrevista en aquel despacho tan repleta de desolación interior. Ninguno fue capaz de decir absolutamente nada. Jesús recorrió el pasillo en silencio con destino al despacho de los funcionarios. Yo me fui a mi rincón. Enrique se quedó en el suyo, una pequeña mesita de formica y una silla que localizamos dentro del módulo de los policías, que usaba para sentarse a leer un rato y escribir alguna carta.

Saqué fuerza de donde pude y me fui a consumir una de las llamadas a las que teníamos derecho. Lourdes estaba en casa.

—Lo siento, Lourdes. No puedo salir. Me deniegan el permiso y el grado.

—Lo imaginaba, lo imaginaba...

—Lo malo es la boda de Alejandra.

—Eso tiene remedio. Lo que cuenta eres tú. Tienes que resistir. Aguanta. La boda se aplazará. Pero resiste. Esto no es eterno.

—Gracias, Lourdes. Un beso.

No me encontraba demasiado bien. Durante el resto de la tarde, cena incluida, no cruzamos palabra entre Enrique y yo. Los funcionarios, conscientes de lo ocurrido, preferían dejarme rumiar mi soledad. Subí temprano a la celda. Dormí unas horas, pocas, quizá dos o tres. Llegó la madrugada. En lugar de ejercicios físicos me puse a escribir, sin el menor propósito, ausente de toda intención, casi como terapia, tratando de sacar fuera el dolor que llevaba dentro. Guardé lo escrito en el disco duro. Tardé mucho tiempo en volverlo a leer. Así escribí aquella inolvidable madrugada:

Esta mañana, sin que sepa relatar las razones, decidí comenzar a escribir de nuevo. Ignoro si me impulsa el vanidoso convencimiento de que tengo algo interesante que decir, si se trata de ejercitarme en la literatura, si apelo a la escritura como desahogo de no sé qué inquietudes internas o si, simplemente, se trata de un nuevo ejercicio —¡otro más!— para fortalecer la voluntad en un entorno en el que la tendencia natural a su debilitamiento no es baladí. El cansancio mental asoma impúdico.

Sin embargo, no reside en la carne mi pereza. Es mental. A fuer de convencerme de que nada es cierto, navegando como puedo por las aguas del desapego, a base de consumir mi capacidad de seguir acariciando el sinsentido y sin alternativa visualizable, escribir me parece un trabajo de albañil. Salvo que asumas conscientemente que no quieres decir nada. Que no pretendes iluminar las páginas con las maravillas intelectuales que puede producir un supuesto «yo» dotado de una inteligencia superior. Percibo con nitidez la tacañería de la Naturaleza en el reparto de inteligencia. Así que, al lado de la proverbial maldad del individuo que cinceló en mi interior el paso abrupto del tiempo de vida consumido, sitúo la cruel limitación del intelecto para definir un producto humano.

El vocablo «dignidad» puede cultivarse en muy escasas tierras, pero, desde luego, atribuirlo al producto individuo, en muchos casos no solo es un sarcasmo, ni siquiera una estupidez; se trata de un delito. ¡Hijos de Dios! ¿Qué Dios sería capaz de producir semejante esperpento? ¿Es creíble que seamos creados a «su imagen y semejanza»? Pues parece que sí, que lo es. Entonces reniego de ese Dios con mayor fuerza incluso que de sus propias criaturas.

¿Por qué, por más empeño que pongo en cebar mis conclusiones, se resienten en presencia de ejemplares humanos capaces de albergar un punto de ideal, una brizna de señorío? ¿Es que no soy consciente de que, como todo, tales atributos gozan de la futilidad y perecerán a golpes de tiempo? ¿Acaso conoces algo que perdura en ese ansiado territorio de la Idea y el Valor? Sí, pero en el absoluto, en la potencia. Perviven porque no nacen, porque no se encarnan en ejemplares de esta humanidad. ¿Entonces? No lo sé. ¿Será que los humanos, conservando idéntica apariencia, pertenecemos, sin embargo, a razas espirituales distintas con diferencias de esencia? ¿Será que lo corpóreo no estandariza lo espiritual? ¿Hay varios hombres reales en cuerpos similares de hombres formales? Tal vez. ¿Hay un producto humano en el que la esencia no sea la maldad? ¿Existiría una raza humana, un producto en el que no se cebó el error imperdonable de ese Dios-Diablo? Si así fuera, entendería la pervivencia sobre la tierra. Nada variaría de mi concepción del absoluto-nada. Pero tal vez pudiera dejar que mi espíritu sonriera en soledad de vez en cuando. Y cambio todo mi mundo por una de esas sonrisas.

Percibo que siento algo que jamás sentía, al menos con tal intensidad. Quiero a mis hijos. Intensamente. La presencia de mi padre fallecido se manifiesta con una intensidad de afecto en el recuerdo que me sobrecoge. ¿Qué es querer? Sensación, percepción, emoción... palabras. Es algo que existe al margen de cómo lo designemos. Y ese sentimiento, emoción o como quiera que le llamemos se opone frontalmente a cualquier definición demoníaca porque implica renuncia sin contrapartida. Me pierdo. No entiendo. ¿Es de nuevo este sentimiento una manifestación más del sinsentido? Seguramente. Cada segundo que avanzo me convenzo más de que en realidad el único sentido de nuestra existencia reside en ser bufones de Dios. O del Diablo. O de ambos a la vez en un sórdido pacto cósmico para consumir un trozo de su eternidad entreteniéndose a nuestra costa.

Desde luego, lo del hombre no parece tener límites. Y debo reconocer que su maldad, su iniquidad natural, no es ajena al mensaje bíblico. Al contrario. Leí a san Juan. Sus palabras de la primera epístola son rotundas: «No queráis amar al mundo ni a las cosas mundanas. Si alguno ama al mundo, no habita en él la caridad del Padre. Porque todo lo que hay en el mundo es concupiscencia de la carne, concupiscencia de los ojos y soberbia de la vida, lo cual no nace del Padre, sino del mundo. El mundo pasa y también sus concupiscencias. Mas el que hace la voluntad de Dios permanece eternamente». Y Cristo dice a las naciones (Juan, VII, 7): «A vosotros no puede el mundo aborreceros; a mí sí que me aborrece, porque yo demuestro que sus obras son malas». Y en el libro de Salomón está escrito: «Yo he visto cuanto se hace debajo del sol y he hallado ser todo vanidad y esforzarse tras el viento».

El funcionario me abrió la celda. Bajé al departamento con el ordenador y lo escrito guardado en su disco duro. Preparé desayunos para los presos. Los entregué silente. Algo se percibía en mis gestos dolientes. Concluí mi faena. Vicente no preguntó si sucedía algo. Quizá lo imaginara. Quizá le resultara indiferente. Tal vez se alegrara. Salté a la comba. Agotado, después de la ducha, atravesé el almacén. Crucé el largo pasillo de Ingresos. Golpeé sobre el rastrillo, que sonó con estrépito para desplazarse lateralmente y permitir mi acceso al exterior. El aire contenía restos de los inconfundibles olores carcelarios. Los alambres de espino que coronan los muros de la prisión arrojaban inertes sombras siniestras sobre el cemento del inhóspito patio. El silencio espeso de la cárcel inundaba la mañana. Nubes negras, como iconos de maldad, cubrían el sol moribundo de finales de invierno. Yo, sin embargo, sonreía. «Yo he visto todo cuanto se hace bajo el sol y he hallado ser todo vanidad y esforzarse tras el viento.»

Llegaron las Navidades. Mi segundas Navidades en prisión. Entre unas y otras ocho largos años. Cenamos Enrique y yo, superando como pudimos las desazones que traen consigo las emociones asumidas por tradición. Y traspasamos el umbral de la Navidad para llegar a la noche de cambio de año. El jefe de Servicio, como era habitual con los presos del departamento, nos dejó subir a la celda algo más tarde, sobre las doce y media de la noche, para que pudiéramos tomar las uvas en compañía. Sin entusiasmo algunos fuimos tragando una tras otra las doce uvas de rigor. Concluido el trámite, salimos al patio. Para Enrique era su primera experiencia, pero no para mí. Por eso no me llamaron la atención los gritos enloquecidos de los presos. Golpeaban con toda su alma contra las puertas de la celdas al tiempo que proferían con toda la potencia de su voz los sonidos más estridentes de que eran capaces. No eran palabras. Solo ruidos. El ruido inundaba el silencio de la noche. Golpes y voces componían la más extraña de las sinfonías, la que nace fruto de almas encarceladas. En cada golpe, en cada grito, una rebelión. Quizá debería ser una esperanza porque era un año menos para salir. Pero en realidad se trataba de un año menos para vivir. La vida se consumía y el año dilapidado en prisión era irrebatible. La rebelión frente al pasado, frente a la certeza de lo destrozado que no puede matar la incertidumbre de lo por venir.

Sobre las doce y media ascendimos lentamente las escaleras de acceso al pasillo. Nos despedimos con un abrazo. Enrique se iría pronto. Yo permanecería. Al cerrar mi chapa no pude dejar de preguntarme: ¿hasta cuándo, Mario, hasta cuándo?

Llegó febrero. Al poco de volver de su primer permiso, Enrique, como había pronosticado el director, recibió su tercer grado. Le acompañé a la puerta que da acceso al último de los controles de la prisión propiamente dicha. Nos despedimos con un abrazo. Le vi cruzar la puerta enrejada de desplazamiento lateral que acciona el funcionario de la garita de control, a la que llaman rastrillo exterior. Enrique me devolvió la mirada. Una mezcla de alegría por salir y de preocupación por verme de nuevo en el patio de cemento. Verme allí disponía de certeza. La pregunta de cuándo esa visión sería en libertad carecía de respuesta.

Alejandra quiso anular la boda. Le pedí un poco de paciencia porque planteé el recurso frente al auto de Reyes Gimeno ante la Sala de lo Penal de la Audiencia Nacional, mi tribunal sentenciador, que presidía Siro García. Entre César Mora y yo consumimos algunos turnos intentando vaticinar el previsible comportamiento de Siro, que sería el encargado de presidir el trío de magistrados que decidiría sobre mi recurso. César pensaba que tal vez, conociendo lo ocurrido con Argentia Trust, habiendo presidido a quienes dictaron el auto de acumulación, entendiera que ya estaba bien, que sonaba la hora de reducir los niveles de brutalidad... Yo ya no era capaz de confiar en nadie. Y no me equivoqué. Nos llegó una providencia por cuya virtud Siro García delegaba la resolución del recurso en manos de tres magistrados suplentes.

—Eso quiere decir que les puede dar órdenes —argüía César.

—Creo que no, César. Para mí eso significa que quiere quitarse de en medio, mirar para otro lado, desentenderse del asunto.

La Sala de Suplentes, como la llamaban en el argot del foro, dictó el auto por cuya virtud me mantenía en prisión. Lo peor del asunto residía en que en aquellos momentos ya conocía suficientemente el Derecho Penitenciario para darme cuenta de que, con independencia de órdenes y emociones, que pudieron o no existir, el auto era sobre todo un monumento de ignorancia jurídico-penitenciaria, pero eso solo importaba a quienes, como yo, a pesar de todos los pesares, que ya eran demasiados pesares, nos seguía importando el Derecho.

Alejandra anuló su boda.

Y vinieron más anulaciones. Porque en aquellos días nombraron un nuevo Juez de Vigilancia Penitenciaria. El Gobierno de Aznar, enamorado de modificar el sagrado Código penal a base de situaciones de coyuntura, decidió crear un juez especial para la Vigilancia Penitenciaria de los condenados por la Audiencia Nacional. Bueno, en realidad era para los etarras, pero de paso nos metía a todos en el mismo saco. Y ese juez fue el magistrado Gómez Bermúdez, que venía con ideas propias acerca del Derecho Penal del enemigo. Y comenzó a dictar resoluciones singulares y entre ellas empezó a denegar las redenciones extraordinarias a las que tenían derecho los condenados por el Código antiguo, que era mi caso.

Primero dijo que eran inconstitucionales. Pero por si no resultaba creíble después de que todos los tribunales de España las aplicaran sin la menor fisura, aseguró que era necesario justificar el trabajo realizado.

Bueno, pues si eso era así no tendría problemas, porque la verdad es que trabajar trabajaba y un rato largo, desde las siete de la mañana hasta las nueve y media de la noche, en un horario insólito en la prisión. En aquellos días destinaron a un nuevo interno en nuestro departamento por recomendación del delegado del Gobierno en Madrid. Su pena era corta: cuatro años por el Código antiguo. Su delito consistía en unas cuantas pastillas de éxtasis que le pillaron cuando pensaba comercializarlas. El chico hacía poco, muy poco, tirando a nada, entre otras cosas porque su afición era fumar constantemente porros, y eso le daba para reírse mucho pero para trabajar poco. Llegaba siempre tarde y se iba temprano a la celda. No le encomendábamos trabajos especiales porque bajo los efectos de sus sustancias favoritas se perdía en una inacción constante. Los dos presentamos nuestros escritos pidiendo las redenciones extraordinarias que a ambos nos aprobó la Junta. A él su Juzgado se la concedió, como a todos los presos de Alcalá-Meco no incluidos en la disciplina de la Audiencia Nacional.

En mi caso, el fiscal consideró que mi horario no era excepcional, sino totalmente normal. Supongo que sería el que mantenía en la Fiscalía en los días ordinarios de su trabajo. El juez aceptó su tesis y me quitó las redenciones ordinarias a pesar de que antes de su llegada por autos judiciales firmes me las aprobaban. Con esto estaba alargando mi condena con efecto retroactivo. Leí su auto mientras paseaba por el patio de acceso a la prisión. Miré hacia arriba. Charlie estaba conmigo.

Vimos desde lejos un hombre acercarse a nosotros. Era uno de los médicos. Me saludó muy atento y cariñoso. Era una persona afable pero extraña en algunos de sus gestos. Aquella mañana no sé por qué algo se removió dentro de mí y dije en alta voz sin siquiera querer que Charlie se enterara:

—Este hombre se está muriendo.

Charlie se extrañó. Después de la frase, silencio. Pregunté a Vicente por el médico, por si sabía algo de su estado de salud, y me dijo que no. Indagué y todos decían que no existía el menor motivo de alarma. Quince días más tarde apareció muerto en la bañera de su casa. Un cáncer fulminante lo tenía comido por dentro.

Charlie ingresó al poco de salir Enrique. Un chico joven, recién casado, para el que la prisión se le presentaba en el peor momento de su vida y debido a una relación con una antigua novia que le situaba en una incómoda posición, debido a que fue denunciado por violación. Las circunstancias de lo sucedido dejaban muchos, demasiados huecos a la duda. Más parecía una venganza por no querer casarse con ella que otra cosa. La certeza, sin embargo, era nítida: allí no se encontraba un violador, en el sentido de un hombre dispuesto a agredir sexualmente a desconocidas o conocidas. Pero, en fin, no era cuestión de ponerse a esas labores, sino de ayudarle en el tránsito.

Lo peor es que en aquellos días acababan de dejar el restaurante que gerenciaban en arrendamiento en una localidad cercana a la prisión y con una hipoteca habían comprado otro local en el que habían decidido comenzar su labor de restauración, convertirse en empresarios con inmovilizado propio. Y digo empresarios porque era labor que ejecutarían de consuno su mujer y él. Ahora la mujer se quedaba en soledad. La vida truncada en su raíz. Por tanto, a trabajar.

Ayudé lo que pude, incluso en la selección del nombre del futuro establecimiento. Poco a poco todos los problemas, que eran muchos, se fueron solucionando. Charlie aprendió el ordenador.

Su mujer, la vida. Entre todos dimos marcha a aquel restaurante. Cuando salí de prisión y lo visité sentí por dentro la satisfacción propia de comprobar que incluso desde dentro de un recinto carcelario se pueden crear cosas. Bueno, yo de hecho mantuve el proceso de creación de tiendas de informática, y conseguimos vender cifras nada despreciables. Lo dicho: se pueden poner fronteras físicas al cuerpo, pero imposible hacer lo propio con el alma verdaderamente humana.

Sin embargo, las fronteras físicas a mi libertad formal tenían la fuerza de la evidencia, amplificada por la «nueva doctrina» en materia de redenciones. El año 2003 avanzaba sin esperanza alguna de libertad. Ni siquiera un permiso porque me estaba vedado solicitarlo. Jesús Calvo me lo dejó muy claro: si lo pedía tendría que denegarlo y carecía de argumentos para ello. ¿Cómo denegar en febrero lo que había concedido en noviembre anterior? Era tanto como evidenciar que respondía a órdenes superiores, y nadie quería que se le apuntara tan nítidamente con ese dedo acusador. Así que creo que fui el primer preso en la historia que dejaba transcurrir su condena sin siquiera pedir un permiso ordinario de salida. Ahí está mi expediente penitenciario convertido en paradigma silente de este tipo de comportamientos.

22

EL MUNDO DEL ESPÍRITU NO TIENE CÁRCEL

Cuentan los que de eso entienden, que tampoco son tantos, que cuando sometes al llamado cuerpo emocional a alguna tensión excesiva, el cuerpo físico acaba manifestando su protesta en forma de ostensible patología, y, como sucede casi siempre, la protesta se produce en aquella parte de la orografía corporal, interna o externa, que goza de mayor debilidad. Vamos, que lo débil carga con las culpas, para entendernos. Pues como ya he relatado, mi disciplina gastronómica seguía las líneas vegetarianas radicales, con total ausencia de carnes rojas y de alcohol. Lo digo porque al poco de salir Enrique Lasarte en tercer grado por el rastrillo exterior comencé a sufrir ataques de gota. Y dicen que esa enfermedad se da en quienes abusan de esos alimentos que brillaban por su ausencia dentro de mi vida. Se ve que eso, el tipo de alimentación física, puede tener que ver, pero seguramente si alimentas el alma con tensiones derivadas de emociones negativas como las que me tocaba vivir, puedes provocar que el ácido úrico se presente en tu rodilla, dedo gordo del pie o alguna otra articulación. Siempre, claro, que tengas propensión a ello.

El 11 de enero de 1994 di una estruendosa rueda de prensa. Habían transcurrido unos quince días desde que intervinieron Banesto. En las fotografías que publicó la prensa de aquella multitudinaria sesión con periodistas de todo el mundo, se percibe con claridad un flemón en el costado derecho de mi cara, y es que la boca, los problemas con las muelas, me han perseguido de modo implacable desde edades tempranas. Un costado débil que aparecía en situaciones como aquella. Ahora, como casi todas mis muelas estaban desvitalizadas, le tocaba el turno a esa otra debilidad de mi caparazón corporal: la producción de ácido úrico. El dolor de muelas es muy malo. El de gota, increíblemente superior. Y en este caso ambos dolores forman parte de mi experiencia, y no una, sino varias veces. En prisión, concretamente, al menos en tres ocasiones sufrí ataques de este tipo.

Lo de las muelas fue diferente. Yo usaba un puente de esos confeccionados para unir el hueco de algunas muelas extraídas. Pues de repente se rompió y cayó al suelo hecho pedazos. Situación cómico-trágica, desde luego. Quizá lo más fácil consistía en pedir permiso de mañana para salir al dentista y volver, con todas las garantías que quisiera. Pues no. En ese instante ya se había nombrado al sustituto de Jesús Calvo, y el hombre no parecía dispuesto a esas concesiones ni aun consciente de que no cabía el menor resquicio acerca de riesgo de fuga, puesto que ya salía de permiso ordinario. Pero quizá temeroso optó por el procedimiento del indiferente: la legislación vigente en su literalidad. Total, que llamé al dentista que me lo había instalado, firmó la instancia correspondiente, se tramitó la solicitud, informaron los servicios médicos, el educador, el jefe de Servicio, la asistente social y creo que nadie más, y finalmente pude obtener la autorización para su presencia en las instalaciones del Centro penitenciario. Llegó con una ayudante, una chica joven de unos treinta años, de bastante buen ver, lo que en prisión se expandía de manera notoria. Me hicieron las reparaciones de emergencia hasta que me tocara el permiso y pudieran trabajar mejor en sus instalaciones y se fueron. Una vez en libertad, cuando acudí a que remataran la obra, comenté con la enfermera que resultó agradable su visita porque una mujer guapa es siempre algo bien recibido, pero en un recinto carcelario mucho más. Ella me confesó que pasó miedo. No tuvo motivo alguno porque nadie, absolutamente nadie, la importunó, pero ya se sabe que la mente es la mente, y como circulan esas cosas tan raras acerca de las prisiones, pues la mujer pensó que entre muela y muela, entre puente y puente, tal vez sufriera alguna agresión... Pues no.

Lo de la gota fue peor. Las muelas no dolían. Un desperfecto estético de unos días, pero no pasaba de ahí, porque para comer lo que yo comía no se necesitaban dientes de Tarzán. Pero lo de la gota... Nadie puede imaginar el efecto demoledor que eso supone para un prisionero. Si cuando vives en libertad la gota es insoportable, encerrado en una prisión el efecto físico y anímico es destructor, depredador de la estabilidad emocional. Tienes que permanecer sin moverte. Cualquier cosa, casi el aire arrojado por un ventilador, te causa un tirón de dolor brutal, porque son millones los microscópicos cristales de ácido úrico que se clavan sobre el nervio en el que se alojan. Tardaba en ascender los escalones hasta mi celda veinte minutos, y en cada movimiento de mi pierna derecha sentía la punzada del dolor. Al llegar a la celda, soltaba los pantalones, que caían a peso sobre mis pies. Entonces, con el palo de una escoba los empujaba hacia un lado, al tiempo que levantaba ligeramente la pierna afectada. Repetía la operación con los calzoncillos y con el pantalón del pijama, aunque este en sentido ascendente. A continuación me sentaba en la cama mientras mi pierna doliente permanecía estirada. Con el palo de la escoba, situado debajo del tobillo, levantaba la pierna con toda la fuerza de que disponía en los brazos. A veces gritaba de dolor. Por fin depositaba la pierna en la cama. Intentaba dormir, pero la pesadilla de tener que volver a repetir la operación al día siguiente era suficiente para que te acordaras de demasiadas cosas y personas al mismo tiempo. Afortunadamente, la etapa aguda no duraba demasiado. A lo sumo tres días. La Conchicina y el Ziloric, medicamentos clásicos de estas dolencias, se convirtieron en compañeros inseparables.

Pero el gran consuelo, por comparación, lo proporcionaba mi compañero de celda por el costado izquierdo, cuando vivía mi segundo encierro. Siempre iba el último a las duchas y supuse que eso tendría algo que ver con una ligera cojera que se manifestaba en sus andares. Aquella mañana también yo me retrasé, porque me empeñé en colgar unas perchas de fabricación casero-carcelaria y me ocupó demasiado tiempo. Era un domingo, así que no pasaba nada por retrasar un poco mi llegada a Ingresos. Cuando entré en el local de las duchas me quedé petrificado. Mi vecino, un tipo alto, de buen aspecto, de porte y gestos educados, se duchaba apoyado en una muleta metálica, pero no una muleta de preso, sino una normal y corriente, de las que se ven en la calle. Frente a su plato de duchas una silla y encima de la silla una pierna metálica. Se la quitaba para ducharse y se la ponía al concluir. Por eso se apoyaba en la muleta. Por lo que me contó, cuando mi escasa curiosidad me llevó a saber qué sucedía, había tenido un accidente de moto. Le tuvieron que seccionar la pierna y, además, su cuerpo estaba plagado de otras lesiones, aunque menos llamativas. Nunca supe si ese accidente tenía algo que ver con su condena, que para variar procedía del tráfico de cocaína. De nuevo un tipo educado y de familia con posibles económicos que, en lugar de trabajar o de resignarse a vivir con el nivel de ingresos que era capaz de ganar por sí mismo, decidió que la cocaína podría servir para vivir mejor, y quizá lo consiguió un tiempo, pero al final, incluso con pierna artificial y otros desperfectos, le llevó a vivir en prisión.

Los días transcurrían lentamente. Dejamos atrás los fríos del invierno. Llegó la primavera. Se aproximaba el verano. Mi tiempo lo dedicaba a profundizar sobre Derecho Penitenciario con la finalidad de ayudar a algunos presos confeccionándoles los recursos contra las decisiones que les perjudicaban. Singularmente los permisos. Seguramente los jueces no tienen ni idea del efecto demoledor que causan los autos en los que se deniegan los permisos. La ley es muy clara y dice que si un preso cumple la cuarta parte de su condena y tiene buena conducta, puede salir de permiso. Está claro que la ley dice «puede», es decir, que no se habla de que tenga derecho a salir. Pero si la ley dice «la cuarta parte», los presos no entienden por qué las Juntas de Tratamiento, primero, y los jueces, después, dicen que es pronto, que hay que esperar un poco más. A veces te da la sensación de que enmiendan la plana al autor de las leyes.

—Coño, pues que alarguen la cosa, que cambien la ley, que digan que a la mitad, pero que no nos tengan así de jodidos...

Esta es la frase habitual de cualquier preso cuando recibe un auto denegándole el permiso. No lo entienden. Y es que no se entiende fácilmente. Parece un ejercicio de mera arbitrariedad, y es que si soy sincero diré que en más de una ocasión contemplé la arbitrariedad reinando sobre las decisiones judiciales y penitenciarias. Para los presos encerrados la libertad es el valor esencial. Lo demás cuenta menos. El preso se come la cuarta parte de la condena soñando con salir. En relación a eso se porta bien dentro del recinto: para salir de permiso. Otra cosa es que esté o no arrepentido. Si hace falta dirá lo que sea y si es preciso se pondrá de rodillas, pero de lo que se trata es de salir. Por eso cuando llega el día de echar la instancia a la Junta de Tratamiento solicitando la salida, es un momento de fiesta y de angustia, las dos cosas al tiempo, en la vida del preso.

Fiesta y angustia, celebración y miedo. Desde semanas atrás tiene la instancia entre sus papeles. La examina, la estudia, la ve, la contempla... porque detrás de ella se encuentra la libertad. Llega el día, la hora. La deposita en el educador, encargado de tramitarla. Espera desesperando. Normalmente si es el primero, o incluso algunos más, se lo rechazan. Recurre como puede. Se lo rechazan. Sufre, se enerva, no entiende... Camino a la desesperanza, mal asunto en prisión.

En ocasiones los permisos se deben a circunstancias tan increíbles que resultan sórdidas. Pepe era un tipo que cantaba de maravilla por varios palos de flamenco. Condenado igualmente por tráfico de drogas, creo que en connivencia con algunos guardias civiles que cumplían en el módulo de policías, pasó una buena parte de su condena en Soto del Real, hasta que pidió traslado a Meco y se lo concedieron. Al año y medio, más o menos, de llegar a Meco le destinaron en el departamento de Ingresos, junto con nosotros. De vez en cuando, pero solo de vez en cuando, si nos encontrábamos a gusto en algún rincón del almacén, se arrancaba y lo cierto es que lo hacía muy bien, por lo alto, capaz de llegar donde pocas voces llegan sin gallear. Pasada la cuarta parte de su condena, Pepe echó la instancia —como se dice por allí— y una vez superadas una o dos denegaciones anteriores, consiguió que la Junta de Tratamiento propusiera un permiso para él. Ahora le tocaba decidir a la juez Gimeno. La psicóloga, la tal Sole, votó en contra en la Junta que aprobó el permiso de Pepe alegando, para oponerse, que no tenía cumplida la cuarta parte, lo cual era no solo una estupidez, sino, sobre todo, un error aritmético burdo, pero supongo que al estar encelada con las cosas esas de las seducciones del lenguaje corporal en el plano físico se olvidó de tomar en cuenta el tiempo de preso que Pepe había consumido en la otra cárcel, en Soto, que, agregado al que llevaba en Meco, sobrepasaba con mucho esa cuarta parte de su condena de nueve años.

Pero Pepe tuvo suerte porque la juez Reyes Gimeno no puso demasiada atención en el expediente y copió lo que decía la psicóloga; denegó el permiso que le pedía respecto a idéntico error. Eso le vino bien a Pepe porque en el recurso que redacté insistí en esa circunstancia; de tal modo la juez podría pensar que si ese escrito llegaba a la Audiencia Provincial y allí se daban cuenta de algo tan burdo como ni siquiera leer el expediente, pues a lo mejor el concepto que podrían formarse de la seriedad de su trabajo no era excesivamente bueno. Así que una y otra vez insistí en ese punto. Pepe firmó y lo cursamos.

Aquella mañana Pepe venía del módulo. Le pregunté si tenía alguna novedad y me dijo que venía de firmar la entrega del auto del permiso. Ni siquiera lo había leído, pues suponía que sería desestimatorio, como siempre, porque nunca funciona el recurso ese de queja. Le pedí el papel y lo leí. Se lo habían concedido, precisamente por el argumento que yo había manejado: el error de la psicóloga que ahora la juez no quería consolidar como error propio. Pepe no se lo creía. Lo leyó y empezó a dar saltos como un enajenado. Se fue al módulo a llamar a su familia. Aquella tarde cantó como pocas veces le escuché cantar. Mientras, por dentro, yo sonreía.

En otra ocasión se trató de un preso colombiano condenado por tráfico de drogas. En el auto que denegaba el permiso, la juez Gimeno indicaba que lo denegaba por razón del tipo delictivo cometido por el preso, que, según la juez, se trataba de violación. Obviamente un error, pero un error de gravedad más que considerable porque por el módulo comenzó a correrse a toda velocidad la voz de que el tal colombiano era en realidad un violador. Menos mal que los funcionarios se encargaron de desmentir la noticia porque de otro modo podría haber tenido problemas. El hombre, el colombiano, denunció a la juez ante el Consejo General del Poder Judicial. No pasó nada porque a juicio de ese organismo era un error que podía justificarse debido a la gran carga de trabajo que ostentan los Juzgados de Vigilancia. En fin.

Bueno, pues en aquellos días tendría que pasar por un nuevo espectáculo judicial derivado de la denuncia que Lourdes Arroyo, mi mujer, había efectuado contra Navalón y Selva por el delito de falso testimonio y que nos permitió llegar a la Justicia suiza para demostrar quién se había quedado con esos seiscientos millones por cuya apropiación indebida me habían condenado y encerrado en 1998. Aquella mañana del 13 de junio del año 2000, al poco de concluir el juicio Banesto y de dictarse su primera sentencia, y dos años antes de que el Tribunal Supremo me la doblara ascendiéndola a veinte años, el diario *El Mundo* abría su edición con una noticia a cuatro columnas en la que decía: «Navalón, Selva, Garro y Matías Cortés se lucraron con los seiscientos millones de Argentia», añadiendo como segundo titular: «La comisión rogatoria llegada de Suiza identifica a los verdaderos beneficiarios del dinero por cuya apropiación indebida Mario Conde fue condenado a cuatro años de cárcel».

Largo el camino hasta conseguir esa información, largo y costoso, y no solo en España, porque el fiscal suizo Consandey, sometido a alguna presión extraña, dejó su cargo y se fue contratado a una auditora por un sueldo más que respetable. No se entiende bien la decisión profesional de ese hombre, sobre todo al marcharse sin resolver el caso. Claro que el abogado Dreyfuss ya había muerto o estaba a punto de fallecer por aquella rara enfermedad. Lo cierto es que se fue después de pedir a mi abogado que pactara con Navalón y de negarme yo a semejante despropósito moral. La información recibida no dejaba lugar a ninguna duda, así que yo no toqué ni una peseta y fui condenado, y los que se quedaron con el dinero y negaron haberlo recibido pues, además de gastárselo, andaban por los jardines de nuestra querida libertad. El juez que instruyó la causa entendió, con más razón que un santo, que aquello probaba el falso testimonio por eso de que si uno dice que no recibió dinero y luego se prueba que lo ingresó en su cuenta y lo usó, pues parece que puede haber otros casos de falso testimonio, pero más claros que este resulta difícil.

Pero esto del Derecho combinado con la Política produce a veces resultados sorprendentes, de modo que lo evidente en una dirección pasa a ser igual de evidente, pero en la contraria. Desde que llegaron esos documentos suizos probando quién se había quedado con el dinero y quién no, pasaron tres años hasta que por fin se pudo abrir el juicio contra estos señores. El 2 de abril de 2003 salía de Alcalá-Meco para la celebración del juicio oral. Pero ya me olía yo algo raro porque el juez que instruía la causa y que iba a dictar sentencia, el excelentísimo señor don Miguel Fernández de Marcos y Morales, titular del Juzgado Penal número 11 de Madrid, tuvo especial interés, según me dijeron, en que llegara a la sala de su juicio esposado. Curioso, porque hasta ese momento nunca me habían puesto esposas, y eso que mis recorridos por los Juzgados resultaron abundantes a consecuencia de lo azaroso de mi vida judicial. Pero en este caso su Señoría parecía que sí que deseaba hacerme pasar por ese trance. De modo que llegué a la plaza de Castilla, me condujeron a los calabozos y me esposaron por orden, me dijeron, de su Señoría. Una experiencia nueva.

Lo más curioso es que nos esposaron a dos personas, cada uno de una mano, y así fuimos conducidos por el policía a la sala de juicio. Y digo curioso porque la persona esposada conmigo era

Fernando Garro. Ironía sublime del destino. Plástica de la evidencia: Garro, que fue parcialmente beneficiario del dinero y que jamás fue condenado por eso, ahora accedía a la sala de juicio esposado conmigo. Bueno, a la sala del juicio no, porque como él era testigo tenía que esperar fuera, así que su Señoría dio la orden de que me esposaran solo a mí y así, con las dos manos atadas, entré en el salón donde se celebraba el juicio. Los acusados, los que habían mentido y con su mentira contribuido a enviarme a la cárcel, se encontraban plácidamente sentados. El perjudicado entraba esposado. Para completar el cuadro, el fiscal, el representante del Ministerio Público, el defensor de la legalidad, no acusaba, es decir, que justificaba la actuación de Navalón y Selva. Y el juez... Desde el primer instante me di cuenta de que no solo la estética de mi entrada esposado, sino los constantes cortes que el juez utilizaba para con mi abogado evidenciaban lo obvio. Cada vez que quería profundizar preguntándome para que aportara datos concretos, para que aclarara más todavía lo que era ya diáfano para nosotros, pero que resultaba imprescindible para redactar adecuadamente una sentencia, el juez Miguel Fernández de Marcos y Morales le decía que eso no venía a cuento y que tales preguntas resultaban improcedentes. Hombre, improcedentes depende de para qué, claro... Una vez más me tragué ese cáliz. Pero, en fin, no tenía dudas acerca del resultado.

Tampoco tuve que esperar demasiado porque el juez Miguel Fernández de Marcos y Morales dictó la sentencia en un plazo corto: veinticuatro horas.

Absolutoria, por supuesto. Se ve que en esto de Argentia Trust la celeridad se convertía en norma de obligado cumplimiento. Pérez Mariño dictó la sentencia condenándome en veinticuatro horas. Miguel Fernández de Marcos y Morales también en idéntico plazo producía sentencia para condenarme a ver absueltos a los que se habían quedado con el dinero. Confieso que en la celda, este tipo de informaciones solo conseguían estirarme sonrisas. Porque su sentencia sirvió para mucho más de lo que el juez Fernández de Marcos y Morales pudo imaginar, porque Alejandra, Mario, Lourdes y mis íntimos amigos asistieron al juicio oral, me escucharon, conocieron mi exposición de los hechos, luego vieron y oyeron a los otros, y no tuvieron duda alguna de lo ocurrido, ni con los hechos del caso ni con la sentencia absolutoria. Por supuesto que desde que todo comenzó, allá por 1993, sus ideas acerca del caso, sobre la verdadera dimensión del asunto, sobre las actuaciones de corte político, eran diáfanas. Pero quieras o no se trataba de hechos relatados. En esa ocasión tuvieron la oportunidad de actuar como protagonistas de un proceso, de ver en acción a sus actores, de contemplar sus gestos, de escuchar sus palabras... En el fondo me hicieron un considerable favor, porque lo que cuenta, lo que verdaderamente importa es la consideración en la que vives en el corazón de los tuyos, y ellos pudieron de este modo saber por sí mismos mucho más de lo que podían imaginar desde fuera.

Creo que huelga decir que las instancias siguientes desestimaron mis recursos, al igual que, cuando pedí la revisión de la sentencia al demostrar que lo que en ella se afirmaba era falso, me dijeron que no procedía. Ya lo imaginaba. Pero lo que nadie pudo evitar es que la Justicia suiza demostrara que los hechos por los cuales la Justicia española me había condenado sencillamente no ocurrieron, porque nunca jamás «puse el dinero a buen recaudo y a mi disposición», como impúdicamente decía la sentencia redactada por Pérez Mariño. Fueron otros los que lo pusieron a ese buen recaudo.

La vida tenía que seguir, con gota y sin ella, con dolores y sin ellos, y aparte de concentrarme en mis lecturas espirituales, debía atender a los presos que necesitaban que alguien redactara sus papeles, sus escritos, sus recursos. Es curioso, pero en prisión quizá el libro de mayor circulación es la Biblia, además de otros de corte espiritual. Me contaron que algo parecido ocurre en los centros de internamiento para drogadictos. Es como si la privación de libertad trajera como consecuencia un aumento de la espiritualidad. Muchos presos dicen refugiarse en Dios durante su estancia de prisioneros. La misa, que se celebraba los domingos en un pasillo entre dos módulos, próximo a la enfermería, recibía cierta asistencia, desde luego mayor de la imaginada. Fui en un par de ocasiones y me sorprendió el número y la aparente devoción de algunos presos. Digo aparente no porque tenga constancia concreta, sino porque finalizada la estancia carcelaria los presos ni leen la Biblia ni se acuerdan de ese Dios al que supuestamente se entregaron mientras vivían en los patios de Alcalá-Meco. Es posible alguna conversión, desde luego, pero no sé si muy probable. Si tomamos en consideración el índice de reincidencia, el número de presos que vuelven por las celdas y los patios debido a nuevos delitos cometidos durante el cumplimiento o finalizada la condena, podremos concluir que las conversiones tienen quizá más valor táctico que de otra textura, pero, en fin, no quiero pronunciarme porque son cosas del mundo interior y solo cada uno puede dar la respuesta adecuada. Entiendo que en prisión funciona el escapismo a lo religioso como en libertad en ocasiones a la poesía. Pero del escapismo somnoliento poco duradero se puede esperar.

En mi caso, la preocupación por lo religioso, por el mundo espiritual para ser más concreto, era algo que me había acompañado desde mis quince o dieciséis años. Pero siempre fue una aproximación plagada de cierta rebeldía. Mientras descansé en el Dios antropomorfo característico de la versión exotérica católica, mi Dios era mi Dios, y no deseaba compartirlo con nadie más. Entendía que era Omnipresente y Omnipotente, pero eso no le privaba de atenderme con preferencia, sobre todo porque esos atributos le permitían prestar toda la atención a una infinitud de cosas en el mismo instante, lo cual resultaba incomprensible para la razón humana, pero Dios era Dios...

En Deusto ese Dios se me vino al suelo, con gran dolor de mi corazón, por cierto, porque no deseaba la soledad provocada por su ausencia. Intenté recuperarlo por todos los medios. Consumía misas varias veces al día. Me quedaba en la iglesia solitaria tratando de restablecer un diálogo con mi antiguo Dios, aquel que en Alicante sí me atendía. Pero nada. Dios se fue y me quedé solo.

Lo pasé mal, porque me noté que aquello no me satisfacía; evidentemente, hubiera podido acudir a las creencias, adormecer mis angustias, refugiarme en el dogma y tirar para delante, como tanta gente. Entonces hubiera transformado el espíritu en religión. Uno de los grandes problemas es que la espiritualidad se viste de religión y se pierde. Así que a buscar en otros campos. Sartre, la náusea, los existencialistas, Camus... Un poco de magma de contaminaciones, una angustia irredenta, una búsqueda sin encuentro, una soledad sin maestro...

No era la solución. La vacuidad budista puede ser una respuesta, pero la nada sartriana no. No podía dormir; me di cuenta de que había caído en un insomnio del espíritu. Estaba permanentemente despierto, buscando. El espíritu por dentro no dormía; el cuerpo sí. Yo le pedía que me enseñara el camino, y lo único que me decía es «anda»; y andando, andando fui por el camino del esoterismo y el esoterismo me llenó.

En fin, me quedaba el recurso de vivir como podía porque no existen, al menos que yo conozca, sastres capaces de confeccionar un traje a la medida para ese cuerpo espiritual.

No es difícil imaginar que en mi transitar por el mundo empresarial y financiero los espacios libres para profundizar en estas materias no abundaban en exceso. Pero ahora sí. Ahora disponía de años por delante. En el periodo de segundo encarcelamiento recuperé muchas de mis lecturas perdidas. Pero fue poco tiempo y, además, tenía que preparar el juicio Banesto. Ahora, encerrado y sin horizonte de libertad en este tercer retorno, como decía el director, la posibilidad de continuar con mi búsqueda interior se me presentaba como una oportunidad impagable.

Cientos, varios cientos de libros fueron consumidos durante aquellos años, muchos de corte oriental, como todos los de Krishnamurti, los relativos al taoísmo y budismo, y otros de la Enseñanza Primordial, la Tradición, en terminología de René Guénon, pasando por las obras completas de Ken Wilber. Mi horario de lectura era preferentemente de madrugada. Me levantaba a las cuatro de la mañana. A esa hora el silencio dominaba el ambiente. En invierno sentía algo de frío, y digo algo porque conseguí un calefactor del almacén de Ingresos que me subía de tapadillo por las noches y reponía en su lugar por las mañanas, al bajar para el desayuno. En verano, a esas horas el calor caía muchos grados y se podía estar más o menos confortable. Más que leer, como siempre ha sido norma en mi vida, estudiaba. En ocasiones una página me duraba días, hasta que conseguía captar su mensaje profundo. Así me ocurrió con un libro que me trajeron a prisión Elena e Iván Mora, de la autoría del maestro Eckhart, para mí sin ninguna duda el más profundo de todos los místicos cristianos, con san Juan de la Cruz y santa Teresa de Ávila.

Me fascinaban los puntos de encuentro entre el taoísmo, por ejemplo, y el cristianismo esotérico de Eckhart. La unidad de las religiones, que explicó muy bien Schuon, en un libro específicamente titulado *De la unidad trascendente de las religiones*, se convirtió en una especie de obsesión para Wilber, quizá el más conocido autor de la New Age.

Leía unas dos horas y a continuación, cerca ya del amanecer en las épocas de verano, me sentaba en el suelo de la celda cubierto con una manta de repuesto que subía de las del almacén de Ingresos. Allí comenzaba una serie de asanas de yoga que fui seleccionando con paciencia de cazador furtivo de entre las muchas que experimenté procedentes de distintos libros que me fueron entregando Paloma o Lourdes cuando venían a las visitas ordinarias. Concluida la sesión física, me sentaba quieto, sin el menor movimiento corporal.

Al final, de todas las técnicas de meditación que intenté, la quietud me resultó la más satisfactoria. No conseguía frenar totalmente, parar, detener los pensamientos. El esfuerzo por conseguirlo es el error más frecuente. «No hay camino hacia la verdad», decía Krishnamurti. Y es así. Empecinarse en algo es renunciar al Finisterre del Camino. No hay otro camino diferente que el propio caminar. La verdad, la única verdad de la que podemos disponer con certeza es la experiencia. Solo el que prueba sabe.

En esa situación, en lo que podríamos llamar una meditación cincelada a mi medida personal, profundizaba sobre lo leído. En ocasiones ideas de otros días venían a visitarme. Y navegando por la abstracción de la absolutidad escudriñaba las áreas del camino que desde siempre causaron la mayor de las turbulencias interiores: ¿qué hacemos aquí?

Es así como poco a poco fui recuperando el sentido de trascendencia, referido ahora a la Humanidad como proyecto. La eternidad existe, nosotros aquí estamos muy de paso. Hay algunos que creen que estamos sin ningún sentido, y otros, como yo, que creen que nuestra gran tarea es averiguar el sentido de la existencia. A mí me resulta inconcebible que estemos aquí porque estamos y que después sencillamente dejamos de estar. Esa es una idea que se ha ido poniendo en marcha a partir del triunfo del materialismo y del racionalismo, que ahora se están encontrando con problemas muy serios y son incapaces de definir dónde está la materia última. A medida que profundizan en la física cuántica, se alejan del concepto de materia para toparse con un vacío. Es un vacío que está lleno de lo que nosotros llamamos Espíritu. El sentido de la existencia, por qué estamos aquí, es absolutamente capital. Unos dicen «para nada, simplemente para morir»; otros, «para mejorar».

En todo caso, retornamos. Unos creen que retornamos con una individualidad; otros, con una individualidad matizada, como Sri Aurobindo; otros creen que sencillamente retornamos a una vacuidad, pero para volver a volver. Unos creen que las gotas del océano mantienen su individualidad; otros, que vuelven al océano y eso es todo; unos creen que la reencarnación es volver a vivir un mismo yo —una idea muy primaria y poco profunda—, otros creen que la reencarnación es la consecuencia de que el Espíritu se manifiesta en un proceso progresivo...

Escribía ideas en las páginas de los libros que leía. Después, en el almacén las pasaba al ordenador y allí las dejaba fermentar, como la cerveza o la penicilina. Esas ideas, por llamarlo de alguna manera, fueron más tarde la base de un libro que cerré poco antes de salir de prisión y que vería la luz en su momento oportuno con el nombre de *Cosas del camino*.

Poco a poco fui cincelando de nuevo el papel del yo, el falso papel de la personalidad. Distinguir la personalidad del yo es muy fácil. La personalidad es un conjunto de atributos externos que no tiene ningún valor: «Me llamo así, he nacido aquí, pertenezco a no sé qué familia...». El yo, en cambio, es el «trozo» del Espíritu que se guarda en nosotros. Eso tiene una cierta individuación en la forma, pero solo una cierta individuación en la forma. Nosotros creemos que somos individuos, pero es porque hacemos referencia a los factores externos de la personalidad. Yo tengo muchas dudas de que ese «trozo» del Espíritu, cuando regresa, regrese con el mantenimiento de una cierta individualidad; no tengo ninguna duda de que no regresa manteniendo toda la individualidad. Es el tema capital, es donde se mueve el individuo y donde personajes como Sri Aurobindo tratan de encontrar una solución que satisfaga, como explica Vicente Merlo, que es un experto en Sri Aurobindo, y de quien yo leí todo cuanto cayó en mis manos.

Al final, mi conclusión es tratar de evitar las creencias; las creencias me parecen peligrosísimas. Los que hemos estado en la industria farmacéutica sabemos lo peligrosos que son los analgésicos, porque no curan, solo adormecen el dolor. Las creencias, para mucha gente, funcionan como adormecedores de angustias. Yo lo que quiero no es adormecer mis angustias, sino encontrar un camino espiritual sabiendo que tengo que renunciar a muchas cosas, como la autoestima. Hay mucha gente que cree que el camino espiritual se construye sobre el intelecto: «Yo soy más espiritual que tú porque soy más erudito que tú, porque soy más que tú, porque he entendido mejor al Tibetano». Ese es un camino hacia la erudición, y la erudición y la espiritualidad no son lo mismo. O, sencillamente: «Yo renuncio a todo eso y tengo una creencia muy sólida y creo porque creo y si no creo, creo». Bueno, de acuerdo, al que le funcione así...

Pensaba que a lo largo de mi vida, en todas las encrucijadas vitales fui tomando las decisiones más dolorosas para mí. Lo de la cárcel pudo ser un empujón, del Espíritu y de la vida, y me dio la oportunidad de recuperar todo mi trabajo personal. Lourdes comprobó a qué velocidad. Recuerdo una tarde en una visita ordinaria. Lourdes llegó acompañada de nuestra hija Alejandra. Charlamos los tres. Alejandra en un momento dado no pudo contenerse y exclamó algo parecido a que me encontraba demasiado bien para ser prisionero. Lourdes, sin inmutarse, respondió:

—Si es que tu padre está a gusto porque está haciendo lo que siempre le gustó. Tu padre es así. Lo difícil va a ser sacarlo de aquí con lo bien que está con sus libros y sus cosas...

Recuperaba el sentido de la Humanidad. Me reconciliaba con el hombre y en primer lugar con quienes habían contribuido a que pasara tantos años de mi vida por allí. Sentía que no tenía ningún tumor en el cuerpo, pero, sobre todo, tampoco en el alma. Eso es lo único que me parece importante. El perdón implica: «Yo bueno, tú malo; yo te perdono». No. No funciona eso. Todo lo que sucede sucede porque hacemos que suceda. En este caso concreto yo estaba allí, en Banesto, y podía no estar; yo sabía cómo funcionaba la política en este país y seguí adelante. De alguna manera, asumí las consecuencias de mis propios actos. Entendí que las cosas no son como estudiamos en los libros de Derecho y que la vida es muy dura. Goethe dijo: «Me preguntas qué es lo justo; te diré lo que conviene a quien lo aplica». La conveniencia como principio motor de la convivencia es terrible, es uno de los cánceres de la civilización occidental. La conveniencia acaba con todo.

Yo no tengo por qué perdonar —me decía a mí mismo—; yo no participaba ya de la idea orteguiana de buscar a otro como responsable de mis males. Nuestras conductas son causas que van generando efectos, y yo provoqué de una manera directa o indirecta el que a mí me metieran en la cárcel, porque estaba en un sitio equivocado a la hora equivocada, porque decía unas cosas que no se correspondían... Aunque me metieron en la cárcel por unas razones que nada tenían que ver con las oficiales, como es natural.

¿De qué me puedo arrepentir? ¿De qué les tengo que perdonar? ¿Les tengo que perdonar de que me hayan dado esta oportunidad? No. ¿Les tengo que perdonar de que me hayan dejado demostrar a mis hijos que los hombres no somos nuestras cosas y que por tanto somos el mismo estando en Banesto que paseando por el patio de presos? ¿Eso les tengo que perdonar? Eso se lo tengo que agradecer. ¿Debo perdonar el que me haya demostrado que no tengo miedo a verme a mí mismo en el silencio? ¿A reconocerme en las madrugadas carcelarias y ver que ni estoy tan bien ni estoy tan mal, que estoy normal, y que estoy relativamente contento conmigo mismo, y que tengo perseverancia para trabajar?... Todo eso se lo tengo que agradecer.

Probablemente, si todo eso no hubiera pasado, a lo mejor estaría muerto físicamente, pero eso es lo de menos. Seguramente estaría mucho más cortocircuitado espiritualmente. El camino del Espíritu exige una sinceridad total: si mientes, si dices lo que no sientes, si hablas de lo que te gustaría ser y no de lo que eres, haces un agujero muy importante en el equilibrio y se paga caro.

Al final, la libertad no es un asunto físico, por mucho que te encierren en un entorno físico. Te imposibilitan para una serie de cosas, pero no te privan de la libertad verdadera, que es la del espíritu. ¿Cuándo se es libre? Cuando se es digno. Y la dignidad es uno de esos conceptos que no admiten ser un mediopensionista: o se es digno o no se es. Una mínima indignidad contamina todo. En mi camino espiritual, un día traté de buscar una síntesis, el verdadero patrón: ¿la individualidad?, ¿la vacuidad?... No: la limpieza de corazón. Punto. El lenguaje del corazón es un lenguaje común a los esoterismos. Trasciende las palabras —es lo que dice Zhuangzi: «¿Cuándo encontraré a un hombre con el que pueda hablar sin palabras?»— y va más allá. No trates de responder con abstracciones mentales; simplemente, sé limpio de corazón; límpialo.

Me decía a mí mismo que el Espíritu no cabe en una estancia sucia, además es muy meticuloso, es muy pesado: como haya la más mínima suciedad, se va. Hay que limpiar las cavidades del alma de todo tipo de olores, de suciedades, hay que tener el corazón limpio para ser digno. Y si eres digno, eres libre. Si no tienes el corazón limpio, estás esclavizado por el demonio de turno, que es tu vanidad, tus cosas...

Cuando era presidente de Banesto me dije un día a mí mismo y lo repetí a cuantos les hablaba en la intimidad: el hombre que es sus cosas, con sus cosas muere. Ahora estoy aquí y esto es muy importante, pero esto es una cosa nada más... Si lo trato así, seré libre. Si algún día me lo quitan, si yo soy yo, seré yo y no pasará absolutamente nada. Me lo habían quitado y nada malo sucedió conmigo. Nos lo quitaron y aquí sigo.

Me gustaba el silencio de esas horas tempranas. En el silencio nos escuchamos a nosotros mismos. Hay mucha gente a la que no le gusta lo que escucha y entonces prefiere que la aturda el ruido externo. Pero sin silencio no se puede caminar en el Espíritu. Rezar es silencio, meditar es silencio. Amor es silencio. El amor con ruido es ruido. Quien no es capaz de estar en silencio no es capaz de estar en sí mismo con mayúsculas. El ruido permite estar con el sí mismo con minúsculas, con la personalidad. El ruido sirve para Mario Conde-presidente de Banesto, pero no para la divinidad de la que somos posada transitoria. El silencio permite ser honesto y limpio de corazón, permite revisar los verdaderos impulsos de lo que se hace.

La religión puede ser un producto tóxico, pero el materialismo puede ser heroína pura. No se puede hacer nada ni mejoraremos política, cultural, económica ni socialmente si no recuperamos el papel del Espíritu en nuestras vidas. Cuando me dicen que estamos mejor que hace no sé cuánto tiempo, yo digo: «¿Mejor? Cuando mueren cinco mil niños al día, cuando hay genocidios, cuando un país está mejor que antes porque han muerto cientos o cientos de miles de personas, ¿eso es mejor?». El problema no está ni en los sistemas políticos, ni en la democracia: está en el hombre.

A eso de las siete de la mañana, como todos los días, recibía el sonido de la apertura de la chapa de mi celda. Estridente al comienzo, fue perdiendo agresividad poco a poco. Al igual que los muros, que los cementos, que los alambres, que los olores, que los presos, que el entorno en el que me tocaba vivir. Todo encajaba a partir de un determinado instante. Nunca más volví a ver cárcel en ninguno de los movimientos diarios. Mi espacio era el mismo. Mis funcionarios también. Los ruidos, idénticos. Pero ya no estaba en la cárcel.

Recordé una vieja anécdota de Ramon Llull. Después de su conversión, por así decir, en un proceso similar al agustiniano, un día de aquellos, se encontraba sentado en un rincón de las afueras de la ciudad de Palma. Se acercaron sus amigos de antes, con ruido, estrépito y a caballo. Desmontaron al verle. Se dirigieron al futuro beato con estas palabras:

—Ramon, ¿qué haces aquí solo?

—¿Solo? Solo estoy ahora que habéis llegado vosotros. Antes estaba en compañía de mi amado.

La soledad carcelaria, la agresividad del entorno, se convirtieron como toda la realidad que nos rodea en un producto puramente mental. Es así como la cárcel dejó de ser prisión, porque aunque permaneciera en el plano físico, desaparecía en el existencial.

23

UN TROZO DE LIBERTAD

La asunción de lo inevitable —mi lema favorito— me permitía disponer de mi tiempo de manera que fuera aprovechable para otros y para mí mismo. Si quería evidenciar, traducir en términos de hechos mi proceso de reencuentro, de reconciliación con el ser humano, allí, en Alcalá-Meco, en aquel módulo y en aquella prisión, privado como me encontraba de un horizonte concreto de libertad por consideraciones extrapenitenciarias, tenía frente a mí, al alcance de mi mano, un material humano al que podía ayudar, y no con palabras más o menos bonitas, ni con discursos sobre el futuro, sino con lo que realmente ellos valoran: la libertad. Y eso en el mundo de los presos se traduce en permisos ordinarios de salida y terceros grados. Esa fue la razón por la que me dediqué a confeccionar los recursos de cuantos me lo pedían, porque para aquel entonces ya era —perdón por la inmodestia— un experto en Derecho Penitenciario. Aunque admito que en algún caso tuve reparos en esta labor de ayuda, a pesar de no ser, ni querer, ni pretender actuar como juez.

Aquel individuo era alto y grande, aunque no obeso. Pelo rubio rizado, andares pastosos y ojos azules de un brillo singular.

Movía las córneas dentro del alojamiento del ojo de un modo raro, como temblequeando, lo que desde el primer instante me llevó a pensar que no era un ser totalmente equilibrado. Trabajaba en un departamento de la cárcel que acarreaba y suministraba las mantas, sábanas y demás material destinado a ser entregado a los presos. Con todo ello confeccionábamos los lotes individuales para cada recién llegado. El funcionario encargado de ese departamento era un hombre alto, esta vez sí más bien grueso, oriundo de Bilbao, que hablaba muy deprisa y que se movía todavía con mayor celeridad, como si en todo lugar le estuviera esperando un cometido decisivo para su vida o la de su entorno. A cualquier hora del día o de la tarde —de las noches no hablo porque estaba encerrado— parecía presa de un ataque de estrés. Y a pesar de esta rapidez gestual y de movimientos, lo cierto es que casi siempre nos encontrábamos cortos de material, lo que creaba tensiones cuando aparecían las conducciones masivas que nos inundaron en mi última etapa carcelaria, como consecuencia del lleno absoluto de las prisiones, que obligaba a mover de las más atiborradas a aquellas en las que todavía quedaba algún hueco, y la nuestra pertenecía a esta última categoría. Pero el funcionario nos suministraba material con cuentagotas. Se quejaba de que la administradora de prisión —era una mujer con aspecto de eficiente— le regañaba por tan alto consumo, así que cada juego de sábanas, mantas, platos y cubiertos le costaba entregarlos casi tanto como si le arrancaran una uña del pie con alicates de electricista.

De lo único que tuvimos de sobra es de la ropa de indigente, pantalones, camisas y jerséis que entregábamos a los que llegaban de la calle en un estado tal que ni siquiera sus ropas podían ser útiles, lo que se acompañaba siempre o casi siempre de un estado higiénico más que lamentable. Los metíamos en las duchas del departamento de Ingresos, casi siempre a la fuerza, y concluida la tarea, el funcionario nos ordenaba derramar un par de botes de lejía por el suelo y fregar con lejía y agua suelo, paredes, puerta y todos los rincones del cuarto de ducha. Alguno, aun así, despés de ser sometido a ese tratamiento de choque, quería seguir usando sus ropas, pero desprendían un olor tan nefando que ni siquiera quisimos dejar que pasaran con ellas al módulo. No solo por razones de higiene, sino, incluso, de integridad física, porque se podían llevar una buena paliza si molestaban a los otros con sus olores, y eso que las pituitarias carcelarias son de una laxitud sorprendente. En mi primer encierro recuerdo un individuo que habitaba en una celda del primer piso. Su compañero de prisión no paraba de gritarle que se fuera a la ducha, que era un cerdo y que el olor resultaba insoportable. La verdad es que sus efluvios de cloaca comenzaron a extenderse por el pasillo. Y resultó demasiado soportar tanta guarrería. Aquella mañana, a la vista de que el individuo seguía tumbado en el catre sin el menor gesto que indicara la intención de ducharse, entre David, Miguel y otros dos más, le cogieron en brazos, le dieron unos «toques» para que espabilara un poco, le sacaron de la cama a tirones, lo llevaron en volandas vestido a las duchas, le metieron a la fuerza debajo del chorro, casualmente en uno de esos días en los que el agua caliente se estropea, y lo tuvieron un buen rato. El individuo gritaba como un poseso, pero a sus compañeros de pasillo les daba igual; incluso esos gritos les podían sonar a música celestial. Era invierno y el frío resultaba aterrador. El agua helada se cebaba en su cuerpo. Así que el tipo aquel pagó caro su obstinación en abstenerse de la más mínima higiene. Menos mal que en Ingresos tenían ropa de indigentes porque, de otro modo, la neumonía habría sido de caballo.

El tipo rubio me abordó en uno de esos momentos en los que, harto de consumir tiempo en el departamento de Ingresos, decidí airearme por el patio del módulo PIN, que no es precisamente el parque del Retiro, ni el de Doñana, pero es lo que tenía más a mano para esos esparcimientos. Allí estaba, en una de las mesas de nuestro querido salón de presos, en compañía de otro al que llamaban Sor Virginia, porque tenía pinta de madre superiora, aunque a mí me sonaba más a abadesa de monasterio urbano, pero, en fin, no era cuestión de ponerse a debatir por tipología de jerarquías eclesiásticas femeninas. Este, el tal Sor Virginia, se había dedicado a estafar a unas pobres gentes vendiéndoles licencias de taxis. Sus clientes pagaban religiosamente las cantidades que les pedía el hombre en cuestión, quien, cuando recaudó lo suficiente, decidió que de los taxis se ocupara otro y se largó a Brasil con el dinero de aquellas gentes modestas. Allí estuvo mucho tiempo, precisamente el que consideró, previo asesoramiento de un abogado, que resultaba necesario para que el delito prescribiera y pudiera volver a España sin riesgo de cárcel. Lo pusieron en busca y captura, pero como no era conocido, nadie tuvo especial interés en la búsqueda, así que no se produjo la captura.

Pero hay errores que se pagan caro. Y el hombre cometió uno de ellos: equivocarse en el cómputo del tiempo, eso que los juristas y algunos cursis llaman tiempo entre el *dies a quo* y el *dies ad quem*. Tal vez fuera obra del abogado, un exceso de prisa por volver, alguna copa de más, no sé. Lo cierto es que tomó el avión, dejó Brasil, se presentó en Barcelona, la Guardia Civil lo vio en el catálogo de sujetos en búsqueda, lo detuvieron, lo encerraron, lo pusieron a disposición judicial, se abrió el juicio, el hombre alegó tranquilo la prescripción del delito, pero se equivocó en algo así como un mes, por lo que lo condenaron a ocho o nueve años y lo metieron en Alcalá-Meco. Le conseguí por recursos su permiso ordinario, su tercer grado y más tarde su libertad condicional. Tenía la manía de darme un beso en cada triunfo judicial que le proporcionaba y por eso, cuando le redacté el recurso de tercer grado, le puse como única condición que me diera la mano exclusivamente y que se ahorrara el beso en la cara que no me hacía ninguna gracia.

Su compañero, el rubio de ojos raros, me pareció un personaje más complicado. Lo cierto es que su hablar era suave, como sus maneras, quizá algo empalagosas, pero ya se sabe que el peloteo acaba en el empalago con excesiva frecuencia. Me pidió que redactara el recurso contra la decisión de la Junta de Tratamiento de denegarle el permiso ordinario de salida. Me entregó la sentencia. Subí a la celda y la leí de madrugada. Me quedé atónito. Estaba condenado por malos tratos a su hijo, y, además, malos tratos recurrentes, porque le había partido el fémur por dos sitios en dos ocasiones. Lo peor, lo terrible, lo casi inconcebible es que el niño tenía dos meses. Por lo visto, mejor dicho, por lo oído en el módulo, dejó a su mujer y se fue con otra, a la que el niño no hacía gracia, y eso generó en el sujeto una animadversión hacia su hijo que acabó traduciéndose en esa bestialidad. Cuando le encontré a la mañana siguiente y me preguntó por el recurso, le devolví su carpeta con su sentencia y le dije amablemente que era pronto, que no consideraba adecuado que saliera ya en libertad. No quería juzgarle, pero pensaba —le dije— que le convenía más tiempo de prisión. No se inmutó. Me preguntó que cuánto era el tiempo que yo pensaba tendría que pasar en prisión, pero no quise contestarle algo más concreto que un vago «ya hablaremos».

No tengo duda acerca del fondo de patología mental que fundamenta atrocidades conocidas en ese mundo carcelario. Recuerdo una conversación con un psiquiatra que charlaba conmigo de vez en cuando, porque era experto —según decía— en hipnosis, un asunto que me interesó desde siempre, sobre todo en la versión de hipnosis regresiva. Juntos diseñamos una idea: indagar en los archivos del antiguo hospital penitenciario para buscar los casos más claros de patologías mentales traducidos en horrores físicos cometidos sobre otras personas, o incluso sobre ellos mismos, y componer una sinfonía con esos expedientes, sin citar nombres ni identificaciones precisas, con el propósito de que lo mental fuera ocupando cada día un espacio mayor, si no en la determinación de la culpabilidad al condenar, que también, sí al menos en el tratamiento penitenciario una vez encerrados en prisión, y la conveniencia de que para esas patologías mentales nítidas se estableciesen centros de prisión diferentes a los meramente convencionales. Pero no sé qué ocurrió con ese hombre. Lo cierto es que desapareció de escena y yo me quedé sin poder organizar el proyecto.

Rubén, otro Rubén, tenía diecinueve años. En compañía de tres sujetos más asaltaron a un pobre indigente que vivía bajo un puente. Los «hechos probados» de la sentencia son un verdadero relato de horror. Ni siquiera me apetece describirlo con detalle. Baste con decir que le patearon, le apalearon, le rompieron huesos, le dejaron inconsciente y le prendieron fuego... Allí estaban todos los componentes de la banda. A mis preguntas de ¿por qué, Rubén, por qué? ni siquiera trató de excusarse construyendo, aunque fuera mínimamente, un discurso de corte racista o algo parecido, de esos que consideran a lo marginal, es decir, a los marginados de la sociedad, como basura y que llegan a usar esa palabra, «marginado», como insulto despectivo. Ninguna respuesta diferente de un no sé, yo estaba pasado de copas, y de droga, y de coca, y el hombre aquel, allí, bajo el puente... no sé, empezamos... no sé...

Alucinante que una vida humana tenga un respaldo intelectual tan terriblemente miserable. Al menos el loco del rol, el tal Mara, creía en algo extraño, enloquecido, desde luego, patología peligrosa, sin duda, pero mínimamente construido. Claro que al final estas disquisiciones no sirven para nada. Una vida segada de modo brutal, con elucubraciones intelectuales previas o sin ellas, es, al final, un acto de locura. Y de barbarie.

Y no era un caso aislado este tipo de actos. Vi llegar a la banda que violó a una pobre chica subnormal, la maltrataron hasta extremos tan brutales como pasar el coche por encima de su cuerpo repetidas veces para, de nuevo, volver a terminar prendiéndole fuego. Creo que no se trataba de borrar huellas ni nada parecido, sino el colmo de la barbarie y del horror.

Pues en general los autores de estas bestialidades no recibían en la prisión, en lo que a los presos se refiere, una repulsa superior a la de un violador, sino que yo diría que claramente inferior. Por ejemplo, a los que mataron a la chica subnormal les tuvieron que proteger, pero debido no a la muerte, sino a la violación como motivo más determinante. Los otros, los del indigente, no recibían reproche especial. Y aunque ya he dicho que los violadores no eran golpeados ni nada parecido, sí existía una «consideración social» más bien peyorativa. Y eso sin juzgar los posibles casos extraños que en este colectivo, como en otros, puedan darse. Vela era un tipo silencioso y callado, trabajador infatigable, moreno, de rasgos tan comunes que podría ser de cualquier ciudad, de cualquier provincia, de cualquier parte de España, y como hablaba poco, la identificación por el acento no era tarea fácilmente practicable. No se atrevía siquiera a dirigirse a mí, del miedo que sentía por ser rechazado debido a su condena: cuarenta y cinco años por violación continuada.

La verdad es que nunca tuve acceso a su expediente, pero de nuevo aquel sujeto no tenía las trazas de violador, claro que después de la monumental sorpresa que me llevé con aquel chico condenado a mil quinientos años de cárcel por cientos de violaciones consumadas y reconocidas, atreverse a establecer desde fuera la tipología de un violador era ejercicio arriesgado, casi temerario. Pero aun así me parecía raro que aquel hombre hubiera violado muchas veces a su mujer, que era la víctima de sus actos. Como es normal en este delito, no hay más que palabra contra palabra, porque las violaciones no suelen cometerse con publicidad y ante testigos, aunque algún caso se da, como el del tío, sobrino y hermano, los tres encerrados en Meco por violar uno detrás de otro, mientras los dos restantes la sujetaban, a la sobrina, prima y hermana, respectivamente, que contaba en ese instante dieciséis años de edad. En la inmensa mayoría de las ocasiones es, como digo, palabra de violada contra palabra de violador. Y así fue la condena en el caso de Vela: único testigo su mujer. La Sala creyó el testimonio. Vela fue condenado a cuarenta y cinco años de cárcel.

Un día de aquellos, el hombre se acercó para decirme que le costaba superar aquello, que ya llevaba cuatro años de preventivo, que le acababa de bajar la sentencia del Supremo ratificando los cuarenta y cinco años, que no podía más, que todo le resultaba inconcebible porque él nunca violó a su mujer... Es relativamente raro que un preso en esas circunstancias alardee de inocencia ante otro. Quizá yo fuera diferente y me aproximaran, al menos en este extremo, a la figura del educador o del psicólogo y, por tanto, las posibilidades de mentirme aumentaran, pero lo cierto es que algo en aquel hombre me indicó que debía indagar. Su respuesta fue sincera, al menos en apariencia:

—Mire, don Mario. Yo reconozco que la pegaba. Era casi alcohólico y llegaba muy mal a mi casa y la pegaba. Eso lo admito. Pero nunca la violé, aunque solo sea porque los hombres en esos casos no podemos violar porque no se nos pone. Además es que me caía de sueño con tanta copa y me quedaba allí, en el suelo, roncando como un descosido...

No podía hacer nada porque con esa condena tardaría mucho en salir de prisión. Dicen, aunque no lo viví en primera persona, que una vez firme la condena, se presentó la mujer ante el tribunal que condenó a su marido a preguntarle si era definitiva la sentencia, y al responderle que ya no cabía más recurso, la mujer

—insisto, según cuentan— le dijo a la presidenta del tribunal que Vela nunca la violó, que la pegó y maltrató, pero nunca la violó porque llegaba borracho como una cuba, pero que dijo eso en juicio para vengarse de él. Dicen que la mujer, la del tribunal, claro, se quedó de piedra. ¿Qué hacer? Pues muy poco, porque ni siquiera podría instarse un recurso de revisión porque ella, la mujer de Vela, les aseguró que jamás reconocería nada de eso para que no la acusaran de falso testimonio... Se ve que lo dijo por eso que en lenguaje vulgar se llama «joder la marrana».

Curiosamente poco tiempo después, en un comportamiento inconcebible para con los violadores, a Vela le dieron el artículo 100, una especie de tercer grado encubierto, con el beneplácito de la Junta de Tratamiento, del fiscal y de la Sala sentenciadora. Lo mandaron fuera de Alcalá-Meco a una extraña velocidad. Al preguntar por qué esa cosa tan extraña, fue cuando obtuve la respuesta de lo que hizo y dijo su mujer. Podría ser cierto porque de otro modo resultaría inexplicable el trato penitenciario a Vela, tan unánime en la Junta de la prisión, en el informe del fiscal y en la decisión de los jueces.

Por este motivo profundicé un poco sobre el material probatorio en casos de violación, porque siempre me ha parecido algo inconcebiblemente cruel. Ni siquiera podía concebir que a un hombre le arrebatara el deseo sexual preñado de semejante violencia, pero parece que la violencia y el sexo no son extraños compañeros, sino, más bien, todo lo contrario en demasiadas ocasiones. Era claro que muchas violaciones se quedaban antiguamente sin castigo debido a que la mujer violada no quería pasar por el trago social de la denuncia, del reconocimiento público de la intromisión forzosa en su intimidad, someterse a un juicio público, tener que testificar, que describir, que recordar... Además, si al final se trataba de palabra contra palabra, quizá no se consiguiera una sentencia condenatoria y entonces la frustración elevaría el dolor a la enésima potencia.

En los últimos tiempos el Tribunal Supremo fue elaborando una doctrina probatoria que en algunos casos conducía a situarse en el extremo opuesto. Partía de la premisa de que si la mujer violada se atreve a denunciar, aguantar años las investigaciones, el sumario, el juicio, testifica, declara, reconoce, pasa por ese pésimo trago, es que dice verdad, o, cuando menos, hay que tender a creer que dice verdad. Y no es descabellado, ni mucho menos. Pero el ser humano es caja de inconcebibles sorpresas en demasiadas ocasiones, y una cosa es tender a creer que dice verdad y otra, atribuirle el papel de dogma, porque son varios los motivos por los que una mujer puede aguantar ese calvario. Por ejemplo, la venganza. Por ejemplo, los celos. Y se pueden cometer errores graves que cuestan vidas.

En el departamento trabajaba conmigo un chico joven al que llamábamos el Niño, precisamente por su edad. Condenado por violación a seis años de cárcel. La condena le supuso la ruptura de su familia. Su madre murió al poco de alcanzar el tercer grado. Le dejó su novia mientras estaba en prisión. Conservó aspiraciones profesionales, pero en libertad vivió sometido al estigma. Cada vez que existían abusos en algún pueblo cercano a Alcalá de Henares, le detenían porque figuraba en la lista de violadores. Tuvo que ir a declarar a un juicio por un abuso sexual cometido mientras él estaba en prisión. Tampoco tenía trazas de violador. Un día le pedí su sentencia y me la entregó.

Los hechos declarados probados me dejaron estupefacto. La sentencia reconocía como probado que él y una chica salieron de la discoteca en la que estaban pasando la tarde, admitiendo ella que salió voluntariamente, que voluntariamente se subió en el coche, que voluntariamente se fueron a un descampado, que no hubo agresión, que retornaron a la discoteca, que ella se fue con sus amigas y él con los suyos y luego cada uno a su casa. La chica no denunció nada al día siguiente, ni menos aún esa misma noche. Dos días después, tras una conversación con la novia del chico condenado, se fue a la policía y le denunció por haberla forzado a practicarle una felación. El chico admitía el hecho, es decir, la felación, pero en modo alguno el forzamiento. La juez que instruyó el caso quiso archivar, pero el fiscal recurrió. Estos hechos quedaron probados en juicio oral. Se le condenó a seis años de prisión. Por lo visto, es normal que alguien te obligue a hacerle una felación y después de semejante trauma te vuelvas con él a la misma discoteca, te pongas a bailar, te vayas a tu casa, duermas tranquilamente, no denuncies nada al siguiente día, lo comentes con la novia del chico en cuestión y en ese momento recuerdes que te obligaron a una felación... No sé, es posible, pero raro me parece que sí que lo es.

Aquella mañana, debido a unas diligencias de otro orden, la juez que instruyó el sumario de este chico apareció por el departamento de Ingresos. Me contó que una amiga suya quería un autógrafo mío y delante de los funcionarios se lo firmé. En ese instante apareció el Niño y la juez le saludó diciéndole que le veía muy bien. Como en ese momento yo sabía que era la instructora del sumario, le dije:

—Está bien, Señoría, pero no debería estar aquí y usted lo sabe.

La juez se quedó sorprendida ante la frase, sobre todo viniendo de un recluso y delante de los funcionarios, quienes, por cierto, se quedaron de piedra pómez con la escena.

—No, si yo quise sobreseer, pero es que el fiscal recurrió y claro...

—Claro no, disculpe, Señoría. El fiscal es el fiscal. Si en conciencia usted creyó que no procedía abrir juicio, no debió abrirlo, dijera lo que dijera el fiscal. Y en prisión se sabe cómo se entra, pero no cómo se sale.

La electricidad aumentó tanto que casi fundimos las bombillas de la emoción humana. Respetuosamente me fui. Juan Antonio, el funcionario, comenzó a hablar nervioso, queriendo quitar hierro al asunto. Recorrí el pasillo bastante contento conmigo mismo y me senté en mi rincón. Lo que le dije a la juez es la pura verdad. En la prisión en demasiadas ocasiones no solo no se consigue el fin de la reinserción social que reclama nuestra ingenua Constitución, sino que, más bien al contrario, se fabrican delincuentes, amén de destrozarse vidas. Y eso ocurre aun cuando el motivo de ingreso, la sentencia dictada, se ajustara a los hechos realmente sucedidos, cuánto más si, como sucede en ocasiones, se encierra a inocentes.

Pocos tipos de porte tan atlético me encontré en mis años de prisión. Me llamó poderosamente la atención el número de funcionarios que llegaron al departamento para atender la llegada de Aurelio, que venía en conducción desde otra prisión. Dos de aquellos funcionarios —unos cinco en total— llevaban porras de goma, uno de los medios coercitivos permitidos por el Reglamento Penitenciario.

Pregunté y me respondieron que el esperado, el tal Aurelio, era un tipo follonero y que su expediente estaba lleno de agresiones a funcionarios.

No abrió la boca. Le cachearon hasta el más mínimo detalle bajo la atenta mirada del grupo de funcionarios. El silencio tenía el espesor de un tronco de caoba africana. Me relegaron de las labores ordinarias. Pero como soy bastante enreda, me aproximé y vi un detalle que me llamó la atención: Aurelio tenía una carpeta en la que había dibujado con meticulosidad china un emblema del yugo y las flechas. Supuse que sus ideas políticas se traducirían en admiración sostenida al anterior jefe del Estado, al general Franco. Levantó los ojos de la carpeta y se encontró con los míos. Los funcionarios se dieron cuenta y se tensaron. Unos segundos de inmovilidad y extendió su brazo derecho hacia mí. Los funcionarios se agitaron. Yo me di cuenta de que se trataba de un gesto amistoso. Extendí mi brazo y nos dimos la mano. Aguantó fuerte y apretó más todavía. Sostuve el apretón y la mirada. Pronunció unas palabras, algo así como es un honor, y se soltó. Volvió a su faena de recoger el desorden que inevitablemente provoca el cacheo. Los funcionarios se relajaron. Cuando, culminadas estas labores domésticas, emprendía camino a través del pasillo de Ingresos para dirigirse a su módulo, el 7 de aislamiento, se giró nuevamente hacia mí y con voz impregnada de solemnidad dijo:

—Hacía trece años que no le daba la mano a nadie.

Poco a poco me fui enterando de su historia. Ingresó por asunto menor con pocos años, unos veinte más o menos. Creo que por delito de lesiones, pero no puedo precisarlo. Lo cierto es que a lo largo de su vida en prisión fue cometiendo nuevos delitos, siempre relacionados con agresiones físicas a otros presos, hasta que acabó en homicidio. Sus condenas se elevaron de tono. Como, además, el individuo presentaba rasgos de comportamiento violento, lo recluían en el módulo 7 de aislamiento, previa clasificación en primer grado de tratamiento penitenciario, así que penaba su condena en una celda de la que salía una hora por la mañana y otra por la tarde.

Me levanté a pasear. Sentí la luz de primavera colarse por el minúsculo ventanuco de la cara norte del almacén. Me vino a la mente Aurelio, su vida, sus carencias. Aquel hombre estaba a punto de cumplir veinte años en prisión, y veinte años encerrado en una celda con salidas tan exiguas diarias, desde sus veinte a sus cuarenta años. Pensé en esa etapa de mi vida. En las emociones sentidas, en las experiencias vividas, en los momentos disfrutados. Aurelio estaba inmensamente vacío de ellos. Ni siquiera el roce de los cuerpos en un abrazo de juventud. Nada. Un interior yermo de esas emociones debía ser forzosamente un interior humano dañado. No encerraban mis pensamientos crítica alguna para con el modelo. Aurelio había matado, así que tenía que purgar su pena, pero la privación de este vestido emocional, de esta experiencia, de vivencias de ternura, de amor, de belleza, de estética, tendría que haber cincelado su alma de manera harto peligrosa para él y para su capacidad de convivencia futura. Un individuo que había pasado esos años en esas condiciones, seguramente quedaría, si no imposibilitado, sí al menos muy, pero que muy cercenado para sostener una convivencia ordinaria, normal y corriente, con sus semejantes cuando abandonara la prisión.

Al poco de ingresar volvió por el departamento. Salía de diligencias a declarar a un Juzgado de Alcalá. Al parecer, según me contó Mauricio, le sacaban del módulo 7 por las tardes para que hiciera algo de deporte. Le permitían frontenis contra la pared sur del patio de presos. Pero no le dejaban llevarse la raqueta a su celda, así que la retenía el funcionario encargado del módulo. Llegada la hora de salir, Aurelio se acercaba a la garita, pedía la raqueta, el funcionario la localizaba en el minialmacén trasero del lugar en el que se sentaba y el que se guardaban instancias para solicitar permisos, partes de incidencias, papeles de todo tipo y otras menudencias, y se la entregaba a Aurelio con una pelota de tenis muy gastada, porque el tal Aurelio arreaba a la bola con dureza, debido a que en cada golpe supongo que visualizaría, como dicen los de control mental, a los causantes de sus supuestos males...

Pues bien, aquella tarde cuando Aurelio reclamó la raqueta el funcionario hablaba por teléfono con quien fuera y le dijo que esperara. Aurelio esperó. Pasaron unos minutos y el preso volvió a la carga. El funcionario seguía hablando. Le volvió a decir gestualmente que esperara. Aurelio esperó. Transcurrieron veinte minutos. Finalmente el funcionario colgó el teléfono, salió de la garita y le entregó a Aurelio la raqueta, al tiempo que con tono de reproche autoritario le decía:

—¡Joder con las prisas! ¡Toma la puta raqueta! ¡Cojones, que no sabes esperar veinte minutos!

Aurelio tomó la raqueta sin el menor gesto y sin levantar la voz.

A continuación empezó a dar golpes con ella a todas las partes del cuerpo del funcionario, preferiblemente la cabeza, a pesar de que el hombre se la protegía con los brazos mientras gritaba a todo gritar para que vinieran a ayudarle. Aurelio terminó de golpear cuando la raqueta se rompió en el último machetazo que asestó sobre la espalda del funcionario. Dejó los restos de la raqueta caídos en el suelo y dijo:

—Para usted son veinte minutos. Para mí un tercio de mi libertad.

Se dio la vuelta y se encaminó por la escalera que debía conducirle a la planta de su celda. Le denunciaron por lesiones. Le daba igual. La acumulación de condenas no añadiría ni un día más. En cualquier caso, en aquel entonces no podía pasarse de veinte años de prisión continuada.

Aurelio salía tranquilo a la declaración. Tres funcionarios custodiaban mientras la Guardia Civil le clavaba las esposas de rigor. Sonrió al reconocerme. Dos marroquíes jóvenes salían con él en el mismo furgón. Justo antes de subirse al coche, los dos moritos se pusieron delante de Aurelio para subir ellos primero. Aurelio no se inmutó. El guardia cerró la puerta lateral del furgón. Yo me imaginé la escena, pero tampoco tuve tiempo de confeccionarla con el lujo de detalles que suelo utilizar para estos menesteres. Sonaron dos golpes secos de dos objetos que habían chocado con violencia contra la puerta del furgón por su parte interior. El guardia se dio la vuelta y abrió a ver qué había sucedido. Los dos moritos estaban en el suelo sin sentido. Aurelio ojeaba la documentación que llevaba en su carpeta del yugo y las flechas. Bajaron a los marroquíes y los presos asistentes de enfermería se los llevaron a que los reconocieran. No les pasó nada serio, pero cuando les preguntaron si querían denunciar a Aurelio por lesiones, dijeron que no, que de ninguna manera, que no les había hecho nada, que fueron ellos los que se tropezaron y se dieron contra la puerta del furgón.

Aurelio, el biotipo Aurelio, evidenciaba un discurrir penitenciario que servía para traer encima de la mesa un resultado: fracaso. Y no solo fracaso de la persona, de Aurelio, sino del Sistema, porque la misión de reeducación o reinserción social no se consiguió en modo alguno. Por fin llegaron los veinte años de cumplimiento de pena. La Ley obligaba a ponerle en libertad. Aurelio se vistió de un modo totalmente diferente al que solía usar en prisión. Sus ojos expresaban desconcierto. Su inadaptación a «lo de fuera» era tan obvia como estridente. Salió. Y regresó. Al cabo de uno o dos meses volvía a su sitio de siempre, esta vez con unos cuantos atracos pendientes de ser juzgados y condenados...

La reclusión en primer grado de Aurelio tenía todo el sentido penitenciario, puesto que para eso está tal situación, para aplicarla a los que se muestran claramente inadaptados a vivir en prisión, es decir, que no son capaces de relacionarse normalmente ni con presos ni con funcionarios. Pero lo cierto es que ese tipo de tratamiento se suele aplicar también a otros presos y no porque no sean capaces de llevar una vida normalizada en prisión, sino como un añadido de pena a la penalidad propia de sus condenas. Es el caso de algunos violadores y de todos los etarras. Es dudoso que este trato tenga cobertura legal, pero lo cierto es que se practica.

Contemplé su silueta femenina a través de los barrotes verde militar de la celda americana del departamento de Ingresos, sentada sobre los gruesos tubos de la calefacción, los codos sobre las rodillas y las manos entrelazadas soportando el peso de la barbilla. Me acerqué despacio, sin fabricar ruido adicional al estridente sonido que habita en la prisión. Me fijé en ella. La contemplé con algo más que curiosidad. «Es la etarra guapa», me advirtieron minutos antes. Una mujer en nuestra celda americana, y además presuntamente etarra, constituía una ruptura tan intensa de la terrible rutina carcelaria que a pesar de mi escepticismo, de mi entusiasmo por el desapego, sentí un ligero movimiento interior, suave y cadencioso como el de las hojas secas caídas de los quejigos de La Salceda en el otoño manchego.

Se levantó al percatarse de mi proximidad y comenzó a caminar hacia los barrotes de la puerta carcelaria. Vestía con pantalones ajustados en tono azul y blanco. Una pañoleta recogida sobre la parte superior de su cabeza, con un nudo trasero cercano a la nuca, al estilo de las mujeres gallegas, realzaban los ojos azul grisáceos, como los de mi madre, que aportaban gramos de color sobre una tez blanca, algo sonrosada por la época del año y los momentos que le tocaría en breve vivir. Dibujó una mueca que esbozaba una sonrisa en la que no vislumbré tristeza. Ignoraba entonces si era o no etarra, pero no se podía dudar de que aquella moza del norte, de unos veinticinco años de edad, era bastante guapa. Aguardaba el turno de su «vis a vis íntimo» con su novio, al parecer perteneciente a la banda armada del norte, encarcelado por tal motivo en las dependencias de Alcalá-Meco. Según me relató ella, el Juez de Vigilancia les concedió un «vis a vis familiar», es decir, la posibilidad de conversar cara a cara una vez al mes, algo que se les negaba antes porque para conseguirlo, según decía, se les reclamaba la existencia de hijos, y ellos, la chica y el presunto etarra, todavía no los tenían, ni siquiera en proyecto. Con su horizonte vital resultaba más que comprensible; seguramente imprescindible. El juez entendió que es posible ser familia, penitenciariamente hablando, sin gozar de la descendencia.

Volvió de su vis a vis íntimo y me decidí a conversar más profundamente con ella. Esperaba a que el furgón de la Guardia Civil la trasladara nuevamente a la cárcel de mujeres, colindante con la de hombres en la que nos encontrábamos los dos. Su sonrisa y el brillo de sus ojos tenían la misma textura que cuando abandonó la celda para el encuentro íntimo. Me había reconocido desde el primer momento, pero, acostumbrada a observar la disciplina del silencio, prefirió no romper su mutismo hasta que comprobó que yo deseaba conversar con ella.

Los saludos iniciales se confeccionaron con cortesía mutua. Percibí en su sonrisa de recepción un sentimiento de cierta simetría que me impulsó a ahondar sobre su circunstancia carcelaria. Pertenecía, según su relato, a alguna de las organizaciones que el juez Garzón había considerado como integrantes del mecanismo de la banda armada ETA, por lo que había ordenado el encarcelamiento preventivo de algunos de sus componentes. A Idoia —así se llama— la encerraron por tal motivo en la cárcel de mujeres, situada a escasos metros de los edificios que ocupábamos nosotros. Llevaba recluida algo más de un año y cuando le pregunté sobre su horizonte penal, sobre las posibilidades de consumir vida en prisión, me contestó con dulzura, sin la menor emoción negativa, acentuando su sonrisa y dejando entrever unos dientes blancos que añadían más armonía al conjunto:

—Creo que me pueden caer hasta doce años. Eso parece.

Unos segundos de silencio espeso constituyeron mi respuesta inicial. Acentué la presión de mi mirada sobre sus ojos tratando de descubrir un punto, solo una brizna, de temor, de miedo, de angustia, siquiera de retazo de pena. Inútil. Seguía sonriendo. Pronunciar en alta voz la posibilidad de que entre sus veinticinco y sus treinta y siete años de vida permaneciera encerrada en esta cárcel, o en cualquier otra a la que pudieran trasladarla por la política penitenciaria del Estado español, no alteró lo más mínimo su estado de ánimo.

Producía cierto escalofrío comprobar la serenidad con la que afrontaba semejante hipótesis que podría traducirse no ya en una renuncia a momentos inolvidables en la juventud de cualquier mujer, sino en eliminar de raíz aspectos esenciales de su existencia, como, en el caso de que lo deseara, concebir hijos, con su novio o con cualquier otro que ocupara ese espacio a lo largo de los años. Percibió mi inquietud y comenzó a relatarme que dentro de su recinto de prisionera no se vivía tan mal, que tenían incluso piscina y que en los momentos límites de calor las presas la utilizaban. De repente, sin endurecer el gesto, sin pretender añadir ni carga emocional ni trascendencia existencial al aserto, mirándome a los ojos, dijo:

—Lo importante es saber por qué estás aquí. Yo lo sé. Y por ello no sufro. Al menos más de lo imprescindible. Tengo un motivo por el que luchar y la prisión es solo un coste. Me compensa.

Tal vez en sus ojos grises pude descubrir una hebra de melancolía. Quizá, pero desde luego la desesperación y la tristeza, habitantes tan característicos de estas tierras, no vivían, decididamente, en el interior de aquella mujer. Sin detenerse y siguiendo en su tono de humildad expositiva añadió:

—Bueno, usted lo sabe. Con usted han hecho lo que tenían que hacer. No podían actuar de otra manera. Son el Estado.

Su voz sonaba preñada de mayor simpatía de la transmitida hasta ese momento. Para ella sus actos no constituían, en modo alguno, supuestos de delincuencia. Ejecutaba un ideal por el que sufría prisión. En su interior almacenaba la idea con tal intensidad que incluso la privación de libertad le parecía un precio más que aceptable.

La «etarra guapa» abandonó la celda, delicadamente custodiada por tres miembros de la Guardia Civil, en el furgón que se detendría escasos metros después de cruzar el túnel de salida de la cárcel de los hombres. Un trayecto de pocos minutos pero inevitablemente protegido por la Benemérita, dada la adscripción a posible banda armada de la persona encerrada en el transporte oficial.

Seguramente la volvería a ver cuando transcurriera el tiempo reglamentario y retornara por nuestro departamento para consumir otro turno de contactos con su novio. Siempre que a él no le trasladaran a otro Centro penitenciario, por supuesto.

Me agitó interiormente el encuentro y la expresión corporal de aquella chica. Su determinación, su convicción de pelear por un ideal en un momento del mundo como el que vivíamos, su decisión de sacrificar con alegría casi lo mejor de su juventud según ese ideal segregacionista, me obligaron a preguntarme qué estábamos haciendo mal en ese mundo. Porque es evidente que en algo nos habíamos equivocado.

La vi muchas veces más. Tantas como meses transcurridos en prisión. Finalmente le cayó una condena menor, unos tres o cuatro años. Su novio y ella fueron liberados. El fiscal recurrió. El Supremo anuló la sentencia y subió la condena a ocho o nueve años. Volvieron a encerrar a ambos.

José Antonio me llamó al almacén para decirme algo a solas.

—Esta tarde traen a un tipo de ETA extraditado de Francia. No quiero que Charlie ni el Niño estén presentes. ¿Puedes hacer tú las fotografías y los papeles?

—Claro que sí. Me avisas. ¿Sobre qué hora será?

—No tengo idea porque ya sabes que cuando vas a declarar a la Audiencia nunca sabes cuándo terminas...

—Bien, da igual. Estoy en el almacén. Me avisas y vengo.

Allí consumí la tarde enredado en mis asuntos. Pasó tanto tiempo que se me olvidó el caso, de manera que cuando José Antonio me llamó para que acudiera a su despacho lo hice, pero sin retener en la memoria la extradición de etarras. Me encontré con un tipo alto, de muy buen aspecto, mirada firme preñada de determinación y seguridad, muy poco habitual en presos de cualquier tipo delictivo. Ni siquiera caí en que se trataba de un preso de ETA cuando escribí su nombre con el rotulador negro en la tablita que le entregaba para que la situara bajo la barbilla de modo que la fotografía de la máquina Polaroid sacara su cara y su nombre unidos en la imagen. Por eso de hablar de algo pregunté con tono festivo si venía de la Audiencia y me dijo que sí, añadiendo:

—Me han extraditado desde Francia.

Entonces fui consciente de que era el preso etarra del que me había hablado José Antonio. Eché una mirada a su mesa de trabajo y sus ojos me confirmaron la suposición. Sin inmutarme le pedí al etarra que se moviera hacia atrás porque tenía que hacerle la fotografía. Se recostó sobre la pared blanca, pero antes de que disparara mi máquina dijo:

—Yo fui el jefe del grupo encargado de hacer el trabajo sobre usted.

Oí el respingo de José Antonio en su silla. Sentí mi corazón latir a un ritmo superior al normal. Me contuve. Quise eliminar cualquier brizna de drama y dije:

—¿Ah, sí? Ahora me cuentas, pero espera, que tengo que hacerte estas fotografías.

Disparé. Saqué el negativo. Lo agité en la manera usual para que se secara. El silencio era aterrador. El ambiente lleno de un algo indefinible y extraño. Levanté la tapita que permitía el acceso a las fotografías. Abrí el cajón de la mesa y saqué unas tijeras. Me senté y empecé a recortar. Algunos minutos tensos y espesos se consumieron envueltos en silencio casi desesperante. Ensayé interiormente el tono que tendría que emplear al retornar a la conversación para que nadie percibiera ni una brizna de susto o emociones parecidas. Me salió bien la voz cuando dije:

—Bueno, cuéntame eso que me decías. ¿Así que un trabajo sobre mí?

El etarra percibió que la escena no respondía al patrón normal en estos casos porque el amenazado no parecía sentirse inmutado, así que tal vez por eso pensó que mejor no crear más drama del que de por sí rezumaban los hechos.

—Pues sí. Se paró porque le metieron en prisión.

—Vaya, hombre, mira por dónde...

De nuevo el silencio. Pegué las fotos en las fichas. Entregué la sobrante a José Antonio para que la archivara. Guardé los papeles. Conduje al etarra a la celda americana acompañando al funcionario y volví a mi almacén. Mientras recorría el pasillo pensaba que la vida es sorprendente. Acababa de oír cómo me confirmaban que trabajaron sobre mí, y aunque el etarra no mencionó la palabra «asesinarme», supongo que el trabajo no tendría como objetivo condecorarme por mi lucha en defensa del deporte de la cesta punta vasca, por poner un ejemplo. Y lo cierto es que no sentí nada especial. Y es que, claro, saber que la condena por Argentia Trust me pudo haber salvado la vida siempre te proporciona algún consuelo. Lo que estaba claro es que Pérez Mariño no lo pretendió cuando pronunció en público la sentencia. Pero así es la vida que nos toca vivir.

Sin embargo, no todo eran momentos duros porque de vez en cuando algo parecía alegrar la vista, aunque fuera un mero espejismo. Salí del almacén y giré a mi izquierda, en dirección a la puerta de acceso al módulo, previo golpe de vista sobre el fondo, por si algún funcionario estuviera en el pasillo reclamando mi asistencia. Me quedé paralizado y casi sin poder creer lo que venía. Una mujer sencillamente espectacular, de más de 1,80 de altura, vista desde lejos, con un pelo largo y lacio de color marrón claro cayendo desordenadamente sobre los hombros, un pantalón vaquero ceñido que dejaba suponer una arquitectura corporal desde cintura a tobillo de las destinadas a aprobar con matrícula y una parte superior, léase pecho, hombros y demás elementos arquitectónicos, en la que resultaba imposible cualquier pero. Ese ejemplar humano en libertad levantaría a los hombres de sus mesas. En prisión podría provocar el desplazamiento al unísono de todos los rastrillos de hierro del recinto, y eran muchos. Así que pensé que eso de irse al módulo con semejante espectáculo en Ingresos no formaba parte de mis ideas más brillantes.

Giré sobre mí mismo y allí me encaminé. A medida que se acercaba me cercioré de que mis suposiciones estéticas confeccionadas desde veinte metros de distancia se quedaban cortas cuando los ojos contemplaban con mayor proximidad. Un espectáculo en toda regla. Las piernas largas, los pechos caídos hacia arriba, los hombros anchos, las espaldas rectas... En fin. Pero sucedió que una distancia excesivamente corta permitió ver una nuez asomando por la garganta de la individua del tamaño de una naranja. La voz, ronca aunque deliberadamente timbrada, no permitía ya seguir alimentando una ilusión desvanecida ante la cruel realidad: era un travesti. Un colombiano de unos veinte años que se había puesto pecho y se había transformado estéticamente en mujer. La verdad es que de no ser por la nuez nadie lo habría dicho, porque incluso su cara, sus facciones, sus ojos, sus movimientos corporales, todo ello creaba una plástica de mujer inconfundible. Pero la nuez, la puñetera nuez... Muchos sueños desvanecidos por la antiestética y maldita nuez.

Los funcionarios me vieron llegar y no pudieron dejar de reír al comprobar mi desilusión. A ellos les había ocurrido lo mismo, pero con unos minutos de anticipación. Bien, a la vista del desastre solo quedaba solventar el problema penitenciario, y decidir si este producto humano tendría acomodo en nuestra cárcel o debía ser trasladado a la prisión de enfrente, a la cárcel de mujeres, en la que, entre otras, se encontraba la etarra guapa. Pues a pesar de mis conocimientos de Derecho Penitenciario no tenía respuesta segura para el dilema. Pero la proporcionó un jefe de Servicio. Al parecer la Orden de la Dirección General de Instituciones Penitenciarias era tan concreta como lo siguiente: si tiene órgano sexual masculino, debe permanecer en cárcel de hombres. En caso de tenerlo extirpado se debe trasladar a la de mujeres. Así que quedaba la desagradable labor de saber si el tipo de la nuez se había castrado o no. Por si acaso esa función entraba dentro de los cometidos de ordenanza de

Ingresos y Libertades —mi puesto oficial de trabajo— decidí regresar a mi idea originaria y salir corriendo hacia la puerta del módulo. Poco después me enteré de que la labor fue encomendada a la psicóloga, a doña Sole, de modo que en ese caso quizá lo del lenguaje físico ese que decía ella... En fin, que con guantes y demás instrumental sanitario comprobó lo del miembro masculino, se concluyeron las labores de inscripción en el Centro y al módulo.

La que se armó fue espectacular. Todos los presos se concentraron con el fin de ver al ejemplar. No daban crédito a que aquello pudiera ser un hombre. Pero lo era. El sujeto daba muestras de un carácter histérico y amenazaba de boquilla con chinarse, por lo que evidenciaba que había aprendido pronto el lenguaje carcelario castellano, porque imagino que en Colombia no tendrían idéntica terminología. Eso provocó que su entrada en el módulo conllevara que le fuera aplicado el protocolo de suicidio y su destino fuera Casa Paco, a lo que el titular de ese establecimiento, Paquito, no puso demasiadas objeciones.

Pero pronto el revuelo comenzó a ser excesivo. Se armaron broncas, peleas, insultos y hasta algún chinazo provocado. Paquito estaba hasta el gorro de los histerismos del sujeto/a. Por fin ordenaron su traslado a una celda. Se emparejó con uno de los violadores del Centro y no solo se hicieron compañeros de celda, sino de intimidades. Aquello se supo de modo oficial en el módulo y las aguas se calmaron. Pero no para todos. Paquito me contó que uno de los funcionarios, un hombre que siempre había dado muestras de cierto desequilibrio, se trastornó con el travesti. Acudía a verle allí donde estuviera. Le dispensaba un trato de favor tan ostensible como impropio de su condición. Al final su trastorno se convirtió en excesivamente patente y fue trasladado. El violador y el sujeto/a vivieron como enamorados hasta que llegó la orden de excarcelación. Cuentan las malas lenguas que una cosa es que viviera con el violador y otra es que le fuera fiel, porque el sujeto/a se acostó con todos los habitantes del módulo que quisieron obtener sus favores, y parece ser que se trató de una muy amplia mayoría.

Pero las alegrías estéticas, tan escasas en prisión, no podían enviar al olvido mi propia situación. Allí seguía, sin solicitar permiso alguno para no provocar innecesariamente una situación complicada al director, a la vista de las órdenes que había recibido de Ángel Yuste en noviembre de 2002. Fue por aquellos días cuando apareció por la prisión, sin otro propósito aparente que verme y darme ánimos, un ex fiscal de la Audiencia Nacional, miembro del Opus Dei, en cuya tradición familiar se encontraban conexiones con el Banco Popular, del que se decía, y es algo pendiente de aclarar, que sirvió para financiar muchos de los movimientos de la llamada Obra. Era un tipo alto, grande, de complexión robusta, de grandes pies y manos, sonriente, ojos avispados y mirada atenta. En 1998, a través de mi abogado en casación, el catedrático García-Pablos, me envió unos cedés que contenían música brasileña. En otra ocasión, durante la celebración del juicio Banesto, coincidí con él en el hall de la Audiencia Nacional. Ahora yo me encontraba en prisión y él acababa de pedir la excedencia de fiscal para dedicarse a montar su propio despacho de abogados. García-Pablos le había hablado de mi caso y quiso visitarme para, con ese gesto, solidarizarse conmigo.

Ignacio Peláez no conocía los pormenores de mi situación penal y penitenciaria. Tuve que informarle despacio, paso a paso, movimiento a movimiento, porque el asunto se las trae incluso para un profesional del Derecho cualificado. Claro que en muchas ocasiones percibía en su mirada una mezcla de incredulidad y compasión. Mis relatos le resultaban difícilmente deglutibles y lógicamente creía que le estaba contando una historia confeccionada a mi medida, de modo que mis ansias de libertad funcionarían como un sastre para confeccionar el traje con el que vestir mi pérdida de bien tan preciado. Y eso le provocaba un sentimiento compasivo. Yo lo percibía, porque siempre me ha ocurrido lo mismo, de modo que casi todo el mundo que quería escuchar el relato llegaba a la conclusión de que los componentes de ficción que utilizaba eran muy abundantes. Prefería no decir nada. Poco a poco se iría dando cuenta de que la realidad superaba a la ficción.

Decidió ocuparse del caso profesionalmente, después de advertirle que no se esforzara demasiado en estudiar Derecho Penitenciario y eso por dos razones. La primera, porque moraba en las habitaciones del Derecho, ni Civil, ni Administrativo, ni Penal, ni Eclesiástico, sino en otras en las que los conocimientos jurídicos sirven lo mismo que un casco de bombero para curar una trombosis pulmonar. Insisto en que al comienzo no lo creía, pero el hombre, que es decidido, constante y voluntarioso, a la vista de que mantuvo en el pasado estupendas relaciones con Acebes, a la sazón ministro del Interior con Aznar, se puso manos a la obra, escribió algunas cartas a sus contactos y se fue a ver a Yuste, a su despacho oficial del ministerio.

Regresó a contarme el encuentro. Sus modales, en lo que a credibilidad se refiere, comenzaban a pivotar. Sabía ya, por boca del principal responsable, que lo mío, como yo le aventuré, nada tenía que ver con lo jurídico, sino con reproches y consideraciones de orden político. Las decisiones políticas se sobreponían a las razones derivadas del mundo de lo jurídico. «No hay problema jurídico con Mario Conde, sino que lo que puedo hacer o no hacer depende de más arriba.» Se supone que ese más arriba no pasaba del ministro, porque no creo que Ángel Yuste se considerara en ese caso intérprete de la Providencia, que tampoco soy tan importante. Ignacio era más o menos virgen en estos avatares. Un fiscal siempre es un fiscal y sabe que hay que obedecer instrucciones cuando vienen por la línea jerárquica, pero aquello era lo suficientemente magmático en su densidad como para traducirse en arbitrariedad pura y dura en su vivencia. Lo de siempre: con esos bueyes y esos carros se andaba el sendero. En síntesis: nada que hacer por mucho que se empeñara, por buenos que fueran los escritos, por larga la relación con Acebes.

Por fin, pasado el verano, más o menos en octubre, me llamó Jesús Calvo. Acababa de regresar de una reunión en el ministerio y había conseguido que Yuste le consintiera tramitar una petición de recurso ordinario. El director general le había advertido acerca del nuevo Juez de Vigilancia, el magistrado Gómez Bermúdez, que, a raíz de una decisión de Aznar de centralizar la política penitenciaria de ETA en un Juzgado Central de Vigilancia Penitenciaria especialmente creado para ello, se había hecho cargo de mis vicisitudes futuras. Cosas que pasan. Aznar arremetía a su modo contra ETA, manejando el Derecho Penal y Penitenciario a golpe de coyuntura. Y como la Audiencia se ocupaba también de delitos económicos, pues en el tótum revolútum nos incluíamos nosotros.

De este modo el nuevo juez Gómez Bermúdez sería el responsable de mi salida o permanencia. Y lo único que sabía es lo que me habían contado: que había sido nombrado por el PP debido a la presión política ejercida por Astarloa, hombre de la línea dura del PP y que ocupaba un alto cargo de Interior. Supe de él por César Albiñana, abogado del Estado, nombrado por Arturo Romaní para secretario general de la Corporación Industrial, casado con una hermana de Lourdes, que fue —según me dijo— compañero de pupitre de Astarloa y que me visitó en prisión para darme lo que él consideraba una buena nueva en su deseo de ayudarme. Recuerdo que le dije que le prohibía expresa y tajantemente solicitar nada para mí a cualquiera de esos cargos del PP directamente dependientes de Aznar. En ningún caso y bajo ninguna circunstancia, fuera el que fuera el tiempo que tuviera que quedarme dentro. Quería salir sin deudas de ese tipo, y con aquellas personas mucho más. La vida es larga, le decía a César, y hay que poder vivirla sin ataduras de esa naturaleza.

Con ese currículum previo mis esperanzas sobre el nuevo juez eran muy apretadas, como dicen por el sur. Y una vez que supe que me quitaba las redenciones extraordinarias como primer movimiento, pues todavía peor. Me decían que ese juez representaba la línea más dura del llamado Derecho Penal del enemigo, y claro, como eso de la enemistad es algo que depende de quién la declara, la cosa tenía para mí un color más bien oscuro. Pero, en fin, siguiendo las órdenes de Jesús Calvo, decidí redactar mi solicitud de permiso. A diferencia de otros presos, no sentí la menor emoción cuando firmé la instancia y se la entregué al educador para que la tramitara. La Junta la aprobó y la remitió a Gómez Bermúdez. Llevaba más de un año en prisión. El juez no tardó en responder.

Su auto era un producto exquisito de lo jurídico. Siempre he dicho que el Derecho, en su fase de aplicación, es el arte de decir eso de «si bien es cierto que, no lo es menos que». En la primera parte aseguraba que era cierto lo de cumplida con creces la cuarta parte, la buena conducta, los trabajos en prisión, y en la segunda que también era cierto que... pues eso, que me llamaba como me llamaba y no estaba bien eso de darme permiso a la primera. Me sorprendió gratamente que dijera en su auto que esta vez me negaba el permiso, pero que en el próximo me lo daba, lo cual jurídicamente es más que sorprendente, casi insólito, pero como me favorecía, pues encima no iba a poner remilgos de exquisiteces jurídicas. Recuerdo que ni siquiera lo quise comentar con Lourdes porque su capacidad para ilusionarse con promesas judiciales vivía congelada con el nitrógeno líquido que para este oficio fabrica el alma.

Llegó diciembre. Y el permiso de salida. Esta vez, lo reconozco, sí que me emocioné un poco. Nunca había estado tanto tiempo en prisión sin salir porque en el 98, además de que fue mucho menos tiempo, mis salidas a juicio, aun en el furgón de la Guardia Civil, me permitían ver calle en el trayecto y charlar con los míos en el despacho del comisario. El año y medio largo que viví desde el 29 de julio de 2002 estuvo rodeado de un cúmulo de circunstancias tan denso que deglutirlo no resultó tarea fácil. Pero, en fin, si no se estropeaba vería de nuevo a todos en un trozo escaso, pero cierto, de libertad prestada.

El día de Nochebuena de 2003 aterricé en mi casa de Triana, en Madrid, directamente procedente de la cárcel. Al poco rato llegó Jaime Alonso con mi ahijada, que cumplía casi un año y medio. Esa era la medida del tiempo para mí: la evolución física desde las primeras fotografías que vi en prisión a la envoltura corporal que ahora contemplaba. Pensamiento que guardaba en silencio interior y que no quería exteriorizar porque la emoción dominaba el ambiente. Todos, vinieron todos. A pesar de tantos pesares decidimos ser cómplices en el consumo de esperanza. Y como teníamos una labor pendiente nos pusimos manos a la obra.

Alejandra no quería, pero yo sentí la obligación moral de abordar su boda, la que se frustró por obra y gracia de decisiones de corte singularizado.

—Papá, no quiero que nos pase como la otra vez. Puedo esperar a que todo sea seguro...

—Bueno, pues si no me crees mira este auto. Aquí pone el juez que a partir de ahora se me conceden los permisos de modo ordinario, es decir, regular, y, por tanto, no puede haber problema alguno.

Alejandra tomó el documento judicial en sus manos y lo leyó. Comprobó por sí misma cómo el juez, en un nuevo insólito jurídico, decía que mis permisos a partir de ese instante gozarían de regularidad. Innovaba en el Derecho Penitenciario, pero no podía quejarme de la heterodoxia porque me beneficiaba. Alejandra quería aparentar control emocional, pero uno, que es su padre, entiende el lenguaje corporal de su hija. No tuvo más remedio que asentir. Su sonrisa llenó el comedor de La Salceda, adonde nos fuimos a pasar la Navidad y donde me encontré con el mastín leonés que me regaló Jaime Alonso y al que pusimos de nombre *Hugo*. Concretamos la fecha. Alejandra, que es muy meticulosa, investigó el clima que hizo en Sevilla cada mes de julio en los últimos años para cerciorarse de que las probabilidades de lluvia eran ínfimas. Así quedó la cosa: 3 de julio en Los Carrizos. El motor de la boda se puso en marcha. Lourdes y yo felices. Alejandra y Fernando más.

Regresé de permiso ordinario. De nuevo a mis misiones carcelarias. En aquellos días tuvimos un nuevo preso destinado en el departamento. Algo mayor de edad, grueso, obsesionado con la comida, de portes y maneras educadas, aficionado al secretismo, amante del chisme político, me aseguraba ser amigo de Manuel Prado Colón de Carvajal y ser poseedor de una información muy interesante, entre la que se encontraban documentos muy buenos para mi causa, que, como es lógico, me ofrecía en mor de amistad, a pesar de que nunca antes nos habíamos visto en nuestra vida. Confieso que todo ese cúmulo de circunstancias me extrañó. Su condena era muy corta, dos años justos. Raro, muy raro, que no la suspendieran. Tanto que pedí a un interno que intentara colarse en el expediente penitenciario del sujeto a ver si eso que contaba era cierto.

Lo consiguió a duras penas porque el educador se lo dejó en un descuido encima de una mesa de la planta de dirección y leyó la sentencia, que era el cometido que le había encargado. Cierto: dos años de condena por un asunto menor derivado de unas letras de cambio. Por ese costado nada especial. Me acordé de aquello que me contaron en mi primer encierro de la fabricación de sumarios para dotar de veracidad los espionajes en las prisiones. Pero, en fin, no tenía más datos, así que la prudencia consistía en no proporcionar más información que la imprescindible. Pronto le dieron el tercer grado y se marchó. Lo volví a ver un tiempo después en el Victoria Kent, el Centro de Inserción Social de tercer grado. Un día de aquellos, hablando en mi despacho, me reconoció que durante muchos años había trabajado como agente del Cesid... Es decir, un hombre del Servicio de Inteligencia. Bueno, pues no sé si fue ingresado para saber de mi vida y obtener información, pero con una condena así de corta y siendo agente del organismo más poderoso de España, un ingreso en prisión resulta raro, raro, raro... También me dijo que tenía una cinta en la que una conversación entre dos muy altos personajes acerca del juicio Banesto sería la clave para entender lo sucedido en torno a mí. Pues supongo que sería cierto, pero en todo caso resultaría inservible.

Por cierto, que en aquellos días me visitó en la cárcel una mujer que consiguió el permiso de visita por la relación de Jesús Calvo con su padre. Me preguntó si tenía inconveniente y accedí. La finalidad del encuentro era decirme que disponían de documentos que probaban la ilegalidad de lo cometido conmigo, y concretamente de papeles que probaban que los dos peritos del Banco de España, Monje y Román, habían cobrado cantidades significativas de dinero por sus informes en mi contra, pero que tenían pendientes de cobrar más aún si conseguían mi condena y mi encierro. Me enseñó uno de esos papeles. Lo leí. Era fotocopia, así que la credibilidad siempre queda en entredicho. Pero después de leerlo le contesté:

—Mira, no sé si es cierto o no, pero en cualquier caso no lo voy a utilizar, porque solo serviría para perjudicarme.

La mujer se quedó entre atónita e incrédula, además de fastidiada porque, como es de suponer, esos papeles no los ofrecía gratis, sino a cambio de una cantidad de dinero, que de algo tienen que vivir los documentalistas, como se llamaba a sí misma. Así que envuelta en aspavientos me dijo que no entendía nada.

—Pues no es difícil. Si estos documentos son verídicos, ellos, los que me condenaron, tendrían que demostrar que son falsos, porque en modo alguno se van a dejar en evidencia a sí mismos y admitir que todo fue una patraña. Así que me abrirían un sumario por falsificación de documentos, me condenarían y añadirían más madera a mi condena. Imposible que si son verdaderos sean aceptados como tales. Imposible.

—Pero ¿cómo puedes decir eso?

—Pues diciéndolo. Mira lo que ha pasado con Argentia Trust. He traído los papeles de la Justicia suiza. Se ha demostrado que no me quedé con el dinero. Que jamás lo puse ni a buen recaudo ni, mucho menos, a mi disposición. He pedido la revisión de la sentencia. No me la admiten. He denunciado por falso testimonio y les absuelven a los que mintieron diciendo que tienen derecho a mentir. Esos papeles solo servirían para condenarme más.

La mujer no se dio tan fácilmente por vencida y consiguió que la recibieran Lourdes y Paloma, pero las dos se mostraron todavía más duras que yo, y ahí quedó la cosa.

Transcurría el tiempo y mi solicitud de permiso no llegaba aprobada del Juzgado central, a pesar de la promesa que contenía el auto. No quería pensar lo peor. Pero no por dejar de pensarlo dejaría de suceder, así que ocurrió: el juez me denegó el permiso. No se puede describir lo que sentí. En ese momento mi libertad me importaba tres pepinos, pero la boda de mi hija... Incluso mi hija más que la boda, porque el daño que estábamos causando a su concepto de la vida en general, del ser humano en particular, y de la Justicia en lo más concreto, era monumental.

Preferí guardar silencio. Mentí. Cuando me preguntaban les decía que estaba en tramitación, que se alargaba... Quería ganar tiempo. Pasaron los dos meses de rigor y volví a presentar nueva solicitud, que, nuevamente aprobada por la Junta, se remitió al juez. Allí sí que me la jugaba. Estábamos ya en abril-mayo y la boda se acercaba. Cuando recibí el auto me vine abajo. Nuevamente me denegaba la salida. No entendía nada. Ni yo, ni Peláez, ni el director, ni el educador... Nadie. Pero no se trataba de entender. Tenía que actuar y eso significaba hablar con Alejandra y Lourdes sobre lo que sucedía. Decidí esperar al recurso presentado ante la Sala de lo Penal contra la denegación del permiso solicitado en enero. Nuestras informaciones decían que lo estimarían porque no existía el menor motivo para denegar. Llegó el auto. Rechazaron mi recurso. Me denegaron el permiso.

En la tarde del último día del mes de mayo vinieron a verme Lourdes y Alejandra y juntos abordamos la situación. En un momento de nuestra conversación llegó mi hija a pronunciar la frase «pues lo cancelo», referida a su boda. Me dijo, llena de excesiva calma, que si cinco o diez días antes del 3 de julio el juez no se pronunciaba sobre el permiso, cancelaría la boda. Sentí que algo muy parecido a la rabia, pero en estado superlativo, subía por mis adentros. No tanto porque imaginara la escena de la suspensión, sino porque la imaginara mi hija. No me dolía mi dolor, sino el suyo. No sentía mi estupefacción, sino la suya. No lamentaba mis lamentos, sino los suyos.

El lunes anterior Alejandra había intentado en vano hablar con el juez. De nuevo a la carga el día 31 de mayo. Imposible. Por fin, el juez se negó a recibir a los abogados, pero permitió que le llamara Alejandra por teléfono. Su conversación ha quedado grabada para siempre en mi interior con tal fuerza, con tal intensidad, que yo, que me conozco bien, tengo miedo de convertirme en su esclavo, en súbdito impenitente del sentimiento que me provocó escucharla de su voz. Por eso sentí miedo cuando interioricé su relato.

El juez le dijo algo así como:

—Puede usted estar tranquila. Su padre asistirá a la boda. Puede decírselo a él. Yo no puedo obligarla a usted a estar dieciocho años sin casarse.

Manejar los dieciocho años, que es la cifra de la condena, ante una persona que, además de hija, se quiere casar, y lo que está pidiendo es que conceda un derecho a su padre, derecho que se otorga hasta a los delincuentes que tienen las manos manchadas de sangre, es un producto verbal difícilmente catalogable.

—No obstante, tengo que decidir los días que concedo y el modo de disfrutarlos. Dependerá de los gestos que hagan en la responsabilidad civil.

Por fin llegó el día en el que, poco antes de la boda, mi angustia se calmó porque el director me informó de que acababa de llegar un auto en el que me concedían cinco días de permiso extraordinario para la boda. Al leerlo me di cuenta de que esa cifra se la debía al Ministerio Fiscal. Curioso, pero cierto. Informó favorablemente a esa salida y en esas condiciones. Esa noche en la celda respiré por mi hija, pero imposible apartar de mi mente la pregunta. ¿Por qué tanta crueldad?

Nunca imaginé que casaría a mi hija en tales condiciones. Pero nada más llegar a Los Carrizos el mundo penitenciario quedó olvidado. La boda resultó grandiosa. Recuerdo que uno de los guardias civiles que acudían regularmente por Alcalá-Meco me preguntó si la transmitirían en directo. Por unos días fui feliz al sentir felices a los míos. En otras ocasiones sufrí al sentir su sufrimiento.

Al regresar a la cárcel comenzó de nuevo el proceso de denegaciones de permisos. Nada que hacer. En aquellos días, se convocó un concurso para cubrir la plaza de presidente de la Sección Primera de la Sala de lo Penal y se presentó el juez Gómez Bermúdez. Ganó la plaza y dejó el Juzgado Central de Vigilancia Penitenciaria, que cubrió interinamente Vázquez Honrubia, cuya primera actuación fue estimar mi recurso contra la denegación de permiso y concedérmelo, asegurando que era claro como el agua que cumplía todos los requisitos. Me sentí bien, aunque entonces la libertad me importaba algo menos.

Nada más terminar la boda de Alejandra, en pleno mes de agosto, me encontraba viendo la televisión en el despacho de Ingresos en compañía de Mauricio, el funcionario de servicio. De repente una noticia insólita: la nueva directora general de Instituciones Penitenciarias, Mercedes Gallizo, nombrada tras el triunfo del PSOE en las elecciones generales, destituyó de modo fulminante a Jesús Calvo, el director de la prisión, alegando como motivo del cese un trato de favor hacia mí. Los ingredientes de la noticia resultaron lo suficientemente atractivos para pasar a formar parte de los telediarios de todas las televisiones, programas de radios y papel impreso del día siguiente.

El desconcierto en el departamento fue mayúsculo. Al día siguiente una capa de estupefacción cubría todo el Centro penitenciario. Nadie sabía nada, aparte de, claro, que el responsable del cese se llamaba Mario Conde. No entendía nada, a fuer de entenderlo todo. Imaginé que el cese era debido a que Jesús Calvo pertenecía al Partido Popular y su prestigio en el mundo penitenciario le situaba en la cúspide del respeto en ese mundo. Pero era evidente que el motivo alegado sonaba a excusa, porque yo sabía que no había existido trato de favor en comunicaciones, como decía la prensa, pues eran muchos, pero muchos, los presos que tenían el mismo régimen que yo. Aquella mañana, al pasear meditando por el patio de entrada a la prisión, me encontré con un jefe de Servicio con el que conversaba con cierta frecuencia. Pertenecía a Izquierda Unida. Se detuvo al verme. Se aproximó y comentó:

—De todos los motivos que tenían para cesar a Jesús han elegido el único que no es cierto.

Ese era el sentir general de aquellos días. Mi nombre involucrado en esa escena servía para una finalidad que se me antojaba clara como el agua: el PP no pediría comparecencia parlamentaria de nadie para explicar el cese a pesar de la notoriedad mediática, porque tendrían que hablar de Mario Conde y de eso huían como la pólvora. Y, en efecto, así fue, como me reconoció Jesús Calvo en un almuerzo que tuvimos tiempo después.

Pero además de esta finalidad política, parece obvio que algo así me perjudicaba. Los mandos de la prisión tendrían tendencia a alejarse de mí, no fuera a ser que corrieran la misma suerte. Y al público en general, y jueces en particular, les daría la sensación de que andaba envuelto en extraños manejos que me permitían vivir en prisión de diferente manera a la del resto de los presos, y ese tipo de sospechas no presagiaban nada bueno para mi futuro penitenciario. De nuevo la pregunta que no paraba de aparecer en mi mente. ¿Por qué tanta crueldad?

A Jesús Calvo le sustituyó transitoriamente Jaime Alonso, un buen hombre, a quien no conocí personalmente, pero que no quiso seguir como director, según contaban por el Centro, debido, precisamente, a la forma y manera en que se produjo el cese de Jesús Calvo. Se fue y vino alguien que decían era de la confianza de Mercedes Gallizo, un hombre apocado, sin autoridad con los funcionarios, receloso, temeroso del poder, en fin, una mezcla de atributos anímicos que me permitían concluir que de él nada podía esperar. Al menos nada bueno o favorable. Y así fue. No pudo parar los permisos de salida cada dos meses porque los concedía regularmente el juez, pero en las ocasiones en las que trató mi clasificación penitenciaria, a pesar de lo obvio del asunto, no quiso siquiera proponer a la Dirección General el tercer grado. La verdad es que lo imaginaba y, por tanto, no sufría en exceso.

Mis esperanzas estaban depositadas en el nuevo Juez Central

de Vigilancia Penitenciaria. Le conocí en 2002, con motivo de un lío que le organizaron a una juez, precisamente la que me dio el tercer grado en 1998, alegando, al igual que con Jesús Calvo, posible trato de favor, aquí en grado de tentativa, lo cual es todavía más de locos, y llegaron a trasladarla, en un acto injusto donde los críen, a otro Juzgado fuera de Madrid. Otra persona más que tenía que sufrir en sus carnes los deseos de causar daño en las mías.

Este nuevo Juez Central de Vigilancia Penitenciaria, oriundo de Galicia, que había ejercido en el Juzgado de Vigilancia Penitenciaria número 3, tenía fama de hombre abierto y progresista. Peláez fue poco a poco hablando con él, mostrándole los aspectos concretos del caso, los asuntos referidos a la responsabilidad civil, y fue obteniendo, lenta, casi desesperadamente, la promesa de que ya estaba bien. Había cumplido en exceso la mitad de la condena. Olía a libertad.

Aquella mañana los trajeron. Las medidas de seguridad resultaban particularmente exageradas. Supuse que alguien verdaderamente extremo debía aparecer por las celdas americanas. No me equivoqué. Se trataba de inculpados en los procesos derivados del 11-M, del terrible atentado de Atocha. Todos deberían permanecer incomunicados. Recordé el día del atentado, porque me pilló en prisión. En el Centro, ante las sospechas vertidas en ciertos medios acerca de la presencia de ETA como autor, se adoptaron medidas por si acaso para proteger a los presos de la banda terrorista. Pero al cabo del tiempo esas medidas se dieron la vuelta y a quien hubo que dispensar ese manto protector fue a todos los que se declaraban islamistas, o simplemente a los que tuvieran origen en países islámicos. Lo de justos y pecadores en el ámbito carcelario...

Entre ellos venía un periodista, Taysir Alouny, un hombre conocido porque tenía protagonismo en la emisora Al Yasira y que fue encarcelado primero y condenado después del juicio por colaborador de Al Qaeda, y como motivo básico se utilizaba una entre-

649

vista que consiguió del líder de esa organización terrorista de corte islámico. Era un hombre alto, de magnífico aspecto, ojos almendrados, tez morena, sonrisa franca y abierta, voz serena y un hablar que reflejaba convicciones interiores profundas. Cruzamos pocas palabras, pero intensas y de gran significado. Me dijo conocer bien mi historia pasada y acabó con una admonición muy precisa y concreta, expresada con tono suave y a la vez denso:

—Tenga cuidado. Ahora más que nunca. Ahora que ha sabido superar las pruebas, tenga mucho cuidado. Hágame caso. Más que nunca. Le deseo lo mejor.

El revuelo era mayor, si cabe, que el generado el día de los islamistas en aquella mañana en la que para mí comenzaba a intensificarse el olor a libertad. Y es que no era para menos. De Juana Chaos, uno de los etarras convicto de mayor número de asesinatos, había sido llamado a declarar al Juzgado Central de Vigilancia Penitenciaria en relación con unas redenciones que le habían sido concedidas y que querían anular ahora para retrasar la salida inevitable debido al cumplimiento de su condena.

Le vi a través de las rejas de la celda americana. Paseaba con movimientos extremadamente lentos y en unos pocos metros cuadrados. Su vista en el horizonte, es decir, en ninguna parte. En uno de sus giros me descubrió. Depositó su mirada sobre mí con indiferencia, pero una décima de segundo después se volvió y se fijó en mi cara. Me reconoció. Hizo un gesto, un ligero gesto, pero que indicaba con claridad un permiso para acercarme a él. Lo hice. Me pegué al otro lado de la reja. Charlamos un rato. Los funcionarios, sorprendidos por ese encuentro y esa conversación, no sabían si debían permitirla o abortarla. Al final, tuvo lugar en medio de esas dudas. Y confieso que me impactó su visión del problema vasco, del futuro, del papel del Estado español, de su concepto del terrorismo, de la desigualdad de posiciones Estado-individuo o

Estado-minorías, de las razones de la lucha antiterrorista. En fin, una conversación densa en la que se mostró contento con el Gobierno de Aznar porque creía que la lucha sin cuartel emprendida por el entonces presidente del Gobierno contra el nacionalismo vasco había beneficiado y mucho a su causa, al futuro que ellos deseaban para Euskal Herria.

23 de julio de 2005. Casi tres años exactos desde mi tercer ingreso. Llegó el auto del juez. Me concedía lo que había pedido: el artículo 100 del Reglamento Penitenciario, una especie de tercer grado encubierto utilizado cuando no querían asumir el coste de esas palabras. El régimen concreto era más o menos el mismo porque tendría que irme de Alcalá-Meco a otro Centro, en concreto el Victoria Kent, en Madrid, y saldría todos los días a trabajar y dos fines de semana al mes.

Los funcionarios recibieron la noticia con alegría. Bueno, he de reconocer que también con algo de tristeza. Mucho era el tiempo que habíamos pasado juntos, variadas las conversaciones, múltiples las vivencias, ricas las experiencias... Nos habíamos acostumbrado a nosotros mismos, a nuestra convivencia mutua. Sentían que me fuera. Se alegraban y al tiempo lo sentían. Yo también, y les agradecí ese sentimiento que era perceptible en sus despedidas. Sellamos con un abrazo sentido tres años de una convivencia que sobre el papel, planificando en teoría, nadie entendería. Sentía afecto por aquellas personas. No solo agradecimiento. Ellos habían cumplido con su deber. Pero dentro del deber siempre existen zonas en las que puedes hacer que la vida de una persona encerrada sea un poco más agradable. Y lo habían hecho. Todos ellos. Con alguno sentía mejor sintonía, pero la actitud de todos fue merecedora de agradecimiento. Yo quise no faltarles jamás al respeto y poder ayudar, serles útil en su trabajo. Me dieron confianza y creo que no les defraudé. Solo me iba con un punto negro: Vicente. Pero no era momento de reproches. Cada palo aguantaría su vela en la vida que nos quedara por delante.

Crucé aquel sábado la puerta de acceso a la libertad. Empecé el recorrido hacia el control, ese que aprendí en mi primera estancia que resulta obligatorio hacerlo andando. Y anduve lentamente. Quería sentir cada paso. Presentía que no volvería a recorrerlo nunca más, al menos como prisionero. Me iba fijando en todos los detalles de los módulos de presos que en mi caminar iban quedando a mi derecha. Sentía paz interior más que alegría. Imposible evitar las emociones al contemplar las ventanas enrejadas, los alambres de espino, los muros de cemento, todos ellos estáticos y silentes compañeros de tantos años. Mi primera salida, mi primer recorrido había sido el 31 de enero de 1995. Habían transcurrido diez años y medio de mi vida envueltos, directa o indirectamente, en el mundo de la prisión. Diez años...

Seguí caminando. Llegué al control. Me despedí del funcionario. Crucé la raya y pisé la libertad. Miré hacia atrás. Guardo en mi retina la imagen del edificio en aquel día caluroso y soleado. No sentí ni una brizna de rencor. Sonreí.

Diez años de mi vida quedaban atrás, algunos de ellos prendidos de aquellos muros, de aquellos alambres, de aquellos olores, de aquellos gritos enloquecidos, de aquellas madrugadas serenas, y de algunos que se alegraron al tiempo que sintieron que aquel día fuera el último de mi vida como prisionero de Alcalá-Meco.

De momento había ganado porque había conseguido soportar lo insoportable y tolerar lo inevitable sin el menor daño interior.

Ahora me sentía libre, pero libre de verdad.

EPÍLOGO

Paloma y yo merodeábamos bajo los calores de un Madrid semivacío en el día de Santiago y cierra España tratando de localizar mi nueva cárcel. No éramos capaces de encontrar un edificio que se correspondiera con los patrones estéticos a los que estábamos acostumbrados para identificar una prisión. Y es que en el lugar al que iba destinado no existen muros de cemento gris, ni alambres de espino, ni patios enrejados, ni controles bordeados por guardias civiles de servicio provistos de sus inseparables metralletas. El Victoria Kent es un conjunto destartalado de edificios de época, en estado de conservación claramente mejorable, que podría asemejarse a un hospital, a un centro psiquiátrico, a alguna Dirección General sin excesiva alcurnia política o a un centro de acogida de menores descarriados. Pero prisión, lo que se dice prisión, no parecía. Y es que propiamente no se trata de una cárcel, aunque la regenten funcionarios de prisiones. Es un Centro de Inserción Social (CIS) al que los presos en tercer grado acuden a dormir para ir preparándose, para ser testados, antes de que alcancen la libertad condicional.

Localizamos la puerta, pulsé sobre el cacharro ese que transmite voces al interior del recinto y la puerta, accionada desde dentro, se abrió. Me despedí de Paloma y entré en mi nueva casa de nocturnidad. Me recibió un patio de cemento puro y duro bordeado a su izquierda por unos edificios de escasa altura y a su derecha, tras un trozo de jardín nada despreciable, otros edificios, esta vez más altos y robustos, y al fondo el cuerpo principal, con la avanzadilla de un lugar acristalado tras el cual se encuentra el funcionario de recepción y salidas. Era, como digo, el 25 de julio de 2005, y en esa época y a esa hora nadie se encontraba en el recinto.

Me presenté. Me esperaban. Me recibió el jefe de Servicio. Me pusieron al corriente de los pormenores de mi nueva vida. En el edificio principal, en la primera planta, tras una puerta situada en el hall que distribuye las distintas dependencias, la dirección había habilitado un espacio destinado a presos que reclaman algún trato especial en materia de seguridad. Algo parecido al módulo de policías de Alcalá-Meco, pero en versión tercer grado, por lo que algún preso no policía pero notorio, como es mi caso, tendría allí su alojamiento. Pues allí me condujeron.

Tras la puerta que abrió el funcionario con su llave, porque el recinto, por si las moscas, permanecía cerrado con llave durante el día, penetré en un pasillo más ancho y con más luz que el de mi Moraleja de Meco y algo más corto. Avanzando por su piso dejaba a la izquierda cuatro habitaciones de tamaño más bien considerable, con dos, tres y hasta cuatro camas cada una. La mía se situaba al fondo. Grande, muy grande, provista de unas mamparas que delimitaban un trozo de su espacio para confeccionar un pequeño cuarto de baño, un lavabo incrustado en la pared, una mesa y dos sillas, un pequeño armario y dos camas muy bajitas. Eso era todo. Comparado con una celda de Meco, me pareció la suite del Palace, y eso que jamás había estado en ese recinto supuestamente lujoso. Allí me instalé. De casa, siguiendo las recomendaciones de un experto en CIS, me traje sábanas y mantas, aunque en julio no las iba a necesitar, pero mejor tenerlas que echarlas de menos. Hice mi cama, saqué de la bolsa mis libros y algo de ropa y me senté en la silla apoyándome en la mesa para tratar de leer un rato antes de dormir.

Pero imposible dedicarse a esa labor. Un entorno nuevo que enfatizaba mi alegría por reencontrarme con más cantidad de libertad de la que había dispuesto durante los últimos años. Observé que las puertas de mi habitación eran eso, puertas de una habitación normal y no chapas de celdas carcelarias. No se cerraban. Un funcionario pasaba a las doce de la noche para efectuar un recuento. Como de lo que se trata es de que duermas allí, podría alguno tener la tentación de registrarse, subir a la habitación y después escaquearse. No es fácil ni lógico, desde luego, pero en la vida en general, y en el mundo carcelario en particular, siempre tienes que asumir la posibilidad de que se presenten sorpresas insospechadas. No hacía falta que te pusieras en pie cuando llegara el funcionario. Podías, incluso, quedarte durmiendo. El funcionario comprobaba y se iba. A mí me daba corte y siempre esperé de pie. Se ve que todavía arrastraba algunos hábitos de mi recién extinguido segundo grado carcelario.

Elegí mi horario después de las entrevistas de rigor con los funcionarios del Centro. Especialmente interesante me resultó la conversación que mantuve con la psicóloga. Uno alberga prevenciones cuando la experiencia no es estimulante, y admito que cuando me dijeron que debía entrevistarme con la psicóloga, el recuerdo de la pobre doña Sole enturbió un poco mi mente antes de la entrevista. Por cierto, que en aquellos días me llegó la información de que en realidad tras el cese de Jesús Calvo como director se encontraba una especie de denuncia anónima confeccionada por dos personas, una de las cuales era, precisamente, la buena de doña Sole. Quizá fuera mentira, pero tampoco veo el motivo para que se inventara la historia quien me la relató. Dejando esto a un lado, que tampoco es cosa de cebarse demasiado en la pobre mujer, que bastante tiene consigo misma, me enfrenté a la conversación en el pequeño despacho de aquella mujer.

Nada que ver. Totalmente diferente. Una persona seria, afable, profunda, inteligente. Pasé un gran rato en esa conversación y salí restaurado de mis relaciones con ciertos especialistas penitenciarios. Hablamos de budismo, de hinduismo, de religión, de mente... Como digo, salí encantado. Y en general del trato recibido de los demás funcionarios, que fue indudablemente amable. Entre ellos destaco al jurista, un hombre todavía joven, de muy buen aspecto, bastante más alto que yo, conocedor de su oficio de letrado. Me mandó llamar y charlamos en su despacho. Se quedó tocado con la revocación de las redenciones, pero su prudencia evitó que formulara juicios negativos. Me pidió toda la documentación y se la reenvié. De nuevo me sentía a gusto hablando con esas personas. Recordé que al jurista de Alcalá-Meco, del que decían que era alcohólico profesional, ni siquiera tuve el gusto de verlo físicamente, y fueron muchos los años y variadas las cuestiones jurídicas que en ellos planteé.

Llegaba al CIS por la noche, a eso de la diez y media, y me iba por la mañana, a eso de las seis y pico. Cuando arribaba por la noche ejecutaba mis labores de limpieza. Vivía solo en aquellos primeros días. En ese departamento especial, solo tres personas y en tres habitaciones independientes. A mi costado alguien que ya había sido vecino mío en Meco, ocupando la celda 31, la mía en el segundo encierro. Más allá, en la siguiente habitación, un guardia civil del Cesid encarcelado por el asunto GAL, que también había vivido en Alcalá-Meco su segundo grado. Bueno, pues, como digo, mi primera actividad nocturna era llenar el cubo de agua, verter un poco de alguno de esos líquidos de limpieza que dejan buen olor y que me traje de casa, y con la fregona recorrer el pasillo de principio a fin y después mi cuarto. Y lo ejecutaba con maestría, debo reconocerlo, porque durante mi segundo encierro me convertí en un profesional del cubo y la fregona. Y ahora en Victoria Kent repetía la faena. Se trataba de no olvidarme de que todavía era preso del Estado. Finalizada la limpieza, me sentaba a leer o a pensar un rato envuelto en aquella soledad. Y meditaba sobre la utilidad de esos centros. Realmente habría que reconstruir el sistema penal y reconsiderar la privación de libertad. La cárcel tiene sentido cuando de sujetos peligrosos se trata, de personas que no saben vivir en convivencia pacífica con los demás. Pero en los demás supuestos es más que discutible que sirva para algo diferente a perder tiempo y oportunidades. Sería mejor que a algunos individuos se les condenara a trabajar en favor de la comunidad, pero haciendo las cosas que hacen en libertad, aprovechando sus conocimientos y capacidades en favor de los demás. Pero ese modo de ver las cosas se alejaba cada día más por aquello del Derecho Penal del Enemigo en el que lo único que importa es castigar.

Un día de aquellos me recibió el director, Santos Rejas. Había oído hablar de él como uno de los más prestigiosos, junto con Jesús Calvo, en el mundo penitenciario. Dirigía desde mucho tiempo atrás el Victoria Kent. Mi conversación con él sirvió para reconciliarme con Instituciones Penitenciarias, dado que mi relación resultó dañada interiormente a la vista del comportamiento de la nueva dirección instalada tras el cese en falso de Jesús Calvo y la renuncia voluntaria de Jaime Alonso. Santos Rejas era un hombre equilibrado que trataba de llegar al fondo de las cosas. Se dio cuenta de que el auto que había dictado José Luis de Castro, el Juez Central de Vigilancia gracias al cual dejé Meco, era un primer paso para cubrir políticamente mi abandono de aquella cárcel, y que en el fondo reunía todos los requisitos para que se me concediera el tercer grado. Y eso fue lo que decidió. No le conocía de nada. Jamás había tenido relación alguna con él. Y asumió ese tercer grado como una exigencia de justicia penitenciaria. Casualmente en aquellos días le elevaron de rango y le nombraron subdirector general de la Dirección. Abandonó la dirección del Victoria Kent asegurándose de que la Junta de Tratamiento del CIS aprobaba la propuesta.

El nuevo director resultó ser el jurista con quien había conversado días antes. Julio Casado como director me pareció más que bien porque percibí claramente su respeto por el Derecho y su muy poca disposición a torcer la ley con los fórceps de la política. No me equivoqué y en mis conversaciones con él nos fuimos descubriendo humanamente hasta ir cimentando una relación capaz de pasar por encima de las vicisitudes concretas de ser director e interno, pero, eso sí, sin que en ningún momento dejara de referirme a él por su nombre de cargo, es decir, llamándole director, lo cual en ocasiones le agobiaba, pero así tenía que ser.

Mi habitación se fue llenando de inquilinos porque el CIS rebosaba por los cuatro costados. En un momento dado llegamos a ser cuatro internos en mi habitación, para lo que tuvieron que poner dos camas supletorias. A pesar de vivir en una habitación abarrotada, no alteré ni un miligramo mis costumbres, de modo que a las cinco me levantaba, eso sí, con el menor ruido posible, y, después de las asanas de rigor, dedicaba mi tiempo a meditar en la postura tradicional con las piernas cruzadas una sobre la otra, a la que llaman loto. Aquella madrugada, como cualquier otra, el vecino de mi izquierda se levantó al cuarto de baño. Era un chico joven, alto y practicante de culturismo. Todo el movimiento de levantarse, encaramarse, ir al cuarto de baño, hacer sus cosas y regresar, se llevó a cabo casi sin abrir los ojos. Pero cuando se iba a tumbar de nuevo en la cama, se fijó en algo raro, en una especie de bulto quieto y sentado en el suelo de la habitación. Pegó un respingo hacia atrás que casi se da contra el lavabo del fondo, al tiempo que profería un grito de horror que casi despierta a todo el edificio, pero que provocó un sobresalto de los otros dos compañeros de habitación. Encendieron las luces y los tres de pie, mirándome medio en pelotas, porque era verano del 2005, compusieron un cuadro inolvidable.

Terminé en aquellos días mi libro *Derecho penitenciario vivido,* una obra editada por Comares, en la que unía Derecho y experiencia en una modalidad jurídica muy poco conocida, pero creo que de gran utilidad. La prisión me propuso redenciones extraordinarias. El juez De Castro las aceptó. El fiscal se opuso. La Audiencia me las quitó. Algún etarra tuvo redenciones extraordinarias por algo que había escrito en prisión no relacionado con el mundo penitenciario. Yo no tuve derecho a ello.

Avanzaba el tiempo y el director Casado entendió llegada la hora de mi control presencial, una modalidad jurídica que te permite seguir en tercer grado, pero en lugar de ir a dormir bastaba con que hicieras acto de presencia uno o dos días por semana, además, en algunos casos, de someterte a un control de cierto tipo, como, por ejemplo, llevar una pulsera en el tobillo o lo que se llama el control telefónico. La pulsera en mi caso resultaba obviamente inadecuada, porque «canta» cada vez que entras en un aeropuerto, en un Juzgado o en cualquier lugar en los que exista control de metales.

Decidieron ponerme el control telefónico, que consiste en una llamada que efectúa un ordenador a determinadas horas para garantizar que te encuentras en el lugar al que pertenece el teléfono fijo que suministras. Se necesita, por tanto, tener ese teléfono fijo, lo que, aunque pudiera parecer otra cosa, no se halla al alcance de todo preso. Y, además, grabar unas frases en el ordenador central de Instituciones Penitenciarias para que el programa de voz las procese. Esas frases las tienes que repetir cuando se produzca la llamada del ordenador y el programa descompone tu voz y comprueba que se ajusta a las pautas previamente registradas. Las frases que se utilizan carecen de sentido, como, por ejemplo, los salmones ascienden para poner sus huevos o los plataneros florecen cuando la primavera es aciaga, o cosas así, porque de lo que se trata es de que contengan sonidos determinados para ser procesados por el ordenador. Me contaron que un preso que tenía ese sistema vio cómo su familia llamaba al médico creyendo que le pasaba algo raro. Y cuando el doctor indagó acerca de en qué consistía el motivo de alarma, la mujer del preso dijo:

—Es que, doctor, de vez en cuando coge el teléfono y habla solo diciendo cosas sin sentido de unos salmones y de unos plataneros.

20 de agosto de 2006, Pollensa, Mallorca. Lourdes y yo dejábamos que la tarde cayera suavemente sobre nosotros situados en el porche de poniente de Can Poleta, protegidos del calor y la humedad habituales en esa época del año en la isla en la que hemos consumido nuestros veranos y algunos trozos de varios inviernos, desde el ya casi legendario año de 1974. En los últimos tres veranos, desde que me encarcelaron por tercera vez el 29 de julio de 2002, no había podido volver por sus lugares, y Lourdes se vio obligada a vivirla en soledad, en lo que ella entendía como soledad, esto es, la ausencia de mi presencia. Esa tarde del 20 de agosto de 2006 celebrábamos un acontecimiento tan sencillo y profundo a la vez como recuperar, aunque solo fuera parcialmente, la habitualidad de nuestra vida, al menos de nuestra vida estival mallorquina.

Nuestro primer nieto, Fernando Guasch Conde, acababa de nacer y Lourdes y yo nos sentíamos felices con esta nueva incorporación y con mi tercer grado telefónico.

Aun a pesar de ese forzado diálogo con un ordenador, anticipo de lo que inevitablemente sucederá en muchos órdenes de nuestra vida en un próximo futuro, habíamos conquistado algo tan simple como volver a dormir juntos en nuestra casa de Madrid, y poder, además, hacerlo en otros lugares en los días de permiso penitenciario, lo que nos proporcionaba la posibilidad de viajar una semana al mes. Desde 1994 no disponíamos de semejante activo. Cierto es que aún entonces, trece años después, no podría salir fuera de España sin autorización del Juez de Vigilancia, pero asumía que su titular, De Castro, no parecía empeñado en amargarme innecesariamente los años de vida que pudieran quedarme después de lustros de lucha y sufrimientos.

Exprimíamos la tarde porque en pocas horas tendría que salir hacia Palma para tomar el avión que me conduciría de regreso a Madrid. Empezaba una nueva etapa en nuestra vida, así que Lourdes, siempre austera en expresiones grandilocuentes, quiso resumir el inmediato futuro con una frase mitad programa y mitad advertencia:

—Bien, ahora tranquilidad. Ya se ha pasado lo peor, así que tenemos que dedicarnos a lo que no hemos podido hacer estos años. Por ejemplo, viajar. Tienes que llevarme a Argentina, pero antes hacemos un crucero por los fiordos del norte, que me apetece una barbaridad...

Hablaba con un énfasis medido, con una emoción controlada, como si la esperanza y la alegría que en esos instantes sentía debieran ser matizadas por el siempre imprevisible curso de los acontecimientos de eso que llamamos nuestro futuro. Lourdes rechazaba traducir sus emociones al exterior y controlaba el proceso al máximo. Su vida interior era abundante e intensa y la edificaba en este mundo emocional a costa de no permitir que se exteriorizaran más allá de lo inevitable. Por eso no me extrañó demasiado el tono algo apagado con el que dibujaba un momento tan emotivo como el que vivíamos en ese instante, perfilando nuestros pasos venideros, nuestra vida parcialmente recuperada, nuestra tranquilidad reconquistada en ciertos trozos de nuestra existencia. Algo de vieja tristeza hermanada con la recién llegada alegría debería traducirse en un tono semejante en su voz y expresión de la cara. Pero aun así, cierto resquemor me quedó para mis adentros, como dicen por el sur. Por eso no contesté de inmediato. Permanecí unos segundos en silencio. La tarde calma nos inundó a los dos. Los viejos olivos milenarios que se divisan desde el porche permanecían en asombrosa quietud, exhibiendo el tiempo vivido en los meandros esculpidos en sus troncos, como si ellos fueran oficiantes del rito de la meditación profunda. Los ojos de Lourdes se fijaron en ellos. Los contemplaba en silencio casi todos los días, porque eran sus olivos amigos, sus compañeros silenciosos y brillantes de esa tierra del norte de la isla. Un año de aquellos nevó sobre Baleares y la nieve acumulada sorprendió a uno de sus viejos olivos y quebró una de sus ramas. Lourdes lo sintió como un golpe en su cuerpo.

21 de agosto de 2006. Madrid. Seis de la tarde. Mi teléfono móvil registra una llamada de Lourdes. Me encuentro en el pantano de San Juan, en casa de José Martínez Atorrasagasti, amigo de la infancia de Lourdes. No podía sospechar cuando contesté lo que iba a suceder a partir de ese instante. Lourdes me informaba de que con los Domenech, nuestros íntimos amigos mallorquines, compañeros desde 1974, había ido al médico conforme a lo previsto, y que después de analizarla y conocer los síntomas en detalle, habían descartado que se tratara de un problema de cervicales y habían aconsejado un TAC o algo parecido, quizá una resonan-

cia, en fin, un medio técnico para averiguar qué sucedía en el interior de su cabeza. Con voz algo doliente, pero sin el menor atisbo de calma perdida, dijo:

—El informe es bastante regular.

—¿Cómo que es regular? Léemelo, por favor.

Comenzó a hacerlo, pero no pudo continuar y no por la emoción, sino por la vista, porque tenía dificultades de visión, sobre todo en el ojo derecho, así que cedió el papel a Gabriel Domenech, quien sereno leyó una frase que difícilmente podré olvidar mientras viva. Decía, en esta terminología médica por esencia conservadora, tratando de nadar y guardar la ropa, que se trataba de una lesión de gran edema (entonces no tenía ni idea de qué era eso) y que las imágenes eran «sugestivas» de un tumor primario o de metástasis en el cerebro de tumores con diferente origen.

Obviamente, no hace falta saber nada de medicina y menos de patología cerebral para percibir al instante que el asunto era de lo peor que despacharse pueda. Sencillamente lo peor. No necesitaba más aclaraciones. Ese lenguaje era confirmatorio de lo peor, porque de otra manera me habría infundido un miligramo de esperanza. En mi casa de Triana traté de conciliar el sueño, pero me resultó casi imposible. Caí en un duermevela en el que imágenes de todo tipo se entremezclaron en mi sueño ligero con una cadencia enloquecida en la que nada se ajustaba a eso que llamamos realidad. No sabía si vivía vigilia o permanecía envuelto en sueños. Me acordé de la historia de Zuangzi, uno de los padres del taoísmo, cuando relató que un día soñó que era mariposa y volaba y al despertarse se formuló una pregunta que para las mentes claras jamás tendrá respuesta segura: ¿soy Zuangzi que ha soñado ser una mariposa o soy una mariposa que está soñando ser Zuangzi?

No podía ser verdad. Después de catorce años de lucha. Justo el día en el que acariciábamos la libertad de poder volver a dormir juntos, no podía ser que semejante crueldad volviera a asolar nuestras vidas. No podía ser. Tenía que estar soñando.

Julio Casado, el director, me relevó de la obligación de atender el teléfono. Gracias a su sentido de lo justo pude pasar más tiempo con Lourdes. Siempre albergando la esperanza de que no podía ser cierta tanta brutalidad.

Lourdes murió el 13 de octubre de 2007, a las siete cuarenta de la mañana. Yo seguía en tercer grado penitenciario. Seguía siendo un preso al despedirla en silencio y soledad cuando su cuerpo físico dejó de respirar.

El 4 de mayo de 2009 nació el segundo de los hijos de Alejandra, a quien llamaron Alejandro Guasch Conde. Yo, su abuelo, seguí siendo un preso en libertad condicional.

ÍNDICE ONOMÁSTICO